C'ÉTAIT MARGUERITE DURAS

这就是杜拉斯 (1914-1945)

(法) 让·瓦里尔　著
户思社　王长明　黄传根　译

作家出版社

目　录

第一章
费里学校

玛格丽特·多纳迪厄

“我出生在亚洲的河边。”玛格丽特·杜拉斯晚年谈到自己在印度支那的童年时，以她惯有的夸张如是说。“我出生在河边，我在红河岸边度过了自己幼小的童年……随后，我曾在湄公河畔的金边和沙沥停留过。”[1] 对杜拉斯迷而言，这是神秘的名字，传奇的河流，作者不由自主地把自己命运的河流与传奇河流的流淌结合起来。她把河流的无情流淌与那些“来又复还”的波涛流淌对立起来，从中窥视到了宿命：“它奔向大海，走向消亡。”[2] 走向消亡……语调就这样确定下来。也许，就算《墓外回忆录》的作者夏多布里昂也不会否认这种语调，对重新显现的过去的怀念在作者笔下变得宽阔。对作者而言，这条河流过去甚至曾经反复地成为她文学创作的源泉，是作者适应世界内在旋律的亲密情感。玛格丽特·杜拉斯希望成为“宇宙人”。因此，就算《情人》的作者诗意般地把自己出生地附近的湄公河放置在“湄公河河口”，那又何妨[3]？与整个大陆相比，小小的上百公里差距算得了什么？关于她大部分作品所想象的地理空间，她何曾提及过哪怕是最细小的确切位置？所有这些被再创造的地方，其实在别的地方，在作品的深处，在作家酝酿的思想深处。到处都是季风的整个亚洲就是她的故乡，是她无法被剥夺的地盘，是她的写作地。剩下的只是细节问题，都是传记作家们的事情。

玛格丽特·日尔曼娜·玛丽·多纳迪厄于1914年4月4日出生在那时是交趾支那地区首府的西贡东北的郊区嘉定镇[4]。她凌晨4点出生在当时正在印度支那当法语教师的父母的居所。根据当时的法律，亦即法兰西共和国的法律，孩子必须在第二天到殖民地行政机构登记[5]。嘉定行政助理在填写好居民的官方登记表后，主持了在出生登记簿上登记的仪式。未来的玛格丽特·杜拉斯正式开始了自己的公民生活。

1914 年的嘉定

最初，在嘉隆皇帝统治时期，这里只是北方大道（著名的汉人大道）边上的驿站，19 世纪下半叶，嘉隆皇帝的儿子明命皇帝在嘉定建造了一座城市。1832 年到 1834 年间，交趾支那发生了反对胡朝中央政权的起义，明命皇帝获胜（作为报复，他让人摧毁了城堡和西贡城，并在墓地平原处决了一千多名起义者），决定在那里建立他的南方省区政权。这只是个小小的插曲。法国人对交趾支那的征服始于 1858 年，终结于 1867 年，对这座新兴城市而言，意味着这个众所周知时期的终结。新主人们，“统治者的海军司令”决定把自己的首府建立在西贡的旧城上，船只和军事增援就从那里抵达。

玛格丽特·多纳迪厄出生时，尽管嘉定是同名省份的省会城市和行政中心，但是与法国征服者所建造的光芒四射的新兴城市西贡相比，今后很长一段时间里只不过是一个单调的小镇。一种自然元素把两个地方一分为二，这就是被称为泥石流通道的小河，河水沿着首府植物园流入西贡河。小河上有一座桥，通向外面的达高广场，那里离欧洲墓地不远。黎云悦大道穿越乡村直通嘉定镇中心。强大的殖民地统治者尊重历史的延续，这条大道（今天的丁玉黄街）一直沿用法国人所喜爱的交趾支那老副国王的名字，直到越南独立[6]。

“嘉定省会城市”，这是那个时期的官方称谓，拥有自己的塔、教堂、市场、邮局、学校、警察……还有许多以这些名称命名的街道，让流亡的法国人放心。“履行交趾支那第一地区视察员职责的行政长官”的官方行政公署坐落在市中心由西向东穿越市区的视察大道。小镇依然保留着过去的某些遗迹，最著名的是 1799 年嘉隆皇帝年间建造的阿德朗主教墓，墓地是为了纪念这位法国传教士而建，嘉隆皇帝掌权前，此人在交趾支那起着历史性的作用[7]。瓦顶小塔在交叉路口的树丛中间。19 世纪末，落日之前，酷热降临，西贡的上流社会人士黄昏时分驾马车来到那里。这就是他们的“巡视活动”，他们好像在此举行散步仪式，他们穿越墓地平原，沿着宽大的道路散步，路旁是高大的树木和鲜花盛开的花篱。这种风俗延续到 1914 年，尽管汽车越来越多地与双篷四轮马车和轻便双轮马车展开竞争（1903 年，西贡有了第一辆汽车）。

更平淡无奇的是，那些居住在嘉定的职员们并不富裕，他们经常从广场驾驶着被称作马拉巴尔的四轮马车到西贡，因为他们的车夫大多来自印度的西南海岸。据当时的证人讲，这些马车坐着特别不舒适，因此人们越来越喜欢从中国引进人力车。1888年，西贡市政府把独家经营权让给了一个法国承包商。坐人力车“进城”，仅需要30分钟左右。20世纪初，有轨电车也从嘉定通到西贡，以及更远的肖龙的中国城。最初的有轨电车仿照巴黎的“玛德莱娜-巴斯蒂耶”模式，由马匹拉着前行。

今天的嘉定只是平青区众多小区中的一个，胡志明市扩展时建造了区。街道的规划没有任何变化，只是更改了名称。邮局、市场、学校、医院还在那里，视察员公署则变成了区人民之家。成千上万的宏达机器脚踏两用车在城里穿梭，载着家人和穿着传统服饰长袍的漂亮姑娘；人力脚踏车还在运行，勇敢地在两用车中间穿行。

季风吹来的亚洲

我们处在季风吹过的亚洲中间，这里属于热带气候，干旱季节（11月到4月）气温很少会低于20度，而在雨季来临之前可以高达40度。年平均气温维持在27度以上。多纳迪厄夫人1914年4月4日临产时，正是夏天的季风转换期，从5月初到10月底，急骤强劲的季风经常肆虐整个交趾支那。每天下午或晚上都会有急骤的阵雨，夹杂着狂风暴雨。每年的这个季节，闷热的天气都会让人特别难受。“雨季来临前的几个星期最难忍受。”与多纳迪厄一家同一时期生活在印度支那的一位法国教师如是说[8]。

新生儿的母亲37岁，父亲42岁。玛格丽特是亨利和玛丽·多纳迪厄的第三个孩子。他们在9年前分别到达印度支那，在西贡相识，1909年在西贡结婚。双方彼此都是二婚。女儿出生时，亨利·多纳迪厄是嘉定师范学校的校长，这是一所培养地方小学教师、服务当地教育的学校。他的夫人，出生名玛丽·勒格朗时任西贡市立学校副校长。两个人均出身大城市的教育世家。玛格丽特·杜拉斯的父母是殖民地政府官员，当时的职业生涯已经有了一个很好的开端。关于父母来印度支那的原因，作者在20世纪40年代末创作的《抵挡太平洋的堤坝》中给出了属于她自己的版本。她这样写道：“母亲是法国北部老资格小学教师，不久前嫁给了一位小学教师，两人均受到了宣传广告和皮埃尔·洛蒂的书的诱惑，急不可耐地来到殖民地探险。”1976年，在一段关于母亲的文字中，她进一步美化了这个版本："某些周日，她站在村政府殖民地宣传广告前，浮想联翩：'年轻人，到殖民地去吧，那里的财富等着你。'一棵果实累累的香蕉树下，一对殖民地夫妇穿着一身白衣服，躺在靠椅上优哉游哉，而当地人则围在他们身旁忙碌。"[9]

应该这样设想：在这一点上，小说与事实并不完全吻合。

亨利·多纳迪厄

玛格丽特的父亲亨利·多纳迪厄，人称艾米尔，法国西南部人。他1872年4月9日出生在洛特－加龙省的洛特新城专区的圣－艾蒂安的一个小区，这个地方距阿让北部和加龙省峡谷大约30公里。平民区，普通的家庭环境，这是一个与乡村密切相连的艺术之家。他的父亲约瑟夫·多纳迪厄是鞋匠，过去曾经做过瓦匠，他出生时，父亲37岁。父亲1835年也出生在圣－艾蒂安的小区。父亲的父亲皮埃尔·多纳迪厄1801年出生在执政府时期，是新城的农民。父亲出生证明上签名的证人是皮匠康帕，另一个是画家居约，他们两人均是圣－艾蒂安区的居民。大革命以前，这位皮埃尔·多纳迪厄的父亲贝特朗·多纳迪厄是邻区皮诺尔的啤酒工（农业工人）。1784年，他在那里与一个乡下姑娘结婚。皮埃尔·多纳迪厄自己则娶了一个农民的女儿安娜·德尔贝斯（登记簿上是德尔贝），她就是亨利·艾米尔的奶奶。安娜·德尔贝斯祖籍拉罗克－坦博，这里是周围地区的居民点。另一个叫多纳迪厄的人肯定也是一个亲戚，生于1804年，是新城以西几公里的比亚斯镇的农民。这就是女儿富瓦·多纳迪厄，她与亨利·多纳迪厄同一年在新城进行了出生登记。

亨利·多纳迪厄的母亲玛丽·拉斯孔布是卡斯泰尔诺人。卡斯泰尔诺是一个人口众多的村庄，周围风景秀丽，果园成荫，背靠山冈，距洛特新城专区大约十五公里，贝拉热克公路（现在的二十一号国道）从那里通过。她与丈夫同一年出生，玛格丽特出生时，她的父亲也37岁。她的父亲让·拉斯孔布生于1802年，是卡斯泰尔诺的农民。她母亲玛丽·巴尔德什是"家庭妇女"，洛特－加龙省人。总之，我们在地方政府的出生登记簿上找到了不少多纳迪厄、拉斯孔布、德尔贝斯、巴尔德什等姓氏。1870年，仅仅在洛特新城，就有好几个多纳迪厄家族，有两个叫这个名字的鞋匠（一个是皮诺尔的让·多纳迪厄；另一个是路易·多纳迪厄，他娶了一个做裙子的裁缝为妻，家住加兹大街）。而其他的则是织布工、裁缝或耕作者。

亨利·多纳迪厄的父母结婚时非常年轻。1856年在洛特新城举行结婚典礼时，他们还不是成人。约瑟夫·多纳迪厄两岁丧父，但是母亲安娜·德尔贝斯和岳父、岳母参加了婚礼。岳父、岳母当时住在新城一个叫红皮利耶的圣－卡特琳区。1837年丈夫去世时，安娜·德尔贝斯就在圣－艾蒂安区住了下来（她1881年在那里去世，时年80岁）。亨利·多纳迪厄父母的婚礼公证人是博斯克大师，他也是新城的市长助理。两人结婚后共生了4个小孩，3男1女。

父母结婚一年后，1857年7月4日，大儿子出生了。儿子由两位邻居向新城市政府做出生登记，邻居一个是皮匠，一位是车工，孩子起名为亨利。全家那时居住在圣－塞尔南区，父亲在一家制瓦厂工作。这位兄长也成了鞋匠，21岁时娶"熨衣女工"玛格丽特·格拉克为妻，生有一女安托瓦妮特。约瑟夫·多纳迪厄和玛丽·拉斯孔布的第二个孩子在6年后，也就是1863年11月4日出生，是个女孩，家里人给她起名玛蒂尔德。父母搬了家，居住在圣－艾蒂安小区的阿尔布尔皮克街，父亲当时的职业是鞋匠。到市政府进行出生登记的证人是织布工让·拉巴内尔，还有另一个鞋匠皮埃尔·卡斯泰。玛蒂尔德·多纳迪厄的身份证明上没有注明她是否结过婚，也没有她去世的时间。让人吃惊的是，在我有幸与亨利·多纳迪厄的后代们的交谈中，他们好像并不知晓玛格丽特·杜拉斯的这位伯父和姑姑，对他们的回忆好像在代代相传中遗失了。

未来的嘉定师范学校校长1872年出生时，距约瑟夫·多纳迪厄和玛丽·拉斯孔布的第一个孩子出生已经过去15年。他们又搬家了，但还在那个区。他们现在住在圣－艾蒂安街20号。婴儿户口本上的名字与父亲的弟弟相同，叔侄同名在那个年代比较常见。但不同寻常的是，两个人都没有其他名字（至少在出生登记簿上没有出现，一般情况下，户口簿上的名字都非常准确）。为了区分两人，大家把二儿子叫艾米尔，家人和朋友始终这样叫他。玛格丽特·杜拉斯的父亲去世时是以艾米尔·多纳迪厄的名字下的葬。但鉴于他一生的教师生涯中一直用的是真名亨利·多纳迪厄，为了行文方便，我也将留用这个名字。再说，在玛格丽特·杜拉斯的作品中也没有关于父亲名字的暗示。她确实对父亲知之甚少，而且她经常证实，她"厌恶"父亲给她起的名字。她的作品中，父亲时而是"我的父亲"、"我们的父亲"，时而是"父亲"……最好时也只不过称父亲为母亲曾经喜欢过的丈夫。

这个家庭的最后一个孩子出生于1875年5月5日，比亨利/艾米尔·多纳迪厄小两岁，他与哥哥一样出生在圣－艾蒂安街。他的名字叫罗歇或亨利……罗歇·多纳迪厄，也就是“罗歇叔叔”——我们将会在后边的故事中看到——扮演很重要的角色。当时，也就是1875年的这一天，父亲在两位证人（其中一个叫贝朗热，是个拾荒者）的陪同下到新城市政府为儿子进行出生登记。两位证人和居民登记官员在登记簿上签字。申报人约瑟夫·多纳迪厄没有签字，根据当时时髦的说法，是不想知道这个被征调的平民[10]。亨利和约瑟夫·多纳迪厄的父亲不会写字，也可能不识字。亨利的母亲玛丽·拉斯孔布、祖母安娜·德尔贝斯和外祖母玛丽·巴尔德什也不识字。约瑟夫·多纳迪厄和玛丽·拉斯孔布1856年的结婚证可以证明这一点，上面清楚地显示，新郎新娘没有在居民登记簿上签字，他们的母亲也没有签字。这并不奇怪，19世纪上半叶，文盲的数量还非常高，特别是在乡下，比较常见的是，农忙一开始孩子就辍学。尽管七月王朝赋予了接受教育的自由，但直到第二帝国时期形势才发生了好转。有关这一点，官方资料显示，在洛特－加龙省大区，1875年的2768名新生中，有2168人识字、能写、会算[11]。直到第三共和国成立之后，小学才开始免费，更多的人才可以上学[12]。

关于自己的父母，玛格丽特·杜拉斯在1988年接受电视采访时说：“啊，他们是非常单纯的人。北方的农民……我父亲……他父亲是洛特新城的鞋匠。”然后她又笑着补充道：“我不是让·多梅松，哎……我是个小密特朗。父亲是铁路员工……比铁路员工强一点……”[13]事实上，玛格丽特·杜拉斯知道自己的外公外婆，不知道自己的爷爷奶奶。约瑟夫·多纳迪厄1907年72岁时在洛特新城去世。玛丽·拉斯孔布1914年10月31日去世，时年79岁，当时算长寿。据官方统计，1880年洛特－加龙省地区的人均寿命刚刚超过46岁。奶奶去世时，玛格丽特·杜拉斯只有7个月，居住在离新城很远的嘉定。

她父亲出生和爷爷奶奶去世时的房子在圣－艾蒂安街20号，现在还在那里。房子非常小，顶上还有一层，肯定是当时的阁楼。房子很窄，和邻居的一样用当地的平砖砌成，中间用厚厚的水泥浇灌，房子的颜色是玫瑰色和白色，看起来非常顺眼。门框和窗框由当地的砖和白色石头混合而成。鞋匠的店铺对着大街，家里人居住的主卧对着房子的后院。二层有两个小卧室，一个对着大街，一个对着后院。前不久，门厅被“现代化”了，涂上了统一的白色灰泥层，方正的大门隐去了过梁和石头的棱角。通过居住在18号和20号两家邻居的房子，依然可以比较容易地想象到这座房子原来的模样。按照现在的时尚，房屋的主人铲掉了正面的灰泥层，露出了过去的砖块和石头。这条砖块砌成的小街上的其他房屋以其特有的木筋墙显示其风格，一直到朗德地区都是这种风格。

街道的最西边，是圣－艾蒂安教堂的罗马钟楼，钟楼上面有四个敞开的拱孔，每个里面有一口钟，钟楼高高矗立在那些当时被称作“圣－艾蒂安郊区”的屋顶之上，那里属于城市的南部，洛特河把这个地方与城市的其他地方分开。新城名字的一部分源自这条小河，也因为这条小河，才有了这里的制矾工业，后者为这座城市的鞋匠和鞍具制造者提供皮具和皮革。与圣－艾蒂安街平行的皮革制造街和与阿拉街相邻的鞍具制造街就是证明。亨利·多纳迪厄出生时，在圣－艾蒂安郊区居住的大部分人是并不富裕的小手工业作坊者。有钱的新城人更多地住在小河的那边，北面的圣－卡特琳区的各个小区里。一座老石桥，非常漂亮的西厄塔石桥连通了老城的两边。这座罗马风格的石桥建造于13世纪，至今还可以用来行人。路易十三时期，增加了一个35米宽、18米高的桥拱，船只可以从桥下通行。

这座城市于1264年由埃斯修道院的本笃会修士和皮诺尔的居民建造，罗马时期这些修士定居在稍偏北一点的护塔附近，居民定居在河流南边的山冈上。新城的名字来源于此。在13世纪前20年的反对阿尔比人的十字军东征之后，这个地区有一部分被夷为平地，阿让也恢复了相对平静，这也有利于建造大约12座这样的城市。它们被称作城堡，是按照异色方格式建造的，这样在发生流行病时就可以比较容易地疏散人群。在百年战争落入英国国王的控制之前，这些城堡受到了图卢兹伯爵以及随后受到法国国王的保护，许多阿让人的城堡早已升格为乡镇，而且也以此享受着商品免税以及允许他们自治的特权。新城刚好位于洛特河能够航运的河段，周围是城墙，尽管16世纪的宗教战争在这个地区，在自由思想和新教家庭引发了极大混乱，新城还是经历了辉煌时期。在17世纪中叶的路易十三统治和投石党运动时期，同样的理由使这个地区动荡不安。

接下来的18世纪，也就是“启蒙运动时期”，洛特新城出现好多共济会组织：1759年的“美好和谐”；1774年的“无任务友谊”；1782年的“可爱和谐组织”。“波旁的朋友”于1818年、“自由的朋友们”于1846年、“最后觉醒”于1875年分别创立。在此期间，1789年的大革命向立法议会，然后向国民公会派遣了一位新城的政治家和文学家帕内加尔，此人虽然曾经做过神甫，但还是投票赞成处死路易十六。这座城市圣－艾蒂安墓地旁边的街道至今还用他的名字命名。这里还保留着许多典型大革命时的标志性建筑，它们至今还点缀着这座城市。除了位于圣－艾蒂安区的大革命广场和人权广场之外，还有国民公会街、七月十四日大道、自由大街、平等广场、博爱大街、罗歇·德利勒街、吉伦特派街，还有一些联盟和瓦尔米小道，三条大街以人名命名，分别是以德穆兰、卡诺和丹东命名。革命一场接着一场，新城和许多法国城市一样，九月四日大街是为了纪念这次革命修建的，1870年色当战败之后，它引发了第二帝国的倒台。

亨利·多纳迪厄出生两年之后，洛特新城成为大区最大的市场之一。市区人口大约14万。除了有利于商业和小工业的洛特河流的航运之外，完善的公路网把专区政府和其他地区连接起来，而且也与加龙省流域的交通枢纽接通，形成了它的大公路交通和旁边的水运通道。19世纪下半叶，出现了铁路。1880年，洛特-加龙省地区的铁路干线不少于六条。其中一条从新城到大区政府所在地，是佩里格-阿让干线的分支，再往前就到波尔多，然后就是巴黎了。从阿让-波尔多-塞特的铁路线也可以把新城与马赛连接起来。城市尽管向外边的世界开放，但是也保留着自己的古老风貌，特别是在南部。那时的圣-艾蒂安郊区几乎完全被老城墙围着。两个城门可供出入，一个是巴黎门，“一个很高的、用砖砌成的、带有齿型装饰和突廊的方塔”，另一个是皮诺尔门，“保存得更完好，也是一个四层方塔”[14]，是城里最奇特的建筑之一。过去的旧城墙遗址今天大概就剩这么多了，围墙早已经让位给伏尔泰、丹东和德穆兰等，沿线有好几条以他们名字命名的宽阔林荫大道。

那时，这里的交易以这个农业和畜牧业大区的土产品为主，这里缺乏能源，他们不可能按照南方其他大区例如塔恩或以开采煤田为主的加尔的发展模式走工业化道路。如果说新城的上游菲梅尔还有一些铸造厂，一些用于铁路和军队建设的高炉炼铁厂的话，城里只有一些小的传统小工业：砖瓦厂、石灰厂、蜡烛厂、宗教仪式需要的大蜡烛厂、印染厂、造纸厂，还有珍珠扣子厂。但是现在这里有一个煤气厂……还有一个制鞋厂。鞋匠失去用武之地，不得不转行是迟早的事。

畜牧业和农业在地方经济中依然占据绝对统治地位。先说说畜牧业：牛，大批的马，还有骡子和驴。牛犊、猪、山羊和绵羊都是该地区特有的品种，它们为阿让的纺织业提供了大量的羊毛，为蜡烛制造业提供了大量动物油脂。市场上当然有鸡、鸭、珠鸡、鹅和火鸡，整个西南部地区也因此而享有美食之地的声誉。周围的许多农场都有酿造蜂蜜和蜂蜡的蜂群。类似土豆、干蔬菜（豆角、豌豆、蚕豆）、面粉和混合粉（小麦与黑麦的混合粉），大麦或荞麦面主要供应当地的消费市场[15]，而玉米和甜菜用来喂养家禽。周围山坡上的葡萄园生产被我们的向导誉为“品质非凡”的葡萄酒。除了鹅肝酱、配有块菰的鸭肝酱、野味、煎饼和其他出口的食品之外，该地区真正的财宝是那些供给罐头厂的水果。最著名的水果首推李子，用来制作阿让李子。那些被称作制李子干的李子树，主要集中在马尔芒和洛特新城周围地区。它们被种植在葡萄园或者菜园中间，受到小心翼翼的保护。“生产干果，特别是李子干用去很大一部分劳力，”我们的向导接着说道，“仅洛特新城一个城市的年贸易额就达到了300万法郎。”[16]还要算上那些附加产品，例如烧酒，这里到处都有酿造烧酒的酒厂和自造烧酒的家庭。这个地区的另一个特色产品，是烟草种植。由一家国家垄断公司经营，为不远处的托兰卷烟厂提供烟草，烟厂的厂长是“毕业于巴黎综合工科学校的工程师”[17]。

玛格丽特·杜拉斯四十多年以后第一次在父亲的故乡逗留，两年期间她了解的就是法国西南部小城市的特殊环境和乡村生活。总体上讲，那时没有任何大的变化。她将从这次经历中获得与土地万物本能的亲近。20世纪30年代初她第二次在此逗留，时间比上次短，她懂得如何利用这些她熟知的事物，写作了她的第一部小说《厚颜无耻的人》，发表于1943年。在父亲的故乡，她听到了当地人还说着的土话，像大部分法国乡村一样，这些土话一直延续到20世纪50年代初期。洛特新城地区所讲的是与吉伦特和热尔地区使用的加斯科尼方言相近的土话。我们从中发现了与凯尔西方言和图卢兹地区方言的亲属关系。属于奥克语地区，尽管官方语言早已经是卢瓦尔河附近的北方语言，但是在19世纪末的洛特－加龙省地区，“不管是城里的工人，还是乡下的农民，依然是人人都讲方言”[18]。这个地区的文学传统非常坚实，人们也用方言写作。相邻的阿让城引以为豪的是，当时人们评价非常高的诗人和理发师雅斯曼[19]就出生在那里，人们为他雕塑了一尊铜像。

学 业

亨利·多纳迪厄即将上学的那些年，随着小学生数量的急剧增加，法语也因此得到了逐步发展。1879年费里走上国民教育部的领导岗位，他让比松负责初等教育，两人上台之后，这一运动有进一步加快的趋势。这一时期，共和派在众议院和参议院均战胜了君主派。在费里的推动下，第三共和国时期大的教育法规得以制定和通过，这些法律法规将标志着教育的民主化和非宗教化。几乎在同一时期，玛格丽特·杜拉斯的父亲亨利·多纳迪厄在洛特新城上小学（1878—1884）。12岁时，他完成了小学学业，获得了学习证书，开始了中学学业。也许是在新城的市镇男子中学学习，这是该地区三所市镇中学中的一所（另外两所在马尔芒和梅赞，位于大区的东部和南部）。他极有可能享受助学金。这些市镇中学是非教会学校。1800 年，洛特新城的这所中学由 12 个家庭的父亲提议并创建，属于私立学校。1816 年起，变成镇政府公办学校，1850 年又变成了私立学校，1871 年，镇政府重新收回。玛格丽特·杜拉斯的父亲上这所学校时，学校肯定搬进了临时驻地——古老的嘉布遣会女修院，他一直寄宿在那里，直到女修院脏得有害健康、无法居住才离开，这也是为什么档案里没有记载这段经历的原因。而我们所了解的情况是，亨利·多纳迪厄 1888 年顺利地通过了小学教师从业资格证书的考试。考试在区政府所在城市阿让举行。他的"小学教师资格证书——初级资格证"1888 年 11 月 10 日由波尔多教育局颁发。因此他的家庭决定让他在教育方面发展。1881 年的法律规定，小学教师必须具备从业资格证，那时的许多人什么证书都没有。拥有这样的资格证书，亨利·多纳迪厄完全可以去教书。这就是人们所说的从"小门"进入职业生涯，当时的许多小学教师都选择了这条道路。但是，除了大区各个地方的代理教师的职位之外，要想获得正式职位和任命是非常不容易的事情，工资也少得可怜。玛格丽特·杜拉斯的父亲很年轻（刚刚 16 岁），而且一定是个好学生，因为他的老师们鼓励他参加师范学校的入学考试。这正是他 1888—1889 学年所做的。准备工作非常艰苦。要获得足够高的分数才能被接收，仅仅获得参加正式考试的机会。在补习课堂和规模较小的中学（招生主要在那里进行），只有那些有天赋的学生才会被鼓励参加考试。假如成功，考生将会通过"正式渠道"进入职业生涯，小学教师称这条道路是"王道"[20]。这位年轻人选择的正是这条道路。

阿让的小学师范学校的录取考试在两个不同的地方举行："笔试"在区行政公署，"口试"在师范学校举行。1889 年，亨利·多纳迪厄参加考试时，正值盛夏，考试时间从 8 月 1 日到 3 日。

考生首先必须接受全面体检，共和国需要身体健康的小学教师。幸亏有这次体检，我们得知玛格丽特·杜拉斯的父亲身体非常健康[21]。然后就是笔试，考试的主要内容有拼写、书法、法语作文、算术和格律体系，最后一门是绘画。根据录取原则，达到录取总分的考生"即刻被关闭"在师范学校的大楼里，以便第二天一大早就可以开始一连串的口试。口试的内容还是法语和算术，但是也有法国历史、地理，也有物理和自然科学。每个考生必须试讲两门课，一门是文科课程，一门是理科课程。最后考两门特殊科目：音乐和体操。

亨利·多纳迪厄的考试成绩很好，最好的是拼写，其次是算术和音乐。他的总分为180分，在11名“被认为能够进入师范学校”的年轻小伙子中，他的成绩排在第三。获得第一名的人名叫让·蓬皮杜[22]，总分196.5分。

1889年10月到1892年8月，亨利·多纳迪厄因此成了洛特－加龙省大区小学师范学校的学生/老师。师范学校被安置在蒙布朗的古老城堡中，城堡距阿让西北几公里远。他是寄宿生和国家助学金获得者，作为交换，他必须履行十年合约，为教育部范围内的国民教育教书，至少得到1902年。1892年7月，经过3年的学习，他顺利通过了高等学校文凭考试。他的“小学教师资格证书——高级资格证”1892年8月19日由波尔多教育局局长颁发。就在这同一年，亨利·多纳迪厄又获得了一个“体操硕士学位证”。1892年11月18日颁发给他，证书上盖的是大区国民和艺术教育国务秘书的印章[23]。

1892年10月学校开学时，他即将到第一份工作岗位上赴任。需要指出的是，正如雅克和莫纳·奥祖夫在他们的著作《共和国时期的小学教师》中所解释的那样，那时，小学教师“还是由行政长官任命，他们被看作高效的选举官员，负责投票以及有分寸地让别人投票[24]”。

亨利·多纳迪厄的第一份职业直到现在还是个小秘密。他的服役状况显示，他仅仅在1893年4月在洛特新城附近的一个很大的郊区阿让佩内逗留了6天。但是他却在1892—1893学年教了一年书，直到7月，他顺利通过了专业教学法合格证的考试，证书有特别要求，那就是考生必须当着自己将要任职的学校校长的面，讲一节三个小时的课[25]。这个专业技术证书非常珍贵，因为它能够让考生在大约两年的期限内得到开启转正大门的钥匙。

第二年秋天，他又去了马尔芒服兵役，11月11日被编入了第20步兵团。通过在自己所在的镇新城抽签的方式，他选择了通过几个不间断的阶段完成10年兵役的形式。第一阶段的兵役结束的时间在1894年9月25日，这时他正好空闲在家，所以开学时又回到了自己的岗位上。幸亏我们在现存的服役材料中找到了关于他的体貌特征[26]，我们也因此才能够对他进行准确描述。他有一双褐色的眼睛，浅褐色的头发，瓜子脸，脑门发亮。他个头不高：1米62，据他的孙女讲，完全符合多纳迪厄家族男人的特征[27]。关于脸型，玛格丽特·杜拉斯的儿子马斯科罗档案中所保留的一张照片证实了这一体貌特征。这张半身照片所揭示的是从面部散发出来的和善表情，温柔的面部容貌和眼睛里的那种狡诈的目光给予了这种表情。除了我们在凝视这种表情时突然对这个人所产生的好感之外，还有照相机所捕捉到的微微笑容。

最初的职位，第一次婚姻

从个人职业和生活事件来看，从 1894 年起，玛格丽特·杜拉斯父亲的职业生涯并没有遇到太大的困难。1894 年 7 月 3 日，波尔多教育局局长正式颁发给他教师专业技术证书。学校开学时，他结束了自己的兵役，被任命为马斯阿让男子学校的实习教师。他在那里教了两年书，1896 年 1 月 1 日在那里转正。这已经是一个优越的职业了。马斯阿让位于加龙省左岸距马尔芒以东大约 20 公里的地方，是镇政府所在地，大约有两千居民。这里根本不是尽人皆知的偏僻乡村，很长时间，那些从师范学校毕业的小学教师就是从那里开始他们的职业生涯的。确实，我们还处在这样一个时期，那些有幸在师范学校接受教育的人仅仅是少数享有特权的人。

他的下一个职位在马尔芒，1896 年开学时，他被任命为那里的正式小学教师。这是进步快的标志。这说明，职业生涯开始 3 年以后，亨利·多纳迪厄得到了阿让上级教育机构的密切关注，而且他也同样受到了洛特－加龙省区政府的高度关注，这一点也许同样重要。有必要提醒读者，那些以后被称作“共和国轻骑兵”的人，就是这些长期坚守在自己的村庄严格地屈从于教区本堂神甫职权的小学教师，他们在这个英雄的年代，不仅要展现自己教学方面的价值，还要体现他们在得到大家认可、无可挑剔的道德职权方面的价值，他们是新的“世俗道德”的象征，他们面对的是占据忏悔学校的神甫，这些人很难接受他们的传统领地受到侵占。冲突始终让人非常担忧，那些有思想的家庭的目光一直盯着这个官方的反对教会干预政治的组织。假如缺少斗争或者冲突过于明显，人们也始终担心，区政府会因此而走人。

马尔芒是驻防城市，区政府所在地，是该地区重要的中心，地理位置非常好，是西南交通要道，加龙省河边的港口非常繁忙。铁路确保了该地区与波尔多和阿基坦地区城市之间交通的畅通。良好的公路网使这个中心与整个内地连接起来。亨利·多纳迪厄在那里教书时，这个城市大约有一万人，有林荫大道，有一座漂亮的建造于 14 世纪的大教堂，还有行政办公大楼、商店、咖啡馆……总之，对一对年轻夫妇而言，是一个非常舒适的生活环境。玛格丽特·杜拉斯的父亲不是一个人来马尔芒的，陪他一起来的还有他的第一任妻子——也许他在服完兵役后认识了他的妻子——她是附近地区的一位年轻姑娘。

这位首任妻子叫艾丽斯·里维埃，奥里亚克上德罗人。这个小村庄位于马尔芒北面大约20公里的德罗山谷。她的真名叫玛丽·里维埃（但是大家都叫她艾丽斯），1877年8月13日出生于杜拉斯镇附近。她的出生证明上写着，她出生在祖母的住所，住所就在杜拉斯镇管辖的土地上。她出生时，母亲弗朗索瓦丝·泰里耶只有17岁。父亲让·里维埃25岁，是皮埃尔的地主，据说是在与奥里亚克相邻的镇子的所在地[28]。艾丽斯·里维埃和亨利·多纳迪厄在1895年2月22日的隆冬结婚。他们在民政机构登记的婚礼在莱维尼亚克－德－塞谢村政府（今天的莱维尼亚克－德－居耶内）举行，里维埃家就住在位于杜拉斯和马尔芒之间的大村庄。两个小学教师做新郎的证婚人。第二天，新郎新娘在莱维尼亚克圣母院接受婚配降福。亨利·多纳迪厄的父母从洛特新城赶来，参加了由教区神甫主持的仪式。那时，让·里维埃结婚证上的职业是"酒店领班"。据1882年的一份资料记载，他当时是"小酒店老板"[29]。艾丽斯·里维埃的父亲确实在莱维尼亚克－德－塞谢村政府大厅的对面开了一家咖啡馆，至今还在那里。

艾丽斯·里维埃与亨利·多纳迪厄结婚时也是17岁。我在马尔芒采访她的孙女时，孙女说祖母是一个"长着褐色头发的漂亮女子"，这一点从家里人保留的照片上可以得到证实。艾丽斯有一个姐姐，一个妹妹，姐姐让娜·里维埃比她大1岁，妹妹玛丽－艾米丽·里维埃比她小5岁。她的弟弟让·里维埃出生于1881年，后来成了药剂师，定居在阿勒曼－迪德罗地区。他隐居在杜拉斯附近的小村庄博特，1957年76岁时在那里去世。他娶了莱维尼亚克的一位小学女教师瓦卢瓦，生有一子。艾丽斯·里维埃的母亲两次寡居，最后一次再婚嫁给了一位名叫纳维尔的先生，在博特的住所居住了很长时间，星期天儿女们领着孙子孙女们在那里相聚。亨利·多纳迪厄的岳母是阿勒曼－迪德罗附近的蒙特通人，据她的曾孙女说，她本人是一个"非常漂亮的女人"。我们后面会看到，这个女人一生的作用非常重要。她1935年74岁时去世，葬在莱维尼亚克的家庭墓地。

年轻的多纳迪厄夫妇在马尔芒待了两年。1898年开学时，玛格丽特·杜拉斯的父亲被委派到大区最南边的梅赞高级初等学校，任"科学教育代表"。这对一个刚刚开始职业生涯的小学教师是比较少见的。第一次世界大战前，能够真正离开小学教师这个行当的人数少之又少。那些能够进入小学领导职位或者高级初等学校教师行列的人更是凤毛麟角。就亨利·多纳迪厄的情况而言，这确实意义非凡，因为他仅仅教了5年书，当正式教师的时间也就两年半。他有学习天赋，毫无疑问，他既积极主动，也特别渴望改善自身和家庭处境。1898年到1904年，他待在那里，期间证明了自己的才能。

第一段时间，他是“负责科学教育的助理小学教师”（1898 年到 1902 年 9 月 16 日），1902—1903 学年开学初，他步入了“高级初等学校五年级教师”的行列。1900—1902 年间，他在保证梅赞的教师工作的同时，获得了波尔多大学自然科学学院的学士学位。该学位有 3 个高等学校的学习证明，动物学是 1900 年 7 月通过的，植物学是 1901 年 7 月通过的，地质学是 1902 年 7 月 2 日通过的。因此，国民教育部 1902 年 10 月 2 日颁发给他自然科学学士学位证书，以便“享有国家颁布的法律法规所赋予证书的权利和特权”[30]。从今以后，这个学位证就可以让他步入高级初等学校教师的行列。这个成绩之所以突出，还因为梅赞仅仅只是内拉克区里的一个镇政府所在地，位于洛特－加龙省、热尔和朗德地区的交界处，是一个被人遗忘的小城市。一条附路通过那里，最近的火车站离那里也有十二多公里的路程。而且，这也是一条附线，去阿让、马尔芒或波尔多的旅客必须到 30 公里以外的圣玛丽港车站换车。从那里到波尔多还有很长一段路，要到大学去上课，需要一定的勇气和决心，而且还得不惧怕长途跋涉。

亨利·多纳迪厄就职学校的类别在当时还是小学。获得学士学位以后，他当时就可以拥有教师头衔，这也可以使他在将来进入中学。也许今天人们无法理解，在当时教育与世隔绝的环境下，如果对区分“小学”和“中学”的重要性不甚了解，大家会说那只是一些行政上的细枝末叶。但是在同事和社会上一些人的眼里，一位“单纯的小学教师”和教师之间的区别太大了。直到第二次世界大战结束，在中学教书一直是贵族的标志，而在小学教书则不是（且不要说这些小乡绅与那些取得中学教师学衔或者高等教育教员之间的差距了！）。亨利·多纳迪厄的行政书信显示，他之所以在意这些成绩，也许更多的是经济原因，而不单纯是荣誉问题。玛格丽特·杜拉斯本人在自己的一生中，反复强调父母的生活条件非常简陋，她也从来没有错过在自己的著作中流露出自传体的成分，她指出父亲是“数学教师”。

横在中学和小学之间的这种鸿沟在两类学生中间表现得非常突出，特别是那些中学生和那些上高级小学的学生之间。高级小学是 1886 年法律的产物，目的是通过所谓的“高级小学”延长小学的基础教育[31]。这里的教育没有拉丁语和希腊语，最大限度地开设应用课程，绝大部分针对的是小资产阶级、商人、富农、小职员的儿子，目的是让他们尽快地进入职业生涯。它经常是为了满足当地或者该地区的需要，让那些最聪明的学生用 3 年时间获得高级文凭，用当时的话讲就是“小学会考证书”。亨利·多纳迪厄 1898 年起任职的学校从事的就是这样的教育。

梅赞的高级小学拥有寄宿生，那些表现优异的学生可以得到助学金。而那些住在家里的学生，根据家庭的经济状况，可以享受“供养助学金”。学校主要招收那些当地学生。教授的科目有：“道德教育和公民教育；法语语言和法国文学概况；民族史和通史概论；法国和殖民地的普通地理，特别是商业和工业地理；算术基础和商业应用原理；初等代数和初等几何；基础物理与自然科学，特别是在农业、商业和工业中的应用。”学生在三年的学习期间还要学习“法律、政经的基本概念”，学习“日常会计和图书管理原理”[32]。此外，也要学一点英语、几何图形、几何图案和几何模型制作。体育和手工（主要是木工制作）在课外活动中占据重要位置。

亨利·多纳迪厄，数学教师？

根据他刚到梅赞的官方资料，玛格丽特·杜拉斯的父亲主要负责自然科学教学。他在 1902 年 10 月晋升为高级小学教师后，依然在“自然科学中心”就职。但是他女儿却传播了另外的版本（更讨人喜欢?）。按照女儿的说法，他可能做过数学教师。如果她说的话可信的话，那就是她母亲曾经强制她参加这个科目的中学教师学衔考试。实际情况又如何呢？这个问题的答案不能完全确定。亨利·多纳迪厄在自然科学方面所受的教育，最初没有设想让他朝数学教学方面发展，至少没有到今天数学教学所包含的高度。事实上，当他在第一次世界大战结束之后，终于进入初中教学时，其实是为了到西贡中学教授自然科学。好像他在梅赞期间，也时不时地上过自然科学课，上过代数课和几何课，甚至上过会计课[33]。高级小学的教师——经常是过去的小学教师——根据当时的需要，试图成为多面手，同时教授好几门课。1903 年，他本人在写给行政部门的信中确切地讲道：“我可以教授数学（这是我在梅赞的角色）或者自然科学。”他还补充道：“我可以教授英语。”一年以后，1904 年 7 月，他获得了“高级小学农学教师”资格证书，在一个类似梅赞的乡村学校，这个证书非常有用。1892 年获得的体操硕士学位的证书，加上现在的这个新证书，使他成为理想的高级小学教师。

他也做了父亲，两个儿子先后出生，亨利·多纳迪厄和艾丽斯·里维埃的家壮大了。大儿子让－罗歇·多纳迪厄出生于1899 年6 月4 日，在中学大街父母的住所。父亲当天就到市政府申报了孩子的出生。第二个儿子雅克·乔治·多纳迪厄出生于5年之后的1904年6月27日。这个小孩出生时，贤惠的女人自己完成了分娩，自己去村政府办理所有的行政手续[34]。直到孩子出生，多纳迪厄夫妇一直住在中学大街，艾丽斯·里维埃负责家务[35]。梅赞那时是一个仅有三千人的小城市（今天的城市和郊区人口只有当时的一半），在区地图上多少有点被遗忘。这个地区最伟大的光荣称号是，见证了法利埃的出生，此人被选为洛特－加龙省有影响的人物，1899年当选参议长（1906年当选共和国总统）。尽管梅赞周围风景优美，也许这里的人们觉得有点厌烦。除了狩猎和垂钓，那时这个地区的娱乐活动很少。内拉克距这里大约15公里，是纳瓦尔王朝建都的地方，是玛格丽特·当古莱姆和亨利四世的封地，既是这个地区的历史中心，也是行政中心。在同一个城市生活了好几年之后，亨利·多纳迪厄是否开始厌烦？他是否感到有必要改变自己的生活和职业？说到促使他改变的原因，我们只能妄加猜测，但正是在这个时候，他将作出改变他生活轨道的决定。

罗歇·多纳迪厄

在他生活发生转折的时候，我们回过头来说说他的弟弟罗歇·多纳迪厄。此人1893年参了军，要服4年兵役，当时他18岁。由于他选择的是阿尔卑斯山猎步兵，他开始在驻扎尼斯的第六部队任职。1895年2月被编入第四海军陆战队，同年6月15日加入驻扎在交趾支那的第四殖民地部队。两年以后，他的服役结束，他决定留在印度支那，申请了一个土地丈量学徒的职业。他1897年3月在西贡的地籍管理和地形测量所任职，1903年进入了“三级土地丈量员”的行列[36]。亨利·多纳迪厄的弟弟1898年第一次回到法国，他要在自己洛特新城的家里休8个月的病假。他在1902年7月到1903年元月第二次回到法国享受行政假期。在此期间，他结了婚。毫无疑问，是他激励了玛格丽特·杜拉斯的父亲到印度支那探险。后者1903年3月13日从梅赞写给交趾支那教育主管的信就是证明，信中写道：

主管先生：

我弟弟是地籍所地形测量员，我因此也喜欢上了交趾支那，我渴望在那里得到一份和教育有关的工作。我是高级小学的教师。我获得了大学头衔，我能够提供经过公证的复印件，这些证件有：初级和高级证书，专业资格证书，体操教师证书，自然科学学士学位。学士学位难道不能让我获得中学教学的工作吗？……我弟弟告诉我，我可以在交趾支那的任何行政单位找到一份有报酬的工作。但是，我喜欢我从事的职业，我还想当老师，这也是我专门给你写信的原因。

亨利·多纳迪厄对此已经深思熟虑，也打听了需要办理的手续。“我知道自己应该提供的证件清单，这些正在准备之中，下一封信后天将从马赛寄出，届时我将准备好这些证件，但是你只能在下下一封信中收到我的全部资料，届时我将附上行政资料或者洛特－加龙省地区教育局长先生本人的评语摘要。”钱财方面的事情他也没有忘记，他请收信人去了解自己所得到的待遇。他最后也提到了自己的家庭状况：“我结了婚，是一个4岁孩子的父亲，但是我不希望妻子或者孩子会妨碍我的申请。”（他写第一封信时，二儿子雅克·多纳迪厄还没有出生。）

他向主管先生“致以诚挚的敬意”。

船运的信件比较慢（来回要三十多天），行政部门又比较拖拉，等待回信还是用了一段时间……几乎一年时间又过去了，交趾支那教育主管1904年1月21日从西贡寄出的信给予肯定答复。5月末，按照当局的要求，亨利·多纳迪厄给西贡寄出了一份完整的资料，其中包括：经过公证的各种大学证书的复印件，摘要中无犯罪记录，梅赞市政府颁发的良好生活作风的证明，由军方颁发的品行端正的证明，还有波尔多教育局长的评语。后者在服务机构的证明页边空白处是这样评价申请人的：“兹证明，该职员在完成本职工作时，既显示了智慧，也表现出忠诚。”在写给教育主管、信封上盖着5月24日邮戳的信件中，玛格丽特·杜拉斯的父亲确认，他将“非常高兴”地接受“在交趾支那以及内陆”（也就是说西贡之外）的岗位，“待遇按您所说的办”[37]。另一个资料显示，对方建议给他的工资是年薪6000法郎，也就是他当时在法国工资的两倍。他告知对方希望能在9月份开学时得到任命，也希望对方能尽早通知他，这样他就可以早做准备。他没有说明妻子已经怀上了第二个小孩（初夏时节出生），只是说：“我也荣幸地通知您我将只身一人去交趾支那。我意已决，年龄还小的孩子和他妈妈将待在法国，在我父母家至少滞留一年。我必须确保他们能够忍受那里的酷热气候，否则不会考虑让他们去那里。”他接着说道：“至于我，我什么也不怕，殖民地地籍所的地形测量员——我的弟弟——确信，我能够轻易地适应那里的气候。”那时，他不再怀疑这次申请的结果，因为他在信的下面说道："除了我给你寄去 5 个复印的证书之外，我在出发前将会获得高级小学农学教师资格证书，我希望能顺利通过 7 月 7 日的这次考试。"文字很优美，也很工整、规范。亨利 · 多纳迪厄也许不像女儿所说的那样，是受到了皮埃尔 · 洛蒂的书的诱惑，很明显，他准备充分，满怀信心，只等待着出发了。

申请在大城市教书的人很多，而政府能提供的位置有限[38]。申请材料由交趾支那的教育主管审查、认可并提出建议。但是最后决定任命的是副总督。最后的确认函由联合政府的首都河内的印度支那执行总督签署。在他非常出色的著作《印度支那的法国学校》[39]里，陈望道指出，国民教育高级职员的招聘始终遵循着他称之为"合理的关系网"，这一点在印度支那要比其他法国殖民地更明显。选择心腹公务员时，能在选择过程中起作用的因素很多，他提到了"属于宗教家庭还是共济会家庭"。就像许多历史学家所指出的那样，他也提到，在印度支那的政府官员和高级行政公务员中，有许多是法兰克共济会会员，在 19 世纪末和 20 世纪初，亨利 · 多纳迪厄正准备到殖民地去的时候更是如此。他指出法兰克共济会在向印度支那引进法国教育体系时所施加的影响。这也从另外一方面反过来说明，法兰克共济会在 1880 年前后、第三共和国以及随后的时期，制定学校政策时发挥的重要作用。玛格丽特 · 杜拉斯的父亲在印度支那的职业生涯中，曾经在不少岗位上担任过领导职务，是否也以"合理关系网"的名义享受过对自己有利的偏见（加上他那明显的教学方面的优势）？除了他在职业生涯初期就属于法兰克共济会外[40]，据家人回忆，他申请到印度支那工作时，可能得到了法利埃的帮助（本人就是法兰克共济会会员），这个人可能给他写了一封推荐信。但是这一封信在我所能查到的有关他的资料中并没有出现。

1904 年 6 月 23 日，西贡的教育主管把"亨利 · 多纳迪厄提出的求职申请"和他的其他材料呈送给了副总督罗迪耶。整套材料都全了，唯独缺一份申请人体检证明。执行教育主管若斯尔姆同意他本人的申请。过了不久，印度支那总督保罗 · 贝尔的决定确认了对亨利 · 多纳迪厄的任命，他进入"交趾支那教育机构三等教师"[41]的行列。他的年薪是 6000 法郎，由地方财政支付。他在嘉定的师范学校任职，是当时交趾支那仅有的三所"补充性质的学校"（它们仿照了法国的补充课程的模式，也跟法国的学校一样是小学的延续）。当年的 11 月 15 日他终止了在梅赞高级小学的任职。要想正式进入殖民地教育机构，他还需要辞去高级小学教师的职位，离开宗主国。这是一个非常重要的决定，1904 年 11 月 27 日起就开始发挥效应。他完成了与国民教育部所签署的10年服务协议，在印度支那地方退休金保管处领取退休金的同时，还可以享受他在法国那几年教龄应该得到的福利。

1904年12月30日，亨利·多纳迪厄第一次抵达西贡。他现在已经快34岁了。他一个人11月28日从马赛出发，乘坐着法国邮船公司的“喜马拉雅号”客船，法国有两家公司承担通往远东的运输，邮船公司就是其中之一。他的两个孩子，一个5岁，一个仅6个月，他们与妈妈一起留在莱维尼亚克－德－塞谢的外祖母家里。11月5日家里又出了事，艾丽斯·里维埃的妹妹玛丽·艾米丽在22岁生日之前去世了。出发前，亨利·多纳迪厄赶上参加了妻妹在莱维尼亚克墓地的葬礼。他到达交趾支那之后，又一次见到了弟弟罗歇·多纳迪厄和弟媳安德里安娜。这两个人几个月前从法国度假回来，罗歇·多纳迪厄患上了“热带贫血和直肠炎痢疾”，他在法国用布隆的温泉水进行了治疗。安德里安娜·多纳迪厄本人也得了病，于1月底一个人回到法国，在吉伦特的里翁治疗。她将在年底以前回到丈夫身旁。兄弟俩因此经常在西贡见面，一直到1909年，罗歇·多纳迪厄因为身体的原因不得不从地籍测量局提前退休[42]。

1905年1月初，亨利·多纳迪厄到嘉定师范学校任职。他似乎在新的岗位上很成功，因为在他到任几个月后，师范学校的校长突然去世，大家曾经考虑由他替代。

1905年6月28日，交趾支那的教育局长给副总督写信，建议由多纳迪厄出任校长。他在信中解释了这样做的理由。他首先列举了这位刚刚来到这里的年轻人所拥有的文凭，信是这样写的：“亨利·多纳迪厄来此任职的时间仅有7个月，但是除了他所拥有的初级和高级证书、专业资格证书之外，他还拥有自然科学学士学位证书和农学教师资格证书。”后面还列举了亨利·多纳迪厄在自己岗位上所表现出来的优异品质：“他一到达殖民地就被安排到师范学校，他表现出了自己的教育才能和职业经验。”教育局长在做了这样的评估之后总结道，用他来代替前任校长是最好的选择。副总督这位骑士勋章获得者认可了这些论证。由罗迪耶签署、日期为1905年7月3日的决定确认“三等教师亨利·多纳迪厄代替死去的戈约先生[43]，负责嘉定师范学校的领导工作。”除了这次提拔获得的荣誉之外，作为回报，校长职位还给这位新人增加了1000法郎的收入。但是需要指出的是，虽然他的工资达到了不菲的7000法郎这样的数目，然而他还不属于特权阶层，因为他的弟弟（没有哥哥的学业水平，而且相差很远）在同一时期做地籍丈量员时跟他挣的工资一样多。这次出人意料的升迁大大地改善了亨利·多纳迪厄的财务状况。

河内认真审查了玛格丽特·杜拉斯父亲的申请，他来到西贡之后得到了高层的关注，这就是信号。1906—1907 学年伊始，一个新的更让人羡慕的职位摆在他面前——柬埔寨小学校长的职位，年薪为 1 万法郎。这个建议最初是由亨利·古尔东提出的，他是印度支那国民教育的总负责人（第一个有头衔的负责人）。亨利·古尔东是总督保罗·贝尔的心腹。保罗·贝尔把在巴黎沙普塔尔中学做历史老师的亨利·古尔东要到印度支那，让他负责印度支那联盟[44]的整个教育工作。古尔东的这个建议惹恼了西贡当局，亨利·多纳迪厄刚到西贡不足 1 年时间，也刚刚开始熟悉师范学校的那些新的顶头上司们。当地的教育机构不希望看见一个有才干的人从他们手边溜走，提出了备用方案。他能否离开最后作为问题被提到了殖民地委员会，委员会试图在 1906 年 11 月 17 日的会议上提出解决方案。会议期间，一名委员会委员慷慨陈词："我不明白教育总督为何要抽调我们熟悉的人，把他委派到别的地方，此人在这里的工作得到了认可。"交趾支那的教育局局长急忙表示对"此人"的个人能力的欣赏，会议记录上说："他乐于看见有人对他的学识和教育才能表示赏识。"因此，"他认为当局应该确保他的工作，为他提供与柬埔寨相当的职务。"正在此时，"补充"学校开设了特殊班，申请校长职位的人必须拥有学士学位或者高级小学教师资格证书，亨利·多纳迪厄完全符合要求。他因此被"正式任命为嘉定师范学校的校长，年薪 1 万法郎"。批准这个决定的任命函从 1907 年 1 月 1 日起生效[45]。

这次涨薪就像及时雨，非常及时，因为前一年夏天，嘉定师范学校的校长决定从法国接来妻子和两个儿子，现在就可以应付家庭需要了。鉴于行政手续繁杂，来往于西贡、河内和巴黎之间的邮件缓慢，所以艾丽斯·多纳迪厄用了好几个月才如愿以偿，终于领着自己的两个儿子让和雅克从马赛出发，当时两个孩子年龄还太小，要经受如此颠簸实属不易。在海上颠簸一个月，难免让远在莱维尼亚克和居耶内的亲人们感到非常担忧……1905 年秋末，一家人终于在西贡团聚了。正好赶上与罗歇·多纳迪厄夫妇共度圣诞，他们 1906 年 2 月 3 日就要回法国度假了。兄弟妯娌也许要过很长时间才能够再见面，安德里安娜·多纳迪厄又一次病倒了，得了阿米巴痢疾。来年 10 月，他们寄给亨利的弟弟一张明信片，上面印着"小交趾支那别墅，帕耶，吉伦特"，亨利/艾米尔·多纳迪厄用多少有点揶揄的口吻打探她的病情："安德里安娜她还好吗？她的痢疾止住了吗？"在同一封书信里，他也谈及了那里的情况："西贡依然如旧，毫无新意，也没有特别引人注目的事情发生。雨季就要结束了，如同所有换季时节，天气很热。身体很好……艾丽斯、孩子和我紧紧拥抱你们。”艾米尔[46]没有一个字提到人家建议他到金边任职的消息。多纳迪厄一家目前还待在西贡－嘉定。

玛丽·勒格朗

这是一个法国北方的女人，是弗朗德尔农民的女儿，这里是欧洲北部一望无际的田野。我现在想到她时，看到的还是做姑娘时的她：玛丽·勒格朗，还有什么比这名字更像法国人的呢？然而她的祖父却是西班牙人。这也是为什么玛丽长着黑头发，却有一双金发女郎那样明亮的绿眼睛的原因。

——玛格丽特·杜拉斯《母亲们》[47]

她出生于农民家庭，是敦刻尔克附近农民的女儿。

——玛格丽特·杜拉斯《我母亲所拥有的》[48]

你知道，我曾经在印度支那生活过。我出生在那里，只有母亲可以为我见证欧洲。她总是提醒说我们是法国人，她的故乡在加莱海峡，她是农民的孩子等等。她给我讲了很多故事，我几乎忘记了所有阅读过的故事。但是永远也忘不了母亲讲给我的有关她童年的故事，永远忘不了。

——玛格丽特·杜拉斯《卡车》[49]

阿图瓦地区

玛格丽特·杜拉斯的母亲玛丽·勒格朗是法国北方人，她在那里度过了童年和少年的一部分。她出生在阿图瓦蒙特勒伊叙尔梅区的一个镇政府所在地弗吕热，是加莱海峡的正中心；弗吕热不在弗朗德尔，而在过去的阿图瓦省。人们把这个地区称作“上区”，因为这里由土地凸起而形成，凸出部分不是太高，周围是青翠的小峡谷（1988 年的地区指南这样开玩笑，说加莱海峡的周边“咬着”北方的大平原[50]。）弗吕热就在其中的特拉克塞纳峡谷之中，此峡谷属于利斯河的支流。这座小城今天共有 2500 人，小城呈阶梯形状紧靠 928 区级公路，公路从阿布维尔朝北边的圣奥梅和阿拉斯/加莱大道蜿蜒而去。在穿越弗吕热前几公里，对历史好奇的游客经常会被邀请在这里休息片刻，这里离著名的阿赞古尔战役的景点不远，这次战役是百年战争死亡人数最多的战役之一。1415 年，英国国王亨利五世的弓箭手打败了比他们人数更多的法国骑兵，而且杀死了他们中的好几千人。周围的封建时代封地克雷基家族的一些成员就在此次战役中丧生。克氏家族的一个后人在弗雷森修建城堡，这是一个离弗吕热很近的村庄，贝纳诺斯的父亲在那里有一住所，作家本人上个世纪初就居住在那里。弗吕热地区也是《乡村的本堂神甫》、《小苍蝇》和《维纳先生》所在的地区，贝纳诺斯把自己主要小说的背景放在那里。安布里库尔、托尔西、厄尚……距弗吕热仅有几公里[51]。在《月光下的大墓地》的前言中，她提及了阿图瓦地区的道路，“深秋季节，路上如动物一般呈现出一片金黄，到处飘香四溢”，林间的小道“在 11 月的雨中发霉”，“天空乌云压顶，雷声滚动”。今天，主要景色依然如旧，晴天时非常舒服，不少好客的村庄外表美丽，房屋错落有致，它们在快速繁殖、越来越多的次级住房或者过分浮夸的商业建筑中容颜依旧，出淤泥而不染。那里的天气多变。冬天，大雾弥漫，田野和房屋常常被笼罩其中。所有的季节，来自大海的突如其来的暴雨并不少见。玛格丽特·杜拉斯的母亲就是在这个充满友爱、但也确实多少有点艰难的环境中长大。

家　族

玛丽·阿德琳（原文如此）·奥古斯蒂娜·约瑟夫·勒格朗 1877 年 4 月 8 日早晨 8 点出生于父母亚历山大·勒格朗和玛丽·德蒙的家里。出生证显示此时的父亲是“批发商”，而不是农民。其中一个到弗吕热市政府登记的见证人奥古斯丁·德蒙是“种子批发商”[52]，是玛丽·德蒙的弟弟，刚出生婴儿的舅舅。勒格朗和德蒙家定居在这个地区已经有好几代人了。关于他们，我们可以说出他们所处的真正朝代。亚历山大·勒格朗的母亲就属于这样的家庭，已经在城里居住了很长时间，母亲的父亲普罗科普·约瑟夫·德蒙于 1773 年出生在弗吕热，从事面包店老板的职业。玛丽·德蒙的父亲约瑟夫·德蒙出生于帝国时期（1813 年 9 月 27 日），那时已经是弗吕热的种子批发商，她的两个祖父博阿旺蒂尔·德蒙和皮埃尔·德蒙在世纪初都是弗吕热的“车夫”。从勒格朗家族这边看，需要追溯到祖父母和曾祖父母才能发现他们的家族是乡村人。亚历山大·勒格朗的父亲奥古斯特·勒格朗出生于 1808 年，而祖父皮埃尔·勒格朗出生于 1769 年，根据居民出生登记簿的记载，他们是“农民”。他们既不是“手工工人”（农业工人），也不是“农民”（耕种另外一个人的土地）。据市政府登记簿记载，亚历山大·勒格朗的哥哥被登记成“地主”。换句话说，玛格丽特·杜拉斯的祖父母不见得富裕，但是他们“有家产”。特别是德蒙家族，家里曾经通过经商过上了比较宽裕的生活，在那个时期的阿图瓦，用这种途径提升社会地位比较常见。关于这一点，从她保存的一张外祖母玛丽·朱丽叶·约瑟夫·德蒙的照片上就可以得到确认。富裕人家的穿着，目光、面部表情只有完全满足现状又比较自信的资产阶级才会有。1909 年的居民证显示，玛丽·勒格朗的父母当时都“没有职业”。1914 年大战之前，他们退到大区的南边，那时，大部分小农民一直工作到死。1921 年，亚历山大·勒格朗去世时，死亡证上的确切身份是“食利者”。

玛格丽特·杜拉斯的外祖父亚历山大·勒格朗出生于 1848 年 5 月 18 日。家里把父亲的一个农民弟弟的名字用在他头上。在弗吕热市政府出生登记簿上签字的见证人是“做食油买卖的商人”。妻子玛丽·朱丽叶·约瑟夫·德蒙 1855 年 6 月 19 日出生在弗吕热。在她的出生证上，其中一个见证人跟她自己的父亲约瑟夫·德蒙一样是“种子批发商”。亚历山大·勒格朗和玛丽·德蒙 1875 年在弗吕热结婚。玛丽·德蒙当时 20 岁，1877 年女儿出生时，她快 22 岁了，亚历山大·勒格朗 29 岁。年轻的新郎新娘居住在城市，而不是乡村。玛丽是他们的第一个孩子，成年后本堂神甫圣贝蒂福尔给她做了洗礼。家里人住在教堂大街，是弗吕热的主街道，现在的勒克莱克将军大道。教堂对面的房子直到今天还沿用过去的名字，名字刻在正面粗糙的黄色灰泥层上。玛丽·勒格朗将在这个当时有三千左右人口的大镇里长大，家里堂兄弟、表兄弟、叔叔舅舅、姑姑姨姨、祖父祖母等等都比较多，形成了一个关系非常好的部落，在这样一个传统深厚的乡村，按照祖宗习俗，家里人都信奉天主教。那时没有人能够预料到这个女人的命运，她在女儿的作品中将会永远被人们记住，关于这个女人，女儿没有任何故作谦虚的痕迹，她这样写道：“我认为，文学史上没有一个作家的母亲能比上我的母亲。”[53]

玛格丽特·杜拉斯还声称她母亲“有 1 个妹妹，7 个兄弟”[54]，计算好像不完全准确。亚历山大·勒格朗和玛丽·德蒙总共生了 7 个小孩。玛丽·勒格朗有 4 个弟弟、2 个妹妹，只有 1 个妹妹成活。第一个弟弟比她晚一年半出生，出生于 1878 年 11 月 18 日。作为家里的第一个男孩，家里给他起了与父亲一样的名字亚历山大。二弟朱勒·亚历山大·奥古斯丁·约瑟夫·勒格朗出生于 1881 年 5 月 29 日。他的出生证明人之一是弗吕热的药剂师路易·勒格朗，可能是一个亲戚。玛丽·勒格朗的三弟奥古斯特雷纳·欧仁·约瑟夫·勒格朗晚一年出生，生日是1882年10月12日。他的出生证明上写着父亲是“商人”。最后第四个男孩奥古斯特·奥古斯丁·勒格朗于两年后的1884年10月28日降临在父母家里。7年生了5个孩子，玛丽·勒格朗的母亲每次分娩之间没有多少时间喘口气。大约在9年以后，1893年2月9日的夜间，她生下了最后2个孩子，是一对孪生姐妹。姐姐泰雷兹·玛丽·奥古斯蒂娜·约瑟夫·勒格朗凌晨1点15分出生，妹妹玛格丽特·玛丽·欧仁妮·约瑟夫·勒格朗一刻钟之后出生。玛格丽特·勒格朗仅仅活了16个月（1894年6月30日夭折）。也许是为了纪念这个早年夭折的孩子，玛丽·勒格朗后来在女儿出生时选择了玛格丽特的名字。孪生姐妹中的另外一个泰雷兹·勒格朗就是玛格丽特·杜拉斯提到母亲年轻时所说的“小妹”。1922年，泰雷兹·勒格朗嫁给了一位收税官，我们有幸发现了他的足迹。当她的两个妹妹出生时，玛丽·勒格朗已经16岁了。4个弟弟的年龄分别是15岁、12岁、11岁和9岁。父亲现在44岁，职业是面包店老板[55]。妻子玛丽·德蒙37岁，她的女儿1914年在嘉定生玛格丽特·多纳迪厄时也是37岁。勒格朗一家一直住在弗吕热的教堂大街。

弗吕热

根据加莱海峡的地区指南，弗吕热“名字的渊源依然不好确认”[56]。639年弗吕热还属于特鲁阿纳主教管区，1553年，夏尔坎下令，这个城市受到严重毁坏。此地很早就向基督教开放，圣贝蒂福尔曾经是这里的老板。此人原籍德国，7世纪时可能是为了建造修道院来到该地区。705年他去世时，教堂已经建好了。今天，这里还有一个喷泉和学校以他的名字命名。历史上很长时间内，阿图瓦地区一直是部队的穿越地，经历过痛苦的时刻，阿赞古尔战役仅仅是一个插曲。在夏尔坎国王统治时期，战争就没有停止过。事实上，直至16世纪末，亨利，也就是未来的亨利四世决定放弃新教以后，这里才结束了内战和宗教战争，迎来了和平。阿图瓦地区因此受到西班牙国王的统治。直到1659年比利牛斯山条约签订之后，西班牙国王的统治才结束，这个省划归路易十四。1713年西班牙内战结束之后，阿图瓦地区才最终由法国统治。

18世纪，弗吕热东接省会城市阿拉斯，西连芒什海峡重要港口布隆涅，南临阿布维尔，是重要的十字路口和驿车中转地。那里有一个城堡对着特拉克塞纳峡谷，人们可以在记录16世纪资料的微型胶片上欣赏。今天什么也没有，只有市政府附近的城堡广场。路易十六的弟弟曾经是“阿图瓦伯爵”，后来在复辟王朝时期成为查理十世。1789年大革命时期，圣贝蒂福尔教堂成了硝石制造厂。那个地区的年轻人先是为了共和国，后来为了帝国拿起武器。拿破仑占领莫斯科时，来自这个城市的迪福尔准将为家乡赢得了荣誉。他的名字被刻在了巴黎的凯旋门上。但是这并不妨碍弗吕热的显贵们对皇帝在滑铁卢的失败无动于衷。事实上，他们对法国国王的复辟多少松了口气，坚定地支持波旁王朝的拥护者，反对七月王朝的支持者。然而，在19世纪的很长一段时间里，加莱海峡的民众始终是波拿巴王朝的拥护者，他们大量地加入第二帝国。历史学家伊夫－玛丽·伊尔泰尔指出并注意到“民众的大量加入由1851年、1852年和1870年波拿巴王朝在全民表决的获胜中可见一斑，1870年的全民表决帝国的支持比例达到90%”。色当政府战败时，对帝国的迷恋依然如故，“共和国对民众的征服非常缓慢”[57]，关于这一点，确实事出有因。除了因为拿破仑三世多次来这个地方并拥有很高的个人知名度之外，还因为当地的农业在第二帝国时期得到了很快的发展，加上新体制采取很多优惠政策，巩固土地收入。拥有土地和私产的家庭在这个时期能够享受到双重的致富政策（玛丽·勒格朗的父母和祖父母的情况好像就是这样）。另外阿图瓦地区的乡村是天主教的世袭领地。他们的派系非常不情愿接受那些世俗原则，从19世纪80年代起，世俗派试图在第三共和国时期接二连三地建立政府。

天主教熏陶的童年

玛格丽特·杜拉斯的母亲年轻时，天主教在弗吕热占据着整个城市。如果说想知道政治和宗教介入玛丽·勒格朗（她父亲是市政府议员）父母生活的程度有多深很困难的话，但几乎可以肯定的是，这一家人不一定“虔诚地信教”，但却坚定地按北方乡镇的习俗做弥撒，给孩子洗礼，让他们学习天主教教义，过宗教节日……这些都是再自然不过的事情了。玛格丽特·杜拉斯的母亲20世纪30年代在西贡的寄宿人贝尔吉耶回忆说，玛丽·多纳迪厄每个星期天都要去做弥撒，有时亲自给学生讲授天主教教义[58]。毫无疑问，她在弗吕热的童年学到了关于神秘的天主教教义知识。在《生活在弗朗德尔－阿图瓦－庇卡底地区的村庄里》一书里，作者朱勒·若利这位加莱海峡地区的老教师，这样描写谁都躲不开的学习：“星期四早晨做完6点的弥撒之后，8点到10点上天主教教义课。教区没有‘无神论者’，所以所有的孩子都坐在祭坛旁边的木凳上，祭坛在圣母供桌对面，男孩和女孩分开坐。天主教教义必须牢记在心，考试前一天，上完地理课之后，孩子必须一口气给母亲背诵完上帝的十戒或者人类的七种主要罪过。”[59]

11岁进入少年时，大人让她初领圣体，这是家里的重要事件。孩子应该“打扮”一下，这一天，女孩穿着长白裙，戴着白色面纱和花环，花环也是白色的。男孩子穿着新衣服（常常是他们的第一条裤子），左臂上戴着下摆很长和呈流苏状的白色袖章。圣母牌（金质的）、汇合质的手链由教父或者教母赠送，也许领圣体者手中拿的新祈祷书和念珠也一样。初领圣体的聚餐正好是邀请近亲、祖父母、叔叔舅舅、姑姑姨姨、堂表兄弟的机会。弗吕热和其他地方的面包店和糕点店这个星期生意兴隆。初领圣体的日子和日常的星期天，“殷实人家，人们就是这样称呼那些农场主和地主的（由马匹的数量决定），他们为自己在教堂的供桌旁边预订好座位。他们的名字刻在带扶手和坐垫的椅子上。而那些小户人家，言外之意就是那些只有1匹马的人和工人只能坐在后面的普通椅子上”[60]。

除了无论如何也不能错过的礼拜天的弥撒之外，人们在圣诞之夜全家人一起去做子夜弥撒。在前1个礼拜天（圣枝主日）庆祝完圣枝之后，然后去庆祝复活节。人们庆祝升天节和圣灵降临节、6月初的上帝节、8月中旬的圣母节和10月底的万圣节。有多少节日就有多少美餐一顿的机会……除此之外，还应该加上那些洗礼、婚礼和家里人与亲朋好友的葬礼宴会。

这个时期，在类似弗吕热的乡镇，公众节日并不缺乏。圣体仪式队伍在上帝节这一天，从玛丽·勒格朗和家里人的窗户下经过。这一天，神甫、修女、虔诚教徒、唱诗班和学校的孩子跟在十字架和藏在饰有羽毛的华盖下面的圣火后面，组成庆祝队伍。队伍一边唱歌，一边使劲敲着香炉，缓缓前行，穿过到处都是花朵的街道（为了营造节日气氛，人们用门饰和花环装饰街道）。但是这无法跟圣灵降临节时的“主保瞻礼”节搬动家具等混乱嘈杂的活动相提并论，在弗吕热、阿图瓦和弗朗德尔等地区到处都在庆祝这个传统的“祝圣节日”。过节前一个礼拜，家家户户大扫除、杀猪，准备很多食品用以接待亲朋好友。面包店老板的火炉里烤着“教父塔”、糕点和馅饼，在星期天到星期二延续三天的“主保瞻礼”节，人们将享用这些食品。如果说过去教区主保圣人节要做九日祈祷的话，现在的祈祷活动要得到大人和神甫先生的允许，活动期间跳的是当时最流行的波尔卡舞、玛祖卡舞和四对舞。在三天的节日里，人们开怀畅饮，除了饮啤酒，还喝当地的饮料[61]：刺柏子酒，不是单饮就是就着咖啡饮（“掺烧酒的咖啡”）。更通俗的版本，但是也并非不流行，冬天的狂欢节是另外一次在同胞们陪同下娱乐的机会。在这种“主保瞻礼”节，人们搬出混凝纸糊成的巨人，欢快地在城市的每一个角落展示。每个城市都有自己的巨人，弗吕热的巨人叫波卢什和玛丽·罗比内，当地的特产之一厨房用的木瓢和木勺以及酒桶用的龙头就是参照这些巨人制作而成[62]。

玛丽·勒格朗年轻的时候，弗吕热和今天一样在固定的日子有自己的市场，周围的农民来此卖他们农场的产品：黄油、鸡蛋、家禽、兔子、水果和蔬菜，还有柳筐和其他为了增加家庭收入在冬季制造的编织物。要是贝纳诺斯说得没有错的话，星期三有市场。这个城市也以他们的家禽市场出名，特别是秋天的家禽市场“弗吕热集市”（今天依然存在）吸引了整个地区的商贩。

面包店主的女儿

玛丽·勒格朗的父亲1890年左右一直到20世纪初期掌管的面包店就在教堂大街，肯定好几代人都属于这个家族，也许亚历山大·勒格朗的外祖父普罗科普·德蒙18世纪末所掌管的就是这家面包店。他有三个女儿，其中阿德琳·德蒙是玛丽·勒格朗的祖母。1880年，经济危机危及到加莱海峡地区，引发了粮食价格的狂跌。历史学家卡龙指出，1879年1担小麦卖31法郎，1887年的协议价不超过19法郎。卡龙写道：“危机是戏剧性的，甚至肆虐了整个加莱海峡地区，过去10年间，为了实现现代化，这个地区做了巨大的努力。”[63]这也可以部分地解释玛格丽特·杜拉斯祖父为何转行，由种子商变成了面包店老板。无论如何解释，现在亚历山大·勒格朗和玛丽·德蒙有6个小孩，他们必须面对现实。

店里用来制作面包的面粉，勒格朗唾手可得。人们从名叫福尔迪里耶（或者福尔迪里茨）的小村庄用袋子运回面粉，这个小村庄离弗吕热西边只有1公里路，那里特拉克塞纳峡谷的水转动了水磨。如今水磨早已不用了，但是依然在那里。好几年前，人们曾经修复过水磨，今天依然可以看见这个玛丽·勒格朗年轻时的见证。一个时期的乡下，每一户人家在家里的烤炉（或者公用烤炉里）烤足够家里人食用一周的面包，在类似弗吕热大小的乡镇，面包店的客户是那些做生意的人、身份显赫的人，也有那些工人或者小职员。与这里的许多面包商一样，勒格朗的面包店不但烤大个的圆球面包，还烤有奶油圆球蛋糕味的小面包（加莱海峡的糕点）；礼拜天和节日，烤奶油圆球大蛋糕和宽边奶油馅饼（也就是著名的“教父塔”）；有时也许与阿拉斯一样，烤香料蜜糖面包。其实，1904年的一份资料确认说，玛丽·勒格朗的父亲是“面包－糕点商”。我们可以想象礼拜天弥撒结束时人如潮涌，这家人的女儿在面包店跟在母亲和姑姑后边忙前忙后。这个人们叫“埃玛姑姑”的人是父亲的小妹，她单身一人，与他们住在一起。玛格丽特·杜拉斯在1977年的一次采访中说起了母亲的姑姑：“我给你叙述了母亲的故事，她告诉我她的姑姑用马拉的有篷小推车到阿拉斯市场卖羊角面包和普通面包。她告诉我所有她穿过的村庄名字。”[64]显而易见，要养活这一张张吃饭的口、送孩子去上学并使他们有个好前程，就必须努力工作，精打细算。关于大女儿，1890年前后就决定“赶”她去学习。这个决定对她未来的生活起到了至关重要的作用。

玛丽·勒格朗的学业

> “她是农民的女儿，是如此优秀的学生，结果父母让她一直读到获得高级资格证书。……和后来的我一样，她也是助学金获得者，学的是初小师范教育。”
>
> ——玛格丽特·杜拉斯《母亲们》[65]

玛丽·勒格朗的父母要安置4个儿子，决定让女儿以后“当小学教师”（毫无疑问，因为女儿对学习显得更有天赋，也许也是为了省一份嫁妆）。这个决定是什么时候、什么情况下作出的呢？我们可以沿着那个时代一个乡下姑娘的求学历程寻求答案。那时上小学的法定年龄是6岁，玛格丽特·杜拉斯的母亲1883年开学时上学。色当战败时，加莱海峡地区有1504所小学，人口大约75万。1871年在这些学校上学的学生有12.36万人[66]。1881年、1882年和1886年的学校教育法规定，男女性别的孩子在13岁之前必须接受小学义务教育，这些法律通过之后，小学数量的增加非常明显。原则上，一个乡镇至少必须有1所学校，校舍的建设和维护费用由乡镇负担。

在此之前，特别是在乡村，女子的就学几乎毫无例外地由修女们承担。修女们教授的教材大部分情况下受到严格限制（历史学家这样叙述，为了避免学生们的不良接触，修女们常常不教他们读书，也不教他们写字）。直到1905年，鉴于需要大量小学女教师，当局和教会团体之间频繁地达成协议，目的是要让那么多修女继续上课，最常见的是，她们没有任何文凭。但是由世俗女教师担任教学的情况慢慢越来越多——直接催生了新的法律，上过学的女生的数量大幅度增加。另外，公立学校的学习是免费的，玛丽·勒格朗的父母遂决定把他们的女儿送到镇小学上学，而没有把她送往私立学校。否则，在祈祷教育和政府举办的世俗学校严重对立的时代，我们无法明白一个教会机构如何会鼓励批发商亚历山大·勒格朗的长女去参加师范学校的考试，那其实就意味着无可救药地把她送给了那个当时被认定为敌方的阵营。

1889年，玛丽·勒格朗刚到12岁时，参加了“小学基础学习证书”的考试，考试在每一个镇政府所在地进行。“证书”还是一个相对较新的文凭，已经被许多家庭奉为相当于今天的高中会考文凭。对那时的许多孩子而言，这是摆脱手工劳动的途径。至于玛格丽特·杜拉斯的母亲，也许正是那个时候，有关她发展前途的问题开始被提出。肯定是在她的小学老师的强烈要求下，家里才作出了让她突破13岁的法律限制继续学习的决定。从父母的角度看，除了接受提供费用支出之外，我们还可以设想，他们在替女儿考虑职业，而不是把女儿留在身边，等着跟某个商人或者富裕的地主结婚。相反，这种可能性较小：家里人打算让她进入初中或者高中继续整个中学的学业。那个时期，没有一个资产阶级的女儿朝这个方向发展，人们怀疑这样会让女儿成为自由职业者。因为，与法律对小学教育机构的规定相反，国立初中和高中的第二层次教育是付费的（直到1933年才最终成为免费教育）。再说，那个时候弗吕热没有女子国立中学。大区仅有的几所初中在阿拉斯、贝蒂纳、布隆涅叙尔梅、加莱和圣奥梅。因此家里人只好把年轻的玛丽·勒格朗送往其中的一所寄宿学校，结果造成了家庭支出的大幅攀升。所以，很有可能与未来的丈夫不几年前在洛特－加龙省所做的一样，她参加了补习班，准备师范学校的入学考试。

对一个像她这样出身的人而言，当小学教师的设想既可以得到让人羡慕的职业，也几乎是留给具有学习天赋的年轻女孩的唯一出路。关于1914年之前的小学教育状况，1961年曾经有人做过调查，一位小学教师在回答问题时这样说：“类似我这样的年轻女孩，由于出身和教养环境，当没有嫁妆时，唯一能够从事的职业就是小学教师。”雅克和莫娜·奥佐夫在他们的研究报告里公布了调查结果，他们还指出，与那些男性同学相比，“女子……常常来自社会环境更加优越的家庭”，而且“小学女教师的家长属于自由职业者、高级或中级公务员，或者是独立且富裕商人的比例普遍要比男教师的家长高”[67]。

弗吕热在行政上由里尔和杜艾两城管辖。玛格丽特·杜拉斯的母亲就是在杜艾参加了北加莱海峡的女子师范学校的考试。在此之前，她（16岁时）肯定获得了初级证书，1887 年起，女子和男子一样，候选人都必须拥有这样的文凭。女子师范学校的创建还是新生事物（杜艾女子师范学校须追溯到 1883 年），每个学校的招生名额有限，因此竞争非常激烈。笔试时，平均 3 个候选人有 1 人被录取，不得不参加好几次考试的人并不少见。玛丽·勒格朗的情况很有可能就是这样，她 1895 年 7 月那次才被录取，她当时刚满 18 岁，是法律规定的最后年龄界限。对所有的年轻人而言，考试科目几乎是一样的，首先考拼写和写作，分数的系数和其他科目相同。除了画图之外，那些姑娘们的笔试还包括缝纫。口试和男生一样，她们必须参加体操、视唱和唱歌考试。

师范岁月

女儿 7 月底最终与其他五十多名考生一起被杜艾师范学校录取时，勒格朗家庭的高兴劲儿就别提了[68]。那年夏天的剩余时间，全家都在为她准备当学生/女教师所规定的衣服行装，需要做的事情真不少。在 1990 年出版的名为《1820—1945 年小学女教师的诞生》的书中，其中的一位作者与从前的父母一样，都是小学教师，他描述了一个女子师范生（他自己的母亲）应该具备的衣服行装，她与玛格丽特·杜拉斯的母亲在同一年被梅兰师范学校录取："一套行装是如此之多，今天都不敢想象……什么都不缺，罗斯合金餐具、餐刀和套餐巾用的小环；衣服刷子、衣服袋和针线盒。还不包括其余开学时需要提供的贴身衣服行装——12 件白天穿的衬衣，上面没有饰物也没有尖齿，6 条马大普兰漂白平纹裤子，4 顶夜间女帽（允许有网格花边）。为了保证卫生，还有 18 条餐巾和卫生巾、浴衣和洗澡巾。8 月的一个月时间都用来裁剪、在缝纫机上锁边、缝合……布料很便宜，人工是自愿的，但是要买有校服纽扣的高帮皮鞋（24 法郎），确实是一笔不小的开支。"作者由此提到："1900 年女师范生的准确形象……这些小姐们参加考试时穿着黑色斜纹羊毛裙子，夏天穿着与女短上衣连接的裙子，不带镂空花边；做内部工勤时，她们穿着哔叽或者美利奴毛料做的高腰蓝色围裙，袖子上钉着扣子，皮带搭配得体。在院子、花园行走时，她们身上披着大羊毛方围巾。周内，按照学校的规定，必须穿深颜色的裙子，只有衣服穿旧之后，才允许着色。"[69]

1895 年 10 月，玛丽·勒格朗又一次成为杜艾的寄宿学生，要在那里待 3 年，她第一次离开家人，只有放假时才回家探望[70]。规定和作息时间

（早晨5点起床，早餐前学习2个小时）今天看起来有点野蛮，但是未来的小学女教师必须经受锻炼。住宿条件达到了舒适的最低要求，确实要好于自己原来的地方。杜艾师范学校的161名学生都是政府助学金获得者。9个月时间，共和国就要为一个学生花费337.17法郎，也就是说每月37.57法郎，这笔钱的数目不算少，要知道那个时代1个小学男教师或者小学女教师开始上班时的工资1个月不超过75法郎。337.17法郎中的301.47法郎用于饮食。据一些证人讲，饮食非常丰富，而且总是很有营养。1898年，学校必须花费4.65万法郎的食品和物业管理费，也就是说，比上一年多出了500法郎。女校长基弗在寄给学区督学的报告中必须就其中的细节予以解释，报告是学校的经济师准备的。她提出“肉价更贵”（1897年1.3法郎，今年1.75法郎），面包也一样，其他诸如猪肉、家禽、鱼、鸡蛋、奶、油、醋、米等食品也是如此。她报告说“学校节日期间，消费的甜味菜肴、罐头蔬菜更多，清理厨房使用的肥皂比原来多”。相反，她自豪地指出，猪肉、家禽和鱼类消费下降（每人节省1.34法郎），饮料消费下降（1.88法郎），她还给出了下列具体数据“啤酒每百升下降0.58法郎，饮酒量比过去小了”。而我们曾经这样想，这些小姐们只会饮水！校长同时自豪地指出在燃料和洗涤方面有节省，但是节省确实被人均增加0.58法郎的漂白费用削减。她顺便指出，尽管“有一些学生把衣服拿回家里漂白”。最后，取暖费用与上年相比有所下降，“可以这样解释，去年是暖冬，而煤的价格没有变化”，而对学校供应账目“人均仅仅下降了微不足道的0.25法郎”[71]。

读者可能会笑。但是，这些账目不是“长而烦琐的账目”，它们构成了第三共和国时期行政机构运行细节的活证明（今天的事情有大的变化吗?）。更为重要的是，类似师范学校这样的机构日常开销中的细小变化均需说明，这一点对我们了解像玛丽·勒格朗这个北方面包商的女儿童年所处的生活环境非常有用，对那些商人而言，“一分钱就是一分钱”，这一点不应该有任何怀疑。成为公共财务支出的助学金获得者，她将会在自己的整个职业生涯中服务于公益事业，小心翼翼地遵守行政法规，十分注意从中如何获益，尤其是如何获得金钱上的利益。玛格丽特·杜拉斯在第二次世界大战刚刚结束时所写的小册子中[72]，曾经就母亲对金钱的渴望有过一些动人心弦的评注。这也是她一生亲自料理自己的财务，计算每一个苏、每一个法郎、每一个皮阿斯特的部分原因。除此之外，如下所见，还需要再加一点，那就是对那些小利益斤斤计较，总担心会错过什么，这从她遗留给女儿的性格特征中可见一斑。然而，无论如何，玛丽·勒格朗是那个时代，是自己所属环境的产物。巴尔扎克一点都没有夸张，贝纳诺斯也没有，他在这方面把自己选区的居民描述成没有特权的居民。

在报告的结尾，师范学校的女校长在谈到家庭照明所取得的进步时给我们提供了这样的信息，她这样指出："在学习时安装了汽油灯之后，我们实现了生均节约总经费 6.65 法郎。" 1898 年账户中包括蜡烛的支出似乎说明，在卧室和其他地方依然采用这种采光的方式。在涉及卫生的章节，基弗小姐在申请 1899 的年度预算时，要求一次性增加 950 法郎，用于粉刷学习室和学生的卧室，同时还申请了另外一笔 950 法郎的资金，"用于购买第六个上了釉的澡盆，以及更换淋浴间的木格脚踏板，更换床垫和长枕"。我们由此可以计算出，那时 32 个学生只有 1 个澡盆。显而易见，那时也确实有淋浴……但是我们也能理解这位小学女教师的苦衷，她在若干年之后还记得每周一次的洗澡，她的 70 名学生需要排队泡在同一个澡盆里，她说，水最后都变得温凉了[73]。

女校长计划用申请到的资金为学校的会客室购买 24 把椅子，在走廊里放置一些伞架。啊，那些伞呀。这个地区的许多小学女教师都记得它们，就像她们最诚实的伙伴，特别是在星期四和星期天散步时，两个人一排，要求戴手套和帽子，而在冬季，要求穿"家里裁剪的深色外套，所有的学生都一样；黑色羊毛手套"[74]，一位老师或者学监用严厉的目光监督着这一切。学校这个被围起来的保护地不允许有任何报纸，除了教育杂志外，不许有任何其他杂志。对这些寄宿者而言，除了个别有教育意义的集体外出之外，她们与外界的联系，几乎局限在假期在家里时所能够接触的人身上。如果说她们有时也跳舞的话，那也是在她们之间，但夫人则既关心又嫉妒地留意着这一切，希望她们在女眷内室结下的友谊不要变成另外一种过分温柔的东西。1896—1897 学年，玛丽·勒格朗刚刚完成师范学校第一年的学习，校长（基弗小姐）向教育督学提出开除两名学生，她在信中解释了其中的原因："从她们一个人身上搜出的信件表明，她们可能有不检点行为"[75]。诗人萨福也没有被列入教学计划。

1899 年，三年级学生所要写的法语作文的题目可以看出来人们对这些未来的女教育家寄予的希望。这一年的 6 月，杜艾这些即将进入职业生涯的女师范生，需要在下面 4 个题目中选择，其中的 3 个题目都具有直接与女人的境遇相关的特征。

1. 女人比男人更具有异化倾向是否属实？这个缺点从何而来？

2. 年轻姑娘常常抱怨不自由。你认为这种自由意味着什么？你将如何使用这种自由？你希望拥有它吗？

3. 礼貌仅仅是一种态度吗？

4. 试解释尼克夫人这段话的含义："大错正是在忽略了小责任之中铸成。"[76]

师范学校培养的是未来的小学教师，她们在那个时代的位置应该在乡村，完全符合资产阶级的标准，她们不是要求参政的英国妇女。

世俗学校的道德

玛格丽特·杜拉斯的母亲在被培养成为小学女教师和如何做女人这3年的学习期间，有许多清规戒律主宰着这些年轻女子的教育，牢记这些清规戒律非常有用。这些清规戒律可以让我们进一步了解她个性中的突出特征和她未来行为的某些方面。也许，我们可以更好地理解她女儿在谈到她时的一些反应（这些反应陪伴了作者整个一生，而且也为其作品非常重要的部分添色增彩）。

首先，未来的小学男女教师一进入师范学校，反复灌输给他们的概念就是，面对世俗学校，他们有不同寻常的责任，而且面对供他们上学的共和国，他们必须知恩图报。一个那个时代的师范学校的校长这样对新入学的学生说："我提醒大家，你们在某些方面享受着特殊优惠，因为你们是国家助学金的获得者。这就要求你们必须刻苦学习、做遵守学校校纪校规的学生。你们还须记住学生－教师的处境赋予了你们特殊的身份，而且也要求你们无论何时何地都必须是一个为我们学校和你们即将任职的世俗学校争光的楷模。"他强调必须完成学业，必须严格遵守他们所在学校的时间表（时间表规定每个星期不少于32学时的课程和一些实践教学，每天必须学习4个小时），校长进一步对这些新生说道："你们一定要明白，高级文凭必须考查你们3年的表现，你们必须对得起自己的文凭。"[77]遵守校纪校规，刻苦学习，走上社会能够胜任工作，并成为楷模……言语更能说明问题，不仅要求这些年轻人刻苦学习，还要求尊重他们的父母。为了他们能够进入高才生汇聚地，他们的父母作出了巨大的牺牲。"有这些校长和女校长，"雅克和莫纳·奥祖夫在《共和国时期的小学教师》中一语中的："这些年轻人走出校门时脑子里有这样的想法，一个世俗学校的教师应该肩负重任，时刻想着要成为像保尔·贝尔、费里、比松这样的小学教师。"

人文科学在这种教育中也占据了非常大的空间，师范学校的教学计划提供了对类似蒙田、卢梭、米舍莱、勒南和雨果这样的作家的研究。教学计划还有其他方面的内容，尽管不是很理想，这些内容建立在对理智（教学计划中有笛卡尔）、对科学进步（教学计划中也有奥古斯特·孔特本人）和社会进步的信仰上。这些信仰也铭刻在世俗性的理念本身之中。这就可以让上面提到的小学教师这样对儿子说："从深层意义上讲，我毕业于属于世俗和共和国的师范学校，特别渴望一个对贫苦人民而言不是太残忍、更加人性、更加平等的社会。我坚信，只有教育才能够解放人类，科学在追求真理时，所取得的胜利确保每个人的和平与幸福。对于我们这些19世纪末的师范生而言，我们应该走向星辰，进入那个我们的大诗人（暗指雨果）所梦想的宇宙共和国。"[78]

许多年后，玛格丽特·杜拉斯在赞扬母亲时，我们依然可以发现这种怜悯贫苦人民的哲学主张，她这样写道："我的母亲，尤其是作为小学教师的母亲，她对教学工作非常认真。我母亲和其他教师一道把越南变成法兰西文化。大家都很喜欢她，也许正是因为她的宽容大度。她无法忍受一个孩子因为太贫穷、因为买不起供应品而不能上学。"她紧接着最后总结道："小学教师真正是激情洋溢的公务员，在工作中消耗自己的生命，挣着少得可怜的薪水。"[79]一些小学男女教师的学生在回答雅克和奥祖夫的调查时这样说道："你们没有把学生分为三六九等。"作者在自己的书中这样评论："在他们看来，这是他们从自己教过的学生那里得到的最好赞赏。学生想到的是一跨进校门就会被忘记的社会差别，它们在学校这个平等的空间里消失得没有踪迹，学校强调把所有的表面现象全部丢在大门口，事实上，正是这样的特点——富人的小孩和穷人的小孩之间没有歧视——在我们那些证人看来，这使他们的学校有别于天主教学校。在我们这样的学校里，除了平等，并无其他。"[80]这样的美德直到今天我们也很难衡量其重要性，玛格丽特·杜拉斯的母亲去印度支那时，包裹里就装着这样的美德。这个"当地学校的小学女教师"以及她的女儿都乐意在自己的小册子里反复地提到此事，女儿也知道如何把这个本能的平等概念从社会地位的不同转移到人种的不同上，对一位这个时代的法国教师而言，这非常奇怪。在整个职业生涯中，学校的美德在她眼里好像保留着至高无上的价值。

除了这个"世俗的道德"之外，她还保留了什么？她是如何体验这3年接受教育的时间的？多亏杜艾师范学校的女校长每两个星期有关学校运转的报告，我们对此有了比较详尽的了解。学习状况、是否违反纪律、学生的身体状况、教师的更迭、节日、假期和特殊假日，还有那些教学外出和学校里面组织的娱乐活动，所有这一切都详尽地记录在案。例如法语作文的题目作为特殊的段落记录下来，对这些题目的叙述全文记录在那里。这些报告送往教育督学和小学的部门负责人，对他们而言，这是不是一种确保不偏离官方路线的方法？通过这个侧面我们得知，法国古典作家（其中包括拉封丹、拉布吕耶尔、高乃依、拉辛和莫里哀，还有费内隆、伏尔泰和布尔达卢）常常在被要求学习之列。同时还要求学生学习浪漫派诗人（拉马丁，特别是德维尼）以及19世纪小说家的作品，但是对后者显得非常谨慎。斯塔尔夫人和尼克夫人也被列入，但是没有乔治·桑或者拉斐特夫人。布绍尔集各种宠爱于一身，要求背诵他的诗歌，还有那些由诗歌改编的歌曲。因为歌曲和音乐自然而然在师范学校占有一席之地（从玛格丽特·杜拉斯那里得知，母亲在师范学校学了一点钢琴演奏）。1897年3月31日的报告记录道，封斋前的星期二，“二年级的学生”（玛丽·勒格朗所在的班级）“为同学们举办了一次演出。她们与圣桑斯乐团一起演奏了《安提戈涅》；《诉讼人》片段和某些模仿场景：《睡美人》（布绍尔的歌剧和真实的布景）和《匠人和富翁》”。基弗小姐补充道，后来大家一直跳到11点，她总结说“演出非常成功”。前一份报告记录道，三年级的11位同学因为表现突出，观看了杜艾交响乐团的通俗音乐演出[81]。

也有一小部分视觉艺术被列入了师范学生的培养活动。好几份报告都提到了“有解释的电影放映”或者那些“一边放映，一边做的讲座”。埃及艺术好像备受青睐，总而言之，所有具有中东特点的东西那时都非常时髦。有时也组织去城市博物馆参观。1897年，学生参加了在杜艾市政府举办的关于埃塞俄比亚梅内利克二帝的讲座；另外一次，是关于巴勒斯坦的讲座。同年的11月30日，还是在市政府，一位名叫迪布瓦的先生为那些有前途的二、三年级学生做了一场《19世纪的法国殖民地扩张》的讲座。感召是否从那一天起就从心而生？女校长的报告里没有提及。相反，在另外一个更为平凡的领域，报告却提到了上级有关严格执行1897年关于提高学生动手能力的新命令：“整个学校星期四的下午1点到2点组织一堂缝补课……同一时间，三年级的十几个学生到专门为了这一目的而设立的存放及熨烫衣物间去练习熨烫衣服。女校长则组织了几节烹饪课。”[82]熨烫、缝补衣服、烹饪……没有一个报告提到育儿课程。未来的小学教师好像不需要为将来的分娩作准备。在这一方面，也许每个人也只能以己所能去应付了。另一个校长报告里根本没有提及的方面，就是宗教实践。如果说杜艾的师范学校每年都要庆祝圣卡特琳节（而大部分学生都不满25岁），而对星期天可能外出做弥撒则没有任何记载，外出野餐和其他在附近公园的草地上的午餐则被一丝不苟地记录下来。

漫长职业生涯的开始

1898年7月，玛丽·勒格朗从杜艾师范学校毕业，获得高级资格证书，然后在这一年的秋天开始了自己小学教师的生涯。她21岁，已经是成年人。这是一个很长的职业生涯的开始：最初的6年，她先在法国公众教育部（1932年成为国民教育部）供职；然后，她在印度支那教育机构的管辖范畴供职并延续了好几年时间。事实上，如我们以后所见，玛格丽特·杜拉斯的母亲一刻没有停止教书，即便是1935年她58岁在西贡退休后也没有停止过。尽管她女儿试图让人们相信这一点（其他诸如她之后的一些传记作家也一样），她在行政机构的供职状况没有任何中断。经过对有关她职业生涯的档案的认真查询（很大一部分存放在埃克斯－普罗旺斯的海外档案中心），发现有一点毋庸置疑，这一点与杜拉斯的虚构相比有其重要性。

她的第一份工作不在家乡的大区，而在北方大区，这对以后发生的事情产生了影响。1898年10月，玛丽·勒格朗在比利时边界附近的弗朗德尔一个名叫雷克斯波德的大村庄里就职，这个村庄的人口：一千多村民。她是女子小学的校长助理。她又一次远离弗吕热和家人，但离敦刻尔克市只有二十多公里。对一个初次工作的人而言，这是一个很不错的岗位，说明她是师范学校毕业的高材生。她当了两年实习生，在成功地获得不能缺少的教师资格证书之后，得到正式任命。大约在1900年前后，她被任命到敦刻尔克，依然是校长助理。新岗位标志着她的快速进步，一个城市的重要岗位经常会受到人们的特别觊觎。大区议员为了让自己宠爱的人得到任命而费尽心机，他给省长写信就是证明。里尔的省长在回复其中的一封信时提到，敦刻尔克特别热门，因为“岗位丰厚的薪金”[83]。除了工资（每个月75法郎），还有省上提供的大量住房补贴。从各方面的征兆看，玛丽·勒格朗好像比较顺利地开始了自己小学女教师的生涯。从长相看，她是一个漂亮姑娘，高挑个子，外表倔强，五官端正，头上顶着钢盔一般的黑发，头发中分，按照当时流行的做法盘起来。眼睛妩媚动人，嘴唇性感，长着一副好身材……总而言之，玛丽·勒格朗是一个不错的结婚对象，尽管她在1902年还“梳着卡特琳娜式的头型”，但很快就会有人向她求婚。事实上，这个人在两年后出现了，她当时还在敦刻尔克任职。他1904年11月24日娶她为妻。他30岁，她27岁。

殖民地的呼唤

多少年来，在玛格丽特·杜拉斯的想象中，母亲的第一次婚姻和出发去印度支那有两个不尽相同的版本。1976 年的版本（已经提到过的《母亲们》）如是说："她与一位小学教师结婚，他也一样，深受皮埃尔·洛蒂作品的毒害，早已经厌烦了北方村庄。"另一个更晚时期的版本这样扩展了这个情节："检查后的第二天，莅临她们班的检查官向她求婚，那真是一见钟情。他们结了婚，一起去了印度支那。那是 1900 年到 1903 年间的事情。那是一种介入，一种冒险，也是一种渴望，不是为了发财，而是为了成功。"玛格丽特·杜拉斯展开想象的翅膀，继续道："他们出发，如同英雄和先驱，他们坐着牛车视察学校。他们带着所有物品：笔、纸、墨水。他们在当时好像说给士兵的布告面前缴械了：'加入吧'。"[84] 其实，事实略有出入，如果说确有一见钟情的话，那也不是检查官，而是路过那里的小学教师，巴黎人。他们好像在敦刻尔克约会，求婚者的朋友安格住在那里，是一个获得勋章的商人，朋友与玛丽·勒格朗结婚那天，安格是证婚人。结婚证[85]上写着，第一任丈夫是"印度支那的教师"。由于妻子应该随同夫君，所以，玛丽·勒格朗出发去印度支那更多的是因为夫妻之爱，而不是因为她有先驱者的想法，抑或是因为阅读了皮埃尔·洛蒂的作品。

弗拉维安·玛丽·奥布斯屈尔（他的姓）1874 年 5 月 15 日出生于巴黎。惊人相似的是，他的父亲维克托·路易－菲利普·奥布斯屈尔生于 1831 年，与亨利·多纳迪厄的父亲一样是鞋匠。他的母亲布朗什·珍妮·普雷沃斯特生于 1844 年，没有工作。他家住塞夫尔大街 125 号。1874 年出生时的两位见证人：一位是塞夫尔大街 72 号的邻居食品杂货店主，另一位是 125 号的酒品专卖店的店主[86]。为了当小学教师，弗拉维安·奥布斯屈尔曾在巴黎求学。1895 年到 1900 年间，他从事教学工作，后来从大城市公务员岗位上辞职，随后出发去了印度支那，1900 年 11 月在那里摇身一变成了"见习教师"。殖民地部门的资料显示，1902 年，他是"四年级教师"[87]。对 1903 年西贡法语联盟人员名单的分析显示，事实上，他是嘉定师范学校的教师，亨利·多纳迪厄在来年岁末来到印度支那时将就职于同一所学校。弗拉维安·奥布斯屈尔和亨利·多纳迪厄因此成为了同事。玛丽·勒格朗的命运从此有了变化。

1904 年 11 月结婚时，弗拉维安·奥布斯屈尔正在法国休公假，在殖民地完成规定的3年期限之后，可以享受行政经费所提供的休假。他给自己的未婚妻赠送了钻戒。据玛格丽特·杜拉斯讲，是一个“小独粒钻石”[88]，她曾在《情人》中提到了这一点。婚礼在弗吕热举行，玛丽·勒格朗的父母还在教堂大街开家庭面包－糕点店[89]。那个时候，德利尼师傅是弗吕热的公证人，他按照规定的格式提供了结婚合约。根据保留在镇政府的文件记载，按照法律规定，市民的结婚仪式于早晨9点30分开始。那天，镇长的第二助理当着证人的面主持婚礼。出席婚礼的新娘家人有：叔叔朱勒·勒格朗（父亲的弟弟），他是大区南部博尼埃的地主；路易·奥古斯特·福里，是驻扎巴黎的第28阿尔卑斯猎步兵团的下士，新娘的堂妹埃玛·德蒙嫁给了他。弗拉维安·奥布斯屈尔的证婚人是两个朋友：已经提到的安格，还有在交趾支那当老师的艾米尔·玛丽·拉普朗什（巧合的是他也在嘉定师范学校教书）。布朗什·普雷沃斯特一个人从沙尔东勒蓬来参加儿子的婚礼。她的丈夫维克托·路易－菲利普·奥布斯屈尔15年前死于阿尔戈伊卡尚。新娘的父母亚历山大·勒格朗和玛丽·德蒙，他们的儿子们和一些家里的亲朋好友参加了婚礼。大家随后来到圣佩蒂福尔教堂参加婚配降福的仪式。可以想象迎娶队伍沿着弗吕热的主街道前行，教堂离镇政府不是很远。这时正是11月初，万圣节期间，气候确实不见得那么宜人。

1905年3月1日，奥布斯屈尔夫妇来到西贡时，气候宜人了许多。他们2月初在马赛登上了法国邮船公司的“图雷纳号”大型客轮。连续3个月忙于结婚，也许玛丽·勒格朗没有更多的时间做好出发的充分准备。作为师范学校的毕业生和助学金获得者，她首先与行政主管部门签订了10年的服务合同。关于这一点，她可以强调指出，她将继续履行合同，留在法国殖民地交趾支那教书。她的从教生涯显示，她其实一直在敦刻尔克代课，直到1904年12月15日；第二年3月9日，她就在西贡上班了。要是把海上的30天旅程计算在内的话，她执教中断的时间非常短，而且退休时还扣掉了[90]。在登船前，应该准备一些适应热带气候的个人衣服，与亲朋好友道别。她去了一个陌生的地方，3年内回故乡的可能性很小。幸亏他们在弗吕热度过了圣诞节和新年。能想象得到，他们在巴黎郊区的婆婆家小住了一段时间。去马赛必须在巴黎换车，参观一下首都是完全可能的——也许对像玛格丽特·杜拉斯母亲这样的乡下女人而言，是第一次来到巴黎。在“图雷纳号”上的一个月旅程更像是度蜜月（法国邮船公司的客轮以舒适著称[91]）。西贡的河岸不久就成了奥布斯屈尔夫人——出生名为玛丽·勒格朗、为更多人认可的玛丽·多纳迪厄生活新篇章的背景。

注 释

1. 1985年杜拉斯基金会为《电影手册》做的采访，现代出版档案馆。

2. 同上。

3. 《情人》，午夜出版社，1984年，131页："邮船的发动机停了，由拖轮拖着，一直拖到湄公河河口近西贡那里的海湾有港口设施的地方，这里是抛锚系缆所在，这里叫做大河，即西贡河，邮船就沿着西贡河溯流而上。"

其实，西贡河是同奈河流的下游部分，源头在西贡北面的"达拉高原"山脉，流入南中国海的下游。湄公河三角洲处在西贡东南好几百公里的地方。

4. 法兰西所创建的印度支那联合体里，交趾支那的身份为殖民地。联合体的其他成员安曼、东京湾、柬埔寨和老挝等是保护国。

5. 由于交趾支那是殖民地，出生证明的笺头上写着"法兰西共和国，自由、平等、博爱"。

6. 黎云悦元帅在嘉隆皇帝统治时期是交趾支那的副国王，明命皇帝年间作为顾问，继续施加对交趾支那的法国传教士有利的调解的影响。

7. 德贝埃涅阁下，阿德朗主教路易十六时期是法国传教会在交趾支那的负责人，在未来的嘉隆皇帝平定乱党的反叛中助了他一臂之力，并在1787年促成了结盟协议的签署，按照协议，法国出兵支持他的政权，作为回报他允许法国人在他的国家经商。嘉定除了阿德朗主教墓，还有一个以他的名字命名的广场，叫德贝埃涅广场，是西贡主要广场之一。

8. 亨利·古尔东，《印度支那》，拉鲁斯出版社，巴黎，1931年。

9. 《抵挡太平洋的堤坝》福利奥版前言，伽利玛出版社，1978年。

《母亲们》是玛格丽特·杜拉斯按照《林中的日日夜夜》的剧本计划撰写的，剧本1976年在纽约上演。1977年2月10日在《世界报》上发表，后收入《外面的世界Ⅱ》，P. O. L. 出版社，1993年。

10. 亨利·多纳迪厄的出生证。洛特新城市政府档案。

11. 《阿歇特指南（法国地理卷）》有关洛特－加龙省大区所引用的统计，1884年版。

12. 小学免费教育的法律开始于1881年6月。

13. 与佩罗为法国电视一台所做的采访，1988年。现代出版档案馆。

14. 1884年版的《阿歇特指南》。

15. 目前该地区最大的面粉厂之一是Cajac面粉厂，就在新城的洛特河畔。

16. 1884年版的《阿歇特指南》。

17. 同上。

18. 同上。

19. 《阿歇特指南》的作者称他为“南方的民族诗人”。

20. “两条进入职业的道路也因此决定了两种类型的小学教师，在他们的职业生涯中，他们互不相识。师范学校的毕业生以高傲的目光看着那些被他们用行话称作为墨洛温王朝的人。非师范毕业生则把那些师范学校的校友们当作有头衔、有年薪收入的等级团体，他们遭受了那些人的嘲笑，但是却不与他们争夺特权。所有的人都认为，把‘好的位置’优先留给师范生再正常不过了。”

雅克和莫娜·奥佐夫，《共和国时期的小学教师》，伽利玛/瑟依出版社，1992年。

21. 阿让的小学师范学校的录取考试笔录。洛特－加龙省区档案馆。

22. 同上。

23. 海外档案中心，埃克斯·普罗旺斯，文凭由小学教育署署长比松会签。

24. 《共和国时期的小学教师》，参见前面的引述。

25. 海外档案中心，法国的服役状况。这些资料用于确保小学教师退休时所享受的权利。军方资料显示，亨利·多纳迪厄1893年在阿让。这个地方不在他所在的大区，而在塔恩加隆省，也可能他在一家私立学校教书，因此，国民教育部没有把这段时间的服役算进他的服役期。

26. 海外档案中心，一个军人的体貌特征。

27. 对德凯拉克夫人——让·多纳迪厄女儿的采访，2001年12月11日。

28. 杜拉斯镇政府档案。

29. 莱维尼亚克－德－塞谢村政府档案。

30. 海外档案中心。

31. 1886年的法律导致了附属于小学的“补充课程”的设立。学生在那里准备初级文凭。学生数量增加以后，这个机构就被改编成高级小学

(简称 E. P. S)，那里有不少教师上课，学生准备高级文凭。从行政管理的角度讲，高级小学隶属小学领导。解放以后，高级小学被设立在初中和高中。

32. 海外档案中心。

33. 《玛格丽特·杜拉斯的领地》（午夜出版社，1977 年）中，关于父亲，玛格丽特·杜拉斯这样告诉米歇尔·波尔特："他写过一本关于指数功能的数学书，我丢失了。"这件事没有得到证实，相反，亨利·多纳迪厄的行政资料（保存在海外档案中心）显示，他可以教授会计学。

34. 梅赞市政府档案。

35. 与一些涉及到她的证实材料相反，亨利·多纳迪厄的第一位妻子不是小学教师，这一点，她的家庭的态度非常明确。

36. 海外档案中心。

37. 海外档案中心。

38. 1904 年，整个交趾支那总共也只有三十多个教师职位。

39. 《印度支那的法国学校》，陈望道著，埃克斯－普罗旺斯大学教授，卡尔塔拉出版社，巴黎，1995 年。

40. 我们在 1905 年西贡的共济会支部"进步的虔诚信徒"档案里发现了他的名字。

41. 海外档案中心。

42. 同上。

43. 同上。

44. 亨利·古尔东是驻法兰克共济会政府的国民教育总督（简称 DIRIP），保尔·博是圣克卢高等师范学校的校友、巴黎沙普塔尔中学的历史老师，他 1932 年成为殖民地学校的校长。

45. 海外档案中心。

46. 让·马斯科罗档案馆。

47. 1976 年为在纽约拍摄《林中的日日夜夜》剧本的美国计划所撰写的文章，后来被收入《外面的世界Ⅱ》，P. O. L. 出版社，巴黎，1993 年。

至于那位"西班牙祖父"，检查了勒格朗家族在加莱海峡档案馆的家谱，无法确认这一事实。

48. 《致母亲》，文章由比西奥、卡特琳·雅若莱、皮埃尔·奥雷收集，巴黎，1988 年。

后来被收入《外面的世界》，同前。

49. 《卡车：和米歇尔·波尔特的对谈》，午夜出版社，1977 年。

50.《地区指南，加莱海峡》，计划出版社，普瓦捷，1988年。

51. 贝纳诺斯在《维纳先生》中提到了弗吕热："山坡太陡峭了，从镇上的第一排房到最后一排房，当田野的风吹来时，马车吱嘎吱嘎的，发出刺耳的刹车声，这些马车每个星期三天快亮时赶往弗吕热……"《维纳先生》，七星丛书，伽利玛出版社。

《在撒旦的阳光下》，他通过多尼桑神甫之口说到了埃塔普勒的公路："马塞尔这个身强力壮的家伙我算见识了他！刚过去这个月，在弗吕热的农贸市场，他卖给我两匹马。"（同上）

作者年轻时非常了解这个地区，他在自己的小说作品中列举出了这个地区最让人难忘的元素。在谈到弗雷森时，他想起了这个村庄特有的魅力，父亲的家就在那里："山坡上面，无论刮风下雨，我坐在被遗忘的杨树墩上……在这个到处都是树木和种植着苹果树、被割过的绿篱牧场地区，我找不到第二个观测点能让我把整个村庄尽收眼底，好像收集在我的手心似的。"（《月光下的大墓地》前言）

52. 加莱海峡档案馆，阿拉斯省政府。

53.《外面的世界Ⅱ》，同前。

54.《致母亲》，同前。

55. 泰雷兹和玛格丽特·勒格朗的出生证，加莱海峡档案馆，阿拉斯。

19世纪下半叶，粮食市场价格暴跌，加莱海峡地区遭受了沉重打击，这也许就是玛丽·勒格朗的父亲更换职业的原因，他从种子商变成了面包店老板。

56. 引文同上。

57. 引文同上，见《从工业革命到欧洲空间》一章，伊夫－玛丽·伊尔泰尔著，夏尔·戴高乐－里尔第三大学。

58. 对贝尔吉耶的采访，2001年6月。

59.《生活在弗朗德尔－阿图瓦－庇卡底地区的村庄里》，朱勒·若利著，马塞尔出版社，亚眠，1996年。

60. 同上。

61. 在《物质生活》（P. O. L. 出版社，1987年）中，玛格丽特·杜拉斯向博茹尔叙述，她年轻时，母亲是如何鼓励她把啤酒当滋补品饮掉的。

62. 根据加莱海峡地区出游协会发表的《本地区7个峡谷中的漫游指南》（朗多出版社，1993年），木头用具和龙头是弗吕热西南一个名叫克雷皮伊的村庄制造的，那些在这个地区卖这些物件的流动商贩均称自己是弗吕热人，来自这个地区更让人自豪。

63. 卡龙，《法国历史》，卷5，“爱国者的法兰西”，法亚尔出版社，1985年。

64. 《卡车：和米歇尔·波尔特的对谈》，同前。玛格丽特·杜拉斯接着说道：“她说她的姑姑下农田干活，与那些她碰到的人在有篷小推车底下做爱，而家里人还在等她。我经常想到这个女人……只要遇见帅小伙，她就情不自禁地想与之温存。”

65. 同上文。

66. 《加莱海峡的阿歇特指南》，阿歇特书局，1873年。

67. 《共和国时期的小学教师》，同前。见“家庭与职业选择”一章。

68. 1895年开学时，杜艾女子师范学校一年级有50名学生，二年级50名学生，三年级42名学生。杜艾学区最初集中了北方、加莱海峡、艾纳、阿登、索姆大区的学生，这也是为什么这里的学生数量比其他地方多的原因。女子师范学校1883年创建，而男子师范学校的创建需要追溯到1833年（北方档案馆）。

69. 《小学女教师的诞生》，维兰和皮埃尔·勒萨热著，巴尔蒂亚尔出版社，1990，1998年。

70. 从1852年起，弗吕热就通过窄轨道的“小火车”与布隆涅叙梅、阿拉斯和杜艾铁路干线连接，但是旅途时间比较长，这个地方维系利益的火车一直运行到1955年。

71. 杜艾女子师范学校校长的报告。北方档案馆，里尔。

72. 现代出版档案馆。

73. 《共和国时期的小学教师》，参见前面的引述。

74. 《小学女教师的诞生》，参见前面的引述。

75. 杜艾女子师范学校校长的报告。北方档案馆，里尔。

76. 同上。

77. 维兰，《小学女教师的诞生》，参见前面的引述。

78. 同上。

79. 《致母亲》，参见前面的引述。

80. 《共和国时期的小学教师》，参见前面的引述。

81. 北方档案馆，里尔。

82. 同上。

83. 同上。其中的一封信是写给北方的行政长官，要求在敦刻尔克安排一个小学女教师。长官办公室的答复（不同意）明确指出：“敦刻尔克的岗位因为其丰厚的薪金，求职者甚多，所以仅仅留给那些拥有高级资格证书的小学女教师……除了她们的服务年限，还特别要求她们的职业素养。”

84.《致母亲》，参见前面的引述。

85. 市政府档案馆，弗吕热市政府。

86. 大区档案馆服务部，巴黎。6区居民登记簿里就有塞夫尔大街。

87. 海外档案中心。

88. “她看见钻石时小声嘀咕道，这让我想起了与前夫订婚时得到的小独粒钻石。我说，奥布斯屈尔先生。众人皆笑。她说，然而那确实是他的名字。”《情人》，午夜出版社，1984年，113页。

89. 玛丽·勒格朗和弗拉维安·奥布斯屈尔的结婚证明确地写着：新娘的父亲亚历山大·勒格朗是“面包商”。弗吕热市政府档案馆。

90. 海外档案中心。

91. “假如您是富有的侨民，您乘头等舱旅游，不要犹豫，请乘坐法国邮船公司的客轮。您会吃得好、睡得好，这对一个将要旅行35天的游客而言非常重要。”这就是1899年插图版对那些打算出发去印度支那的读者的忠告。1905年，当弗拉维安·奥布斯屈尔和妻子登上“图雷纳号”时，行程已经压缩到30天。玛格丽特·杜拉斯的母亲和她的第一任丈夫并不是富有的侨民，而是公共教育的职员，他们用行政经费乘坐头等舱旅游。

第二章
命运之路

西贡肯定是远东最时髦的城市。
坐落在一个美丽的公园中间。
可惜那里的气候闷热又潮湿，
夜晚如白昼。

——《画报》，1899 年 1 月

伊甸以及伊甸之后

“亲爱的妈妈，我鼓足勇气开始给您写信，信件明天寄出，我希望下个月您能收到我的信。我来到这里已经两个星期了，身体还是那么好，没有任何的不适应。西贡是一座美丽的城市，但是与法国城市没有一点相像之处。所有的房屋都是孤立的，建造在茂密的树林里，房屋之间相距至少 100 米或者 200 米。如果你离开码头，走进市区，会觉得走进了公园。街道都是大道，左右两旁你会看到挺拔的树木、好看的植物和花朵，还能不时看到树丛后面别墅的白色门面。两三个大广场上有精致的宫殿：政府宫殿、总督宫殿，还有军官食堂。我们吃饭的地方是一个很棒的宫殿，有一流的中国仆人围着桌子伺候我们。他们一身白色衣衫，后面留着长长的尾巴吊到脚后跟，跟古代的中国人没有两样。我居住在城市尽头，完全在乡下。……我有一个花园，里面有椰子树、香蕉树、柚子树、橘子树、仙人掌，常常都是最奇怪的植物。”[1]

这就是一个法国军人如何乐观地向亲人描述自己的新军官生活。这封信确实写于 1880 年。这是基本的城市风貌，直到 1905 年的 3 月，玛丽 · 勒格朗 · 奥布斯屈尔的妻子第一次来到西贡时，这所城市的面貌也没有发生太大的变化（特别是欧洲人居住区的“高地”）[2]。另外，其他“宫殿”

的建造丰富了印度支那首都的建筑遗产，几乎所有的建筑都是“拿破仑时期的巴洛克风格”。修建于1864年的总督府气势恢弘，周围的公园占地14公顷，1880年到1890年间又在此修建了副总督府（今日的革命博物馆），还有邮局、海关、税务局、司法部和其他象征殖民地权力的机构。还有市歌剧院（1900年建成），路过此地的剧团为西贡的王公贵族试演勒孔克和奥芬巴赫的轻歌剧。别出心裁的市政厅（现在的胡志明市人民委员会所在地）正在建造，因为费用昂贵而多次推延，规划反复修改，将于1908年建成。然而那些众多的诽谤者称其为“装配的部件”，因为按照新古典主义的标准，上面贴上了各式各样的装饰物。今后，这座位于卡蒂尼大街下游的建筑和其他城市建筑一起迎接刚到此地的人。那时，城市的交通要道旁边还是中国和印度店铺：它们都是设立在商业区附近的大银行的分支机构，在那些矗立的墙壁之间，在交易和比索官方汇价的后面，炫示着殖民者的财富。

但是，当时这一切根本没有触及到奥布斯屈尔夫人，她正忙着搬家，急于在当时国民教育主管的脑中留下好印象。其实，当局已经委任玛丽·勒格朗·奥布斯屈尔夫人为市女子学校“临时教师”，年薪3000法郎。1906年1月起，这个临时身份将会改变，她被委任为小学四年级教师，同时也得到晋升，今后将担任学校副校长。年薪也因此达到4000法郎，是法国同类职位的1倍（比当地同类小学教师的收入高出许多，当地教师的工资用皮阿斯特支付，相当于年薪1375法郎）。而且她丈夫是嘉定师范学校三年级教师，当时的年薪是6000法郎，还有住房补贴。其实，奥布斯屈尔就在亨利·多纳迪厄所在的学校任教，学校没有给他提供职位住房，按规定他可以提出要求[3]。虽然新婚夫妇经济来源充足，但还谈不上是暴发户。在一座像西贡这样的城市里，维系家庭生活的必需品都需要经过进口，生活成本相当昂贵。这个时期的所有证人都在这点上达成共识。来自欧洲的公务员必须精打细算，才能做到收支平衡，特别是教师，他们只能列出生活必需品，要求学生和家庭能够保证最低生活标准。

在奥布斯屈尔夫妇刚到交趾支那的很短时间里，这并不是他们所要面对的主要问题。奥布斯屈尔在西贡的最初几年是否曾经得过病（他1900年开始履职），从保存在档案馆的相关资料中不得而知。但是这次回来不到18个月，他就不得不回到法国接受治疗，他患了肌肉收缩性疾病，回国后不久就离开了人世，而他在殖民地的服役还没有结束。这里触及到20世纪初印度支那生活的本质，它将从根本上影响到未来的玛格丽特·杜拉斯父母的命运，并通过他们影响到她的兄弟以及她本人的命运。

“确切地说，对欧洲人而言，在内陆热带地区，不存在水土不服的问题。”一位法国医生在1886年写道，“人们往往不适应那里的病魔，一旦患上，随时可能再犯，而且随着时间的推移，病情只会越来越严重。”这位医生接着写道：“总而言之，除了地方病，居住的时间越长，死亡率也越高……人的力气慢慢被耗尽。人们注意到，初来乍到的欧洲人往往活力十足，对工作有热情，不惧怕疲劳和烈日，但是随后渐渐地失去活力，脸色变得苍白，力气越来越小。他们受到热带贫血病的侵袭，最后仅仅剩下了维系生命的力气，除非有可能去相对凉爽的地方休养。”[4]1906年，一位名叫帕瓜尔的税务员来到西贡，他是议会选举的社会党候选人，他在自己的竞选小册子中宣传了自己的建议和实施计划，他希望因此改善同胞的命运：“在这些地方，回国不仅是放松之旅，更是一种需要。每个人都应该有这样的权利……每3年享受一次6个月的带薪假。”[5]

殖民地的人所经受的灾难可以列出一长串，除了因为高温而导致欧洲人皮肤生痘（“因为高温而导致的发疹……人们俗称感染性皮疹。”[6]），最常见的是蚊子或其他虫子的叮咬，尽管人们采取了很多惯常的预防措施——诸如蚊帐或者把床腿放在装满雪水的容器中——通常也很难完全避免被蚊子叮咬。有些叮咬会引起严重的疾病：例如登革热，一般需要1个星期时间方可治愈，还会严重损伤人的器官；有些蚊子，例如按蚊，会传染恶性疟疾，致使人快速死亡。由于西贡建造在沼泽地上，那时淤泥味到处散发，潮湿必然有利于沼泽周围的蚊子生存[7]。如果说成千上万的树木遮蔽了可怕的阳光，但这也有利于维持周围的潮湿。对许多人而言，“公园城市”是让人欣赏的东西[8]，然而对另一些人而言则是忧伤的家园，是无处不在的植物元素，像某种威胁一样存在。1890年，把公众的注意力吸引到他所认为的威胁公众健康上来的这位议员也这样认为：“西贡位于潮湿的丛林中。可以这样说，西贡的某些街道1年有8个月都是潮湿的，可以嗅到丛林的味道，这说明了一个显而易见的事实，那里一定生长着各种各样的传染酶。”[9]

假如把所有这些传染酶归罪于这些树林还不太可能的话，相反众所周知的是，那些设计了西贡城并领导了该城发展的海军统治者，面对一个如此规模的城市，却无法解决城市饮用水管道这个棘手问题[10]。能够满足西贡居民家庭需要的地下井水可能会引起一种腹泻，人们戏称为“小交趾支那腹泻”[11]。其他类别的腹泻常常是致命的，肝炎与无处不在的痢疾同样危险，不但残害着欧洲人，而且也残害着当地人。以后我们将会发现，奥布斯屈尔和多纳迪厄的家人将会因此付出惨重的代价。假如把时刻可能发生的鼠疫或霍乱流行病排除在外——这两种病在亚洲均属地方病[12]——这些灾难中还应该算上无时不在的疟疾。

关于这一点，河内卫生总署的官方报告非常悲观。“疟疾在整个印度支那（原文如此）肆虐，而且几乎出现在所有地区。”1908 年 9 月 25 日的报告写道，“在铁路建设工地使用的苦力迁移之后，最近几年东京和安南的情况大为改观。这些得了疟疾的劳工回到自己所在的省份，结果这些疾病开始肆虐在湄公河三角洲和安南的某些地区，变成了真正的流行病。在印度支那，在大部分省份实施的卫生工程有效地限制了疟疾的扩散。但是疟疾患者还是非常常见，由此引起的死亡率还很高。”殖民地当局试图向这一顽疾开战，据统计，32% 的人死于疟疾。1903 年保尔·博统治时期，设立了“医疗求助机构”，机构包含市民医生和殖民医疗队。这个机构是特别针对疟疾而设立的，但是前景不容乐观。报告的后半部分就是证明：“按照 1907 年 1 月 31 日保尔·博总督的命令，到处都开展了限制疟疾地方病蔓延的斗争，所有城市和省份都开展了消毒工作；公众和私人机构都实施了安装铁丝网的做法；医生在巡诊时，都试图通过学校在民众之中推广必要的理念，以便采取理性和真正有效的预防手段。然而这些措施很长时间都没有奏效，整个地区的消毒许多年后才取得成功。”卫生总署并没有因此放弃，根据 1905 年后未来的利奥泰元帅在马达加斯加所尝试的模式，把希望寄托在使用合适药物的预防措施功效上。报告这样总结：“目前抗击疟疾的最保险的办法，就是在印度支那的所有土地上推广使用奎宁的方法……而且要让所有的当地甚至那些穷人都拥有这种药品。方方面面都已经试验过了，也很成功。只有印度支那的当地人似乎对奎宁不信任。”[13] 报告出台后不久，“国家奎宁计划”[14] 机构也确实成立了，药品要么低价出售，要么免费赠送民众。

阿梅莉温泉休养

西贡在较早时候就拥有一座医疗条件不错的医院，1870 年按照科尔尼利耶－吕西尼埃的指示建造的，当时是为了取代首家用来服务殖民地陆军的医疗机构（莱马尔苏安）[15]。但是这家名叫格拉尔的医院直到 1914 年还是唯一的一家医疗机构，尽管其间城市得到了长足的发展。所有的医院通常人满为患，长期受到军方控制，市民公务员有权在那里就医，但是必须接受卫生咨询机构的检查，这个机构还决定病人向大城市的紧急遣返。1906 年 10 月，正是这家官方机构决定遣返奥布斯屈尔，他的身体状况显然被认为已经严重到可以享受另一次带薪假的程度，尽管按照规定他还没有达到在这里连续待3年的要求。而他妻子则在1906年10月13日经西贡市长批准得到了“4个月康复假”，由此可以想见，她也曾在当年得过病。她的休假缘由明确提出，她打算回塞纳省的圣莫里斯休假[16]。她的婆婆普雷沃斯特，奥布斯屈尔寡妇就住在这个巴黎郊区的乡镇圣莫里斯－沙朗东里。奥布斯屈尔夫妇在1906年10月20日登船去马赛，11月13日到达法国。

从此之后，事情急转直下。奥布斯屈尔获准公费在东方阿梅莉比利牛斯的小温泉疗养。他回国后即刻赶到那里，因为疗养院主治医生在11月16日和26日给他开了住院证。当时的诊断如何呢？他档案资料里的材料没有说明。妻子是否陪伴左右？关于这一点，无论在他的还是妻子玛丽·勒格朗的档案资料里均无任何说明。两个多月的时间过去了，奥布斯屈尔还在阿梅莉疗养院。1907年2月5日，他在那里的雷卡米耶宾馆的房间里离世。他去世时好像妻子并没有在身边。据死亡证明记载，两位邻居，52岁的乡村警察阿斯帕尔和54岁的土地主佩斯克第二天到乡政府例行了手续[17]。玛丽·勒格朗的第一任丈夫当时仅32岁，他们结婚仅两年时间。据保存在他档案中的资料显示，奥布斯屈尔“死于流传中的疟疾和肝充血，是他在印度支那患上的地方病”[18]。对玛格丽特·杜拉斯的母亲而言，她在殖民地职业生涯的第一段经历以失败告终。她现在不得不选择自己的未来之路。

可以这样设想，受到丧夫的打击，她泄气了，自己也病倒了，担心返回印度支那会遭恶果，她曾经有过放弃的想法。她眼看30岁了。丈夫去世后不久，她获得的4个月假期也将在1907年3月中旬到期，她提出申请，又获得了3个月的延期。她在法国的逗留按常理将延迟到当年的6月中旬。事实上，她又想方设法在巴黎多待了16个月。一定是与当局达成协议，因为她退休时，这个时期的服役没有显示任何中断（意即这个时期她还领工资）。她利用这暂时的休假，给印度支那的总督写了一封信，要求享受寡妇抚恤金，她认为自己有权享受，因为她丈夫参加了印度支那的退休基金。对此，总督让人答复道，鉴于她本人的工资是由殖民地当地财政支付的，她不能要求得到这份抚恤金，因为这样把两件事放在一起是不允许的。她根本没有因为这次拒绝而泄气，1908年4月初，她还在巴黎时，直接向殖民地部提出申请。部里的财政部门好像认为她有道理，在4月16日写给总督的一封长信里，详尽地说明河内有关退休条款的解释不准确。只要奥布斯屈尔夫人没有递交材料，而且没有申报自己领一份当地工资，人们就无法拒绝她相应的请求……尽管这样的推理表面上荒诞无比，事实上完全有可能是想给她留条后路，放弃在西贡的工作，重新回到大城市工作。在法国领一份工资，她就会有权利从印度支那基金领取一份退休金。屈服了的殖民地当局建立了一套完整的档案，1909 年 2 月 16 日从西贡转给了河内当局，文件是由交趾支那代行副总督职务的乌特雷签署的，我们后面还有机会提到这个人[19]。

但是在此期间，玛丽·勒格朗，奥布斯屈尔寡妇决定再去印度支那。

再说，她还年轻，她可以自由流动（奥布斯屈尔夫妇没有孩子），她也许被再去殖民地冒险而悄然吸引。无论如何，她最终还是在 1908 年 10 月 30 日从马赛登船出发，没有按要求在 12 日到巴黎的殖民地高级卫生署体检，以证明她可以重新开始在热带地区的工作。她在 12 月 1 日到达西贡，重拾她在女子学校的工作。第二天起她就开始上课[20]。她在法国度假期间得到晋级，1908 年 7 月 14 日晋升至四年级小学教师的级别，每年提升工资 1000 法郎。在可能得到抚恤金之前，这次提升可以改善她寡妇公务员的生活[21]。对奥布斯屈尔的怀念将开始淡化。但是随着他妻子返回教师团队，一定会勾起嘉定师范学校的同事们在得知他去世的消息时的悲伤情怀。他们的老校长戈约先生去世还不到两年，另外一位教师又离开人世，这让学校的老师不觉心凉。亨利·多纳迪厄失去了一位亲近的合作者，而且也许是一位朋友，自己也许受到了这件事的影响。然而奥布斯屈尔的寡妇再次回到西贡时，师范学校的新校长不在，无法向她表示哀悼和慰问。玛格丽特·杜拉斯的父亲在春天离开了这座城市，带着家人第一次回法国度假了。

西南地区的逗留

我们知道，亨利·多纳迪厄在 1904 年底抵达印度支那，1908 年冬季，他提出了 6 个月的公务假申请，强调 1907 年 12 月 30 日他已经在殖民地完成了 3 年服役。他相信自己的申请会得到批准，在信中进一步明确道："我将与妻子和两个孩子一同回国，他们一个 4 岁，另一个 8 岁。"[22]他回法国原则上应在 4 月。1908 年 3 月 16 日，交趾支那的教育负责人同意并向代行副总督职务的乌特雷转达了申请。但是，4 月中旬时，这位负责人变卦了，原因是他度假期间找不到替代师范学校校长的合适人选。负责人最后时刻请求殖民地首领，让他命令亨利·多纳迪厄推迟出发日期，"因为皇家事业需要"他留下。这位教育负责人在信中巧妙地告诉副总督：

“也许亨利·多纳迪厄会为了学校利益做出牺牲，和身体健康的家人一起推迟出发，以此来证明他所获得的巨大表彰名副其实，他因为忠诚和为师范学校做出的突出贡献而刚刚获得了表彰。”乌特雷当天就回信了，表示自己很为难，这样阻拦一位忠诚的公务员，他有所顾忌……由于受到规定的保护，亨利·多纳迪厄则干脆地拒绝推迟出发。和玛丽·勒格朗一样，未来的玛格丽特·杜拉斯的父亲必要时知道如何维护自己的权利。1908 年 4 月 18 日，亨利·多纳迪厄、艾丽斯·里维埃和他们的两个儿子让·多纳迪厄和雅克·多纳迪厄如期登上了法国邮船公司开往马赛的客轮。他们 5 月中旬到达法国。

关于当年在城市的逗留，尽管之前我们缺少资料，幸亏保存在档案中的休假申请，让我们得知他们去了西南地区。其实同意休假的函件上明确指出，同意亨利·多纳迪厄到“波尔多（吉伦特）和莱维尼亚克－德－塞谢（洛特－加龙省）休假”。莱维尼亚克是艾丽斯·里维埃家里的居住地，距杜拉斯镇几公里。亨利·多纳迪厄的岳母弗朗索瓦丝·泰里耶从他们去了印度支那就没有再见过女儿和外孙。他们回家探望让她感动的另一个理由是：她为艾丽斯的父亲让·里维埃守寡，之后又与附近的一位名叫佩莱的兽医再婚。佩莱在 1906 年 11 月他们离家时去世，时年 54 岁。亨利·多纳迪厄家乡洛特新城的情况也好不了多少。他父亲约瑟夫·多纳迪厄在儿子和儿媳回家休假前 5 个月的 1907 年 12 月 16 日 9 时去世，时年 72 岁；其妻玛丽·拉斯孔布，让·多纳迪厄和雅克·多纳迪厄的祖母还健在。她 73 岁，一直住在新城的圣－艾蒂安区，儿子和家人回国休假时肯定去看过她。而亨利·多纳迪厄的弟媳安德里安娜·多纳迪厄则在波尔多附近的城市退休。她 1906 年 3 月与丈夫回国，并没有在第二年与丈夫一起返回西贡。1907 年夏末，罗歇·多纳迪厄休假到期时，她留在了里翁附近的别墅帕耶接受治疗。不幸的是，在大哥和大嫂在当地休假时，她所患的阿米巴痢疾愈发严重，最后也去世了。病倒在西贡的丈夫当年也未能回到她身边（他第二年才回来[23]）。对亨利·多纳迪厄和家人而言，在西南地区逗留期间，有许多坟墓都需要扫墓献花。

但是连续不断的不幸并未就此停止。1909 年初，亨利·多纳迪厄的休假结束（他获得了 3 个月的延期），他打算返回殖民地。2 月 14 日，在妻子和两个孩子的陪同下，他登上了开往印度支那的“喀里多尼亚人号”客船。对艾丽斯·里维埃而言，这将是最后一次旅行。她 1909 年 3 月 11 日与家人到达西贡，也就是刚刚开始了嘉定的日常生活后不久，亦即回到交趾支那后十二个星期，亨利·多纳迪厄的第一任妻子 1909 年 5 月 6 日也因病去世。她当时刚刚32岁，留下了两个分别为10岁和5岁的孤儿。

艾丽斯·里维埃非常不适应当地的气候，她预感到自己将不久于人世。她被葬在了西贡的欧式墓地，一直安睡到西贡城落入共产党执政的1975年。墓地随后被还俗，变成了公园。第二次世界大战结束后，家里的一位朋友拜谒了她的坟墓[24]。她的两个儿子让·多纳迪厄和雅克·多纳迪厄在她去世后不久，肯定就与叔叔罗歇·多纳迪厄[25]返回了法国。他们先被接到外祖母——出生名为弗朗索瓦丝·泰里耶的佩莱夫人家。后来父亲把大儿子托付给一个当地小学教师，儿子在那里寄宿了3年[26]。据让·多纳迪厄的女儿回忆，玛格丽特·杜拉斯的父亲从西贡给两个儿子写的信感人至深，信中提了许多建议，特别是关于他们学习的建议。后来，让·多纳迪厄成了阿让附近阿吉龙学校的寄宿学生，弟弟雅克则成了马尔芒的寄宿生。他们放假时回到外祖母家，在奥里亚克上德罗和杜拉斯之间的博特家的房子里相聚[27]。据他们的后人回忆，毫无疑问，母亲的去世使他们的童年蒙上了一层阴影。

被迫退休

1909年，艾丽斯·里维埃·多纳迪厄去世时，罗歇·多纳迪厄这位“交趾支那的地籍测量员”还在西贡。亨利的弟弟正面临着困境。1907年10月一个人回法国休假，1908年失去了爱妻[28]。接下来这一年的最初几个月，他自己的身体状况令人担忧，他不得不再次提出休病假。1909年5月5日，嫂子去世的前1天，他到西贡港口卫生所做了全面检查。当值医生的体检报告结论如下：“兹证明，经过对土地测量员多纳迪厄先生的检查，……对其病历的查看，我们医疗所医生发表如下意见：多纳迪厄先生患了慢性小肠结肠炎，这种病很严重，在当地属于不治之症，是劳累过度所致，他从体力上已经无法继续在殖民地服役。所以我们认为有必要对他实行1909年5月5日颁布的法令中的第8条第5款。”[29]对一级土地测量员罗歇·多纳迪厄而言，其实就是享受回法国休病假的待遇（旅费由当地财政支付），但是休假之后不得重拾现在的工作[30]。他服了役，在岗位上耗尽了，必须消逝了。根据最新法令第8条和相关法令，他将被迫“享受退休待遇”。新法令颁发日期与他体检是同一天，好像是专门针对他制定的。新法令只能由已经任命的代理副总督乌特雷先生签发。联想到随后所发生的事情，也许制定法令就是他本人的主意。

但是，当事人也没有束手就擒，他也不会轻易地屈服于对他显然不公平的决定。因此，他决定略施小计。关于这一点，当时的情形值得一叙（库尔特利纳）。多亏亨利·多纳迪厄1911年10月3日的一封信，我们才了解了当时的情形。这封信保存在他弟弟的档案里，档案详尽地记录了罗歇·多纳迪厄和殖民地当局关于他退休金问题的纠纷。玛格丽特·杜拉斯的父亲写道："1909年5月14日，多纳迪厄登船的前1天，晚上8点时，我和弟弟正在索耶大街一家特别餐馆吃晚饭，一位保安局的职员走过来问我们谁是土地测量员多纳迪厄先生。他一大早就在西贡的嘉定找他，现在才找到，已经筋疲力尽。他交给了弟弟一张这样措辞的纸条：土地测量员多纳迪厄先生如果不在明天5月15日提出退休申请的话，代理副总督将禁止他走进船舱[31]。代理副总督会将威胁付诸行动吗？我不得而知。当事人急忙在一片纸上写下了退休申请，尽管他对别人如此行事感到义愤填膺，吃惊不小，但还是按照1909年5月5日体检时卫生所出具的意见，谨慎地提出退休申请。"[32]

所有这一切仅仅是多纳迪厄兄弟在印度支那传奇经历的火爆情节之一，他们有时不得不在这种与副总督对抗的环境中从事工作，这也是当时情形的真实写照。各式各样的事件随时有可能危及他们，改变他们职业生涯的轨迹，有些事件不仅仅与健康问题相关。其实，对类似玛格丽特·杜拉斯的父母和叔叔这样的殖民地公务员而言，这些职业生涯中的事件常常取决于他们的顶头上司或上司的上司看待他们的方式方法，我们以后会多次看到。

1909年5月5日，在满足了副总督乌特雷的要求之后，罗歇·多纳迪厄才登上了"东京号"客轮。这是法国邮船公司租借的带有医院的客轮。他6月中旬到达马赛，然后回到他在吉伦特的帕耶住所。7月，部里来电要求他去浮日的普隆比埃休假。此时，他的病情非常严重，他去波尔多的当泰克教授那里就诊，教授极力反对他再次挪动地方。他在第二天写信给殖民地部，要求以后再享受这次休假，但是没有获准。他在前面还提出，因为突然得病，他的支出造成了严重的资金透支。由于他的正式退休时间是从1909年12月9日算起，殖民地部答复道："他不得再使用调动证……也不得提出任何形式的补助。"[33]他们只是告诉他地籍土地测量员的退休金总额：每年1316法郎66生丁！1911年，罗歇·多纳迪厄的身体有所好转，好斗的他投入战斗，对退休金额提出质疑。他以卫生所的体检结果为依据，坚信自己有权享受残废退休金，而非按服务年限的比例取得退休金。印度支那总督府以拒绝受理驳回他的申请。之后，他决定向法院提出诉讼。他哥哥代他在西贡法院出庭。1912年，法院判他败诉并要求他负担诉讼费，即便如此他也不认输，他向巴黎的行政法院提出诉讼。好几年过去了，其间法国站在英国一边与德国开战。1917 年 1 月 31 日，行政法院最终判决原告胜诉，“由于服役期间所造成的伤残”[34]他获得一笔抚恤金。在法国继续了一段时间土地测量员的职业之后，玛格丽特·杜拉斯的叔父决定学习法律，在司法界开始新的职业生涯。

两颗孤独的灵魂结合

1909 年的春末，罗歇重新回到法国后（肯定与两个侄儿一起），亨利·多纳迪厄在嘉定又成了孤单一人，但时间不长，就在那年秋天——10 月 20 日，他二婚娶了奥布斯屈尔的遗孀玛丽·阿德琳（原文如此）·奥古斯蒂娜·约瑟夫·勒格朗为妻。结婚证上写得很清楚，世俗婚礼下午 5 点在西贡市市政厅举行。亨利·多纳迪厄的证婚人是他的两个朋友：一位 45 岁，是飞行员；一位 38 岁，是商人。玛丽·勒格朗的证婚人是她的一个堂兄，是殖民地炮兵部队的主治医生；还有一位朋友，是交趾支那河运公司的工头[35]。她过去曾经免于制作出生证明，她是否利用这次机会更改年龄？官方出生证明上，她的出生日期为 1879 年 4 月 8 日（而非 1877 年 4 月 8 日），同一份材料上说她 30 岁了。事实上，她已步入 33 岁并已超过 6 个月了。从同一时期拍摄的照片来看，她确实还显得非常年轻：身穿一件低领白裙子，露出好看的脖子和脸蛋，面容端庄，脸上没有一丝皱纹。她妩媚动人，柔情似水，目光中流露出淡淡的哀愁，真让人心动。我们可以这样想象，让玛格丽特·杜拉斯的父亲动心的正是这种哀愁，还有刚刚丧夫的境况也让他同情。师范学校的校长是否注意她已经有很长时间了？因为他们各自休假的时间不同，他们肯定在西贡或嘉定没有经常见面的机会。但她是同事的妻子，而且艾丽斯·里维埃的丈夫对妻子的可爱之处并非无动于衷。

据来自马尔芒现在保存在亨利·多纳迪厄的档案中的匿名信讲，她甚至就可能是他的情妇。但是我们所说的匿名信在 1914 年 8 月才寄到殖民地部部长手里，这距传说中的事件发生时间已经有 5 年或者 6 年了（“这个男人让妻子不明不白地死在西贡，他有家丑，情妇怀孕了，妻子必须消失，情妇变成了多纳迪厄夫人……告发的威胁也就到此终止”，等等）。那时告密在马尔芒和西贡都很盛行，甄别此类信件须十分谨慎[36]。我们可以肯定地提出，登记簿为证，1909 年 10 月初，亨利·多纳迪厄和玛丽·勒格朗的婚礼公告即张贴在嘉定（未来的新郎的居住地）的督学大楼前，也张贴在西贡市政府大楼前（新婚的居所），按规定张贴10天（“包括两个礼拜天”），公示期间不得有人提出任何相反意见[37]。我们可以进一步推动反调查，发现这次再婚的第一个小孩1910年9月才出生，也就是说在结婚后十一个月，这就排除了人们的指责——说后来的多纳迪厄夫人在结婚前已经生米煮成熟饭了。更为合理的解释是，亨利·多纳迪厄和玛丽·勒格朗由于相互爱慕，希望“重新生活”，决定把他们孤独的灵魂结合在一起，重新组建新的家庭。再说，我们完全有理由相信这桩婚姻恰好是他们爱情的结晶。所有收集到的两位当事人的公文函件（好像任何私人信函都未留下）与上述观点吻合。玛格丽特·杜拉斯本人在不同场合的访谈和许多作品中的叙述也是佐证。

组建新家庭

1910年9月7日凌晨1点，多纳迪厄的妻子玛丽·勒格朗如愿以偿，生下一个胖乎乎的小男孩，她给孩子起名叫皮埃尔·艾米尔·亚历山大[38]。一个业余摄影师在他出生后不久拍摄的照片显示，妈妈穿着简单的上等白布裙子，怀里抱着小孩，孩子仅仅穿着同样颜色的上衣，衣服非常短，确保露出男孩的阳物。年轻的妈妈安静地坐在嘉定自家花园的躺椅上，孩子就出生在那里。妈妈温柔地对孩子微笑，脸上写满了幸福的笑容。玛格丽特·杜拉斯的大哥刚刚来到人世。他的出生得到了省长本人的祝贺，省长十分乐意当孩子在出生登记簿上登记时的证明人。一位在西贡履职的欧洲慈祥妇女路易丝·里加尔，半夜在孩子父母的居所替孩子接生之后，第二天早上又负责把新生儿抱到监护室，接受常规监护护理。一位在肖龙从医的38岁的医生奥里夫里，他也有可能是家庭医生，也就成了第二证人[39]。

玛丽·勒格朗在婚后离开了自己在西贡的住所，来到嘉定与新婚丈夫居住在一起。因为第一年还有女子学校的工作，所以她每天必须往返于西贡与嘉定之间，她乘坐的是连接两地的蒸汽有轨电车，这给她增加了额外的疲劳。所幸的是，第一个孩子出生之后，她可以更加从容地组织家庭生活了，因为她成功地被任命在居住地工作。产假期满之后，1910—1911学年期间，她在嘉定师范学校任职的丈夫手下工作（那里原则上只有男教师）。多纳迪厄夫人代替另一个缺席的老师。那年春天，她第二次怀孕。第二个儿子在1911年12月23日圣诞节前两天出生在嘉定。妈妈为被玛格丽特·杜拉斯称作“小哥哥”的人起名保尔，后面加上阿尔弗雷德和奥古斯特，以此纪念她住在加莱海峡的两位叔叔。当新组建的多纳迪厄家庭出发去法国时，他刚刚两个半月。

多纳迪厄夫妇均完成了连续3年在殖民地的服役（玛丽·勒格朗到1911年12月1日，亨利·多纳迪厄到1912年3月12日），他们可以设想再次回国度假6个月，来回旅资由行政经费支出，整个休假期间薪水照发。9月一开学，亨利就向自己的顶头上司提出这样的要求。交趾支那教育主任原则上同意了，但是特意要求师范学校校长等学年结束后再出发（印度支那南部，学年到3月中旬结束），这样就不会扰乱学校的正常秩序。显然总督插手了，缘由不得而知，要求他们秋末出发。亨利·多纳迪厄略施小计，他先说出学校校长的期望，然后接着说："多纳迪厄夫人即将临产，秋末出发将会导致她在邮船上分娩，对她的健康而言不会没有危险。"大家最后达成协议，保尔·多纳迪厄12月底出发，校长一直待到师范学校的学年结束后的第二天。1912年3月16日，多纳迪厄一家登上了"丹贝阿号"客船。玛丽和亨利·多纳迪厄在两个小儿子的陪同下于4月8日抵达马赛。他们从马赛去了马尔芒，玛格丽特·杜拉斯的父亲为了整个家庭的团聚在那里租了一幢房子[40]。

让·多纳迪厄和雅克·多纳迪厄现在已经分别13岁和8岁了，现在认识了自己的同父异母的兄弟和继母，也许他们曾经在西贡碰见过她，她当时还不叫多纳迪厄夫人。他们将在同一个屋檐下生活12个月，两次3个月的延期使父母的休假从6个月延到12个月。亨利·多纳迪厄很高兴把自己的新婚妻子介绍给母亲，母亲依然居住在洛特新城，还不认识新妇生的两个孙子。3年前不得不从交趾支那地籍局退休的罗歇叔叔也没有见过两个侄子。他就住在波尔多地区，离这里很近，多纳迪厄兄弟肯定又团聚了，进一步商讨西贡还没有完结的案子的后续法律程序。从马尔芒拜见艾丽斯·里维埃的家人很方便，自从艾丽斯去世后，亨利·多纳迪厄还没有再见过她的家人。第一任妻子的母亲、姐姐让娜·里维埃和弟弟让都住在偏北一点的杜拉斯附近。两个外孙从印度支那回来后就由佩莱夫人照看，他们一家和外婆之间的往来非常密切。尽管缺乏详尽材料，新的多纳迪厄一家在法国休假期间完全有可能到弗雷旺附近的博尼埃逗留了好几次，已经退休的玛丽·勒格朗的父母就住在加莱海峡省南边的村子里，还有一些叔叔、婶婶、堂哥堂弟、表姐表妹也都住在那里。玛格丽特·杜拉斯同父异母兄弟的老大回忆说在博尼埃勒格朗家农场度过的假期没有多大意思，人家强迫弟弟雅克和他去干农活，他们对此没有什么兴趣[41]。

一个小妹妹

但是到1913年春天，又该考虑返回了。4月6日，我们的这些游客又来到马赛，登上开往西贡的“麦哲伦号”轮船，5月1日回到西贡嘉定师范学校的公寓住房。玛丽·多纳迪厄的两个儿子已经长大了。老大3岁了，老二年底就2岁了。皮埃尔·多纳迪厄剪了头发，现在看起来更像个小男孩。保尔留着流苏和当时很流行的鬓角发卷，看起来像个小女孩。可能拍摄于1913年夏天的室内照片上，他们坐在窗台上，两边是绿色植物，妈妈在他们后面扶着他们。他们和妈妈一样是褐色的头发。另一张照片上，他们老老实实坐在露天咖啡馆的藤椅上，父亲身穿白色西服站在中间。亨利·多纳迪厄下巴底下留着山羊胡子，唇上留着小胡子，盯着面前独脚小圆桌上的一瓶开胃酒。这些都是家庭和睦的外在标志。家里很快就要添丁增口。秋天，玛丽·多纳迪厄怀上了玛格丽特[42]。来年春天，一个小妹妹的出生是一件喜事，只是来自欧洲的消息将此事蒙上了阴影。1914年8月3日，未来的作家出生后4个月，德国向法国开战，西方将经历从未有过的战乱，战乱过后，另一个世界将诞生。一切都与“从前不一样”。对玛格丽特·多纳迪厄而言，生命开始了。

注　释

1. 珀蒂让－罗歇中尉1880年11月12日致母亲的信。见1932年10/12月《胡朝的老简报》。再现于博尔热的《印度支那档案》，米歇尔·特林克弗尔出版社，1995年。

2. 城市规划简洁大方：分为几个不同的区域，商业区、娱乐区、住宅区和规则的格子状街道。规划图呈椭圆形，东边是西贡河，南边是中式护城河，北边是沟槽式护城河。菲利普·弗朗西尼，《1925—1945年的西贡》，奥特勒芒出版社，1994年。

3. 海外档案中心。

4. 罗沙尔，《殖民地的反常气候》，1886年10月1日出版的《两世界》杂志。梅耶尔在其专著《印度支那的法国人：1860—1910》转引，阿歇特出版社，1985年，1996年再版。埋葬欧洲人的西贡公墓名叫曼谷。这是通往公墓的大街名称，人们谈话时常提到那些被运往曼谷的人。1925年

《画报》上的一篇文章这样忠告游客："不要学这位大城市的记者，他经常听到被送往曼谷的死者的谈话，记者声称这些印度支那的冤魂被送往暹罗埋葬，目的就是不让民众恐慌。1902 年大街更名为浮华，公墓没有更名。"

5. 海外档案中心。当时在印度支那的欧洲教师已经享受这样的行政休假，连续停留 3 年就可以享受由地方财政提供的 6 个月带薪假。

6. 莫里斯，《环游世界》，1875 年。梅耶尔转引，同前文。

7. 这些沼泽地的最后一个是位于西贡和肖龙之间的博雷斯沼泽，1909 年起开始变干。

8. 这座白人城市还有另一个优点，就是像一座公园城市。这要归功于那些殖民地的统治者和植物学家，他们保存了茂密的自然植物，使之成为一个拥有 2.25 万棵当地或者进口树木的珍宝地。树叶宽大的柚木与长着印象派画一样叶子的罗望子树相邻，橄仁树和假樟树相伴，三叶橡胶树和周期性生长出淡红色叶子的金凤花同生长，还有那些鸡蛋花，如同具有魔力的树木，白花和黄花散发着令人陶醉的芳香。弗朗西尼，同前。

9. 梅耶尔转引自《1890 年 1 月 24 日西贡的议会决议》，同前文。

10. 1869—1879 年，在 1859 至 1863 年征服国家的战争之后，法兰西海军司令统治了交趾支那。他们是西贡城市规划的负责人，这座城市按他们的设想建造，而且在城市线路设计上取得了成功。但是这些"海军统治者"对诸如城市饮用水管道、道路等地下管沟考虑不周，这些问题在未来的很长时间都与这座城市不相适应。

11. 小交趾支那是亨利·多纳迪厄的弟弟和弟妻在吉伦特享受城市度假时居住的别墅的名称。

12. 尽管 1883 年发现了结核杆菌，10 年后发现了霍乱疫苗，霍乱流行病 1895 年和 1902 年仍然在交趾支那肆虐。

13. 印度支那卫生署长给总督的报告。海外档案中心。

14. 根据共和国之前的法令，奎宁仅允许在药店出售。各殖民地均以共和国总统的名义在马达加斯加以及印度支那成立了"国家奎宁计划"机构。

15. 1995 年，在法国政府的帮助下，医院得到了翻修，现在依然在胡志明市正常运营，名字叫耳同二世医院，没有发生太大的变化。

16. 海外档案中心。

17. 阿梅莉镇政府档案馆。

18. 海外档案中心。

19. 乌特雷，公众事务督察，1909—1914 年间多次代行交趾支那副总督职务。他过去曾经是柬埔寨高级常驻代表。作为印度支那的代表被选为参议员，他成为了“终身乌特雷议员”。

20. 海外档案中心。

21. 不管怎样，她必须服从不能合并的规定，所以将无法领取抚恤金。奥布斯屈尔的母亲没有任何生活来源，试图从她的角度领取儿子的抚恤金，也是徒劳，印度支那总督府最终一共付给她300法郎的“特殊补助”。

22. 海外档案中心。

23. 同上。

24. 2000年12月11日，德凯拉克夫人访谈录。

25. 对我所提的这个问题，让·多纳迪厄的女儿德凯拉克夫人认为完全有可能。

26. 海外档案中心。

27. 2000年12月11日，德凯拉克夫人访谈录。

28. 安德里安娜和罗歇·多纳迪厄有一个儿子伊夫·多纳迪厄，后来成为空军军官，据他表姐讲，他归属于蒙德马尔桑基地。

29. 海外档案中心。

30. 总督在1909年6月2日写给殖民地部的信中突然说道：“他不该再回到印度支那。”（海外档案中心）

31. 当然是指即将启程的客轮。

32. 海外档案中心。“多纳迪厄先生对印度支那总督府的反击。”

33. 海外档案中心。

34. 海外档案中心。按服务年限的比例退休金和残废退休金之间的年度数额在1911年时仅为559法郎。

35. 海外档案中心。

36. 这并不妨碍阿德莱在1998年伽利玛出版社出版的《玛格丽特·杜拉斯传》中相信确有其事并把信件全文复制出来，1914年殖民地部并未就事件做出下文，看到信件的公务员仅仅允许在信件下面注明：“对，但签字不清楚。”

37. 海外档案中心。西贡市结婚证登记簿片段。复制证件单上有一个“公示和对该桩婚姻没有反对意见的证明”，该证明签发于1909年10月20日。

38. 艾米尔是亨利·多纳迪厄家里人叫亨利的名字；亚历山大是玛丽·勒格朗－多纳迪厄父亲和大哥的名字。

39. 海外档案中心。用那个时期的常用专业术语讲，登记簿上所记录的出生地方：嘉定区政府所在地（平花嵯村，平知仓镇）。

40. 据让·多纳迪厄的女儿德凯拉克回忆，这幢房子在加龙河旁的布里瓦，距马尔芒约一公里，去波尔多时经过那里，亨利·多纳迪厄可能连续租了几年。

41. “父亲跟我谈到了弗雷旺……因为那里，假期时他们把他和弟弟当仆人使唤。”（2001 年 5 月 24 日与德凯拉克夫人的访谈录）

42. 玛格丽特·杜拉斯父亲：所有一切都让人猜测玛丽·多纳迪厄怀了丈夫的孩子。然而因为长相，有关玛格丽特·杜拉斯真正的父亲是谁的问题在杜拉斯生前就被多次提到，死后又被重新提起。她 1976 年发表在《巫女》杂志上的一篇文章《瘦小的黄种人》涉及到这个问题，文章被收入《外面的世界》（阿尔班·米歇尔出版社，1981 年；P. O. L. 出版社，1984 年）。在这篇文章里，她特意写道：“我和哥哥都是瘦小的克里奥尔人，与其说是白种人，不如说是黄种人。从不分离、一起摸爬滚打、又脏又瘦的安南，她说：她呢，她是法国人，没有出生在那里。我当时大约 8 岁……后来，当我们 15 岁时，人们问：你们真是父亲的孩子？看看你们，你们是混血儿。对此，我们从未作答。没有问题，我们知道母亲很忠诚，而混血出自别的原因。……我们长大后，随后人们又对我们讲：好好想想，认真找找，你们的母亲是否告诉过你们，她怀你们时父亲在哪里？他不是在法国的普隆比埃休假吗？我们从来没有想过，我们知道母亲对父亲很忠诚，混血是无法告诉他们的其他原因。我还知道，我对此一无所知。人们还对我们说：是否因为饮食和太阳？饮食让皮肤变黄，让眼睛成为单眼皮？不可能，学者们的态度很明确，这不存在，经验丰富的人这样回答，我们呐，从来没有提过这种问题。”

让我们再回忆一下事情的经过和日期：玛格丽特·杜拉斯的父母是 1912 年 3 月到 1913 年 4 月领着皮埃尔·多纳迪厄和保尔·多纳迪厄回国度假。他们 1913 年 5 月 1 日一起回到西贡，与他们的孩子住在嘉定师范学校，直到 1915 年 5 月 19 日（全家一起）返回法国。玛格丽特·多纳迪厄出生在第二年春天，4 月 4 日。1913 年夏天母亲怀孕时（6 月底或 7 月初），档案里没有任何父母分开过的记录。保尔·多纳迪厄的出生也一样可以是这个日子。

再说，亨利·多纳迪厄在信件中谈到对妻子的敬重爱慕的口吻绝非一位戴绿帽子的丈夫所有的，当然这说明不了任何事情……由于对这个如此机密的事件提不出任何有力证据，最好还是接受杜拉斯的观点，她比任何人都了解母亲，她确认母亲没有背叛父亲。玛格丽特和哥哥“黄种肤色的问题就不必去管了”。

第三章
师范学校的校长先生

师范学校校长的女儿玛格丽特·多纳迪厄在自己出生的房子里生活的时间很短。出生之后不到 1 年，因为父亲生病，家里人再次回到法国休假。玛格丽特在两年以后才回到西贡，但是很快就必须到一个新的地方去。在叙述她的童年之前，有必要对她出生前几年亨利·多纳迪厄在嘉定的生涯做详细叙述。

流放嘉定

1905 年，玛格丽特·杜拉斯的父亲初到交趾支那时，他所服役并将成为新任校长的师范学校是殖民地当局在当地建造的最早的教育机构之一。军人统治者认为很有必要创建一所学校，培养懂得当地话的“本地助手”（一般情况下，来到交趾支那的法国人或者军人都不懂当地话）。1868 年创建的这所学校就是这样来的，最初建造在西贡的一所古塔遗址之上。这里的学生都是殖民地政府奖学金的获得者。1879 年成为沙瑟卢－洛巴[1] 中学，继续招收黄种人，他们中的大部分希望进入殖民地行政机关工作（后来创建了法语系）。整个教学均按法国模式组织，教师都是从法国的中学聘请。对培养某些级别的公务员而言，这种机制运行得还算顺利，但是对为当地聘请小学教师而言却不令人满意。很多学生不愿意应聘教师岗位，更愿意到他们所认为的更有意思的行政岗位上发展[2]。这一切与教师岗位有限、与当时教学法培训缺失的实际有关，像沙瑟卢－洛巴这样的中学不承担这样的任务。1894 年，当局决定把这所所谓的初中与“当地的初等师范学校”剥离，把师范学校建在嘉定。

交趾支那中小学督学的一份报告指出[3]，这所学校并没有因此得到大众喜爱，学生和老师（某些教师）认为他们被流放在嘉定，远离西贡舞台。另外，学习年限也由沙瑟卢－洛巴中学的 4 年调整为按照法国师范学校模式的仅仅只有 3 年。最后只能得到“学习证明”，除了教学之外，不可能从事其他职业[4]。1903 年，亨利·多纳迪厄来到之前不久，师范学校只有 60 名学生（每年招生 20 人），这对一所原则上也要为安南和东京培养小学教师的学校而言还是有点少。这是一所只有男孩的学校，人员构成如下：校长 1 人，欧洲老师 4 人（其中有奥布斯屈尔），还有两位“当地的代课老师”。1908 年，新校长到任 3 年时，由于新来的河内公众教育局长古尔东的努力，欧洲教师的数量达到了 6 人，学生数量也得到了相应的增加。但是运行条件依然不佳。嘉定师范学校因为没有足够的校舍，所以无法接纳寄宿生，学生不得不住在附近村庄那些“安南寄宿学生的代理家长家里”，与他们一起吃饭。作为助学金获得者（进入师范学校需要考试），政府要为他们每个月提供五六个皮阿斯特的寄宿费。早在 1903 年，督学就由于学生住宿条件引起的不卫生状况，导致学生冒着一定的风险进行了汇报，他的报告当时就引起了政府的注意。他在报告中进一步指出：“在他们住宿的嘉定的安南人家里，我们的师生面临着接触各种各样潜伏疾病的危险。”[5] 他特别提到了结核病可能引起的传染，提醒当局注意，未来的小学教师首先应该被纳入《卫生及预防条例》，他们将承担向大众宣传条例的重任。1915 年，督学的继任者继续谈论这一话题，观点得到了医学监督的支持，“（师生）目前的卫生条件令人担忧”[6]。

他们的教室也好不到哪里去，1894 年西贡的师范生离开时，嘉定小学的（欧洲）校长居住的住房被布置成教室。房子只有两层，二层有两间教室，一层有 1 间。这样布置校产更为师范学校的校长增添了不便，他不得不在西贡寻找住房。1903 年，督学在报告中指出：“由此引起如下结论：1. 校长仅仅在学生上学时住在学校，这根本不够。2. 政府不得不为他提供住房补贴（660 法郎）。3. 校长因此所增加的费用加重了他的财务负担。4. 他往返西贡需要面对不同季节的异常气候。”亨利·多纳迪厄的前任在任不足两年就死在岗位上，后面这一条引起了特别注意。所幸的是，我们得知，政府将对这种情形进行整治（“据说，这一年要为嘉定学校的整治和扩建花费几百万皮阿斯特”[7]）。多亏这一意外礼物，玛格丽特·杜拉斯的父亲才在学校有了一套住房，校长的女儿将出生在这座成为她最初所爱的住房里。

为“当地”培养优秀的小学教师

师范学校的所学科目自然有法语。课表上出现的优先科目是语法、拼写、课文解释和作文。然而经过3年学习，他们不一定要用所学的这门语言教授学生，而可以用母语教授[8]。由此那些“当地的代课老师”就可以免代那些安南语课（作文、拼写、法语和当地语言的互译）[9]。数学、几何与米制入门也有自己的地位。空间几何引入了一些实用元素，例如在乡村社会中很实用的测量课。同时，课程安排上也有有关农业的概念。“实物课程”则教授有关卫生的基本知识（身体、衣物、住宅卫生等等），还有被有毒虫子叮咬、中毒或者简单的着凉时的实用建议。同时，学校不允许这些学生即未来的教师吸烟、吸毒和酗酒。对未来教师的培养丝毫没有因此而忽视，对于每周1小时的理论课和1次教学法研讨会，1915年交趾支那的督学认为这样培养还显得不够。他吹嘘教学计划应该向法国的师范学校看齐，法国师范学校的教学法课程每周两学时。这直接涉及到了嘉定师范学校的校长，他主要教授三年级的教学法课程，同时原则上又要主持每周的师生会议——他不是每周都主持会议。督学没有指名道姓，但是对此表示遗憾。校长时不时开设一些示范课，人们很欣赏，也希望他经常上此类示范课。

称职的校长

尽管我们没有那时与他交往很深的直接人证，我们依然可以通过年复一年的行政报告，通过他的上司对他的赞赏，来了解玛格丽特·杜拉斯父亲的为人。1907年，他还是艾丽斯·里维埃的丈夫时，我们在“科室主任意见”一栏里看到：“道德、品行、性格：良好；服役态度：非常满意；与上司、同事、下属的关系：良好；衣着和社会交往：端正；能力：聪明；身体：健康。”对公务员是否要由公众评价的问题，回答是肯定的。在“整体评价”一栏，我们发现了1907年5月7日公众对他的夸奖：“优秀的师范学校校长。毫无疑问，是我们到目前为止所遇到的最好的校长。非常勤奋。”同年11月，再次得到这样评价：“多纳迪厄先生对学校的事业非常忠诚，方法也非常熟练，对员工的影响持续不断。”[10]他与玛丽·勒格朗结婚的1909年，还是同样的声音：“多纳迪厄先生是优秀的师范学校校长……建议任命为补习学校三级校长职务。”（河内将会接受建议。）

1910年，我们又一次看到：“优秀的师范学校校长，非常积极而且也很职业，他培养了比较优秀的当地小学教师。尤其难得的是他非常务实，他完全有可能胜任督学一职。”同年，他成为法国文化部教育勋章的受勋者。1911年，他又一次得到了“非常积极，非常务实”的评价，而且人们认为他“对教师、他的学生产生了非常积极的影响”。人们对下面的事实赞不绝口：“他把自己的组织才能用于服务老挝和柬埔寨，他的职责是培养第一批小学教师。”最后的结论是，他的进步榜上有名，确实实至名归。还是在1911年，大家认为亨利·多纳迪厄“非常尊重”上司，对同事“友爱”，对属下“友善”。副总督本人不惜写道：“他培养了优秀的当地小学教师，他们通常都会受到人们的赞誉。”教育部门的负责人1912年10月5日这样指出，他展示了“真正的行政水平”，而在1913年9月1日“他为未来教师的培养付出了自己的所有心血和聪明才智，提供了有效的教学方法。”报告这样评价这些学生：“深得我们当地预备教育的真谛。”1914年世界大战前，他再一次总结道：“我在教师中找不到比他更好的师范学校校长。”[11]

忠诚、积极、务实、聪明、很强的职业能力、优秀的行政管理者、尊重、友爱、和善……这就是一身白西服的师范学校校长的完美公务员形象，他在西贡的欧洲圈里得到了公众的好评，这个圈里那时仅有4000人，大家彼此认识，也都互相观察。作为学校的领导，毫无疑问，他受到了特别关注，对他的关注并不总是友善的。对此，按照殖民地的行政命令，他避免卷入当地矛盾纷争，特别是选举时出现的明争暗斗，报纸也用很多篇幅大肆报道。难道我们就由此得出这样的结论：他没有政治抱负，或者说他对公众生活漠不关心？假如考虑到他出身共济会，好像这并不尽然。但是，即便如此，他进入这种组织的短暂经历说明，他希望尽量避免可能引起的纷争。亨利·多纳迪厄在到达一年半后，即1906年7月13日加入了西贡进步的热诚崇拜者共济分会。那年10月12日入会时，他在“职责”书的下方签了字，我们看到了这样一段话：“我保证忠诚工作，对共济会的事业忠贞不贰，按时参加活动，我保证爱共济会兄弟，用我的全部力量帮助他们，无论何时何地我都按照人类团结的大法行事，这就是共济会的准则。我将会帮助弱者，公平对待所有的人，忠诚于祖国和家庭，自尊自重。”[12]他真诚地遵循这些道德准则，但是他的加入仅仅是过眼烟云。不到6年，即1912年1月，被提升为三级共济会会员时[13]，他提出了辞呈。巴黎的法国大东方档案馆提供的资料非常简洁：“辞去者觉得共济会里的小集团太多。”[14]立此为证。

从性格上讲[15]，玛格丽特·杜拉斯的父亲完全是非教徒，加入共济会比较自然地解释了这样的事实，当时印度支那的公务员中，共济会会员占了相当大的比例，包括那些高级别的行政长官都是共济会会员。嘉定师范学校好像受到特别青睐。1906年，新校长上任伊始，4个欧洲教师中有两人加入共济会，一位名叫沙萨努，加入的是热诚崇拜者共济分会，另一位是玛丽·勒格朗的前夫奥布斯屈尔，加入的是热诚崇拜者共济分会的对手觉醒东方共济分会[16]。这一年，沙瑟卢－洛巴初中的数学教师梅西耶－博内被选为热诚崇拜者共济分会的会首。1908 年，他再次当选时，又一次来到亨利·多纳迪厄领导的师范学校就职。而沙萨努一直在那里教书。可以想象，3 位同事一起去参加集会，那年，每个月的第二个和第四个星期五有集会（第二年改在了星期六[17]）。教师所占的比例不容忽视，除此之外，热诚崇拜者共济分会的会员中还有当地各类团体的代表，行政人员、海关和税务局、警察局（西贡警察局局长本人就是）、公共工程、地籍测量等部门，以及围绕着医生和药店老板的批发商和店员，还有其他自由职业者的代表。在这些人名中，我们注意到一个人，那就是加布里埃尔·穆泰——很有影响的报纸《西贡通讯》的主编，后来还有创办者之一的加罗斯[18]。军人非常少，他们不得参与政治或者必须远离传教，传教士恰好是他们需要消灭的敌人。

无论在印度支那还是在法国的共济会，共和国的保卫机构主动捍卫世俗，反对宗教组织及其流派的入侵。从交趾支那到东京，人们满怀激情地掀起了这样的运动，最后由议院投票通过了政教分离的法律。西贡的共济会分会向孔布兄弟发去贺电，里面这样写道："在 1905 年的集会中，热诚崇拜者共济分会非常高兴地对部长会议主席、孔布先生为宗教团体所做出的不懈努力表示他们的信任和崇拜。他最强烈的愿望就是看到已经开始的事业获得巨大成功，看到殖民地能够享受到世俗政策所带来的益处。"[19]但随后几年，大家又抱怨说，这些法律没有在殖民地实施，特别是在印度支那，他们指责政府玩弄外国传教士[20]。这些人都是富人，而且还享受被认为过分的优惠税收。他们牢牢地扎根在教育战线。他们的教会学校与像由亨利·多纳迪厄领导的公立学校竞争激烈。结果是时不时会产生明争暗斗，还有经常性的抱怨，当地政府不得不竖起耳朵倾听。下面的情节将会涉及到玛格丽特·杜拉斯的父母，是这种状况的真实生动反映。事情发生在玛格丽特出生前几个月。

辩论风暴中的寄宿生

1913 年 12 月 16 日，亨利教士、当地教育机构的负责人致信交趾支那的总督古尔贝伊，对所面临的形势进行了总结，他认为，这种形势不利于学校的安全稳定，也不利于正义的声誉——在他看来也就应该是政府的声誉。他在信中谈论的就是这种声誉：

总督先生：

经过调查，我非常荣幸地口头向您证实这样的事实，嘉定师范学校的校长多纳迪厄先生私自在学校为校长提供的居所里招收了一定数量的付费寄宿学生。这9名寄宿学生每个月为多纳迪厄夫妇的小饭桌和课外补习交80美元的费用。我寄给您这些学生的名单和多纳迪厄先生出示证明的信函，在确认执行我的命令，立即解散这些寄宿学生之后，他在信函中要求我允许他今后把这些学生寄放在为此所租用的私人居所里。这里有一点您有权作出裁决。法国也确实有这样的情况，在某些女子寄宿学校，由于没有官方寄宿条件，在得到政府的允许之后，可以在东方女子学校由老师和学监建造寄宿室。在他们所拥有的免费住房里，有些教师接受一两个寄宿生也是实情，政府也会原谅。这两种情况中，不论是哪一种，寄宿生还是非寄宿生都要在公立学校上课。即使亨利·多纳迪厄夫妇负担他们学生的住宿费，然而我还是担心允许这样做将会在西贡产生不良影响。更不要说由此所产生的对政府的间接批评，因为多纳迪厄先生的9名学生中有3名是沙瑟卢－洛巴初中的留级生，学校已经没有位置让他们继续停留，私立教育机构无论其是否教会学校，都有权抱怨，两位国家公务员则可以挣双份工资，没有任何风险，以此与他们竞争，抢夺他们的学生，只有国立学校或特别强大的私立学校才能做到。最后还有一点，嘉定师范学校的教师还有校长必然是毕业文凭评定委员会成员，多纳迪厄夫妇的9名学生可以作为自由候选人参加，而我在沙瑟卢－洛巴初中就采取措施，避免由自己的老师审查我们的学生，安南地区的学生家长会这样认为，上多纳迪厄夫妇的匿名私立学校会保证他们的孩子最后考试合格。鉴于以上原因以及甚至可能引发违反原则的风险，一名教师可以在课余时间上一些特殊课程，为了防止所有别有用心的猜疑，我个人建议不允许任何教师以收费寄宿生的名义接收学生，他们一般情况下均可以自愿参加补习[21]。

古尔贝伊总督即刻回应，1914年1月2日他这样答复："收到你12月16日当天的来信，作为答复，我很荣幸地告知你，我完全同意你的意见，原因如你所述。我认为有必要禁止所有教师以收费寄宿生的名义接收学生。”他接着说道：“请你告诉他我的这一决定，他没有申请就私自在政府为他提供的住房里接收寄宿生，对这种放肆行为替我向他提出严重警告。尽管如此，他有权在课余时间补课。”[22]

他12月14日给上司写信，试图澄清事实并替自己辩护，结果亨利·多纳迪厄被塔贝尔教育机构的教徒出卖。这是一个基督教派的兄弟会学校，1875年创建于西贡，目的是教化混血儿。这封信不但确信无疑地证实了这一点，而且事件也确实在当事人和他妻子那里引起强烈反应，以此为证：

局长先生：

我对您第2141封私人信件答复如下：我很荣幸地告知您，多纳迪厄夫人补课学生的名单已经在上个星期五给您寄去，9点45分在嘉定投入邮局，我不该让这些学生住在我师范学校的特殊住所里……我认为塔贝尔基督教兄弟学校的影射对我个人是严重侮辱。师范学校的教师，考试委员会委员，您一定对这些教师的道德观赞不绝口，他们也和我一样受到了无端怀疑。请允许我告诉您，我并没有去请这些学生，我没有做任何广告。面对他们的请求——他们处在困境之中，绝无可能继续上学——我认为接收他们是对公立教育的最有利的辩解。他们中的3个没有通过1912年的毕业考试，因为名额有限，他们永远不再有资格回到初中上学。其他6人完全是因为个人原因离开了塔贝尔学校，在此我不愿深究。我们可以确定，他们的父母无论如何都不愿意再把他们送回那所学校。后来这些学生中有3人打算留学法国，继续深造，希望通过长期与我们接触了解法语和法国人的风俗习惯。所有这些孩子的家境都很好，把他们安置在师范学校附近很有必要，而我决定接收他们时，能够使用的住房只有那些散发着恶臭的单间住房[23]。

紧接着提到的才是他写信的真实目的，他这样写道：“我并不想替自己辩护，但是请您相信，我以最大的诚意做了能做的一切，完全符合法国和欧洲其他国家的原则，公众教育部也支持和鼓励这种做法。其实，众所周知，很多住在公立学校的小学和初中教员都在自己的住所接收一些收费寄宿生，而不必担心。”然后他举例说明自己家里所发生的事情：“就我个人而言，我很高兴能够让自己的大儿子在一个公立学校的小学教师家里住了 3 年。我因此让孩子避免了城市居民点里的危险，他这段时间生活在一个良好的道德环境之中。在凡尔赛中学，我的妻妹就在那里长大，250 名寄宿生没有仅仅集中在一所学校，她们大部分都分散在老师家并居住在学校的独立小屋里[24]。从教育教学的角度来看，这个适用安南优秀年轻人的体制是会产生效果的，这一点，我认为没有必要再强调。"

亨利·多纳迪厄也明白自己有错，也想让自己的上司放心，他在信中的某些地方影射到塔贝尔兄弟学校的爱国主义（这是有道理的）："本月 10 日，我已经告知我的学生们，我不能让他们再待更长时间，考试一结束，他们就必须回到自己家里去。他们中的 7 人还不愿意离开我们。短暂的假期结束后，他们还想回到嘉定。两个已经获得毕业证的也没有其他特殊目的，就是希望继续学习，然后回去种地（我们不愿意把他们推到功利主义的行列）。三个想等我们回法国时与我们一起出发[25]，继续在法国自费留学。如果我们把他们送回，塔贝尔基督教兄弟学校就会再次把手伸向他们，用好听的法语讲，他们会把这些学生送到广东的圣心中学或意大利的耶稣会学校。我得到确切消息，他们更愿意把自己学校的花朵送到国外，而不愿意把他们留在自己的国家。"

尽管受到行政警告，亨利·多纳迪厄夫妇从来没有想过要放弃这些家庭条件优越的孩子，让他们随波逐流。他们的前途如此（也许家庭经济来源也如此）[26]。他在信中继续说道："如果我把他们送回去，看到他们去香港或上海时，都不会让人觉得吃惊。他们无论如何都不愿意再回到塔贝尔。另外，因为已经满员，进入中学的大门已经完全对他们关闭。"然而，让人欣慰的是，他们接着又提出了一个比较可行的解决方案："在经历了刚刚发生的事情之后，这些学生考虑租一幢几天前刚刚腾出来的房子，是一个欧洲人的房子。假如房子问题能够如愿解决，他们斗胆希望，行政当局能够允许我们继续负责他们的学习。局长先生，我有幸向您转达他们的愿望并向您保证，我将来一定按照您的指示办事。"[27]

通过这件事，我们可能对师范学校校长所表现出来的顽固不化感到吃惊。但除了他不轻易放弃的性格之外（特别是他认为自己做得对时），更为可能的是，他的妻子鼓励他不要放弃。因为在信的开头，难道不是她在给那些寄宿生上课吗？只要有机会，玛格丽特·杜拉斯的母亲都不会放过，这里仅仅是她敛钱习惯的第一例。她美其名曰让这些学生住在自己家里，以便能随时监督他们学习，其实是以此增加自己的收入。她晚年回到法国后已经退休很长时间了，还会继续在卢瓦尔河河畔的房子招收越南学生。毫无疑问，对教学的热情也随之进入了这种习惯。我们很快就会看到，她女儿将会是第一个受益者。从实用的角度看，她除了在师范学校从事教学工作之外（她当时是师范学校的代课老师），还要抽出时间给9名课外学生补课，同时还要照料家里人的起居，大家也只能对此赞叹不已了。她当时已经是两个年纪尚小的孩子的母亲，第三个孩子即将出生。与所有那些受到尊重的殖民地官员的夫人一样，毫无疑问，她在当地雇了一些人也是实情（小男孩、厨师、小孩的奶妈等）。但是，尽管她卸下了家务活的担子，还需要总管家里的一切，这么多人同住一个屋檐下，并不是一件轻松的事情。关于这一点，我们应该没有任何偏见地指出，对一个能如此自然地接收不同阶层和种族学生的法国教师的家庭而言，这在当时确实不一定是自然而然的事情，他们能够陪同这些学生中的一部分去法国，以便能让他们尽快熟悉国外的土地，实属难能可贵。年轻的玛格丽特·多纳迪厄就是在这种家庭环境中长大的，就算以后成为著名作家，她也要在标志着自己作品的访谈录里强调这样的事实。

3位塔贝尔学校的老学生等着在多纳迪厄一家的陪同下去法国留学，3个人均来自湄公河下游的三角洲，为了更好地在法国接受教育，他们做出了学习计划。他们中一位希望在波尔多商校注册学习，另外两个是弟兄，希望在巴黎一家高中上学[28]。开始，他们预计不会在1916年前去法国，但是因为师范学校校长身体状况不佳，他们的留学提前了。总而言之，他们以及同伴在嘉定的出现而引发的争论丝毫没有影响到师范学校校长的职业生涯。

注　释

1. 据第二帝国时期的海军部长沙瑟卢－洛巴边境总督记载，沙瑟卢－洛巴初中1928年变成高中。

2. 厌恶教师岗位的一个主要原因是，教师的工资待遇太低。行政机关随便一个值勤人员的工资都要比教师高出1.5～2倍；邮递员的工资是教师的3～4倍。（引自陈望道《印度支那的法国学校》，卡尔塔拉出版社，1995年）交趾支那的督学方丹在1903年的一份报告里写道：“也要，特别是要提高小学教师的工资待遇；对涉及他们荣誉和报酬的事情，还需要再慷慨大方，这样将会促使他们更加忠诚于教育事业，又可以与他们进入其他领域的同事待遇相同。”（海外档案中心）督学的意见将得到采纳。

1908 年，小学教师的工资待遇最终提高到与秘书和口译人员相等，而且还为他们设立了特殊勋章。

3. 代理督学吕西耶 1910 年 9 月 10 日的报告。（海外档案中心）

4. 吕西耶在嘉定师范学校 1915 年的报告中指出："报考的考生很少。它没有享受到沙瑟卢－洛巴初中的声望：学生不穿校服，由于缺少寄宿条件，学生只能住在市里。他们没有西贡的同学那样的学习条件，法语老师的数量也不够多，有时一些诸如法语和教学法这样的重要教学还要让那些当地老师代替上课。最后检阅他们学习的文凭——比其他的少一年，是一个特殊文凭，除了能从事教学之外，毫无用处。"（海外档案中心）

5. 海外档案中心。方丹在 1903 年的报告。

6. 如前所述。吕西耶 1915 年的报告。

7. 方丹的报告。

8. 大部分从师范学校毕业的教师所从教的乡镇学校（预科学校）的法语教学那时只有学到三年级高级课程时才开始。

9. 德罗德神甫是法国传教士，1591 年出生于阿维尼翁，1624 年来到交趾支那，他是第一个把当地象形文字标注成与拉丁语系统相同字母的人，该系统是国语（当地语言）的基础。德罗德编纂了一本安南拉丁－葡萄牙语词典，出版于 1651 年。

历史学家弗朗西尼在 1994 年为奥特勒芒出版社主编的专著《1925—1945 年的西贡》中，对此是这样描述的：最初的目的是为了更方便地教授教义，后来却事实上成了"真正文化革命"的开端。他书中《美丽的殖民地》一章中指出："国语事实上与越南语言和思想形成了严重割裂，因为表述他们的象形文字既是符号，也是含义。它在萌芽状态就预示着双重危险，将来会把越南与大中华文化圈——中国、日本、朝鲜割裂开来，而在当下则会对由汉文化秩序和权力所控制的官方意识形态体制割开一道口子。"然而他又指出："当经历了殖民地的新一代越南知识分子试图扮演某种政治角色时，他们会在国语中寻找到文化与民主之路，可以使这个国家进入现代之路，而教育则会成为片道战马。"

贾米森（在参考了黄文同的《越南报刊史》后，颐庄，西贡，1973 年）在其著作《解读越南》中关于当地报刊对国语的使用提出了详尽解读，他这样写道："第一份在越南从来没有公开发行的报纸是《嘉定日报》，于 1865 年在西贡问世。开始仅仅是 1 份只有 4 页的月出版物，主要内容是公众和法院公告，还有一些国内要闻。1869 年，内容开始多样。历史散文、诗歌和传奇故事等，还有其他一些文化元素开始占据更加重要的位置。月报变成了半月报，而后1周出3期。法国殖民地当局从经费上支持这一创新出版物的意图昭然若揭，殖民地总督罗兹先生1875年曾经这样说：‘该出版物的目的是要在当地民众中间传递所有值得他们注意的新消息，为他们提供文化和农业发展方面的知识。当地事务的观察员告诉我《嘉定日报》得到了民众的热情支持，在许多居民区，那些懂国语的小孩已经养成了大声给父母读报纸的习惯。这个月报具有无可辩驳的用途，对取代我们的语言和只有少部分官员懂得的中国文字作出了贡献。’”（贾米森，《解读越南》，加利福尼亚、伯克利大学出版社，洛杉矶、伦敦，1993年。）

10. 海外档案中心。签字亨利·吕西耶。

11. 海外档案中心。

12. 法国大东方档案馆，巴黎。

13. 1908年，亨利·多纳迪厄达到了“大师级别”。

14. 法国大东方档案馆。

15. 此人不是信教徒。据他的孙女讲，他没有让他与艾丽斯·里维埃第一次婚姻所生的两个儿子接受洗礼。当让·多纳迪厄结婚时，他不得不去洗礼。（2001年5月德凯拉克夫人访谈录）

16. 1903年，在法语联盟西贡委员会成员中，我们也看到了奥布斯屈尔的名字，与亨利·多纳迪厄的前任、师范学校的校长戈约先生的名字在一起。教育局长、学校督学和沙瑟卢－洛巴初中的校长也都参加了协会，协会有大约20位教师和许多自由职业者的代表，在一共120名成员中，只有6名女性，当地人仅有1人，藿恩，可能是混血儿（海外档案中心）。

按照保罗·贝尔的建议，法语联盟1883年创建于巴黎，1886年，他当上了印度支那总督（到任后几个月就在那里去世）。联盟的目的是为了在殖民地和法国的盟国推动法语的学习和使用。

17. 法国大东方档案馆。

18. 律师加罗斯是留尼旺岛人，父亲是著名的航海家罗兰·加罗斯，他1913年加入热诚崇拜者共济分会。

19. 法国大东方档案馆。

20. 关于共济会在印度支那的存在和它们的活动场所，我们将满怀兴趣地阅读历史学家达洛的《1868—1975时期的印度支那共济会》，法国共济会出版社，巴黎，2002年。

21. 海外档案中心。

22. 同上。

23. 所谓的“单间”是一种很窄很深的住房，底层是商业用房，门朝大街开着（现在越南还到处都是这种住房）。西贡许多这样的住房都是由肖龙的中国建造商按照来自新加坡的模式建造的。

24. 根据海外档案中心所提供的资料，亨利·多纳迪厄的大儿子让·多纳迪厄是洛特新城一位小学教师家里的寄宿生。他在信中所提到的妻妹可能就是玛丽·多纳迪厄的小妹泰雷兹·勒格朗，出生于1893年。

25. 鉴于时间安排的问题，在这种情况下，亨利·多纳迪厄没有在法国渲染此事。

26. 1913年，当地寄宿生事件发生时，多纳迪厄夫妇二人的年薪达1.84万法郎，亦即每个月1533法郎。亨利·多纳迪厄当时的年薪为1.14万法郎，玛丽·多纳迪厄的年薪为7000法郎。（海外档案中心）

27. 海外档案中心。

28. 海外档案中心。1913年12月14日，亨利·多纳迪厄致交趾支那教育局长的信。

第四章
战火纷飞

女儿杜拉斯出生的第二年，亨利的健康似乎出了严重问题。上级领导在其1915年度工作考核结果中这样写道：“多纳迪厄先生是个好校长，然而，这一年他健康状况不佳，先后患病（急性阑尾炎、双侧性肺炎），师资又出现紧张，放松了师范学校的日常管理工作，疏忽了本地老师岗前教学培训。”我们发现后面还有一句话“这种失职尚属首次”，故建议晋升其职务。1916年度的考核结论里再次出现这样的字样：“他在新的一年担任师范学校校长期间，教与学的成绩均不理想。”同时准确注明“他曾多次生病，并出现病危”[1]。这份最后的工作考核结论写入档案时，亨利·多纳迪厄携家眷返回法国已经一年多了。

从一份日期为1915年4月27日的健康检查证明上我们得知，亨利·多纳迪厄在西贡待了36天，“先因治阑尾性急性结肠炎住院，痊愈后又患了3次急性痢疾和急性疟疾。”1915年3月27日，亨利·多纳迪厄住进了西贡医院。拿到医疗证明那天，他似乎已经脱离了危险。他的健康状况确实很糟糕，军医医院的主治大夫迪马就他的健康状况向殖民地卫生委员会做了汇报。殖民地卫生委员会认为他“必须回法国疗养”，就批了他半年病假。病休证明于5月1日获总督古尔贝伊签批。证明里明确规定，亨利·多纳迪厄于1915年5月5日搭乘邮船，由西贡踏上漫漫归途。“随他一起回国的有他的3个孩子，他们的年龄分别为4岁8个月、3岁4个月和1岁1个月。”[2] 玛丽·多纳迪厄那年可能也得了疟疾，也获得了为期半年的疗养假。

初回法国

1915年5月19日，多纳迪厄夫人从西贡登上了返法的“内拉号”邮轮，陪他们回国的是他们的3个孩子。为了弄清事实真相，我们查阅埃克斯－普罗旺斯海外档案中心收藏的行政文件，根据这些行政文件，我们可以准确地重新勾勒出他们的归国路线。母亲和女儿一起走，这就使得没有得到证实的资料失去了价值，据这个资料记载，小玛格丽特的父母在女儿满周岁后回国去疗养了，小玛格丽特可能被留在了西贡[3]。实际上，杜拉斯在19岁彻底离开印度支那之前，一直和父母在一起，不曾离开过父母长达数周之久。

初次搭邮轮远渡重洋回祖国，小玛格丽特乘坐的是头等客舱。以后每次往返印度支那和法国的航行都乘坐头等舱邮轮。玛格丽特因为太年幼（刚过完1岁生日），不懂得什么是头等豪华舱。她当时有可能会走路了，没准还是在邮轮甲板上学的步呢。走路完全有可能，但不完全可信，因为有张照片，这张照片可能是摄影爱好者在邮轮抵达法国港口时拍摄的，照片上的她当时坐在木质童车里。那时做父母的都用这种童车[4]（现在的幼儿车雏形）带着孩子们出门散步。小兄弟俩站在小童车里，身子随便靠着童车，想靠哪侧，就靠哪侧，一个还将小手从另一个肩头上伸了过去。照片上的小女孩很可爱，生着一副洋娃娃脸，穿着当时小女孩都穿的绣花小白裙，头发依然很短，小辫子上的头绳扎得不牢，不停地往下滑落，但小女孩看东西时的眼神却已经很自信了。照片可能是星期天拍的，因为两个小男孩的穿着不是平时孩子们的穿着。他们上身穿着白衬衣，下身穿着小短裤，脚上穿着高帮鞋，鞋子擦得锃亮。他们的衬衣是英式丰勒鲁瓦贵族款式，领子比较宽阔，系着双面丝绸领带，头发梳理得很整齐，俨然一副乖孩子形象，只有笑的时候才流露出孩子顽皮的天性。

6月14日，玛格丽特和两个哥哥抵达马赛，然后由父母领着去了洛特－加龙省，在马尔芒市找了个住所安顿了下来。在法国逗留期间，他们一家人大部分时间都待在马尔芒，尽管亨利·多纳迪厄在1915年和1916年的成绩单上写的是他母亲的地址洛特新城。玛丽·拉斯孔布已于前一年秋天去世了，当时住在圣－艾蒂安大街，没能再见上儿子和儿媳一面[5]。杜拉斯没见过洛特新城的奶奶，但父母回国疗养期间肯定给奶奶扫过墓。那时法国战火纷飞将近一年，每个村庄都有许多新开掘的墓穴，准备掩埋前线阵亡的战士。玛丽·多纳迪厄家也传出了勒格朗兄弟阵亡的噩耗。在马尔芒还没有完全安顿停当，杜拉斯的母亲就得知大弟亚历山大·勒格朗参加了攻克达尔达内尔的联合行动，并被列为战斗失踪人员。亚历山大·勒格朗当时在殖民军第58步兵团服役，少尉军衔，1915年6月4日参加了位于加利波利半岛的勒德尔－巴尔战斗，但他牺牲的消息在五年后的

1920年才得到官方最终证实。亚历山大·勒格朗牺牲时37岁，还没有成家，住在加莱海峡南部的博尼埃市。据当地政府部门出具的死亡证上记载，他入伍前是农民[6]。

由于战争的缘故，玛丽·多纳迪厄在洛特－加龙省逗留的第一个夏天肯定没回家探望亲人，因为其他地方通往那里的交通已经变得十分糟糕，带着3个孩子出远门并非一件容易的事情。博尼埃是个小村庄，距离战区很近。玛丽·多纳迪厄父母为躲避战乱就暂住在那儿，因为勒格朗家族的很大一部分人就居住在那里。阿拉斯是省会城市，1914—1915年阿图瓦战役期间是前沿阵地，饱受德军炮弹袭击，但它顽强地坚持住了，没有被德军攻克，后来于1915年5月和1917年4月先后成为盟军部队攻破洛雷特和维米的战略基地，1918年3月再次成为德军进攻的目标。玛格丽特·杜拉斯的母亲1915年回到法国时，她的故乡弗吕热市成了英军士兵撤离前线后的聚集中心。距博尼埃市数公里远，就是弗雷旺市，那里是福熙元帅的司令部，就设在庄严宏伟的塞尔康城堡。弗雷旺市以前是毛纺中心[7]。前线周围地区随处都能感觉得到大战将临的紧张气氛。相比之下，马尔芒似乎远离炮火纷飞的战场。尽管是回国疗养，亨利·多纳迪厄一踏上法兰西的热土[8]，就被征入伍了。关于这一点，我们手头是有证据的，那就是他1920年1月的亲笔信[9]。

他在信中这样写道："我刚回到法国，就应征入伍，但因我当时病得不轻，就被送回家乡。1915年12月26日，我的假期满了，被再次征召入伍。"鉴于他的年龄（4月份43岁）和已是5个孩子的父亲这个事实，他不太可能被送往前线。1915年12月27日，他正式入伍，并被编入第130步兵团，分管"武器弹药"。步兵团驻防马尔芒，一直到1917年4月马尔芒解放，其间没有换过防地。由于他健康状况一直不稳定，时好时坏，1915年12月21日，去征兵办说明了情况，征兵办考虑到他"身患痢疾和慢性伤寒病"，将他分配到了后勤部队。入伍前又做了次体检，然后就去了部队，一直干到1916年3月22日退伍。亨利·多纳迪厄是二等兵，负责预备役军官登记管理工作[10]。1916年6月，在凡尔登战役打得如火如荼的时候，他让长子让·多纳迪厄提前应征入伍投入战斗。儿子当时年满17岁，刚刚中学毕业，被编入第22炮兵野战团服役，直到战争结束[11]。弟弟雅克·多纳迪厄，比他年幼5岁，还在上学，很不情愿接受外婆的管教[12]。

假期延长

外祖母打理父亲租来的房屋，照料小外孙和小外孙同父异母的兄弟。玛丽·多纳迪厄的一对儿子马上就到上学年龄了（皮埃尔1916年入学，保尔1917年入学），照料兄弟俩学习的事情就落在了她的肩上。雅克·多纳迪厄在马尔芒市上中学，而玛格丽特正在咿呀学语，还离不开她的母亲。多纳迪厄夫人从上级那里只得到3个月陪护丈夫疗养的假期，眼看假期就要满了，她得设法延长假期，一直延长到亨利·多纳迪厄被征召入伍为止。她是教师[13]，一直在领工资，因此必须向教育局提供健康证明和出差证明，必须每个月向马赛殖民局健康委员会汇报丈夫的健康情况。1915年11月11日，她的延假申请获得批准，假期延长了3个月，期满后她又提出申请，假期再延长了3个月，起止时间为1916年2月22日至1916年6月13日。为了使申请延长假期的事宜能够常态化，1916年2月9日，她不得不去了趟马尔芒，到第20步兵团军医医院体检。医院当天就给她出具了体检结果，证明她"患有严重疟疾性贫血"。复查定在来年4月25日，但复查得去马尔芒市的大众医院。大夫做完检查，确诊为"疟疾导致心肌衰弱而出现长期虚弱症"，并出具了诊断证明，要求她接受为期6个月的治疗。大夫的结论是："这种疾病必须在法国继续接受康复治疗。"大夫签名要经过马尔芒市政府认证。认证事宜于5月12日就办理妥当了[14]。多纳迪厄夫人再次获得了为期3个月的假期。

1917年7月，玛丽·多纳迪厄夫人携带3个孩子来到博尼埃市。3个月的假期原则上于9月13日到期，她得再次为延长假期伤脑筋。她找到一个当医生的表兄奥古斯特·郎博维尔。他在小城弗雷旺行医，埃斯坦路有私人诊所，距离博尼埃市很近。他用便笺纸给玛丽·多纳迪厄出具了一个诊断证明，日期为1916年8月8日。证明上这样写着："我声明为多纳迪厄夫人（原文如此）治病。多纳迪厄夫人现年39岁，小学教师，因疟疾病反复发作和经常性肠胃不适而休假疗养。"诊断结果同马尔芒市大众医院大夫的诊断结果相同，都在诊断证明里写道："该患者需要接受3个月的治疗，假期起码得再延长3个月。"诊断证明没有抬头，弗雷旺市仍然对医生证明上的签名作出了认证。马赛殖民局的工作人员可能对医生证明开始持有保留意见，于是8月底，玛格丽特·杜拉斯的母亲就返回了马尔芒，因为她必须去该市的第17军团医院再做一次体检，军医对她的体检原因表示理解。他们说他们认为，根据1916年8月24日的健康证明意见，她的“健康状况需要将她的假期延长为6个月”。此外，他们还认为，“要康复就得有足够的疗养假期”[15]。这样以来，她的假期就延期到了1917年的二三月份。到那时候，她的丈夫还在部队服役，她不可能考虑独自一人返回西贡去工作，她可能还要做最后留在法国的努力。地方行政主管部门对她是真有病还是装病，产生了深深的怀疑……

1917年2月20日，“应殖民地部长的要求”，她来到图卢兹军医医院接受体检。医生们给她做了检查，在出具的体检报告中写道：“患者述称自觉浑身无缘无故乏困。”医生们认为，她“可能会发烧，有可能患上了焦虑症，多次检查却没有被发现”。医生们的最后结论是：“我们认为，应该让多纳迪厄夫人去海军医院接受观察治疗（原文如此），以确诊其病因。”[16]3月15日，殖民地部高级卫生委员会成员经过协商后坦承，他们只“认可图卢兹卫戍区军队医院医生的诊断结论”。同时指出，“鉴于现实情况”，况且夫人目前正在休假，即使入院治疗，她要入住的医院只能是一所民间医院，因为“军队医院不收治女性患者”[17]。我们在一份次年6月8日的资料中发现这样的记载：“多纳迪厄夫人应邀参观她挑选的就诊医院。”她选择了去她表弟在弗雷旺市的诊所接受观察治疗（我们对此不感到惊讶）。玛格丽特和她的两个弟弟只好托付给他们的祖父母照料，他们住的地方距离弗雷旺市很近。新健康证明纸上有抬头，是郎博维尔诊所，证明上的日期是1917年4月23日，证明显示，医生对她的健康状况做了进一步的确诊。大夫在证明上写了这样的字样：“我声明在我的诊所曾经给多纳迪厄夫人做过治疗。她在西贡任教，患有疟疾病和其他多种疾病——心脏病、肾病和肝病。患者目前正在接受治疗，而且还患有多发性关节炎。”这次她的假期可能就要彻底结束了。但大夫预计，患者“至少1个月以内不宜做长途旅行”，并要“继续给其提供治疗，直至康复出院，可以返回殖民地工作”[18]。5月15日，一份出自巴黎卫生部的手写公函送到了健康委员会，并对她健康状况做了总结，对是否再给她延长疗养假征求部门意见，函件页末却写着“以相同理由连续休假21个月”[19]。是否准假的问题暂时被搁置了，因为她丈夫已于5月13日退伍。多纳迪厄夫人携家人已在马赛，准备搭船返回印度支那。

前一年的3月23日，根据两部委的协商结果，在殖民地工作的公务员归属预备役部队，殖民地人事局已请军务部将亨利·多纳迪厄的人事档案转交辅助部队人事部门。在此期间，杜拉斯的父亲已经做了两次体检，以确认他能否返回西贡上班。1917年3月6日的体检证上注明他体内有得过两种疾病的痕迹：“阑尾炎，属陈旧性，已经痊愈；疟疾病灶有所改善，肝脾已经正常，肠功能和相关脏器功能已经恢复。”[20]依据病情和马尔芒军医医院医生的诊断意见，“士兵多纳迪厄能够胜任殖民地的工作”。4月4日，亨利·多纳迪厄“复员回乡”，然后去殖民地部人事局报到，并申明他将回到“家庭所在地博尼埃市”，听候重返西贡工作的通知。

玛格丽特·杜拉斯休假初期待在马尔芒市，结束假期是在加莱海峡市。玛格丽特·杜拉斯后来因为经常有机会去加莱海峡市，总记着母亲家就住在一个叫克鲁瓦塞特的大农场，农场远离博尼埃市，坐落在茫茫旷野，四周是“无边无际的北欧式麦田”[21]。“埃玛姑姑”那时候住在农场，小日子过得很滋润，因为当时勒格朗夫妇还在弗吕热，她经常推着小车去阿拉斯市场叫卖教堂大街面包坊制作的面包。埃玛前一年秋天在家人团聚时去世了，逝世时69岁。埃玛直到去世依然是“女儿身”[22]。玛丽·多纳迪厄的父母勒格朗、德蒙，还有两个弟弟阿尔弗雷德和奥古斯特也住在博尼埃市。1917年，阿尔弗雷德·勒格朗36岁，还没有成家，准备战争结束后办婚事。奥古斯特·勒格朗33岁，几年前就结婚了，已经有了孩子，他们是玛格丽特的表弟。但是兄弟俩肯定在多纳迪厄一家回国休假的时候参军去了。世界大战旷日持久，欧洲北部地区连续数周激战不断。4月2日，美国终于和盟军联合起来对付共同敌人。4月16日，英法联军开始在莱内南部发起大反攻，战线由苏瓦松延伸到兰斯。5月4日，突破达姆通道的首次尝试以失败而告终。尼韦勒将军因此丢了指挥权，其他两位将军芒然和马泽尔也相继被免职。5月16日，贝当被任命为法军统帅。玛格丽特·多纳迪厄刚满3岁，已于3天前由父母带着和她的两个弟弟搭乘“丹贝阿号”邮轮去了东方。她的两个同父异母哥哥则被留在了法国。大哥依然在前线作战，二哥待在洛特－加龙，和外祖母里维埃在一起。

返回故乡

6月20日，多纳迪厄一家抵达西贡的海运码头，重新开始了殖民地生活。但玛格丽特不再返回老屋去住了。在她父亲回国休假期间，嘉定师范学校因重组而“临时停课”[23]。6月22日，中南半岛教育局局长拟定让多纳迪厄夫妇在市区的沙瑟卢－洛巴中学任教，报请上级领导中尉兼总督签批。教育局长还为其决定提出了充足的理由。他在文件里写道：“多纳迪厄先生是初二（1）班的班主任，具有文理学士学位，正好可以承担沙瑟卢－洛巴中学搁置未开的理科教学工作。”至于多纳迪厄夫人，他推荐她给初中一年级代课。他对此解释说，“根据总督的指示”，她曾经担任过女子中学的副校长，她在原单位担任的职务不能低于原来职务[24]。如果这个任用决定能让当事人完全满意的话，她的丈夫也希望再回到教育机关从事领导工作或者相应职位的工作。亨利·多纳迪厄会感到十分难堪。教育局长在6月26日越过办公室主任，直接给中尉兼总督写了封信，信中特别指出，亨利·多纳迪厄在路上偶然遇到几位毕业的学生，他们现在也当老师了，得知老师被“降职了”，他们请他到他们任教的学校当“校长”。职务在西贡这样的城市里很受重视，一旦某人升职了或降职了，消息会不胫而走。

凭他的一贯做事风格，他不会就此罢休。他立即找门路，拿着教育局的文件找领导。这些文件不仅十分复杂，而且有时候前后矛盾。他忙碌了半天，还是没有忙出什么结果。教育局长以规定做挡箭牌，立场始终没有改变。他给中尉兼总督写信说：“亨利·多纳迪厄如果自己不当副校长，去做待遇较好的初二班主任[25]，他就得承担由自己的选择所造成的全部后果，哪怕是对他不利的后果……”这是教育局长目前所能摆出来的最为关键的正当理由。信末，教育局长说：“鉴于种种原因，我认为应该维持他的职位不变，让他做沙瑟卢-洛巴中学校长，依据是该中学也被纳入现行政策的规定之列，现行的政策规定符合该中学的根本利益。”[26]

杜拉斯的父亲没有放弃努力，他一边一如既往地在新岗位上尽职尽责工作，一边在要求恢复自己的校长职务。这时候他拿出了1917年的工作鉴定作为依据。鉴定是教育局长亲笔写的，对他模范遵守上级规定给予高度赞扬：“多纳迪厄先生选择了中学，任教学校是沙瑟卢-洛巴中学，工作热情勤奋，相信上级能够恢复其副校长职务。这个问题已经反映给了总督。”[27]接下来怎么做，决定权在河内。

皆大欢喜的擢升

截至1917年，印度支那的高中为数不多。整个中南半岛仅有3所，一所在东京[28]，一所在安南，第三所在柬埔寨。3所高中的校长都是精心挑选出来的。就在杜拉斯的父亲要求恢复其校长职务的时候，在河内任职的总督不是别的什么人物，正是萨罗特，众议院议员、奥德省激进社会党党员，1906年曾担任内务部国务秘书，在1909年克里蒙梭任内务部长时，担任军务部副秘书。1911年，萨罗特被首次任命为印度支那总督，1914年8月离任，接任者是荷兰人沃兰奥旺。1916年11月起，再次担任总督职务，1919年成功谋取殖民地部部长一职，次年获得正式任命，这才离开印度支那，返回巴黎履任。萨罗特是第三共和国[29]有影响的政治人物，以支持共济会而声名大噪，也因此没能成为该会的在册会员。1917 年，政府给他配了名助手，博士学位，名叫克尼亚克，共济会成员，保尔·博 1902 年到 1907 年秉政时的办公室主任，现职是印度支那公共教育局局长。种种可能迹象表明，是此人和萨罗特事先商量好杜拉斯父亲的工作问题，然后由萨罗特在 1917 年 11 月 17 日签发调令[30]，将杜拉斯的父亲调到河内。其实，他们对亨利·多纳迪厄这个人并不陌生。河内公共教育局很关注在联邦[31]不同地区任教的在职法国教师的工作经历和教学活动。人们也许还记得克尼亚克的前任亨利·古尔东，在担任嘉定师范学校校长后不久，就设立了柬埔寨初级教育局。

从 1918 年 1 月 1 日起，亨利·多纳迪厄担任河内宗主中学校长。这不仅是他奔波的胜利，也是他心仪的职位。他现在任校长的中学比原先的规模大（学生人数近 800 名，而嘉定师范中学的学生人数不到 200 名）。此外，在印度支那能干到他这个职位，并在权力中心所在的首府任职，确实是有一定职位的公务员所梦寐以求的。亨利·多纳迪厄感到满意的另一个原因是，玛丽·多纳迪厄也被调到河内宗主中学了。她将在丈夫手下，在该校的初中部任教。不仅如此，他们夫妇还将享受一套职务住房。最后，就健康问题而言，河内气候比西贡好，住在河内对健康的恢复有至关重要的益处。如果说红河三角洲的夏天通常十分炎热，那么东京则是名副其实的冬季，在那里就得脱去羽纱衣，换上羊毛装。对像亨利·多纳迪厄这样易患疟疾的欧洲人说，在殖民地内换个地方逗留一段时间，气候条件至关重要。后来发生的事情也确实证明了这一点。

1917 年 12 月末，多纳迪厄夫妇带着 3 个孩子离开西贡，搭乘法国邮轮公司开行的中南半岛到东京港的航船，沿海岸逶迤北上，途中先后停靠芽庄、琼红、图雷纳[32]，最后抵达海防。在海防港下船以后，他们游览了海防港和蓬勃发展的海防市，顺便还瞻仰了 1903 年矗立在公共广场的费里塑像[33]，再坐上火车，沿着红河前行了一段路程，然后下了火车，渡过红河，跨过 1900 年按照埃菲尔的设计方案建成的著名的保尔·迪梅大桥（现在叫龙编桥），于 1918 年 1 月初到达河内。满打满算，路上走了差不多 1 个星期。1918 年伊始，玛格丽特 4 岁了，她的哥哥皮埃尔到秋季就 8 岁了，小哥哥保尔在全家离开西贡时就已经 6 岁了。

在法国本土，战争旷日持久。整个冬季，德军总指挥鲁登道夫都在针对圣－康坦河亚眠做着一系列的进攻准备，试图将英法部队一分为二，准备在 3 月底前从里尔北部到瓦兹峡谷南部前线打响“法兰西大战”。盟军的指挥部就设在弗雷旺西南，上索姆的阿贝耶市，现在距离玛丽·多纳迪厄住的地方不远。4月份，德军部队开始同时向盟军的北侧翼（他们攻克了伊普雷斯河阿芒蒂耶尔）和兰斯以及马恩河谷南部地区推进。去年秋季撤离的达姆通道今春又夺了回来。4月底，德军长驱直入，开进苏瓦松，强渡马恩河，6月初，拉封丹的故乡蒂埃里城堡市沦陷。巴黎整个冬天遭到哥塔战斗机的猛烈轰炸和贝尔塔迫击炮的密集射击，现在又受到了威胁（敌人正在维莱尔科特雷安营扎寨）。要阻止德军的前进，使形势朝着有利于盟军的方向发展，必须得等到6月中旬。苏瓦松解放了，第二次马恩河谷战斗之后，达姆通道又从德军手中夺了回来。8月初，亚眠前线依然在激烈交战，但德军开始全线后撤，撤军一直持续到夏末秋初。10月中旬，德军撤出阿尔省，10月末，德意志帝国彻底崩溃。11月8日，德军开始停战谈判，1918年11月11日签了《康边停战协定》。第一次世界大战随之结束，但士兵并未全部退伍。

让·多纳迪厄参军3年，杜拉斯同父异母的哥哥一年以后退伍，准备去东京和家人团聚。1919年8月9日，亨利·多纳迪厄向上级递交了一份申请，希望能免除儿子来印度支那的船票。上级出具了一份材料，证明其子17岁入伍，“没有任何专长”[34]。让·多纳迪厄中士拿到这份证明先去找马赛殖民事务局，马赛殖民事务局又让他去找军务部。正好他要在莱维尼亚克－德－居耶内休养30天[35]。1919年10月22日，他在休养地给军务部长写信反映自己目前的状况。他在信中写道：“我明年11月11日退伍。我父母现居住在河内，我在法国，又没有工作……我是1899年6月4日出生的，现在还未成年，未解除父母的监护。根据《户籍法》第108条之规定，我的家庭住址应该是我父母所在地的住址。”信末，他语气很谨慎地说他知道，他没权利去殖民地与父母团聚，但是他的情况确实特殊，他想待在印度支那。他的一席话打动了部长，同意他去印度支那。动身的准备已经完全做好了。12月中旬，让·多纳迪厄突然告诉殖民地部不去印度支那了，并“申明希望父母能回法国”[36]。就在这期间，他父亲在河内的职务生变，打乱了全家在东京团聚的计划。

注　释

1. 海外档案中心。
2. 同上。

3. 阿德莱自传中提供的资料要是不真实，我就不会引用。因为数年前亚眠大学的一位教授在索邦大学举行的重要研讨会上做报告时，曾引用这个资料支持其论点。根据这个论点，未来的作家会因她身处有别于父辈的不同语言环境而受到影响，但影响的根源则是其不知情的时候"可能"已经由"一个越南年轻人"制造出来了。这个理论在研讨会之后被当作公认的事实写进"杜拉斯资料"，供中学教师用来研究"她的双重文化现象"，尽管错误百出。(《新教育》杂志，2003 年 1 月，第 3 期)

4. 我小时候还看见我奶奶每周推着这样的手推车去市场买东西。我奶奶管这种手推车叫英国手推车。

5. 亨利·多纳迪厄的母亲于 1914 年 10 月 31 日去世，享年 79 岁。(见洛特新城市立档案)

6. 亚历山大·勒格朗的死亡档案建于 1920 年，6 月 9 日圣波尔泰尔努瓦兹市（加莱海峡市）法院作出裁决之后。(博尼埃市档案）他的名字不仅出现在博尼埃市阵亡战士纪念碑上，还出现在故乡弗吕热市的阵亡战士纪念碑上。虽然杜拉斯提到母亲"惋惜她阵亡的两兄弟"，但如果仔细看看他们家的户口登记册就能发现，只有玛丽·勒格朗的哥哥在第一次世界大战中牺牲了。

7. 加莱海峡市，各省导游手册，前景出版社，普瓦捷，1988 年。

8. 海外档案中心。据亨利·多纳迪厄档案卡记载，他于 1918 年 10 月 1 日解除兵役义务。

9. 河内越南国家档案馆。

10. 海外档案中心。

11. 让·多纳迪厄入伍 3 年，符合 1913 年起实施的法国兵役法法定服兵役年限。

12. 作者 2001 年 5 月 28 日同克里斯蒂安·多纳迪厄的儿子雅克·多纳迪厄的谈话内容。雅克·多纳迪厄认为，他父亲谈起童年往事的时候，总会谈到他的"后母"，口吻很不客气。在他看来，让·多纳迪厄的女儿认为他父亲对他认为很严肃的外婆没有好印象。(德凯拉克夫人谈话录，2000 年 12 月 11 日)

13. 第一次世界大战期间，玛丽·多纳迪厄的欧洲薪饷为 4000 法郎，亨利·多纳迪厄的薪饷是 5700 法郎，印度支那退休金地方管理局要扣除 5% 的养老金。(海外档案中心)

14. 海外档案中心。

15. 同上。

16. 同上。

17. 同上。

18. 同上。玛丽·多纳迪厄回到西贡以后，在主管部门拿到了她支付给弗雷旺市朗博维尔诊所诊费收据（150法郎，按10天计算，每天合15法郎），准备报销。

19. 海外档案中心。

20. 同上。

21. 见《外面的世界Ⅱ》中的《母亲们》（与地处丘陵地带的弗吕热市不同，博尼埃市地处一望无际的平原上）。在《卡车》（午夜出版社，1977年）之后的谈话录里，杜拉斯向波特提及往事的时候，又谈到了她的母亲。她这样说："在加莱海峡市，农场里的人把晚间叫擦黑天。他们有25个人。有农业工人。无论表兄还是表妹，或者叔伯，大家都生活在一起，有时候在农场的院子里跳舞。两年前，我去北方看过那个地方。农场叫克鲁瓦塞特，事过境迁，依然如故。我一见就认出来了。"

22. 博尼埃市市立档案馆。埃玛·勒格朗，玛丽·多纳迪厄的姑姑，1916年11月9日在克鲁瓦塞特农场去世。

23. 师范中学20世纪20年代建成，后来迁到西贡，规模得到扩大。

24. 海外档案中心。

25. 1915年5月6日，亨利·多纳迪厄"进入高中任教"，距离回国休假仅隔数天时间。

26. 海外档案中心。

27. 同上。

28. 河内、东京皆越南旧名，即现在的北部地区。——译注。

29. 萨罗特祖籍朗格多克，律师出身，1902年当选纳尔博纳参议员。1906年担任内务部长克里蒙梭的助手，在议会辩论德雷菲斯中尉重返部队问题时，因意见不合，言语过激，打了民主派参议员普利齐－孔蒂耳光。1907年辞职，1909年，被时任总理的白里安调入军务部。1911年6月6日，被任命为印度支那总督，1914年8月因担任公共教育部长离开印度支那返回巴黎，一直待到1911年11月6日，然后又回到河内。1920年1月，担任殖民事务部长，在这个岗位上一直干到1924年3月29日（1926年到1928年在内务部工作），1932年6月30日再次担任殖民事务部长，1933年9月6日卸任。

1934年，在杜梅格政府里担任内务部长（拉瓦尔担任殖民事务部长，贝当担任军务部长）。1936年末，受命组织新政府。新政府组成以后，自己继续担任内务部长，邮电部长由曼德尔担任。人民阵线在春季议会选举获胜以后，萨罗特政府集体辞职。布鲁姆政府上台后仍然给前政府党魁保留了一个职位。

1931年，萨罗特在一本有关印度支那的画册上签名，并在书中对一本殖民展的特刊“画报”内容做了总结。在对特刊“画报”撰写的述评里，号召“法国人民对古老的亚洲地区提供精神支持”。在印度支那前总督的语录里，可以看到这样的字样：“通过我们，印度支那走出过去的疆界，显出勃勃生机；她知道她将来凭借自己丰富的物产，向美好生活，向对印度支那充满好奇心的人们敞开胸怀；她要参与全球活动，促进人类进步。”往后几页，我们还看到这样的论述：“印度支那具备了现代世界的两种精华。”萨罗特以能说会道、妙语连珠而著名。有可能是玛格丽特·多纳迪厄由此得到启迪，也写了一本赞美殖民地的书。

30. 河内越南国家档案馆。

31. 每个教师的“工作鉴定”每年都要集中报送河内，由河内根据每个教师的表现确定提高待遇和晋升职务。

32. 1918年，西贡至河内之间的铁路还没有开通。

33. 这尊纪念征服东京先驱的塑像是用募捐款建起来的，于1903年1月11日举行了隆重的揭幕式，揭幕式由总督保尔·博主持。总督在揭幕式上发表了题为“向伟大的公民费里致敬”的长篇演说。塑像立好几天后，将演讲稿送往巴黎，并附上一封信。他在信中告诉部长，他已经是海防市共济会会员了。海防市共济会在他的塑像揭幕前一天组织了一个盛大宴会。（海外档案中心）

34. 海外档案中心。

35. 据女儿证实，让·多纳迪厄曾经受过毒气侵害，战争结束后曾去鲁雄市疗养过。鲁雄市地处比利牛斯山地区。（德凯拉克夫人谈话录，2001年5月24日）

36. 海外档案中心。

第五章
红河之滨

1918年1月，亨利·多纳迪厄乔迁新居，全家搬进宗主中学校长楼。宗主中学位于河内市西北部，距离红河和老城区不远，毗邻风景秀丽的大湖（今西湖）之滨。学校夹在纸坊路（今瑞奎路）和西湖之间，修长的校舍在中心校园两侧一字排开，校园里树木葱茏。校园外是帕罗长堤（今花探路），是盛夏傍晚欧洲社团最喜欢去的漫步场所。长堤将学校和总督府隔开。总督府周围是大公园。总督府是殖民权力机构的辉煌象征，是本世纪初在古城堡的遗址[1]上建起来的。公园后面就是植物园，附近是苗圃。植物园表明征服者打算利用当地丰富的花卉资源，在开建印度支那联盟新都会的时候保留大片的绿色空间。玛格丽特和家人到东京的时候，河内市的这片区域正在进行整治，因为这里距离西湖很近，树木茂盛，植物种类繁多，是最适合居住的区域之一。当时人们管这个区叫“督府区”，至今依然是河内最繁华的居住区[2]。从飞机上俯瞰，它完全融化在一大片绿洲之中，旁边是波光粼粼的西湖。

亨利·多纳迪厄接任宗主中学校长时，学校的校舍是施奈德文具店的旧店铺，是印度支那总督几年前出资购买的[3]。也许是因为建筑风格独特，精雕细刻，所以购下后就做总督府用了。这所房子以前可能就是企业主的私宅，所以比较豪华，深受19世纪末法国实业大亨的青睐。这种豪华在当今的法国并不少见。年轻的玛格丽特到达河内后就要在那里住上两年时间。热纳维耶芙·乌耶和玛格丽特同龄，20世纪20年代，她父亲曾经担任的职位就是亨利·多纳迪厄现在的这个职位，虽然时间不长，她却对西湖之滨的这幢豪华房子记忆犹新。好多年过去之后，热纳维耶芙·乌耶提起那幢房子，依然赞不绝口：“一幢具有文艺复兴风格的大房子，坐落在宗主中学校舍后面，门面十分华丽，还有一道半圆形楼梯。”[4] 杜拉斯去世前[5]，家里依然摆放着那幢房子的珍贵照片，看到照片，就能轻而易举地辨认出来。这张珍贵照片可能是1918年或1919年拍摄的，还拍到了双旋弧形楼梯。进入楼梯可以去一楼。这是一幢奇特的建筑物，高度被加高些许。楼梯栏杆矗立在小楼正面的平台中央，栏杆上有厚重的浮雕图案。校长的儿女们很胆大，坐在平台的边沿上，腿悬在空中，摇来晃去。这个场景是照片的主画面，背景是一个有多种雕刻图案的大型三角楣装饰物。孩子们的下方站着30来名教师，排成两排，个个身穿东京黑色高领长袍，头戴黑色橄榄帽。前排6名欧洲教师（4男2女），坐在藤椅上，簇拥着校长夫妇。两名本地教师穿着比同事们更为华丽，他们也坐着，但位置靠边。两位女士，一个戴着礼帽，一个戴着普通的太阳帽。玛丽·多纳迪厄穿着黑色长袖丝质连衣裙，当然也系着围巾，可是头上没有任何装饰，秀发被梳拢起来，在头顶上挽了个大发髻，虽然经历坎坷，看上去依然楚楚动人。她旁边是亨利·多纳迪厄，穿着上过浆的硬领衬衣，打着领带，也显得相当的精神。亨利·多纳迪厄身着深色呢绒礼服，这说明拍照片的时候，东京正值冬季。玛格丽特坐在两个哥哥中间，年龄还很小，在庄重的画面上几乎不怎么显眼。但要是仔细瞧瞧，仍然会发现她浓密的秀发簇拥着一张稚嫩的小脸，目光是那么的有神。三个孩子都穿着普通的中筒系带的皮靴。当时穿这种皮靴的人，河内如同巴黎一样，不是一般家庭的人[6]。

像所有的班级照片一样，这张照片似乎也照得很“庄重”，第一排坐着的是老师，表情不很自然，大多数是在摆架子。然而，在十分冗杂古怪的背景出现校长夫妇的3个孩子，给整个照片的画面带来了一股家庭照气氛，虽然有点像做戏，却缓和了画面的庄重氛围。看了照片有这样一种感觉，摄影师好像是躲藏在什么地方，突然蹿了出来，孩子们正从高处跑下来到花园或校园去玩耍。院子和校园是相通的。玛格丽特那几年因为年龄太小，一直没去上学。她的两个8岁和7岁的哥哥到河内不久可能就上库尔贝海军元帅路的男子初小了。库尔贝海军元帅路初小就在法国人居住区，紧邻还剑湖。放学以后，总有一个小男孩经常和他们一起玩耍。那是他们父亲同事的儿子，他的父母刚刚离婚了，玛格丽特在照顾这个孩子。亨利·多纳迪厄在1919年的一封信中提到这个孩子，信是这样写的：“他经常到宗主中学来玩耍。”[7]

宗主中学

亨利·多纳迪厄接手宗主中学校长时，在校的学生人数在整个印度支那是最多的[8]。1908年开学后，原来的河内翻译学校和河内师范学校并入了宗主中学。河内翻译学校是在越南局势平静以后创办的，创办翻译学校的初衷是给首任来河内工作的行政人员配备“本地助手”，没有这些助手，在同安南王朝的高级官员谈判建立法国宗主国地位[9]时会遇到重重困难。师范学校创建于1904年，如同嘉定中学一样，师范学校的任务是培养“优秀的安南本地教师”。为了使学校各个方面都得到完善，南定的费里中学也归入宗主中学。南定是红河南岸主要水稻产区的首府。时隔10年，杜拉斯的父亲接手宗主中学的领导工作时，新的“印度支那公共教育总条例”在萨罗特的主持下，刚刚完成出台[10]。根据新条例，宗主中学被列入“本地化”高级初等教育机构。（有别于“法国化”的高级初等教育机构，因为教学大纲与法国本土的高级初等教育机构相似，只是处所在另一个城市。）宗主中学不仅提供中等教育（原来只有贝尔中学提供中等教育），还提供其他水平的教育。像所有高级初等学校一样，宗主中学的教学也是实践领先。宗主中学现有欧洲教师12名，“本地教师”26名。校长本人也代课。亨利·多纳迪厄有可能代的是理科课程，因为理科是他的专业[11]。

宗主中学只招收男生，而且还是所收费学校，尽管印度支那总督给优秀学生提供助学金。宗主中学创建初期，是所普普通通的走读学校，过了几年，开设了一个寄宿班和一个医学班。入学要考试。每学年的报名考生人数都超过学校的接待能力[12]。大多数学生是东京人，学校也招收柬埔寨、老挝、中国的学生。不同国籍的学生共处一个学校上课，有时候也会出现相处不融洽的问题。鉴于这种情况的存在，1919年，杜拉斯的父亲出任校长以后，一股“排华潮流”在校内外引发了大动乱。毫无疑问，这场风波会对杜拉斯父亲的职业生涯造成严重的影响。1921年，一个意外事件导致老挝学生与一名住校生管理员发生斗殴[13]。这些学生入校时是经过精心挑选的。因此，根据法国主管部门的意见，根据当地人的经济实力和需要，宗主中学是一所尖子生学校。所谓尖子生，既包括学业，也包括社交能力[14]。殖民当局并不隐瞒办学的初衷，就是想满足“被保护国人民”的心愿。

他们望子成龙，至少有办法的父亲都有这样的想法。1908年，公共教育局局长亨利·古尔东提醒总督保尔·博，要始终设法满足他们的需求。他在给总督保尔·博的信中这样写道：“无论如何，安南人最富有，人口比较多，他们的要求就高。他们已经将孩子送到法国和阿尔及利亚的中学学习。最近，河内土著人成立了促进中高等教育协会。”[15]鉴于此，公共教育局局长希望总督放开胆子，加紧创办“法亚”中学。办学决定当年就拍板定案了。古尔东局长在信中还写道：新建中学落成后取代贝尔中学，

“完成当地高官和商人多次表达的心愿。”建设一所“规模大，既面向法国学生，又面向安南学生的中学”[16]的工程于1914年破土动工了。新校区在总督府对面，德利斯尔路（今雄王路）和共和国大道（今黄文书街）的交汇处。工程竣工时，第一次世界大战也结束了。1919年1月1日，河内的居民同萨罗特一起参加了新学校隆重的竣工典礼，新学校被命名为萨罗特中学。宗主中学的校长无疑偕夫人及骨干教师列席了新校区的竣工典礼。

河内生活

“热带小巴黎”。这是英国旅行家弗兰克在第一次世界大战结束后首次去法属印度支那首府观光后写下的感言。20世纪20年代来临之际，河内已经成为一座大都市，居民将近12.5万人。据众多见证人说，西贡市堪称整个远东最美丽城市之一。那里居住的欧洲人就有四千人之多（1926年达到6000人）。早在1902年，就按照保尔·杜梅的意愿，举办了一场大型展览会，展示了当地的丰富资源和强大宗主国的技术成就[17]。还有一名英国旅行家罗德斯先生随同英国官方代表团由新加坡来河内游览观光，对亲眼目睹使用19世纪末的工业技术建成的现代都市感慨万千，对法国工程师巧妙运用水龙头建设的排水系统（欧洲住宅新区建在年代久远的湿地上）更是叹为观止。新区人行道宽敞，主道是碎石路面，道路两旁的罗望树成行，枝叶茂盛，遮荫蔽日，道路照明用上了弧光灯……回到欧洲以后，这位旅行家专门写了一篇介绍杜梅铁桥的文章，文章称横跨红河的大铁桥是“宏伟的建筑工程”[18]，将建造红河铁桥比作是建造埃菲尔铁塔的壮举，并明确指出，建一座长1英里、高45英尺的跨河铁桥，光支撑墩就建了不下20个，总造价高达600多万法郎（金法郎!）。红河大铁桥，河内通往海防港的铁路建设工期恰好都是3年。这让红河大铁桥和河内－海防铁路建设的发起人，当时的总督感到格外的高兴[19]。我们的旅行家还特别提到，建设单位有轨电车公司曾经得到总督的拨款资助，后来该公司运营的城郊有轨电车，不仅服务质量好，而且票价低廉（一等座位5生丁，二等座位3生丁）。该说的都说了，但有一点他没说，有轨电车是否专供白种人乘坐，还是任何人都能乘坐。不过，将种族观“彻底拒之欧洲区大门之外，使之完全符合诸多条规”[20]被他视为一个突出的优点。殖民政权的相互赞许。这些“本地人”居住区的情况如何，他未置一词。也许他没有时间到距离杜梅桥咫尺之遥的老城区走走。在人们叫做“36条街居住区”里，有铜器街、丝绸街、刺绣街、银器街、易货街（又叫棺椁街）……他或许应该近距离接触接触这些不受人们欢迎的街区。

多纳迪厄一家在河内住的时候，河内市的总体面貌没有太大的变化。欧洲战乱造成的投资放缓期过后，出现了大兴土木的好时光，旧的工程还未竣工，新的工程又上马了，公共部门的开工工程尤其多。1918 年和 1919 年两年工夫，在红河与还剑湖（又叫小湖）之间，建起了东京新的高级别墅楼（老的太简陋了），该楼现在是北越宫，设计师是维尔迪厄，办公楼设计院院长。这幢别墅楼是新古典式风格，造型特别典雅，毗邻里维埃路（今吴权路），是一幢漂亮的“别墅式的办公楼”。杜拉斯父亲经常去这个地方办理一些与工作有关的行政手续，这是直接管他的机构。这幢楼的对面就是早已出名的都市大酒店（1901 年就开门迎客了[21]），是河内最漂亮的酒店，芒萨尔式屋顶，主体是奥斯移植了热带地区的楼宇式样，完全是曼男爵喜欢的建筑风格的翻版。咖啡平台占了里维埃路和沙瓦西厄广场形成的整个夹角，咖啡座正好朝着林荫大道，不需要刻意移动座位。不远处就是巴黎歌剧院，受歌剧院建筑的启发，设计师们又设计出了市立剧院。市立剧院宏伟的正面遮住了贝尔街红河一侧的风景。

还剑湖东岸，有数幢公用大楼被花园从中分开，如邮政大楼、市政大楼、财政大楼。这些大楼都沿着弗朗西斯－加尼耶大道而建，因此这条大道被称作黑亭杀手传说大道（今丁天黄路）。在还剑湖的另一侧，放眼望去，圣约瑟夫大教堂上的两个钟楼清晰可见。圣约瑟夫大教堂是圣父掌控宗教权力的象征。1887 年，圣诞节到来前两天，圣约瑟夫大教堂举行了首场弥撒。圣约瑟夫大教堂是座怪异的哥特式风格建筑物，是作家德普瓦尔维尔重访后，在保仙塔的遗址上修建的，尺寸大小，难看符合作家本人的心意。保仙塔建于 11 世纪，是河内最漂亮的寺庙之一[22]。玛丽·多纳迪厄肯定带着三个孩子在大教堂里做过周日弥撒。还剑湖周围的所有住宅区在那一年统统变成了法国社团住宅区。人们在美丽无比的还剑湖湖滨修建了一条漫步走道。租条小船，就能在湖上荡桨，其惬意不亚于在巴黎布洛涅的林中湖上泛舟。坐落在还剑湖附近大酒店的餐厅——最古老的欧式建筑——里随意放眼远望，不仅可以看到市中心的田园风光，还可以欣赏幽远的美景。

然而，真正的神经中枢、河内最热闹的地方，非著名的贝尔街莫属。贝尔街今叫庄天路，热闹程度今非昔比。那时候，河内贝尔街的繁华堪比西贡的卡蒂纳街。卡蒂纳街是西贡市的主要商业街区，是侨居西贡的欧洲人购物休闲必去之处。一直到 1880 年前后，卡蒂纳街的原址是条仅 3 米宽的街道，两侧越式房屋林立，街道的一头被安南老王宫的大宫门所阻隔。后来，殖民当局做出了城市改造计划，卡蒂纳街拓宽了，老式的房屋和宫门被拆除。1886 年以后，卡蒂纳街改造“成了碎石路面，宽度达到了 16 米到 18 米。这条街上的零售商户几乎都是欧洲人”[23]。贝尔街上的大多数专营店经销机械、五金、服饰、时装、香水、首饰、饰物、书籍和杂志。这些东西都来自法国本土。这里的商店可以和法国大城市的商店相媲美。

购物完，就可以去都市咖啡馆喝咖啡了。咖啡馆距离卡蒂纳街很近，咖啡馆的平台是人们聚会的理想场所。坐在咖啡馆的屋檐下，在电风扇规则的嗡嗡声中，女士们品着茶，不是听着肖邦的音乐，就是听流行圆舞曲；男士们看着报纸，抽着雪茄，品着河内产的奥梅尔啤酒，或者喝杯汽水白兰地混合饮料。晚饭用过之后，也愿意过来小坐，喝杯开胃酒，会会朋友，听人讲讲最新的逸闻趣事。咖啡馆的环境不仅很幽雅，而且颇具国际氛围。都市大酒店设施很超前，下榻的客人不是来自五湖四海的游客，就是路过河内的巨商。酒店餐厅的饭菜和服务都很有名。星期天，有的人全家出动，过来品尝马赛风味的普罗旺斯鱼汤、蔬菜牛肉汤或者名菜橘子鸭（当时的风味菜肴[24]）。主妇们好不容易找到了正宗的法国大菜，有时候却没办法把烹调技巧传授给她们的中国厨师。

休闲的地方不止这些。1889 年以后，河内先后有了交响乐团（起初是由一个医生团体组建的），管乐团，当然也是军乐管乐团。周日音乐会在还剑湖旁的市政厅举行，很受观众的欢迎。此外，总督府舞会，还有其他一些官方的社交活动都是人们欣赏音乐家们高超演技的好机会。有些音乐家还组建了自己的乐队。市剧院 1901 年破土兴建，1906 年竣工，第一次世界大战前夕，内部重新进行了装修。它有 870 个座位，舞台设备齐全，可以接待巡演的乐团（东方一流乐团，据说水平仅次于开罗乐团）[25]。举办戏剧节的设想早早就实现了。西贡戏剧节期间上演的主要是轻歌剧、活报剧和街头剧。这里人才济济，创意层出不穷。自建成以来，河内剧院和海防剧院由一个院长负责经营[26]。演出剧目丰富多彩，比如 1906 年，剧院就演出了一个剧目，叫做《东方的法兰西》，是一首具有爱国意义的合唱曲，是费尔蒙－普瓦特万为东京的法国人而创作，斯托克尔谱曲，德迪瓦作词。第二年，费尔蒙－普瓦特万又推出新作《东京人》。这是法国和东京风格兼备的一幕多曲的轻音乐活报剧。此外，还有当地的一位艺术家洛莫尼耶创作的 5 幕歌剧《蝉》。1919 年，洛莫尼耶创办了一份报纸《法属印度支那》[27]。第一次世界大战期间，西贡的一些艺术家做了他们力所能及的工作。战争结束以后与法国的联系恢复正常。法国艺术家去远东巡演，中途都要经停东京。1931年，索雷尔夫人毛遂自荐为经停东京的法国艺术家提供服务。

在河内献艺的艺术家不仅仅只有欧洲籍的艺术家们。1917年，一个来自中国的99人之众的剧团演出了一系列的节目，媒体做了大量的报道。当地的剧团，无论是安南的，还是中国的，它们经常就地演中国的传统戏，布景华丽、服装新颖、化妆奇特，但不一定非要进市剧院去演[28]。在服饰华丽方面，它们确实不如经常来东京地区巡演的老挝皇家剧团。老挝皇家剧团舞蹈演员服饰的丰富多彩是无与伦比的[29]。欧洲社团因为追求新奇的艺术，他们的欣赏能力很高，不仅发现演员展现在观众面前的服装华丽，更发现柬埔寨皇家芭蕾舞团著名演员的舞姿很优美，她们登台演出让观众赞叹不已。由于没有类似柬埔寨皇家芭蕾舞团那样高水平的艺术团，很多市民有时候只能去看一些水平不高的节目。已经出名的弗兰克第二次来河内观光时，用调侃的口吻说："剧院门前张贴的演出海报是具有东方魔力的演出海报。"在好奇心的驱使下，他也走进剧院，和穿着晚礼服的观众一起，观看魔术表演。演员讲的法语几乎没人能听懂，然而观众并不在乎。他说他很幸运，瞅机会"溜了"，没看完那乏味单调的晚场演出[30]。

盘点所有吸引欧洲社团的娱乐活动，仅有一项自大战结束以后重要性日益显现，这项娱乐活动不是别的，正是电影。年轻的玛格丽特·多纳迪厄对这个奇迹竟一无所知。巴黎在大咖啡馆的印度厅历史性放映电影[31]已经过去了很长时间，卢米埃尔兄弟发明的放映机真正在印度支那首府城市亮相，可能是第一次世界大战结束以后的事情了。可是，戈蒙公司在大战之前就已经在红河流域安家落户了。1908年4月19日，《印度支那人报》在星期天版上刊登了3则广告，宣传德蒙特贝洛公爵香槟酒、金鸡纳酒和贫血克星病克（附有"神奇"治愈妇女的照片），同时还刊出了文娱活动海报。该报道说，活动期间，"戈蒙电影公司领导"首映了公司拍摄的电影。首映的主要影片是两部舞台片——《宠妃》和《米雷耶》。报道的撰写者说首映时"座无虚席"，因此他认为，"以后每场演出观众都将爆满，因为影片越来越精彩"[32]。1916年，都市大酒店与新电影院老板（一个叫梅斯梅尔的先生）联合推出一系列影片。都市大酒店老板给总督的信中明确告诉总督，首场电影放映时间是6月3日，星期六晚上9点。放映收入全部捐给在前线浴血奋战的殖民军战士。此后，都市大酒店定期给客人放映电影[33]。

玛格丽特的父母已经获任河内不同中学的负责人，玛格丽特依然年幼，可能没有看过在当时已经很流行的电影。总之，在为数不多的回忆文章里，她提及在东京度过的岁月，却只字未提到看电影。我们知道最多的是，她曾多次声明她酷爱卓别林演的电影。卓别林的电影逗乐了当时全世界的儿童。也许那个时候吸引她的首先是夏洛的苦难遭遇，其次才是电影中滑稽演员卓别林的苦难经历。小小的一个剧院，距离她父母的住所咫尺之遥，就把一群生龙活虎的年轻观众聚集到植物园的浓荫下，观看里昂著名英雄夏洛机智斗宪兵。很有可能她和两个兄弟经常来剧院看演出。也许她看到神奇水上木偶表演时就有所幻想了。水上木偶在河内的出现可能要追溯到 11 世纪。水上木偶这种独一无二的节目现在依然是游客在越南首都能欣赏到的最纯正的娱乐节目之一。但在这方面，作家的见证又给我们留下了一个空白。相反，她却留下了连续两三个夏天去云南山区避暑的珍贵见证[34]。

"没到中国"

从 5 月到 9 月，东京平原一带的炎热始终很猖獗，尤其是 7、8 两个月，热得实在受不了。因此，在河内上班的欧洲人，每当有机会就跑到河内北部的山里去避暑，或者到海边去消夏。下龙湾海滨浴场和沱山海滨浴场都在海防市附近。有些避暑山庄距离首都相对比较近，比如三道岩避暑山庄，海拔不足 840 米，距离河内仅 80 公里，就比河内市凉爽得多，那里有瀑布，有茂盛的树木……[35]许多有钱人家还在那里拥有别墅，平时晚上就可以过去住。最远的避暑山庄（325 公里）是柘坡避暑山庄，在中国边境方向，雄踞海拔 1750 米的高坡上，人们称那个高坡叫东京比利牛斯山。幢幢漂亮的阿尔卑斯山小屋与坡顶的酒店为邻，酒店的工作人员一身山里打扮。柘坡大酒店和河内都市大酒店由同一家公司管理。在大肆吹捧其优势的广告里，用了相当的版面描述山庄的"法兰西气候"。

为了寻找既很适宜又完全陌生的气候环境，最有冒险精神的人跑到中国云南的深山老林去了。云南首府的海拔接近 2000 米，没有暑热，气候四季宜人，是欧洲人消夏的理想去处。云南的首府今叫昆明，闻名遐迩，在当时印度支那的旅游宣传册里，被吹捧为"永远的春城"。在第一次世界大战没有开打之前，法国殖民政府曾试图鼓励欧洲人去那里旅游，并为此做了大量的研究，制订了不少宏伟计划，期望和天朝[36]协商，通过红河谷地来做大生意（主要是茶叶和大烟生意）。法国人想利用这条天然通道"通商"的热情，实话实说，这是法国人来东京的主要原因。征服东京大功告成之后，法国人不遗余力开发与中国云南省及其他省份的交通，甚至包括遥远的西藏。杜梅任印度支那总督期间，很多大型工程在他的大力推动下上马了，但没有一项工程的规模能超过溯红河而上修建铁路。这条铁路将连接海防、河内、云南首府三地。中法铁路建设协议于1898年就敲定了。施工图出来以后，法国印度支那铁路建设公司和云南铁路建设公司随之成立。1901年，法国印度支那铁路建设公司得到印度支那政府一笔1250万金法郎的资助。铁路建设工程已于前一年开工。6年以后，铁路修到了中国边境老街。1910年，贯通云南。铁路全长850公里。部分路段穿越山区，开凿隧道150个，有些隧道长度达350米，并建桥梁一百多座。这项浩大工程的建设者主要是中国人和意大利人。人员损失巨大（据资料记载，死亡1.1万到1.2万人）。法国印度支那铁路建设公司一直管理云南铁路的运营，1916年，公司融资额高达两亿法郎[37]。修建“云南小火车”总共花了2.8亿金法郎[38]。一笔不菲的投资，公司迫切希望能够收回！

1918年6月的最后几天，课程还没有完全结束，多纳迪厄夫妇就决定带孩子们去云南。作为宗主中学校长的亨利·多纳迪厄竟然没有将动身的事情告知他的上司。更为严重的是，他似乎不知道，没有获得上级正式批准，他无论如何都不得离开印度支那联邦本土。让他万万没想到的是，7月10日，总督府办公室主任给他发了一份公函，通知他下个周三上午10点钟到他办公室去一趟，就“有关他工作的问题交换意见”。公函送到了学校，一直没有回复，杜拉斯的父亲也没去总督办。7月27日，总督表示很惊讶。校长不在，逼得在学校的总学监不得不如实告诉有关领导：“宗主中学校长多纳迪厄先生目前正在云南休假。”[39] 8月3日，多纳迪厄终于对他的仓促度假作出了反应，从疗养地寄出一封信，信是这样写的：

> 总督先生：
>
> 您7月10日给我寄往云南的召见通知，我22日收到了。6月底，我必须将孩子们和疲惫的夫人送到云南。我打算在这里逗留两个礼拜，因为有两个理由阻止我返回河内：一、夫人健康欠佳，我必须在她身边；二、7月10日，发生塌方事故，事故路段长达60公里。塌方发生以后，铁道公司断然停止了向老街方向运送旅客。昨天8月2日，我收到了您的来信，要求我作出解释。遗憾的是，宗主中学总学监受我之托，在我休假期间，代替我处理日常事务，可他在知悉召见通知内容后，将召见通知给我

转寄了过来，他可能认为没有必要告诉您我不在学校[40]。我要是知道在云南逗留时间很长的话，我走之前会亲自告诉您。我想我8月8日星期四上午可以离开云南返回河内。据我得到的消息，旅途将是很艰难的，不过在这个时候，艰难是有可能的。12日星期一上午，我能完全听从您的安排。您认为我没按时应召，是玩忽职守，我感到很抱歉，这不是我的错，因为这种情况属于不可抗力。我没办法回复您的召见通知，由于线路中断，连电报也没办法发出去。总督先生，敬希见谅。谨上。

当时河内在岗的常驻总督是圣－沙弗雷。他看了信，随手在空白处作了这样的批示："这封信让人感到惊讶。多纳迪厄先生好像根本就不知道，不经批准，他不能擅自离开印度支那。"[41]

这件事情好像就这么过去了。杜拉斯的父亲计划（正如他所说）去云南做短暂逗留，是安顿妻儿。这事情好像是真的，因为很难想象他不打算回河内参加总督7月14日举行的传统的国庆酒会。他不在的话，肯定会被发现。无论怎样，玛格丽特和家人第二年夏天还会去中国。在亨利·多纳迪厄1919年8月16日给总督的信中，我们发现了证据。亨利·多纳迪厄在信中说，妻子已经去了云南。很可能他们1920年夏天在印度支那供职时也去过云南，但是，没有任何明确的佐证。杜拉斯自己在20世纪70年代撰写的有关中国游的日记里，依然在时间问题上含糊其辞，叙述见闻时，间接提到了她的年龄。她这样写道："中国是永恒的。而我哩，我当时年仅5岁。我们去中国度假，可以逃避东京连绵的蒙蒙细雨。旅途时间很长。翻山越岭，3天才到云南。"[42]

热纳维耶芙·乌耶和父母在东京的那段时间，也连续两年去云南度假。她清楚地记得，他们是坐火车去的，火车好像很长很长。"头一天他们从河内出发，溯红河而上，到达中国边境老街。一路很顺利。第二天，火车穿山越岭到达河口。在这段路上有百余条隧道。火车是燃煤动力，隧道光线昏暗，煤烟呛得人很难受。"她想起，有一次去云南，火车行驶到隧道的中间突然停了，她想这下完了，可能会窒息而死。她身旁的妹妹就昏过去了……第三天下午，火车到了云南。车站里，中国商人向疲惫不堪的旅客推销桃子。"我们离开法国以后就没见到过桃子。"热纳维耶芙·乌耶动情地说。她还记得某个城市的形象，周围是丘陵，长满松树，琉璃瓦顶的中式房屋鳞次栉比，阳台装饰华丽，随处可见古塔（据她讲，最著名的古塔是百圣人塔），体形娇小的马儿，租一匹可以登高眺望。"那些马儿特别矮小，骑上去你的脚都能触到地。”当时游玩不可以离开市区太远，因为附近有警察追捕的游击队员。她回忆说，不时能听到砰砰的枪声。欧洲人没受到威胁。“我们是游客，我们带来金钱……”在突然走出她家租住的家门后，她还是想起了一件事情。那天，有人被斩首示众（是警察击毙的游击队员）。这是教育百姓的有组织活动[43]。

玛格丽特记着中国，记着父母对她和她的兄弟说过的话。“我很清楚，这是中国，不是印度支那，不完全是，人们的姓名有一点不同。我也知道，中国人很多。中国人头攒动，最拥挤，中国人不愿意要女孩子。在他们的心目中，女孩子无足轻重，生得太多了，他们就拿她们喂猪。去云南之前，我为了遇见中国人以后能认得物品、知道其名称，学了书法和法国地理。我们走得比较远。中国幅员辽阔，中国人冷漠无情、圆滑精明，中国的儿童很不幸。你永远不知道你有没有机遇。爱情被消灭了。中国人并不感到痛苦。他们从来不拥抱他们的孩子。死亡不会让他们害怕。他们从来不落泪，也不知道落泪。中国经常遭水灾。中国的江河与其他江河不同，不以其颜色来命名。中国的江河流出河床，遇到什么破坏什么，泛滥时卷走 30 万人，主要是儿童，因为他们年龄比较小，没长大就溺水身亡了……不像其他地方，中国人死了小孩不感到那么痛苦，死小孩的事情，他们习惯了。死多少，生多少，死了生，生了死，生死都忘了，所以没必要为水灾夺走生命而难受。”[44]

杜拉斯的父亲像许多欧洲人一样，没有住酒店，而是租了套房子来避暑。作者间接提到了这些琐事，顺便描述了城市的气候和泛滥的巫术。“不管怎么说，别墅还是很漂亮的，路面坚实，周围是鲜花盛开的花园，旁边还有条小溪。头一天，我父亲就抓到 3 只蟋蟀。他认为，这就是中国。整个假期，他都在找蟋蟀。他心目中的中国就是有云南美丽金褐色蟋蟀的中国……城市也很美丽。我从来没有见过这么美丽的城市。城市坐落在丘陵上，层次分明，错落有致，主色调是白色和蓝色，随处能看到鲜艳的红色招牌，听到拖鞋的呱嗒声，和流动商贩时高时低的叫卖声。”杜拉斯开始进入梦境了。“我以为，除了裘皮、茶叶、大烟，没什么好卖的。人们吃的都是流动商贩叫卖的甜食和煎饼。城里飘散的气味很多，蜜糖味、鸦片味、烟雾味、茶叶味、腥臊味、裘皮味……我梦中的城市没有一座可以和这座城市相媲美。”[45]

东方之谜

从记忆理想化了的亚洲梦幻中释放出的强烈印象与如画的风景形成鲜

明的对比。作者接着说："第二天，我看到了中国的小脚。我扑哧笑了。有人告诉我说，她们小的时候，像我那个年纪，家人给她们穿的鞋就那么大，她们长到 20 岁了，鞋还是那么大。那为什么呢？在中国就是这样，人们喜欢小脚。"杜拉斯写到这儿，就把话题转到维护女权上去了（这些文字是 20 世纪 70 年代写的），开始对这种愚昧的习俗大批特批："她们走路很慢，慢得像生了病。无论她们多么瘦小或多么肥胖，她们的脚就像我 5 岁时的脚那么大。她们不能大踏步走路，说白了，她们小跳着走，像鸡一样，脚腿不打弯。脚这么小，想跑，没门儿，三步并作两步走也不行。我觉得她们走路就是受罪。我不能想象，在痛苦中走路是什么滋味，但我知道，在高兴中走路是什么心情[46]。这里的人喜欢小脚，那么脚大了，一辈子会受到严厉惩罚吗？这些事情与她们的婆家不相干。如果我为妇女打抱不平，她们就反对我，因为她们会受到更残酷的折磨。难道脚像她们一样，又像飞鸟一样，就没有脚权吗？"

东方的神秘，让这个欧洲小女孩感到惊讶，而她那年夏天见证的灾难似乎解开了困惑她的疑团。有一件亲眼目睹的事情，让她终身难忘："云南 200 名有钱的妇女一起乘汽船游览冰湖，（作者明确地说：'我们当时就待在冰湖左岸。'）这让她为她们捏了把冷汗，因为当时天气变了，她们开始往一起挤，拥到汽船的一侧，像小鸡一样，发出唧唧喳喳的叫声。汽船眨眼就翻了，人往下沉，裙子上浮到了脖颈，穿着绣花鞋的可怜小脚慢慢沉入湖底。她们无一生还……"写到这儿，作者解释说，这些妇女"对数千年来平衡的规律一无所知"！并一口咬定，她们死在了"愚蠢和女气前线"。她又回到她小脚看法的话题上，明确表示："我认为，我亲眼目睹的第一桩集体大灾难，让年仅 5 岁的我，感到很难受。我为这些把脚缠小、来穿小鞋的中国的小脚女人感到担忧。我由此得出结论，这是错误观念在作祟。脚有很重要的作用，却依然没有被认识。"相比之下，脚的命运似乎更令人羡慕。"我看着我的脚上穿着大小合适的拖鞋，自由自在，行走如飞，其他地方的女孩子的脚享受不到同样的自由，我就感到很难受。有人给我一个光焰夺目的中国小脚布娃娃安慰我，我没要，因为我不喜欢中国人，也不喜欢中国的新布娃娃。"[47]

后来的发现根本于事无补："接下来是孵化蛋。"写到这儿，杜拉斯尽量在注释里对读者了解到的有关这道菜肴的信息给予解释。她说："中国人讲究吃。""在小鸡快孵化出来的时候，他们把孵化蛋放在生石灰里保存，不让小鸡出壳。"她感慨地说："这差不多和女孩子缠脚一样过分。我知道有这样的事情存在后，我真想杀了中国人[48]！有人告诉我说，别往那事情上想，你无能为力。我没接受他无能为力的劝告。我一直在想那事情。我特别喜欢小鸡，我一定要对全世界的小鸡负责，对小鸡遭虐待负责。小鸡是唯一和我一样娇小的生物，和小猫一样，是我很熟悉的动物。我梦想着让它们都自由。希望小鸡破壳而出，小女孩的小脚撑破鞋子，小女孩被送给猪吃的传说没对我造成太大影响，因为她们可能已经出生了，已经走出了黑暗，已经在呼吸了。即使猪吃小女孩的事情发生过，我还是觉得没有通过缠脚不让脚长大，把即将出壳的小鸡放入生石灰不让小鸡破壳来达到完全剥夺生命的卑劣行径令人气愤。我觉得，不让长大比不让活着更严重，甚至比阻止呼吸、阻止出世或者杀死都恶劣。”她描述了与中国小女孩命运相关的事情后说：“我们去云南旷野散步，路过贫穷的小镇时，我发现小镇上的房子是用夯土建的，只有一间房子，然后用板子再隔一下，间距有 1 米，下面有两头或者 3 头猪。我就想，他们是为了图方便才把小屋搞成这样子的，因为生一个多余的女孩子，稍微把板子动一下，顺手就把小女孩扔给猪吃了。我觉得小孩随时可能诞生，妇女很快又会怀上，就像田里的野草和野花枯荣一般。我很明白，猪只要有，就要吃东西。我发现中国小女孩的出生速度与猪的胃口同步，这样形容比较恰当。”[49]作者对自己童年有兴趣，如果相信她说的，这种美丽的推理的起因并非看到“某天我们出门时，发现我们的垃圾桶里有个男性尸体，身腿合一，屁股朝下，头脚朝上”。接着，作者笔锋一转，毫不夸张地描写：“中国的乞丐，身上爬满虱子，常年流浪乞讨，老得像头大象，死了也像头大象。”[50]作者预想其他乞丐的情景和其他人物的遭遇，这是人类苦难的象征，也是作者将来创作的主线。

对中国习俗的评述使作者追忆对比自己优越的成长环境。“时间过得很快。我们离开云南返回东京湾[51]。我在长，我的脚也在长。中国小女孩个子在长，而她们的脚却不长。我在长，是整个人在长。我喝着雀巢奶，饮着净化水，吃着消毒水洗过的沙拉，戴着遮阳帽，柔软舒适，有通风小孔，因为我还在长，遮阳帽年年换，年年从圣 - 艾蒂安购买[52]。像所有的人一样，我千方百计长个子。很早，大人就向我灌输一种意识，很可怕的，什么细菌呀、按蚊呀、疟疾呀、变形虫呀，还有其他种种看不见，却对我成长有害的生物。这种意识没任何效果，我该长就长。从 8 岁开始，如果我看见男仆吃芒果，我就想：‘他会不会感染霍乱病。’我就盼着第二天看他是否还活着。如果玩捉迷藏、牧牛人或其他游戏，我就不参与，因为我知道，花园里每块石头底下都躲藏着毒蛇，毒蛇时刻在窥视我，没有人陪护，家人不允许我进花园去玩。到看童话故事的年龄时，我就知道热带地区的阳光即使热不死人，也能把人热出神经病，一个人要是得了神经病，一般一辈子都好不了。小狗，我从来没有过，不知道它们在那个地区会不会有狂犬病，那里的鲜花被认为有毒，像毒蛇一样毒，没有把握，不能随便采摘，如果随便采摘一枝，手指头可能会掉了。长到能看美国西部片时，我还知道，电影里的老鼠携带鼠疫病毒到处乱跑，在殖民地看西部片可能会有生命危险。从6岁到10岁，在总面积像多尔多涅那么大的一个省份里，我只和4个跟我一样的白人小孩玩耍，从来不和男仆的女儿玩耍，一方面是因为她没教养，另一方面担心她会把她身上无数个微生物传染给我几个。微生物的生活环境，千万不要去改变，微生物没了生活环境，就会苏醒。我的身体一直对这些言论毫无反应，依然在该长就慢慢长，没受任何影响，我戴的遮阳帽的大小和我穿的皮鞋的尺码也在慢慢变化。”[53]

夏天在宗主中学校园里拍的全家福[54]上，杜拉斯脚上穿的皮鞋（漆面高筒系带皮鞋）确实就是有教养女孩子穿的那种皮鞋。玛格丽特穿着白色细条纹连衣裙，腰上系着腰带，腰带很宽，与连衣裙同色，头的一侧系着一个很大的花结，也是白色的。亨利·多纳迪厄坐在圈椅上，圈椅旁边的草地上放顶遮阳帽，可能就是她的帽子了，她戴又不合适。这身打扮，确实看不出来她要去玩，玩友是“男仆的女儿”，况且她的两个哥哥穿着热带版礼服，很传统的水手式样，与拉斐尔的画作《美丽的女园艺师》如出一辙。玛格丽特站在父亲的腿中间，双手放在父亲的膝盖上。杜拉斯的父亲穿着白色粗布礼服，衬衣领口打着蝴蝶结。坐在他旁边的是他的妻子，妻子的衣服也是白色的，是麻布质地的绣花连衣裙，双手交叉放在完全遮盖着双腿的裙子上。虽然我们还赶不上疯狂年代的时尚潮流，但做母亲的服饰和发式自本世纪初以来，几乎没太大的变化。除了作家让我们通过这些服饰细节了解她的童年是在衣食无忧的环境中度过之外，这张可能在1918年夏天拍的照片也能让我们想象到她童年的生活是很舒适的，她两个哥哥的生活也是很滋润的，但这个幸福家庭的好日子早早就结束了。这绝对不是一个偶然，因为杜拉斯把这张照片放在她的写字台上，说明这张照片是她生活的一个重要组成部分。

东京乌云

在河内供职的头一年，杜拉斯父亲的工作比较顺利，没出大问题，至少从表面上看很顺心。关于他1918年8月归档的工作鉴定，他的顶头上司圣－沙弗雷对他上任伊始就未经允许去云南一事，选择了保持沉默。在“总体评价”一栏里，总督是亲手这样写的：“多纳迪厄先生工作积极，有能力，有头脑。”接着提出了保留意见：“似乎不能严格要求学生，似乎不讲方式方法。”[55]在上级心目中，这是工作表现不佳的第一个信号。第二年，上面对亨利·多纳迪厄的工作岗位做了大调整，乍一看，像是升迁。1919年7月28日，调令下来了，杜拉斯的父亲接替东京初小校长米斯的工作。米斯原来是宗主中学的校长，被杜拉斯的父亲取代了。米斯本学期结束后要回法国休假。调令明确规定：“多纳迪厄先生继续担任宗主中学校长，根据公共教育管理总条例92条规定，享受薪金补贴。”[56]责任大了，钱也多了。亨利·多纳迪厄似乎觉得还不够，向公共教育总监察员提出申请，能否在河内大学上几小时的课。看了申请，总监察员觉得很惊讶，8月中旬与总督会晤的时候，就把这个事情告诉了总督。8月21日，圣－沙弗雷给他的同事公共教育总监察员去了封公函，公函上这样说：

> 上周有幸与您晤面时，我们达成一致意见：从工作角度看，宗主初小和宗主中学领导由一人担任，可能存在严重弊端。米斯先生被任命为宗主初小校长，他就必须离开宗主中学。当时的考虑是学校有学生1200名，要频繁下去检查教学工作，可能顾此失彼，工作效果得不到保证。既然多纳迪厄先生向您提出申请到河内大学代几节课，上课必然会占用他处理中校教学工作的时间，这进一步肯定了前面的意见[57]。

很清楚，从此以后，总督考虑调整宗主中学领导。总督在1919年8月7日对亨利·多纳迪厄的工作鉴定就是明证。鉴定这样写道：“我觉得多纳迪厄先生更适合担任初小校长一职。我最近已经将他调到宗主初小任校长，让他离开宗主中校，因为他对学生要求太松，对待东京学生的方法，似乎效果不很理想，如果他想在中南半岛干一番事业的话。”[58]圣－沙弗雷一心想弱化总督评语的严重性，建议给他晋职（担任一级班主任。那年，亨利·多纳迪厄升任“特级班主任”，随之工资待遇也提高了）。这一切，亨利·多纳迪厄竟然不知情。去任宗主中学校长问题，正在由上级定夺。圣－沙弗雷给公共教育总监察员的信前面引用了，第二封信就这个问题给我们作了进一步的澄清。

> 我实话对您说，我真没有发现一个符合条件的候选人，尤其

> 是既有工作能力，又有组织能力的候选人。本地学校和宗主中学同样重要，不能随便安排个老师去当校长，无论这个老师获得了什么样的高等学位，假如又没有经历，没有判断能力，不熟悉当地人的习俗，就胜任不了这个棘手的工作。有一个人具备条件。他就是莱奥内先生，北方集团河内市学校的校长，宗主中学一半的学生是那所学校毕业的。他工作很出色，赢得了上级和安南学生家长的信任和好评。他确实没有条例规定的学位，但他是一级班主任，他的称号和他的年龄肯定能得到同事们的认可。我决定向您推荐他。不过，因为有任免条例，为了避免发生任何争议，下任命文时要特意写明，莱奥内任临时校长。如果您同意我的看法，请您在随附的任命文上联署后，再转呈总督先生[59]。

大局已定。总督指示手下拟好了文件："任命莱奥内先生任宗主中学临时校长，接替奉调担任东京初小代理校长（着重号是我们加的）亨利·多纳迪厄的职务。"[60]我们将在后面看到，"代理"二字在后来发生的事情里分量很重。亨利·多纳迪厄很倒霉，能听他申辩的萨罗特夏初就离开河内回巴黎竞聘殖民地部长去了。萨罗特办公室主任雅博维尔已经签字认可了总督的决议文件，不可能把文件压下来。克尼亚克是总督和现任公共教育总监察员的"左右手"，也跟萨罗特返回了巴黎，继任者茹班 1920 年初才能履新。沙西尼厄临时负责河内公共教育局监察工作，似乎不支持对杜拉斯父亲的任命。9 月初，杜拉斯的父亲才知道了有关他职务的决定。常驻总督圣－沙弗雷也离开了东京，他的办公室主任里韦肯定没办法扭转局势。亨利·多纳迪厄想找上级申辩，看来是白费力气。

9 月 10 日，里韦给代理总督发了封机密函，内容是这样的："东京初小校长请求（见申请）与您面谈有关免去他宗主中学校长的问题。"里韦可代总督签署文件，于是就在文件里明确批示："多纳迪厄先生所说的决定是东京常驻总督作出的。因确实与工作有关，他和您的办公室主任交谈过。"[61]求见总督的申请没有获准，但同意他以书面形式陈述他的求见理由。于是他赶快动手，9 月 17 日就把信写好发出去了。两天后，处理意见已经到了常驻总督府。这个处理意见来自人事局。人事局要求将处理意见通知亨利·多纳迪厄。人事局的处理意见指出："他对有关自己职务变动函上的工作评语有不同意见，认为应该重写。此函已经呈交总督。"9 月 22 日，常驻总督办公室主任给亨利·多纳迪厄发函，告知亨利·多纳迪厄"经公共教育总监察员和总督共同对问题进行研究后，总督决定维持最初决定”。里韦签收后，通知亨利·多纳迪厄，如果他愿意，他有权知道他个人档案的内容[62]。第二天，亨利·多纳迪厄即以书面形式回复：“我荣幸地告诉您，在我强烈反对的正式调令由总督签署之前，我很希望了解我个人档案内容，因为对我的工作鉴定不公平。”[63] 9月25日，“当着民政局五级办事员加鲁瓦－蒙布兰的面”，亨利·多纳迪厄以书面形式声明“查阅至此97份个人档案”，“地点在印度支那总督府”，随后又发了第二份声明，证明他同时查阅了143份与他有关的档案资料，“地点在东京常驻总督府”[64]。总共待查阅档案资料不下222份！忙活了一整天……这些努力毫无结果。总督没有收回成命，宗主中学校长必须交接工作，1919年新学期去东京初小任代理校长。

他们到底对一个勤恳工作的公务员什么地方看不惯呢？圣－沙弗雷返回巴黎前作出决定，宗主中学校长不再兼任初小校长职务，这个理由似乎合情合理。调整宗主中学校长职务似乎也顺理成章。亨利·多纳迪厄的工作被发现缺乏方式方法且要求不严，这似乎意味着，新学期开学前将撤换亨利·多纳迪厄的校长职务。于是就提出“工作考虑”作为撤换决定理由。很显然，常驻总督真心希望给不易管理的学校安排一个更得力的校长，因为学生多，还有招生问题。关于招生问题，肯定是指1919年学校发生的排华生事件。这个事件在撤换校长议题上起到决定性的作用。新“高教局长，公共教育总监察员”（学区区长茹班）1920年4月13日的信件，以及信件中援引东京常驻总督对该决定的意见不存在任何疑问。茹班办公室主任转述信件内容时说：“宗主中学校长去留决定出台时，（区长）不在东京。宗主中学前校长对该决定提出抗议，我感到很惊讶。”为了让新任总监察员能够深入研究申请内容，办公室主任要求手下向其提供“文件，包括属于机密的文件”。文件里记载了亨利·多纳迪厄所犯的错误或者渎职行为。批复草稿的修改以及下发都是由常驻总督办公室主任里韦一手搞的[65]。批复显示，常驻总督在列举事实时，试图尽可能少地影响申诉人的前途。他大致在批复中写了这样的字样：“您来函索要的材料，我无法提供，因为所有有关亨利·多纳迪厄的材料已经寄发给了驻金边常驻总督。”后面还列出了撤换理由：“发生排华事件时，就应该撤了亨利·多纳迪厄的宗主中学校长职务，学校没有对预防和平息学生游行示威采取任何措施，学校纪律松弛，导致排华事件发生，诱发了其他众多事件[66]。因此，只能留任亨利·多纳迪厄先生做初级中学校长，结果他以去柬埔寨治病为由离职了。”[67]这个批复措词相当谨慎，可能有意隐瞒曾经发生的一件事，这事在河内引起轩然大波，让殖民当局很难堪。事情要了结，必须得有人出来承担责任，于是亨利·多纳迪厄就充当了替罪羊。

“慎行夫人”

另一个导致他失宠的因素可能是他的夫人。他夫人是个性极强的女性，过分参与学校的运作，因而引起了居心叵测者的注意。有人就在常驻总督返回巴黎之前，写信“澄清事实真相”，致使常驻总督撇开他和宗主中学校长亨利·多纳迪厄的私人交情，作出撤换其校长职务的决定。信是杜拉斯父亲亲笔写的。信中对他了解的情况作了详细的陈述。下面是信的全部内容。

圣-沙弗雷先生：

不用官腔给您写信，还请您见谅。上周二，奉召谈话。交谈期间，您坦率地告诉我，沙西尼厄先生请您以后考虑一下，将某位女教师调离其丈夫任校长的学校。该决定是针对多纳迪厄夫人的。我不敢相信，您竟然作出了对她有侮辱性的决定。代理总监察员先生要是注重证据的话，可以立即向学校人事部门了解情况，查清多纳迪厄夫人可能犯下的错误。我感到很遗憾，他并没有做这样的调查。您的时间很宝贵，临走之前还在工作，我没提出要求让您亲自过问此事。多纳迪厄夫人从来没有滥用职权，也从来没有干预过学校的教学工作。我打赌，诽谤者在这方面挑不出任何刺儿。有几件小事儿，我保证确有其事，因为被添枝加叶歪曲了，可能就被当作莫须有的事实推到我妻子的头上。总监察员向我指出，戈斯比尔和鲁韦先生上课迟到了十来分钟，他们的好朋友迪弗雷纳先生到得更晚，迟到了35分钟，他闭口不提。多纳迪厄夫人对此很生气，就毫不掩饰地表示了她的不满。有一次，送大米、柴火等物的人来了，我不在学校，她和后勤的男工作人员在后勤办理了签收。她事后告诉我，为了学校的利益，不要让总监察员在学校里乱转悠，还有其他等等事情。她只是在履行义务，并没有干涉丈夫的领导工作。这些事情被一些心术不正的人乱解释，就成了问题了。一天，有个四年级学生，该生学习很优秀，腹股沟生了个疮，因为害怕做手术，就没去卫生所看医生。我妻子知道后，将这个学生送到卫生所，并协助医生做手术。您也听到这事儿了，但完全走了样儿，所以您才告诉我说，多纳迪厄夫人的工作地方是教室，而不是卫生所。除了接种那天，全体教职员工都来维持秩序，我妻子也和其他老师一样，去了卫生所，因为接种占用的是上课时间。我再给您举个例子，您就会明白那些女人的精明了。罗斯曼先生和妻子离婚以后，请我妻子打理他儿子的衣服。打那以后，我妻子就把他儿子当作自己的亲骨肉，因为那孩子在父亲上班时，常来学校玩耍。有两个女人就说，多纳迪厄夫人和罗斯曼先生睡觉了。过了半小时，罗斯曼先生的前妻萨罗特夫人就跑到我这里来告状。很幸运的是，多纳迪厄夫人去云南了，不在家。我竭力保持镇静。遇到这样的事情，必须要有良好的心态，正确的判断力。就是这卑鄙的嫉妒心理，让这些女人胡说八道，胆大妄为。她们设法破坏我的家庭和睦。为达到这个罪恶目的，她们造谣生事，写恐吓信，什么手段都试过了，但他们的阴谋没有得逞。我承认，就像您指出的那样，多纳迪厄夫人谨言慎行，一心扑在教学上，把学生当作自己的孩子，竭尽全力搞好教学工作，因此也搞坏了自己的身体。在她和她大多数同事的心目中，上课、备课没有随着下课铃声的响起而结束，尽管十多年来，她患有严重的肠炎，经常拉肚子，但她从来不落课。她工作上争第一没有妨碍任何人。一个女人，她为人正直，品行正派，敬业意识强，不计较名利，工作任劳任怨，您总不能去批评她，而不惩罚那些昧着良心和良知冷嘲热讽她的人吧。您总不能对歪风邪气和诽谤恶习放任自流吧。作为我来说，我要为她辩护到底。我个人认为，这个决定是冲我而来的。如果我因为我的妻子而接受一个既不公平，又不合适的职位的话，在您的内心深处，您可能会把我当成一个懦夫。

多纳迪厄谨上[68]

1919年8月16日于河内

这封信把外省生活的内幕描写得淋漓尽致。这封揭内幕的信也揭开了几年前促使马尔芒给亨利·多纳迪厄写恐吓信的内幕。不过，谁看了这封信，都会赞赏他维护妻子声誉的坚定决心。可以肯定的是，如果妻子的声誉受损，她的职业前途也会因此受到牵连，因为在河内工作期间，她获得了两次晋升的机会，一次是1918年5月27日，她被晋升为二级教师，另一次是1919年12月30日，这次她被晋升为一级教师，年薪达到8000法郎。同一年，她获得了法国文化教育勋章[69]。尽管有不同意见，但这枚勋章表明，上面承认她是个优秀教师。这些流言蜚语不一定都是空穴来风，但还是扰乱了家庭的和睦。除此麻烦之外，还有一个麻烦，那就是云南休假回来之后，必须搬家，因为接替亨利·多纳迪厄担任宗主中学校长的新校长希望搬到西湖那边的校长房子去住。

流落预兆

不幸的是，1919 年底，被撤职的屈辱（谁都想象得到，多纳迪厄夫人会因此遭到“冤家”的嘲笑!）仅仅是杜拉斯的父亲职业生涯坎坷的开始。他心里清楚，他在河内的工作即将结束。虽然他临时接任其初小校长职务的人假休完了还没有返回东京，其实这个继任者早已选定，亨利·多纳迪厄并不知情。驻河内公共教育总监察员知道初小校长人选时，新任校长佩罗已经启程，正在来印度支那履新途中。公共教育总监察员不知道怎么回事，立即请示代理总督蒙吉约。为了弄清情况，蒙吉约去了西贡。1919 年 12 月 25 日，蒙吉约发来一份详细说明函：“看了文件和佩罗先生与萨罗特的往来书信，才知道佩罗先生被任命为东京初小校长。总督很清楚，亨利·多纳迪厄是东京初小校长。”[70]事实很清楚，萨罗特“抛弃”了他的老部下。蒙吉约在说明函末尾不容置疑地指出：“我们缺乏充足的理由让他留任，因为他不具备教师资格。”这时候，据说前总督已经回到巴黎，正在竞聘殖民地部长一职[71]。谁都不想得罪新部长。说明函接下来写道：“因此，我同意做这样的调整：佩罗先生担任东京初小校长，亨利·多纳迪厄担任柬埔寨初小校长，假如他近期外出休假的话。”[72]

亨利·多纳迪厄只好接受事实。在亨利·多纳迪厄不知情的情况下，调令内容已于 1920 年 1 月 6 日拟定。同一天，有关亨利·多纳迪厄调动的事宜已经通知了常驻河内总督，并收到总督蒙吉约从西贡发来的有关亨利·多纳迪厄的调令副本。米斯先生缺岗期间，蒙吉约暂时代行东京初小校长职务，最终任东京初小校长的是佩罗先生。总督蒙吉约通过常驻总督通知当事人，总督任命他担任柬埔寨初小校长。正如人们所担心的那样，宗主中校前校长立即对这项“不征询意见的调动”提出抗议。有人打探到消息说，如果他希望看他的个人档案，就请常驻总督转达他提出的不同看法。亨利·多纳迪厄因为数月前就查看了他厚厚的档案，1 月 10 日由上级将他的回信寄了出去。他在信中委婉地暗示他在竞聘其他职位，同时对处理他职位调动的方法考虑提出有理有据的批评，虽然把一家之长的责任摆在前头，看时感到语气有些悲怆，但仍然气度不凡。

印度支那驻西贡总督先生：

我荣幸地告诉您，我已经收到去柬埔寨工作的调令。我不想查阅我的个人档案。我刚刚得到某单位的选拔任用书，想必领导不会提出任何反对意见。我打内心满意我在不同的部门担任过不同的职务。恕我直言，我觉得领导前两次就处理我的职务问题时所采取的方法不怎么大度，至少在我看来，没有任何根据。我敦请您给我在东京安排个职务，理由如下：一、南方地区的气候不适合我家人。我妻儿曾在西贡得过急性痢疾和重症肠炎，且刚刚恢复；二、东京的气候对他们最合适，而金边的气候肯定同西贡的气候一样，让他们感到难以忍受。因此，根据公共教育总条例12条之规定，请您委任我担任教育总监察员一职，此职务自总监察员克尼亚克先生走后，一直空缺。我符合担任此职所需之全部条件，不过我还要指出，我目前的待遇不会因担任此职而增加[73]。我曾经先后担任过交趾支那师范中学校长，宗主中学校长，我的这些经历使我对担任此职有充分的思想准备。如果您无法满足我的要求，那就请您恢复我宗主中学校长的职务。我离职是迫不得已。我不想离开现职，我不想去担任我没申请要担任的职务，可我的职务现在突然被解除了。如果您一定要我去柬埔寨，我就一个人去。我不能自作主张，拿家人的生命去冒险，否则，您就拆散了一个大家庭[74]。

特级教师多纳迪厄谨上

多纳迪厄的继任者似乎在1920初就已经抵达河内。1月10日，亨利·多纳迪厄告诉常驻总督，他“已告知佩罗先生”，他准备根据佩罗先生的要求交接工作，“不会因领导更替而影响教学工作的正常进行”[75]。不过，在了解了新任校长的任命情况以后，亨利·多纳迪厄在1月12日又写了一封信。他想通过这封信再次软化代理总督蒙吉约的立场，这次把他的健康状况和以前的工作情况提了出来。

在1月10日的信里，我请您给我在东京安排个职位，是考虑我家人的健康，我当时故意隐瞒了我的健康状况。然而，据我所知佩罗先生因健康欠佳要求得到了满足。请您诚心诚意地研究一下我的情况。我在交趾支那工作了很长时间，后于1915年5

> 月19日因患重病离开西贡回法国疗养。我把健康机构出具的检查证明也附上，上面有我当时健康状况的详细记录。7月底前，我刚刚回到法国，就应召入伍了，但因重病在身，被送回家乡。疗养假还没休完，1915年11月26日，我再次被召入伍1年半，履行保卫国的义务。我当时已经45岁，有5个孩子，长子和我一样，自愿报名入伍。1917年4月，按照军队指示退伍回家，5月初又奉命返回印度支那，没休一天的疗养假。上班以后，我疲惫不堪，就像从法国初来乍到的佩罗先生，可他因健康理由，谢绝去柬埔寨当校长。我的情况都给您讲了，不管您对我的工作将作何安排，我都会照办，都会像过去一样，一如既往地当个既合格又守纪律的公务员。如果工作需要，我可以一个人去柬埔寨，但让我感到悲哀的是，领导上支持到这个地方来工作，却对一个兢兢业业为法国本土服务了14年、在印度支那教育机构供职15年的老公务员的工作安排不当回事[76]。

这封信同前一封一样，没有得到预期的效果。不过，蒙吉约和手下似乎多多少少被杜拉斯父亲信中陈述的理由所触动。总督办公室在1月14日的文件中指出："多纳迪厄先生表示希望继续留任宗主中学校长，如若不能，问东京常驻总督，地方学校是否需要人手。"1月19日，常驻总督办公室给了答复："来信获悉。经常驻总督办决定，去年9月25日已任命莱奥内先生担任校长，工作表现令人非常满意。有鉴于此，不可能解除特意为其安排的职务。"[77]文件经里韦签署，并盖上"机密"字样。亨利·多纳迪厄千方百计想办法留在东京，1月20日，他做了最后的努力。他应聘初小督学职位，该职位不是上级设置的职位。他向常驻总督办公室主任递交了应聘书，希望办公室主任能够签上同意后转交给常驻总督。里韦对他没有任何成见，就顺顺当当地给办了。1月22日，里韦给常驻总督写了封信："多纳迪厄先生刚刚离开初小校长职位，最适合担任宗主初小督学。我同意他担任该职，如果您考虑让他能长期担任该职的话。"[78]虽然有办公室主任的积极推荐，但上级一直没给应聘者任何答复。1月30日，总督办发文指出："东京中学特级班主任亨利·多纳迪厄的工作由驻柬埔寨常驻总督安排。"[79]因求职被拒，亨利·多纳迪厄在红河之滨，甚至全家在红河之滨再也不能待下去了。他担任校长期间不慎造成学校出现了混乱，即使混乱时间短暂，但事情出在河内宗主中校这样的尖子学校里，这样的疏忽大意是不能被原谅的。自从出了那件事情以后，亨利·多纳迪厄似乎在河内成了不受欢迎的人。

准备上路

2月初，他准备离开东京去履新。正如他曾经说的那样，妻儿留在东京，他一个人走。除了气候变化外，还有其他许多因素影响杜拉斯父母作出一致的决定。首先是两个儿子皮埃尔和保尔的上学问题，因为两个儿子一个10岁、另一个9岁。中途转学会影响他们的学业。他们的母亲是否也要考虑放弃在中学的教学工作呢[80]？这还很难说。即使她愿意，她恐怕也很难在学年中途再找到合适的教学工作。玛丽·多纳迪厄认为，没有工作，在金边就有能找到，因为领导很清楚，明年6月，她就在学校连续工作满3年了，她可以回法国休假了。虽然有前面提到的健康问题，无论她本人还是她丈夫，他们都认为没必要回国休假，因为他们确实要考虑工作问题。妻子的工作问题费了一番周折刚解决，亨利·多纳迪厄不想因妻子休长假而受到影响。他希望能在河内重新找到工作，好找新上任的印度支那公共教育总监察员克尼亚克先生，继续为自己的事情申辩，这是很有可能的。1920年4月，他要寄给克尼亚克先生的信（前面提到过）是想让克尼亚克相信这种假设。除了说明一家之长孤身上路的种种理由外，还有一个纯物质范畴的理由。其实，去年秋初从宗主中学搬出来住以后，多纳迪厄夫妇就决定拿出部分积蓄，在城里买幢房子[81]。多纳迪厄夫人重操旧业，开始接纳寄宿生，还监督（老挝几位王子）学习（玛格丽特后来对她的朋友说），事情到了这一步，怎么好将房子丢弃呢？

2月中旬，亨利·多纳迪厄准备去柬埔寨。人们很容易想象一家人团聚时的激动场面和分别时的悲伤情景，但他绝非一个人上路。一个"当地男仆"和他一起走。亨利·多纳迪厄争取到了免费船票（政府付费），乘坐"康仕号"轮船，先从海防抵达西贡[82]，然后再换乘内河邮轮，溯湄公河而上，在金边下船。常驻总督博杜安（已经看到了多纳迪厄的档案）期盼着新校长的到来，因为原校长去休假已经好几个月了。对杜拉斯来说，这个"她不熟悉"[83]的父亲突然不在家了，兴许她心中产生了一种被遗弃感。对这个话题，她始终很谨慎，提及这段残酷往事的时候，措词很是含糊。这个事实很有意思。当然，父母第一次两地分居时，她年仅6岁，不过，在她这个年龄，小事记不得，像这样的大事，还是有记忆的。"河内的事情，我从来没提起过，我也不知道为什么。"这话是她晚年[84]接受采访时针对河内而说的，很有启发意义。在她提到小说《情人》的题材时，她说书中讲的是母亲的伤心往事，而非她自己的。凝视着这张好像是父亲走时拍的照片，她在玛丽·多纳迪厄的脸上看到了“一股仿佛正在经历的强烈的失望之情”。她故意撒娇似的抢过照片，得意地说：“我很幸运，有个绝望的母亲，绝望是那么的清纯，向往生活的幸福是那么的强烈，有时候也不能完全舒缓她的这种绝望。”她深有感触地说：“我实在不明白，天天让她这样疏远我们的具体事实究竟属于哪一类。那一次，她可能是脑子进水了，买下我们根本用不着的房子。”[85]就像杜拉斯的作品一样，我们很快就能回归到现实，回归到“物质生活”。有这张照片，我们对杜拉斯童年的苦恼依然知之甚少。

我们再回来说说这张照片。她写前面那几行字的时候，手头总放着那张她乐意称作“失望的照片”[86]。她对这张照片做了这样的描述：“这是在河内还剑湖边一处房子的院子里拍的。她和我们，她的孩子，我们在一起合拍的。我4岁。照片中间是我母亲。我全能认出来，她站相很不好，她也不笑一笑，只等照片快些拍完了事。她板着个脸，衣服穿得也不周正，目光无神，像没睡醒。我知道天热，她疲惫不堪，无精打采。但是，我们就这样的衣着，我们作为她的孩子，可怜巴巴，从这里我也能看出我母亲当时的那种处境。拍照片的时候，我们虽小，也看出了一些征兆，真的，确实能看出来，她没办法再给我们梳洗，再给我们买衣服穿，有时候无法让我们吃饱饭。”[87]不能照字面意思来理解这些只言片语。天热好像是真的，照片上两个男孩子的衣着就能证明。皮埃尔半个身子被母亲遮挡，没穿件衬衣，弟弟保尔也是上身赤裸，两只小手插入裤子的背带里，看着相机镜头笑，看上去很开心，帽子的帽檐太宽，遮住了耳朵。两个孩子的目光里没有丝毫的悲伤，只有孩子常有的调皮捣蛋眼神。玛丽·多纳迪厄坐在椅子上，手里拿着扇子，没有煽风，放在膝盖上。身上的连衣裙大鸡心领，边上有绣花，袖子卷到肘部。看服饰，不是个邋遢女人，而是个很会按天气穿戴打扮的人。看脸色，她很疲惫，但依然洋溢出一丝微笑。杜拉斯站在旁边，一只手挽着妈妈的胳膊，表情严肃，板着脸，抿着嘴，眼圈发黑，看不出她有什么失望，反而显得格外坚强。与她形成鲜明对比的是当地的那个男仆，头上戴着遮阳帽，站在最后面，给照片画面平添了一个十分滑稽的成分。他身穿白色衣服，眉开眼笑，举手给小孩子行军礼。可能就是他要和杜拉斯的父亲出远门，没有理由不高兴。

湖滨木屋

杜拉斯所说的房子不在还剑湖之滨，而在河内市北的竹帛水湖边。一道狭长堤，将西湖与竹帛湖分开。这个住宅区叫大佛区[88]，坐落在同名大道（今圣馆路）边上，与河内市政府住宅区相邻。选这幢“别墅”，可能也是看中它距离宗主中学和萨罗特中学都比较近，另一个可能原因是，两个儿子在萨罗特中学小学部上学。杜拉斯那一年6岁。而不是她在书中写的那样（杜拉斯有意说小年龄），那年她4岁。如果真要把她的年龄搞个水落石出，她的身高以及体貌变化就能证明。我们是从她那里知道她母亲办寄宿园，入园的孩子是“越南和老挝的男孩子，年龄在12到13岁之间。”[89]一张亨利·多纳迪厄去了柬埔寨[90]以后在照相馆拍的照片就是证明。虽然有两三个东方模样的年轻人摆出庄重的姿势，和玛丽·多纳迪厄和她的孩子们一起照相，但他们的个头和华丽的衣着（呢子礼服，西式领带）表明他们至少是15岁或者16岁。

这里插一段寄宿生的生活片断。这个片断是作者在小说《情人》发表后数年接受采访时所透露：“一天下午，一个寄宿生要我跟他去一个‘秘密’的地方。我没害怕。我跟着他去了他那个秘密地方。在湖边，在两幢木房子的中间，那两幢房子可能是河内市的附属建筑物。我记得像是一条狭长过道，两面是木质隔墙……第二天，那个越南男孩就被他母亲撵走了，因为我认为是我对她说了一切，承认了一切。往事历历在目。我觉得被人摸了不光彩。我当时4岁，他11岁半，他还没到青春期，他的生殖器还很柔软，很柔嫩。他教我该怎么做。我握住他的生殖器。他抓住我的手，一起抚摸，越来越用力。然后，他停了。我永远忘不了他生殖器的形状，他生殖器的温热。后来，小男孩抬起头，闭着眼睛，期待行将到来的快感，表情好像很痛苦。”作者讲述的经过，有一部分写进了小说《情人》。“书里说失去童贞的地方是单人洗澡间。湖变成了大海，快感已经出现了，在男孩的体内一出现，就宣布了它的性质，宣布了它的原则，因为男孩到了有快感的年纪，也能接收快感的信号。”文学是生活的继续……“我从来没再和母亲谈起过那事儿。”作家最后说：“她相信，一辈子都相信我忘了。她对我说：‘永远别想那事儿，永远，永远。’很长时间我都在想，就像在想一件可怕的事情。我只在过了很久以后才对几个法国男人讲过。但我知道，我母亲是永远忘了孩子们的这些游戏。情景本身就已经移位了。事实上，它伴随我成长，从来就不曾离开过我。”[91]仔细看过前面提到的那张在照相馆照的照片，就发现照片的右侧有个穿短裤的男孩子，明显比多纳迪厄夫人的其他寄宿生年龄都小。是不是那个尝禁果的小男孩？不敢肯定。我们只知道杜拉斯在写《情人》的时候，从很多珍贵的全家福里挑出那一张放在案头。也许看一眼那个年轻的身影，就能勾起某些回忆，说清楚回忆的深远意义。女孩在照片上的影像比较暗淡，无论从暗淡一词的本义理解还是转义理解，都预示着女孩即将离开红河之滨。

注　释

1. 河内老城于1010年由皇帝李太祖建在红河交汇处。数百年里，多次整修扩建。1885年，法国最终征服东京以后，法国军队占领了河内市，原来的皇宫成了法军指挥部。在1894年到1897年，黄楼部分被损毁。政府宫如同19世纪末所有公共建筑一样，是一座具有新古典主义风格的宏伟建筑，由建筑师利希腾菲尔德设计，建在古城堡的遗址上，是一座沃邦风格的建筑，环绕河内古城，1901年开始施工，历经5年，于1906年建成。(河内巴黎建筑、城市规划和社会研究所研究，巴黎建筑、城市规划和社会研究所与研究出版社，巴黎，2000年）该建筑以内饰豪华著称，主要特点是舞厅宽敞，可举行正式的宴请活动。

2. 前总督府（现在主席府）花园占地二十多公顷。这里有宏伟的胡志明主席纪念堂，参观完纪念堂以后，可以直接参观胡志明在抗美战争期间居住过的简陋而令人激动的吊脚屋。

3. 海外档案中心。

1907年到1908年古尔东在《关于印度支那教育形势报告》里提到购置一幢“大楼”，供河内的宗主学校使用。1937年，月刊杂志《新亚洲》专刊上有篇文章《印度支那的法国学校》，文章明确指出，这些房屋是1907年从文具商施奈德手里返购的。

4. 2002年12月8日和热纳维耶芙·桑斯夫人在维罗弗莱的谈话录。热纳维耶芙·桑斯夫人生于乌耶。父亲居斯塔夫·乌耶早年毕业于巴黎高师，哲学教授，曾在20世纪20年代初短期担任过宗主学校校长，后又先后在萨罗特中学、河内大学任教。热纳维耶芙和玛格丽特·杜拉斯同庚，丈夫是物理教师，1938年结婚前曾在西贡沙瑟卢－洛巴中学教过书，她记得宗主中学口碑很好，学生学习特别刻苦。

5. 让·马斯科罗档案馆。

6. 玛格丽特·杜拉斯虽然后来也证实，她不太可能童年和少年时候都赤脚走路。

7. 河内越南国家档案馆。

8. 1922年到1923年海外档案中心显示，那一年的学生人数高达735

人。这个总人数里还得加上1918年到1919年的六十多名学生教员。这些学生教员1922年开学才从在校学生人数中剥离出去（师范生1936年又被记入在校生）。在总数为795名学生中，1918年到1919学年上初一的有300名，上初二的有495名。此外，一所职业学校也同在一座楼里上课。根据河内越南国家档案馆馆藏资料记载，东京常住总督在1919年8月的一封信中说，那是“一所有1200名学生的学校”。

9. 凭借1885年6月与法国签订的条约，从1872年到1873年，中国时而和越南人，时而和中国人，或者他们的同谋者（海盗黑旗军）发生过一系列的交锋和战斗以后，承诺“不再干预东京”，承认“法国对安南的保护权，放弃对东京的主权要求和征收贡品”。（《东京1873—1954》。《殖民与民族》，巴黎，奥特勒芒出版社，1994年）

10. 关于1917年的公共教育总条例，可参阅前面提到的同一期《新亚洲》：“这是萨罗特总督的英明主见。他设计和推行的总体规划现在依然在实行。目的就是确保殖民地的每个年轻人都能上学，都能根据国家计划，并根据自己的实力、能力和成绩逐渐进入高级阶段的学习。”而该历史文件的摘录者故意漠视变化，假惺惺地增加内容，却不作解释：“传统的教育正在消逝，乡村学校或者区镇学校逐渐变成了初级学校，省会学校被课程齐全的法国与地方联办学校所取代。美其名曰：培养真正的当地精英。”新教育总条例表明，萨罗特及其顾问们确实有意与古老而庞大的孔子学校网一刀两断。萨罗特上任后，就发现了“保护者”的强大力量。在前面引述的《印度支那的法国学校》一书中，审慎地揶揄了编撰者将“近600篇文章汇编成6本书”的做法之后，该文作者郑文韬对现状作了概述，并在文章中写道：“殖民征服后半个多世纪，南方当地的法国联办学校建成将近40年后，殖民当局终于实现了贝尔宣称的同化目标。”

贝尔曾是早期印度支那总督之一，1886年，他庄严地宣布：“面对被战胜和被征服的人民，胜利的民族有3个选择：彻底灭绝之，使之成为奴隶，将之地位提升到胜利民族的水平。但只能选择其中之一。”这句话在郑文韬名为《印度支那学校的意识形态》的有关章节里被引用。在这本书中，作者提醒读者注意，贝尔是共济会会员，拉内桑的继任者，曾在甘必大政府担任过公共教育部长，希望在殖民教育方面发挥重要作用。郑文韬在文章中写道：“作为双料学者（法兰西学院教授，主讲生理学教授贝尔纳是继任人）和费里教育思想的实施者，贝尔被视为是共和国在殖民地的民间第一信使，费里教育思想在印度支那衍生出来的贝尔主义教育理念。”郑文韬引述了富尼奥有关贝尔的评论：“他的科学知识和反教会的共和国主义思想是诠释并继承17世纪泛人道主义观念的同一思想的两个方面。”（见富尼奥《1885—1896年的安南－东京》。《面对殖民征服的越南文人与农民》，巴黎，阿尔马唐出版社，1989年）。

11. 河内越南国家档案馆。据1910年的记载，曾被该校的理化和自然教研室连同电器设施一起买走。

12. 读者在前面引述的《新亚洲》里可以看到：“希望上宗主中学（1929年该中学）的考生人数始终居高不下。学校当时只能通过入学考试方式录取其中的1/4，选录的都是优秀生。”

13. 河内越南国家档案馆。

14. 在宗主学校首批获奖的学生中，有河内1名男生（优秀生之一），名字叫范琼，生于1892年，出身贫寒，被翻译学校录取，进入宗主新中学上学，并在16岁毕业，进入法国远东学校图书馆工作，后来当了一名记者，又成为著名作家，主要贡献是先后在河内创办了国语版《印度支那报》和期刊《南方风》，在两战期间的越南文学界（自创于1917年）影响很大。贾米森，《解读越南》一书的著名作者，提到范琼在致力于搭建来自法国的新观念与他自己国家文化传统的人士中发挥了重要作用。他毫不犹豫地形容范琼是“越南知识生活的重要人物”。

15. 古尔东关于印度支那1907年到1908年的《教育总体形势报告》。（海外档案中心）

公共教育局局长在将报告交给总督时，匆忙添加了这样的内容：“这种动向不可能不产生弊端。如果可能，安南的年轻人在初级阶段的教育完成以后最后来法国深造，并在我们自己的大专院校学习专业。然而，他们在我们自己的中学作为住校生来学习，直到目前为止，他们几乎未取得良好的学习成绩。这种‘离乡背井’的教育类型既非安南式教育，又非道地的法式教育，有不恰当扩散的趋势。”古尔东涉及到了这个“回归法国”的棘手问题时指出，在一条道路走不通的时候，就得推出“适合需要，又符合当地传统的中式教育，注重研究中国的道德学家和古典哲学家的思想，同时以严肃的科学文化和深入学习我们的语言为基础”，他认为这样一来，“我们本土的传统教育就有可能更适合越南的年轻人”。（海外档案中心）由于缺乏资料，不可能弄清楚多纳迪厄对围绕他而展开的广泛辩论持何见解。

16. 《新亚洲》。

17. 1899年拍板定案，1900年6月28日由杜梅签署文件批准，河内博览会将于1902年在甘必大大道（今陈兴道街）的一幢大楼里举行。这幢大楼宽100米，四周展馆围绕，整个建筑的位置曾经是一片沼泽地。参展商来自法国、法国殖民地和远东其他地区，他们应邀展出的产品品种繁多：考古工具，老式的礼拜用品，新发明的矿物处理设备，化工产品制造机器，手工艺品，绘画作品，丝织品，土特农产品，饮料酿造和酒精饮料生产设备以及各殖民地商场的医药卫生用品。(海外档案中心)

18.《参观河内博览报告》，罗德斯。当时作者陪同率直布罗陀和马来州参展团团长利昂内尔－考克斯莅临河内博览会。报告上的日期是1902年12月17日。(海外档案中心)

杜梅桥1900年开工建设，1902年2月竣工，剪彩者就是杜梅本人。杜梅曾陪同年轻的安南王成泰从海防到河内游览。《画报》曾在1902年4月一期上详细描述剪裁仪式的盛况。

杜梅桥全长1862米、高4350米、20个支撑墩，其中3050米横跨红河。(《印度支那历史住宅区的保护问题》，卡尔塔拉出版社，1977年)

19. 杜梅先后当过数学教授和记者，从政后担任财政部长，1887年到1902年初任印度支那总督。罗德斯撰写报告时，他已经返回巴黎，得知有此报告后，将一份报告副本通过新加坡英国当局转交给法国驻新加坡领事馆。(海外档案中心）河内任期顺利结束后，他给《画报》撰写了题为《我们的印度总督》的文章。文中有关他自己的文字提到，他先后当上了上议院议长（1906年）和下议院院长（1927年），1931年当选为共和国总统，次年在巴黎遇刺，刺客是俄罗斯移民，当时他正出席德罗特席尔医院组织的慈善拍卖会。

20. 已引述的会议记录，海外档案中心。

21. 迪穆捷是东京教育局第一局长，贝尔的前搭档，获得常驻总督处的一块土地后提出设想，修建一所豪华大酒店，可与英国在孟买、新加坡、科隆坡和香港修建的酒店相媲美。为此，他同一个商人联合，并在1899—1990年亲自过问医院的设计和建设事宜。酒店建成后叫“豪华都市大酒店”。都市咖啡馆的平台数年后落成。数年间光顾都市大酒店的客人有洛蒂、莫昂、马尔罗、格林、卓别林（偕妻子戈达尔)、科瓦尔等政界演艺明星，还有诸如塔西尼、萨朗、武元甲这样的将军。20世纪70年代，明星方达、苏塔戈先后光顾大酒店，表达他们反对越南战争的立场。

1990年到1992年，大酒店进行了修复，现在又再现昔日的魅力（尤其在古老的那一部分），重新开业后欣迎的客人有布什夫妇、希拉克、麦克拉马拉、克林顿和德纳夫。该酒店系索菲特连锁酒店成员。

22. 1883年，在天主传教团的旧址上，皮吉尼耶殿下准备建座大教堂，取代被黑旗军焚毁的小礼拜堂，于是在传教团旧址所在地附近选了块地皮，“拆除宝塔，取得地盘，在我们所处的征服时代，似乎做什么事情都不容易。但是我恰好很反感犯这样的大错”。（马松，《英雄时期的河内：1873—1883》，巴黎，东方研究书店，热特内，1929 年）法国驻外总督博纳尔的顾忌因（大清）总督阮有度的斡旋而有所舒缓，拆除宝塔的阻碍很快被排除。土地后来无偿让予天主教传教团。博纳尔感到“满足的是将产权证书交给主教。得到教会首肯，在佛庙废墟上修建教堂以后，法方教堂建设委员会开始在还剑湖四周破土动工，但四周被大量的拆除工程搞得乱七八糟，被拆除的建筑有屈早庙（10 世纪开工，15 世纪竣工），原址上建了市政厅（1886 年），宣真庙原址上建了邮政局（1889 年），第三座新建建筑是图书馆”。（芒然，《河内的名胜古迹：1900—1930》，河内卷，巴黎建筑、城市规划与社会研究所出版社，巴黎，2000 年）

迪穆捷与历史名胜保护：

前面引述的文章凸现了迪穆捷（都市大酒店的创始人）在 1898 年通过法国政府创立“考古使团”的方式，保护印度支那历史名胜的先锋作用。1900 年，考古使团改为远东法国学校。“考古使团由总督领导，并接受法兰西学院碑文与文艺研究所监督，其宗旨是对中印半岛开展考古和哲学挖掘，通过各种手段挖掘其历史、名胜以及方言。”（1898 年 12 月 15 日决议）但是，1880 年，迪穆捷就成了古董委员会的未来成员，在河内名胜调查过程中发挥了实质性的作用。经过学习——研究东方语言，不断完善考古研究、人类学研究、种族学研究方面的知识——1886 年，迪穆捷受贝尔之命负责安南法国学校的筹建工作和“东京历史古迹的清查描述工作”。但迪穆捷首先关注的是河内的宝塔（芒然，同前书）。

1887 年，施奈德将店铺出让给印度支那总督办宗主学校，数年后出版了专著《河内的宝塔——迪穆捷的杰作》。

23. 布洛通，《东京商贸》，见《远东年鉴》，卷 8，1885—1886 年。《印度支那历史住宅区的保护问题》中被引述。

24. 奥古斯丁，《索菲特河内都市大酒店》，世界著名酒店联合会出版，维也纳，1998 年。

25. 1997 年，法国出资，完全恢复了河内大剧院的原貌。河内大剧院的外表内饰给人影响深刻，利用率却似乎与其富丽豪华很不相称。

26. 根据在河内查阅到的越南国家档案馆资料显示，“河内和海防的剧团”大约在 1890 年就已经存在了。同年，剧院酒吧由一个叫卡耶的寡妇经营。多纳迪厄一家在东京工作期间，河内和海防市立剧团团长就是一个叫德菲昂的先生。1920 年，德帕西主办了戏剧节。

27. 越南国家档案馆。

28. 同上。1916 年，一份殖民当局的资料披露，剧团曾被明确告知，要“遵守治安条例”。

29. 维奥莱的照片复制自印度支那档案，法国档案汇编，米歇尔·特兰克维尔出版社，1995 年。

30. 奥古斯丁引述。

31. 这肯定是前面提到的那个作者在他有关都市大酒店的书里提出来的。

32. 河内越南国家档案馆。

33. 索菲特都市大酒店。

34. 现代出版档案馆。杜拉斯基金会。

35. 第一次世界大战后，大都市酒店管理公司在此开了一家酒店，银瀑布大酒店。

36. 过去外国人对中国的称呼。——译注

37. 海外档案中心。

1900 年，勒蒂耶被聘为桥梁与道路监察员，主持窄轨铁路建设工作。1901 年，部分土地被负责中国段铁路线路走向的设计委员会出租给了云南天主教传教团。1903 年，为了解决人力问题，意大利领事馆和法国领事办公室先后在蒙自开馆。招了三名阿尔及利亚士官“确保工地治安”。根据 1910 年签订的中法协议，铁路投入运营，治安由法国人负责，主要是保护某些可能遭受“匪徒”袭击的车站。

38. 该数字是由弗雷堡和科尔内列举的。他们共同撰写了一篇图文并茂的动人报道，发表在 2000 年 8 月 19 日的《费加罗》杂志上，标题是《云南小火车的沧桑变迁》。报道采写于小火车对游客开放后不久。

39. 河内越南国家档案馆。

40. 总督对告知行政当局自己的顶头上司（他和上司关系似乎搞得很僵）缺岗一事不太主动，但常驻总督由于收到法国领事代表 7 月 10 日发自云南的神秘电报，对此已经心中有数。刚好这一天，亨利·多纳迪厄要去常驻总督办。总督似乎对电报以及电报内容一无所知。这份神秘电报是这样写的：“铁路依然中断，多纳迪厄先生眼下无法回河内。”边境治安工作看来很有成效。

41. 越南国家档案馆。

42. 现代出版档案馆。杜拉斯基金会，DRS2—D3. 01。

43. 热纳维耶芙·桑斯谈话录，2002 年 12 月 8 日。

44. 现代出版档案馆，同前引述。

45. 同上。

46. 杜拉斯在文章此处作了注释：“她们穿着小鞋，如同其他人带十字架。”这一句被她给画掉了。

47. 现代出版档案馆，同前引述。有关布娃娃的句子被作者画掉了。

48. 该句也被杜拉斯亲手画掉了。

49. 杜拉斯喜欢看报上刊登的文章。2000 年 9 月 2 日的《世界报》把这篇文章找出来，加了个标题：《中国要普查她的“黑孩子”》。文章说，从 20 世纪 80 年代开始，中国实行独生子女政策。如果该政策在城市切实得到执行，“在中国的农村就打了折扣，并遭到了农民的坚决抵触”。作者罗宾在文章中写到，专家们估计，人们所谓的“黑孩子”是计划外生的孩子，占总出生率的 20% 到 30%。“统计数字中出现了这样一个事实：‘女孩子缺少现象’。”罗宾认为，“女孩子漏计率”估计有 50 万人，原因可能不仅是堕胎者众多，也有杀婴现象存在。

50. 现代出版档案馆，同前引述。

51. 根据前面引述的热纳维耶芙·桑斯提供的资料来看，复课大概在 9 月 15 日，从云南返回应该是在月初。

52. 暗指圣－艾蒂安军火制造厂产品目录。该厂为移殖民提供遮阳帽、猎枪、匕首以及其他热带地区的生活必需品，包括粗布衣物和毛料短筒靴。

53. 现代出版档案馆，同前引述。

54. 让·马斯科罗档案馆。

55. 河内越南国家档案馆。

56. 海外档案中心。

57. 河内越南国家档案馆。

58. 同上。

59. 同上。

60. 同上。

61. 海外档案中心。亨利·多纳迪厄提出的听证会申请及其记录档案里空缺。

62. 根据 1905 年《财政法》第 55 条规定，未申请调动工作而被调动了工作的官员有权向登记其姓名的行政机关提交自己的档案。

63. 海外档案中心。

64. 同上。

65. 同上。

66. 回复人首先这样写道："经过确认，领导必须要走。"

67. 原始文件是这样写的："这种针对工作原因而采取的单一措施没有任何约束效果，因为亨利·多纳迪厄先生是初小的校长。"

68. 海外档案中心。

69. 同上。

70. 河内越南国家档案馆。

71. 萨罗特正式于1920年1月20日在乌迪诺大街履新，1924年3月29日卸任殖民地部长。

72. 有可能亨利·多纳迪厄1919年秋季就想在学期结束后回国休假。让·多纳迪厄12月中旬给马赛殖民事务局说取消休假（此时他已退伍，获准去河内探望父亲），理由是他"声明愿意在法国等父母回国"。（海外档案中心）

73. 亨利·多纳迪厄作为特级教师，当时的年薪是2.7万法郎。（海外档案中心）

74. 河内越南国家档案馆。

人们可能会感到惊讶的是，杜拉斯的父亲在这封信中说想谋求接替克尼亚克博士担任印度支那教育局长。如果总督同意他的申请（鉴于当时的情况，这很让人感到意外），亨利·多纳迪厄就是沙西尼厄的上司。沙西尼厄当时是代理职务，还没被正式任命为印度支那公共教育新任总监察员，因此在这件事上似乎没发挥积极的作用。亨利·多纳迪厄对萨罗特作梗使他失宠显然丝毫不怀疑。亨利·多纳迪厄似乎确实不知道促使圣-沙弗雷撤销其宗主中学校长职务的原因。

75. 河内越南国家档案馆。

76. 同上。

77. 海外档案中心。

78. 同上。

79. 同上。

80. 与阿德莱（《玛格丽特·杜拉斯》，同前引述，36页）所写不同的是，从错误的假设出发，玛丽·多纳迪厄可能没"再找到工作岗位"，因为丈夫在河内任职，她没"千方百计去找工作"。丈夫准备去柬埔寨时，她还在一边上课，一边希望在金边谋个职位和丈夫团聚。

81. 玛丽·多纳迪厄"在行政部门没找到工作"，便下决心"欠债买房，然后再改造成私塾”。（阿德莱，《玛格丽特·杜拉斯》，36 页）。他们的财产（洛特－加龙省档案馆）申报单也证实杜拉斯父母结婚时财产公有，所以有些积蓄（国债、债券），不必举债，也可以在河内购买房产。这份财产清单是 1922 年 4 月 8 日金边的书记员搞的，注明：“河内有一处住宅，地处大佛住宅区，有院子和花园。”

82. 海外档案中心。

83. 杜拉斯写了本书，是和戈蒂埃的谈话录，书名叫《话多的女人》。杜拉斯竟然在书中说：“我没有父亲。”（24 页）看到戈蒂埃很惊讶，杜拉斯改口说：“不过，我很少见到他。”她含糊其辞地说：“时间相当长。”“可能是他不在家造成的影响，不是吗？”对此，她的回答是：“当然了。”她再没往下说，坚决不肯让人拖上心理分析的圈套，尽管对方一再要求。这是自我保护，我个人对此表示尊重。

84. 《物质生活：杜拉斯对博茹尔如是说》，P. O. L. 出版社，巴黎，1987 年，28 页。

85. 《情人》，午夜出版社，巴黎，1984 年，22 页。

舆论由果溯因推理，作家有关在河内购买房子的说法，肯定是不了解促使父母（不单是她母亲）购房的原因。

86. “我不知道是谁拍的绝望照片，也就是在河内那个家的院子里拍的照片。可能是我父亲最后一次拍照片。”《情人》，同前引述，21 页。这张照片收藏在让·马斯科罗档案馆。

87. 《情人》，同前引述，21 ~ 22 页。

88. 住宅区内有好几处，现在仍有人参观，主要是参观大佛塔（虞猜塔）、陈国塔（建于 17 世纪）和圣馆寺（修建时间可追溯到 11 世纪）。在西湖堤坝的末端有河内水上运动公司的游乐用具，常年可供游览西湖。

89. 《物质生活》，同前引述，28 页。

90. 马斯科罗收藏品。

91. 《物质生活》，同前引述，28 ~ 29 页。

第六章
大象之国

2月末，杜拉斯的父亲到达金边，似乎是豁达应对背运，至少是在涉及自己工作的问题上采取了逆来顺受的态度。虽然新年伊始，柬埔寨常驻总督对他到柬后数月工作的评语让我们了解了当地行政机关对他的看法。我们在签署日期为1920年8月24日的档案里看到：“多纳迪厄先生刚到一个他不熟悉的国度来履新，他很难检验自己工作的业绩。不过我可以这样说，他工作踏实肯干，加之有长期工作积累的经验，他有望取得良好的工作业绩。”除了他已婚、是5个孩子的父亲外[1]，没有任何有关他家庭的信息。

他供职的部门仅有15年左右的历史。从前为数不多的几所学校由宗主国代管，没有专职的教育官员，只有交趾支那教学监督员不时从邻邦西贡[2]过来巡查。鉴于这种状况，总督保尔·博任命的河内校长古尔东在1906年作出决定，成立柬埔寨“初等教育局”（中教局数年后才组建）。古尔东建议亨利·多纳迪厄牵头开展工作，但亨利·多纳迪厄刚到西贡，希望工资能高点[3]，愿意做嘉定师范学校的校长。宗主中学前校长认为，严格地讲，接手这个新职位不是升迁。现在，柬埔寨的初等教育确实有了长足的发展。到达金边以后，亨利·多纳迪厄经手过37万皮阿斯特（按1919年的行市折算，合250万法郎）的教育经费。初等教育局有5名工作人员：1名会计、2名教员、2名秘书，他们都是清一色的柬埔寨人。亨利·多纳迪厄总共管辖着六十多所柬埔寨法国初小，有男女教师近90名（其中法国教师38名），还有80名男女辅导员[4]。受宗主国保护的有12个省（下丹、贡布、马德望、磅湛等等），他能行使监督权的大部分学校分布在其中的10个省。完成规定的定期巡视不是一件小事情，主要原因是当地的公路网不完善。光金边的学校就有8所，归他管的有西索瓦男子学校，弗朗西斯－加尼耶男子学校[5]和诺罗敦女子学校。在柬埔寨初等教育局的领导下，诺罗敦女子学校在 1921 年 1 月改名玛丽·多纳迪厄女子学校[6]。该校成功改名肯定与其丈夫同殖民当局的交涉是分不开的。她走了，河内有人也许并不感到惋惜……但这只是个假设而已。

她负责的工作比较重要。诺罗敦女子学校当时有学生 200 名。校长手下有十来名女教师，其中法国教师 5 名，数量与“本土辅导员”相等。课程从初级到高级，毕业颁发“法国”初级毕业证，平均每年有两三名学生参加在西贡举行的初级考试。都是教学工作，但与河内不同，杜拉斯的母亲现在教的学生是欧洲学生，大多数学生是常驻金边[7]的法国家庭的小千金。此外，她是“教育局长”夫人，肯定会再次招致很多人的嫉妒。从多纳迪厄夫妇职务的声望角度来看，嫉妒他们的人微乎其微，因为常驻总督手下的官员人数本来就不多。

团聚金边

天各一方半年后，一家人终于团聚了。他们肯定是在去年暑假（很可能是又一次在云南）团聚的，也有可能是圣诞节期间团聚的，因为他们在此期间搬家了。河内的房子租出去了[8]，寄宿生有可能都被安排到别的学校去了。多纳迪厄夫人可能筹划在柬埔寨首都金边开办个幼儿学校。金边是个聚居区，规模不如河内和西贡，人口也不足 5 万，地处洞里萨河口与湄公河[9]交汇处，风景优美。金边与湄公河亲密地融合在一起，柬埔寨人亲切地称湄公河是“水神”。自古以来，金边城的生活就和轮船运输密不可分，轮船运输也使金边通过巨大的湄公河三角洲与外界相连。湄公河灌溉了中南半岛下游大部分良田[10]。从湄公河（当时进入金边最常用的交通动脉[11]上望去），金边在初来乍到者的心目中，像是一个大花园，洁白的楼房拔地而起，琉璃瓦顶的尖塔林立。金边城往北去一点，就发现地形类似岬角，高棉语叫百囊，上面有个“古斯图帕”，又叫“金塔”[12]。南面地势往回凹，面向湄公河，形成一片开阔的平地，那里有个很大的院子，里面草碧树绿，房屋星星点点，掩映在绿树丛中，屋顶层层叠叠，错落有致，屋顶的装饰很奇怪，是螺旋形的尖角状物，院子的后面就是西索瓦王宫，以及王宫的附属建筑物。猜测这座名副其实的“城中城”里蕴藏的珍宝，无疑能激发一个 7 岁小女孩的想象力，玛格丽特·多纳迪厄第一次到金边时，正好是 7 岁。

“从东侧开着的正门看去，能看到王宫正殿，正殿的大屋顶和有徽饰的三角楣。左侧有两个相邻的茅草顶敞篷，是国王接见大臣和表演舞蹈的地方。再往里，有绘画室、金作坊、雕刻间、秘书处、司库科、学校、营房、卫队、欧洲人接待室、僧人接待室、大臣接待室、马厩、象场、车库、仓房；最里面是国王、王后、王子、公主、舞女，歌女、仆人的私人寝室。南面是栅栏环围的皇家宝塔，宝塔前面有尊拿破仑三世骑马的铜像，但头被诺罗敦一世的头所取代……王宫前面是个广场，直通钟楼，小型船只修造厂和皇家码头，那里有艘简易竹排，上面加了个轻巧的亭子。”[13]

这是20世纪初王宫的概貌。杜拉斯和母亲以及两个兄长到金边的时候，诺罗敦一世国王1906年就被儿子西索瓦所取代。国王接见宾朋的木敞篷换成了经久耐用的砖灰结构的楼房，原来的茅草（椰树叶子）屋顶换成了瓦屋顶。但是拿破仑-诺罗敦雕像（现在也能看到）依然如故。我们从1922年高空照片上看到的皇家码头已经扩建了，但规模不算太大。城市分为3个界限分明的居住区：北边是法式居住区，围绕着百囊；中间是中式居住区，有中央市场和商铺；南边是柬式居住区，毗邻王宫，西南街巷纵横，那里住着许多安南人，正北面，顺着神的姐妹墙，有一个古老的居住区，在马德望路，居民都是信奉天主教的安南人、马来人。按照国王的意志，每个居民组居住在王宫周围，确保永远平安，甚至长久和睦[14]。

首都只是在近几年有了发展，主要原因是平整了市区部分水灾易发区。正如金边城建新近研究报告的作者们所指出的那样：“金边的历史是金边人防止每年一度的水患，保护更多的土地免遭洪水冲刷而不懈努力的辛劳史。”[15]1884年，新（强加给柬国王）的协议签署之后，大大加强了法国掌握柬事务进程[16]的权力，金边防洪的事情自然而然就由殖民当局承担了。该“协议”开创了高级公务员行政的新纪元，因为按照交趾支那不久前才有的管理程序，高级公务员将取代军人管理行政事务。高级公务员德韦内维尔是金边常驻总督，他管理行政事务的做法得到了拉内桑总督的支持。从1890年开始，拉内桑大力推行修建一座“名副其实的城市”。在此之前，金边一直是“一个贫穷的聚居区，人们的住所不是稻草房，就是砖砌的陋室，周围是散发臭气的水塘”。街道坑坑洼洼，尽是泥潭，没有饮用水系统，也没有公共照明系统。但“殖民军政当局不能在水上过日子，它们需要坚实的地面、清洁卫生的场所”[17]。重点整治工程轰轰烈烈地开始了。首先围绕欧洲人的居住区开挖了一条水渠，长3公里，直通河流，将居住区与外面隔开，以防发生骚乱。开挖水渠的泥土回填到部分低洼地，准备建设住房和"象征重要机构的大楼：军营，国库，诊所，医院，法院，监狱，邮局，市政厅，室内市场，印度支那分支银行，商店和政府印刷厂……[18]"。新的"水电公司"就建在百囊居住区。洞里萨河上修建数个码头，方便出入船只停靠和商品转运，同时也将修建长达1公里的景观步行道，美化洞里萨河上的风景。眼下首先动工改造的是欧洲人居住区。经过数年的建设，市区其余泊船地段的简易护城壕沟将变成可以漫步的便道。

西贡同河内一样，公务楼房的责任设计师们必须按照第三共和国时期通过的法国本土建筑设计标准来设计。美术学校的新古典风格一枝独秀，整体上虽然避免过度修饰，但高雅方面不亚于印度支那联邦其他两个首都城市的古老著名建筑物。建筑词汇似乎随着时代的变迁变得有些贫乏了。

同样，公共空间也是"按照奥斯曼时期的样式来设计，人行道、绿化树、路灯杆整齐划一……大街小巷统一布局是基本规则，每条街道都是20米宽"[19]。就连商业区内的中式店铺门面风格都成功实现了统一，增加了三角楣、防护栏和居住层拱形窗，唯一没有宗主国官方文化影响的是宝塔（没有拆除，而是像河内那样，做了修复）、王宫（砖石结构的建筑逐渐取代了较古老的木质结构建筑[20]），还有柬埔寨人特有的一些建筑，比如河泊森林管理处的房屋依然是原来的风貌。宗主国的设计师们在设计建筑物过程中，一是尊重柬埔寨传统的宗教风格，二是从高棉古老的庙宇建筑风格里获取灵感。未来的高棉古董收藏家格罗利耶就是一个例子。1917年和1920年间，格罗利耶负责修建柬埔寨艺术学校和阿贝尔－萨罗特博物馆（今柬埔寨国家博物馆），地址就选在御墓园广场旁边。纳佳桥位于金边中轴线上，横跨洞里萨河，直接借鉴了当时盛行的吴哥窟庙宇建筑风格，是一处宏伟的建筑物。总之，在20世纪头20年，金边的市貌基本定型，直到20世纪50年代殖民统治结束，一直是远东最具吸引力的城市之一。从1921年1月到1922年7月，杜拉斯就一直生活在这座风景优美的城市里。

杜拉斯那时经常经过的街巷的名称依然宣扬的是殖民者建立的军权、民权、教权的好处。横贯金边南北（洞里萨河）的大道拉格朗迪埃，是主持签署保护协议的海军元帅的姓氏，横穿中式居住区的大道杜达尔－德－拉格雷，是将炮口对准金边签署保护协议的海军元帅的名字。签署的协议后来都得到了落实。金边北面的汤普森大道，是金边市首任市长的姓氏，这是一位很能干的市长，任内在洞里萨河开渠引水，建设了德韦内维尔码头。顺河渠往西，环绕法国居住区的大道已经整治完毕，该大道取名叫米舍阁下大道。柬埔寨国王曾屡遭邻国欺负，主教第一个站出来建议国王请求拿破仑三世提供保护。为了把这项有意义的事情进行下去，商业区的主要街道的名称取的是两名著名殖民官员的姓氏，奥耶和贝尔，一条大道用柬埔寨国王的姓氏命名，叫诺罗敦大道。这条大道顺着洞里萨河，一直通向王宫，没有经过整治，是拉格朗迪埃码头普通道路的简单延伸（今西索瓦大道，并取代了昔日的奥耶和贝尔大道，其他枢纽大道改成了诺罗敦大道）。其他街道的名称不但更具共和色彩，而且都很有尚武的味道，比如有街道叫加利尼街和弗朗西斯－加尼耶街，还有街道叫霞飞街和福熙街（战争还没远去），又有街道叫贝当元帅街（凡尔登战役的胜利者），更有街道叫民兵街（宗主街），还有街道叫甘必大街。

湄公别墅

毋庸置疑，教育局长及其家属就住在法式居住区一幢楼里，这幢楼像河内一样，是殖民当局的楼房。很难说清楚它的确切位置，但肯定在金边附近的拉格朗迪埃码头一带。在小说《情人》里，杜拉斯提到有幢“面朝湄公河的漂亮别墅”[21]。如果我们相信确有其事，那么杜拉斯和父母有可能就住在“柬埔寨的老王宫”，（据杜拉斯一贯的说法）她父亲也在那里办公。景象很迷人，但说法不太可靠。在过去，皇家的屋宇传统上都是木质的，由于白蚁和潮湿，房龄几乎超不过 80 年。然而，杜拉斯及其家人在金边时，王宫被占用了，一直没腾出来。1866 年以后，金边又成了首都。如果我们弄清楚上几个世纪里不同王国的遗址，我们就知道没有一座王宫在灾难时期幸免于难。可以肯定的一点是，那是国王长兄（王储）成长时住过的旧别墅。法国人来了，别墅就被占用了。别墅在金边靠北一点，距离一幢叫宗主大公馆的两层简易楼房咫尺之遥。宗主大公馆后来拆了，原址上又建了座“高级别墅”，20 世纪 20 年代[22]，这座别墅依然屹立在那里。因此，杜拉斯提到的那个别墅，不是王宫，就很可能是王子的住所。杜拉斯夸大了别墅的规模，说：“在花园（几公顷）里，她母亲就感到害怕。”然而，在当时的地图上，金边和拉格朗迪埃码头之间是有块绿地，像花园那么大，围着高级别墅和附近的行政楼房，是唯一的一块绿地。

在作者保存的唯一一张金边全家福[23]上，亨利·多纳迪厄站着，背景是门框，镶着木质排门板，下面是双道楼梯，两侧有厚重的石头护栏。杜拉斯的父亲站在二楼。由于装饰物太多，只能看清楼角部分有厚重扶墙支撑的状貌。楼房的殖民式建筑风格告诉人们，楼房可能就建在旧王宫的原址上，或者是为了适应新的需要，对原有建筑做了彻底的改造。两种假设都是可以接受的。

在多纳迪厄夫人看来，女儿[24]让她有操不尽的心，但这个住所的好处是显而易见的，走下拉格朗迪埃码头，穿过几条街道，就到她执教的学校了。杜拉斯现在已经到了入学年龄，每天上午都要去上课，当然是和她的两个兄长去学校。可以肯定的是，她的两个兄长1922年的时候，一个12岁，另一个10岁，他们两个都在母亲做校长的学校上学。当时，西索瓦学校和弗朗西斯-加尼耶都没有法文专业，不能接纳他们兄弟俩就学。亨利·多纳迪厄的继任者在给教育局的报告中提到了这个缺憾，并担心，“父母出于无奈，会让男孩子就读诺罗敦女子学校，或者基督教修士学校(米舍学校)。”[25]真弄不明白，在推行共和国非宗教教育的学校里，校长的儿子怎么会就读像米舍这样的宗教学校，即使是顾全孩子母亲的天主教信仰，这么做也是不妥当的。难道她不代表共和国的学校？从当时的情况看，她可能是这样认认真真地照料孩子，确保孩子们能好好学习。后面这个因素，无论是对一个在殖民地任教的母亲来说，还是在殖民地工作的欧洲籍的父母来说，都是头等重要的问题。因为孩子们的学习关系到孩子们的前途，做父母的不可掉以轻心。由此可见，学习无论在玛格丽特的生活中，在皮埃尔的生活中，还是在保尔·多纳迪厄的生活中，都特别重要。此外，校长夫人的工作似乎受到了在诺罗敦学校就读的柬埔寨学生家长们的好评，因为在金边为期不长的工作期间，玛格丽特·多纳迪厄得到了好多奖励，其中有柬埔寨王国的“莫尼塞拉丰”骑士厄章，还有异域风情浓厚的“百万大象骑士厄章”和“白色遮阳伞骑士厄章”[26]。

开心日子

杜拉斯虽然对在柬埔寨度过的前18天守口如瓶，但基本上可以肯定，杜拉斯和她的兄长们在柬埔寨，也有可能在河内都过着舒适的生活，因为这些孩子的家人都是欧洲人，当时就居住在湄公河之滨的首都城市。殖民官员的子女，无论其父母是军人、商人、侨民或从事其他职业（医生或律师），他们在金边的生活方式都不是那么张扬，因为金边城市比较小，生活氛围比较宽松，而在400里[27]外的东京情况就不同了，像河内这样的首府城市，人们的生活习俗比较严谨，生活循规蹈矩。除此之外，肯定还有另外一个重要因素，那就是当地的独特魅力，对此最敏感的，首先似乎是孩子们。优美的风景，和谐的环境，神秘的传说，独特的宗教习俗，居民们随和的性格……这些都能证明这一点，即使居民们染上了些许欧洲人惯有的家长主义作风，也是另一种文明，他们虽然欣赏，却不了解其真谛。

在杜拉斯之前，有个法官的女儿，她在柬埔寨和父母生活了十多年，她的回忆无疑特别的真实。随着身份的改变，她成了家长，那么她在印度支那的经历几乎印证了《抵挡太平洋的堤坝》的作者的经历，生活的时代也基本吻合。大约在1908年到1909年间，波勒·达蒂格纳夫的父亲在金边做一审法院院长。她在晚年撰写的回忆录集子里，描述了白人小女孩首次和这个国家亲密接触时的喜悦心情，动情地重温了儿时在湄公河岸边嬉戏的情景和度过的美好时光……[28]杜拉斯的经历也是这样，她以前也在河内和西贡待过好几年。这个经历给她的初次印象染上了绚丽的色彩："这个地方稻田连绵，槟榔树挺拔，景色葱茏秀丽，有时候葱茏中露着橘黄，如同镶了片片铜膜般显得格外奇特，比东京和交趾支那更有异域情调。柬埔寨人温厚慈祥。佛塔顶部上翘，在炽热的阳光下光彩夺目，每一个地方都让人心醉神秘。"她接着写道："我父母很喜欢性格平和的居民们，喜欢耳朵上挂着茉莉花的美丽健康的姑娘，喜欢她们灿烂爽朗的笑声，喜欢她们巧手制作的工艺品，喜欢她们的质朴与诚实。"1924年，克拉拉·马尔罗和丈夫去过金边，语气里尽管带着几分优越感，但感受却是相同的："我们周围的一切似乎都是自然而然的。不穷又不富的生活水平使人们的日子过得很舒心。人们的身材较矮小、肤色较黑，柔软性却让我们百思不得其解，还有傍晚赶着马车去城外，在稻田间的小路上漫步更让我们欣喜若狂。"[29]

达蒂格纳夫一家占用的是法院上面的一套大公寓住房，这是一套职务住房，整层都归他们家使用。这幢楼里有一部分房子分配给了共和国检察官居住。这位检察官是个音乐爱好者："他的嗓音很动人，有一点沙哑，他不仅喜欢唱福雷[30]、迪帕克[31]和阿恩[32]创作的歌曲，也喜欢唱舒曼和瓦格纳创作的歌曲。"他对当地的音乐也兴趣浓厚："他家里天天都聚集着很多柬埔寨音乐人士，还带来各种各样的乐器：笛子、铜锣、罗内阿、斯科尔和铙钹……我们经常都能设法溜进屋子，躲在角落里偷看演唱。我们对演唱的歌曲很有兴趣。音乐家们的裙衣五颜六色，肤色略有些黑，头发剪得很短，目光充满神秘。"她说："对我来说，音乐会的日期都充满亚洲的魅力，具有远东的神秘色彩。几年过去了，当哼唱任何一首旋律忧伤的曲子时，我还能找到当年那种难以名状的感觉，仿佛听到了湄公河上舢板艄公的号子声有板有眼，如泣如诉，‘来哟来哟嘿，来哟来哟瑟，来哟来哟嘿嘿瑟’……我觉得我又骑在屋前一头彩釉大象的背上，放声高歌一首我只熟悉头几句词儿的歌曲。”这是有关音乐的情况，现在来说说休闲。“我们在金边的主要休闲活动之一，就是在热气开始下降的时候骑着大象去散步。赶象人把两头美丽的大象赶到百囊花园等我们。当我们快走到距离大象不远的地方，大象认出是我们来了，立即竖起涂了金粉的长鼻子，嗷嗷地大叫，一定是看见我们来了高兴地在叫。赶象人用手中的木棍轻轻敲打着大象，让大象在渺小的我们面前跪下，让我们爬上绣着金花的轿椅。大象属于柬埔寨国王西索瓦一世。我父亲和西索瓦一世国王保持着深厚的友好关系。国王感谢欧洲人讲他的母语。说实话，我那可爱的父亲通过考试拿到了柬埔寨语文凭，讲起柬埔寨语来却咿咿唔唔，含糊不清。就这水平，当地还觉得他的柬埔寨语讲得不错，能清楚地表达他自己的思想，因而在当地政府中名声鹊起，这就使得我们有机会被邀请参加皇家的宴会，或者出席民间活动，比如出席在湄公河上举行的水节。”

玛格丽特·多纳迪厄的父亲也讲柬埔寨语[33]？教育局长应邀偕全家人出席过皇家的宴请？他女儿在任何文字资料里都没有提及过，不过这是极有可能发生的，因为有一定级别的公务员可以出席皇家宴会。1931年殖民展览开幕时，礼宾司就允许小孩子们观看著名皇家舞女的精彩表演，这让巴黎人有机会目睹了皇家舞女的真面目。玛格丽特·多纳迪厄当然也看到了，民众在河水再次南去、洞里萨河进入枯水期时过传统水节的喜悦。据传说讲，柬埔寨国王掌握着象征北部各个大湖泊水闸的控制绳，国王割断绳子，发出信号，让水回流入南中国海[34]。每年到了这个时候，金边市民全都聚集到洞里萨河岸边，庆祝这个盛大节日，观看龙舟比赛。龙舟上装饰了五颜六色的旗帜，为西索瓦一世及其王宫大臣出席水节仪式助兴。金边的小孩子们没有一个愿意错过这个盛大的节日。至于玛格丽特是否出席水节，我们没有确凿的证据，只能再次去猜测了。

关于孩子们乘父母不注意偷偷跑到街角去买糖果吃，波勒·达蒂格纳夫在其回忆录里予以证实，凡是孩提时代生活在印度支那的人都有过这样的经历。关于孩子们买糖果吃，波勒·达蒂格纳夫在回忆录中这样写道：“在我们看来，这是莫大的自由。我们很喜欢在法院附近的河堤上转悠，因为在那里我们总能混在船工和渔民当中，摆脱妈妈的严厉看管，偷偷在中国流动商贩那里买些吃的，别提有多惬意啦！吃的都用香蕉叶包裹，有烤玉米、椰子末，无论什么吃的，上面不是裹了厚厚一层金黄色的糖浆，就是厚厚一层类似明胶一样的东西，白乎乎的，吃到嘴里很甜，我始终没弄明白那是什么东西做的……”克拉拉·马尔罗也有这样享用美食的记忆，虽然在金边同丈夫是监视居住，但没少享受金边的生活乐趣：“在街角，我们买几根甘蔗，我就嚼着吃，就像过去在课堂上嚼甘草那样。流动炉灶的柴火味很好闻……我在商贩的筐子里挑选了一样东西，圆圆的，像茄子一样，还挑选了一个倒捻子。我这时候才知道，这种果子的味道很好。”她的胃口不仅越来越大，还吃出了花样。她在书中告诉读者：“炸馅饼我也吃，手油了不说，裙子也沾光了。”她在书中还不失时机地用寥寥数语描述了当时的情景：“王宫玲珑的屋檐伸向树枝。建在城墙上的小亭子就是学校，到了晚上，舞女们就到学校来练舞。在一个小亭子里，有一根连杆，壮实胜过公牛，使劲地来回摆动。”作为吴哥窟古董的著名收藏家夫妇，克拉拉·马尔罗在前面回顾了乘马车去稻田散步的魅力，但不无遗憾地指出：“每天晚间，酷热迟迟不肯散去，我们只有乘马车散步，一村又一村。曙光在房间的地上一露脸，百叶窗就关了，12 个小时不见亮光。”[35]根据法院的命令，在这段时间里，他们外出受到严格的限制。但这只是一个插曲而已，我们后面有机会做详细交代。

难熬的四月

“柬埔寨把我们推入了热浪，热得要死。”当金边数月的情景浮现在脑际时，克拉拉·马尔罗做了这样的描述。亨利·多纳迪厄被迫离开河内时，也曾有这样的担忧，因为河内的气候比较有益健康，而金边的气候持续高温，初来乍到者可能受不了。金边的气温接近西贡，旱季（比较舒服）气温一般在 24 度左右，一到 4 月，气温就接近 30 度。金边的雨水虽然比西贡少，湿度没西贡那么大，《印度支那的法国人》一书的作者仍然用揶揄的笔调写道：“人们同样会因患热带病而死亡。”[36]

杜拉斯父亲在出发前就有气候方面的担忧，不幸被他言中了。柬埔寨的气候立马给他颜色看。1921 年冬天，他到金边履新才一年多就生了大病，不得不请假回国治病。下面是他写给常驻总督博杜安的信。

> 我的健康状况没有好转，反而在恶化。请您向遣返特别委员会反映我的情况，并准许我搭乘近期某趟邮船回国治病。我在服役 1 年零 4 个月又 7 天后，到明年 6 月 21 日，我在殖民地连续工作就将满 4 年了。身体状况允许，我就与您就我舍不得离开的工作交接事宜进行沟通。不过，作为 5 个孩子的父亲，我没权利长

时间地损害自己的健康[37]。

他在信末明确写道："我准备一个人走，夫人和孩子们就待在金边。"这是杜拉斯的父母商量后又一次共同作出的决定。这是一个具有实用意义的决定。《情人》的作者后来这样写道，当时是学期的中期，她母亲还是欣然同意随夫回国[38]。道理很简单，她万万没想过要放弃担任不足3个月的校长职务，因为此举既不是她的处事作风，又对她没好处。除此之外，肯定还有不愿意影响3个孩子学业的考虑。但话说回来，她没考虑假期到了后自己请假，主要是亨利·多纳迪厄不打算在法国待很久。我们了解到的情况都来自常驻总督给他回国申请的回信。常驻总督在信中告诉亨利·多纳迪厄，他已经责成有关人员给他预订了回国的船票。在1921年4月5日的信中，常驻总督博杜安也告诉亨利·多纳迪厄，已将他近期回国的事情通知了总督府公共教育局局长，并建议公共教育局局长让西索瓦中学校长临时接替他的工作，"因为您离岗时间短暂"[39]。这个理由首先是常驻总督在同一天给公共教育局局长的公文中提出的。常驻总督在公文中写道："多纳迪厄先生打算在法国就待几个月，请您考虑一下，是否让西索瓦中学校长方丹先生临时接替他的工作。"[40]这些理由都与玛丽·多纳迪厄要走的说法相抵触，可能还存在经济方面的原因。搬家产生额外开销（还不包括失去职务分配住房——"那套湄公河滨的高级住宅"的风险，将来回来了，住房是否还留着，现在还很难说），没有争取到回法国休假的"欧式薪饷"。所谓"欧式薪饷"，就是费用由个人和殖民地各承担一半。一个抚养5个孩子的家庭不可能不算这个账[41]。虽然总督府1921年8月10日发了文件，"给公务员家属和回国疗养人员报销路费"，但不管怎样，允许亨利·多纳迪厄1921年4月底离开河内回国疗养半年的文件规定，教育部门的领导是"只身旅行"[42]。1921年4月24日，亨利·多纳迪厄搭乘法国邮轮公司的"希利号"客轮踏上回国旅程。

他女儿把此次旅程看作是又一次放弃。她可以作这样的假设。她怎么想，是她的事情。要不怎么理解她作品里，还是日记里基本上没有确切描述有关父亲回国、离开金边和去世时亲人不在身边的只言片语。她再一次把注意力放在母亲的身上，放在母亲的经历上，放在母亲古怪的处事态度上。只有母亲才是她漫长创作的回忆童年文学作品中的核心人物，因为她的童年在未来女作家的无意识状态中逐渐在发生着变化。如果说父亲的形象以塔内朗的名义在《厚颜无耻的人》中低调出现，那么她1943年发表的第一部小说就只是一个微不足道的意象，很快就变成了一个完全微不足道的角色，去面对地位十分重要的妻子——书中的女主人公[43]——莫德和玛格丽特的母亲。坦率地说，小说《情人》是部自传体小说，成书于她41岁之后，提及父亲的情况时用笔格外节俭。作者以有意无意混淆视听的方式，竟然成功地简化了一些自己最后的情况的描写。如果自诩是读者的话，一定想弄清楚一个问题，是谁在寓所的院子里拍的最后那张照片。杜拉斯在书中是这样写的："也许是我父亲拍的，是他最后一次拍照也说不定。"接着，她在日期上稍做手脚以后，又写道："因健康原因，他本来过几个月要回国，回法国。在此之前，他的工作有调动，调到金边去任职。他在那里只待几个礼拜。后来不到1年，他就死了。"[44]这段简明扼要的描述如同鸣响的丧钟，顺便又穿插了一段回忆，交代了一下全家人重返柬埔寨首都金边团聚的情况。这些都是细枝末节，但最重要的是，母亲作为叙述画面中心人物的角色被取代了。这是多么美妙的画面呀！

她在富丽堂皇的王宫寓所里获悉了丈夫的死讯。"在接到电报之前，她已经知道父亲死了，前一天晚上已经见到征兆，只有她一个看到，只有她一个能听到，是一只飞鸟失去控制，深更半夜狂飞乱叫，飞到王宫北面的那间大办公室里消失不见了，那是我父亲曾经办公的地方。"这种睹物思人的委婉手法赋予母亲高贵的品性。接下来的插曲再次转移到了悲伤的场景上，这种场景更接近莎士比亚的戏剧和更接近爱伦·坡[45]的作品，而有别于达维德[46]和德拉克洛瓦[47]的风格。杜拉斯接着这样写道："在她丈夫去世几天之后，也是在深更半夜，我母亲又面对面看到了她的父亲，她自己的生身父亲。她点亮灯。他依然还在。他站在桌子的一侧，在王宫八角大厅里。他望着她。我记得我听到一声尖叫，一声呼唤。她把我们都吵醒了。她给我们讲了这个故事，讲他穿什么衣服，穿的是星期日穿的衣服，灰色的；又讲他是怎么站着的，还有他那眼神，怎样直勾勾地望着她。她说：'我叫他了，就像我小时候叫他那样。'她说：'我不害怕。'人影后来突然消失了，她连忙追了过去。两个人都死于飞鸟出现、人影显现的那个日期和时间。"[48]

1921年12月4日，亨利·多纳迪厄在帕尔达朗村去世，该村地处洛特-加龙省，距离杜拉斯居住的地方不远。他去世时刚50岁。亚历山大·勒格朗，玛丽·多纳迪厄的父亲次年12月13日逝世，享年74岁。他靠领年金过日子，一直居住在加莱海峡省的博尼埃市。他曾经偕妻子玛丽·德蒙离开过该市，后来又回来了。玛格丽特和她母亲以及两位兄长一直待在金边，没有再见过她的父亲，也没有再见过她的外祖父。

注　释

1. 海外档案中心。

工作鉴定表上填写的法国家庭住址是勒格朗－德蒙夫妇在博尼埃的住址，是弗雷旺（加莱海峡省）给添上的，勒格朗－德蒙夫妇是玛丽·多纳迪厄的父母。

2. 据亨利·多纳迪厄继任人1922年撰写的报告记载，安贝尔－埃斯（海外档案中心）学校是首所法柬学校，校址在金边，1869年开设。该校当初有学生一百多名，其中仅有8名柬籍学生。该校在柬埔寨的发展很慢，落后于印度支那联邦的其他国家，部分原因是因为校舍陈旧，是所谓的佛教学校，办学人是僧侣。富裕人家都按传统把儿子送到这所学校上学。法国势力存在之初，殖民当局认为要谨慎，不可破旧立新，基本上尊重传统的教育模式，避免重蹈交趾支那、安南和东京覆辙，只是尝试着慢慢控制这些佛教学校，1911年以后，开始聘用非僧侣教员，薪水由地方财政负担，视同僧侣的资助，以此方式“在民众当中传播现代知识”。

佛教学校一般都是村办学校。法国殖民当局试图逐步开办一些初小，校址就选在柬埔寨以前的省会城市。这些城市大多数都变成了“别墅城市”，或者在1864年殖民当局成立时辟为行政区域。法国殖民当局经常遇到来自基督教传教士与基督教普及公会（在金边根基特稳）以及社团的竞争。据一份1923年完成的关于柬埔寨私立教育的官方报告统计，传教士开办学校37所，宗教社团开办2所，圣童会开办1所，中国人开办13所，安南人开办1所。由此可见，欧洲家庭的孩子大多数就读于宗教社团开办的私立学校（男生65名，女生95名就读宗教社团学校，11名男生，74名女生就读宗主学校）。

3. 柬埔寨初级教育的领导权交给了吕西耶，他于1911年到1914年首任萨罗特殖民当局印度支那总督府教育委员会教育督察。任期内，他撰写了许多有关法国印度支那教育情况的报告。1914年，吕西耶应征入伍，1918年在奥塞尔战斗中负伤不治身亡。

4. 实际上，杜拉斯的父亲赴任金边时，柬埔寨儿童的入学率与人口相比特别低。据1921年的普查结果（海外档案中心），居民总数为240余万，只有56.1万人会认会写一点高棉语。全国有文盲184万人，其中100

余万是妇女。尽管王室 1911 年（法国人授意）颁布诏令规定：“从今往后，王国内所有佛教学校要教授高棉语；孩子年满 8 岁，家长必须送其就读佛教学校。”但入学率依然不高。1922 年，实际接受这种教育的人口只有 7%，无论如何都与殖民政府当局所开设学校的规模不相称。当年不足 3000 名（男生 2489 名，女生 466 名）学生进入这些学校就读，而首都的学龄儿童有上千名。同一时期，2.22 万男生和 1352 名女生在这些私立职业学校或其他类型的学校学习，其中大多数是中国学生和安南学生。总之，尽管殖民当局做了不懈的努力，但“当地化的法国”教育进展十分缓慢。安贝尔－埃斯在 1922 年的报告中对此现状感到很遗憾。安贝尔－埃斯指出：“柬埔寨人主动送孩子上佛教学校，不让孩子将来进入法柬学校接受教育。交趾支那学生到了能够接受高级教育年龄时，柬埔寨的学生才入学法语学校。”安贝尔－埃斯认为：“他们抵触接受我们的文化，这并不奇怪。”1916 年，吕西耶在类似的报告中的分析更为透彻：“我们奢望通过僧侣普及欧式教育基本上与佛教信仰不协调，有时候甚至与他们的形而上学原则相对立。”吕西耶得出的结论是：“自然而然，这些教徒努力保护他们的特权，尤其是要保护他们的影响，根本就不会成为在某种意义上有损他们权威的主要代言人。”（海外档案中心）

安贝尔－埃斯自己也承认，僧侣在柬埔寨社会里发挥着重要的作用。他在报告中这样写道：“佛教是家庭的延续。”“一个柬埔寨男孩在寺庙待上 5 年，接受了足够的宗教和道德教育，并深刻了解其种族知识。除了能轻松满足其现实需要的教育外，这个男孩还要接受正规的祖训教育、传统思想教育和为人处事教育。出寺的时候，要略识柬埔寨文学，熟知美妙的传说，能做推车、犁杖，会编藤筐，甚至会使用一种乐器，在兄弟的心目中，他被视为是真正的高棉人。僧侣们确实传授给了他珍贵的知识，在实践实用与美观的过程中，能让他受用终生。”

此后，要做的事情，就是如何让现状与安贝尔－埃斯的坚定信念相协调。按照这个信念，教授法语的目的，首先是培养有利于开展合作的精英和助手，帮助人们振兴民族道德文化，提高其自尊心和幸福感，使其有能力用自己的智慧，通过不懈的劳动让国家走富裕繁荣的道路。这样做既完全保留了她自己的特性，又使当地人逐渐对西方有初步的了解。报告的作者坚信绝大多数人的习惯想法：“只要深入思考一下，人们会发现，我们的教育事业必须有个支点，那就是要完全了解在法国无私和英明保护之下的人民的心态。”

我们永远无法知道亨利·多纳迪厄对这个问题的见解，因为他没有留下任何文字材料。不过我们完全有理由相信，他的观点和同事们的观点没有本质上的差异。

5. 根据安贝尔－埃斯 1922 年撰写的报告，西索瓦中学成立于 1893 年，并“得到了诺罗敦和西索瓦陛下的鼎力支持，为了感谢他们，学校建成后就命名为西索瓦中学”。他们的支持主要是给宗主国在柬埔寨土地上修建男子和女子初小提供必要的土地。这些土地是国王的财产。这份报告在撰写的时候，学校原来的规模为 188 人，早已不能适应社会需求。因此考虑建新校舍（准备 30 年建成，增建西索瓦中学，然后逐渐扩大教学范围，最终实施高中教育）。为了接纳多余的学生，数年前又开办了一所附中，叫弗朗西斯－加尼耶中学。1923 年，该中学接收 535 名男生，都是柬埔寨人和安南人。

6. 海外档案中心。

玛丽·多纳迪厄的聘用文件是 1921 年 1 月 19 日签发的。文件明确规定，玛丽·多纳迪厄 1 月 20 日正式在柬埔寨供职。

7. 诺罗敦中学成立之初只对宗主国公务员的女孩子开放。据 1907 年到 1908 年的报告（方丹报告，海外档案中心）记载：“当地的法国学校接收女生的工作在印度支那还未有组织地展开。于是殖民当局就优先解决了男孩子的就学问题。”1922 年的安贝尔－埃斯报告明确指出：“女孩子（当地女孩子）的就学问题只列入了 1911 年的计划。1911 年 10 月 1 日，殖民当局在诺罗敦中学（法国女子学校）开了一个安南班和一个柬埔寨班。1919 年 1 月 19 日，殖民当局允许诺罗敦中学接收法语好的当地女生。”保罗－贝尔路中学只招收柬埔寨和安南的女学生。

8. 1922 年的夫妇财产申报表显示，其收入来自大佛区的房屋出租。

9. 柬埔寨首都的人口在 20 世纪 30 年代末将达到 10 万人（1939 年的普查结果是 10.8 万人）。

湄公河三角洲真正始于略下一点的地方，重要的一个支流是巴萨克，流经金边城南后脱离主流，流入南中国海。

洞里萨河在金边与湄公河汇合，将夏季湄公河上游汛期的丰沛河水倒灌入靠北的洞里萨湖，这种河水倒灌现象十分罕见。湄公河枯水期，湖内鱼类很多，为沿岸居民提供了丰富的水产珍馐。

10. “金边在法国人到来之前就已经存在，那时候金边是个内河港，建都时代有好几个，据推测，金边 1372 年成为柬埔寨首都，三十多年之后成了废都，但仍然保持着国际性港口的地位，吞吐来自中国、马来、日本、荷兰和葡萄牙的货物。17 世纪，金边是商城，又是东南亚重要的国际贸易港口，接待的远洋船只来自马来和巴塔维亚（雅加达）。从此以后，就有基督教社团在金边落地生根。”（《金边，城市发展与文化遗产》，巴黎城市规划研究院，巴黎，1977 年）

11. 金边距离西贡的陆路距离是 240 公里，通过湄公河上的定期航班与湄公河口的交趾支那首都保持联系。两市之间的航程约 3 天。往返西贡 - 金边，中途停靠永隆和朱笃的是法国航运公司。当时两市之间还不通铁路。但 1929 年出版的《法国殖民地图（利奥泰元帅作序）》已经标出了数年前修建了一条可通行汽车的道路，尽管 20 世纪 20 年代初小汽车还相对比较罕见。据 1925 年的报告（海外档案中心）记载，那年竟然有“4 家轿车公司在同步开业”，其中就有巴吕泰康邦公司的高棉大车行。高棉大车行的经营范围是汽车公交。常驻总督博杜安将部分邮政递送业务交给高棉大车行办理，给其竞争对手造成了巨大的损失。

12. 金边的确切渊源弄不清楚，但有一个流传广泛的民间版本。据传 1327 年，有一个妇女，姓奔，很有钱，在首都河岸不远处修了幢房子，靠近一座锥形山丘。一天，河水暴涨，在一个被洪水冲走的树洞里，她发现了 4 尊铜佛像、1 尊石佛像（1 尊神像），就立即将佛像迎到家中供奉，然后同邻居一道，把锥形山丘加高，改造成山冈，在山冈上建了佛寺，将佛像供奉在里面，把那尊神像供奉在山冈底下。“4 尊佛像和 1 尊神像显灵偿愿。”（据格代法国远东学校公报，《金边，城市发展与文化遗产》一书中被引用）

13. 梅耶尔，《印度支那的法国人：1860—1914》，同前。

14. 考虑到邻国对柬埔寨垂涎三尺这一事实，柬埔寨面临被灭绝的威胁。1863 年，诺罗敦一世和德拉格雷将军签署协议，将柬埔寨王国置于法兰西皇帝的保护之下，交换条件是法国享有通商和其他特权。过了 3 年，在“交趾支那总督代表”德拉格雷的施压下，诺罗敦一世同意将首都从吴哥迁到金边。布兰科和埃特罗 - 鲍狄埃认为：“1864 年的迁都过程表明了国王控制国家的昭然若揭的意愿。”在柬埔寨，建城迁都是“国王权限范围内的事情”，“城区居民区的划分，功能的确定似乎找不到渊源。可见不是殖民当局的决定，而是柬埔寨国王想控制更多的地盘和更多的居民，监控他们的行动和他们的收入。”（《金边，城市发展与文化遗产》）

15. 同前。

16. “在殖民统治的头两个 10 年（1863—1884）里，1863 年的协议对柬埔寨的法国人身份的规定不明确。法国的存在在 1884 年 6 月 17 日签的条约里就彻底变样了。该条约规定，法国对柬埔寨王国的管理、财政、经济、治安和司法享有全权。”（梅耶尔，《印度支那的法国人》，同前）。

17.《金边，城市发展与文化遗产》，同前。

18.《印度支那的法国人》，同前。

19.《金边，城市发展与文化遗产》，同前。

20. 始建于这一时期的建筑物有银佛塔，还有一幢稀奇古怪的房子“铁亭”。铁亭起初建在塞得港，是1869年苏伊士运河竣工时为皇后欧仁妮建的。皇帝可能后来把它赠送给了这国王。这是现在的导游在游客参观古建筑、包括王国周围和内部告诉游客的。

21.《情人》，同前，41页。

22. 后来被拆除，建了一座规模更宏伟的大楼。

23. 这张照片就是杜拉斯时隔62年后于1984年创作《情人》时放在案头的照片。

24. 杜拉斯在小说《情人》中提及母亲时，这样来描述她们在金边的住所：“夜里，那住所让我们害怕。我们四个人睡在同一张床上。夜里，她说她害怕。（该段已引用过，见前文）”作者果真把这个片断安排在了父亲回法国之后。

25. 1922年的安贝尔－埃斯报告，海外档案中心。

26. 1935年建立的多纳迪厄夫人工作档案，海外档案中心。

27. 指古里，在法国约为4公里。——译注

28. 未发表的回忆录，由家人交给了作者。

29. 克拉拉·马尔罗，《我们的20年，我们的脚步声Ⅱ》，格拉塞出版社，1966年。

30. 法国作曲家（1845—1924）。——译注

31. 法国作曲家（1848—1933）。——译注

32. 法国作曲家（1875—1947）。——译注

33. 亨利·多纳迪厄的档案里只字未提他会高棉语和越南语。20世纪初期，当局曾倡议教育部门公务员学习当地语言。但这个倡议遭到了印度支那校长的反对，未能贯彻下去。

34. 洞里萨河水倒灌现象已经进入高棉神话。据说水流方向从北向南发生改变时，水神在夏季季风季节完成了滋润山川田野的使命，开始打道回府了。

35.《我们的20年》，同前。

36. 梅耶尔，同前。

37. 这后一句与他弟弟罗歇·多纳迪厄在1909年的一封信末写的一句

相呼应。那封信是写给科长的，那句话是这样说的："我随时准备去体检，如果因健康原因不允许我在殖民地工作，即使罚款，也得缩短任期。"（海外档案中心）

38. 在《情人》41 页，杜拉斯写道："我母亲坚决不同意和他回国，就在那里留下来了，她就留在那里没有走。"

39. 海外档案中心。

40. 同上。

41. 亨利·多纳迪厄当时在金边的年薪是 2.7 万法郎。玛丽·多纳迪厄的年薪是 9000 法郎，从 1921 年 10 月 27 日起，涨到了 1 万法郎。（海外档案中心）

42. 4 月 12 日，亨利·多纳迪厄去了趟金边的健康委员会，4 月 16 日，常驻总督批示给他为期 6 个月的疗养假，并享受"欧洲全新待遇"，即按年基本薪金的 1.35 万法郎计算工资。当天批示，当天就得到了财经监督委员会的批准。（海外档案中心）

43. 细心的读者起码在收集到接近现实的信息后，就能知道"塔内朗以前从事自然科学教育工作"。女作家却将他的工作单位安排在奥克中学。

《厚颜无耻的人》，布隆出版社，巴黎，1943 年；1992 年由伽利玛出版社收入"福利奥丛书"重版。

44. 《情人》，同前，41 ~ 42 页。

45. 美国作家，文学评论家（1809—1849）。——译注

46. 法国画家（1748—1825）。——译注

47. 法国画家（1789—1863）。——译注

48. 《情人》，同前。

第七章
弥留时日

经过24天的航行，“希利号”即将抵达伊夫堡。1921年5月23日，杜拉斯的父亲下船上岸，在马赛殖民事务局提供的登陆卡上用紫色水笔签了名[1]。这可能是他签名的最后一张登陆卡。办了登陆手续就可以在国内休假期间领取“欧式薪饷”。该薪饷的年数额高达1.35万法郎，而且可以直接给付。关于薪饷领取的问题，亨利·多纳迪厄明确说明，他不托人代劳。这就是说，他认为没必要委托妻子代领，尽管丈夫长时间外出由妻子代其领饷的做法很普遍。这进一步说明，他不打算在法国停留很久，不会超过预计的6个月。看了他休假期间在法国的住址，我们还发现，那个住址是他岳父的住址，因为他们住在加莱海峡省。自从亨利·多纳迪厄4年前远赴印度支那，老两口就再没见过新女婿的面。可是，在亨利·多纳迪厄的档案里，没有任何文字记载他在休假期间去博尼埃看望过勒格朗夫妇。

他似乎先去马尔芒看他和前妻艾丽斯·里维埃的孩子让和雅克——那是两个男孩，他们那时住在马尔芒——还看望了孩子的外婆弗朗索瓦丝·泰里耶。她两次结婚、两次守寡，再婚丈夫佩莱也已过世。弗朗索瓦丝在博特有住房，说是住房，实际上是处简陋的农舍，在马尔芒北部，距离杜拉斯家有二十来公里路。据让·多纳迪厄的女儿讲，二战前[2]，每逢假期，全家人到这里来聚会。附近还有让和雅克的姨妈让娜·里维埃、舅舅乔治（又名让）·里维埃。乔治·里维埃在阿勒曼－迪德罗经营医药，开了个小药店，在迪拉斯以东十来公里处。他妻子瓦卢瓦生在杜拉斯镇，现在当教师。亨利·多纳迪厄似乎在这个家庭里找到了归宿。

他从金边归来时，他的长子即将22岁了[3]，刚和马尔芒的一个女孩确定了恋爱关系。女孩叫克莱芒丝·普雅尔迪厄，今年18岁，长得很清秀，高挑个子，棕色头发。女孩的父亲莱热·普雅尔迪厄（人们叫他雅克）是个汽车迷，酷爱机械。1910年前后拍了张照，人长得很帅气，驾着自己制造的汽车带着妻女兜风。成家以后，他就鼓动让·多纳迪厄做机械师，后来和女婿合伙经营他在马尔芒开的车行，车行就在去波尔多的大路上。车行名号叫普雅尔迪厄－多纳迪厄，在当地小有名气，数年以后又把杜拉斯的同父异母哥哥拉过来做雪铁龙牌汽车当地特约经销商，是西南地区数一数二的汽车代理人。

孚日疗养

8月中旬，经健康高级委员会的推荐，殖民地部给正在休疗养假的柬埔寨教育局长亨利·多纳迪厄寄去外出疗养路条，同意他去普隆比埃去疗养。批文上的日期是8月19日[4]，但路条没寄到他手里。尽管如此，10月末他仍然可以申请（取得）报销从马尔芒到普隆比埃的往返旅费，而无需出具外出疗养路条。这种管理办法，行政部门的人赞成反对意见参半。

他有可能没等拿到路条就走了，因为他到孚日温泉疗养院是那年夏天，是有据可查的。他在那里一直待到9月份。

普隆比埃浴场是埃皮纳尔区的优秀浴场，场内飘扬着拿破仑三世[5]的旗帜画像，据《小拉鲁斯词典》上说，普隆比埃浴场人人皆知的不是别的，就是它的“砷硫酸钠矿泉水”。这些矿物质永远不会出现严重匮乏，亨利·多纳迪厄虽然接受“全方位治疗”[6]，但不会因此受到影响。亨利·多纳迪厄对远离柬埔寨回国疗养的时间和与家人分离的时间当时有种种想法，但当主治大夫在他疗养期间，对他进行跟踪治疗后，1921年9月23日作出诊断结果以后，他的想法就没有了。这个大夫叫弗鲁萨尔，他出具的诊断证明是这样写的：“亨利·多纳迪厄先生感染了由印度支那痢疾引起的慢性黏膜小肠结肠炎。该顽疾导致其消瘦，浑身乏力，造成整体健康状况不佳，并伴随肝脏一侧突发性充血。”[7]结论很清楚，患者目前不能重返工作岗位，似乎身心俱疲。大夫的意见是：“必须长期休养，在尽可能优越的气候环境里接受全面的调理。1922年，必须再次疗养数月，身心休息必不可少。特出具此证明，供其所在部门领导参考。”[8]大夫签名当天就在普隆比埃市政府做了认证。

10月，杜拉斯的父亲返回马尔芒，暂住卡佐路[9]的一间屋子里，距离市立医院咫尺之遥。接近4月底的时候，他去阿让军医医院做例行体检[10]，目的无疑是想让治疗常态化，延长即将到期的疗养假。他当时是否意识到病情严重？是否感到来日无多？没有什么可以肯定这一点，因为他还作出了数项计划，准备购置一处十多公顷的田产，地点就选在小镇阿勒曼-迪德罗附近。让·里维埃，他的前内弟在这个小镇上经营着一家药店。10月24日，在内弟的家里，他偕律师签了购买普拉提耶田产的合同[11]。退休了，他想来这里居住吗？辞世前打算继续以这种方式来“投资他的储蓄”吗？还是想购置数处肥沃的田地作为遗产留给孩子们？让人感到遗憾的是，所有这些问题可能依然找不到答案，只有找到一些看得见的确凿物证才能弄清楚他的意图。

最后合同

看了亨利·多纳迪厄去世前6周购地合同的公证书，才比较详细地了解到这最后一份购地合同的特点，并顺藤摸瓜地去揣摩他的后顾之忧可能是什么。地产的地理位置描述很准确，地处帕尔达朗镇，杜拉斯以东十多公里处。我们知道这份地产包括“主人住房、客人住房[12]、谷物仓、贮酒库、洗浴室、牲畜棚、库房、禽舍以及其他附属建筑——菜园、花园、耕地、草地、葡萄园、树林子，还有其他自然产物。这一切，包括房屋用地，占地15公顷65公亩30平方米。”还有，该田产正在进行全面开发，除此之外，还有一些“附着物：1. 耕牛30头（买主任选）。2. 两辆牛车和3部铁犁，其中1部是葡萄园松土犁。还有1辆双轮载重车、1辆碎土机、1把锄头、1部喷雾器、1部大梯子、1个畜用锅炉、1部砂轮刃具齐全的草禾收割机、1个碌碡及其配件、3件完整的牛轭、1架硫酸铜喷雾器、1部水泥压榨机、1条酿酒槽、1辆翻斗车、150多米围栏、1台鼓风机、两口葡萄清洗池和两个葡萄装运桶。”另外还有“当年收割储藏的干草禾麦草，部分已经粉碎，可做牲畜饲料，并有各种普拉提耶良种”。[13]

和孔博夫妇签的有关帕尔达朗[14]“田产”合同的用词上包含许多条件和义务的字眼，新买主必须接受和履行这些条件与义务。首先，我们看到这样的文字：“他将买下现况房屋，但卖主不对其状况是否良好作出保证；亨利·多纳迪厄承认确实看过这些房屋……这说明所有的房屋，以及普拉提耶田产的附属物，包括已开发的楼宇，统统裸空出售，包括楼宇里用钉子钉上，或者与永久住宅连在一起的全部物产。”由此可见，杜拉斯的父亲做了财主以后，必须全部或部分配备家具；其次，“他将自明年（1922年）1月1日起交纳楼宇买卖以及买卖可能产生的税金。”在应交纳的税金中，“自即日起，他将替孔博夫妇继续交纳为期一个月的火灾保险，保费交到拉贝耶保险公司马尔芒分公司，并将履行该保单规定的义务，直至

10 年期满结束。”1928 年我们才知道，该保单是 1918 年认购的。不仅如此，合同还明确规定，亨利·多纳迪厄“必须遵守和继续”执行同耕种田产土地的农户签订的契约，必须就田产里尚未成熟的庄稼及其他经管问题继续和农户沟通（我们在杜拉斯的第一部小说《厚颜无耻的人》的人物中将再次看到那个农户及其家人）；最后，该条款似乎还载明，新主人打算在本地区再暂住一段时间，有可能在下次休假时带上妻儿（据我们了解，诺罗敦学校的校长也有疗养假）。女卖主孔博夫人“明确保留他们夫妇自己以及家人入住普拉提耶主人房屋的权利，从即日起，期限为 6 个月。”也就是说，从 10 月 24 日买卖文件签署之日开始[15]。鉴于这种情况，杜拉斯的父亲来年开春前就甭奢望住进新宅……

我们先来谈谈这所新宅的价格，然后再说以后发生的事情。我们还是从合同上知道了详细情况。亨利·多纳迪厄为购买这份田产可能花了 7 万法郎，相当他两年半以上的殖民地薪金（2.7 万法郎）。这笔钱，他支付的是现金，4.97 万法郎“用的是国库券，1921 年发行，期限两年，无记名。经买卖双方 10 月 22 日协商，按商定的价值，卖方将国库券当作现金收下”，1.9794 万法郎用的是两张面值各为 1 万法郎的国防债券，“1921 年 1 月 8 日发行”，剩余的 506 法郎用的是“法兰西银行的钞票”[16]。此外，该文件证明，在“确定出售价格”过程中，双方商定，主人住宅不会立即腾出来。出售合同在马尔芒财产抵押处备了案以后，过了几个礼拜，亨利·多纳迪厄的病情明显在此时恶化了。出售合同上的备案日期是 1921 年 12 月 5 日，而杜拉斯的父亲在前一天就去世了，那天是个礼拜天，他去世时快中午 12 点半了。

翌日，市府帮办和村上的教师负责办理了法定死亡证。这个细节很有意思，帕尔达朗市政府出具的死亡证上说，亨利·多纳迪厄死于“帕尔达朗的家中”[17]。孔博夫妇似乎在预定时间前腾出了地方，以便亨利·多纳迪厄死后能尽快停放在自己的新家中。让·多纳迪厄也从马尔芒赶了过来，给在金边的继母去电报（即杜拉斯在《情人》中提到的那封电报）报丧。玛丽·多纳迪厄显然不可能考虑立即启程回国，因为当时法国和印度支那之间还没有航线，她就是回国，也不可能马上就到。这样一来，操办丧事的重担就落在了她继子的身上，外祖母和里维埃舅舅从旁协助。12 月 6 日葬礼在莱维尼亚克举行。在那个村上，亨利·艾米尔·多纳迪厄认识了他的第一位妻子。他们决定要将杜拉斯的父亲安葬在里维埃家族的墓穴里，太让（不少）人感到意外了吧？难道一定要把亨利·多纳迪厄疏远第二个家庭[18]的事情张扬出去吗？没有一份文件，没有任何证据能让我们作这样最不切合实际的诠释。人们可能忘记了，故人肯定来不及在帕尔达朗、杜拉斯镇，或者新城购买坟地。假如果真如此，难道他有死亡的紧迫感不成？更让人惊讶的是，就在这个12月6日，阿勒曼－迪德罗的圣厄特罗普教堂在穆斯捷的教区教堂为一个男子举行圣事。二十多年前，他认为最好不要给头两个孩子做洗礼[19]。也许是受了第二任妻子的正面影响，他又恢复了对天主教的信念。但不管怎样，“响应上帝召唤”的教友的名字已经由阿让教区教长登入艾米尔·多纳迪厄名册之下保存，墓碑上的名字也是艾米尔，名字下面是句笼统的碑文：“交趾支那教育局长”。亨利·多纳迪厄虽然是一位工作认真细致的官员，但碑文刻上大理石墓碑后，永远没机会纠正这个差错了。现在，莱维尼亚克－德－居耶内小墓园里，只有一棵孤零零的柏树，一个石质十字架，一个陶瓷玫瑰花圈依然守护着他的坟茔。

死亡之谜？

除了普拉提耶屋里的陈设之外，1921年10月和12月初到底发生了什么？猝死可能是个谜，要不死讯怎么流传得那么快[20]？经过认真查阅现有档案才解开了这个谜团。这事情一开始很可能是行政部门的人节外生枝。让我们追根溯源，还原事情的原貌吧。一份来自印度支那总督府的文件显示，亨利·多纳迪厄在阿让军医医院的医生给他做完体检以后，去了波尔多，又到当地一家民间医院去看病，接诊大夫是卡尔乐教授[21]。经过多次催要，院方将患者的体检证明副本通过殖民事务部转给河内殖民政府，以便确定死亡原因，补充其遗孀领取抚恤金材料。罗歇·多纳迪厄给殖民事务部的一封信证实了亨利·多纳迪厄去教授卡尔乐那里体检的时间大约是10月中旬[22]。罗歇·多纳迪厄在信中明确指出，体检之后，他兄弟来到帕尔达朗他的家，“卧床不起，直至生命结束”，“没有看过任何医生”。由此可见，他是拒医病死的，就这一步，部级领导们没能跨过去。但是，殖民政府照例抓住细枝末节问题不放，三番五次要求家人出具正式证明，准确无误地证明死者是在任职期间患病而导致其死亡的。享受死亡抚恤金必须要有这样的手续。在突如其来的噩耗的打击下，无论是让·多纳迪厄，还是他开药店的舅舅，谁都没想到亲人去世后一定要办这样的手续。后来数年里，罗歇·多纳迪厄就此事和当局有过许多信函往来。罗歇·多纳迪厄负责交涉此事，也可能这事情让他想起了自己办理伤残退休时同交趾支那地籍管理局发生的纠纷。1927年1月，罗歇·多纳迪厄去波尔多做了最后的努力以后，给殖民事务部写了这样一封信："卡尔乐教授没给我出具死亡原因证明。不过依然可以肯定的是，印中健康委员会检查病情后让我哥哥去疗养的，卡尔乐教授在我哥哥去世前不久已经发现病情加重了。以我之见，有充足的理由可以推定，我哥哥死于不治之症，病症大夫早就发现了。"[23]当局依然不肯完全承认。

如果以人事部1927年12月30日给殖民事务部发文件来判断，说明人事部最终拿到了符合要求的证明[24]。人事部的这个文件也发给了印度支那总督府，因为只有总督府能够支付抚恤金。是谁同意建立这个资料的？我们可能永远不得而知，因为资料里没有提及。然而，在亨利·多纳迪厄去世6年以后，他的遗孀最终被承认可以继承其残疾抚恤金。死亡之谜告一段落。

多事之秋

丧事料理完不久，让·多纳迪厄给巴黎殖民地部去信，告知父亲去世了。信很短，字迹很工整，信笺不大，黑色边框，是当时家里发生丧事后报丧的通用信笺。信中的语气很坚定："我母亲以及我的弟弟、妹妹还在金边（他们打算回头再详谈）。鉴于这种情况，请你们采取必要的措施。"为了人家不误解他所谓的"措施"，他补充了一句："我已经电报告知我母亲所发生的事情。"[25]

12月6日，常驻总督博杜安在金边收到了代理教育局长办公室的文件[26]，知道了发生的事情。让·多纳迪厄的信还有一个目的，就是亲自把噩耗告诉殖民地部。在对折的信件左侧，确实写着这样的字样"办公室主任先生，或者任何收到此信的人"，并对他们说："烦请您将此噩耗转告萨罗特先生（原信如此），他认识家父，可以在这个时候给身在殖民地的家母帮点忙。"12月14日，信转到了部长办公室主任的案头。信上有两个批示，一个用红铅笔批了两个字"知悉"，另一个用黑铅笔做的批示是："简报萨罗特先生。"简报会让前总督感到心里五味杂陈吗？他抛弃了老部下，亲自选调他人来河内接替老部下的工作，使老部下落到如此悲惨的下场，他会自责吗？

基本上可以肯定，调柬埔寨工作缩短了亨利·多纳迪厄的寿命。但是，第三共和国的部长们心里无疑还有其他考虑。

马赛殖民事务局在春天曾经接待过疗养人，也在12月12日给殖民事务部去电报，通报疗养人死亡的消息。部门不同，官员的态度也不同。不知道是哪个好心人，在电报下方批了这么几个字："请通知杜拉斯政府和市长。"结果好心办了坏事，电报在葬礼之后一个多礼拜才寄到有关部门，电报内容是：**"请委婉地告诉家住帕尔达朗普拉提耶庄园的多纳迪厄先生，他在印度支那任教的父亲已亡故。"**[27]就是库特利纳遇到这种事情，都不会这么做。12 月 13 日，新任印度支那总督莫里斯·朗途经西贡，亲自过问此事，并给殖民地部去电报，"以半官方方式"求证"在马尔芒地休假的代课老师亨利·多纳迪厄"的死讯。12 月 17 日，殖民地部回电，死讯属实。可是，西贡公共教育局局长在两天前的 12 月 9 日就知道了这个消息，就给总督博杜安去电，并通过博杜安，转达他对多纳迪厄夫人，以及失去领导的教师们的慰问[28]。

金边伤逝

伤感笼罩着柬埔寨首都。总督府办公室主任肯定是奉博杜安之命，给当地媒体写了 3 份大同小异的新闻公报[29]。这些新闻公报不仅是亨利·多纳迪厄在金边工作过的珍贵证据，而且也反映了亨利·多纳迪厄周围同事对亨利·多纳迪厄的评价。这些新闻公报值得引用，尽管由于事件的需要，必须采用讣告的语气和语调对外发布。

给《西贡邮报》的公报："法国来电传来噩耗，特级班主任、柬埔寨教育局局长、老战士联谊会会长多纳迪厄先生不幸逝世。多纳迪厄先生来柬任职时间不长，却以其高度的职业责任心，热情和蔼的待人方式赢得了大家的好感。虽然因生病被迫休假，但他打算不久就回到我们中间，所以将家人留在了金边。我们向多纳迪厄夫人及其子女们，向教育局人事处以及老战士联谊会的各位会员表示诚挚的慰问。"

给《舆论报》的公报："当我们期盼多纳迪厄返回殖民地工作之时，才刚刚获悉其辞世的消息。多纳迪厄不仅是老战士联谊会会长，而且还是金边名人，受到大家的尊重和爱戴。我们深信我们能够代表全体人民，恳请多纳迪厄夫人及其家人接受我们的深切慰问。"

给《帝国报》的公报内容略有变化："我们在金边惊悉多纳迪厄先生逝世的消息。多纳迪厄先生曾任教育局局长、老战士联谊会会长。他善于以其彬彬有礼的待人接物方式赢得人心。"

这不仅满足了诺罗敦中学校长夫人的自豪感，而且还稍稍缓解了她可以理解的不安。她女儿是如何体验这失去亲人的痛苦滋味呢？杜拉斯在功成名就以后不慎吐露了真相。我们尽量不刻意通过她的作品来考证这一点，因为我们知道（我多次见证过）她不相信心理诠释，尽管心理诠释能让她感到高兴，却不能永远让她信服。20世纪80年代[30]，《弗洛伊德研究》记者采访她时，她说："父亲去世时，我比较小。我没感到丝毫痛苦，也没感到丝毫难受，没痛哭流涕，没任何问题。他出游时死了。过了几年，我失去我的爱犬。我当时很是难受。我第一次这么难受。"我们不难发现作者说话时的口吻很硬，既有分寸，又有点吹牛。没想到她说的话竟然符合事实。好多年之后，这又变成了另一回事儿。在作者的小说《情人》里，记忆没有欺骗性，却具有选择性。父亲出门在外，印象模糊了，但依然还在，却始终是片刻即逝的印象，有可能是有预兆性的印象。1988年，她做了一个系列电视节目。她表达上有些困难，稍停片刻，再接着往下讲，思路衔接就不顺畅，条理不够清晰。女记者在摄像机前问她："您是否还记得您小时候看到的第一个景物？是在什么地方看到的？"杜拉斯说："记得。但只在我心里有意思。它平淡无奇，它是……怎么说……是有助记忆的……我把它还保留着。我保留过这东西，是想知道有湖泊……是不想忘记火车站在房子的左面。有一天，有个葬礼，我父亲就被我带去了。主人，客人，鲜花，棺椁，统统都是火车运来的……我从来不知道是怎么回事儿。这又是一个标记，一个固定不变的记忆……我父亲拽着我的手。"[31]

注 释

1. 海外档案中心。

2. 德凯拉克采访录，2001年5月24日。

3. 让·多纳迪厄生于1899年6月4日。

4. 海外档案中心。

5. 1858年，卡武尔在普隆比埃会晤拿破仑三世，商谈结盟事宜。此次结盟谈判对在不久的将来实行意大利统一至关重要。

6. 海外档案中心。

7. 他的肝脏情况似乎因喝饮料而恶化。据杜拉斯说，他父亲酗酒。杜拉斯后来在谈话录（现代出版档案馆，有关《物质生活》的资料）中说："我母亲告诉我，我父亲酗酒，像所有在殖民地工作的人一样，不是喝佩里耶，就是饮佩尔诺。"

8. 同上。

9. 据洛特－加龙省档案馆收藏的一份公证资料副本。

10. 此次体检的确切日期缺漏。他的档案里没有军医体检证明。但是，一份1926年12月18日由印度支那总督呈交巴黎殖民地部的文件显示，这份体检证明确实送到了河内。（海外档案中心）

11. 洛特－加龙省档案馆。

12. 该词指租地上的农舍，里面住的是“以实物交纳房租的某块租地的耕种者”（《小罗贝尔词典》的定义）。就普拉提耶田产而言，农夫或者佃农按照销售合同，要签“一份收成平分契约”。

13. 洛特－加龙省档案馆。

14. 据马尔芒财产抵押局档案记载，孔博及其妻子范妮本来可能就不是务农的。他们1898年7月在塞纳省阿尔福维尔登记结婚。

15. 洛特－加龙省档案馆。

16. 同上。

17. 帕尔达朗市档案馆。

18. 在杜拉斯的自传里，阿德莱暗示，亨利·多纳迪厄不想见妻子，并表示（没有证据）他曾有遗愿，“要求死后和第一位妻子安葬在一个墓地”。一方面，1909年，亨利·多纳迪厄的第一位妻子去世，亨利·多纳迪厄将她安葬在西贡的欧洲墓园。里维埃家的其余人的尸骨也不曾运回法国。另一方面，记载他继任者的档案显示，杜拉斯的父亲并没留下什么“遗愿”。他被安葬在里维埃家族墓园，紧挨着他第一位妻子的妹妹艾米丽，她于1904年病故，时年22岁。他的近旁是其岳母的第二任丈夫佩莱，于两年后逝世。

19. 和让·多纳迪厄女儿的谈话录，2001年5月24日。

20. 在同一部著作里，阿德莱指出：“死亡很蹊跷，5年过去了，印度支那总督府依然怀疑，亨利·多纳迪厄是活着还是死了。”可惜，这样来解释事实、歪曲事实是异想天开……

21. 海外档案中心。

22. 罗歇·多纳迪厄在给海外档案中心的信中说，他哥哥去世前一个半月，曾去波尔多找卡尔乐教授看病。

23. 1927年1月31日罗歇·多纳迪厄写的信，海外档案中心。

24. 海外档案中心。

25. 同上。

26. 同上。通知上明确写着：“已将此噩耗电告诺罗敦中学校长多纳迪厄夫人。”

27. 海外档案中心。

28. 同上。

29. 同上。

30. 寄语佩拉尔迪：《弗洛伊德研究》，1984 年第 23 期，被布洛－拉巴雷尔引用在《玛格丽特·杜拉斯——近代人》，瑟伊出版社，1992 年。

31. 现代出版档案馆。《书页之外》，佩罗对话录，法国电视一台，1988 年。

第八章
双河家园

我父亲去世前买下双河口的一幢房子。这是我们家唯一的财产。

——玛格丽特·杜拉斯《情人》[1]

1922年初夏，学校课程结束了，试也考完了，诺罗敦中学校长夫人终于可以静下心来作回法国的准备了。为了暂时离开柬埔寨，又不影响自己的职业前途，自己和家小还能享受去法国的免费船票，杜拉斯的母亲首先想到要向宗主中学领导请假。这是她的当务之急。我们查阅6月12日[2]总督府签发的文件得知，“在印度支那连续待够5年零10天”，就可以享受10个月的行政休假。她的休假申请获准了，可以“回弗雷旺（加莱海峡）了”。弗雷旺是个小城市，勒格朗家就住在弗雷旺附近。此次休假属于“欧式带薪”假期，休假期间每月可以领到约420法郎的薪水，还有家庭补助[3]。说起来这肯定不多，但是她的火车票（头等票）也能报销。由此可见，她“旅行时带了3个孩子，年龄分别是12岁、10岁和8岁”。一切都在按部就班地进行。她此次是突然回国，事先肯定有条件，到了法国以后，殖民事务管理局保留随时知道休假人在法国休假期间住址的权利。因此，总督府的批文上明确规定：“多纳迪厄夫人在回到弗雷旺休假期间，可以在马尔芒逗留3个月。”这段时间里，她肯定要在洛特－加龙的田产和马尔芒之间来回穿梭，因为亡夫购置田产时她不在，田产价值几何，她不知情，需要进行估算。现在的当务之急，就是公布她准备回弗雷旺的消息，以免撞上亡夫先房的子女。他们肯定会来要他们自己的那份遗产。她也许希望在短短的3个月假期内把至今悬而未决的遗产基础问题了结。我们将看到，事情的进展速度比预期的慢很多。

玛丽·多纳迪厄拿到回国船票以后，还要去一趟设在金边综合医院里的移民局。1922年6月20日，移民局给她出具了一张健康证明。我们通过这张证明了解到，有了这张证明，她就可以“健健康康”[4]地上路了。不仅如此，证明上还明确写着，休假期间，“她需要饮用维希饮用水”。其实这是申请者所表达的一个愿望，不过在她看来，凡是准备回国休假的公务员都有一个共同的心愿，那就是享受一次公费温泉疗养，认为这是公共福利。不过在她的档案里，没有文字记载显示她后来有闲暇去拉利耶“洗矿泉浴”。现在，她已获准“搭乘1922年7月1日由西贡起航的客轮回国，旅费由柬埔寨地方财政支付”。

7月3日，玛丽·多纳迪厄、皮埃尔、保尔和玛格丽特由金边出发，7月7日到达西贡，登上驶往法国的远洋客轮。那是一艘隶属法国邮船公司的“阿泽天幕号”客轮，是卢瓦尔城堡系列客轮，专跑“印度支那航线”，不同于“中国航线”。该航线往返于马赛和上海，途经锡兰[5]，在马六甲海峡、西贡、香港、印度不停。玛格丽特及其子女们搭乘的航线除了经停新加坡、科伦坡、马德拉斯、本地治里外，通达孟加拉湾[6]的“印度法国殖民地首府”。航程30天，26天客轮在其他航线上航行。除了这个小小的不便之外，邮轮公司的宣传广告让人很放心：“客轮吨位比中国航线客轮低，专跑印度支那航线，但给乘客们提供与其他航线基本相同的优质服务。”[7]在那些和我们的乘客一样，有幸坐头等舱的旅客看来，“客舱宽敞，通风良好，设施完备，没有架子铺位”，给乘客们提供了“热带远航不可或缺的各种便利”，不仅如此，还有不同规格的“餐厅、浴室、娱乐舱、音乐厅、阅览室、酒吧间”供旅客们使用，所有这些场所的装修十分考究。总而言之，环境幽雅，设施豪华，这对年轻的玛格丽特影响深刻，让她浮想联翩。多纳迪厄夫人坚信自己有这个权利，当然希望自己和孩子们都能够享受客轮的优质服务[8]。

1922年8月4日，客轮一路停靠亚丁、吉布提、苏伊士、塞得港之后，多纳迪厄一家人搭乘的客轮缓缓驶入法国海域。玛格丽特到了可以开始有永久记忆的年纪，即将开始的法国之旅将是她首次真正直面家乡的父老乡亲。

探查父产

与起初约定的相反，新到达者的第一个目的地似乎不是马尔芒，也不是杜拉斯的故乡，而是弗雷旺和博尼埃，这是加莱海峡的一个小农村。自丈夫去世以后，玛格丽特的奶奶一直住在弗雷旺的家庭农庄里。亚历山大·勒格朗那年初冬去世，安葬在本村老教堂大钟楼后面的小墓园里[9]。他女儿理当可以立即去凭吊，他的妻子玛丽也迫切想拥抱她的外孙们，因为自他们1917年返回印度支那，她就再也没见过他们。这些理由很充分，能够向当局证明改变既定计划[10]不是无理取闹。况且在他们回来之前，勒格朗家里曾有两件大喜事——两个婚礼——玛丽·多纳迪厄都没能赶上。5月初，她的"小妹妹"泰雷兹和29岁的本地税务员结婚。可能是受了启发，她的二弟阿尔弗雷德·勒格朗7月底也在也姐姐举行婚礼的地方办了自己的喜事。因为新娘已经过了不惑之年，弟弟家就安在了索姆省博尼埃市附近的杜拉斯镇。20世纪30年代，玛格丽特和她母亲要去那里小住一阵。玛丽·多纳迪厄的另一个弟弟奥古斯特，是个"农耕主"，也和妻儿住在附近；妻子叫玛尔特，儿子皮埃尔和保尔·多纳迪厄同年生。拜访这么多亲属，再会家族中的长辈，互道思念，欣喜场面可想而知，玛格丽特还有她的哥哥们就成了亲戚们的掌上明珠。

此次回乡探亲时间比较短暂，最长不会超过1个月。夏收末，多纳迪厄夫人带着孩子们乘火车去了西南部，1922年9月6日到达洛特－加龙省，来到普拉提耶庄园，并住进主人豪华的正屋，亡夫的长子让·多纳迪厄专程从马尔芒开车过来看望他们，以尽地主之谊。让的弟弟雅克还小（刚18岁），住在厄尔省，和叔叔罗歇·多纳迪厄生活在一起，父亲去世后，叔叔就成了他的监护人。玛格丽特对让的这个弟弟说，她不认识他。二十多年以后[11]，她把《厚颜无耻的人》的题词献给雅克。这是她的处女作，书中充斥着她对父亲庄园的儿时回忆。如果谁想在双河寻觅这座庄园，那就是在浪费时间。《情人》的作者凭借富有诗情画意的想象，把父亲的庄园安排在双河（往东顶多三十多公里，本地名副其实的葡萄种植区）。在"上凯尔西这个自然条件恶劣，人烟稀少的僻壤"，谁都找不到它多少蛛丝马迹。她用心良苦，将它硬搬到这里，目的是给《厚颜无耻的人》的"回归大地"部分的背景创造更多的起伏地貌，然而在多尔多涅省和加龙省之间的中心地带，是风景秀丽的旧省份居耶内省，是"杜拉斯的故乡"，也叫沿岸省，无须同以波尔多酒为豪的邻居相竞争，照样能酿造出以产地命名的沿岸美酒，而且完全受到消费者的好评。杜拉斯公爵的古城堡以其众多的塔群完全领了方圆数里[12]风景的风骚，如果需要，可以为其下授爵书。这是个丘陵地带，山清水秀，峡宽谷深，盛产栗子（著名的阿让栗子）和葡萄，但在多纳迪厄家族在此落户以后，不仅作物开始多样化，还开始有了畜牧业。数公里开外的岩礁上面有个小城市，那是杜拉斯市，丘陵的半中腰有个镇，叫帕尔达朗镇，普拉提耶庄园就坐落在帕尔达朗镇上。在与德罗成直线的地段，有一条美丽的小河，岸边老式磨房鳞次栉比，小河在朗贡上游一点流入加龙河。在波尔多以东五十多公里处，普拉提耶庄园靠近“穆斯捷一侧”，距离“杜拉斯一侧”较远。从波尔多首府开车去那里，现在需要在去雷奥尔方向下 A62 号高速公路，走 668 号省道，经蒙塞居尔、杜拉斯桥和阿勒曼-迪德罗，然后逆德罗峡谷而上，直达米拉蒙居耶内。在进入穆斯捷境内不远处，公路横穿里厄托尔河，小河紧贴亨利·多纳迪厄老庄园流过。亨利·多纳迪厄庄园曾经是杜拉斯地区的中心，现在没了昔日的闹热，只是一个见证沧桑的建筑物。

20 世纪 20 年代初，小汽车在该地还很稀罕，人们出门依然要坐马车。当地出资修建了一条直通波尔多的铁路。火车沿着山谷，直达贝热拉克专区首府埃梅，专区首府在帕尔达朗以东十几公里处。当地人依然还记着火车的事儿。一直到 50 年代，火车才停止了运行。火车不仅经停杜拉斯火车站，还经停间距最近的穆斯捷和阿勒曼-迪德罗车站，普拉提耶的居民经常搭乘途经这里的火车，现在也能见到来自穆斯捷或者杜拉斯的乘客，他们经过加龙河右岸，抵达波尔多-巴斯蒂德车站，然后换乘汽船前往波尔多-黎塞留。在《厚颜无耻的人》中，人们仍然能发现对这趟火车的怀念。对于德朗庄园（又名普拉提耶庄园）的居民看来，“途经波尔多的两趟火车是当天的头等大事”[13]。小说中的女主人公莫德，听到“远处传来火车的汽笛声，就知道是从波尔多开出的最后一趟火车、9 点钟发的一趟火车”。听到火车的汽笛声，莫德就想到“她小时候把晚间吃的一道热菜叫做火车头。她吹数声口哨，哨声间歇等长，而且期间寂静无声，火车正驶过塞穆瓦（穆斯捷）平原的坡道，车轮摩擦铁轨，发出嗞嗞的响声。这里的弯道很危险，总被雾气笼罩，总被于德朗的栌木遮挡视线”[14]。

普拉提耶庄园

“于德朗老屋一半的面积被铁路的一个弯道给挤占了。老屋面积过大，几乎没什么用，裸露的墙体上多处规则地排列着高大的百叶窗。可见老屋依然很坚固。老屋是帕尔达朗的富裕农民修建的，老屋的建设浓缩了农民们的全部毅力和全部积蓄。据说有 5 个兄妹 17 世纪末都在为老屋的建设出钱哩。”[15]除了为数不多的细枝末节外，莫德和玛格丽特毫无建树。原先有很多土地在 19 世纪中叶属于帕尔达朗的一个殷实之家——罗伊家族。他们家族有 1 位成员当镇长，育有 4 个孩子：1 个儿子和 3 个女儿。3 个女儿都没出嫁。儿子阿诺·罗伊得到3位姐姐的经济资助，准备在“普拉提耶庄园的沙滩地”上修建住房，并把他1860年结婚时[16]父母赠予的财物也拿出来。父母给他的馈赠物包括许多“耕地、牧场、葡萄园、树林等”，另有一处“乡下财产，有住房、谷仓、货棚、楼房”[17]。在当地分成制租地被人民普遍承认，所以在小说《厚颜无耻的人》里，多处提到了这个问题。莫德的母亲问：“您听说过分成制租地吗?”“有人说分成制租地是很古老的习俗，流传的年代比帕尔达朗的房龄之和都长。分成制租地在于德朗建成以后，就与之有了千丝万缕的联系。”[18]这种分成制租地习俗现在已经不复存在了，但分成制租地上的房屋还在，在新建主人房屋后面，其间相距200~300米，坐落在紧靠里厄托尔河（小说里变成了里奥托尔河）岸的牧场中间。“庄园”建好以后一直到1904年都归罗伊家族所有。这一年，庄园被阿勒曼-迪德罗的一位医生重新买下，并留给了也是医生的儿子。有可能是新庄园主们在主人房前栽种了树木，修建了“花园”，对花园的回忆长期萦绕在杜拉斯的心头[19]。1917年庄园再次被出卖，买主是一个叫让·德梅里的人，此人是“农业主”，买下庄园后又购地扩建，然后在1920年6月出让给了孔博夫妇，1921年10月[20]，孔博夫妇又将庄园卖给了亨利·多纳迪厄。

杜拉斯父亲买下该庄园后，15公顷的普拉提耶庄园的地界就越过了省道和铁道，延伸至德罗边缘，那里有“于德朗庄园的桤木林”和洗衣池，可就地从河里取水[21]。庄园的土地由佃农耕种，牧场为牛羊提供饲料。当时的证据就是庄园里栽种的果树。据庄园附近的居民讲，有一条种了桃树的漂亮便道，现今已经没有了。《厚颜无耻的人》中，莫德常走的那条路，很可能就是“果树路”，因为是往下走，身子挺得很直，走得很慢很慢，不慌不忙，“就好像没谁在等他一样[22]”。当时在那里依然能见到葡萄种植园。如果按主楼上的酒窖的大小来判断[23]，普拉提耶的酒在庄园收入中发挥着不容忽视的作用。此外我们可以通过参考《厚颜无耻的人》来了解更多的信息。提到一个星期天母亲请到家里来吃饭的老乡，莫德就用讽刺的口吻说：“撬开向来守口如瓶的老乡嘴（好像平日说话是罪孽），方知于德朗庄园的酒与众不同，白酒虽然有点辛辣，却有高原地区矿泉水的味道。”[24]一提到在邻居家里喝过的酒，女孩子就没好话，味道不怎么爽口，一喝就呛鼻子，“味若洛特的劣质葡萄酒，入口有股桶装酒的朽木硫磺味，有点类似人身上的汗腥味”[25]。人人都有权保护自家的家酿声誉……

与庄园开发有关的特产有“自酿烧酒”，在法国广大农村尽人皆知。农村人不种植果树，就栽植葡萄（有条件酿造烧酒自用，或者与朋友品尝），还种植烟草，为数虽然不多，却如前面的产品一样，由国家专卖[26]。这个“烟叶种植权”即使受到严格的限制，普拉提耶庄园仍有30公亩的种植面积[27]。1930年，福尔森夫妇的小儿子从玛丽·多纳迪厄手中买下了烟叶种植园，据他讲，他栽种了3万棵珍贵植物，是庄园相当重要的收入来源[28]。由此可见，与所有作物相比，珍贵植物确实确保庄园有可观的收入，只要下冰雹没有完全摧毁烟叶，就不影响收入。烟叶晾干捆成捆儿交给法国烟草专卖局，冬季到来以后，又转交本地的香烟和雪茄工厂加工。玛格丽特有闲暇时间去仔细观察烟叶的特殊采集过程，就像从前一样，把观察到的整个采集过程一一记录了下来。她记得一天傍晚，她看到了制好的香烟摆放“在谷仓的大台子上”准备出售。在《平静的生活》里，读者还能发现其清晰的印象。《农民》是她的第二部作品，1943年完成，翌年由伽利玛出版社出版[29]。可见她喜欢农村生活，又见证了这种农村生活与她在印度支那城市里所过的生活极其不同，这一点是肯定无疑的。可能是1947年前后，她提到小时候在普拉提耶庄园看到一个李子[30]烤炉，她在单独的一页草稿上对烤炉做了这样的描述：“我家有个很大的藏酒库，是直接在花园的半山腰上开挖的，酒库对面就是李子烤炉，烤炉的每一层都有李子。正在煮干（烘干）的李子皮已经开裂，满院子飘散着李香。时值冬日。我待在货棚，身子靠着热乎乎的烘炉，听着烘炉里葡萄嫩枝燃烧时的劈啪声响，别提有多舒服了。夜晚来临，炉膛里红红的，宛如一大团赤云。不断飘散的李香侵占了我的分分秒秒。”在这段既夹叙夹议，又让人感到惊讶的描写之后，她笔锋一转，写道：“我学到了很多东西，也许比战争教我学会的东西都多。”[31]不过，我们先不预测下文，立马参观楼宇庭院。

主人住宅

主人住宅是幢相当不错的房子，气派接近马尔芒地区“在上科斯特[32]有葡萄园”的殷实人家盖的“豪华住房”。这是一幢具有本地风格的大型建筑，一条长过道，下面是粮仓，有许多长方形小窗户。像西南地区大多数房子一样，屋顶坡度平缓，上面覆盖着当地生产的泥瓦，有的是筒板瓦，有的是直板瓦。这两种瓦的好处是屋梁下面能够通风。正面朝阳，有四扇大窗户，窗户上都安装了木质百叶窗，中间是正门，双门扇，墙面白色，正对着下面的杜拉斯公路，正门与公路间的宽度仅五十多米，公路那边就是德罗峡谷。房屋南侧下面是地基，那里有个很长的地下室，是存放酒桶的仓库。北侧下面是个小点的地下室，朝着一个院子，直通推车库，葡萄收获季节，农工用推车将收获的葡萄推进来倒入压榨机。从院子两侧进入院子，再经过一条通道进入收益分成田地，就看到一个敞棚，里面有台李子烘干炉，有放柳条筐的棚架和禽舍，这些附属物都面对着面[33]。

至于杜拉斯临终前提到的“传奇性花园”，如果说存在的话，就是房屋与公路之间的观赏性庭院，是历届庄园主改建的。花园每侧都栽种了观赏树木，花园中心的小径边缘种上了高高的黄杨树，外侧有花丛，有椭圆形水池，池内有金鱼游弋。祖父福尔森购买庄园时，庄园里还有三十多米高的松树，就是这些松树在小说《厚颜无耻的人》中饱受爱情缺失之苦的女主人公看来，占了“太大的比例”，树梢“发出如泣如诉的声音，却没有传播任何悲情”[34]。现在的庄园主没那么浪漫（从未入住庄园），早就找人把松树给砍了。现在从公路那边经铁丝网封闭的楼梯进入花园和大门。楼梯还在，铁丝网早就不见踪影。庄园的右侧正对着西面，有块空地，空地上竖立着忍冬花棚架。空地直通厨房，厨房门和窗户对着日落方向[35]。空地北面附近有水井、樱桃园、菜园子。菜园子朝着果树路，庄园和分成租地中间是种植园。

有间房子除外，这间“上房”是在阁楼里隔出来的，在储藏室高侧的上面，所有居住房间都与一楼处在同一水平，两侧的长过道将正门前庭又从中间给分割开了，前庭既面对花园，又面对庄园北侧的后面。4间居室朝阳，1间大餐厅，两个窗户，面朝田野，大壁炉两侧是一排壁橱。厨房有单独的壁炉，用红砖砌成，还有一个与壁炉相连的洗碗池。据好几个见证人讲，庄园的地板很大，不怎么豪华，但质量上乘（有打蜡维护机）。不过，庄园外表虽然金碧辉煌，主人卧室却没有高级舒适的起居设备，不如玛格丽特父母在印度支那供职期间享受的职务住房舒适。普拉提耶庄园里一没电，二无浴室，更没有自来水。卫生间不在室内，而在室外花园里一个偏僻的角落。福尔森说，“那时候没有自来水”，杜拉斯的一个住户叫克里斯蒂安娜·拉雪兹－佩内，她祖父在1938年将水引入家里，于是声称他是当地“敢为天下先的人”。人们不仅还在遥远的公共水井里取水吃，而且还把雨水收集起来，储存在蓄水池，或者储存在大木桶里，可以家用，也可以浇花浇菜。在普拉提耶庄园里，井水是家庭用水，做饭洗菜和日常用水，客户要到山丘脚下靠近铁路[36]的水泉去取。洗衣桶、蓄水池都供洗浴用，洗衣服要到德罗河边上的庄园洗衣池去洗。

20世纪20年代初，帕尔达朗的大多数住户没有用上电，照明用的不是煤油灯，就是蜡烛，还有“鸽子”汽油灯，有玻璃罩，灯也会被风吹灭。要去谷仓，就得走田间小道，打风雨灯最好，不大会被大风吹灭。在小说《厚颜无耻的人》中，风雨灯和煤油灯位置显赫。玛格丽特小时候晚间待在厨房里，在煤油灯下看书、写作业。冬天，壁炉里的旺火是唯一的取暖途径，不仅如此，厨房里还有个煤炭炉灶，就是从这个“温暖的厨房”里，莫德听到波尔多过来的火车的汽笛声。上床睡觉以后，热水袋和热床炉，这两个东西特别有用。在亨利·多纳迪厄去世以后完成的主人住房的财产清单上[37]，我们发现了这两件东西，另外还有暖床炉和脚炉。

生活“小天地”[38]

回到帕尔达朗不到一年时间，在柬埔寨当校长的亨利·多纳迪厄就去世了，玛丽·多纳迪厄带着孩子找到亨利·多纳迪厄去世时的住所。在女儿的记忆里，那是一幢很大的房子，父亲还没来得及安顿好，更没来得及住进去享受人就走了。睹物思人，她当时是怎样一种心情呢？有关这个问题的答案部分是翻阅了前面提到的有签字的财产清单。除了合法继承人的签字和各自监护人的签字，清单上还有一对“佣人”夫妇马尔萨莱的签字。亨利·多纳迪厄去世那天，他们就在他身边，亨利·多纳迪厄去世以后，他们继续看管亨利·多纳迪厄的家园。伊维特·巴罗是个很可爱的妇女，出生地是阿梅兰，玛格丽特在帕尔达朗的初期，她既是玛格丽特的邻居，又是玛格丽特的玩友。她记得在普拉提耶庄园见过马尔萨莱夫妇。马尔萨莱是瑞士人，后来在附近购买了一幢小房子。据巴罗夫人讲，亨利·马尔萨莱打理花园，他妻子让娜帮助玛格丽特的母亲做家务。她说：“事情很多，维护庄园，侍弄花园，打理菜园。”[39]多亏有他们夫妇，庄园的一切才有可能料理得有条有理，井井有序。

我们的证人不情愿地成了小说《厚颜无耻的人》（取之不尽的素材）中的一个主人公，书中她叫路易丝，姓氏是我们早已耳熟能详的里维埃。作者之所以还能深情地记得她的小伙伴，是因为她在回顾往事时对玩伴的身世有几分不屑一顾：“路易丝是军人遗孀的女儿，母亲虽然为抚养女儿经历了千辛万苦，还是把她拉扯大了，使她成为村子里唯一和莫德·格朗特过往甚密的女孩。”这让附近名门望族的千金感到不爽，也许是她们素养不够高，交往不到一名“小姐”……确实是这样的，小说的前两页里，杜拉斯就小心翼翼地提醒读者说：“假如勒格朗夫妇是本分人的话，于德朗会把他们的土地像授贵族头衔那样赠给他们夫妇。”因此得适当和他们保持点距离。杜拉斯的结论是：“莫德对这个面色如此苍白，身穿学生罩衫的小女孩的记忆也是很苍白的。”[40]伊维特·阿梅兰，她对玛格丽特·多纳迪厄小时候那个穿着不错（尤其是穿上侧面有腰带扣的条绒大衣，漂亮高帮靴子）的小女孩的记忆依然历历在目。她是个很不错的伙伴，有机会就穿上木屐，和她的朋友一道走过牧场，一直把朋友送到阿梅兰夫人在里厄托尔对面的家索泰。我们在小说里看到这样的描写：“在回家时刻到了以后，就拼命往回跑。莫德再把她的朋友送回去，一直送到里奥托尔，然后边溜达边往回走，到家已是午夜时分。”巴罗夫人记得有座步行天桥（就一块木板），她们经步行天桥渡过了小河。经常是莫德/玛格丽特去拜访女邻居们。“她们就住在里维埃夫人的小别墅里，别墅坐落在山谷对面的斜坡上……两个女孩吃完了午饭。里维埃夫人在餐厅里忙这忙那，路易丝坐在椅子上，一面哼着曲儿，一面前后晃荡。”

星期四，每当天气晴朗的时候，玛格丽特就和她的伙伴到花园（有参天大树、苍翠雪松，还有两棵高大棕榈，但水池状况很糟糕）的小径上去嬉戏。夏天，她们不是去樱桃园就是去果树林采摘水果，到吃点心的时候，又聚会棚架下。她们经常一块儿去两公里开外的村庄拜访帕尔达朗教区神甫迪福。玛丽·多纳迪厄和迪福神甫保持着良好的互信关系（我想他为她的事情出谋划策，因为他在村子里是个有文化、有影响的人）。迪福神甫和他母亲住在教区，两个小姑娘很喜欢神甫母亲给她们吃的果酱。“贪图快捷，我们回去的时候走田野。天气不好的时候，我们就待在普拉提耶庄园过夜。庄园里的房间很大，不曾有人涉足，几只箱子里满是布料和衣裳，我们就拿出来玩耍。”

玛格丽特那个时候怎么样，淘气吗？

不，她不淘气，不，一点都不淘气……但她很有心计。由她决定做什么，我哩，我就随顺……

她是不是在上学？

没有。我在上学，她没上学。她母亲教她。星期四，她给我们做听写。我还记得那些听写……

她大哥皮埃尔·多纳迪厄怎么样？

嗨！我们不喜欢他。他很傲气，不随和，冷面孔。他不关心我们。

那她的“小哥哥”保尔怎么样？

他是个性格温和的男生，比他哥哥可爱多了。

那多纳迪厄夫人呢？

她给我的印象是个很了不起的人。我当时年龄很小……我们还只是孩子，确实不知道她是什么人……也不想知道，反正是个“大人物”，很厉害的。她在我们心目中是个能干事的人。她让人折服[41]。

多氏夫人诉案

帕尔达朗如今是个小村庄，村民不到300人。几幢房屋高耸丘尖，中间是罗马式小教堂，老教堂的参天雪松直冲云霄，是最惹眼的景观。低洼处是村办、学校、谷仓、农庄大院……20世纪20年代，村上曾有家咖啡烟草店、一家杂货店、一家铁匠铺。在镇上还能看到为数不少的马。亨利·多纳迪厄和村长韦尼埃以及村上很多人关系密切，他们是村长韦尼埃，村校老师安布拉尔夫妇。皮埃尔·安布拉尔是亨利·多纳迪厄去世不久就和村办事员去村办的那个人。多纳迪厄夫人和孩子们到帕尔达朗时，韦尼埃先生还是村长，但村校老师已经换人了，神甫也换了，前任神甫叫奥德吉尔，继任神甫是生性活泼的迪福。已经过了不惑之年，迪福神甫依然爱好体育运动，痴迷机械，很快就成了信徒们爱戴的神甫。迪福生性热情，助人为乐，见谁的自行车坏了、农机出故障了、或者汽车抛锚了，他都会挽起教士长袍袖子，帮助修理，排忧解难。为了帮助有困难的人，他就在教区搞了个修理间，并在修理间的地上挖了深沟，修理发动机！德拉热先生已经90岁高龄，腿脚依然灵便，二战以后担任起了帕尔达朗市的市长，他住在教堂后面[42]，他家的房子很漂亮，是他向我透露了这些细节。迪福神甫和大家的关系很融洽，和村校的老师关系尤甚。老师因为请邻居们吃煎饼，深得村民们的喜爱。神甫和世俗学校平安相处因此得到了保证，帕尔达朗到处都洋溢着和谐的气氛。帕尔达朗许多居民对这位担任圣职38载（1960年才退休）和蔼可亲的神甫留有温馨的记忆。

多纳迪厄夫人经常星期天去做弥撒，和迪福神甫结下深厚的友谊，他还成了听她忏悔的神甫。多纳迪厄夫人因为有田产和在殖民地工作的经历而赢得了显赫的声望。就像巴罗夫人所讲的那样，他似乎确实成了她解决她与3个孩子继承丈夫遗产问题的顾问。遗产继承问题看来很复杂，原因是杜拉斯的父亲去世了，没有留下“财产处理遗嘱”[43]。由此可见，他们夫妇是“按夫妻财产共有制合法结婚，所以婚前没有立婚姻契约”，遗孀和5个孩子都被法律视为法定继承人[44]。因此必须要考虑首任夫人孩子合法主张的那部分财产，但目前有继承权的分别是让·多纳迪厄和雅克·多纳迪厄。然而，如果说让·多纳迪厄已经成年，能同继母保持良好的互信关系，那么雅克·多纳迪厄年龄还小，不可能完全对一个蛮横的女人有像哥哥一样的好感。据她的后人讲，他对她没有很好的印象。有人做雅克·多纳迪厄的代表，因为罗歇·多纳迪厄在1922年2月17日的家庭会议以后被指定做侄子的监护人，这次家庭会议是由杜拉斯区的初审法庭法官主持召开的。罗歇·多纳迪厄本人后来也成了法律工作者。罗歇·多纳迪厄以前是土地测量员，1920年我们在吉伦特省离开他时，他已经从交趾支那地籍局被强制退休赋闲在家，现在已经是厄尔省[45]儒奥托尔区的治安法官，财产继承已进入诉讼阶段。就像他大肆宣称的那样，罗歇·多纳迪厄认为有义务关注侄子的利益，一如既往地负责到底。其实，诉讼将主要在他和嫂子之间展开。

财产盘点

根据法律规定，亨利·多纳迪厄的遗产属于“夫妇关系存续期间的共同财产”。依照当时通行的《民法典》，财产的组成如下：

1. 夫妇俩的全部动产，不仅包括举行婚礼时他们所拥有的动产，也包括他们婚后所获得的动产；

2. 所有在婚姻存续期间收回的或者到期的劳动成果、薪水所得和过期未付款，无论其属于何种类型；

3. 所有在婚姻存续期间有偿取得的不动产[46]。

必须首先对夫妻共有财产进行全面清点。杜拉斯母亲利用在柬埔寨工作之便，于1922年2月14日通过金边法院书记员洛皮对“夫妻全部共有财产”做了清理登记，包括：不记名公债、国家信贷债券、中国工业银行储蓄存折、存款结余账单和西贡债权结余清单。清单内有关行业人员，如学校老师、钟表商人、地产业主、种植园主、好几类（本地的）耕作者等等，他们的收入统统记入清单，不包括债务，总共是7万多法郎。河内大佛欧洲人居住区的房子，“包括院子和毗邻的小花园”，价值约3~4万法郎[47]。多纳迪厄夫妇在印度支那工作的数年间竟然也抓紧时间在存钱！

现在还要清点的财产都在法国，主要是普拉提耶的田产、房产及其附属建筑。玛丽·多纳迪厄不会让清点工作拖延。9月6日，玛丽·多纳迪厄到达了帕尔达朗，9月22日，应玛丽·多纳迪厄的请求，区初审法庭书记员开始和公证人一起，在多纳迪厄先生逝世以后，在艾米尔家进行“准确清点和完整描述的物品有内饰家具、不动财产、金融债券、有价证券、剩余现金以及各种性质的资料”[48]。贝雅尔奈先生是在杜拉斯从业的公证员，代表继承人宣誓并出席宣誓仪式的继承人有：多纳迪厄先生的遗孀，她代表她个人又代表3个未成年孩子；多纳迪厄的大儿子让·多纳迪厄，代表他自己；罗歇·多纳迪厄（专门从里厄托尔赶来）不仅代表雅克·多纳迪厄，还代表在阿勒曼－迪德罗经营医药店的让（又名乔治）·里维埃，受亲属会委托，做其外甥的监护人。以证人身份出席宣誓仪式的人士有亨利·马尔萨莱、让娜·马尔萨莱两名佣人。因为多纳迪厄去世那天，两个佣人就在多纳迪厄家里照顾他，所以必要的时候，他们能够提供一些有用的信息。

清点工作总共需要整整3天时间，可见要做的事情很多。普拉提耶庄园活像阿里巴巴的洞穴。迅速完成登记和估价的财物有：两对奶牛、两头牛犊、两套配备齐全的牛轭、25担草料、两桶过磷酸钙、两辆马车、两副铁犁、1辆载重马车、两个饲料槽、1只喷雾器、几幅犁铧、1部割草机、1把高枝剪、1个农药喷洒器，多把锄头、铁铲、铁耙等。这些东西都列在分成租地里（包括两副估价10法郎的防蝇罩）。法院书记员在亨利·多纳迪厄宽大的寓所里逐一核实登记。公证员在“估价”以后记入账册的有抹布、餐巾、餐刀、叉子、盘碟、甜点餐具、凉菜餐具、咖啡杯子、茶具、饭碗、陶瓷杯子、玻璃水杯、玻璃波尔多酒杯、玻璃葡萄酒杯、香槟酒杯、大凉杯、小凉杯、盛酒瓶、糖果盘、插花瓶、灭虫罐、玻璃钟罩及其他壁炉饰物，还没算平底锅、长柄锅、滴油盘、焖烧锅、煮饭锅、研磨机、碗碟架、菜汤盆、生菜盆、油瓶、瓦钵、砧板、肉汁机、面团缸、糕点模具等等。没有这些厨具，就没有名副其实的美食。除此之外，还有自行车、猎枪、钓竿、捞网及其他田间劳作必不可少的用具。总之，这些都是乡间别墅的迷人之处。数年之后，当玛格丽特攒够了钱，能用自己的名字买幢房子的时候，她更乐意为她的读者拿出一份财产清单。

清单上的物品五花八门，虽然很普通，却极具异域情调。这说明这些殖民官员定期回国休假，明证是那些水墨画、彩色石印画、丝绸布料、山东布匹、中国瓷器、珍珠镶面托盘、祭台垫、糖果盒、绣花垫、裁纸刀、桌布、灯罩、餐盘、托盘、瓷盘、圆桌、马刀、铜壶、锡壶、铜像、瓷像、象牙人、香炉、龟壳，还有许多大小各异的佛像及一把玳瑁吸烟椅和一幅“白底色斗鸡屏风”（估价10法郎）。更激动人心的是25件移民军上衣、8对袖套、1个衣领匣、10条绣花手帕、5包丝绸布、5条男式裤子、5件背心——大多已经有了窟窿——这些衣物都放在“1个衣橱里”，1把带金银圆头的乌木手杖、数个镶宝石的领带夹、1只刻着ED字母的戒指、

1 枚刻有 ED 字母的象牙印章、1 副镀金望远镜、1 枚男式结婚戒指。这些饰物存放在保险柜里，此外还有 1 本自然科学插图字典，就放在一张“美式写字台”抽屉里。

看到这些物品，让人有种这样的感觉，仿佛玛格丽特的父亲想最后一次显示一下他的存在。

“菲谢牌”保险柜放在餐厅，打开保险柜预示着暴风雨即将来临了，清点还没开始，玛丽·多纳迪厄就坚持有争议将可能提起诉讼。听她的意思，“在估价之前，多纳迪厄遗孀就指出，丈夫去世时，她在金边，回到普拉蒂埃（原文如此）[49]后需要估价的保险柜已经锁上，钥匙也没找到”。这实在太蹊跷了。她不在场的时候保险柜被打开过吗？——嗯……是的。——那钥匙在哪儿？人家告诉她说，有可能是阴差阳错给锁到保险柜里了。这种说法可能是对的。清点工作进行到第三天，也就是 1922 年 9 月 28 日（星期天），菲谢公司派了个工人过来，费了一番周折，打开了保险柜。这时候罗歇·多纳迪厄站出来了，有些不好意思地说，可能是他监护的孩子“不小心，干傻事儿”，把钥匙放进了保险柜。多纳迪厄遗孀不在的时候，保险柜确实是打开着的。亨利·多纳迪厄去世第二天，保险柜第一次由雅克·多纳迪厄打开，当时他哥哥和舅舅让·里维埃在场。清点工作做做停停，反复了好几次。公证员在清点工作进行期间，就保险柜钥匙遗失问题询问了亨利·马尔萨莱，马尔萨莱声明，1922 年 7 月 11 日（玛丽·多纳迪厄和孩子在回国途中）看见有人从保险柜里取走了数份资料。罗歇·多纳迪厄那天在庄园里，他证实自己确实让那个受监护的孩子从保险柜里拿过几份材料，但他认为自己有“责任和义务”对这些材料做分析，办好侄子的财产继承事宜，因为他同意替侄子处理遗产问题。在检查资料期间，他想把工作做得扎实些，就弄开了保险柜，把保险柜的钥匙和其他资料一起放进去锁上。保险柜打开以后，除了发现死者放在盒子里的一副镀金望远镜和细软之外，没找到证券，也没找到现款，只找到两打餐刀和乌木长柄甜点叉子，一套象牙裁纸刀，一套银质裁纸刀。多纳迪厄夫人要求要回这些东西，因为那是学生送给她的礼物，但小叔子对她的说法表示怀疑。另外还有一套收藏的邮票，多纳迪厄夫人声称是首任丈夫奥布斯屈尔的财产。吵闹开始了。要是把从保险柜取走的一期国债也纳入财产清单，保险柜里的资料的下落就没法弄个水落石出。我们就到此打住吧。接下去的事情属于家族秘密，我们无权过问。

清点工作不仅弄清楚了其他问题，还找到了亨利·多纳迪厄去世前是否在普拉提耶庄园待过数周这个问题的答案。老庄园主亨利·多纳迪厄在去世前去过庄园，但离开的时间比预计的时间提早了很多。他还让人给玛格丽特的父亲送了（但太迟了）几大桶白酒和红酒。在财产估价过程中，孔博夫妇的公证员也以“遗孀”名义参与估价，参与出卖两头奶牛、1头牛犊、1对母牛、3头猪、1只鹅、1只火鸡及他们夫妇走的时候买来的各种家禽。不光有家禽家畜，还有收获的洋姜、玉米、甜菜。由此推测，孔博夫妇是秋季离开庄园的。更能说明问题的细节还有，新园主也买了不少前园主的家具：整套餐厅设施、1间桃木装饰的卧室、1间油松装饰的卧室、各种窗帘、各种银器、利摩日产的陶瓷餐具、1套玻璃饮具、1套金属厨具、花园桌子、“菲谢牌”保险柜。这些物品总价值8000多法郎。在他留给孩子的家具中，有1副天盖床、1对窗帘。无论是莫德，还是玛格丽特，她们都难以将之视为富有的象征，这被写入小说《厚颜无耻的人》。

有些东西清点时不在庄园里，就没能估价。让·多纳迪厄声明他手里有杆“达勒牌”猎枪，还有一辆“奥托莫托牌”自行车，是弄到岳父普雅尔迪厄的修理间准备修理的，还有一辆自行车是“泰拉牌”的，寄放在阿勒曼－迪德罗的一个修车师傅那里。

一尊佛像寄放在马尔芒一个家具商那里。为了做样子，还有一只箱子放在艾丽斯·里维埃母亲佩莱夫人那里。箱子里的各种证券和物品属多纳迪厄－里维埃夫妇所有。《情人》的读者熟知那种著名的神奇布料，是因为湄公河三角洲有个男人穿这种布料的衣服，这个男人就是玛格丽特的中国朋友。庄园里的东西都在，什么都没有丢失。

亨利·多纳迪厄的遗产

1922年10月17日[50]，杜拉斯的母亲在亨利·多纳迪厄遗产清单上签了字，清单叫“财产因所有人亡故需转移的声明表格”，内容很详细。亨利·多纳迪厄的遗产总价值为12.5万多法郎，其中包括印度支那的财产和法国的动产和不动产。普拉提耶庄园估价5万法郎，家具和其他物品约有2.5万法郎。因为她丈夫没有留下遗嘱，多纳迪厄夫人是“寡妇”，根据法律规定，是唯一有资格“继承亡夫5个孩子的财产”的人。就其个人而言，她是“前述继承遗产的1/4受益权人”，这是民法典允许的最大额度。从此以后，玛丽·多纳迪厄就一门心思，竭尽全力确保3个孩子有个美好的将来。她准备为此要全力以赴保住未分的普拉提耶庄园。因为不可能眼睁睁看着要分割的庄园身价缩减，杜拉斯的母亲不得不策划拍卖庄园。此举肯定会使她和亡夫前妻两个孩子之间的关系紧张，尤其会使她和亨利·多纳迪厄弟弟之间的关系紧张。亨利·多纳迪厄的弟弟也想继承寡妇嫂子的部分养老金。这笔养老金的1/4要提给他照管的侄子，一直到侄子长大成人。从1922年7月26日以后，儒奥托尔区的治安法官给巴黎殖民事务部去信，敦请殖民事务部能告诉他，履行必要手续的办事程序。由此可见，办理这些手续需要数年时间[51]。1923年4月22日，他又给上面去信了，但这次不是给巴黎，而是给印度支那总督。第二封信对她和玛丽·多纳迪厄的关系总体现状有了一个概念，因此，值得全文抄录于后：

> 1923年2月22日的I. P. 192号来信收悉。您在信中告诉我，属于我监护的未成年孩子的那份抚恤金将从我嫂子多纳迪厄夫人的总抚恤金中提取。关于这个问题，我应该必须指出，这笔由多纳迪厄夫人申请的抚恤金清偿工作可能会被无限期推迟。多纳迪厄夫人对丈夫前妻的孩子没有任何感情，她现在确实对他们提起了诉讼，目的显然是想拖延我兄长的遗产分割，因为遗产现在由她实际持有。我嫂子的这种精神状态就意味着她会想方设法拖延我所请求的遗产清偿事宜，因为属于她的那一份只是理论上的，更何况我监护的未成年的孩子一直完全由亲属会在抚养，我嫂子没掏过一个子儿，这种状况绝不可能长期持续下去。我冒昧地敦请您关注此事，使这个申请能够尽早做出[52]。

我们听了监护人的陈述，现在来听听遗孀的诉说。遗孀带着女儿返回印度支那两年以后，给殖民事务部去了封信，信中委婉提到了她的“殷忧”（未详述），并说她已经了结了亨利·多纳迪厄的遗产，说“亨利·多纳迪厄是十七年如一日，忠于职守的殖民官员”。她请殖民事务部“或责成巴黎，或责成马赛”，尽快给她出具必要的丈夫死因证明，并载明“因在殖民地患了地方病而死亡”。否则，她将无法领取遗孀抚恤金。关于这个问题，据我们了解，1924年首份材料发出去了，但因承运的船只在西贡到河内途中发生翻船事故，材料没有了。后来她又写了封信[53]，并在信末恳求殖民地部“代表3个教育完全（由她）负责的孤儿”出面作有权威的调解[54]。这封日期为1926年5月30日的信后来基本澄清了情况。这封信直接寄给了部长，未按正常途径逐级转呈。

出售父产

1923年5月，杜拉斯的母亲发现遗产分割还有可能拖延下去，就开始心里不安了。她的假期不是春季才结束吗？她必须尽快考虑因遗产分割延期可能要做的交涉。可是，她感觉身体很不舒服。可能是旧疟疾病复发了。经过书信交往，她约请去看波尔多当地医院，由其主治大夫给她做体检。5月14日，大夫给她做了检查，出具了疗养的诊断证明。主管部门批了她3个月的假，而且薪水全拿[55]。这就使她可以休息到9月初，但她并没有闲着。7月4日，又一次亲属会议在杜拉斯由治安法官主持召开，为她的3个孩子指定了"监督监护人"。这个人是别人，而不是神甫迪福[56]。8月27日，她再次去波尔多做体检，再次延长3个月假期，薪水依然全拿[57]。这样以来，返回工作的时间可能就推迟到了12月初。

1923年10月24日，她带着两个孩子到马尔芒法院聆听判决。判决书说，应申请人玛丽·勒格朗——亨利·多纳迪厄遗孀的要求，庄园将在12月末拍卖。11月14日，拍卖细则已经交给了法院的书记室。11月22日，专业报纸《小马尔芒人报》刊登了一则广告，宣布"普拉提耶庄园将整体出售，包括漂亮的主人住宅"，开价5万法郎。在此期间，玛丽·多纳迪厄担心要重返印度支那，新亲属会应其要求，指定穆斯捷学校的老师卡斯泰朗先生做"未成年的保尔·多纳迪厄和玛格丽特·多纳迪厄的特别监督监护人"。11月15日，法院执达员通知新亲属会，帕尔达朗神甫、乔治·让·里维埃须熟悉拍卖细则[58]。11月28日，两个未成年孩子的母亲再次乘火车去波尔多做例行体检。这次体检后，延长假期的申请批了，但只能延长2个月。公共教育局查阅了她的档案，明确表态，万一"不能治愈"，多纳迪厄夫人"可能会被请求维护自己可能得到的抚恤金的权利"[59]。我们知道的就这么多了。时间在流逝。杜拉斯的母亲能在不得不动身前彻底了结她的事情吗？

拍卖如期于12月22日举行，地点在"马尔芒民事法庭拍卖厅"，再过3天就是圣诞节了。庄园以8万法郎拍卖给了亨利·多纳迪厄夫人[60]！她必须给她的孩子们一部分钱。听到这个好消息以后，她有可能先去帕尔达朗教堂做午夜弥撒，然后和亲属们高高兴兴聚在一起吃年夜饭，她还请来了神甫和他的母亲，有可能还请了小学教师？可是欢聚的时间很短。交换完礼物，就收到了殖民事务部的信件，要她务必赶快去阿让看第17军团的军医[61]。一切都在紧张进行。前一天，她将竞拍费"交到了马尔芒诉讼代理人布朗达先生的手中"。1月24日，她来到阿让，又获准延假2个月，但只领一半的薪水[62]。主管部门现在不耐烦了。原则上，她应该在4月初重返工作岗位。

祸不单行，又有烦恼了。1月22日，贝雅尔奈代理人贴出布告，公开拍卖一部分家具，这些家具都是“亨利·多纳迪厄遗产的附属物”[63]。拍卖活动1月25~26日举行。对于此次拍卖，杜拉斯的母亲似乎没有其他选择，只能接受和丈夫的两个儿子分享拍卖金。拍卖活动在当地似乎引起了轰动。巴罗夫人说她还记得此次拍卖会上展出的异域风格的家具和物品。1924年4月20日，《小马尔芒人报》又刊登一则“合法解除抵押权”的广告，使普拉提耶庄园拍卖给“玛丽·勒格朗——亨利·多纳迪厄遗孀”一事公之于众。一份有印刷人和马尔芒市长签名的广告张贴在法院的审判厅，并一直保留到1924年6月24日。就在这个日子，玛丽·多纳迪厄被宣布为“普拉提耶庄园唯一的最终拥有者”[64]。她赢了这场财产继承官司，但花了多少时间呢？

新庄园主从今往后不再待在帕尔达朗了。5月6日做了最后体检，5月19日，殖民部健康会议讨论认为，多纳迪厄夫人“可以返回海外工作岗位”[65]。1924年6月5日，多纳迪厄夫人偕3个孩子从马赛上船，奔赴新的工作岗位，同时肯定也是迎接新的斗争。在小说《厚颜无耻的人》里，莫德/杜拉斯听她母亲唠叨：“幸亏我们拥有了于德朗！幸福是属于拥有土地者的！”于是，作者就作出了这样的结论：“于德朗在格朗特-塔内朗夫妇看来确实就像是个圣地，对它的恋念一直萦绕在他们的心头。”[66]啊，时节！啊，城堡！

注　释

1. 午夜出版社，1984年。

2. 海外档案中心。

3. 玛丽·多纳迪厄当时的欧洲年薪是5000法郎，殖民地年薪是1万法郎，海外档案中心。

4. 海外档案中心。

5. 今斯里兰卡。——译注

6. 著名的“印度展览会”，先后受到格雷科、马埃、卡里卡尔、雅纳翁、蓬迪谢里的赞扬。1950年，展览会回归印度共和国的怀抱。

7. 海外档案中心。

8. 除了乘头等舱观光旅游和满足自尊心外，杜拉斯的母亲认为，殖民财政负担旅费的经济实惠在当时相当于殖民地两年的薪水。尽管年龄不到12岁（多纳迪厄的孩子的情况也是这样）的孩子和父母一起旅游只付半价。

9. 博尼埃未遭第一次世界大战战火的蹂躏，但第二次世界大战末期市民都撤走了，房屋大部分被摧毁。

10. 有关这方面的资料不多，但种种迹象让人认为事情原本就是这样。由于亨利·多纳迪厄财产清单已经存档，我们知道，玛格丽特和她的家人是1922年9月初到的洛特－加龙省，8月初到的马赛。玛丽·多纳迪厄没等秋去冬来去加莱海峡省，而是选择在气候适宜的季节看望家人，似乎是完全合情合理的。

11. 小说《厚颜无耻的人》1940—1941年完稿，1943年首次由布隆出版社出版。在现在伽利玛版的扉页，我们还能看到这样的题词："献给我不曾谋面的哥哥雅克·多纳迪厄。"杜拉斯出版这本书时，她没见过她那个同父异母的哥哥雅克·多纳迪厄，似乎是在第二次世界大战后匆匆见过一面。

12. 杜拉斯城堡的渊源要追溯到1137年。杜拉斯城堡是座固若金汤的大城堡，坐落在峡谷交汇处上面的山冈上，镇守着入城的3个通道。在路易十三统治时期，拉罗谢尔和蒙托邦遭围困之后，黎塞留下令拆除了部分城堡的建筑。城堡好几个世纪一直都是迪尔富，杜拉斯公爵的财产。亨利·德·迪尔富（1625—1704），法国元帅，蒂雷纳的侄子。克莱尔·德·迪尔富是杜拉斯公爵夫人，夏多布里昂的朋友，曾写过好几本小说，其中小说《乌里卡》写于1823年。最后一位个体城堡主曾经是美国人，律师出身，性格有些古怪，铁杆亲法人士，名字叫维克托·雨果·杜拉斯，1943年辞世。他在华盛顿州的继承人也姓杜拉斯（2002年，他们的姓氏在当地得到了认可）。杜拉斯城堡现在是当地市政府的财产，边使用，边修复。

13. 《厚颜无耻的人》，伽利玛出版社，79页。

14. 同上，179页。

<u>杜拉斯的小火车</u>：

杜拉斯小时候肯定看过小说《大西洋神岛》。伯努瓦本人就是西南部人，在《大西洋神岛》里，他给杜拉斯塑造了一位英雄——圣阿维中尉。这就告诉安蒂内阿，大陆的神秘公主被大洋淹没了：

她思索片刻。

杜拉斯。有条小河，德罗。有座大古堡。

您熟悉杜拉斯。我不假思索地喃喃低语。

从波尔多走，坐小火车。……这是条穿山越岭的路，漫山遍野的葡萄树环绕着古老的断壁残垣。村庄的名字很好听，什么蒙塞居尔、索弗泰尔-德-居耶内、特雷斯纳、克雷翁……

您去过吗？

她看了我一眼……

我是否去过杜拉斯？……你在逗我吧。你以为海神的孙女能乘坐地方出资修建的头等火车吗？她伸出手，指给我看一块白色大岩石，比花园里的棕榈树都高。

它挡住了我的视线。她神情严肃地说。她在零乱摆放在周围的书堆里，信手拿起放在狮皮封面书上面的一本，随便打开来看。

这是西部铁路列车到开时刻表。她说。不出门的人看这样的东西，真是难得呀！

15.《厚颜无耻的人》，同前，163~164 页。

16. 洛特-加龙省存档的地籍局档案材料（1242 号）里有这样的记载：1859—1860 年，"普拉提耶建了幢房子"。1860 年 1 月 12 日，罗伊将让娜·布朗夏尔迎娶进普拉提耶。时间过去了很久，帕尔达朗的人依然记得这场婚礼的盛况，因为婚礼的豪华前所未有，给当地人留下了深刻的影响（新娘走的是地毯，"她的脚就没挨地"，当地人都这么说）。

17. 同前。

18.《厚颜无耻的人》，同前，89 页。

19. "过了很久，一个有钱人买下了庄园，并在周围搞了个花园。"在《厚颜无耻的人》（164 页）里，她告诉了莫德。

20. 马尔芒财产抵押局，洛特-加龙省档案馆。

21. 1921 年的售买契约里有关于"行人通行"权的条款，该权利在 1898 年已重获确认。条款规定："利用普拉提耶庄园的通道，利用从索弗到埃梅沿途的铁路，建立普拉提耶庄园住宅与洗衣池以及位于铁路以南，包括德罗以南为界的庄园附属建筑物之间的交通。"

22.《厚颜无耻的人》，同前，60 页。为了我们能够了解主人公在 20 世纪 30 年代（小说的背景年代）就已经是大姑娘的方方面面，作者增加了这么一句话："没有任何义务逼她低头，除非她想放纵自己。"

23. 这个地窖很大，不仅储存了大量的葡萄酒，还有一个酒池，容量为 20 桶，还有 1 台压榨机、1 个卸葡萄的专用窗口。（庄园售卖契约，省档案馆）

24.《厚颜无耻的人》，同前，68 页。

据 1943 年出版的一本专著记载："自古以来，葡萄就是本地区的主要作物。”在1871年的阿让葡萄酒和白酒展览会上，当地出产的白酒因其质量上乘再次名列榜首。1879年，葡萄根瘤蚜虫病侵袭本地葡萄种植业，敲响了当地葡萄酒由盛转衰的丧钟。后来人们不种植葡萄树，转而栽种松树，出口树脂，但后来也放弃了。作者认为：“原因是树丛太多，漫步者的脚有时候也会涉足葡萄棚，久而久之，葡萄棚就又成了帕尔达朗久负盛名的葡萄种植业的最后一份遗产。”（《帕尔达朗地方志》，努盖斯，塔贝斯，孤儿学徒出版社，1943年。）

25.《厚颜无耻的人》，同前，54页。

26. 法国烟草专卖局专卖权明确规定：“种植权”要给予那些符合种植要求（西南部，罗纳河谷和伊塞尔）的农耕区。烟草种植是17世纪发展起来的种植业，后来逐渐萧条，第二帝国时期在西南部恢复活力。从此以后就诞生了干燥室，干燥室是木质结构，配备了百叶窗，以解决通风问题。这样的干燥室今天在马尔芒和杜拉斯地区还能看到其残迹。见《加龙河中游、阿热奈和下凯尔西》，德方丹，阿让，1926年。

27. 庄园售卖契约，省档案馆。

28. 与福尔森电话交谈，2001年9月17日。

29. “我想很快就到剪羊毛的时候了，快到挖土豆的时候了，快到采烟叶的时候了，快到在阁楼大案板上整理干烟叶的时候了。”（《平静的生活》，伽利玛出版社，50页）

《小拉鲁斯词典》的定义：“manoque，n. f. 庇卡底说法，小捆的干烟叶。”

30. 阿让的李子干：

本地种植昂特李子，或者叫阿让李子。用这种李子可以加工出著名的阿让李子干。根据前面引述的德方丹的研究成果，16世纪种植李子被引进本地（以前本地种植无花果，果子采摘后在太阳下晾干）。面包炉是传统的烘干场所，一般都在屋外，也能用来烘烤干果。阿让李子原来是产于加利福尼亚的李子，让圣克拉拉峡谷的人走上了致富的道路。在淘金时代，由祖籍西南籍的法国兄弟佩利耶引入法国，由于适应当地的土壤条件，获得了成功。据我们在若泽见到的两兄弟的后代讲，现在，当地人在数年前就开始出口该峡谷出产的李子，然后再加工成阿让李子干。

31. 现代出版档案馆，杜拉斯基金会。

32. 德方丹，同前。

33. 在家庭的影集里，杜拉斯没有找到一张普拉提耶庄园兴盛时期的房屋照片，研究人员只好去大胆想象，依据不是根据仅存的为数不多的资料，就是幸存下来的一些文件（如亨利·多纳迪厄去世1年后完成的亨利·多纳迪厄财产清单），还有普拉提耶庄园依然有人居住时的一些人的回忆。

有一张普拉提耶庄园房屋的平面图，但这张图是1998年按照福尔森的记忆绘制的。在绘制时做了些校正，参考了一本图文册，题目叫《杜拉斯在普拉提耶》，1999年出版，作者是阿梅兰－巴罗、拉雪兹－佩内、费拉里和朗贝尔。

34.《厚颜无耻的人》，同前，64页。

35. 在《厚颜无耻的人》里，数个下午，格朗特－塔内朗夫人——莫德的母亲“仰躺在安乐椅上，安乐椅就放在花园和菜园交汇处的平台上，此处正好有棚架，不是很热，有时候她会睡着”。她女儿此时恰巧“坐在修剪成长凳状的松枝上，心不在焉地看书”。在花园的另一头，雅克（莫德/玛格丽特的大哥）“穿着短袖衫，正在整修凸向大路的花坛，低着头，挥动镐头挖地。亨利（玛格丽特的小哥哥）和他的伙伴们在德罗河边钓鱼。时不时能听到鱼儿上钩后伙伴们欢喜的叫声。塔内朗夫人怕女儿看到她昏昏欲睡，就睡眼惺忪地喊了一声：‘别待在树荫下！太凉爽，对身体不好。听见没有，莫德？’”

36. “庄园小丘的低洼处有眼水流喷涌而出的泉眼。”《厚颜无耻的人》，同前，34页。

37. 马尔芒财产抵押局，洛特－加龙省档案馆。

38. “她觉得周围的土地变成了梯田、田野、农场、村庄，德罗河像是排好了永久的和谐顺序，确信在这个小天地忙碌的人们走后，它们依然如故。”（《厚颜无耻的人》）这段话被刻在一块纪念牌上，立在帕尔达朗教堂前面，1997年12月18日，教堂举行宗教仪式，市长卡迪奥先生前来参加。

39. 1996年10月和2001年5月先后在帕尔达朗和蒙特通与巴罗夫人的交谈，以及此后的数次电话交谈。

40.《厚颜无耻的人》，同前，167页。

41. 和巴罗夫人的交谈。

42. 在帕尔达朗同德拉热先生的交谈录，2001年5月25日。

43. 亡故职务变更声明，洛特－加龙省档案馆。

44. 1804年民法典颁布实施，一直到1960年，几乎未做修改。民法典对此有明确的规定：“法律必须解决夫妇可能就其财产和相互权利而建立的协议。……法律决定夫妇结合时的财产，若夫妇婚后认为有必要，结婚时可以建立而没有建立专门的协议。……若没有专门规定违反了夫妇财产共有制度，或者修改夫妇财产共有制度，夫妻合法的共有财产就构成了共有权法。”

45. 罗歇·多纳迪厄：

亨利·多纳迪厄从印度支那地籍局退职以后，又在法国本土重操旧业，成了土地丈量员。1915 年，他当时在罗斯尼上塞纳上班，想应聘去摩洛哥工作。1915 年 4 月 10 日，外交部政商局局长向殖民地部部长了解他的工作情况，并要求调阅他的行政档案。10 月 27 日，外交部“责成利奥泰将军全面审查多纳迪厄先生的申请”。审查的结果是正面的，10 月 27 日，罗歇·多纳迪厄到了卡萨布兰卡，1918 年 2 月 9 日在卡萨布兰卡再婚。1921 年，他哥哥在帕尔达朗去世时，他在回国途中。其间，他获得了法学学士学位，1925 年 1 月，担任翁赞市治安法官。翁赞是卢瓦尔－歇尔省的一个小城市。二战后，杜拉斯的母亲从印度支那回国，在翁赞购买了一处房产。罗歇·多纳迪厄和第二任妻子生育了 5 个孩子，在上卢瓦尔省结束法官生涯时，他已经是韦莱山市一审法庭的法官。1935 年 6 月 15 日，因突发心脏病在韦莱山市去世。

46. 引自当时的《民法典》。

47. 因亡故调职声明表，洛特－加龙省档案馆。

48. 亡故后财产清单，个人资料汇编。

49. 同上。

50. 洛特－加龙省档案馆。

51. 1927 年，应行政部门的要求，亨利·多纳迪厄死因证明由亲属提供，并出具了正式的抚恤金证。雅克·多纳迪厄这时候已达到了成人年龄，将领到拖欠的补助金。补助金直接由抚恤金管理处提取，没有交给亨利·多纳迪厄的遗孀。

我们在查阅档案时发现，档案材料里没有任何线索能证实阿德莱在他撰写的《杜拉斯传》44 页里描写的事情：“玛丽·多纳迪厄没能要回普拉提耶的房产，但（她）剥夺了丈夫两个儿子的继承权，领取丈夫的抚恤金，一直领到孩子成年为止。”她既无权剥夺前夫儿子的继承权，又没办法将前夫小儿子的抚恤金据为己有。至于普拉提耶的房产，她确确实实“弄到手了”，至少数年后会弄到手。

52. 海外档案中心。

53. 河内退休金管理处的一张邮政通知单显示，玛丽·多纳迪厄邮寄的第一份资料很可能丢失了，这份档案在官方的邮包里，1924 年 11 月在西贡港装上“海防号”轮船，但轮船失事了。

54. 海外档案中心。

55. 同上。

56. 洛特－加龙省档案馆。

57. 海外档案中心。

58. 省档案馆。

59. 海外档案中心。

60. 省档案馆。

61. 海外档案中心。

62. 同上。

63. 省档案馆。

64. 同上。

65. 海外档案中心。

66. 《厚颜无耻的人》，同前，28～29页。

第九章
去了那儿

“我们去那儿，走的是美丽的蓝色水路，乘的是白色大轮船，欣忭愉悦于芸芸行者，自豪于游于无垠碧波。”

——玛格丽特·多纳迪厄[1]

在法国差不多待了整整两年了，玛格丽特还会想念童年远去的往事吗？她刚过10岁生日，对印度支那的记忆也许有些模糊，但肯定没有忘却，对她两个哥哥的记忆那是绝对的清晰。皮埃尔是老大，第二年9月就14岁了，保尔年底就13岁了。对习惯变更住地和外出旅游生活的哥俩儿来说，再次穿越两海的行程无疑让他们喜出望外。他们的母亲前一年4月8日就47岁了，已经进入了不确定的转折点。公务员干到这一步，考虑较多的是退休，而非再去四处闯荡。但有一点是肯定的，她要抚养3个孩子，确实没有什么更好的出路，只能继续教书，能教多久就教多久。她不知道她准备乘船回印度支那后会干什么工作。为了在河内谋到一个小教的职位，她付出不少努力，但目前还没有什么消息。

在帕尔达朗的最后几天应该安排得很满，到底做什么，不难想象，无非就是些动身前的准备——整理箱包、关闭商行、拜访公证人、看望神甫迪福、告知分成佃户、向佣人道别（很可能是辞退），还有通知老师和邻居……玛格丽特的母亲忙得不亦乐乎，没来得及向索泰的邻居阿梅兰夫人道别，在轮船途中首次靠岸时，索性给她寄了张明信片表示道歉。明信片是这样写的：“**亲爱的玛丽，临行未能登门道别，并对你的帮助表示感谢，深感内疚。动身那天，事情实在太多了，还望你能原谅。**”[2] 动身的前一天，她也许能抽出时间，乘车去趟莱维尼亚克，给丈夫最后扫一次墓？让·多纳迪厄热情过度，在继母一家回国的第二天[3]，他就提出来要开车送继母去马尔芒，这不一定是因为他们的关系融洽，可能另有原因。要是他不伸出援手，继母肯定还得从波尔多坐小火车，然后先换乘马赛方向的快车，圣夏尔站下车，然后去若利耶特港，不能不驻足看一眼卡内比埃大街（不是说卡蒂纳大街和卡内比埃大街很相似吗?），不可能不去加尔德圣母院。众所周知，加尔德圣母院是漂洋过海者的保护神。玛格丽特回西贡搭乘的轮船是“亚马逊号”，是跑中国航线的远洋客轮。周五从马赛起航[4]，在浩瀚的蓝色大海上航行26天后驶抵西贡。这个喜欢海景的小姑娘有充裕的时间欣赏沿途一个接一个的美景。

远涉重洋

当时远洋亚洲充满了神秘色彩。《美丽的殖民地》记述了历史学家弗朗西尼的故事。弗朗西尼本人的出生地就是印度支那，他先搭乘小船，然后再登上驶往远东的大型客轮，开始了真正的首次远航。客轮确实像条诺亚方舟，舱内容纳了一个微型殖民群体。五六层甲板被分成神圣不可侵犯的3个等级。高等舱留给了官员、总督、驻扎官、公务员、校级军官、公司经理、所有所谓的“那里人”（老板）——有钱的旅行家、吴哥窟的观光客、猛兽捕猎者、作家、印度的土邦主、外交官、上海和其他地方的银行家。在船上也能见到“殖民地的人”，即所谓的“精英人士”；次等舱的乘客是小官员、小职员、士级军官、公司招收的新员工、种植园帮工、佐料购销员、“回法国”的印度支那大学生，他们是获准到法国本土继续求学的优秀生；三等舱在下面，是统舱，乘客是普通白人、普通士兵、找工作的人、无国籍人士、冒险家，这些人统统被称为“临时雇佣兵”，还有来自不同国度的东方人，他们不是中国人就是马来人。这艘客船宛如一个前卫的剧院，演出持续4周，舞台和布景与乘客动身前的梦想相吻合，与远涉重洋旅游的要求相适应，头等舱设施豪华，二等舱次之，但一般都比较舒适[5]。

1923年10月，克拉拉·马尔罗和她的名人丈夫去旅游，在她的心目中，“客船如同大海一样，让人感到有些失望[6]。他们给我讲的是城市，我却身处一家大旅馆，大得足以让我找不着北”。至于旅游，她的评价是：“旅途的时日由欧洲逐渐过渡到亚洲，乘客的情绪也在变化，幻想、思乡、希望、烦躁、疲劳，加之舱内通风不良、酷热难耐，必须全方位转动通风管，让乘客突然感到凉爽。”[7] 但无论如何，船上的生活是单调的，除了乘客，还不就是乘客？“是呀，但慢慢就有了花样，开始玩起了甲板游戏。乘客称其‘德克游戏’。救生圈当作球玩，乒乓球比赛，化装舞会，摆长椅子，绕甲板计数赛跑——头批参与游戏的乘客玩得很开心，因为大家发现，刚才的玩友在一轮游戏结束以后，有的解体了，有的留下了。不过大家都认为应该维持刚才的玩友顺序，继续游戏——航速竞猜、鸣响雾笛、公布午间新闻等等。大家感到惊讶的是，乘客在游戏，客轮飞速航行，将目的不同的乘客运送到同一个目的地。”[8] 这些游戏活动可能让玛格丽特和她的两个哥哥一路精神抖擞，游兴不减。

应西贡律师莫兰的邀请，作家沃斯同年也去了印度支那。后来莫兰同马尔罗夫妇的联系很密切[9]。关于他们的交往，他在《交趾支那》一书中作了交代。但在提到游船上的乘客时，他的口吻并不柔和，直白地表示了他的蔑视之意：“殖民佬，自命不凡的小官员，思想狭隘的大兵。从旅行开始，没有一个人给他留下好的印象，因为他们谈论他们的孩子，一般都是谈论‘本地人’[10]，他觉得他们的谈论方式很可恶。”维奥利是“有政治倾向”的女记者，1931 年在雷诺（刚被任命为殖民事务部部长）之后去印度支那采访，此时，她的大作《达达尼昂》“闪亮绚丽”面世。我们这么讲，有充分的理由：“我们得知部长将搭乘该客轮巡游，船上的乘客有官员、移民、金融家、企业家，他们缩短了假期，纷纷涌上客船返回工作岗位。”她在书中写道，这是他从船长岗位上退下来之前最后一次远航。于是她带着关怀心，细心观察他的一举一动，她发现“他像船员一样，脸上洋溢着憨厚的微笑，晚上跳舞劲头很足，宛如单纯的见习水手”。她认为他是“这里唯一没有野心没有杂念的人”。发现这些小事不是女记者此次漂洋过海的全部，她出远门的目的很明确，就是捕捉共产党人示威游行、当局镇压后发生在“那里”的新闻，因为示威事件的反响一直传到了巴黎。她对此次采访不会失望，读者就更不会失望了。她的游记集里报道了种种暴行和不公事例，法国许多有良知的人认为，这是敲响了警钟，但在 20 世纪 30 年代末的动荡[11]之后，警钟的事就被人们遗忘了。我们还有机会再讨论这个主题，因为这个主题在许多年之内不会涉及到玛格丽特。至于她的母亲，她不会做政策不允许的事情，完全可以肯定的是，在印支联邦公共机构供职的公务员按规定不能涉足政治，官方也规劝他们好自为之。

首次靠岸

弗朗西尼强调船舶中途停靠，在首航中扮演着重要的角色，“它不仅能充实梦想的形成，又能催生新的梦想”。每个游客似乎都赞成这个观点，而且不同程度地描述着相同的事物，但描述都从各自的观点出发。克拉拉·马尔罗指出，“也有中途停泊美妙无比，如同介绍中东、小亚细亚、非洲、亚洲的地理书”。客轮抵达塞得港，乘客都看见“有小男孩子在贩卖淫秽明信片，他们‘没变嗓音’的妹妹也在兜售淫秽明信片，有的小男孩还要给你擦皮鞋”。她一针见血地指出，“得活下去呀，没办法，要么就得找别的活路”[12]。客轮刚刚驶入苏伊士运河水域，“那里有西奈山，长长的航线连绵不断，山丘接着海平线，沙滩变幻不定，目力所及，时而是褐色，时而又是赭石色”[13]。

苏伊士给维奥利影响最深的，就是“第一枝颜色如火似血的金凤花”，除此之外，还有“第一群骆驼，身影映衬在云淡炎热的天空，形成了数个三角形”。弗朗西尼把过运河看成既是“一个决定性的时刻”，又是“一个短暂而真实的仪式，其特征是采纳白色衣裳和太阳帽。更换服饰具有双重意义，一个是肉体脱离了沉重的深色呢子衣服，没有精神束缚，没有了动身前的顾虑，顿时感到无比轻松”[14]。维奥利也有同感，但更关心的是过运河的经费问题。维奥利指出：“住店伊斯梅利亚。伊斯梅利亚是个繁华的花园城市，建成以后就一直是苏伊士运河国际公司总部所在地。”在此处一个激动人心的小天地里，儿童卧室狭小而简陋，写字桌皮革台面千疮百孔。莱塞普在这里辛辛苦苦工作了10个年头。她振振有词地辩护说：“有尊舞台用的铜雕像，就在那儿，矗立在码头。”惊悉她和部长同乘的客轮“要交纳50万法郎的运河通行费”，她就嚷嚷开了：“这明明是给股东们贡献巨额红利，确保全球的离职或者退休政治人物能得到客观的岁入。”[15]……万事皆成诉。

到吉布提了。“第一次正式中途靠岸。部长的随从们高高兴兴地穿上了白衣服，戴上了太阳帽。赤日炎炎……城市死气沉沉。房屋低矮，四周小花园环绕，传说的锌棕榈从前是从阿莱兄弟那里引入的，现在取而代之的是细弱得让人可怜的树木。”[16]弗朗西尼认为，“在苏伊士，尤其在吉布提，景色对身心是很有益的。在这个烈日炎炎的弹丸之地，当地的风俗包含了贫困肮脏的一面，又包含了贫困残酷的一面。有人寻开心，在海里投下几枚硬币，小孩子们就扎猛子去捡，有时候会一头扎进鲨鱼群，还有人闹着玩儿，观看未到婚龄的姑娘们在污垢斑斑的帐篷里表演裸体舞”[17]。克拉拉·马尔罗在吉布提看了一场大同小异的表演。她惊叹不已：“这一次是在别的地方看的，在一个广场上，那里摆放着许多硕大的土制蜂箱，一个挨一个，里面还有几个人。在一个蜂箱里，夜色已经降临，几个漂亮的姑娘一丝不挂，在给我们表演裸体舞。”肯定是这样的……“后来天全黑了，远处的干盐湖后面出现了流浪牧童和长矛的影子。”[18]

玛格丽特也许没看见可能会引起她好奇心的流浪牧童是什么样子。通过她母亲寄给阿梅兰夫人的明信片，我们得知“内内”可能给她的女朋友伊维特写过信。多纳迪厄夫人说：“但是，她晕船感到很不舒服，没了一丝勇气，只好等到下次客轮中途靠岸了。”她接着说：“直到现在为止，我们的旅途不是很顺利，海上风高浪急，气温变得一天比一天让人难以忍受。”[19]这样的温度在整个横渡印度洋期间不会结束。“季风发过淫威，天空灰暗，潮湿炎热，腥风阵阵，长长的波浪折腾得客轮摇来晃去，让人胃里翻江倒海，把脑子掏得空空如也……餐厅里，风扇发出嗡嗡的响声，吹起乘客汗津津的额头上的头发，吹得倒下直不起来的衣领瑟瑟抖动。用餐的人不是逐桌寻找对方的目光，就是避免目光相遇。许愿，拒绝……安南人穿着一身白衣服，身材显得很苗条，他们不是靠着隔墙，就是纹丝不动地站着，双手交叉抱在胸前。”[20]只要运气好点，《印度之歌》的未来作者一定会有充沛的精力观察到一些很有启发性的场景。

我们自己来看一看头等舱的餐厅吧。我们的乘客按惯例要在餐厅度过他们旅途的大部分时间。早餐 6 点 30 分开始，9 点结束。11 点 30 分用午餐。4 点用茶点。晚餐 7 点开始，8 点 30 分结束。据“回印度支那”的远洋常客说，客轮上的饭菜质量很好，只是花样有点单调。菜品实在很丰盛！到底如何，任人评说吧。下面是法国邮轮公司向乘客推荐的菜单[21]。

早　餐

咖啡，茶水，植物花茶，巧克力，燕麦粥，煮鸡蛋，火腿肠，牛里脊。

小面包，土司面包片，黄油，果酱，果盘。

午　餐

英式土豆，鲁盖棕榈心，意大利博洛尼亚香肠，油炸鲭脊肉，酸辣汁羊舌头，白菜心拌香苹果，费康一口酥，罗托马戈荷包蛋，煮鸡蛋，埃及小肥鸡，炒米饭。

贝亚恩心形里脊肉，烤羔羊排骨，心桥土豆，黄油全枝菠菜，野兔肉馅饼，巴黎冻汁肘子，蒙维尔梅伊生菜。

布尔达卢香梨，鸡鸭酥臀，洛克福羊乳干酪，果盘。

红酒，咖啡，植物花茶。

茶 点

茶水，牛奶，黄油，果酱，巴黎甜点，饼干，吐司。

晚 餐

春鲜蔬菜御膳肉汤，新鲜豆乳，煮鸡蛋，香汤煮鲑鱼，清蒸土豆，弗来米风味鸡蛋，贝尔维锦鸡脯肉冻，核桃烤牛肉，安娜土豆，棵雷特生菜，莫尔奈花菜。

内吕斯科冰淇淋，梅内利克果汁，棕榈果冻，布里干酪，格吕耶尔奶酪，果盘。

红酒，茶水，植物花茶。

如果你节食，不用担心，你可以享用“蔬菜泥，黄油面条，白米饭”。

鉴于菜单丰富，乘客又注意自己的体形，所以饭后必须到甲板上去走一走或打打乒乓球。

英国领地

我们继续与维奥利和马尔罗夫妇一起旅行。客轮首次抵达科伦坡及其港口。“两道长长的海湾堤岸中间，停泊着 3 艘英国巡洋舰，货船寥寥无几，卷边的小舢板倒是很多，船上人声鼎沸。我们旅游团的团员都住在印度，团长是加尔各答总督和总领事，他们率领全体团员登上甲板，迎接部长。”[22]数年前，马尔罗就曾站在客轮甲板上凝望过小船，船上“满载印度人，他们一面上船，一面拧他们的湿头巾。还有许多水果”。清风“贴着他身而过，宛若柔软的纤手在抚摸。”[23]下一站的停靠地是乔治市，坐落在槟榔岛上，今天依然叫威尔士亲王岛。马尔罗前女友对该市（我险些在槟榔市的一条臭气熏天的小河[24]里溺水身亡）没有什么好印象。客轮继续航行，穿过马六甲海峡。《皇家大道》的作者继续着他的遐想，回忆起过去的往事。今天上午，他朝外张望，只见“舷窗外有乘客伸出食指，指着一处景色”。他连忙登上甲板。这时候，“太阳透过积云的裂缝，射出一缕微弱的亮光，照亮了苏门答腊岛一侧的臭水水面”。他开始观察四周的景物，只见“望远镜里，从峰顶到海岸，绿叶一望无际，到处是高耸的棕榈树”[25]。维奥利顺便写道：“碧海与阴沉的天空之间出现了一种奇特的微光，形成一块色彩单调的屏幕，圆鼓鼓的乌云一团接一团飘过，宛若中国的皮影。微弱的亮光有时候刚露面，立马又消失了，谁也不知道是阳光，还是月光，突然又洒向大地，如同一阵劲风，将锅炉房的热流吹散开来。”“赤道的光芒！”她大喊一声。“绕过众多礁岛，驶过两岸翠绿的水道，客轮进入了亚洲的直布罗陀海峡新加坡。新加坡是大英帝国控制印度洋和太平洋的重要基地。”记者出身的维奥利不想让读者徘徊于美景而忘乎所以，就故意抹黑其特点，客轮像“燃油储存罐、堤岸里程碑、大型货栈、码头货舱，坚固无比，咄咄逼人，四面有口，下面是简陋的舱室，一字形在水面上排开，一间挨一间，船影生硬宛若战舰……”[26]

克拉拉·马尔罗对英式风格的马六甲海峡的态度还是比较宽容的，因为当时海峡属英国所有。她透露说：“我通过英国的殖民地了解了英国，了解了英国人的中晚餐，了解了英国屋后的草坪，了解了英国人穿的长袍，了解了英国人的白色休闲服。”[27]人们一般都承认某些因素，但这些因素可能不适合杜拉斯所处的环境。在此次远洋开始的时候，杜拉斯还只是一个成长中的作家，在她的个人的词库已经储存了一些地理名词，在后来的写作过程中广泛使用，其数量不亚于童话人物小拇指撒在路上的小石子，比如科伦坡、加尔各答、乔治敦、马六甲海峡、苏门答腊岛、新加坡、婆罗洲、孟加拉湾、中国海、泰国湾……在威尔士酒店旁，她狠狠折腾了一番斯特雷特，再按照塞里格的特征，把《印度之歌》搬上舞台，之后又把这首高雅的曲子改编成一首久远的殖民梦幻曲[28]。客轮在锡兰中途停靠期间，她肯定看到了那个神秘的寓所，后来就根据想象在恒河三角洲建了一幢，就像普鲁斯特综合两处建筑物卡布尔和特鲁维尔的风格，来建设他年轻时心仪的酒店。玛格丽特也要分别取锡兰和新加坡著名酒店高尔菲斯和拉弗尔斯，建自己喜爱的大酒店。据说这两家酒店是“东方最豪华的酒店之一”[29]。

旅游结束

至于玛丽·多纳迪厄，她不可能在远涉重洋期间海阔天空去幻想。她操心最多的是她的孩子和新的工作岗位，因为她不知道，这个工作是否合乎她的心意。6 月 23 日，客船在科伦坡靠岸，她借机给河内教育局局长发了封电报，催一下他尽快安排自己工作。电报内容是这样的：“**谨致敬意。因儿子教育问题，请将工作地安排在河内。承蒙关照，不胜感激。多纳迪厄夫人**”[30]她急切地等待着回音。客轮要在海上航行几天！客轮在新加坡靠岸后，又缓缓驶离码头，航向朝北，经过南中国海，驶向西贡。在浩瀚的大海上航行了26天后，圣雅克角在望了，客轮终于快要抵达目的地了。旅游即将宣告结束。

最后再看一眼秀丽的风景。“客轮驶近同奈河口，中国海碧绿清澈的海水变成了可怕的赤灰色，水中尽是淤泥。圣雅克角的海滨小浴场虽然镇守河口，却既不像是戛纳，又不像是蒙特卡洛。等到了西贡，这才意外地发现，海滨浴场原来坐落在内陆。走过几道骊色丘陵，只见景色不一样了，眼前是一望无际松软的原野，无比的平坦，可喜的是，雨季也依然是葱绿一片。客轮在慢慢地前行，两岸是高低不同的红树，时而同舢板交错而过，时而超过舢板行驶。舢板上的船工衣衫褴褛，褪色严重，让人觉得像是赤贫的难民。在初次到这里的人看来，船工头上戴的锥形大帽子很有他们期盼的异国情调，但仔细看一看这枯燥的景物，疑窦顿生，这地方是希望看到的人间天堂吗？终于看到了教堂顶上的赭红色风向标，风向标的顶端镶着一个绿色的饰物。”[31]据弗朗西尼回忆说，多纳迪厄的遗孀及其家眷没有列入新到殖民地来的人员名单当中（因为杜拉斯的母亲不再希望看到她非常熟悉的舒适之地，只希望新的工作地能让两个孩子有学上就行），当然也就不算在印度支那的法国侨民当中。今年的情况和去年秋天相同，马尔罗父女俩一到西贡，就被印度支那的法国侨民团团围住了，嘘寒问暖，而多纳迪厄则没有人理睬。印度支那的那些法国侨民“见到他们有影响的同胞，格外地高兴”，在亚马逊酒吧围绕着一个叫佩尔诺的新生儿聊开了，说这孩子是“听话的孩子，在一间屋子里等他们光临。屋子里多处都是他们认为算得上古董的刺绣、银器和玉器”[32]，而且还有其他稀世珍宝。由于是长途跋涉而来，我们的旅客进了门以后可以放下行李，走的时候再带走。这幢房子位于大湖之滨的大佛居住区，那里的气候比较温和……

很不幸，行政部门的答复没有理睬玛丽·多纳迪厄的要求。1924年7月1日，玛丽·多纳迪厄在西贡下船，并从当地教育主管部门获悉，她的工作地不变，还是金边。她还得换乘内河客船继续赶路，7月初，带着3个孩子，回到柬埔寨首都金边，当时正是收获季节，学校刚刚放暑假。离开金边已经两年，回来确实有两个不利因素，一是炎热潮湿的气候，慢慢可以习惯，二是暑假期间不便调动工作，“走门子”的最好时间是当地教育部门和河内主管部门的负责人没有外出休假之前。他们有人去了中国，有的去了避暑山庄，有的去了法国。安贝尔－埃斯是亨利·多纳迪厄的正式继任人，是称职的官员，工作很认真，休假前已经不办理工作调动申请了。玛丽·多纳迪厄申请调动工作时，有关新学期的工作安排已经敲定，柬埔寨初等教育局局长已经度假去了。

为了走出自己也不愿意看到的困境，杜拉斯的母亲准备和行政部门进行长期的交涉，因为她担心目前的情况可能对她的职业生涯，对孩子们的前途产生不利的影响。7月中旬，她从金边给印度支那总督去了封信，说了她的想法，说她处于人生的重要关头，因而她的孩子也处在他们的人生紧要关头。

总督先生：

很荣幸给您呈递申请，恳请予以考虑。

7月1日，我搭乘“亚马逊号”客轮从法国回来。在西贡，我得知我被调往柬埔寨工作。我要是一个人的话，这个消息会让我很高兴，因为在1921—1922年间，我曾是诺罗敦女子学校的校长，我一心扑在工作上。可是我有3个孩子，两个儿子分别是14岁和13岁。他们已经读完初一，金边没有法国学校让他们继续读书。所以，我在客轮中途停靠科伦坡时，给东京主管教育的当地领导人拍了份电报，告诉他因为两个儿子的上学原因，请他把我调到东京工作。但没有获准，我又转而向总督先生您写信，请求得到您的关照。现在学校已经放假了，也许能给我在东京安排个工作，因为我在东京已经工作4年了。

其次，我在这里的职位在我回法国之前就已经有人在干了，因此，尽管我有职称、有教龄，但因为没有房子，因而我还得和3个孩子住旅馆。我的大部分薪水都花在这个没有起居设备的旅馆了。然而，我在东京有套住房，我可以很容易地住下，也不需要花什么钱。

最后，总督先生，请允许我再说说我恳求您的最后一个目的。我可怜的丈夫1921年就去世了，他和前妻育有两个孩子，一个还未成年。因为有他们，我曾经遇到过很大的麻烦。我现在必须把我在前面和您说的那所房子拍卖了，以解财产继承问题。所以我必须待在东京。如果我不能获聘在东京任教，我必须在假期自掏腰包去东京。这样的话，我的花费将十分巨大。

因此，我把这些事情讲出来，请总督先生公断。我冒昧地提醒您，我已故丈夫曾在印度支那供职17年，是个勤勉的公务员。我本人在殖民地已经工作了20年。我全身心投入教育工作。可是现在，在我的孩子需要帮助的时候，我却无能为力，他们的前途不可能不受到影响。这个问题不仅让我焦虑，也加重了我的负担。

总督先生，希望您能批准我的申请，并请接受我衷心的感谢和诚挚的敬意。

多纳迪厄遗孀[33]

马诺利酒店

在诺罗敦学校前校长玛丽·多纳迪厄离岗期间，她原来在老王宫里的那套职务住房已经给了另一位女老师，也就是她的继任者。所以，玛丽·多纳迪厄必须去住旅馆，而且必须到欧洲过客常驻的旅馆去住。作为前校长，正如她自己所说的那样，尤其是作为前教育部门负责人的遗孀，只有住酒店才像话，那么这家酒店非马诺利酒店莫属了。马诺利酒店的名字还是那么气派，叫什么“马诺利大酒店”，其实就是马尔罗夫妇住的那家旅馆。前一年 12 月[34]，他们夫妇卷入了非法买卖考古物品案，从年初开始，他们就待在那里，苦苦等待司法部门的处理结果。多亏克拉拉·马尔罗的提醒，她们才知道，要入住拉格朗迪埃码头的这家旅馆，必须得考虑到旅馆的声誉和设施。“马诺利酒店我们曾经住过，老板是希腊人，他把我们当普通旅客招待。怎么来辨别谁是普通旅客呢？进门后，走进左面的大厅，就看见每张餐桌上的天花板上有吊扇，而且在呼呼地旋转。这就是豪华旅馆，不像是吴哥窟的简陋客栈，让我们感到很舒服。吴哥窟的旅馆里没有吊扇，而是用绳子拉动的布风扇，很宽大，如同一个大风帆，在吃饭的时候，每分钟从客人的头顶上掠过两次，扇过一阵让人恶心的热风。”这是公共场所的情况。现在我们来看看客房的情形。“我们住的客房墙上刷过白灰，空间比较大，配备了一张宽大的卧床，卧床被蚊帐裹在里面，还有一张木质桌子，看上去脏兮兮的。这就是金边高级旅馆的客房。”[35]

这些有头有脸的客人是怎么打发他们的闲暇时光的呢？“我们躺在床上看书。因为现在我们有了一个发现，其重要性不亚于我们在丛林中的发现：金边拥有一座结构很合理的图书馆。”[36]人们不禁会想，一个叫玛格丽特的小姑娘住在另一个墙壁雪白的“舒适”房间里，关上百叶窗，坐在归属可疑的木质桌子旁，专心致志地阅读一本书，这本书直接出自这座幸运的图书馆。[37]如果是一位年轻的巴黎考古学家在吃饭的时候，独自一人（他妻子刚离开该市）坐在大风扇底下，也许出于好奇会漫不经心地瞥一眼邻桌的人，发现是服丧的女教师和她 3 个懂事的孩子，谁也就没什么话可说了。没有任何迹象表明，《人类的命运》的作者和《抵挡太平洋的堤坝》的作者之间曾经有过幽会，但后者的志向（如果人们相信的话）很快就表露出来了。至少基本上可以肯定的是，杜拉斯的母亲知道这件事在金边已经酝酿半年多了，欧洲小殖民圈的成员可能都知道事情的底细，只是在金边的居住区出现了两个不寻常的人，在特殊时期足以引起舆论的注意。

但是，诺罗敦学校的前校长有更重要的事情要做。玛丽·多纳迪厄在宿费不菲的马诺利旅馆[38]凑合住下，马上就意识到她出现在金边不是谁都希望的。她确实不知道，早在她到金边前的4个月，也就是1924年5月，教育局长安贝尔-埃斯就通过私人关系，“非正式地”获悉她休假结束即将返回的消息，于是就责成当时负责印度支那公共教育工作的领导人茹班“安排她到印度支那联盟的其他地方去工作”。安贝尔-埃斯声称，多纳迪厄夫人即使“在诺罗敦学校也好，考试委员会也罢，反正在柬埔寨留下了不好的印象，她肯定会要求做诺罗敦法国学校的校长”。可是，金边教育局局长已经任命弗洛朗坦夫人当该校校长，并认为弗洛朗坦夫人“不仅是个聪明的合作者，还是个忠诚的合作者”，而且对她的工作感到“非常满意”。结论很清楚：“种种迹象让人相信，多纳迪厄夫人的出现在女性员工内部制造了混乱与不和，而由此造成的直接后果可能就是让已经取得的成果打水漂。”弗洛朗坦夫人有可能“重振”诺罗敦学校。因此，多纳迪厄夫人这个有过错的人不应该被允许重返教育界[39]。杜拉斯的母亲彻底弄明白麻烦之所在以后，就可以指出，安贝尔-埃斯上任时，玛丽·多纳迪厄已经回国休假去了，他不了解玛丽·多纳迪厄，因此玛丽·多纳迪厄不知道安贝尔-埃斯是怎么评价她工作能力的。很显然，安贝尔-埃斯是不听则明、偏听则暗，对她的某些手下乘其休假恶意中伤的谗言，无论有无根据，一概采纳。亨利·多纳迪厄提到妻子在河内将和他一样，遭到妒忌时，曾经说过这样的话：“多纳迪厄夫人做什么都经过深思熟虑。她上课讲解很清楚，教育学生很投入……”他可能还补充了这样一句：“当校长也很投入。”这很可能就是遭人妒忌的理由。

绝处逢生？[40]

4月9日以后，为了对安贝尔-埃斯不公开的工作纪要作出回应，根据教育部门的要求，茹班上报柬埔寨总督：“教员的总体情况不允许采取初等教育局局长所要求的措施。”我们已经尝试着在安南那边找过“出路”，但是安南那边没有空缺的职位[41]。看来只能将多纳迪厄夫人安插在金边了。诺罗敦学校她是进不去了，开始先“协助”一下男子学校校长的工作。这显然不是个万全之策，因为“学校的教员已经满员，多纳迪厄夫人不可能有任何课可代”。亨利·多纳迪厄回国治病去了，方丹当时任代理教育局长，现在安贝尔-埃斯不在，方丹所负的责任和从前是一样的。安贝尔-埃斯现在可能是高升了，不会再回金边了。方丹想帮助他的同事，7月11日给常驻总督博杜安写了封信，他信中说：“有一个领导岗位更适合一位既热情又踏实更有经验的女教师去担当，这位女教师就是多纳迪厄夫人，她在印度支那出色地工作了20个春秋。请您考虑一下她的要求。”[42]据此，常驻总督博杜安欣然将多纳迪厄夫人的申请转给河内，还批了两个字“同意”。

8月，总督的批示和多纳迪厄的申请没有产生预期的效果，杜拉斯的母亲决定亲自去趟河内，去时好像是带着3个孩子（她的档案里没有任何记载）。时值盛夏，此次出行当然要冒酷暑斗炎热。乘船往返路途就得好几天，花钱活动，希望上面能听到她的声音……离开金边前，她又给总督写了封信，提出“本月27日星期三”求见。她在信中开门见山地说，她希望给总督谈谈她教育女儿的困难[43]。她的求见要求很可能会获准，因为总督办已经要求职能部门准备求见者的工作简历和日常工作情况的文字材料。这些材料很快就准备好了。工作简历充满了溢美之词：“杰出的女教师，聪明的教育工作者。”在简历的空白处，不知道谁又添加了这么一句：“与去年3月5日柬埔寨教育局长信上的说法不相符。”[44]正如博马舍戏剧中所描写的那样，“诽谤的气氛在继续蔓延”。就在这个节骨眼上，柬埔寨教育局局长去温泉疗养去了，有可能在维希某地的温泉疗养院，也有可能在普隆比埃某个地方的疗养院？

亨利·多纳迪厄遗孀的意见尽管上面似乎没有接受，但已经在8月27日的听证会上听到了，他们有可能设法在河内给她安排个职位。我们发现，在他的工作日志上写着这样几个字：“联系杜达尔？10月4日，联系杜达尔——德拉格雷路小学女教师。”8月28日，在工作日志的空白处又写了不同的几个字：“她到西贡以后，会同拉布罗斯会见。”拉布罗斯彻底解决这个问题了吗？作决定的过程中是否出现了其他新的因素[45]？不管行政部门的真实理由是什么，玛丽·多纳迪厄的努力依然没有结果，因而1924年新学期她不会被派去东京任教，更不会被安排到她准备让皮埃尔和保尔报名上学的中学去代课。无论她是极力反对这个决定，还是认为这个决定不公平，她都得待在金边。

杜拉斯生前一再坚持行政部门的做法不公平，她母亲是受害者，所以努力将她母亲列入被剥削者之列，但实际上是将她母亲列入了殖民制度的倒霉受害者的行列，这样的做法从本质上就是不公平的。因此人们有权提出这样的质疑，她是否从小就受到了这个信条的巨大影响，受到了一些真实事件的反响的影响，受到了各种尖刻批评的影响，可见她肯定在各种不同场合听到有人和某个偏执的上级、某个恶毒的同事、某个心怀叵测的办公室主任激烈争论之后，这些人在家里慷慨激昂的尖锐批评。总之，教师圈里的人际关系很容易被毒化，狭隘的殖民地公务员圈里的人际关系尤其容易被毒化。

玛丽·多纳迪厄不是那种“任人摆布”而不反击的人，如同行政部门处理事务，说到做到，或者明目张胆地行事（做手脚可以说是它们的拿手好戏）。安贝尔-埃斯的报复心很强，他的继任人选有了，并已经到金边走马上任。新任教育局长表面上对玛格丽特的母亲有好感，所以发现，“尽管她晋职已经三年半”，却未获得前任再提拔。他准备设法纠正前任的工作疏漏，就强调指出：“即使撇开当事人的工龄”和“当事人的真实业务能力”，“她也是整个印度支那教龄最长的教师”。他轻松说服常驻总督博杜安“支持地方行政部门负责人的意见”，给河内上报正式同意晋升决定[46]。找到解决办法了？晋升意味着变动，更意味着“调任”。博杜安的做法蒙混不了公共教育局的领导。为了显示权力，公共教育局已经作出行政决定——事前未通知当事人，准备将大家不想要的女教师调走[47]。多纳迪厄夫人可能是印度支那资格最老的教师，但依然被发配到距离西贡 130 多公里外的地方软禁起来，也就是软禁在“穷乡僻壤”。领导还“委任”她一个小小的职位，做湄公河三角洲女子学校的校长。该校地处永隆，是交趾支那地雷比较少的地方。

公共教育局这次的决定太过分了！杜拉斯的母亲决定维护自己的权利，并为此聘请了律师。11 月 12 日，律师立即起草了封长电报，发给总督办。电报里指出了针对他当事人所作的决定，有种种形式上的瑕疵。他直言不讳地说，这个武断的决定是“地方上搞的阴谋”。听起来，他似乎很有道理。过了两天，玛丽·多纳迪厄可能听了洛尔塔-雅各布律师的建议，给总督去了封信，请总督设立一个调查委员会，就此事展开调查。她在信中这样写道：“这是为了弄明白有关我遭受指责的事实真相。”起初，行政部门的立场似乎有些动摇，总督办秘书长责成公共教育局“延缓签发多纳迪厄夫人的调令”，另作决定并上报，同时要求明确“告知”当事人，公共教育局安排她去交趾支那工作，是出于工作需要的考虑。第三个决定作出了，决定“委任特级教师多纳迪厄夫人为永隆女子学校校长，接替祖籍曼努埃尔，调任柬埔寨的二级教师帕基耶夫人”[48]。玛丽·多纳迪厄是不得已而采取行动，但并未因此而放弃自己的权利。事情整整持续了两个月。11月底，她在永隆安顿停当以后，就被安排在“印度支那总督的领导下”开展工作。1925年1月31日，总督准备彻底解决这个争端，告知流放校长多纳迪厄夫人，她申请成立调查委员会的要求已经彻底没了下文[49]。

如果上级拒绝给她安排工作是为了能让她的两儿子继续上学，却没有对两个孩子的未来造成大影响，那么这一切就只能是行政部门玩弄的一个花招。10月初，她可能知道自己没办法被调到河内去工作了，于是决定把长子送回法国，托付给监护人迪福神甫照料。事情的发展证明，她的决定对皮埃尔·多纳迪厄造成了严重的影响。保尔是小儿子，留在母亲身边，和玛格丽特享受印度支那乡间的欢乐。保尔接受良好教育的可能性从此开始大打折扣。玛格丽特依然很幸运。1924年开学后，母亲给她在金边的诺罗敦学校报了名。我们从她10月2日给帕尔达朗的朋友阿梅兰的明信片得知，她在那里上学并不开心。

> 亲爱的伊维特：
>
> 收到你的信，我很高兴。别为我们的健康担心，我们都很好。我上学了，但我的同学们不是很友好。我很想念我普拉提耶的好朋友。我有个好朋友叫马雷，刚到金边才几天。皮埃尔回巴黎上中学了。这让我感到很痛苦。假期他会去看你们。我热烈拥抱你和你的妈妈，还有帕基耶夫人。
>
> 玛格丽特·多纳迪厄[50]

文笔比较规范，拼写错误是个例外。她母亲很注重这方面的问题，不久这个问题将不复存在。8月份，她母亲去了趟东京，逗留时间很短，卖掉了河内的房子，这件事情她没有向朋友透露。玛丽·多纳迪厄希望在家人曾经幸福生活过的城市安家落户，现在这个希望落空了，这让玛丽·多纳迪厄感到伤心不已。放弃和失败的感情是什么滋味，我们可以想象得到，在她人生背运的时期，这种感情完全占据了她的心，这种“失望”将给她造成深远的影响。这种失望有多严重，她女儿是见证人。

注　释

1. 1931—1932 年在巴黎撰写的私人日记，私人档案。

2. 寄给母亲的明信片被巴罗夫人收藏。

3. 跑中国线的客轮两周一班，星期六从马赛起航。

4. 1922 年 9 月 7 日乘车访问马尔，在亨利·多纳迪厄财产继承的文件里有记载。

尽管在解决父亲财产继承问题过程中，他们之间产生了分歧，但让·多纳迪厄和继母一直保持着联系。据她女儿讲，她母亲如果有求，尤其是为皮埃尔·多纳迪厄有求于让·多纳迪厄的时候，让·多纳迪厄会毫不犹豫地伸出援手。

5. 《1925—1945 年的西贡》。《从“美丽的殖民地”到革命爆发，或者白色上帝的终结》，（见《白城》一章）主编弗朗西尼，奥特勒芒出版社，1944 年。

6. 1923 年 10 月，马尔罗和他的首位妻子乘船先后去了暹罗和印度支那。马尔罗此次出访是受命出访，旅游是个托词，他是奉命去吴哥窟进行考古调查。他们搭乘的客轮是一个星期五起航的，那天是 13 号。该客轮跑中国航线，客轮叫“吴哥窟号”。这就使得有人告诉克拉拉·马尔罗，他们认为该客轮的名号是“命中注定的”。命运在捉弄人，“起航那天正好是个星期五。13 号”。克拉拉·马尔罗指出：“我不相信迷信，我相信事实。”他们先后不知不觉在巴黎和印度支那被警察机关给盯上了，几封来自巴黎画廊和美国富豪收藏家的信函引起了怀疑，在他们不知情的情况下，信函还没到金边，就在 1923 年 12 月 3 日被拆封了。他们被柬埔寨总督博杜安的私人保安给盯了梢。博杜安不费吹灰之力，就扣押了他行李中的几件雕像的稀有样品。这些雕像出自斯雷遗址。众所周知，这个事情后来变糟糕了，马尔罗遭金边法院起诉，被软禁了起来，等待判决结果。（海外档案中心，马尔罗/舍瓦松案件）

1925 年，人权联盟金边分部公布了一份关于“常驻总督博杜安行为”的报告，谴责博杜安滥用权力，指使警方盯梢途经柬埔寨的欧洲人。（海外档案中心）

7. 克拉拉·马尔罗，《我们的 20 年，我们的脚步声》，同前第二章。

8. 同上。

9. 马尔罗和莫南合作，在西贡报社出版了《有裂痕的大钟》，猛烈抨击殖民行政当局。

10. 沃斯，《交趾支那》，里代出版公司，巴黎，1926 年。

11. 该集子 1935 年由伽利玛出版社出版，书名非常前卫，叫《印度支那在呼救》，传播马尔罗在 1931 年 10 月 11 日出版的《玛丽安娜》一期上发出的号召。在这一期里，《人类命运》的作者主要写了这样一句话："很难想象，一个勇敢的安南人竟然是个革命者。"他后来还为维奥利的书作了序。

1926 年以后，沃斯也在《交趾支那》上发表文章指出："印度支那的土地将来属于安南，还是属于法国，还是属于中国？布尔什维克的影响会蔓延到这里吗？我把这些重要的问题留给政治家们，请他们给出答案，但不要下定义。"

12. 克拉拉·马尔罗，同前。

13. 同上。

14. 弗朗西尼，同前。

15. 维奥利，同前。

16. 同上。

17. 弗朗西尼，同前。

18. 克拉拉·马尔罗，同前。

19. 巴罗丛书。

20. 维奥利，同前。

21. 法国邮轮公司宣传册，海外档案中心。

22. 维奥利，同前。

23. 马尔罗，《皇家大道》，伽利玛出版社。

24. 克拉拉·马尔罗，同前。

25. 《皇家大道》。

26. 《印度支那在呼救》。

27. 克拉拉·马尔罗，同前。

28. 《印度之歌》，杜拉斯与塞里格、龙斯达尔 1975 年合作完成的一部电影。

29. 同上。

借多次横渡大洋之机，我们也许可以把追溯发现英国殖民地（锡兰、槟城、新加坡）时的特殊气氛、亲英的情结（名词、用语、歌曲、习性……）贯穿于杜拉斯的作品。

30. 海外档案中心。

31. 弗朗西尼，同前。

32. 克拉拉·马尔罗，同前。

马尔罗夫妇搭乘的轮船因意外推迟起航，到新加坡后没赶上去曼谷的轮船，只好一切从头开始。他们登上另一艘汽船，1923 年 11 月 3 日终于抵达西贡。（海外档案中心）

33. 海外档案中心。

34. 见第六章，杜拉斯 1921—1922 年初次去金边。

1924 年 2 月，克拉拉·马尔罗决定只身返回法国，但预审法官不同意，并对她提出指控。据其丈夫讲，预审法官的指控对她造成了严重的精神打击，导致其健康状况恶化，让他十分担心，促使他提笔给常驻总督博杜安写了封长信，请总督出面斡旋，让他妻子返回巴黎。总督出面，问题解决了，但克拉拉·马尔罗只能在 7 月的第一个礼拜离开金边回国，她走了，马尔罗就只能一个人待在马诺利酒店。1924 年 7 月 10 日，卡拉拉·马尔罗在西贡登船回国。（海外档案中心）

35. 她继续写道："我们在那里熬了 4 个月，当时是 1923 年的冬天，首先要熬过圣西尔韦斯特的冬夜。我整天觉得昏昏沉沉的，我穿着灰黄两色相间的长袍，这是普瓦雷式袍子，是我们结婚时做的。我擅自走进去，来到一个年轻人旁边，那个年轻人穿着合身的白色燕尾服。"克拉拉·马尔罗所著《我们的脚步声》，同前。

36. 同上。

37. 1999 年 1 月，我在金边寻找杜拉斯踪迹时经历了拯救图书馆许多图书的场面，那是最激动人心的一幕。图书馆的图书被红色高棉从书架上弄下来，扔到了马路上准备焚毁。抢救图书的人都是勇敢的柬埔寨人，他们冒着生命危险抢救图书。

38. 玛丽·多纳迪厄在给总督的信中提出的一个理由是，此次住酒店的额外开支花去她大部分的薪水。她的说法是完全有根据的。我根据总督府经济事务局给印度支那求职者提供的生活费用评估参考表，我计算了一下，玛丽·多纳迪厄的月薪略高于 1000 法郎（1924 年，她在殖民地的年薪是 1.1 万法郎，外加家庭补贴），勉强够 4 个人住这个档次酒店的开支。

39. 海外档案中心。

40. 请参考约内斯科的剧作《阿梅代或如何脱身》。1954 年 4 月在巴比伦剧院上演，导演是萨罗特。1961 年在奥德翁法兰西剧院再次上演。

41. 海外档案中心。

42. 同上。

43. 同上。

44. 同上。

45. 拉布罗斯不是大学教员，那年竟然当上了印度支那教育局局长，后来又获任接替茹班的校长职务。他1924年上任，1927年离任，在这个职位上一干就是4年。新总督梅兰在河内走马上任时，多纳迪厄夫人正好在休假，新总督肯定不认识她，但总督办主任蒙吉约1919年就已经在河内工作了，多纳迪厄夫人的丈夫调往金边工作时，他和多纳迪厄夫人很熟悉，似乎不赞成她再回印度支那联盟首府。他的意见最后还是发挥了作用。

46. 海外档案中心。

47. 晋升初步意见是11月2日提出来的。玛丽·多纳迪厄的正式调动决定是10月3日敲定的。

48. 海外档案中心。

49. 同上。

50. 巴罗丛书。

玛丽没有被任命为她要去任教的学校的校长。但诺罗敦学校（非宗教学校）当时是为公务人员的女孩子开办的唯一一所“法国”学校。1925年，玛格丽特给她的朋友又去了封热情洋溢的信。她在信中对朋友说：“我本想在你初领圣体时拥抱你，可我们彼此相距太遥远。如果你能见到皮埃尔，就请你告诉他，我紧紧地拥抱他。请代我拥抱你的妈妈，还有帕基耶夫妇。我紧紧地拥抱你。你的好朋友玛格丽特。”

据伊维特·巴罗说，帕基耶夫人是她母亲的表妹。她和玛格丽特经常去她家吃下午点心。她回忆说：“她溺爱我们。”

第十章

百鸟平原

永隆，我说过，那是交趾支那一个丛林前哨站。

它已经成了百鸟平原，世界上广袤的水乡，我想象。

——杜拉斯[1]

现在，旅客无论乘飞机从金边来，还是从曼谷来，都能透过飞往西贡的飞机舷窗看到这个广袤的“水乡”，薄雾笼罩，一望无际，目力所及，航道河湾，池塘小河，块块水田，碧波粼粼，蜿蜒曲折，好一派湖光水色……这难忘的景色一下子把读者带进了永远充满绚丽多彩的杜拉斯世界。在认真的读者看来，旅客必须下楼，走出去，从洲际大酒店（从酒店房间的阳台上，就能看到伊甸园电影院的正面）开始，走数小时稻田路，其间要避让众多不受交通规则约束的摩托车和载重车辆，就能顺利地走到景色秀丽的小城永隆。永隆坐落在前湄公河边缘，即现在越南的前江省，好像依偎在水天的怀抱。到了永隆，沿着“九龙河”[2] 漫步，就可以欣赏沿途的风景，首先抢眼的是花市，接下来是“喜马拉雅云海”[3]，堆积在对岸，放眼望去，近处有条条舢板、艘艘驳船，还有处处凤眼蓝丛生的小岛，在乳绿色的水面上游弋，远处是摇曳的棕榈树冠。站在邻近酒店的平台上，完全能欣赏到魔幻般的黄昏，斑斓的暮色多次遁去，又多次再来。当作家的能目睹如此美丽的夕阳，真是太幸福了。

年轻的玛格丽特·多纳迪厄就在这富饶的河滨（先在永隆，后在沙沥）生活了十多个春秋，从少年一直到青年，她都在这里度过。如果相信她在这里有过什么梦想的话，她早就梦想有一天能成为一名作家。她就是从这里起飞，飞向西贡中学，飞向初恋的激动。其余的事情，如同人们所说的那样，就都属于传闻了。我们知道，《情人》、《副领事》和《抵挡太平洋的堤坝》的作者在这方面有着无与伦比的天赋。

湄公河滨

什么样的地位，受什么样的尊敬。这是湄公河，距离源头西藏的山区有4000多公里之遥，“到了金边，湄公河就分叉了，分叉的地方叫四臂弯，向东去的叉叫前湄公河，在永隆流向交趾支那，然后又分了好几个支流，由6个不同河口或者6个门[4] 流入大海，比较大的河口是哨门河口，流经美荻[5]，并可通达大型轮船码头……由于三角洲的海拔很低，某些地段的地势甚至低于海面，海潮使大多数河流水位上升，这些河都流入南中国海，并在各自的水域网扩散。到了旱季，河水流量亏欠，水流量几乎完全受制于潮水。水量的丰沛与减少在300公里开外的金边都能感觉得到。潮涨潮落，交替发生，调节了交趾支那船只的流量，具有重要的经济意义”[6]。无须想象，为了突出这一点，多纳迪厄夫人上课的时候手上有地图，指给学生看，与女儿的说法不同，老师讲的内容很多，不仅给“当地”学生讲解贞德的故事，还讲解韦桑热托里克斯的故事，更讲解塞纳河的水流量。其实，只要看看当时的照片，就能发现在湄公河上航行的大小船只的数量，现在要想知道湄公河上航行船只的数量，干脆就沿着湄公河任何一条河湾逆流而上，途中导游会提醒大家注意观看沿岸繁荣的市场。在溪流上，就像在大河上一样，到处都能看到装卸各种货物的船只，有很大的大船，有小小的舢板。在地球上的这个地区，全部交易，或者基本上全部交易都在水上进行，昔日如此，当今还是这样。

永隆在安南皇帝时期就已经成为一个重要的战略要地，控制着内地的河流贸易，永隆市也就跟着成了频繁引发军事冲突的焦点。1920年初，多纳迪厄夫人来永隆供职时，永隆还只是法国人建起来的一个平静的殖民点，富庶的水稻大省的行政中心与这个殖民点同名[7]。“这是白人居住点，这些居住点里有垂直的街道，有花园，有栅栏，有河流，有法国人社团，还有网球场……”过了很多年，杜拉斯在一次谈话中，回忆说，她还记得她从1924年冬天到1928年秋天[8] 曾经生活过的那个小城的模样。永隆省当时的人口是18万多一点，其中17.4万人是“安南人”，其中有4000人是中国人，138人是欧洲人，其实大多数是法国人（一名神甫，他是美国人，还有他的家人），他们就住在永隆当地。除了永隆省的省长外，永隆省有1位省主席、1名法国检察官、1名预审法官、1名法院初审法庭的书记员、3名法国律师（一名叫梅里美）、1名税务员、1名公用工程科科长、1名海警保健医生、4名海关税务人员、1名财政部委派的发饷员、1

名邮政官员、1名农业科科长，还有警察总队——1名队长和3名法国警察。军方代表是一名少尉，统领由当地士兵组成的一支部队，还有1名中士。所有这些官员如果成了家，他们都和家人一起生活。永隆省有不少官员是越南籍，当时这部分官员被称作“土著人员”。他们当中有18人被委派到监督机关工作，11人担任县长，2人担任副县长（永隆省下辖有12个县）。还有3名法院副书记员、10名翻译、1名初审法庭的文案人员、4名助理医生及2名“殖民参事”，他们的职责未做明确规定[9]。

共建学校

玛丽·多纳迪厄任教于“当地的法国”学校，该类学校全省有教员171人。玛格丽特的母亲是省会女子学校的校长（她的上司是总校校长），手下有7名（欧洲籍）正式教员、11名聘用教员，其中10名是女性。由此可见，该校是一所比较大的学校。西贡图书馆收藏着当时该校的照片，从这张照片上，从我拍摄的该校大门的照片可以看出，法式栅栏和柱子依然如故，只有两个门扇上的金属招牌被换了名称（该校现在的校名是刘文烈学校）。透过围栏，可以看到校园里的树木和主道两旁的树木完全一样，主楼顶上的大钟一如既往地指示着时间。

一种异样的感觉占据了我这个游客的心。门卫很热情，允许我进去看校园[10]。永隆总校面积比较大，校舍都是平房，围着操场而建，草场边上大树参天，遮荫蔽日。校舍的建筑风格雷同，第一次世界大战后印度支那建的大多数校舍都是这种风格：屋顶是红瓦，延伸出来一点，形成一个长长的拱廊形挡雨屋檐；檐下有栏杆，既可用于教室通风，又可以遮阳；墙壁被涂成淡而柔的粉笔颜色（永隆的墙壁都是黄色），周围加上饰框，加上过梁，涂成白色，还有用彩色瓷片或者瓷砖构成的装饰图案……到处可见大小相同的宽大门窗，确保所有校舍卫生（校舍卫生不仅校领导十分关心，而且也得到殖民大国慈善家的关注）。中心楼上的大钟成为学校每个人的警钟，时时提醒大家，遵守时间[11]。北越官方青年导游陪我游览，那天我们在校园里偶然遇到一位老先生，这位老先生用常用的法语向我表示欢迎，我的导游（只讲英语）听了既惊讶，又有点怀疑。老先生讲了多纳迪厄夫人及其同事的学生从前在校园的活动情况，他们两人一排，不断变换队形。下课以后，多纳迪厄夫人的女儿玛格丽特就到院子里来玩耍。是的，老先生就是坐在这所初小的凳子上学的法语。触景生情，老先生掩饰不住心中的喜悦，给千里迢迢来自法国的游客谈起了往事。他小时候坐过的木凳子没有变，长长的课桌也依然如故，那块大黑板还在原来的地方。桌凳是经久耐用品，默默无闻地经历了历史性的变迁。老师的办公桌刚换，陈旧与现代就形成了鲜明的对比。

出了校园，就能看见左侧有幢房子，里面住着校长和她的两个孩子。因为百叶窗和门框上有家庭相片[12]，我一眼就认出是她的家。这是一幢平房，是她的职务住房，外观看上去很舒适，却并不显得很特殊。“我没有永隆的照片。”杜拉斯在写《情人》时很可能手头没有我现在搞到的照片，所以就在书中这样写道：“法国人没有占领任何一处花园、任何一条河流、任何一道长着罗望子树的大道，更没有占领任何一幢房屋，任何一间我们栖身的房间，用石灰涂白，摆上宽大卧床，铸铁镀金床架，房间明亮，如同被大路上紫红色路灯照亮的教室，灯罩是铁皮的，涂上绿颜色。”杜拉斯在想象力的驱使下，把这幢房屋列入了“超乎想象的地方范畴，一直都是临时住所，十分破旧简陋”。该书我们以前看过几页，我们相信我们明白了，屋子的墙壁涂上白灰，是为了保护自己不受蝎子、红蚁还有当地季风季节其他不受欢迎的访客侵扰。季风季节，花壁毯甚至简单的石灰涂料，它们的抗潮湿性能都比较差。因此，在这个“漏”湿气的地方，“母亲”按照卫生机关的要求，把内务卫生搞得很好，定期让“小勤务员”先用大水冲洗地面，然后再用马赛肥皂手工擦洗。尽管屋内潮湿，客厅里依然摆放着一架钢琴，卫生打扫完之后，玛丽·勒格朗还要弹奏“她记得滚瓜烂熟的曲子，因为那些曲子是她在中学学会的东西”。玛格丽特的母亲那时刚走出“极度失望”的阴影，很喜欢放声歌唱。听到她放歌，“勤务员的家人”和“邻居家的白种孩子”便闻声赶来参加即兴演唱[13]。

如今，那所房子重涂的白色涂料已经没了昔日鲜丽的光泽，像我们在越南大多数小城市里看到的那样，周围拉的电线乱七八糟，好像没人管理似的。曾经殷实的殖民人家的老屋数量少了不少，原先的邻居的房屋，现在很难看到踪影了。从那儿到前总督官邸，再到河岸附近的法国人网球协会的网球场，就几条街之遥，在喜欢觅寻往事蛛丝马迹的漫步者看来，他们有机会像从前一样逛中央市场，参观陈列独特的水果蔬菜摊位，中央市场的建筑风格是上世纪 20 年代的建筑风格，市场附近的人行过道上都是摊位。卖东西的人大多数是妇女，沿着主要大街一字排开，面带微笑招呼买主。那里是漫步的好去处。骑自行车的人取代了西贡骑摩托车的人。法国社区早就被革命宫取而代之了。革命宫前一道台阶，台阶前面是花坛，花坛中间有架战斗机，这是从美国侵略者手中夺来的战利品，被认为是最有说服力的历史见证物。当初，旧殖民政府办公楼前曾经竖立着高高的栅栏，有些后来被拆除了，有些仍然被新政权所使用[14]，并且被涂上了淡柔的粉笔颜色，公园、音乐厅及总督府和总督办公室周围的建筑，已经没了，取而代之的是一幢幢新建的大楼[15]。

全家福

多纳迪厄夫人在永隆工作得很出色，治校有方，得到上级好评，并获晋升职称。1924 年 12 月 31 日，她到任刚一个半月，就被晋升为“特级带班教师”，但一直在初小任教，以后每三年自动晋升一次职称，一直到退休。她的薪水定期上调（1925—1928年[16]三年间补发了 9000 法郎）。她女儿曾多次表示，她到处“碰壁”，于是为了能参加行政部门组织的晚会[17]，开始使用托卡尔孔护肤霜和“乌比冈牌”肉色香粉。虽然不像年轻时那么婀娜多姿，但如果必要，她会下工夫“打扮”，穿丝质的衣服，戴朴素的首饰。现在她知道了，她平时穿戴比较随便，一般都是宽松的棉质裙子（女儿说是布袋裙），宽松的棉质短袖，舒适的高跟皮鞋，或者居家拖鞋，但袜子向来是棉的，手包永远是黑的，手包拎带比较长，要在左手腕上绕一圈。她的裙子比较短，但基本上可以到踝腕处，是 50 岁（1927 年 4 月，她就 50 岁了）妇女裙子的合适长度。新近休假回来以后，她把头发剪了。现在，她的头发花白了，往后面一梳就行了。她依然穿着黑色衣服或者深色衣服，以示还在服丧期。但是，如果我们拿金边照相馆拍的最后一张照片与神情沮丧的皮埃尔和玛格丽特对比，再和后来那个外行在永隆的屋子前拍的照片对比，我们就发现，像身材一样，她的面色也变了，变得暗淡了，但依然洋溢着祥和的神情。有张照片上，玛丽·多纳迪厄对着镜头，双手插在平常穿的连衣裙口袋里，脸上露出天真的微笑，像她这样平时很严肃的女人[18]，这种微笑确实不多见。

我们已经知道，多纳迪厄夫人喜欢时不时带孩子们去照相。幸好她有这个好习惯，否则我们就没了可靠的证据。家庭影集在《情人》的作者心目中，占有重要的位置，因为她这部名著就是围绕着这本家庭影集展开的。那可是一生的记录啊！“小时候照有照片，现在把老照片拿出来看一看，瞧一瞧。我母亲给我们照相，就是想看看我们是否在正常成长。像其他孩子的母亲一样，她经常久久地端详着我们的照片，还把我们的照片拿出来对比，说我们每个人的生长发育情况。”[19]多纳迪厄的孩子们在长大！在永隆照的照片上，“小哥哥”保尔依偎着母亲，母亲用胳膊搂着保尔。保尔当时是个细皮嫩肉、满头黑发的小伙子，上身穿件白衬衫，没扣扣子，外套一件简单的麻布礼服，下身穿着小短裤，脚穿一双凉鞋[20]。想放松的时候，就到法国人社团的网球场打网球，玩友不是总督夫妇，就是单位的其他欧洲人。在一张集体照片上可以看到他的身影，照片上有两三名女子，一身白色衣服，都穿着裙子，却没穿短袖衫，留着上世纪 20 年代流行的短发，手里拿着球拍。此外还有好几位男士，身穿白色马球短袖衫，一帮很听话的小孩，女孩子穿着白裙子，男孩子穿白色短裤。保尔·多纳迪厄一副运动员打扮，头戴白色网球帽，身穿条纹运动衫，粗布游泳裤。他长大了[21]。

我们在挖掘这段往事的时候发现，杜拉斯发出了这样一个信息，让人们相信，她哥哥和她一直赤脚出入“丛林”。这个信息似乎不太合乎情理，即便是因为他们的母亲在这个小社区里要发挥作用。在这个社区里，“欧洲人屈指可数”，因此彼此照面的机会还是比像西贡这样的大城市机会多。在家庭影集里，确实有张玛格丽特赤脚站在佛塔台阶上的照片，这张照片拍摄于她即将进入成人时期，毫无野孩子的样子。腿上的白裙子很合适，头发垂在后面，梳理得很整齐[22]，脸上还化了点淡妆，表情若有所思，几乎有些凝重。她也长大了。自从照了金边那张照片以后，前面提到过这张照片，她确实变化很大，10 岁的时候，还是个双腿胖乎乎的黄毛丫头，头发长长的、黑黑的，遮着脸蛋；像她母亲一样，眼睛生得很好看，但依然一副丑小鸭的模样。过了两年，就开始出落了，脸蛋变娇美了，发式也更讲究了，在黑秀发的左侧，系了个很大的白色蝴蝶结；衣着差不多也是大姑娘[23]的打扮，短袖连衣裙，绣花领子，右胳膊小臂上部戴着（20 世纪 20 年代流行）玉镯。那是母亲的礼物，她保留了大半生。脖子上戴着初领的圣体纪念牌，特别显眼。

保尔和玛格丽特虽然是世俗学校女教师的子女，也要像那个时代大多数法国人的子女一样，接受传统的宗教教育。他们在神甫或者神甫代理人的见证下，接受按手礼而成为教徒，像所有在殖民岗位工作的欧洲人一样，都有初领圣体的经历。河内的一位传教士给他们讲授教理和教授基础拉丁语[24]。远在帕尔达朗的神甫迪福不仅为玛丽·多纳迪厄教育子女提供帮助，还为她的事务出谋划策。在永隆，玛丽·多纳迪厄既要向子女们传授教理原理，又要教子女们学文法、练写字。据玛格丽特自己讲[25]，宗教史由神甫讲授。两个孩子和母亲一同去做弥撒。可能是在星期日弥撒结束以后，总督夫人对多纳迪厄夫人说，她女儿的目光很“狠毒”。是否确有其事，姑且不谈，不过这是玛格丽特说出来的[26]。周日做弥撒是部分休闲，总督夫人[27]一定会邀约街坊邻居，但保尔和玛格丽特因为年幼，未被邀请。除了做弥撒，还有傍晚暑热稍降以后出去漫步，西贡人当时称这样漫步叫“巡视”。黄昏漫步成了一种相互见面和见车彼此打招呼的习俗。来到永隆以后，多纳迪厄夫人虽然收入不丰，还是保持了富有者的地位，购置了一辆华丽的双匹“维多利亚牌”马车[28]。看看她的神态就知道了，孩子们乖乖地坐在她左右，车夫不是马来人就是印度人，黑色短上装，白色宽大裤子，端坐在车头的车夫高座上，手里拽着缰绳，气派得很！不再是一张“失望的照片”，而是一张漫长工作日之后的幸福休闲照片[29]。到了旱季[30]，她经常在傍晚时分和家人乘马车到隆胡渠散步，那里有条路，景色很美，能看到掩映在绿荫丛中的小城风景。“我记得我们先走到检疫站，然后穿过稻田，最后沿湄公河岸返回，暮色降临时回到家里。”[31]多纳迪厄夫人乘坐“维多利亚牌”马车，“许多人穿着五颜六色的衣服，傍晚时分出门”，“同在一个蓝天下”，她能遇到他们吗？“我们常常在河岸上见到她，就觉得她天生适合穿柔软的黑色和白色棉布衣裳，他们就该过贫困的日子。”[32]

一次郊游时，玛格丽特告诉母亲，她将来想当作家。“我脑子里有个期限，是12岁。我记得我12岁那年的一个晚上，给母亲说了这番话。我们买了马车，就去乡间散步。由于天气太热，每次散步都会持续好几个小时。我每次都是单独和她散步，我就对她说了（我清楚地记得那个地方有道像篱笆似的围栏，河边出现围栏，在印度支那很少见）。我告诉她：‘我要写书。这是我想做的事情。’我母亲笑了笑，没说什么。”[33]她母亲可能在想，得有时间考虑考虑。小孩子长到这个年龄，胡思乱想是很正常的。在决定孩子未来种种可能性的现在，她应该继续在家里教孩子们学习文化知识，不让他们的学业因为远离任何教育中心的时间太长而受到过多的干扰。前年，她别无选择地将女儿送到首都，让她去考初小毕业证[34]。为此，她可能乘坐永隆开往西贡[35]的班车，经16号殖民公路，在单位靠上一点的地方搭乘著名的美萩渡轮过河。《情人》的读者知道，应该怎么看待这艘渡轮，看待渡轮的“致命故障”，看待“本地人乘坐的客车”把前部的“座位留给白人乘客”。小说《情人》出版以后，杜拉斯曾提到了获得的第一个毕业证书和第一份成就。她把这一切归功于玛丽·多纳迪厄。她说：“我母亲是做老师的，她为我感到自豪，因为我曾经是她的学生，而且还是一个好学生。我11岁就获得了初等教育修业证，并获得免试继续学习。那时候，女老师教习字课教得很好。我听写得了满分，获得优秀。那是我母亲感到最幸福的一天。大家都在打听，我是哪个学校毕业的。我记得有人指着坐在凳子另一头的小姑娘，她打哪儿来？她来自丛林。在丛林的4年间，我只讲越南语。我当时感到很害怕。那是在西贡，我第一次看到那么多的白人。”[36]这种说法多少有些夸张，但无关宏旨！因为传说不就是这样产生的吗？

两个机缘

据杜拉斯讲，她在永隆曾经有过两次至关重要的机缘，一个是后来在她的想象中占有一般人无法替代其地位的两个人，他们是殖民世界具有象征性的两个人物。这个殖民世界在她的许多小说或者电影中广泛存在，尽管大部分被天才的写作手法和高超的导演技巧所升华，但痕迹依稀可见。第一个人物是个女乞丐，不是1925年就是1926年在永隆街头偶遇的；第二个是某行政官员的妻子，其丈夫可能和妻子在同一部门供职，作者给其妻起名安娜－玛丽，姓斯特雷特，出生地是威尼斯的安娜－玛丽·加尔迪。至于头两次的机遇的事实，虽然不大容易好核实，但她的研究对此作了澄清。这一点是十分重要的。两个人物进入小说《印度之歌》和《副领事》的方式方法使他们的出现更为完美，永远脱离不开杜拉斯式的神话。

《印度之歌》中的印度不够准确。杜拉斯有言在先：“但遗弃自己孩子的秃头女乞丐来到了我们交趾支那的家，她重新出现在差不多我创作的所有书中。她是带着她的小宝宝来的，那是个两岁的小女孩，看上去像半岁那么大，孩子当时正闹蛔虫病”[37]。晚年，面对电视台记者的镜头，作者想起那是哪一年：“应该是我取得毕业证的那一年。我母亲把孩子给我，并对我说：‘我没时间，你以后来照顾她。’于是我就给那孩子喂饭、穿衣服。一天，我们发现她死了。可我还是不能……她哭了。我当时年纪很小……我想死，想自杀……她结果很幸福，那个女孩子。她当时是两岁，她不会走路。瘦得看上去就像一把干柴火。可是她嘴上挂着微笑。我们没能把她身上的蛔虫弄掉。”[38]在另一次采访中，她说：“我觉得是严重的外伤。我当时12岁。事情的经过和我在书中写的一样，女乞丐来了。好多次她来了又跑了。这次她脚上有伤，就被抓住了。上一次，她半夜三更还真给跑了。”想象的因素很快占了上风，两个人物又相遇了。“我即刻就想到了，这是书中人物安娜－玛丽·斯特雷特第一次琢磨着自杀。我塑造的人物（杜拉斯说的是《印度之歌》中的‘贵妇人’），这是她18岁时的事情，由于这个婴儿夭折了……这是我童年发生的许多事情。”[39]

玛格丽特·多纳迪厄真的见到过那个女乞丐？杜拉斯证实说见到过，可是没理由，就是没理由相信她说的话。她见到的是一个，还是几个女乞丐？永隆的那个，有人说是来自沙湾拿吉，有人说来自马德望。“我在两个不同的地方见过她，两次见到的人也不一样，在柬埔寨那次见到的她老态龙钟，还有一次见到她，是在灯草原的一个哨卡……（作者改口了）还有一次见到她，是在百鸟原。第一次，她的样子很下流，衣不遮体，待在斜坡的小路上在吃渔民丢弃在河堤边上的生鱼。第二次见她时，她要卖孩子。我母亲就把那孩子买了。我当时是12岁。”[40]女作家经常混淆人物，张冠李戴。她母亲真的“买”了那个小女孩子吗？不过，我们不想在这个问题上挑刺，打破砂锅问到底。她可怜的丈夫说，多纳迪厄夫人是“想做好事，就能做好”的那种人，所以很可能给了那个女乞丐一点儿帮助？是呀，她不可能带孩子乞讨，因为人家无论在哪儿看到她，都撵她走（走，走开，快点走）。当地的一位妇女对她说：“必须把他送人，不能遗弃，要送人，就送给白人。这样她就把那个孩子送给了我母亲。我母亲给了她一个皮阿斯特。她不想要那个孩子，可是，她不干，硬把孩子送出去了。”玛格丽特唉声叹气地说：“这个，这个买卖，这个匿名买卖儿童的事，我要把这个事儿写出来，不用字词写，要用数字来写……”[41]在幻想的驱使下，女乞丐蹒跚前行。在小说《情人》里，她和“永隆的女疯子”有点沾亲带故，“小女孩”也记得那个女疯子。有一次，她去邻居家串门。天黑了。大街上空荡荡的，没有行人。“几乎同每天晚上一样，供电发生了故障。我身后的大门一关，就突然断电了。”她拔腿就跑，因为害怕，她越跑越快。“突然，我确信身后有人在跑。我一面跑，一面回头往后看，我看见了她。她个头很高，很消瘦，瘦得像个死人，边跑边笑。我认出她是谁了。她是我在哨卡见到的那个疯女人，就是永隆的那个疯女人。我第一次听到她说话。她夜里说话，白天睡觉。她边跑，边用我不熟悉的语言喊。”瞧，那不是《印度之歌》里的女乞丐吗！玛格丽特……对不起，小姑娘先走过邻居的花园，来到邻居的家门口，走上屋前台阶，跌倒在门口。“我后来好几天没能把我遇到的事情说出来。”[42]

女乞丐在自己走路。为什么不让她到卡尔达莫纳山脉去漂泊？为什么让她冒着巨大的风险穿越暹罗和缅甸直达恒河、直到加尔各答这个地方会被搬迁，搬到“三角洲”，一起搬走的不仅有尚德纳戈尔公路、大小岛屿，而且还有威尔士王子酒店。作者在威尼斯费心创作一部新小说（《副领事》为《印度之歌》提供了素材）已经数星期了。她在寻找安娜－玛丽·斯特雷特时陷入了拉合尔（法国从未在那里设立领事馆，这倒也无关大局）副领事的爱河。一天，天边豁亮了。杜拉斯在一张（白得像加尔各答的白种妇女）白纸上写道：“我喘了口气。女乞丐就进到了这本书。她要把这本书给糟蹋了！她终于成了皇后了。”[43]幸福之路深不可测，文学虚构之路也是神秘莫测。结果如何呢？小说《副领事》描写的就是那个幸运的女乞丐和“一位肥胖的白种女人领着一个白种小孩”在永隆市场相遇的经过，是名副其实的传世佳作。读者在阅读的过程中通过安娜－玛丽·斯特雷特参加法国驻加尔各答大使馆的招待会进一步了解了安娜－玛丽·斯特雷特，小说的格调并没变[44]。

安娜－玛丽·斯特雷特

杜拉斯坚信在永隆见过的那个女的，就是后来的安娜－玛丽，1964 年首次惊现小说《劳儿之劫》。

她能肯定吗？我们来听听她 1974 年首次同戈蒂埃[45]的谈话吧。

> 我没见过安娜－玛丽·斯特雷特的面孔。我听过她说话的声音。我看见她的身体，尤其见过她走路的姿势，她穿着短裤去打网球时在花园里走路的姿势。我看见了她头发的颜色，是红棕色的，她的睫毛颜色比较淡，瞳孔的颜色在太阳下特别明亮，但面部轮廓、面部表情，我却没看见。

1977 年，再次与波尔特谈话[46]。

> 我在沙沥和永隆也经历了许多事情。
>
> 是湄公河附近吗？
>
> 是的，是在湄公河上。这是白人的天地，有花园，有围栏，有法国人俱乐部，有网球场，有可能安娜－玛丽·斯特雷特也在，是的，是在永隆，这个女的是总督的妻子。我真不知道斯特雷特是不是她的真实姓氏。我不相信这个姓氏是臆造的，就是斯特雷特这个姓氏。她是个红棕色头发的女子，我记得很清楚，她没有涂脂抹粉，脸色苍白，特别苍白，她有两个女儿。
>
> 您认识她吗？
>
> 我从来没给她说过话。离得太远。我确实不知道，我每天晚上看见她和她的司机开车出去。凉爽的时候，她才出门。

至此，描述还是比较真实的，虽然我们觉得有人太好奇，因为永隆的面积有多大，玛格丽特从来没对总督妻子说过，从来只是远远看她一眼。

1930年，有人在西贡和湄公河三角洲见过安娜－玛丽·斯特雷特，我曾和这些人交谈过，他们说安娜－玛丽·斯特雷特是金发，不是红棕色头发，但他们都证实，她脸色苍白，没涂脂抹粉，不很注意发式，打扮很朴素，几乎总是穿蓝色衣服、“亚麻裙子”。“她很有瑞士人的特性”，特别“淳朴”，特别“单纯”。我的一位女性谈话人不仅如是形容她，还认为她是两个女儿的好母亲，她总给女儿们带回来一些好玩的玩具，女儿们就拿出去和她们的朋友一起玩。另一位女谈话人认为，总体上讲，“她跟不上她那个时代的步伐”。（她从来不邀请谁上她家去做客，也不招待任何人。）“她比较吝啬，穿着比较邋遢。”她这身打扮为20世纪30年代的晚会树立了榜样。她参加总督府举办的晚会都“不讲究穿着”，而“其他参加晚会的女士都穿着连衣裙”[47]！西贡不仅没这种习惯，而且又与安娜－玛丽·斯特雷特的服饰不相像，“罗纱双衬黑色连衣裙也是黑色的，胸口开得很低”。这个灾星女人参加比奇娱乐馆的舞会时就是这身打扮，一个晚上，就把里夏尔松给勾引上了，而且也让他的女朋友劳儿·瓦莱里·斯坦的命运发生了变化。劳儿·瓦莱里·斯坦本人一直对此十分“满意”。众所周知，在西贡如同在达拉一样，她拥有一座木屋，而那个真正的安娜－玛丽·斯特雷特倒是绯闻不少（有人担心她有着勾引别人丈夫的影响力……）。

杜拉斯在日后的生活中获得了小说人物原型[48]的消息，日益坚信在湄公河三角洲见过她。“永隆，我说过，那是交趾支那的丛林驿站。这事发生的时候，我的年龄在8岁到10岁之间。就是那么突然，那么肯定。这是我一辈子的成功。72岁了，这依然像昨日发生的事情：丛林驿站的曲径、白种人居住区，午休时，金风花烂漫的大道上罕有人迹，河流都在沉睡，而她却开着她的那辆黑色利穆轿车疾驰而过。她大概就叫安娜－玛丽·斯特雷特。她就叫斯特雷特，总督夫人。”[49]这确实让人不知所措，但并不具有事实层面的说服力。

到底发生了什么，竟然激发了年轻的玛格丽特·多纳迪厄的想象，又让她住到很远的地方？我们就让当事人来说说是怎么回事吧：“我到了之后不久，有人就告诉我，有个年轻男子自杀了，原因是出于对她的爱，是因为爱她而自杀。我记得这事在我内心引起了惊慌。我实在不能理解。我得知这个消息以后，这对我的冲击很大，因为这个女人凭长相，不是个漂亮女子，不是大家闺秀。她让人琢磨不透，她不是那种喜欢出头露面的女人，她寡言少语，没人知道她是否有朋友，她总是一个人散步，或者就像小说《副领事》中所描述的那样，带着女儿散步。后来我突然得知了这个消息。”[50]玛格丽特在永隆（或者在别的地方?）可能听说过这个女人，听说过她的爱情生活引发的丑闻？这个消息是我在一个不愿透露姓名的女性被采访人那里得到的。她回忆说，在她自己还是个小姑娘的时候，西贡就有人说，在20世纪20年代，确实有个叫安娜－玛丽·斯特雷特的女人，她和丈夫、孩子住在西贡境内的一个哨卡，还有一名为她服务的大夫。大夫自杀了，因为在最后时刻（他们本来要一起走），她可能改变主意了，决定不跟他走了[51]。从此以后，这个消息肯定不胫而走，就像丛林里的野火迅速蔓延开来，再说殖民社团很小，人们又特别喜欢谈论这样的话题，如果我们做个大胆的设想，玛格丽特知道这个事情，那就不足为奇了。这个悲剧早就被遗忘了，如果这个事情在当时盛行一时，后来在20世纪的文学史上再没有过出乎意料的下文的话。

我有意为此做点微薄的贡献，所以出于好奇，就想在行政档案馆里做些查证，以便弄清楚杜拉斯到底在永隆或沙沥见没见过确有其人的安娜－玛丽·斯特雷特。有一件事情是肯定的，安娜－玛丽·斯特雷特生于洛桑（其父当时在洛桑做音乐教师），而非威尼斯，她丈夫确实曾先后任柬埔寨和交趾支那总督，任期从1910年初开始，到第二次世界大战前夕结束，但不曾在永隆任过职，却在距离永隆不远的沙沥任过职，任期是1917年到1921年。然而，这时多纳迪厄家人刚从法国过来，就住在河内，而1921年，他曾在柬埔寨的塔凯奥省小住过一段时间。1922年到1927年[52]，他担任肖多克省（湄公河之滨，交趾支那和柬埔寨交界处）省长。从肖多克省到永隆市，各种消息一路顺流而下，一直传到易动感情的玛格丽特的耳朵里。玛格丽特从小就对结局悲惨的爱情故事有独钟，这些故事让她未来的读者感到格外开心。后来数年间，这些谣传在西贡引起了她的注意，有关中国情人的传言正在酝酿当中。玛格丽特可能发现了安娜－玛丽·斯特雷特的化名。据我所知，安娜－玛丽·斯特雷特要去体育俱乐部的游泳池游泳，还同她上中学的两个女儿打了个照面。两种假设都成立，但我更倾向于第二种。

玛格丽特很珍视她还是个小姑娘时的记忆。“我记得产生在我这个孩子身上的是种什么样的兴奋，那是获得我不能获得的消息的那种兴奋。这是不能对任何人讲的，对我母亲也不能讲。我知道，我母亲在这一点上对她的孩子们说了谎。”对此，我们毫不怀疑。“这个消息只能我一个人知道。”从此以后，那个女的——安娜－玛丽·斯特雷特[53]——就成了我心底的一个秘密。那是多么大的秘密呀！“如果你愿意——她在我的心目中早就具有双重能力，一个是死神能力，一个是平常力量。她抚养孩子，她是总督的妻子，她打网球，她招待亲朋好友，她外出散步，等等。后来，她真具有了死神的能力，也就是具有了去死的能力，具有挑衅死亡的能力。”不仅如此，还有更令人惊讶的表白：“有时候我在想，我写东西是因为她。”[54]我们可别忘了，杜拉斯当时要是读了由多雷出版的精美插图版《悲惨世界》，她一定很喜欢（她自己也承认）德利的情感小说。

现实有时候与幻想相辅相成。1977年，从退休法兰西到成为著名的女作家，她发出了一个秘密的信号，她不认为有必要对此作出回应（不过她保留了肖多克友人的书信，还保留了在肖多克拍摄的数张梯田照片）。真正的安娜－玛丽·斯特雷特给她来了封信，在信中委婉地表达了她对自己的身份遭绑架的看法。

夫人：

您有理由保持沉默。通过我那时年轻这一事实，您动用你的想象力创造出了一个虚构的人物，正是因为需要保持其神秘的匿名特征，所以留存了它的魅力。我本人对此坚信不疑。我既无意拜读您的书，又无意看您的电影。牢记往事，留住印象，让它们的价值永远不为人所知，让它们的形象在脑海里似真非真去变幻。顺致敬意[55]。

1977年11月15日于墨东－贝尔维

探望家人

杜拉斯神话里的另一个（真实）人物迫不及待择机露面，于是某天上午就在永隆出现了。是他妹妹向我们证实了这个消息，她说：“我那时候15岁，我在法国上学的大哥来到了印度支那。”[56]年龄大致吻合（她是13岁），这个消息是准确无误的。皮埃尔·多纳迪厄“听说母亲生病了”，就“主动”在1927年9月搭乘首班开往印度支那的客轮，10月顺利抵达西贡。我们是从印度支那总督办的一份通报上得到的准确资料。有人在通报上还添加了言不由衷的批语：“明摆着，有关部门事先并未得到通知。”[57]多纳迪厄夫人见到心爱的儿子来了，心里很高兴，立马就给上级主管部门递了申请，请求报销儿子的旅费。皮埃尔·多纳迪厄买的是三等舱，不是很昂贵，就直接买了票。可是他母亲就是不想让儿子破费，索性将“儿子来西贡探亲”的申请直接呈递给了巴黎的殖民事务部。她这种越级呈递申请的做法不符合有关行政规定。儿子到西贡已经1个多月了，而她的申请则是11月6日发出去的。12月28日，殖民地部作出了回应，质询河内总督，“是否同意多纳迪厄夫人的儿子乘船上路。”这事情大家都知道了，在东京三角洲传得沸沸扬扬。总督办主任蒙吉约很了解多纳迪厄夫人的为人处事，确信这是多纳迪厄夫人搞的阴谋诡计，就通过公共教育局这个渠道表达了他对此事的不满：“请你们告诉递申请的人，无论任何申请都不能直接呈递殖民地部，必须逐级上报各级主管部门。越级呈递材料是对殖民地部领导的不尊重。”冒犯了上司。看来任何人都不能拿惯例当儿戏。蒙吉约请公共教育局局长责成多纳迪厄夫人以后要遵守有关报销申请规定。在可能要花钱办事之前，负责人首先要弄清楚，申请报销旅费者是否有资格去殖民地探亲。永隆的医生在对多纳迪厄夫人做完体检后，主动出具了家人能否探亲的证明[58]。我们因此确信，多纳迪厄夫人身体没问题，她儿子匆忙探亲，也许毫无根据。

皮埃尔·多纳迪厄是“轻装简行”。我们就此又探访了杜拉斯。她证实说：“我大哥从法国来时带了一件行李（他就那一件行李，因为在神甫兼家教的先生那里上了4年学，已经18岁了，还没拿到中学毕业证书[59]）。”她大哥刚满17岁，外出仅仅3个月。我们可不是在找碴儿。要想知道这4年间发生了什么事情，有必要简单地回顾一下往事。

我有幸就此询问过好几个人。第一个叫保尔·兰波维尔－尼克尔，杜拉斯的表哥，和兰波维尔医生有亲戚关系。1916年，兰波维尔在弗雷旺给玛丽·勒格朗看过病，玛丽·勒格朗在治病期间就住在兰波维尔的家里。保尔·兰波维尔当时由姑姑埃玛·兰波维尔收养。姑父是个军官，叫于连·尼克尔，他们曾经也收养过他的姐姐。据杜拉斯的这个表哥说，他年幼时皮埃尔·多纳迪厄两岁，1924年若从金边回国，应该和梅兰[60]总督之子坐同一艘船，后来应该与其保持着联系，因为皮埃尔经常造访在印度支那待过的人。多纳迪厄夫人曾经求过她堂妹埃玛·尼克尔，让堂妹代养长子，因为堂妹在巴黎附近一个叫沙图的地方有处大别墅，堂妹夫是现役上尉军官。保尔·兰波维尔－尼克尔确实记得有母亲收养过从印度支那回来的表弟，并经常在他面前夸奖这个表弟。他还看到过玛格丽特的哥哥经常骑“一辆漂亮的自行车”。他对他的印象特别深。皮埃尔·多纳迪厄到底在沙图待了多长时间，他怎么也想不起来了。他认为时间不长，却又不敢肯定，他尽力在记忆中寻找，就是没一点印象，但却说：“皮埃尔回到帕尔达朗以后就又去了迪福神甫那里，后来这小子就从人间蒸发了！”[61]有可能是埃玛·尼克尔已经收留了两个侄子（因为他们的父亲在殖民地工作，所以就遗弃了他们以及他们的马达加斯加母亲），不可能再继续照看这个小男孩，因为他已经长到了需要父亲管教的年龄，可是父亲又不在他身边。

杜拉斯在小说《情人》里无意中向我们透露了这位表哥的身世："我在写书的那一刻依然记得，我们用大水冲洗房子时，我大哥不在永隆，在他的监护人那里，他的监护人是住在洛特－加龙省某个乡村的神甫。"[62]在他们母亲的心目中，迪福神甫既拥有道德权威，又有并行不悖的宗教感情，能够承担抚育孤儿的重任。似乎可以肯定的是，玛格丽特的哥哥要到距离帕尔达朗十几公里远的埃梅上几个月的学。那是一所由宗教人士创办的私立学校，校长是帕尔达朗市的前市长德拉热先生。我就此问了德拉热先生几个问题，因为校长先生本人曾经也是该校的寄宿生。校长和杜拉斯同年生，比皮埃尔·多纳迪厄年轻4岁，不但完全记得他开学到校上课的情景，还记得他不到暑假就离校的事情。我问到他对这个新学友的印象时，他回答说："他不是很出类拔萃"，并形容他平常得如同"大家平时的穿着打扮"。他的结论是，"他是个好伙伴"。如果他记不得曾经见过皮埃尔·多纳迪厄骑自行车那个情节，就会说皮埃尔·多纳迪厄当时寄居在帕尔达朗那个叫迪福的神甫家里。他经常在穆斯捷火车站乘坐波尔多的小火车去埃梅。课天天有，星期六都不例外，一般是上美术课。上文化课的老师就两个人，宗教课占据着重要的位置（"我们每节课间休息都要做祈祷"）。这间学校不仅纪律十分严明，而且不上体育课，只是周四两人一排一起走一走，寄宿生周日才允许这样[63]。

据我采访对象的回忆，埃梅的自由学校里没开设高中课程。但我就此采访过的巴罗夫人证实，该校在升为中学之前没开设高中课程，上的是补习课，学生在这里毕业拿的是中学毕业证（但不是高中毕业证，皮埃尔·多纳迪厄当然还未达到那个水平）。照巴罗夫人的说法，玛格丽特的哥哥可能离开帕尔达朗到巴黎求学去了[64]。关于这一点，我在保尔·兰波维尔－尼克尔那里得到了证实，他回忆说皮埃尔·多纳迪厄确实曾回沙图探望过他的表兄弟们。他好像"尽说迪福神甫的坏话"，尤其不满良师对他管教有点过于严厉。皮埃尔·多纳迪厄的言谈在当时明显让我的采访对象感到震惊，所以才小心翼翼地提到了这个事情[65]。有关玛格丽特的哥哥1925—1927学年的学习情况如何，缺少文件记载，我们不得而知。他可能在巴黎某所中学学习，也有可能在巴黎附近的某所中学学习，因为他同父异母哥哥的女儿记得父母谈起过那年发生的一件事情。皮埃尔·多纳迪厄因患急性阑尾炎，曾紧急在巴黎住院，当时他还未成年，动手术前先要取得患者家人的同意，于是医生就联系到了让·多纳迪厄。皮埃尔的侄子幽默地说[66]："他还记得他有个哥哥在马尔芒。"

让孩子们接受教育

玛格丽特的哥哥为何在学期中途突然决定要到印度支那探望母亲？他首先想到的理由是报销旅费，也就是说他听说母亲生病了，就仓促上路了，这很可能是根本原因。由此看来，1927 年暑假期间，玛丽·多纳迪厄似乎确实出现过一些健康方面的问题。女儿在日记中将之描述成是神经病发作，过后数小时身体疲乏无力[67]。保尔和玛格丽特恐慌不安，就将母亲发病的事情告诉了大哥，大哥没等殖民当局同意，就决定搭乘首班客轮上路了？这只是个假设而已，不足为信。无论那年秋末发生了什么，一家人还是再次在永隆的家里团聚了。皮埃尔·多纳迪厄在母亲 1928 年新学期开始调任新岗位后，还将留在家人身边。可能是考虑到自己流放湄公河三角洲的时间太久，多纳迪厄夫人想换个地方，再次申请当诺罗敦中学校长。1928 年 6 月 26 日，她在给柬埔寨总督的信中这样写道："我知道，弗洛朗坦夫人回法国以后，她的职位一直没人接任，如果我能获任给那些穷孩子上课，我将欣然受命。"她还试图欺瞒总督，诉苦说："自丈夫过世后，我没有为其留下的孤儿申请照顾与抚恤，因此，总督先生，我希望您能批准我的申请。"后来还有一则我们特别感兴趣的消息："我女儿 15 岁了，刻不容缓的是，她要上中学了。"[68]我们没觉得玛格丽特母亲的这个要求有什么错，反而觉得合情合理。

她是个遵守规定的人，按正式途径，逐级将申请递了上去。交趾支那总督德拉布罗斯先生看了她的申请，"认为没什么不合理，就欣然批准了多纳迪厄夫人的申请"，并于 7 月 12 日将新校长的任命书转给了河内公共教育总署长塔拉马。7 月 12 日，弗洛朗坦夫人肯定已经踏上回国之途了，但还有位女教师暗中觊觎这个位子，无疑是私下得到了她能立马上任消息的鼓舞。7 月 2 日，暑假还没结束，玛丽·多纳迪厄就已经得到柬埔寨新任教育局长的通知，她申请担任的职位"刚刚给了贝尔纳迪尼夫人，她多年在柬埔寨工作，正好可以填补这个职位空缺"[69]。真的就这么巧吗？任命决定 6 月 20 日就由总督签过字了。有幸获任的那位夫人的职务比多纳迪厄夫人的职位低，而且资历也不长。多纳迪厄夫人又一次白费了精力。

我们有权质疑，为什么杜拉斯的母亲非要返回金边，那里一直没有适合其子女要上的学校。如果不提她女儿雄心勃勃要上高中，就拿个中学毕业证，基本上不会促使她产生返回金边的念头。也许她去金边有其他的理由。我将在下一章里作个交代。我所能确认的，就是 8 月底，多纳迪厄夫人和孩子在柬埔寨度假，8月27日总督办去电报，告诉她古科（交趾支那总督）请她去趟永隆，“预先收阅有关调任沙沥工作的个人档案。（电报终止符）当事人履新以后才能提出求见上司”[70]。换句话说，意思是：先服从，后反对！8月30日，古科收到了来自金边的答复：“多纳迪厄夫人在本月28日晚间稍后的时间收到有关其工作决定的第544号电报，请交趾支那总督通知其本人务必于本月31日赶到永隆。”[71]

9月末，该把钢琴、镀金的大黑铁床、各种刷子、马赛肥皂搬运到同处九龙河湾上游的沙沥，距离有二十来公里。在九龙河湾度过的将近4年的日日夜夜，使玛格丽特产生了种种的梦想。1928年新学年开始以后，她母亲要到湄公河三角洲丛林的另一所女子学校走马上任。通往金边的路因为被禁行，百鸟川的路在脚下渐渐远去，灯草川的路在脚下延伸。

注　释

1. 《物质生活：杜拉斯对博茹尔如是说》，同前。

我们无意中注意到，我们在此应该采用“丛林职位”这个称谓，其引申意义是指殖民地的公职。玛格丽特·多纳迪厄在越南的那个时候如同现在一样，永隆是水稻种植地，又是水果种植地，渠边河岸到处是无垠的稻田果园。

我们还注意到，从地理角度上讲，永隆和沙沥（越南地图上有偏差）地处灯草川，至于这个“水乡”的大小，玛格丽特虽然曾经在亚马逊河游览过，却从未去过阿马索尼亚地区。

2. 越南人那时的别名叫湄公河、九龙江、九龙河，因为湄公河的支流众多。

3. 《副领事》，伽利玛出版社，1966年；现代出版档案馆。

4. 怎么能不想“奥塔河三角河口的6条支流”。这是雷内导演的电影《广岛之恋》开头单调的画外独白。对白出自杜拉斯之手。

5. 美萩既是省府，又是西贡和永隆之间的贸易中心。

6. 古尔东，《印度支那》，拉鲁斯出版社，1931年。

7. 在河内越南国家档案馆，我们发现了关于某官员谈话的文件，该官员为向交趾支那政府申请长期土地信贷的永隆水稻种植者说话。另外一份文件内容涉及“永隆省农业政策的乡村规划”。

8. 杜拉斯、波尔特，《杜拉斯的领地》，午夜出版社，1977年。

9. 所有这些资料均来自1928年的交趾支那行政年鉴。其中有关永隆的章节连同保尔·多纳迪厄与欧洲人参访团成员的合影照一同给了杜拉斯。小说《情人》1984年出版之后，作者去电视台做过专访节目。当时行政主管的妻子负责收发工作，对杜拉斯谈论“她那可怜的哥哥”的方式很是感动。她欣赏她的才华，并向她表示了“小小的谢意……克里奥尔人之间的谢意”。(让·马斯科罗档案馆)

10. 1999年1月完成的湄公河三角洲答谢之旅。

11. 殖民时期的学校大多数现在依然保留了它们的最初使命。

永隆的学校群可能是1917年后建成的，当时正值实施“萨罗特计划”，又颁布了我们在前一章谈到的印度支那国民教育总条例。一份保管在河内国家档案馆的文件显示，永隆初级寄宿学校建于1919年。

12. 马斯科罗收藏品。

13. 同前。《情人》，76～77页，116页。

我们也注意到，她说在这幢房子里，“母亲是暂住其中，期待能真正住进去”。房子已经安了电灯。

14. 天蒙蒙亮，高音喇叭就开始广播了，半小时的广播都是在鼓励老百姓。你从旅馆的床上爬起来，又不想再睡觉了，对此人们有意见吗？对我提出的这些有质疑性的问题，我的北越官方导游在我早餐后再见到他时，告诉我说，那是为了帮助永隆的居民开展早晨体育锻炼。确实如此，永隆的大街小巷都有人在高高兴兴地晨练。但这是1999年的事情了。我想现在他们的体育锻炼已经彻底结束了。当年晨练的居民可以做他们喜欢的晨练，但没了高音喇叭，没有了爱国的演说。

15. 这是一种幻想，还是一个过去的符号？从建在前法国人社区花园一隅的旅馆过道上，任何时候都可以拍到网球场的照片，网球场四周围着铁栅栏，球场的水泥表面新近涂上了绿色。

16. 海外档案中心。

17. 同前。《情人》，24页。

18. 马斯科罗丛书。

19. 同前。《情人》，115页。

20. 马斯科罗收藏品。

21. 同上。即当时主管人的妻子1984年寄出的照片。

22. 同上。杜拉斯在看了这张照片以后，在小说《情人》中这样写道：“最近一个时期以来，我总在用劲拉我的头发，我把头发梳到后面，我不想让它太爹，太惹眼。每天晚上睡觉前，我都要像母亲曾经教导我的那样，我要梳头，我要编辫子。我的头发浓密、柔软、烦人。有人常说这是我的亮点，我理解这句话的意思是我不漂亮。”

她确实没前张戴圣体牌照的照片上的她漂亮。她又粗又胖。她接近“青春期”了。

23. 差不多就在这个时期，她来了初潮。她在1974年出版的名为《话多的女人》的访谈集一书中这样写道：“我母亲曾经对我说：‘千万不能说，不要说来潮，也不要说梅毒。’给谁都不能说，她一再叮咛我。”

24. “有条河，雨后河里的红黏土就被冲刷干净了。我们去传教士那里学拉丁语，我们欢声笑语。”现代出版档案馆。《副领事》草稿。

25. 在小说《直布罗陀水手》草稿的某一页里，杜拉斯通过在殖民地长大的人物之口说：“因为没有学校，我的教育由我的父母来保证。我母亲负责宗教教育。除了教导我存在细菌外，我母亲还教导我存在着罪恶。存在就像是一场激烈的锦标赛！只有白人，母亲告诉我，才能参加竞赛，当地人他们则自动被淘汰了。他们一出生就永远无可挽救地成了受苦受难的人，没有什么好拼搏的。他们的灵魂里罪恶丛生，就像人类肌体里的病菌，却对人无伤害，原因就是数量太多了。失乐园，尽管我付出很多努力，我却从来没弄清楚是什么玩意儿！值得庆幸的是，神甫教了我十戒。”(现代出版档案馆)

在小说《情人》里，杜拉斯见到了领导的夫人，她就在卧室的平台上，当时夫人和弟弟刚好上教理课下课回来。

26. 《战争手册及其他文献》，P. O. L.－现代出版档案馆，2006年10月。

27. “夫人刚刚又出席了这类官方招待会。她坚持出席这类晚会，就是让人们时不时露面，让人家看到，这样也就可以从一方方稻田包围中的偏僻地区的可怕孤独中走出来。”《情人》，111页。

28. 在《杜拉斯的领地》里，那辆四轮敞篷马车变成了小型四轮敞篷马车；《情人》里，数年之后，原先的马车换成了更具英国特色的双轮马车（但车里仅有两个座位，而且没有了车夫）。

29. 1925—1926年在永隆拍的照片，《杜拉斯的领地》中采用的是复制品。马斯科罗收藏品。

30. “在雨季，数周看不到蓝天，天空浓雾弥漫，甚至月光也难以透过。”《情人》，同前，99页。

31. 《杜拉斯的领地》，同前。

“有几次，在永隆，我母亲感到郁闷，就叫人套上双轮马车，乘车到郊外观赏旱季之夜。我有幸遇到这样的机会，看到这样的夜色，还有这样一位母亲。亮光从天飞流而下，化作透明的瀑布，留驻在无声与静止的坟墓之中。空气是蓝的，可以捧在手上。”《情人》，同前，100 页。

我看着在永隆黄昏时拍摄于湄公河前的那张照片。天空是蓝的！

32. 现代出版档案馆。《副领事》草稿，约 1963—1964 年间完成。杜拉斯笔下的人物依然是殖民地长大的同一个年轻人，她在湄公河三角洲见过的那个年轻人。

33. 塞通主持的广播谈话节目《磁性之夜》，法兰西文化广播电台，1980 年 10 月录制。

34. 1924 年出版的年鉴有明确的记载，永隆距离西贡 139 公里。

35. 《情人》，同前，16 页。

1920 年，出现了一种小汽车，有顶篷，侧开门，像艘帆船那么大，里面可以堆放各种各样的行李箱包。我找到了那辆老车的照片——在永隆停车场前面照的，照片夹在一本书里，书是在地处湄公河三角洲的西贡买的。

36. 比西奥和雅若莱收集在出版的《杜拉斯文集》里，有篇文章《致母亲》。同前。在《外面的世界Ⅱ》里被布洛 - 拉巴雷尔采用。同前。

在剧本《林中的日日夜夜》（伽利玛出版社，1968 年）里，杜拉斯让剧中的母亲说：“我不喜欢的可怜小宝贝，不漂亮，我记得，不……讨人喜爱……孤零零一个人待在她的住所……她通过了毕业考试，谁也没有发现……本考区的第一名……我这时候才开始自己问自己，我到底写过什么玩意儿……”

37. 1974 年 7 月 28 日的《世界报》。戈达尔就《印度之歌》的拍摄过程采访了杜拉斯。

38. 《电视访谈录：和杜马耶的对谈》，E. P. E. L. 出版社，1999 年。

39. 《世界报》专访。

40. 《副领事》草稿，现代出版档案馆。

41. 同上。

42. 《情人》，同前，103 ~ 104 页。

43. 现代出版档案馆。《副领事》草稿。

杜拉斯 1960 年初在威尼斯写完了小说《副领事》的部分内容。1965 年，伽利玛出版社出版了该书。在 1984 年完成的小说《情人》里，有关女乞丐的章节有改变。改变后是这样的：“我使全城都充满了大街上的那种女乞丐。流落在各个城镇的女乞丐，散布在乡间稻田的女人，奔波在暹罗山路上的流浪女人，湄公河两岸行乞的女乞丐，都是从我所怕的疯女演化而来。她来自各处。我又把她扩散出去。她到了加尔各答，仿佛又是从那里来的。她总是睡在学校草场上的桂树的绿荫下。我的母亲曾经总待在她的身边，护理她那被蚊虫叮咬的脚丫子。”至于她的小女儿，她在书中写道：“她死在了家中，死时还穿着花边连衣裙。有人来送她，哭她。”《情人》，同前，106 页。

44. 斯特雷特这个人物首次出现在小说《劳儿之劫》里。该小说 1964 年由伽利玛出版社出版。

45. 《话多的女人：和戈蒂埃的对谈》，午夜出版社，1974 年。

46. 《杜拉斯的领地》。

47. 《对话桑斯夫人》，2002 年 12 月 8 日。《对话 F 夫人》，2000 年 2 月 15 日。

有关衣着打扮的一个小小细节。据那些见证人说，一个欧洲女子在网球场上穿短裤，这在二三十年代是不太可能的。在那个年代，标准的穿戴是裙子。

48. 1977 年，在电影《印度之歌》获得成功之后，杜拉斯收到了来自孙女伊丽莎白（这是她的真名）的一封信，她在信中代替奶奶邀请杜拉斯出席奶奶在巴黎附近的养老院组织的一次会议。该封信被转载在电影手册《绿眼睛》1980 年第 312 期或 313 期。这一期文章完全由杜拉斯撰写。1987 年重版时依然采用出版的名称。

49. 《物质生活：杜拉斯对博茹尔如是说》，1986 年。

50. 《杜拉斯的领地》。

51. 《对话 F 夫人》，2000 年 2 月 15 日。

52. 海外档案中心。

斯特里泰后来在西贡担任了好几个重要职务，并一直干到 1937 年退休。第二次世界大战期间，自愿再次服役，一个人待在西贡，从 1940 年 4 月，一直待到 1947 年 3 月。

杜拉斯坚信：“他们来自老挝，她在老挝有个年轻的情人。他刚刚自杀，因为她离开了他。一切如故，如同《印度之歌》。年轻人待在老挝，他们就在那个湄公河很靠北的哨卡相识的。他的自杀地也是那个哨卡，在梁普邦。”既然玛格丽特这么说，就没什么可疑的！名字也比朱笃富有诗意，或者比其他某个地方富有诗意。(《物质生活》，1986 年)

53. 《物质生活》，同前。

54. 《杜拉斯的领地》，同前。

55. 前面提到的《电影手册》一期中采用的书信和照片都是复制的。我们从杜拉斯挑选的照片上能看到伊丽莎白和两个小姑娘站在房屋的平台上，下面就是流经朱笃的涠公河。《世界报》公布伊丽莎白于1978年10月8日逝世，享年91岁。这则消息也是复制的。

56. 现代出版档案馆。《战争手册》，1943年编纂。

57. 海外档案中心。

58. 海外档案中心。

虽然国民教育局以条例神圣不可侵犯为名提出反对，一封为其说情的手写辩护状表明，玛丽·多纳迪厄的申请最终得到了考虑。这说明她在河内不仅仅只有仇人。

59. 现代出版档案馆。

60. 梅兰1923年到1925年任印度支那总督。

梅兰总督在当地百姓中的口碑并不好。郑文韬在其《印度支那的法国学校》一书中写道："按照前总督，后升任殖民事务部长萨罗特的格言，法兰西之路把人们引上反法兰西之路。"梅兰总督完全不允许越南大学生进入法国大学学习，其理由是当地的中学毕业证书不能和法国的中学毕业证相提并论，不能被视为是同等学力。否则就违反了萨罗特主持颁布的著名国民教育总条例的文件精神！

据弗朗西尼讲，1924年6月17日，他在上海做正式访问期间，梅兰成了民族主义分子潘佩振的暗杀目标。梅兰当时出席一个宴会，他立即躲在了宴会桌下，幸免于难。梅兰的袭击者后来在上海被抓获，押解到河内后被判处死刑。

61. 2000年6月28日和12月17日保尔·兰波维尔－尼克尔的对话。

62. 《情人》，同前，77页。

63. 2001年5月21日和德拉热在帕尔达朗的对话。

64. 2002年2月22日和巴罗夫人的电话交谈。

65. 与兰波维尔－尼克尔的对话。

66. 让·多纳迪厄立即去了巴黎，并在巴黎侍候了两天病人。他说皮埃尔·多纳迪厄是"母亲的掌上明珠"，他把皮埃尔·多纳迪厄说成是"一个永恒的大学生"。2000年12月11日和德凯拉克夫人在内格尔珀利斯的对话。

67. 《战争手册及其他文献》，P. O. L.－现代出版档案馆，2006年10月。

68. 海外档案中心。

69. 同上。

70. 同上。

71. 同上。

第十一章
柬埔寨的租让地

我的童年是在暹罗边境象山山脚下度过的。

——玛格丽特·杜拉斯[1]

感谢您出售给我这块位于群山与大海之间令人心旷神怡的租让地。

——《母亲》[2]

1950 年，在阅读《抵挡太平洋的堤坝》[3] 这部著名的小说后，让·布朗萨特感悟道："无论有多么巧合，杜拉斯讲述的故事既非杜撰，也非剽窃。都是一些'习以为常的生活琐事'，即一个真实的社会现实。"[4]

如同《厚颜无耻的人》的作者在书中刻画北欧英雄萨加而使读者赞叹不已一样，我也曾为这位热带地区勇敢的母亲抗衡殖民地当局不法行为的方式从心灵上深感震撼，我不仅深深被这个人物的神奇个性所吸引，也同样被她女儿对爱情与财富的憧憬所感动，她站在通向村庄的小路旁，据她讲这个"令人心旷神怡的租让地"就在村庄的附近，等待某个猎艳高手对她产生兴趣或使她感兴趣，这简直是在表现一种罗曼蒂克的掠夺方式。在勒内·克莱芒根据小说改编的电影放映时，我对电影中展现后来成为泰国国土的"暹罗"曼妙多姿的天然环境无动于衷，对苏珊娜和她弟弟约瑟夫在平房游廊上以及在"母亲"激动的目光下[5]，跳的莽姆波舞也熟视无睹。那时候，我还不熟悉玛格丽特·杜拉斯，同大家一样，我仅仅认为她试图通过这个有趣的童话故事追忆她青少年时期在荆棘丛林中贪玩的场景片断，或是对家庭环境及殖民地制度清算着个人的恩恩怨怨。你们或许记得，在 20 世纪 50 年代，她就义正辞严地指责其为"蝮蛇结"，坚定不移地谴责印度支那之战是"肮脏的战争"，我们大概可以从中发现她受美国流行小说的影响，比如卡尔德维和福克纳的作品，谁能说得清楚这一切呢？前面的开场白试图说明，尽管我感慨至深，但是我的好奇心还在沉睡之中，我并不想要了解更多，也不像玛格丽特·杜拉斯的母亲那样，固执地将中南海称作“太平洋”，因为还是姑娘的她曾站在一些广告前幻想着太平洋：青年人，快去殖民地发财吧，那里遍地是黄金[6]！我毫不犹豫地坚持认为，这块实际上位于柬埔寨南部的租让地只不过是“交趾支那的某个不毛之地”。在我童年时代[7]，就听我祖母对我们这些孙子辈常常提起神秘的印度支那，在那里没有边境线，只有令人向往的遥远国度。

在撰写该章节时，我无意对《抵挡太平洋的堤坝》一书进行剖析。但是，在叙述租让地真正的来龙去脉前，很有必要了解玛格丽特·杜拉斯叙述此事的初衷。20年后，当她谈起构思这段故事意图时，承认她确实受到所经历事件的启迪，从中提炼出传奇式的故事素材。在《抵挡太平洋的堤坝》一书出版8年后，勒内·克莱芒将这部小说搬上了荧幕，此时，玛格丽特·杜拉斯还亲自写下了将在随后引用的几段文字。当杜拉斯提笔起草文章时，她总是以记者的风格和诚实的笔调，避免不切实际的论述，直入主题：

“没有必要弄虚作假。《法兰西观察家》[8]的朋友们请我为《抵挡太平洋的堤坝》一书[9]撰写一篇文章，只好应允：勒内·克莱芒完成了自己的工作，我也完成了自己的工作，克莱芒用了一年时间，我花费了两年精力。克莱芒告诉我拍摄这部电影吃了不少苦，与制片人谈判也煞费心机，还得头顶烈日酷暑，脚踏泥泞道路，忍饥挨饿——我相信克莱芒吃了不少苦。可以这样说，我为创作这部小说吃尽了苦头，这部小说也没有让克莱芒占尽便宜。热带地区的酷暑炎热、泥泞小径、穷乡僻壤、贫穷落后都已经成为了历史，但是，我不知道该如何将这些事情写进我的小说，还要使我本人和我的读者都认为这一切不仅真实可信，而且具有雄辩的说服力。但愿我能如愿以偿！当大家经历了热带地区的烈日酷暑、泥泞小径、穷乡僻壤、贫穷落后之后，在创作中再采用这些类似的素材就显得举步维艰。首先不知如何对这段历史故作粉饰，又得使读者信以为真；其次，如果真实地再现这段历史，我又希望不落俗套。对我来说，平铺直叙必将索然无味，我多么希望能从孩子经历的平凡小事和某种希冀中另辟蹊径呀，这是所有作家都必须经受的煎熬过程。”玛格丽特·杜拉斯似乎想告诉我们这个道理，她补充道：“我不止一次谈到过这件事情，我谈到我的创作是想把我的母亲、我的哥哥、我本人、印度支那、所有象山地区贫苦农民的苦难及死于霍乱的孩子们写进这部小说里。”[10]

多纳迪厄夫人的租让地

这段故事发生于1927年7月。那时候，看到两个儿子学习成绩不佳，也难以得到前程似锦的职业，为了他们的未来，玛丽·多纳迪厄夫人在高棉王国南部贡布省的暹罗海湾旁边，购置了一份200公顷的地产（实际只有199公顷14公亩50公分土地[11]），我将根据所掌握的文献史料，对其购买租让地的情况作详细的阐述。多纳迪厄夫人此前回到洛特-加龙省暂居两年，在处理她丈夫的遗产中遇到了一些繁琐问题，她还非常担心能否成为普拉提耶庄园遗产的永久拥有者。此外，该庄园难道是一块风水宝地吗？根据玛格丽特·杜拉斯在《厚颜无耻的人》一书中所作的若干叙述就不得不使人怀疑。长期以来，葡萄园无人照管，土地荒芜歉收，可是无论多么贫瘠，还是能够收得地租。1927年，除了有一份小学教师的薪水和多子女家庭的补贴外[12]，多纳迪厄夫人开始领取寡妇津贴和自1921年算起的拖欠款[13]。除此之外，从1925年起，还包括她与3个孩子为河内大佛公司代售产品的提成。总之，她有一笔可观的积蓄，她试图将它用于投资。她还可以在永隆获得一些额外收入，在那里，她的住宿由政府支出，平时几乎没有什么花销，据她女儿说，他们在丛林生活的年代里也很少去西贡。作为有地产的女儿，她大概很有信心来回奔波照料这片土地，她要像在永隆的越南邻居们那样，还记得越南人的孩子常来她母亲的学校上学吗？准备在这片土地上种植水稻。

另外，1927年3月28日，印度支那总督颁布了一份通报，允许教师参与国有土地的竞标项目。实际上，在一份官方研究报告中这样强调道："长期以来，印度支那的基层公务员都在自筹资金购置土地，开发利用，从中获利。"行政部门担心这样会引发利益冲突，一直在尽力阻止这种现象蔓延[14]。根据柬埔寨有关土地特别立法中的一项特别条款规定，一份《致保护国理事会的报告》中这样透露："总督特别强调土地只能卖给那些愿意在离职后继续居住殖民地或短期回国的人员。"哎呀，这条消息令玛格丽特的母亲欣喜若狂，她将很快有机会得到梦寐以求的土地。这份报告中描述了她的情形，她不失时机地给公使投信一封，详述她的意图："多纳迪厄夫人是一名公务员的遗孀，交趾支那的一名教员，将于次年1月1日即满24年服务期限，并决定终身定居殖民地，完全符合购置土地的规定。"[15]忽然，新的一天照亮了多纳迪厄的儿子回归母亲怀抱的道路。

1927年是一个吉利的年景。在保尔和玛格丽特的陪伴下，多纳迪厄夫人利用暑假来到将购置土地的地点。种种迹象表明他们及时把这一消息告诉了大儿子，他显出极大的热情，刚刚立秋就赶忙回到永隆与家人团聚，7月份就办完购买租让地事宜[16]。一家人不仅重新团圆，而且将来退休后，未来都将围绕保证家庭继续生活的地产开发而展开。玛格丽特·杜拉斯在她的一本书稿中对此事这样写道："我母亲从总督府获得了公务员遗孀的名分[17]，并以公务员的身份即她从1903年在印度支那任教员一职，又获得一片位于上柬埔寨的稻田。"当然没有下柬埔寨之说。"这些廉价的土地是以逐年还款的方式支付租赁费用，一旦开发种植，数年后就能获利。我母亲在中间人的撮合下，购置了一块850公顷的土地和一片位于象山与大海之间的森林。这片种植园距离最近的法国警署仅有60公里。"[18]

就所购置的地产面积而言，似乎有点夸张，文中的叙述还算基本贴近现实。多纳迪厄夫人购置的土地实际上位于贡布省以西60公里的维阿莱恩湾深处，隔着富国岛与大海相望。据亨利·古尔东称[19]，该岛面积与"法属马尔提尼岛一样大"，是海盗出没的地方，在地方公使的报告中曾记载海盗在19世纪20年代猖獗一时。距离租让地很近的碎石公路旁边，就是云壤港口，即书中的拉姆港口，保护国当局对这一港口寄予极大的希望。今天，这个港口已不复存在，在其附近重建了西哈努克城石油港与海水浴疗养场，并由美国人新建了一条笔直的公路即4号公路通往金边市。这块租让地实际上位于波罗诺的庆德村地界里，而不是靠近堤坝的卜迭波罗，尽管波罗诺靠近一条似乎显得十分重要的公路，那时候的公路维修费用很高[20]，这个地方其实是一个"不毛之地"，仅有一些用木桩撑起的简陋茅屋，散落在椰树林和茂盛的热带植物丛中。"这里是一个地势略高的平原，类似高原，北边是象山山脉，南边是一座空城，没有村落，没有人烟，只有一片汪洋和沼泽。由于位于海岸边，在涨潮时，唯有红树森林能在此存活，遍布上百公顷土地。"[21]根据地籍图[22]上对"租让地的描述"，玛丽·多纳迪厄夫人获得的土地位于"水城"之中，这是玛格丽特·杜拉斯在其书中如实再现的场景，北边连接彭沙河，南边濒临斯拉穆河，以此形成两河之间的分界线；西边是克拉玛庄园，东边以"维阿莱恩湾海滨保护区"为界。从地图上看，这块租让地确切地说位于陆地与大海之间，平均80公里宽，最宽的地方达160公顷，一直延伸至海边。

这是柬埔寨的河流吗？

要知道玛格丽特·杜拉斯的母亲购置的这片土地距离金边市近235公

里，距离她执教的学校也将近600公里，玛格丽特在书中描述为800公里，这是多么漫长的行程啊！如果从永隆或沙沥出发，完成这次旅程至少需要两天时间，还得途经西贡，颠簸在碎石路面上、而不是今天的柏油马路，还要停车吃饭、休息、给散热器加水、修理轮胎等。马科斯·贝尔吉耶是多纳迪厄夫人在西贡的老房客，上世纪30年代，他与多纳迪厄夫人及其儿子保尔一起，连续几年都去波罗诺度假。他回忆了当时乘车旅行的感受，先是乘坐豪兹克斯牌轿车，后来改乘德拉哈耶牌轿车。他们夜里出发，在金边歇脚，第二天驶向贡布，直到当天傍晚抵达，经常要到后半夜才能赶到。那时候每小时只能行驶70公里，还要经受半路上多次爆胎的事故和酷暑困扰，即使在树荫下也有45度的高温。他们有一辆两厢小客车，带有车篷和折叠式座椅，由一个家用司机驾驶，每次还带上一个越南女佣，经常是一个年轻的女孩子，女孩的父亲就在附近山上当护林工[23]。

大家不禁要问，是什么原因促使玛丽·多纳迪厄夫人将她的全部财产投资在柬埔寨这片土地上，而且还没有一条直达公路与永隆相通呢[24]？除了在金边生活的日子里，她亲自去参观过这个地方外，再就是山水之间的绮丽风景和自然资源使她心旷神怡。尽管距离遥远，她却能够建造一个可以度过暑假的惬意休闲地，而且长期在湄公河三角洲度暑假的前景并不令她乐观。玛格丽特的母亲本打算在大叻省正在修建的交趾支那山区疗养地购买一块地皮，可是欧洲高官与贵族们却不给她留下一丝领地，这里距离三角洲最远也就450公里，去中国买地就更不可想象了，距离太遥远。她喜欢柬埔寨和贡布省还有另外一个原因，那就是在第一次世界大战之后，保护国当局决定在一个王室家族认为风景秀丽气候迷人的省份发展旅游业，难道西索瓦国王以及众多的王亲国戚不应该有一个可以经常休闲的行宫吗[25]？他们可以去棕榈树成荫的白马海滨浴场沐浴，去沿海岛屿休闲漫步，去象山高海拔地区逗留打猎。刚刚完成对吴哥寺院的修缮给大家带来了充满想象的希冀，这一工程使旅游观光线路延长至此，法国游船公司的彩色广告大肆渲染这里的秀丽景色，以此打破英国独自垄断远东旅游胜地的霸主地位[26]。卜哥山疗养地[27]建在山坡上，面前呈现出50公里宽阔的沿海平原，风景如画，为欧洲中小殖民者增添了一处气温适宜的疗养地，甚至比大叻疗养地更胜一筹。从1919年至1920年，还在此为最高驻扎官建造了一个山区木屋，离此地数公里远的绿宝石山谷农业站不失时机地发展蔬菜与草莓种植，供应附近招揽游客和官员的宾馆。在这些宾馆饭店中，豪华饭店和简陋旅店都试图与英美在世界各地的此类大型旅游休闲地相媲美。

当多纳迪厄夫人买下这块租让地时，旅游业从此在该地区蓬勃发展起来。里克姆驻扎官在1927年的总结报告中这样写道："卜哥山、白马、云壤越来越受游客欢迎，每天经过贡布的旅行车有32至40辆之多。在旱季，进出贡布的游客人数每月平均达3.2万~4万人次，在雨季，也有2万~2.5万人次。"与此同时，大家还可以在邦泰公路沿线遇见来此狩猎的人群。第二年，驻扎官还十分满意地这样记载道：这里的疗养地"也同样是游客满门"。他还具体讲道："在随后的温和季节，许多游客都选择在卜哥山居住，白马与云壤也是常年游客不断。"玛格丽特在小说中写道："巴尔特伯伯"欣喜若狂，他专门为前来云壤旅游的客人酿制贝尔诺酒。里克姆乐观地肯定道："随着我们不断地对这些疗养设施进行整修和美化，我们确信本地区的繁荣会不断地得到发展。"但是，事情的进展并不像驻扎官所期待的那样，比如在卜哥山宾馆内，在前面提及到的两家特许经销商表现得并不尽人意，绿宝石山谷地区的草莓端不到游客的餐座上，更有甚者，波尔图甜葡萄酒、金鸡纳酒、佩里埃矿泉水都常常供不应求，而报告起草者就不得不将此反映给总驻扎官，他是一位消息灵通人士[28]。难道他没有听说过多纳迪厄夫人在租让地开发问题上所遇到的重重困难吗？或许真没有听说过吧。

般加庐

"我母亲雇用了五十来个佣人，她将他们从交趾支那带到这里，并准备将他们安置在离大海仅有两公里的沼泽地中搭建的全新村落里。"如果事实如此，就证明多纳迪厄夫人这次破天荒地没有吝惜钱包。如果并不完全属实，至少也真实可信，因为在当地找劳动力十分困难，要想把这片土地变成稻田，与其让陌生人种植，倒不如交给那些永隆地区学校的女校长知根知底的越南农民种植，这样做就消除了许多后顾之忧，新产业主何乐而不为呢？玛格丽特·杜拉斯写道："对于我们全家来说，这个时期充满着喜悦，我母亲在她一生中终于等到了这一时刻。"[29]她长期住在这里，为了让我们对此有所了解，她把连投资成本在内的一切情况都告诉了我们："除了兴建村落外，我们沿着种植园周围的道路旁修建了一排吊脚楼，在1925年价值5000皮阿斯特，这是一笔不小的支出。"确切地说，这个价格大概是1927年或是1928年的，根据那两年皮阿斯特对法郎1∶12.75的兑换率[30]，我们就能估算出其费用为6.275万法郎，折合9000欧元，这一价目或许有些高估。一个简陋的般加庐能有这么高的造价吗，请读下文：

“房屋建在木桩上是怕被洪水淹没，全部使用木材制成，就需要在当地采伐树木，去枝刨皮，制成板材。”这与建造一个庭院的方法没有两样。我们得知还另外建了一个精致英式的“游廊”、若干间住房和抗阴雨的坡形屋顶、一间厨房、一间厕所、一个阁楼等，问题是在这种屋顶上是否也覆盖着今天普遍使用的瓦、锌版或草毡。玛格丽特还记得她母亲在房屋的周围种植了“棕榈树和花草”，另一说是香蕉树和甘蔗。《抵挡太平洋的堤坝》一书中描述的不同凡响的般加庐就这样登场了，它将在舞台上或荧屏上经历一次次的辉煌演绎，其中有让－玛丽·赛洛在20世纪60年代为将《抵挡太平洋的堤坝》搬上舞台精心选择的般加庐，玛德莱娜·雷诺率领伊甸园电影厂于1977年在奥赛剧院演出的《抵挡太平洋的堤坝》戏剧中的般加庐，20世纪90年代初让－雅克·阿诺执导的著名电影《情人》中的般加庐，还不包括摄影棚内的般加庐，它甚至比现实中的般加庐还要逼真，乔·范·弗利特、希尔瓦娜·蒙卡诺和安托尼·佩尔金在这部彩色影片中表演了一幕动人的故事。

“在建造住宅期间，我和我母亲、我的小哥哥只住在一间茅屋里，紧靠着‘上等’仆人住的草屋。”村庄距离公路有4个小时的船渡，即需要4个小时的水路才能到家。不难看出，在这个时刻没有发现她大哥哥的身影，此事发生在1927年，正好是她大哥哥从法国返回的前夕。“我们与仆人同甘共苦，我和我母亲几乎与他们一样，晚上都直接睡在床垫上过夜。”玛丽·多纳迪厄夫人对这样简陋的设施不反感吗？她对这项事业不会产生怀疑吗？不，她更加充满希望：“任何比这再大的困难都不能够阻止我母亲。”时间一天天、一周周地过去了。“我们在卜迭波罗（这是种植园的名字）连续生活了6个月，而我母亲也从西贡教育署获得了停职许可。”[31]玛格丽特这样肯定地写道。从这一时刻开始，我们清楚我们生活在传奇式的生活中。事实上，除了记载这一年多纳迪厄夫人去永隆迎接她爱子的归来和写信给当局要求报销11月中旬在永隆地区出差费用这两件事外，在其他档案资料中丝毫没有发现有关停职、请假、扣减退休服务期限等方面的记载，而只记载了1905年在西贡做实习教师的几个月。除了对1924年至1931年记载存在纰漏外，其他没有任何疏漏[32]。她的所有活动都如实地通过文字记载下来，其中还包括去海上度假，比如1928年暑假去波罗诺度暑假，有当局的邀请、电报、教学记录等，都完好无损地保存在她个人的档案袋里。如此细致地记载某个人的活动实属罕见。

可是为什么会如此翔实地记述她生活中的这些细节呢？小说家从撰写第一部作品的初稿开始，也在细节上“苦思冥想”。比方说，她母亲为了方便“去种植园”，就买了一部汽车，“她早就说过她需要买一部汽车，周六前往，周一返回”。这真是一个大胆的计划，她也不怕路途遥远。这是一辆什么样的车呢？“这是一辆绿色雪铁龙两厢四座车，玛格丽特则说是一辆双开门跑车。车顶可以自动开闭，在下暴雨时，篷布可以有效地遮住雨水。”玛格丽特详细写道：“确实如此，这是一辆 B12 型小轿车，我母亲为此花掉 1400 法郎。”第二次又说：“这辆轿车价值 4000 法郎，我母亲分 4 次付清车款。”“她从未想到一辆小汽车会花掉这么多钱。”而我们也同样没有预料到《抵挡太平洋的堤坝》中并不宽裕的母亲会如此大方地花掉这么大一笔钱。在第一部初稿中，母亲的形象是一个现实主义者，头发灰白，她绝不会在买了轿车后就此罢休。“由于她不会开车，也从来没有机会开车，她说孩子还小，慎重起见，有必要雇一个司机。这个司机随时可以教她的两个儿子学开车，一旦他们学会开车，司机就只负责每天晚上清洗汽车，必要时修理轮胎、发动机等。”[33]我们后来得知司机的工资也成为了一项不小的负担，她在《抵挡太平洋的堤坝》一书中这样描写道，全家节约到“用香蕉树皮塞进破旧的轮胎里使用、不再让司机修理轮胎”的地步，这大概与实际情况并不相符。但是，厄运将至的“母亲”却依然疲惫不堪地与司机一起，在颠簸的汽车上来回奔波。

玛丽·多纳迪厄夫人的“烦恼”

“我 11 岁，我哥哥 13 岁。”实际上，那时她哥哥已 16 岁，而玛格丽特也 13 岁了。“要不是我母亲身体欠佳的话，我们会生活得很幸福。母亲忙碌地工作和看到我们会做一些事情带给她的喜悦伴随她渐入老年，而她的健康状况却每况愈下。”确实如此，“她患有两三种癫痫病，使得她常常昏迷，不省人事，有时候会持续一整天。母亲的病痛使当地仆人们既害怕又忐忑不安，她每次发作，仆人们就威胁要走，他们担心没有人给他们工钱，于是都围在茅屋边或坐在屋外的陡坡上。我和我哥哥不时地出去告诉他们‘她’还没有死，请他们放心，而他们很难相信这是真的。我哥哥告诉他们，即使我母亲不在了，他发誓会把他们毫不含糊地带回交趾支那，并付给他们工钱。我说过，那时候，我哥哥只有 13 岁，他是我遇到过的十分勇敢的男孩子。他不仅尽力地安慰我，还说服我不要在下人面前落泪，越是母亲还健在，我越发做不到。而事实上，当太阳消失在象山后的峡谷之中时，我母亲又恢复了知觉。这些症状很特别，没有丝毫的征兆。而我母亲在第二天又像往常一样做着她的工作”[34]。

玛格丽特向上帝发誓说：“在那个时候，电话还不存在，也不可能找到1名医生。”我出于好奇想证实这一细节，在里克姆驻扎官于1927年起草的季度报告中，我读到：“在贡布省，医疗服务是由1名欧洲医生、1名助理医生和13名护士负责。”在这份报告中还记录了该季度前来市医院就诊的人数，其中有6名欧洲人和971名当地人，而且还修建了新的手术室[35]。医院本身就在这个地区存在了好长时间。1919年，“欧洲人医院”早已开业。有关电话一事，在另外一份报告中提及到维修金边至贡布的电话线路，此线路涉及到对公众开放的8个电信营业厅。还特别指出：“波罗诺营业厅建于4年前，并于1927年关闭。”[36]被关闭的原因没有具体说明。但是，俗话说，无风不起浪。尽管话有三说，但玛格丽特应该对此记忆犹新。

我们继续了解在这片渴望已久的租让地上影响初期开发的事情都有哪些。玛格丽特·杜拉斯写道：“从头一年开始，不仅要种植200公顷的土地，还要创建这里的家园、这里的村落，来回奔波、安置仆人等，几乎将我母亲24年工作的所有积蓄花得一干二净。可是这对我们来说还是次要的，因为我们可以在第一年的收成中，将花费在安置村落上的投资全部赚回来，我母亲认真地计算过，她还彻夜不眠地反复核算过，似乎是不会有错误的。我母亲越发‘认为’我们4年后就会成为百万富翁，我们就越发对此信心百倍。”随后，传来一条与这位夫人有关的传闻，她大概忘记了参加她丈夫的追悼会：“在那个时候，她还和我父亲保持着联系，每做一件事情都会预先征求我父亲的建议，我父亲将未来的设想‘口述’给她听，据她说，这种‘口述计划’只有在后半夜一点钟进行，这说明我母亲得熬夜，我们都看得出，每次‘口述计划’都会给她带来无比的喜悦。”[37]

根据实际情况，“第一次收成仅是几包稻谷”[38]。“总督府划拨的850公顷土地都是一些盐碱地，每年有一半时间浸泡在海水中，除了房屋周围和远离海岸的几公顷土地外，所有的农作物在一夜之间都被海水浸入根部而‘烧死’。等到淹没种植园的海水退潮，河水恢复正常，我们才能去查看这200多公顷被海水烧死的水稻，我们划船用了近8个小时才将全部的损失核查清楚。”[39]我自己在1999年亲自划船转了一圈，可以肯定在这个细节上，玛格丽特丝毫没有夸张事实。请看下文：“但是，在当天晚上，我母亲决定借贷30万法郎修建一条堤坝，这样就可以一劳永逸地避免我们的稻田被海水淹没。由于我们手续不全，种植园还不完全归我们所有，所有银行都正式拒绝我母亲提出的贷款要求，不借给她这么一笔巨额款项，因为我们几乎是颗粒无收。”故事叙述到这里，尽管大家对多纳迪厄夫人会产生一种同情心，而任何一个有理性的读者都不会认为银行的做法欠妥。鉴于歉收的巨额赤字和新庄园主已快到退休年龄，似乎她已经没有能力偿还这笔数额巨大的贷款。但是，我们尽可放心，她很快就找到了一个草率的解决办法。“最后，我母亲只好向一个‘切提人’借钱，就是印度的一种放高利贷者，他同意借给我母亲钱，但必须用她教师的薪水偿还。这件事情不可能不让教育司的人知道，这简直让我们一家三口羞愧不已。”[40]我们将在下一章节中谈论印度的放高利贷者。

“从此，我母亲又不得不开始教书，她还得每个星期五晚上从任教的沙沥出发，坐着汽车往返颠簸800多公里，再于星期天至星期一的夜间赶回学校。”[41]简直近似于疯狂，颇像流浪汉小说中的人物。正像玛格丽特·杜拉斯在小说中所描写的一样，其他的冒险经历一目了然，或许不难猜想出来。“我母亲在修建堤坝是否有效的问题上，从来没有咨询过任何一名技术人员，她想怎么做就怎么做，总是凭着超常和不受约束的逻辑思维，想当然地办事情。我们将百余名工人带到这里，在母亲和我们的亲自监督下，用了一个旱季将堤坝修建成功。”根据这样的描述，《情人》的读者必然会这样联想到，一个手拿甘蔗棒、头带殖民者头盔的“小姑娘”竟然在自家的水稻田里扮起了工头的角色，她难道不能不在这里被太阳暴晒吗？自然不行，“从切提人那里借来的大部分钱都已经花在修建堤坝上了”。从这时起，灾难在一步一步地逼近。“不幸的堤坝被海水冲上岸的蟹巢拱散。当第二年涨潮时，用松土固成的堤坝，由于蟹巢的危害，顷刻之间全部塌陷了。第二年又是颗粒无收。”[42]

应该还给玛格丽特·杜拉斯一个清白：毁堤稻蟹的存在不是她幻想出来的。长期以来，永隆地区的农民长期不断地抵御着“稻蟹”的危害，以至于到1930年前后，出台了一份《外省农业政策运动规划》，其中包括铲除蟹害的具体措施[43]。难道湄公河流域的河蟹也能在暹罗湾沿海一带如此猖獗吗？在官方报告中没有提及此事，而只有保护国行政机构忙碌着帮助当地稻民抗衡海盐的侵蚀。《波罗诺抗盐护稻的固坝工程》始于1929年，并持续了数年，在当地人员有限的参与下完工。在1935年的一份报告中，驻扎官才向上级汇报这项工程“刚刚竣工”[44]。如果在1929年的一份报告中偶尔提及到“在土地开发中多纳迪厄夫人所遇到的困难”，但在随后几年的报告中却只字未提，更不可能有像她那样修建堤坝的举动，还要征用“数百名工人”由她女儿管理。相反，在有关贡布省屈指可数的几个租让地的记录中，只记载了正在开发中的几个租让地，其中包括多纳迪厄夫人的租让地，而其他租让地都变成了荒郊野地[45]。

这是一个多么委婉动听的故事，但不能只期待听完玛格丽特简单地叙述她母亲修建堤坝一事就善罢甘休。她又开始了第二段的精彩描述：“显而易见，大家不会只修建堤坝而不加固堤坝，我母亲十分清楚这个道理，而她找不到石料，听说用方形红树桩放在坡底加固即可，她又一次找到了解决问题的办法。”玛格丽特情不自禁地叙述道，“发现这种方法的那些晚上，她向我们传授着技巧，这是我们一生中最幸福的时刻。我母亲完全沉醉在自己的发明中，如此简单，连跟随我们的‘上等’仆人都对这种方法赞不绝口。”“下等仆人不和我们住在一起，他们唯命是从，我母亲对他们表现出超常的宽容。”对此不难理解：“他们来这里是当佃农的，而水稻几乎颗粒无收，我母亲就不得不把他们当工人养着，他们对我们现在的事情一点也帮不上忙。”多纳迪厄夫人真是忠厚善良。怎么能让这些下等仆人对她们所做的善事感恩戴德呢？让我们继续来读玛格丽特的叙述：“用红树桩加固”不失为一种聪明的做法，而从随后的结果来看，除了“吞噬从吸血鬼那里借来的白花花的银子外”，似乎并没有想象的那样行之有效，“一部分堤坝很坚固，另外一部分堤坝存在着隐患。被母亲称作‘试验田’的400公顷稻田给她带来了喜悦和荣耀。水稻长势喜人，我们每个星期六都要来这里察看一次。可糟糕的是就在要喜获丰收的关键时刻，我们又一次绝望了。仆人们私下商议，擅自做主，祈求海神光顾交趾支那，给她们送来她们三年来梦寐以求的水稻。”[46]不乏公正地说，这能是善意之举吗？

伊甸影院与循序渐进展开的故事情节

顽强的母亲并没有被再一次的失败打垮。“我母亲又一次果断地拿定了主意。”可这次“我们是血本无归，‘她’最终放弃了种植园，想方设法地挣钱偿还高利贷”[47]。

故事发展至此，玛格丽特的母亲不得不在西贡的伊甸影院里加班加点地干活，来维持每个月难以支撑的开销。实际情况并非如此，这个故事情节发生在这一事件之前，那时候完全是为了攒钱，体面地养活3个孩子，再有朝一日购买一块自己梦寐以求的土地。实际上，在小说故事中插入这段伊甸影院工作的情节是在后来才有的，并没有记载到她青少年的回忆录中[48]。只是在小说创作时，应该使故事情节更加戏剧化，“不能拘泥于形式”，“适当地变更了情节秩序”。再来读一段《抵挡太平洋的堤坝》中的故事：“当她丈夫逝世后，苏珊娜和约瑟夫还未长大成人，此后，她很少说话，她说她总在想怎样才能够走出困境。有两年时间，她都是一直教法语，可是教法语和教钢琴的收入很微薄，随着孩子们的长大，这些收入就更加显得微不足道。她只好应聘伊甸影院的钢琴演奏一职，她在这里干了10年。10年后，她大概攒够了钱，就向殖民地地籍总署申请购买土地。"[49]如果读者对此迷惑不解的话，玛格丽特在随后的100多页处给读者列出了钢琴演奏的价目表："在购置土地之前，她教着钢琴课，每小时15法郎，她还每天晚上去伊甸影院上班，每个晚上可以挣到40法郎。"坚持了10年，即从1917年至1927年，我们可以从中了解到，在这段时间里，玛丽·多纳迪厄夫人显然不住在西贡，这显然是一种"文学虚构"、"诗歌破格"，大家肯定不会再次指责她运用这一表现手法，特别是因如此处理故事情节能够给读者带来意想不到的效果[50]。由此看来，大家都可以任意构思自己的电影，去幻想玛丽·多纳迪厄夫人身着黑色连衣裙，过着少言寡语的美好生活。我随便举一例，她一边欣赏着阿贝尔·冈斯导演的《我控诉》影片，一边演奏着《桑波尔－默兹军团》的乐曲，她女儿对我们说这是她最喜欢的音乐。那为什么不观看埃里克·冯·斯特洛汉姆拍摄的在卡马奥尔舞曲伴奏下的《贪婪者》这部电影呢？这样可以任凭她发泄心中的悲愤。

劳儿·阿德莱[51]认为这是因为"她母亲被骗光了钱财"。玛格丽特·杜拉斯对此也加以肯定。被骗光了钱财，那会是谁呢？对于《抵挡太平洋的堤坝》《情人》《来自中国北方的情人》的作者来说，这里没有一点骗局可令人质疑，那么罪魁祸首就只能是地籍总署的办事员了。玛格丽特不厌其烦地讲述这样一个细节，那就是将钱转手的一瞬间。这个细节开始并没有出现在前面大量引用的1943年的草稿中，而是在1950年出版的小说中，才将此细节添加进她母亲寄给"地籍总署办事员先生"冗长的控告信中，她这样说道："15年来，我牺牲了自己的一切，甚至做到了孤情寡欲，就是为了能从政府手里购买到这块租让地。我用我15年奉献青春省吃俭用积攒下来的积蓄，从你那里换来的是什么样的东西呢？一片浸泡在盐水里的荒滩。你们让我把我的钱留在你们那里，7年前，我用信封装着钱，很虔诚地把钱给你们送去，这是我所有的钱。"结果呢？"除了靠近路边地势较高用于建造村落的5公顷土地外，她将她10年积攒下的积蓄全部扔到了太平洋海水中。"[52]

这是1991年在《来自中国北方的情人》中讲述的最后一个传奇故事：我母亲说："那一天，我见到了他，就是在第一天，我把我所有的积蓄放在一个小挎包里，我记得很清楚，我把钱交到了地籍总署的办事员手上，我对他们说谢谢，谢谢他们给我了一块位于大海与群山之间的这片神奇土地。”[53]此前，在1977年米歇尔的一次聊天中，她就“情不自禁地”讲述过这段故事：“在她教学和打工的20年后，她买下了位于柬埔寨贡布省附近的一片土地，一个租让地——当时都这么称作为租让地。大家都看到了，她是一个寡妇，没有保护人，一个彻头彻尾的孤独者，只身去了地籍总署，把钱交给了他们，他们随便给了她一块无法耕种的土地，她那时候并不知道要买通办事员，让他们给她一块可以耕种的土地。他们给她了一块地，可这哪是耕地呀，每年有6个月都浸泡在海水里，她将20年的积蓄全部打了水漂，她修建了般加庐，她育秧和插秧种水稻，而3个月后，太平洋涨潮，一切化为了泡影，她差点昏死过去，失去了理智，大家都认为她活不了多长时间了。说实话，我认为是愤怒正在折磨着她，特别是在堤坝塌陷后，她的怒气就越来越大，简直成了义愤填膺。显然，这对我们打击很大，我甚至都无法平静地谈及此事，你能看出来吧。她到处抱怨和抗争，可那时候贪污腐化现象很严重，大家都发现从地籍署到殖民地行政部门的所有办事人员都收黑钱，也就是说公务员从上到下都收佣金，因此，这些抱怨被搁置在一旁，石沉大海。她直到逝世，也没有能找回公道，确实如此，不公正行为比比皆是。”[54]

无论是《抵挡太平洋的堤坝》中的母亲，还是玛格丽特的母亲，都没有能够亲眼目睹这种体制本身酿成灾难的来临。“所有的不幸都来自她那不可思议的天真行为，虽然这样能够保护她避免再次经受命运与男人的打击，她废寝忘食地工作和在伊甸影院演奏钢琴所度过的10年，使她回避了与不公正行为频繁地抗争。10年后，像她走进时间隧道一样，她孤独地从中走了出来，带着极度的病痛，失去了所有的亲情，俨然不谙殖民者贪婪成性的恶行。”[55]这种说法非常牵强附会，有着让-保尔·萨特倡导的参与文学的味道，因为《抵挡太平洋的堤坝》一书就是一部主题小说，当然这还不是这部小说最具说服力的一面。当时是1950年，不论自己怎么想，都应该墨守成规，难道玛格丽特·杜拉斯在创作小说的时代，就应该批评与“暴露”一切吗？玛格丽特·杜拉斯应该为法国共产党摇旗呐喊吗？尽管这不是她既明确又辛辣的反殖民主义意识之一，这一点确实值得一提，她确有此意。正因为如此，她至少一生中都知道她那年为什么与龚古尔文学奖失之交臂。评委们都说过我们不会同意给共产分子颁奖。因此，不公正制度从内部开始腐朽堕落，殃及到众目睽睽的租让地的分配上，她母亲就成为了牺牲品。

殖民者的卑劣行径

劳儿·阿德莱写道："大家都把这些地称作租让地：就是法国政府强占农民的一片片土地，再将它卖给希望自己开发的白人。"她似乎对这方面的事情非常了解[56]，而我本人对这个问题也略知一二，"自然是道听途说的"，为了能够详细地了解，我潜心在埃克斯－普罗旺斯的海外档案中心翻阅着官方历史文献和法令。正如大家所预料的那样，实际情况显得非常复杂，与其浏览冗长的叙述，倒不如预先确定查阅与该章节有关的相应主题，再进一步查看具体细节，着重标注出1913年由萨罗特总督签署的法令，围绕解决所有印支联盟内部相关的土地问题，并参阅与此相关的其他各个国家不同的规章制度，重点突出公共事业的用地，而不考虑划归给个人，即便是划归给"当地人"的可耕地或非耕地。在这一方面，殖民地行政当局似乎十分注意遵守地方政策法规和有关土地的传统立法，在保护国体制下，柬埔寨存在着自身的特别条款，因为其国王才是"王国所有土地绝对和唯一的主宰者"。尽管1913年的法令已经出台，但是根据其土地的特殊性，还不得不考虑增加补充的限制性条款，公共用地需要转变成"可转让土地"，必须用于鼓励发展某种植物的目的。柬埔寨人以及包括华人与安南人在内的"具有柬埔寨籍的亚洲人"都可以无偿地获得少许租让地，而即使是1927年的通报允许法国官员申请租让地，但就此而言也是很难获得批准的。

不论是地籍总署官员，还是驻扎官，他们都不可能在自己仅有的权限中钻政策的空子。显然，这不是说在执行法规的过程中，不存在徇私枉法的可能性。正如前面所讲的一样，分配给公务员的土地是以招标的形式进行的，需要土地的申请获得同意后，需要"用法语和地方语在官方布告和所有地区的墙报中，特别是在附近的乡村中"进行公示，并且在责任书中"明确注明尊重当地人的生活习惯，必须为在河流、池塘和蓄水池取水与打鱼和在草原放牧与取柴等提供方便"[57]。标书中规定，租让地业主在两年限期内至少需要开发所获得土地的1/5，5年内完成全部土地的开发。自持标书开始可以称作土地暂时拥有者，待土地全部开发完毕，才能获得最终拥有土地的权利。

1926年颁布了一项特别法令，其中包含一项"建议简化各个环节行政手续"的条款。立法者非常强调应该严格执行简化的行政手续，并补充道："实际情况令人堪忧。"意思是指还存在着一些复杂的程序，以此引起人们对需要购买土地者有限资金的注意，以至于使他们在后续的开发中能有所作为，并强调这一点在此之前并没有引起大家足够的重视。在个别情况下，还考虑给予一定的资金资助和简化付款方式，使业主“能在3年内获得收益，否则将收回租让地”。在这种情况下，行政当局应该赔偿已投入的开发费用。根据普遍看法，“某些人可能会遇到困难，无法履行合同，因此，缺乏足够的资金，没有能力聘用负责人或管理人员，开发经营就十分艰难”[58]。玛格丽特·杜拉斯的母亲就属于此类情况，她不可能天天守在自己的土地上，只能在假期前往，好像也不可能聘请专业人员管理土地。

经过仔细地对历史文献的查阅和大量翻阅了与此相关的官方报告，我们非常确切地得知，多纳迪厄夫人根本就没有参加任何形式的土地招标项目，更没有从地籍总署部门购买租让地的使用权，在前面叙述获取租让地的方法纯属她女儿单方面想象出来的。要是她确实在1927年7月购买了200多公顷土地的使用权，那也是直接向第三者购买的，被称作“自愿交易”，这正是当年立法推行的购买形式之一。正如法规所规定的，她只需向驻柬埔寨总驻扎官和西贡的教育机构告知购买土地的情况即可，根本不需要将购地费用交给地籍总署官员的手中，而是将钱直接交给个人，除非她想向某人行贿，这不说明玛丽·勒格朗的人品有问题吗？所有与第一次收割水稻有关的事情，就更加令人啼笑皆非。永隆地区女子学校的校长实际上是从一个已“免费”获取租让地的“本地人”手上购买了租让地的使用权，在里克姆驻扎官1928—1929年的年度报告中，我才真正地找到了答案。在有关租让地的一节中，报告上这样写道：“多纳迪厄夫人在波罗诺附近从一个安南人手中购买了一块近300公顷的租让地用于水稻种植。”[59]与此同时，驻扎官还含糊其辞地讲到了玛格丽特的母亲“似乎”在土地开发中遇到了某些问题。

现在需要了解这个“安南人”是何许人也。为了能够调查得更加翔实，我在第二年度的报告中查找到了他的姓名。报告起草人在对两三个租让地开发情况进行调查后写道：“另外，值得一提的是安南人谭隆锋将波罗诺附近的租让地转让他人。”[60]由于事先查阅了有关贡布省的档案文献，我轻而易举地就在公共事业局发给金边地区驻扎官的一份电报中找到了新的资料（当时里克姆驻扎官还在休假）：“唯有一处贡布地区的租让地，先是免费分给谭隆锋使用，现通过1930年2月8日的356号文件，将其过户给交趾支那沙沥地区教务总监多纳迪厄夫人，面积为199公顷14公亩50公分，属于农用租让地。”[61]这份报告注明的日期是1930年3月12日，即在多纳迪厄夫人获得租让地临时使用权的4天后发出的。玛格丽特作为见证人对行政部门消极工作态度的不满与批评纯属子虚乌有。

从前的业主

这个精明的越南卖主是谁呢？多纳迪厄夫人在何时开始与他商谈这笔交易的呢？这就是我想通过1999年去金边访问时需要在保护国档案资料中寻找的答案。竟然有这样的巧合，柬埔寨国家档案馆资料没有遗失，红色高棉在掌握政权后[62]，将系统的文件资料堆放在某个城市里，这简直就是一个奇迹！1923年2月，总驻扎官同意下拨给"家住贡布省森荣湾的谭隆锋先生一块临时免费使用的租让地，总面积为199公顷14公亩50公分"[63]。还有一封玛格丽特·杜拉斯的母亲于1929年9月5日写给柬埔寨总驻扎官的信，我们从中不仅了解到双方进行土地交易的具体时间，而且还弄清楚了新园主为开发租让地所作的有趣设想。全文如下：

致总驻扎官先生

（沙沥女子学校校长多纳迪厄女士）

总驻扎官先生：

我很荣幸地向您申请下列租让地购置意向，并恳求您的恩准。

谭隆锋先生，安南人，于1923年2月27日获得一块面积为199公顷14公亩50公分的免费使用租让地，该土地位于贡布省维阿莱恩湾，他已将土地使用权转让给担任贡布省市政工程技术员的儿子谭文德，后者于1927年7月28日又将该土地使用权转让于我。总之，我特申请代替谭隆锋先生享有该临时租让地的使用权和应负的责任。另外，总驻扎官先生，我还得谨请您同意延长完全开发的期限。我已经在30公顷的土地上种植了农作物，开垦了20公顷的森林，这说明我已付出艰辛的努力。但是，在我购置该租让地后，我遇到了预留时间有限、地理位置偏僻和劳动力严重不足等问题。

我还需要补充一点，我是敬职尽业的公务员多纳迪厄先生的遗孀，他曾担任过柬埔寨教育局局长。我们现在有3个孩子，年龄分别为19岁、18岁和15岁，我购置这块租让地都是为了孩子的未来着想，我在教育部门工作已有24年之久，从未享受过政府的救济。总驻扎官先生，我的家庭负担很重，如果您能同意将这块地批复予我，这将免去我为孩子未来担忧的一切后顾之忧。我在这块租让地上已投入我个人的多年积蓄和努力，不幸的是所得到的回报微乎甚微。要是再得不到您满意的准许，我将会倾家荡产。

诚挚地希望能得到您的恩准，并谨向总驻扎官先生表示我崇敬的问候。

交趾支那沙沥女子学校校长：多纳迪厄女士[64]

总驻扎官府收到了这封申请延期的信函，从此，总驻扎官也很关心购置租让地者能顺利地开发利用土地。9 月 10 日，即收到申请信的 5 天后，贡布省府将这封期盼延期的信函附上同意意见转呈上级部门，并强调会组织一个调查委员会进行实地考察[65]。9 月 19 日，总驻扎官府要求贡布省府“请谭隆锋先生寄来一份转让其租让地使用权的申请书”[66]。10 月 30 日，原土地业主起草了申请书，奇怪的是该信是从永隆地区寄出的，其申请理由为：“我欣慰地请求由多纳迪厄夫人代替我行使我原拥有的 199 公顷租让地的使用权，并赋予她全权负责位于永隆地区的农用租让地。”像在旧体制时期一样，这封申请书的落款为“您虔诚与感恩戴德的仆人”。因此，玛格丽特的母亲 4 年中在官方的监督下，开展着种植园的“业务”。像其父亲在孚鲁日集市经营粮食那样，后来成为多纳迪厄妻子的玛丽·勒格朗自少儿时代起，就十分了解土地的价值。

在 1929 年的整个秋季，信件与文字记载明显地增加了。1930 年 2 月 4 日，保护国委员会同意总驻扎官的提议，并通过了一份决议草案，“允许多纳迪厄夫人接替谭隆锋先生的所有权利与义务”。决议草案签署于 2 月 8 日，将由“贡布省驻扎官和地籍事务局局长在各自的权限范围内予以执行”[67]。第一阶段暂告一段落，玛丽·多纳迪厄获得了租让地的临时使用权，剩下要做的就是获得永久使用权。

王室的决议

最后阶段持续了 5 年之久，玛格丽特的母亲迫不得已地到处“求爷爷告奶奶”。我们不用绕弯子而直述事件发生的经过。在 1931 年至 1932 年的假期中，她回到了法国，在此期间，她冒失地拜访了殖民地部长阿贝尔·萨罗特，共同缅怀了往事。他刚第二次登上部长的宝座。她恳求这位丈夫的原上司能出面帮助她，她得到了允诺。她欢天喜地地回到了西贡，并给柬埔寨总驻扎官写了一封信：

我十分荣幸地向您禀报，我在巴黎度假期间，将我经您同意于1926年购买的贡布省波罗诺地区的租让地证明呈递给殖民地部长阁下，部长先生欣然承诺尽其所能赋予我租让地永久使用权。

我恳请您转告我是否已经同意了我的申请。

谨请总驻扎官先生接受我诚挚的问候。

多纳迪厄夫人[68]

“部长先生欣然承诺，我恳请您转告我是否已经同意了我的申请。”这是有上层关系的人才有的语气，不惧怕任何人说三道四。她说得很有道理，但是还没有作出“同意”的决定。她发信的日期是1933年2月8日，5天后就产生了效果，贡布省驻扎管就收到了一份信函，总驻扎官府第一办公室主任在信件中要求“尽快”组成一个委员会，负责考察“多纳迪厄夫人租让地”[69]的经营状况。在主管部长的干预下，事情有了眉目，而行政手续却迟迟没有着落。当事人又发信件，又拍电报，大呼小叫地打电话，言辞激烈地指责政府当局，就这样一晃两年过去了。直到1935年3月7日，驻扎官才向上级递交了一份委员会起草的《关于多纳迪厄夫人在贡布省土地使用权》的各项决议。据贡布省邮寄的公函称，这块土地不仅包括原先永隆地区的农用土地，而且还有玛格丽特的母亲在贡布至云壤54号公路旁自建般加庐住宅的一小部分用地和位于远离《抵挡太平洋的堤坝》中描写的海岸边的“5公顷高地”。分配给谭隆锋的租让地，只有4小块“水稻地”归他本人使用，而另外5小块地暂时“属于地方国有资产”。从一开始，她就捞取了不少好处，“多纳迪厄夫人在卜迭波罗的宅基地和她从第三者手里购买的周围稻田都归她使用”[70]，难道是所有周围的稻田吗？她无疑扩大了资产用地，她难道像阿巴贡一样也聚敛“私房钱”吗？显然如此。

1935年4月13日，这些决议书寄给了在印度支那银行西贡分行工作的保尔·多纳迪厄，再由他转交给“他母亲”。还要再等上1年，最终委员会的会议才能如她所愿地最终解决这件事情，多纳迪厄夫人表现出了令人敬佩的耐心。1936年11月7日，贡布省驻扎官建议将这片土地所开发的2/3用地的使用权全部归她所有，但他也哀叹道：“这几年，业主的努力不尽人意，她的稻田经常被海水淹没。”由此看来，小说故事中还是有一部分取材于现实生活，玛格丽特写得很真实，她母亲是受害者，她为此“倾家荡产”。驻扎官十分清楚她所付出的努力，他在信中的一番话确实令当事人感到欣慰，而当事人却不得不用很长时间来偿还银行的贷款。“刚建成的堤坝能抵御海水的侵害，也能改善稻田的土壤，但又得使她在买地花钱的基础上再支付一大笔费用。”[71]行政程序十分缓慢，甚至拖拖拉拉，但她却能善解人意，甚至抱有同情之心。

1937 年 1 月 18 日，柬埔寨总驻扎官府第一办公室主任将租让地资料连同同意书一起送抵保护国住柬埔寨代表处，以便在莫尼翁陛下主持的部长委员会上获得通过[72]。经过审议之后，由王宫事务主管、国防部长、内务部长、海运部长、司法部长等 5 人组成的委员会“一致通过了多纳迪厄夫人永久性拥有相关土地使用权的申请”[73]。1937 年 4 月 2 日，总驻扎官签署的官方决议正式确定了“将 199 公顷的农用土地使用权转让给多纳迪厄夫人”。

在购买土地的 10 年后，多纳迪厄夫人终于在柬埔寨拥有了自己的种植园。玛格丽特·杜拉斯的母亲把家里装饰一新，以此表示对王室的决议承蒙圣恩、感激不尽，她还去西贡教堂点燃了蜡烛，谁能知道她还做过什么呢？或许还在当天晚上与儿女和印度支那银行的一些朋友一起开香槟庆祝了一番，遗憾的是那天既不是她爱子的生日，也不是玛格丽特的生日，况且，多纳迪厄夫人的两个孩子这几年都一直生活在大城市。

漫游在传奇国度

我在 1999 年去越南和柬埔寨旅游之际，依靠金边国家档案馆的地籍图，我很快就确定了这块租让地的确切范围，在法国使馆的帮助下，我前往实地考察。我们一大早就出发了，开车上了 4 号公路，我们的车队有 3 辆车，共 12 个人，其中包括大使和大使夫人，他们都很了解玛格丽特·杜拉斯，我们一起来到了西哈努克市。法国非政府组织成员负责在多纳迪厄夫人原水稻田附近勘测维阿莱恩堤坝区域，来此之前的电传沟通已事先在参谋部的地图上圈定了范围。距离村庄还有一段路，我们下了车，准备徒步欣赏《抵挡太平洋的堤坝》中的母亲在沼泽地里创意建造的村落，与吊脚楼房屋似乎一模一样，我们坐在 3 条老式的木船上，船上的发动机轰轰作响，船夫不停地忙碌了近 3 个小时，我们才靠近那富有传奇色彩的租让地，并沿着周围转了一圈。柬埔寨的船夫不得不在大海与天际间缓缓地行使，在水渠与溪流间曲折前行，躲避着在水面上树木之间牵拉的渔网。四周旷无人烟，只有雪白欢快的鸟儿在船边飞翔，偶尔与几个脊背暴晒的渔民擦肩而过，到处可以看到斑鸠与蝴蝶，在辽阔天空，时而飞过几只猛禽。蔚蓝色的天空下是一望无际的地平线，倒映出象山的倩影，在海岸线上构成了一道长长的城墙。海面平静祥和，风景如画，似乎永远静止在时间流淌的长河中。当我们最终来到神奇的稻田时，在凝固的空气中弥漫着澎湃的激动。长期以来，这里变成了荒凉之地，长满了发黄的荆棘丛，橡树四周缠绕着灌木林，在这片曾由一个法国女士开垦的土地上，给人留下了一种意义深远的幻想，遍地的树木正在逐渐地发展成森林。在靠近被海水环绕的租让地时，一片密密麻麻的红树林挡住了我们的去路和视野，好像严阵以待，神圣不可侵犯。在这道自然屏障的后面，人们根本不可能瞭望到“太平洋”。

船夫完成了行程，把船停靠在岸边等候着我们，从这里再走数公里，就到了故事发生的所在地。在这条路上，苏珊娜曾经寻觅着猎人的足迹，除了身穿绫罗绸缎、浑身珠光宝气的乔先生驾驶着莫里斯·莱昂－波莱牌轿车来看望她。享有魔术师称号的玛格丽特精心描绘的场景就展现在眼前，仿佛又是一个伊甸园，不比电影中的场景逊色。这条连接云壤与贡布的“小路”现在已经变成了一条现代化的柏油马路，道路两旁铺垫着红土。自上世纪20年代以来，目光可及的四周乡村风光似乎还是老样子，重游故地的感觉油然而生，熟悉的茂密槟榔与棕榈树林就在眼前，乌龟爬行在绿色丛林中，但书中描述的村庄已不复存在。柬埔寨人截然不同于越南人，他们走出城市后，更喜欢居住在相互隔离的偏僻住宅里，分散在公路旁或河流边的自然景色中。在这种丰富多彩的景致中，色彩斑斓的住宅不断地跃入眼帘，家禽都圈养在花园内的栅栏里，“平原上的孩子们”还像从前一样围在吊脚木屋的四周嬉闹。除了时间的变迁外，环境氛围宛如埃及或摩洛哥的乡村气氛。如果有什么变化的话，那就是在马路拐角处，竖立着一块高大的高棉语与法语的绿色路牌“PREY NUP”（波罗诺），使此地顿时面目一新。我们的方位位于租让地的“上端”，正是玛格丽特讲述的那5公顷土地。

这里是那座跨河的桥，柬埔寨语称作“PREK”。这座桥本来就不是木桥，而是一座钢筋混凝土桥，我们还找到了苏珊娜和她弟弟约瑟夫常来此游泳的小河，河水泥泞浑浊，河岸杂草丛生，远处的茅屋深陷香蕉丛林中，水牛漂浮在河面上，蔚蓝的天际伸向暹罗海湾。就要到了，大家在旷野里寻觅着般加庐的影子。再往前走了一段路，我们看到了矗立在老花园中心的混凝土柱子饱经沧桑，这里正是这位法国老人的旧房遗址，村民们也都说是这里。20 世纪 70 年代，红色高棉人常在这一带活动，就像他们有计划有步骤地烧毁白马海湾白色秀丽的别墅群那样，他们毫不犹豫地将这里的房子全部炸毁，而多纳迪厄夫人在第二次世界大战结束后最终离开殖民地前，曾委托她的司机玉宸负责照管租让地。在越南人前来解救他们的不幸邻国前，红色高棉人一直在消除殖民地掠夺者剩下的最后遗迹，在这个地区艰苦卓绝的斗争中，他们坚持不懈地铲除着一切[74]。

奇怪的是，在这里还能隐约看到多纳迪厄夫人建造的般加庐轮廓，未曾遭到破坏，但没有一个人想到在这里重新建造一座房屋。尽管这里靠近一个有数户人家和一些快乐孩子的小村落，这个具有纪念意义的地方却还是被闲置在一边。大家很快知道了我们的到来，邻居们的热情好客令我们十分感动，但他们对我们的来意却迷惑不解。大家建议我们去见两个人，他们曾经也是租让地的业主，对波罗诺的过去十分了解。夜幕就要降临了，我们的车队马上要返回，否则就不可能于当晚回到贡布省过夜，这一带的路年久失修，很难走。但是，这个机会来之不易，尽管时间已晚，我还是下决心去见他们，我急步跟着他们走去，在离这里不远的地方，我见到了这两个人。

马亚安先生，75 岁，是村里清真寺的看门人。牟森先生 52 岁，家住卜迭波罗。他们对这座般加庐记忆犹新，并通过翻译给我们描述了一番。这座般加庐是按照当地风格建造的一个木桩支撑的大木屋，四周是一个大型花园，种着鲜花，栽着果树。屋顶上铺着砖瓦，而不是像《抵挡太平洋的堤坝》电影中[75]悬挂昆虫的茅草屋，是一座精心建造的漂亮房子。据他们说，外观的木板条严丝合缝，屋内的家具高雅别致。他们都与司机很熟悉，多纳迪厄夫人把房屋交付给司机管理，他与家人在这里一直住到 1960 年底。通过这两个人，我才知道房屋是被红色高棉炸毁的，我还从法国南北旅行社的导游处获悉，法国非政府组织成员重新修缮的堤坝也遭此同样的厄运。老司机的女儿就住在离稻田不远朝着大海的地方，据说她现在已老态龙钟，记忆力衰退。而马亚安先生先生还能回忆起许多往事，只好下次再来拜访他。

清真寺的看门人马亚安先生的记忆力真好。他那时候还很年轻，他对多纳迪厄夫人记忆犹新，在 1940 年大战爆发前，他看见她来这座房屋住过。1942 年，他加入了法国军队，参加了这次大战，数年后，又回到了波罗诺。我很想知道得更多，我问当地人对多纳迪厄夫人有何印象，他语气温和地回答："在这里，欧洲人都是主宰者，我们从不关心他们的事情，我们只待在自己的家里。”[76]而我还得知房屋女主人给这平静村庄留下了一个不平凡的印象，那就是她带她儿子来这里在房屋周围开冲锋枪。是真是假呢？突然，我回想起在玛格丽特·杜拉斯的小说中有这么一段描述：天色已晚，在她母亲劝阻约瑟夫打猎时，他就从游廊向周围的飞鸟射击。在房屋的遗址旁，邻居们自发地前来欢迎我们，他们热情好客，和纪念照片上令人熟悉的场面完全一样。那天，我一直注视着他们友好的表情，我也就知道《抵挡太平洋的堤坝》的作者在晚年再一次回忆少女时代时，她在《情人》一书中谈到了对波罗诺村民的印象：“他们很喜欢我们，把我们当成一家人，他们好像在有意地保护我们的房屋，他们确实这样做了。每天白天，为了便于通风，将屋门敞开，晾干木板；每天夜晚，屋门紧闭，以防乱蹿的野狗和山贼。房屋形状像图片一样简单明了，站在公路上一眼就能望到。”

结束语

2002 年 10 月，在大使的倡议下，我专程来到了金边，受到了他的接见。我有幸第一次看到了租让地的遗址，在房屋两根木柱之间矗立了一个白色石碑，上方还架着一个纪念牌匾，曾经在这里，苏珊娜与她哥哥坐在游廊里，在黄昏时分，观赏着象山山峰渐渐地消失在夜幕中：“这里曾经是玛格丽特·杜拉斯在 1925—1933 年生活过的木屋，她也是从这里获得了创作《抵挡太平洋的堤坝》一书的灵感。”需要讲述的故事举不胜举，我愿尽力而为。

注 释

1.《男人们的明天》，玛格丽特·杜拉斯撰文，发表在 1985 年 10 月 30 日的《晨曦》杂志上，《外面的世界Ⅱ》转载，同前。

2. 此语源自她女儿的《来自中国北方的情人》，伽利玛出版社，1991 年。

3.《抵挡太平洋的堤坝》，伽利玛出版社，1950 年。

4. 1950 年 9 月 23 日《费加罗文学报》上刊登的小说概述。

5.《愤怒的岁月》或《海堤》是由埃尔文·朔夫根据《抵挡太平洋的堤坝》一书改编、勒内·克莱芒执导于 1958 年 5 月在巴黎发行的彩色影片，迪诺·德·罗兰蒂任制片人，乔·范·弗利特扮演母亲，希尔瓦娜·蒙卡诺扮演苏珊娜，安托尼·佩尔金扮演约瑟夫。

6. 《锁链》，1954 年 8 月，伽利玛档案室。

7. 我祖母是玛丽－安纳·布莱，为了方便工作，她的老板都称她亨利耶特。她在 17 岁那年，只身去了印度支那，从 1896 年至 1900 年一直生活在那里。一名在阿龙湾航道服役的海军军官总是追求她，其单位负责绘制航海图，他们也喜欢这个名字。时隔 93 年，我在国家图书馆才寻找到“亨利耶特航道”的踪迹。

8. 从 1957 年 2 月起，玛格丽特·杜拉斯经常在《法兰西观察家》杂志上发表文章和年鉴。这部杂志于 1965 年更名为《新观察家》。

9. 勒内·克莱芒执导的电影之法语名称。

10. 1958 年 5 月 8 日的《新观察家》。

11. 柬埔寨国家档案馆，金边。

12. 1927 年，玛格丽特·杜拉斯的母亲每年领取 1.1 万法郎的年薪，而不是劳儿·阿德莱在其自传 48 页中所说的每月领取 1 万法郎的工资，这相当于总督任职后其所领取的薪水。1928 年 1 月 1 日，她的年薪有 2.2 万法郎；1929 年 1 月 1 日，达到 2.25 万法郎；同年 7 月 25 日，达到 2.8 万法郎；1930 年 10 月 1 日，升至 3 万法郎；从 1931 年起，年薪固定在 3.3 万法郎，直至 1935 年退休。（1898 年至 1935 年工作人员情况概述，海外档案中心）

13. 1927 年 8 月 27 日，河内签署了最终的法令，承认玛格丽特·杜拉斯的母亲有权享受寡妇津贴，并从“1921 年 12 月 5 日起”执行。每年的津贴额度规定为 3000 法郎，其中提取 750 法郎专供“年幼的雅克·多纳迪厄使用”，直至其成年，即直至 1925 年 6 月 27 日为止。

14. 海外档案中心在殖民地部长的督促下，1927 年做了一份调研报告，在这一时期，无论是在安南，还是在印度支那，土地投机危害极大，以至于会引发大面积的土地落入实力雄厚的公司手中，用于工业为目的的橡胶树开发就使官员们深感焦虑不安。这份报道着重论及到从未涉及的允许法籍官员购置租让地的事宜。1911 年的通告曾允许他们购置一份租让地，但不允许他们像“当地人”那样免费享有租让地。尽管有这样的保险措施，防止国家公务员以此特权进行土地交易，殖民地行政机构还是尽可能地限制有偿购置租让地，担心“公务人员在其履行职务的区域内购置租让地，会对当地官员以及社会名流滥用职权，从他们那里获取劳动力”，“如果需要迁移他们的租让地，他们一定会激烈抵制”。如果 1927 年 3 月

28 日颁布的通告明确承认他们有权“参与租让土地的竞标”，但是明文规定他们不得讨要竞标项目（文中特意加上下划线），即预先选中这块或那块标地，理由是他们能够“利用职务之变，比自由殖民者有着更多的便利条件，可以在竞标中，选择地界和填写竞标繁琐的程序文件”。

在任何情况下，玛格丽特·杜拉斯的母亲绝不可能像劳儿·阿德莱在其自传中所说的那样，“通过此项法令，立刻无偿地获得 300 公顷的租让地”，书中是这样写的：“行政部门立刻将她希望的 300 公顷地批复给她。”（53 页）这可能是她的女儿幻想出来的，与实际情况完全不符。

15. 海外档案中心。

16. 同上。

17. 意指寡妇补助金。

18.《战争手册及其他文献》，P. O. L.－现代出版档案馆，2006 年 10 月。这篇文章载于 1943 年的《抵挡太平洋的堤坝》初稿中。文章所属的手册称作“带大理石花纹的玫瑰手册”，无论如何也不会视作私人日记的内容，大概只是一篇回忆录，玛格丽特·杜拉斯也不止一次地使用过这一词汇。所有讲述的事实、数据、注明的日期都符合实际情况，作者只是在小说虚构的情节上深思熟虑地作了调整。另外，在《抵挡太平洋的堤坝》后续的草稿和最后的定稿中，可以发现许多初稿中的情节，但绝不是全部。

19. 亨利·古尔东，《印度支那》，同前。

20. 在第一次世界大战结束后，在保护国行政部门制定的地区开发计划中，将通往柬埔寨道路的维护和发展列入优先项目中。从 1919 年起，贡布省的驻扎官经常汇报连接本城市与海边疗养院道路的维修状况，那里正在建设艺术工程和铺路基。1928 年的报告这样记载道：“1926 年至 1927 年的工程项目所需的钢筋混凝土桥梁供货非常及时。”这份报告还提到，经过波罗诺的 52 号殖民地公路的路基以铺设至雷阿姆。与此同时，在白马市已开始“试铺沥青路面”。

21.《玛格丽特·杜拉斯的领地》，同前。

22. 柬埔寨国家档案馆。

23. 2001 年 5 月 31 日，与上萨瓦地区的马科斯·贝尔吉耶的交谈。

24. “她希望在其学校的附近购置一片土地，可是交趾支那没有闲置土地，只好选择柬埔寨。”同前（54 页）。劳儿·阿德莱的这种解释太草率，不足以说明问题。

25. 在 1920 年的报告中，省驻扎官给金边的上级写道：“西索瓦陛下很欣赏贡布温和的气候，经常来离贡布市中心不远的别墅里休闲度假。其长子莫尼翁王子在距离特快列车不远的坎塞峡谷中拥有一片庄园。”在一次通往金边的交通事故中，“王宫的夫人们”被困在车内，这在前面已经提及。（海外档案中心）

26. 西埃姆·雷普的驻扎官在1919年7月31日的报告中给法国远东中学校长写道：寺庙周围的“灌木清除”顺利展开，与此同时，伐木工作已开始，“参观通道”已见雏形，一些整体工程的加固和修缮进展顺利，工程经理是亨利·马尔萨尔。在后来的报告中，驻扎官宣称：安考尔寺院开始吸引“大量的国际游客”，热衷高棉古董的业余爱好者……（海外档案中心）

海运邮船公司的一则广告是有法国远东中学校长亨利·格罗斯里耶创意完成的。

27. 距离贡布不远的卜哥山公路的大面积修建始于20年代初，为完成此项工程动用了战俘与苦役劳力，玛格丽特·杜拉斯大概是听其母亲所讲，在《抵挡太平洋的堤坝》一书中回忆了这些人的悲惨命运。

除了旅游景点外，这条公路还通往位于由1919年8月法令规定2万公顷面积的卜哥山保护区中心地带的泼泼克－维尔森林，还包括“含整个丘陵山脉、直至海滨浴场沿岸为止”的具有1100公顷面积的白马保护区。

28. “3月23日，宾馆取走了1公斤草莓，并没有让客人吃。不论是草莓，还是青菜，不给客人食用的事情经常发生。”更可恶的事情是“他们拒绝给玛丽克夫人和弗雷斯夫人炒鸡蛋，声称宾馆里没有鸡蛋”。茶都泡在茶杯里，外加两个块糖，而不是按照盎格鲁－萨克逊人的习惯用茶壶泡茶，客人中的一部分都是美国人和英国人，服务质量相当差。“从2月份开始，宾馆里只有两个男服务生，没有洗衣工，也没有厨师助理。”请放心，这个宾馆的负责人肯定会丢掉工作，卜哥山的两个宾馆将会重新恢复生机。（海外档案中心）

29. 《战争手册及其他文献》，同前。

30. 海外档案中心。

31. 《战争手册及其他文献》，同前。

32. 海外档案中心。

33. 《战争手册及其他文献》，同前。

马科斯·贝尔吉耶明确说道：当他们前去波罗诺度假时，是由司机开车，保尔·多纳迪厄没有开车，皮埃尔很早就返回了法国。

34. 《战争手册及其他文献》，同前。

35. 海外档案中心。

1927年，欧洲医生是勒·内斯图尔大夫。驻扎官观察到本省在这一年深受疟疾病肆扰，一直关注给当地群众分发“国家奎宁药品”。

在《抵挡太平洋的堤坝》一书中，其母亲在病情发作后多次接受法国大夫的医治。

36. 海外档案中心。

37. 同上。

38. 同上。

考虑到要用一些时间安排工人干活和开垦土地，根本不可能在第二年就有“第一次收成”。贡布省的雨季于5月底或6月初开始，海水在7月份开始大面积涨潮。根据所引报告，这个月才开始耕地和播种，在鲜花盛开的9月底开始移栽水稻，直到中秋时节即10月底才开始收割水稻，称作“早稻”；12月份收割的水稻称作“季节水稻”。

39. 《战争手册及其他文献》，同前。

40. 不排除玛丽·多纳迪厄真正地抵押过她的种植园，因为她1928年写的两封信保存在海外档案中心，证明了是以“沙沥女子学校校长勒格朗遗孀、多纳迪厄夫人做的地抵押债权”，勒格朗遗孀的女婿及“小妹”泰雷丝的丈夫曾任税务部门的荣誉主任，她通过殖民地部长的关系试图为她收回债权。殖民地部长将这一要求发往河内公共教育总署长塔拉马教长，他负责询问玛格丽特·杜拉斯母亲的意见，并将“多纳迪厄夫人写给殖民地部长的信”于1928年12月20日转发给国内政府，多纳迪厄夫人在信中就此事作了一番解释。不幸的是，在档案资料中没有找到这封信件，也根本找不到。大概是玛丽·多纳迪厄从她母亲那里借走，以便在拍卖时将普拉提耶庄园买回来。玛格丽特·杜拉斯大概也知道其祖母希望返回故里和教育部门就此事询问过她母亲的意见。这件事绝不会没有人知道。

41. 《战争手册及其他文献》，同前。

在1977年为玛德莱娜·雷诺写的《伊甸影院》这出戏中，玛格丽特·杜拉斯翻阅了参谋部的地图，不再说万隆至租让地的距离为800公里。她借用苏姗娜说道：“我只有16岁，约瑟夫20岁。”波罗诺距离贡布有80公里，这是事实。在《抵挡太平洋的堤坝》电影的场景中，其母亲一请到假，就“不再返回学校教书”。法国水星出版社，1977年与1986年，袖珍版本。

42. 同上。

43. 河内越南国家档案馆。

44. 海外档案中心，有关贡布省的报告。

为了保障顺利完成工程征用劳动力一事，官方报告讲道："行政部门决定在贡布省和磅逊港辖区内未缴纳1933年与1934年税款的纳税人中征召必要的劳动力，以此顶替他们所欠国库的税款。"这是多么温馨的关怀啊！"平原居民"似乎不愿意受保护过当局的束缚，更不用多纳迪厄夫人支付酬金，是吗？大概如此吧。令人宽心的是，贡布省驻扎官就此事记载磅逊港一名官员以书面形式向其汇报道："经核实，居民们非常高兴"，行政部门允许他们以"修建斯利·安贝尔公路"即波罗诺公路下端或"加固波罗诺抗海水的堤坝"的形式，顶替所欠税款。是不是好事成真了呢？不是，因为这个地区正在经历严重的经济危机，大家都在为租让地附近磅逊港会发生饥荒担忧。1935年的报告记载"许多失去生活来源的庄稼人死于饥饿"，他要求对这个省给予经济援助，"采用人道主义形式救济那些受灾人口"。报告中写道："政府当局毫不迟疑地向贫困人口分发稻米和购物用的救济款。"可是"批发商"（其中大多数是中国人）怨声载道，"由于胡椒（被中国商人垄断）和咸鱼等当地产品出口价格低廉，他们的经营额出现严重的亏损"。

45. 海外档案中心。

在注明1929年6月15日起草的1928—1929年度报告中，里考姆驻扎官租让地一节中写道："在未经过欧洲殖民化的省份里，还不存在大面积的租让地。"在前一年的报告中只提及到"两处从前开发过的租让地，波罗诺的布尧德租让属于德·拉什维罗提耶先生，种植的是橡胶树"，"卡斯托克的弗伯租让地种植的是橡胶树和咖啡树"。昂赛特和舒伯特的种植园位于雷阿姆公路的8公里与5公里处，这两个老种植园已经废弃。1928—1929年，两个庄园主因不开发而将失去享有权，申请延长期限，"试种木棉树"，放弃了种植桑树的计划。这一年，商业航运公司经理布拉考尼先生申请100公顷左右的租让地，"用于种植胡椒树"。

亨利·沙维尼·德·拉什维罗提耶在波罗诺与多纳迪厄夫人为"邻"，他是西贡报业界的大亨，是创建于第二次世界大战结束后的《法兰西联盟报》的总裁，于1951年1月被越南独立阵线杀害。他于1902年来到印度支那，1928年创建了《快报》，1946年将其改名为《法兰西联盟报》。根据报道其逝世的法国新闻社快讯所讲："他在印度支那政坛上发挥重要的作用，并担任综合议会主席一职：包括经济与财务大理事会、殖民地理事会和新近成立的领土议会等。"

46. 《战争手册及其他文献》，同前。

47. 同上。

48. 母亲弹钢琴为电影放映伴奏在《抵挡太平洋的堤坝》一书的初稿中并不存在。

49.《抵挡太平洋的堤坝》，24 页，福利奥丛书，伽利玛出版社。

在小说中，在“亚当－电影院”名字中间加有连字符号，而在 1977 年编写的戏剧中连字符被删去，写成“亚当电影院”。

50. 在第四章一开始提到专门为中学教师使用编著的“玛格丽特·杜拉斯资料”中好像没有这些。《抵挡太平洋的堤坝》一书中她母亲的钢琴演奏是真实的自传素材。我没有理解错吧？

51.《玛格丽特·杜拉斯》，同前，65 页。

52.《抵挡太平洋的堤坝》，同前。

53. 同上。

54.《玛格丽特·杜拉斯的领地》，同前。

55.《抵挡太平洋的堤坝》，同前。

56.《抵挡太平洋的堤坝》，53 页。

57. 海外档案中心。

58. 同上。

59. 同上。

60. 同上。

61. 同上。

62. 柬埔寨国家档案馆在红色高棉的破坏活动中幸免遇难，当我 1999 年来到档案馆时，受到了热情接待。据说是一个澳大利亚的民间组织允许我将档案馆目录输入电脑中。

63. 柬埔寨国家档案馆。

谭隆锋是在 1920 年 12 月 27 日最初提出了这一要求。有关此事，接替里考姆的普瓦雷驻扎官于 1922 年 5 月 6 日起草了一份报告，第二年 10 月 30 日，王室大臣理事会同意授予其租让地。

64. 柬埔寨国家档案馆。

65. 柬埔寨国家档案馆。邮局登记日期为 1929 年 9 月 19 日。

66. 同上。

67. 同上。

68. 柬埔寨国家档案馆。

69. 同上。

70. 同上。

71. 柬埔寨国家档案馆。

72. 西索瓦一世国王于1927年逝世，其儿子莫尼翁王子继承了王位。在这一年，玛格丽特·杜拉斯的母亲也得到自己的租让地。

73. 柬埔寨国家档案馆。

74. 红色高棉在波罗诺上端的大象山脉前沿筑建了工事，柬埔寨地区的战斗即艰苦又残酷。1999年，没有任何一家旅行社同意我去那里。红色高棉占领区一直令人恐惧，还不包括他们铺设了成千上万的地雷，所有参观活动均不得进入充满危险的贡布省内。在我们去过从前卜哥山海滨浴场参观多纳迪厄租让地的第二天，他们甚至给法国人修建的小教堂的祭台也铺设了地雷，幸亏越南军队成功地将地雷排除。要不是驻金边的大使安德烈－让·勒布雷尔勇敢地支持我，我差点放弃了这次探访。我是在纽约认识的大使，他鼓励我冒一次险。我都参观到了，还看到一个红色高棉的士兵，和家人住在卜哥山附近。他不倒卖山里的贵重木材时，就在地里种香蕉。我们挎着卡拉什尼科夫冲锋枪，用我们的一辆越野车把他带到了贡布，他要在那里购买食品。

75. 根据最新消息，屋顶似乎新铺了一层薄锌板。

76. 1999年1月30日，在邦泰·普雷的谈话。

第十二章
白人城市中的一个野姑娘

她负责照顾我，终于下定决心送我去上学。

——玛格丽特·杜拉斯[1]

在搞清楚租让地的来龙去脉后，就不难理解为什么玛格丽特·杜拉斯的母亲在1928年的暑假那么急切地盼望能回到金边地区任教，这样她就可以避免长途跋涉去庄园，可以更好地监督家用住宅的建设，督促头一年在波罗诺租让地上的开发。她“返回工作”的消息很快在金边教育系统传开，引起了不小的震动，行政部门安排的另一名负责诺罗敦学校的管理工作的小学女教员不具备多纳迪厄夫人那样的资历，她的出现使曾接替她负责学校工作的这名教员即将离任就说明了这个问题。

有关未来的决定

在当年的9月份，她来到了新的工作岗位上。沙沥女子学校的新任校长也不得不为3个孩子的教育问题作出重要的选择。在《日记手册》青少年回忆录的中册中（这是玛格丽特·杜拉斯在大战中为小说创作编写的主题稿），就涉及到1928年她母亲有关子女教育的想法，自然是在玛丽·多纳迪厄接到沙沥学校的正式任命后做出的。此时，她母亲明确地表示希望她能够继续完成学业，她对此以一种嘲讽的语气补充道：“她会以在堤坝和房屋建造中的热情完全投入到她的学习中去。”[2]

那时候，皮埃尔·多纳迪厄还待在家里，他明确地赞同母亲的建议。尽管他妹妹不情愿将本人记述在以自己方式编写的故事情节中，仿佛像在1943年撰写的第一部小说《抵挡太平洋的堤坝》中一样[3]，这当然与她母亲强加于小儿子的命运毫无关系，玛格丽特严厉地驳斥道：“她不管我的小哥哥，甚至说他不聪明，把希望都寄托在我身上。她认为我具有学习的天赋，比小哥哥强。我小哥哥对我说：'我有点笨，我就待在种植园。'或者说：'我没有你那种聪明劲，我不配让妈妈替我操心。'他很诚实，他还对我说：'我应该留在沙沥，那样你就可以出去读书了。'他留在了沙沥。"玛格丽特肯定了这一说法，她似乎后来更情愿这样说："我的两个哥哥从来不上学，也不去任何技校读书。"[4] 在后来创作的《情人》一书中，她又情不自禁地这样写道："我记得我的小哥哥学过会计专业，读的是普通学校，分各个年级，招收不同程度的学生。我母亲让他赶上课程，但他只有 3 天热度，绝对超不过 4 天，确实如此。他不得不放弃这所学校，还得新找住址，又得在新的学校从头学起。我母亲为他操劳了 10 年，一事无成。小哥哥在西贡总算谋上一个小会计的工作。"[5] 至于皮埃尔·多纳迪厄的学习情况，小说《情人》中的描写与《日记手册》中的记载存在着出入，但无关紧要。"在殖民地，没有机电类学校，庆幸的是我哥哥可以回到法国读书。"我们很清楚，1924 年，他回法国"去读国立高中"，是他本人在给帕尔达朗的女朋友的信中亲自告诉她的。"他回法国待了好几年，说是读机电学校，但他从来不去上学，我母亲不会不知道，可她没有办法，只想把他与另外两个孩子分开。有好几年，他和家人都不住在一起，正是他不在家的这段时间，母亲买下了这块租让地。"[6]

玛格丽特·杜拉斯在《日记手册》中继续写道："令人难以置信的是我的两个哥哥从不操心他们的未来。"多纳迪厄夫人却以自己的方式为他们操劳着，"我母亲说他们将有一个种植园。可这并不是一个解决问题的办法，特别是当实践证明我们不能完全依赖种植园时，母亲还继续说我哥哥将会有一个'种植园'，好像这样说就能使她心安理得"[7]。1986 年，玛格丽特在与热罗姆·博茹尔谈话时又提到了这一问题："母亲特别不能容忍我的哥哥们连一张学历证书都没有拿到，他们在学业上一事无成。他们对学习一点都不感兴趣，已有近 10 年的时间都没有跨进过学校的大门。"这样说并不完全准确，可"后来，母亲为了他们的学习搞得心力交瘁，函授课程、函授学校，大哥哥上的机电学校，都只坚持了两天半时间"[8]。

对于她女儿来说，多纳迪厄夫人考虑到他们待在湄公河地区这一事实，也面临着一个重要的选择，那就是她得去学校学习，这将决定她以后的前程。玛格丽特·杜拉斯在《情人》一书中写道："母亲是一个小学老师，她希望她女儿读中学。对我来说也只有上中学。这样虽能使母亲满意，但并不能使女儿满足。先读中学，再参加数学教师资格证的考试，我在上学的头几年，就常听大人们这么说。"[9] 在 1943 年的《日记手册》中，她又谈到了这个话题："小哥哥是一个理想家，他很喜欢我，就是他坚持让我读寄宿学校的。"我这个小哥哥比我大3岁，他表现出令母亲敬佩的务实态度，他似乎这样说过："如果她能受到良好的教育，再有一份固定的工作，她就能找到一个好丈夫。"希望结婚的女儿具体说到："大家想'给我找的'工作因人而异。他们不时地想着我会更适合当一名老师、一名律师、一名医生、一名报刊编辑或是一名勘探者。"[10]母亲说："应该让她明白什么才是生活。"在《情人》一书中，玛格丽特已经有了主意，由于父亲是数学老师，对"孩子们"来说也就只有从事教育这条路可走："我从来都没有想象出我能逃脱报考数学教师资格证的命运，我也很高兴能当一名老师。"[11]

在整个事件中，母亲似乎有一件事情十分确定，那就是她女儿很聪明，心甘情愿地为她作出"牺牲"，送她去西贡，这样她可以继续学业，她才能心安理得。她习惯地在儿子面前这样说[12]："我说她聪明，我知道我在说什么。"她对玛格丽特的未来充满信心，她聪明过人的能力能满足她的一切希望，这毫无疑问。在这关键时刻，她对将要去读书的学校的选择就是最好的证明。

重要的选择

对于具有欧洲血统的孩子和一小部分越南与柬埔寨的孩子来说，在玛格丽特·多纳迪厄离开母亲的教育、前来大城市求学的时代，西贡将给他们提供两种发展方向。第一个方向是读高中，顺理成章地参加高中会考，再跨入大学校门；第二个发展方向就不那么辉煌了，但在都会城市里也是众多家庭普遍追求的目标，那就是就读高等技术学校，最后考取高等资格证书。在交趾支那首府，有两所按照法国模式组建的学校，一所是男子学校，另一所是女子学校。1925年，尽管在河内已经存在一所法国子弟学校，但还是准备再建一所同类的学校，行政部门[13]的宣传册直截了当地讲："新学校所开辟的就业渠道与阿尔贝·萨罗特中学不同，高等技工学校也不再以中学教学和文化教育为主，推行一种实用型教育。众所周知，许多家庭长期以来一直呼吁创建一所男子学校，其子弟早就期盼能接受中等实用型教育，然后直接进入工业或商业领域工作。"1937年，一本杂志专门出版了一期专辑论印度支那学校教育的问题[14]，有一篇文章这样写道："高等技工教育在法国有着名副其实的威望，可以使中产阶级让他们的儿子享受全面实用的教育，可以使国家为自己培养公务员和职员，他们是行政机构基本框架的人才基石。”这篇文章的作者还补充道：“它的缺陷就是形成了一个封闭式的世界，只有创造奇迹，才能从中脱颖而出。”

几个月以来，玛丽·多纳迪厄就想让她女儿去金边补习功课，她大概能拿到小学毕业证书。她决定送她去西贡上国立中学，而不是让她女儿读高等技工学校，此类学校收寄宿生，国立中学也收寄宿生，但后者仅限男生。他们又一次面临需要慎重的选择，尽管母亲沉默不语，大哥哥也一样不表态，但在小哥哥的鼓励下，她只好就读国立中学了。玛格丽特·多纳迪厄，一个小学教师的女儿，忽然看到了面前敞开了一条“金光大道”，为她打开了大学之门，谁能知道有朝一日她梦想成为一个文学家呢？难道不会有奇迹发生吗？她“脱颖而出”的时刻即将来临，她将会展翅高飞。

沙瑟卢－洛巴国立中学

1928年，在沙瑟卢－洛巴国立中学开学之际，玛格丽特·杜拉斯正式报名上学了。根据印度支那教育署的条例规定，该学校延续着“殖民地最老的学校”的教学模式，最近颁布的法令规定此类名称的学校均属高等教育范畴[15]。而新成立的中学属于“都会城市中等教育机构”，教学计划与都会城市的教学计划相一致[16]，其中包括小学教育部分和中学教育部分，第二阶段的最后几年是培养学生应对两大系列的高中会考，此类教育项目是自1924—1925学年度才开始设置的，中学四年级和三年级也是自1917年才开始招收学生。这一年，玛格丽特的父亲应邀短期在此讲授自然科学，然后去了河内。还是在这一年，这个班级只有40名学生，所有班级的学生人数从1924—1925学年度的189人发展到1928—1929学年度的300余人。当沙沥女子学校校长的女儿进入西贡沙瑟卢－洛巴国立中学学习时，这所中学已招收至555名学生，与“法国大城市中学的学生人数不相上下”。1930年，学生的籍贯与区域分布大致如下：总人数633人，其中355人读高中；在全部学生中，有235名法国人、124名法籍欧亚混血儿或印度裔法国人，274名“印度支那人”[17]。

同样，沙瑟卢－洛巴国立中学也奉行种族混读与男女生混读制，这与其他都会同类国立中学完全不同，其他国立中学男女生分校制已成为清规戒律。1930年，西贡国立中学在中学阶段招收了88名女生，占总学生人数的1/4。玛格丽特对学生的祖籍也不清楚，她在一本日记中写道：“西贡国立中学只限制招收属法国籍的安南人子弟。”[18]实际上，根据官方文件，“只有在有空额的情况下，才可以招收本地学生”。这并不意味着不存在其他限制条件。前面所引用的条例中有这么一段文字是关于此论题的："在新成立的沙瑟卢－洛巴国立中学开学之际，曾经在此就读过法国体制课程的本地学生仍可继续在该学校完成学业。在未来，需要依照1930年2月11日颁布的法令总条款招收本地学生，该法令规定了法国国立中学的职能旨在招收法国籍学生，当地适龄学生和预备考试合格者并被确认为能以优异成绩完成学业者方可就读于该校。"[19]在1937年的一份调研材料中，对法国联盟国的法国学校绘制出了一份总体情况表，有一段内容涉及到这方面的情况："这些最好的学校都已成为安南人家庭梦寐以求的学习场所，他们希望能让他们的子女在这里接受完善的法国教育。"[20]然而，曾在1930年报道学生家长急切地盼望他们的子孙后代能上沙瑟卢－洛巴国立中学的这名作者反而写道："毫无疑问，自10月12日的法令颁布以来，允许颁发与法国高中会考证同等学力的法国当地高中会考证[21]，这所学校越来越不受交趾支那家长的欢迎。另一所著名的佩德鲁斯－齐国立中学也难逃此噩运，他们则在最好的教学条件下向学生传授本地化的高中课程和正常地向本地化的文化教育方向发展。"温和语气中暗藏的歧视却又一次被认为具有进步意义，地方风格的新学校接待大楼就成为了完美的见证，这完全应归功于受此启发的法国建筑师的功劳。

对殖民地子女的教学内容

给玛格丽特和她的同学们都教授哪些教学内容呢？那当然是同法国国立中学一样的教学内容。官方的想法更希望与都会城市的教学培养方案相结合，教育专题杂志的一名作者这样写道："他们怎么能够另教一套呢，他们只是偶然生活在殖民地，只有一部分时间是在法国学校学习，大部分人将参加法国学校的考试，并且以后要过法国人的生活。"应该说对于本土"文化"应予以重视："那就是说这些学校只重视印度支那的文化生活，完全不用研究其影响他们的精神、道德和物质生活等现象吗?"这个问题提了出来，答案自然是否定的。我们不必担心："本土化是不可避免的，在阿尔贝·萨罗特国立中学和沙瑟卢－洛巴国立中学都教授现代安南语，因此，自然科学、地理、哲学老师都尽心尽力地将教学内容与学生的生活经历和国家的思想历史结合起来。"另外，当老师不知道如何开展教学时，"像在法国一样，教学计划基本要求会为教师列出教学思路和确定教学方案"。

玛格丽特·杜拉斯会讲越南语，但她从不自我吹嘘。报名参加高中会考时，她全是用越南语答题，这就是最好的证明。官方报道似乎向她说明其中的奥妙，文章中写道："在B级教学阶段教授的安南语可以作为现代外语，与西班牙语一样深受欢迎；而对于在法国学习的学生来说，则选择德语。"[22]作者还证实："在六年级和五年级中，大家都选学英语，这是远东地区的一门通用语言。"玛格丽特大概一进入中学就直接从三年级开始学习[23]，无论哪门学科，她都会遇到很大障碍，因此，她在青少年时代回忆录中提到与一个老师曾有过节，他认为玛格丽特格格不入，甚至当着她的面表现出无奈的样子。"一反混合国籍学校的课堂做法，他借口我英语水平很差，让我坐在教室的最后一排。"[24]不过，她拉丁语学得很好，这一切归功于一名牧师专门给她讲《圣经》故事，使她学到了许多拉丁语的基础知识。据她的一个同学说，她在沙瑟卢－洛巴国立中学读书期间没有学过希腊语[25]。

"法国青年人的学习水平如何呢?"这是1937年一名采访印度支那学校情况的作者提出的问题[26]。尽管学习地域不同，他们的学习水平还差不多。由此看出："在大部分学生中间，存在着不可避免的差距，主要原因是请假过多，对中学阶段的学习造成了重大的影响，平均要损失两年的学习时间。消沉的学习气氛影响了学生的智力开发，对学习认识不足的因素减缓了进步速度。"玛格丽特·多纳迪厄在18岁才通过了高中会考的第一阶段，她的情况正好说明了第一个障碍的存在。另一个男生与玛格丽特在同一个班学习英语，他们都坐在最后一排，在他身上存在的学习障碍是对"学习认识不足"。这个男生是个混血儿，他是"班上后进生之一"，他父亲"在华人区开了一家商店，他上三年级时已有二十多岁了，他留了好几级"。据玛格丽特讲，这并不能阻挡他追求玛格丽特，她却千方百计地拒绝他。"我不允许他碰我，他满嘴黄牙令人恶心。"他却恬不知耻地向她讨要她手上戴的戒指，好抚摸它，好感受她体温的温暖[27]。

好了，我们不用扯得太远，还是来了解一下整个学生的情况。"并不是说生活在殖民地的青年人要比法国的同学差距甚远，老师们不仅掌握都会城市国立中学的教学情况，同样也了解法国本土国立中学的教学情况，他们证实学生之间没有什么可相互羡慕的地方。那优势在于什么方面呢?海外法国学生大都处于比一般法国本土学生更好的生活环境中，父母都受过良好的教育，又十分关心他们的学习情况，年轻的安南人相互之间的激烈竞争迫使他们自我完善，应对激烈的竞争，这就使学校每届都能招收到大量的优秀学生。"由此得出需要自我完善的结论："我们的家庭氛围有利于我们的学习，不论在任何分歧或敌对的社会环境下，我们都能保持旺盛的学习态度。”敌对是什么意思呢？玛格丽特在回忆录中多次影射到了1930年前后显露出来的某些敌对势力，在印度支那第一次出现了由共产党组织的示威游行。她写道：“自第二次大战爆发以来，本地反法学生都被登记和监视起来。”她又补充道：“我不止一次地听法国人这样说：‘要警惕这个民族的人，不要讨好他们，否则他们会马上感觉到可以与我们平起平坐。’”她是否对那些本地人富有同情心呢？大概是吧[28]。

尽管气候紧张和冲突不断，在政府当局看来，教师的工作仍然值得称赞。在玛格丽特·杜拉斯正式入学时，沙瑟卢－洛巴国立中学的教师主要是由非官方身份的教师组成，共有5名正式教授、11名学士老师和1名高等技工学校的副教授。“这里有良好的教学质量，优秀的师资队伍足以抗拒逐渐恶化的社会环境”和减轻反法呼声的压力。然而，为了保持优秀的师资队伍进行的教师招聘工作进展得十分不理想，行政部门抱怨道：“不论是正式教授，还是学士生都没有兴趣应聘，我们确实很难填补因退休、死亡或离职造成的岗位空缺。他们错了，他们在印度支那非常受欢迎。”[29]

古典作家的优点

这里使用的教科书与法国本土使用的教科书一模一样，值得一提的有给好几代法国中学生留下深刻印象的马来－伊萨克编写的《历史》教材和格鲁塞特编写并配有贝尔格松幽默解读的《哲学》教材。在哲学课堂上，所讲授的作家与在法国中学读到的作家也完全一致，需要从一年级至六年级循序渐进地进行介绍，先学习七星诗社诗人，其次是由高乃依、拉辛、莫里哀构成的古典戏剧三重奏，不论是在西贡还是在法国，大家都能背诵他们的戏剧台词，伏尔泰和卢梭让我们认识到了启蒙时代的普遍价值规律，维克多·雨果和艾米尔·左拉的作品是我们朗诵的经典文章，其中还包括福楼拜及弟子莫泊桑的作品，最后有缪塞、拉马丁、韦尼、勒孔特·德·李斯勒、波德莱尔、兰波等我们学习诗歌韵律的著名诗人，并且还有大量在各班级里和黑板前咏诵的范文[30]。

由此可见，玛格丽特不是很欣赏古典作家。实际上，她在回忆录中已流露出对某某作者“真正的反感”，如塞维涅夫人就让她“厌恶与不快”，她希望消除这种厌恶感，但她做不到。有一次，在《论她与女儿的关系》的论述作业中，老师只给了3分（满分是20分），还狠狠地批评了她一顿。她希望尽快地把这个成绩忘掉，大多数老师认为，对这部著作的论述是再容易不过的事情。如果莫里哀和莎士比亚令人“欢欣鼓舞”，那么高乃依与拉辛则使人“大倒胃口”，以至于勒韦斯·卡罗尔就逼迫她好几周都没有来上英语课。“每节课只读10行诗”，而每次玛格丽特都会“感到神经紧张”[31]。她还没有能够掌握认识《缤纷世界》的要领，她自己也承认她不是一个喜欢幻想的人。“当有时我读一些有关童年或青少年的小说时，我总是对书中刻画的不现实世界感觉到莫名其妙，甚至有时候阅读悲惨的童话故事或者快乐的童话故事时，我都发现全是千篇一律地求助于梦幻、仙女下凡和奇迹的发生。”

往事不堪回首，玛格丽特非常不满意自己的中学时代。毋庸置疑，在最初的两年学习期间，她的成绩“糟透了”，她“各科的学习成绩都排在最后”[32]，“我十分清楚地记得这一切，在班上，我明显地显得没有其他大多数同学机灵，并非是我不聪明，而是不知道怎么学习，没有产生任何的学习兴趣，也没有学习方法。只有数学例外，它让我着迷，但上到一年级时，就和其他功课成绩一样，我的数学成绩也名落孙山”。诚然，这么坦诚的告白不得不令人质疑，我们中间就有不少人为了更好地吹嘘某门功课考得好，不都含蓄地说“没有怎么看书”和对这门或那门功课“一窍不通”吗？这种自我嘲讽隐藏着不服的语气，而且还阻止不了她日后炫耀自己是一个最好的学生，是她母亲塑造了她，我这样认为不无道理。至少她很透明地讲述了她中学的学习情况，她的写作能力很强：“有时候，在法语课上获得过超水平的成绩，这都取决于老师。在一次在长达6个月的时间里，有一个法语老师总是对我刮目相看，从来没有给我低于18分的成绩。”[33]在《情人》一书中，她这样描写道：“法语第一名。校长说：夫人，你女儿的法语成绩是第一名。”[34]

多纳迪厄小姐一向“与海关官员的子女坐在最后一排，这是社会阶层的排列模式”[35]，玛格丽特是这样说的，其他人也都予以认同，肯定不会由于她法语成绩突出就马上安排她与富家的千金小姐们坐在第一排，大概还会当着全班同学的面朗读她写的法语作文，当时在中学很流行这种做法。实际上，在沙瑟卢－洛巴国立中学，社会地位并不是决定座次的决定因素，当然也不会是种族属性。我询问过的所有人都是这样回答的：“女同学坐前排，男同学坐后排。”就这么简单。一个玛格丽特同学的妹妹记得她在课堂上是同一个越南女孩坐在一起的[36]。数年后，一个西贡国立中学的学生却写到：“一般来说，大家都不相互打听父母的工作性质，也什么都不知道。关键的一点，还是学习成绩起着决定性的作用。”[37]

由于天气炎热，早上是从7点或7点半开始上课，一直上到10点或10点半下课。有一个真实有趣的小细节：“是用手鼓宣布上课与下课的。”

Coll. Jean Mascolo.

玛丽 · 朱丽叶 · 约瑟夫 · 德蒙，
杜拉斯的外祖母。

Coll. Jean Mascolo.

Coll. Jean Mascolo.

玛丽 · 多纳迪厄和亨利 · 多纳迪厄，杜拉斯的父母。摄于 1915 年前后。

Coll. Jean Mascolo.

杜拉斯的母亲在河内执教的中学。师生合影。上方为杜拉斯和她的两个哥哥。摄于1918年。

Coll. Ch. Donnadieu.

艾丽斯·里维埃·多纳迪厄，
亨利的第一任妻子，
让和雅克的生母。

让。

雅克。

Coll. Ch. Donnadieu.

Coll. Jean Mascolo.

杜拉斯与母亲及哥哥们在河内。摄于1920年。

Coll. Jean Mascolo.

多纳迪厄夫人和她的孩子们在金边。

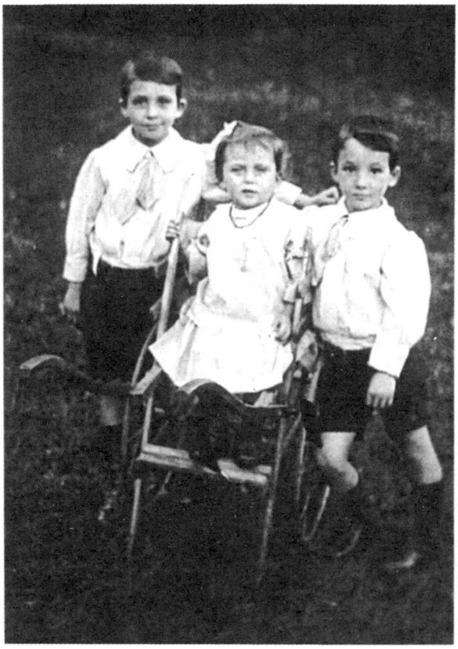

Coll. Jean Mascolo.

皮埃尔、杜拉斯和保尔。摄于1916年。

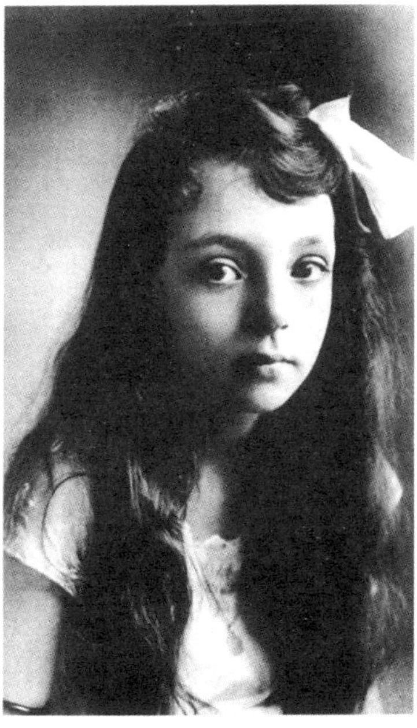

Coll. Jean Mascolo.

杜拉斯摄于1926—1927年间。

Ph. de l'auteur.

杜拉斯家在波罗诺屋前的小河和树林。

贡布省波罗诺村的大门。

Ph. de l'auteur.

Ph. de l'auteur.

杜拉斯家在波罗诺村所购的土地。

Coll. Jean Mascolo.

保尔与永隆法国殖民部门的官员们。摄于1925年。

Coll. Jean Mascolo.

永隆的马车。摄于1925年。

Ph. de l'auteur.

多纳迪厄家族在法国居耶内墓地里的坟墓。

Coll. part.

迪福神甫。

Coll. Jean Mascolo.

杜拉斯在越南东海河边。摄于1928—1929年间。

Coll. Jean Mascolo.

杜拉斯在沙沥的家。摄于1931年。杜拉斯和她的母亲及她母亲收养的越南孩子，
还有她们家一个名叫阿杜的女佣。

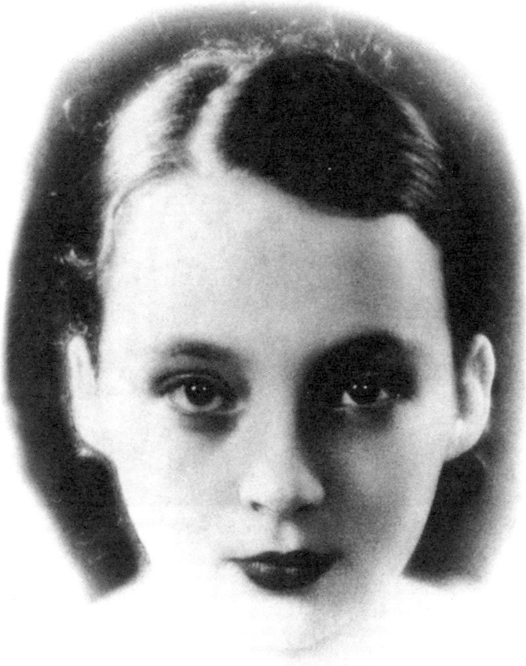

Coll. Jean Mascolo.

十五六岁时的杜拉斯。

Coll. Jean Mascolo.

杜拉斯与沙沥治安法官的女儿摄于 1932 年。

© Sipa Press.

西贡中学的哲学班。摄于1933年7月。

Coll. Jean Mascolo.

Coll. Jean Mascolo.

与保尔、皮埃尔合影。摄于1931年。

Ph. de l'auteur.

法国维克多-雨果路16号。

Coll. Jean Mascolo.

1931—1932年间与巴黎哲学班同学合影。

Coll. Jean Mascolo.

杜拉斯。摄于1931年前后。

Coll. Jean Mascolo.

杜拉斯与母亲。摄于1932年前后。

1933年摄于轮船的甲板上。

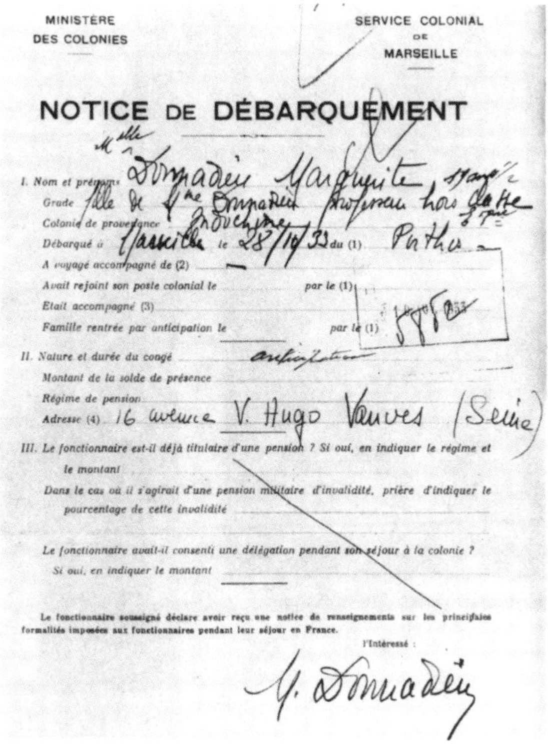

MINISTÈRE
DES COLONIES

SERVICE COLONIAL
DE
MARSEILLE

NOTICE DE DÉBARQUEMENT

I. Nom et prénoms Mlle Donnadieu Marguerite
Grade fille de Mme Donnadieu professeur hors classe
Colonie de provenance Indochine
Débarqué à Marseille le 28/10/33 du (1) Porthos
A voyagé accompagné de (2)
Avait rejoint son poste colonial le par le (1)
Était accompagné (3)
Famille rentrée par anticipation le par le (1)

II. Nature et durée du congé anticipation
Montant de la solde de présence
Régime de pension
Adresse (4) 16 avenue V. Hugo Vanves (Seine)

III. Le fonctionnaire est-il déjà titulaire d'une pension ? Si oui, en indiquer le régime et le montant
Dans le cas où il s'agirait d'une pension militaire d'invalidité, prière d'indiquer le pourcentage de cette invalidité

Le fonctionnaire avait-il consenti une délégation pendant son séjour à la colonie ?
Si oui, en indiquer le montant

Le fonctionnaire soussigné déclare avoir reçu une notice de renseignements sur les principales formalités imposées aux fonctionnaires pendant leur séjour en France.

l'Intéressé :
M. Donnadieu

杜拉斯的船票。

1935年，杜拉斯与皮埃尔在奥地利度假。

Coll. Jean Mascolo.

Coll. Jean Mascolo.

BIBLIOTHÈQUE CENTRALE DE L'UNIVERSITÉ DE PARIS

BIBLIOTHÈQUE SAINTE-GENEVIÈVE

N° 2907

M Antelme (Mary)

Profession

demeurant à Paris

Rue ... XX (arrondissement)

est autorisé à travailler dans la salle de lecture de la Bibliothèque Sainte-Geneviève jusqu'au 30. IX 1940.

Signature du Titulaire :

LE CONSERVATEUR :

Le 20. VIII 1940

N. B. — Cette carte strictement personnelle devra être présentée à toute réquisition.

Paris. I. A. C. (11-39)

杜拉斯的借书证。

Coll. part.

杜拉斯旧公爵的城堡。（洛特-加龙省。）

Coll. Jean Mascolo.

1935年杜拉斯与让·拉格洛雷。

Coll. Jean Mascolo.

Coll. Jean Mascolo.

1936—1937年，皮埃尔、罗贝尔・昂泰尔姆、杜拉斯在巴黎寓所的阳台上。

Coll. Jean Mascolo.

Coll. Jean Mascolo.

Coll. Jean Mascolo.

玛丽-路易丝、昂泰尔姆、杜拉斯摄于1936—1937年间。

Coll. Jean Mascolo.

Coll. Jean Mascolo.

杜拉斯和昂泰尔姆摄于1941—1942年间。

Coll. Jean Mascolo.

马斯科罗、杜拉斯和昂泰尔姆。摄于1943年。

昂泰尔姆（左）。摄于1939年。

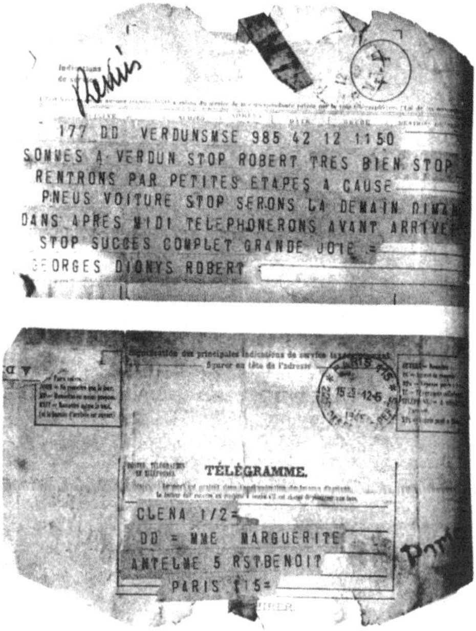

177 DD VERDUNSMSE 985 42 12 1150
SOMMES A VERDUN STOP ROBERT TRES BIEN STOP
RENTRONS PAR PETITES ETAPES A CAUSE
PNEUS VOITURE STOP SERONS LA DEMAIN DIMA
DANS APRES MIDI TELEPHONERONS AVANT ARRIVE
STOP SUCCES COMPLET GRANDE JOIE =
GEORGES DIONYS ROBERT

TÉLÉGRAMME.

CLENA 1/2=
DD = MME MARGUERITE
ANTELME 5 RSTBENOIT
PARIS 115=

马斯科罗打电报告诉大家说，
昂泰尔姆从达豪回来了。

在20世纪30年代中期，F夫人经常去学校，是她告诉我的。“与劳儿·阿德莱写的正好相反，学校里没有安装电铃。”那时候，是一个黑人打手鼓，这已经深深地印在了大家的记忆中。“10点半，大家穿过街道，去圆形运动场游泳。然后休息到两点。下午从两点到4点上课，我们还经常打网球。”[38]她哥哥也打网球，还在1933年拿过他那个级别的冠军。“至少有40个网球场。”除了打网球和游泳外，还进行什么体育活动呢？她哥哥回忆说上体操课，“这使大家苦不堪言”。据他说，在中学没有音乐课，“我们是自修音乐课，从二年级到六年级，我一直在学习弹奏钢琴”[39]。

寄宿在白人城中

“我回到C小姐家。我和另外三个人寄宿在她家，两个老师和一个比我大两岁的女孩，叫高莱特。C小姐收我母亲差不多1/4的薪水，这样她才能保证我完成学业。”玛格丽特·杜拉斯的读者都知道是指“巴尔贝（意为水猎狗）寄宿公寓”，他们在其1954年发表[40]的短篇小说《巨蟒》中读到过这个公寓的名字，在《情人》一书中是一个殖民化的名字？“利奥泰寄宿公寓”。在《巨蟒》中，C小姐就像一条水猎狗，是一个近似残暴的老小姐，常常习惯性地在星期天一丝不挂地站在她这个寄宿生面前，似乎对她是一种优待，让她仔仔细细地观察她乳房上的乳腺癌。“每到星期天下午，大家都出门去了，在我们吃完甜点之后，她就让我看她的乳腺癌。”[41]然后，女校长就带她的这个保护者去西贡的植物园转一圈，再去观赏蟒蛇吞活鸡，围观者惊讶不已。不管是真是假，老小姐的暴露癖与蟒蛇的绝妙表演为这个短篇小说增添了复仇的乐趣，为玛格丽特·杜拉斯最拿手的冷幽默锦上添花。

在沙瑟卢-洛巴国立中学读书的姑娘们一般来说都不住在西贡城里，而是住在修女们负责管理的价格适中的公寓里。在她女儿第一年上学时，玛丽·多纳迪厄夫人似乎没有想到要为她选择这样的住地，即使巴尔贝寄宿公寓存在，现在也无法考证，其理由是住宿人数有限，大概还有可能是这位老教师在家接待来自偏僻乡村的同事子女，这种做法在当时很流行。由于多纳迪厄夫人在教育部门工作，第二年，她就安排女儿住在了高等技工学校公寓的宿舍里。在上晚自习时，她就可以在别人的监视下做作业和复习功课——所有学生都必须上晚自习[42]。她在《情人》一书中回忆了在这所公寓里有许多“被士兵、海军、海关小职员、邮递员、市政工程官员等父亲抛弃”的混血女孩或只有1/4白人血统的混血女孩。“校长同意让我住，是因为我是纯种白人，为了公寓的名声，应该在成群的混血女孩子中安插几个白种女孩子。”据玛格丽特讲，大概只有她和埃莱娜·拉格奈尔是欧洲人。“树上挂着大灯泡，教室里灯火通明，一些学生还在学习，另一些学生则在教室里聊天、玩扑克牌或唱歌，学生们没有统一的作息时间，气氛像白天一样活跃，大家随心所欲地消磨着晚上的时光，但都得看着管理员的脸色行事。”[43]在玛格丽特看来，能住进这所公寓大概就能享受到奖学金，她后来一再提到这件事情。“像我母亲一样，可以享受奖学金。”[44]多么可怜兮兮啊?!

玛格丽特·杜拉斯固执地描写她母亲的生活状况近似于贫困，社会地位低人一等，羞于告人。这一主题散见在她所有的自传体小说中，真是令人吃惊不已。在她第二次世界大战中开始记载的《日记手册》的前几页中，她以沉重的笔调强调了这一点，似乎像是发泄多年积劳成疾的怨恨："只有C小姐知道我母亲是小学教师。C小姐愿意接纳我，是因为我母亲的声誉很好又十分健谈。我和她都对其他寄宿生只字不提，她们经常抱怨此事。当地小学教师的薪水十分微薄，她们都被人瞧不起。”她毫无忌讳地承认道："我自己尽我所能，始终保守这一秘密。”必要时，玛格丽特又会毫不犹豫地吐露心声，大胆地将其写出来："我不能告诉任何人，特别不能说给高莱特听，她是一位高级行政官员的女儿。也不能告诉C小姐，她可能会把我从她家赶出来。”我们非常清楚，C小姐一直都知道这一秘密。她还写道："作为当地小学教师的女儿，我在学校里受尽了羞辱，我只能与邮递员或海关职员的女儿们在一起交往，只有我们的地位是相等的。”[45]

新高中生为有这样一个母亲感到羞愧不已，但又不回避她母亲，还挺高兴见到她："开始时，她和我哥哥经常开着老式雪铁龙车来C小姐家看我，她总是穿着像睡衣一样的连衣裙，只把肩与边缝合在一起，没有系腰带，穿着线袜和鞋跟破损的皮鞋。”[46]啊，还穿着棉质长筒袜?! 60年后，《情人》一书的作者还这样说道："我母亲，我的亲人，一个不可思议的穿着阿杜缝制的棉线长筒袜的怪人[47]，在热带地区，她还自以为作为女校长就应该穿着长筒袜，她的连衣裙也不成体统，浑身都是褶子。她直接来自庇卡底农场，家里姊妹很多，她习惯把什么都穿旧用旧，她的鞋跟已经磨破，走起路来歪歪扭扭，难看极了，她将头发梳直拢在一起，就像中国妇女的大辫子，她真是给家里人丢尽了颜面。当她走在学校门前的马路上时，我不敢抬起头，她乘B12型汽车来学校时，大家都在看她。”[48]玛格丽特·多纳迪厄总穿着一双小巧的鞋子，走起路来蹩脚吃力。她母亲是一个乡下女人，她不可能像舍友高莱特[49]和伊丽莎白·斯特里德尔的女儿那样，有一个漂亮、年轻、高雅和衣着考究的母亲。人们不允许这位小学校长的女儿在女生游泳课以外的时间再去环形运动场的游泳场游泳[50]，更不可能让她在进行桥牌比赛的时间去酒吧喝咖啡；在这段时间里，临时靠岸的海军军官正与西贡姑娘调情，又因为她母亲不是这家私人俱乐部的会员，更没有总督大人的舞会请柬。在那个时代，这种创伤始终没有办法愈合，因此，她一定会洗刷掉这些耻辱。当起草回忆录时，她就将画面涂抹得漆黑一团，点缀上贫穷与荒诞的色调，再于某日将其编写进长篇小说或短篇小说故事里。

在西贡，大家习惯窥视和议论别人。玛格丽特觉得很不自在，一个充满野性的女孩子养成了腼腆和与世无争的性格。她感到局促不安，格格不入。每当周四和周日外出时，她总是孤零零的一个人，痛苦万分。她母亲特意安慰她，不一定非要同高等技工学校的同学一起外出。尽管她学习过"走路要有一副从容不迫的样子"，但是她还是没有学会。另外，"在当时，每个殖民者都有着自己的轿车，几乎见不到法国人在街上走路，一个孤零零的法国女孩子走在大街上就更少见。因为街上涌满了本地人，青年女子出门都由父母陪同"。此时，玛格丽特完全不知所措，特别是当她衣着不得体，被一个过分自信的母亲"打扮得怪模怪样"时，她就根本不知道什么装束更适合一个城里的年轻姑娘："我 14 岁了，穿的连衣裙搭在膝盖上，乳房隆起，戴着男士绿毡帽，身穿兰花色连衣裙，脚蹬彩色皮鞋，手提一个小皮包，我习惯低着头走路，似乎无尽的羞耻和万般的无奈使我化妆的面孔显得十分苍老。"当在街上偶遇"不戴太阳帽、身着白色运动衫、神采奕奕、步履轻盈、去打网球的姑娘们"时，她有着说不尽的苦涩。我们能够肯定她还有比这更加痛苦不堪的事情。

第一个星期天，因"不需要去看望什么人"，她冒失地来到卡蒂纳大街[51]，她根本不知道为什么走到了这里，毫无目的，滑稽地戴了一顶草帽，穿着一件花枝招展的连衣裙，就是她那件经常穿的前后印着樱桃树的白色连衣裙，脚上是彩色浅口皮鞋。"我像进入地狱般那样苦不堪言。"12 年后，她还感觉到脸红，不得不写上几页，才能使自己的心情平静下来。她忽然灵机一动，向位于大陆宾馆对面的伊甸影院走去。在这里，她好像都不敢坐下来看电影。另外，这次也同样，一个单独的女孩子"决不会这样做"。幸好立刻找到了解脱的办法，"我快步向前走去，一头钻进了伊甸影院"[52]。数好零钱，赶紧买了一张票，一个人直接走向最便宜的前排座位就座，这是城里"穷人"的专位，大家都向藤条凳子蜂拥而去，中间地带与正厅座位隔有三排位置，留出宽大的空间，以示区别。她向前走着，电影还没有开始，大厅里还亮着灯。在正厅的后边，坐着三排法国人，她大胆地从他们身边擦肩而过，“一屁股坐在了藤条凳子上”，手提包放在膝盖上，浑身冒着热汗。她说不清楚是过了10分钟或更长时间，“突然，一片漆黑，响起钢琴乐曲，我才松了一口气。放映的影片是《卡萨诺娃》”[53]。玛格丽特感觉这部电影“美妙极了”，她看到了卡萨诺娃“拥吻一位女士，向她吐露爱情”[54]。

青春身体的自我描述

当玛格丽特来到西贡时，正处在青春发育期，她不自恋。至少可以这样说，她对自己15岁形象的描述并没有自吹自擂：“我个子矮小，身体瘦弱，缺乏朝气蓬勃的神态，与两个哥哥截然不同。我觉得自己一点也不引人注目，激不起任何人的想象力：个子不高，身材一般，满脸雀斑，两根棕色发辫垂至腰间；皮肤被太阳暴晒，因为在种植园几乎总是生活在野外；我的身材基本匀称，说得过去，但由于表情呆板、沉默寡语和面颊高突，使得容颜失尽……”在这些近似否定的自我评价中，还存在着一丝希望：“在这痛苦般的记忆中，我母亲经常对我说：‘你是我的小可怜虫。’母亲温存的话语是向我表示她喜欢我，大概是为了弥补对我的关心不足，我越是缺少母爱，就越觉得难能可贵。在她看来，即使我恶意地看着她，这种目光也是那样的聪慧，她还说我漂亮，当然是悄悄地告诉我。‘别生气，你长的绝对不赖。’我从来没有把这些话放在心上，我认为母亲是想说服她自己有一个漂亮的女儿。”但是，皮埃尔·多纳迪厄的出现顿时打乱了这短暂的幸福时光，他放肆地贬低他妹妹，恶言恶语地挖苦她。“我大哥哥专断地说：‘除了我自己，你们这几个孩子都是废物。’你出去找个人家啊，把她嫁人算了，你准备把她抱在怀里养到30岁呀。大哥哥又对我说：‘蠢货，你自己找人家去吧。’母亲对此很敏感，生气地说：‘如果我愿意，明天就可以让她结婚，可跟谁结婚呢？’”要当一个老女人的前景使我心灰意冷[55]。

在沙瑟卢－洛巴国立中学，也事事不如人意：“我承认我在中学没有朋友，我很反感班上的女同学，也不喜欢大部分男同学。后来，我母亲把我从C小姐家接走，安排我在政府寄宿公寓里住下，我简直成了女管理员和大部分学生眼中的怪物。其他同学很讨人喜欢，而我则令人讨厌。”根据她的自述，一部分原因是因为她来自丛林地区，这样说似乎有点夸张，但她还是从这一角度出发思考问题的："产生这种厌恶感与一些具体的原因有关。首先是显而易见的那种野性，我尽力加以掩饰，其结果不是造成傲慢的感觉，就是给人留下凶神恶煞的印象。我对任何人都不愿意献殷勤，温柔殷勤仿佛是一片陌生的土地。在我15岁走进中学之前，我从来没有与法国女孩子有过交往，当我走进西贡白人社会时，我才发现温柔殷勤的存在，我认为那是富贵阶层和幸福阶层的人才享有的特权，我不想改变自己，对我来说，我仍然觉得和同学们握手简直就是一件苦差事，我生来就不会这一套。"[56]

在这种思想的支配下，她如何才能为进入这个新阶层自辟蹊径呢？怎样才能有朝一日让一个男孩子注意到她的存在呢？可是，有她这样的母亲，一个衣着随意的当地小学校长，又能怎么样呢？然而，机会并不少。"在西贡中学，有总督和另外一些种植园主的儿子们，个个开着自己的轿车，他们从姑娘们住的园子里穿过，用胳膊夹着网球拍，挽着属于'他们的'姑娘走来。其中有几个小伙子长得很帅，我看到他们走过来，马上就藏起来，见到他们我会很痛苦，因为我早就知道他们不会让我坐他们的轿车，我像注视货柜里的商品一样望着他们远去。有时候，我在梦里梦到某个男生注意到我，我从梦中哭醒。"[57]在玛格丽特这个年龄阶段，她显然还算比较漂亮，甚至可以说"很可爱"。她五官端正，高高的额头，尖尖的鼻子，明亮的眼睛，樱桃般的小嘴，红润的下嘴唇，使她显得更加性感。她脸上没有雀斑，她母亲遗传给她类似托卡龙奶油般的肤色为她增添了几分姿色。在她的家庭相册中，她没有在任何一张照片上梳着辫子。她那时候的照片都是将一头乌黑靓丽的头发盘在脑后，露出耳轮。在海外档案中心里，我找到了一张快照，是一个姑娘临上课前的照片，她走在沙瑟卢－洛巴国立中学大门前，留着修长的辫子，穿着一件花色连衣裙，手里推着一辆自行车，只能看到她的背影，显然这不是玛格丽特·多纳迪厄。相反，在这张照片上，有一个越南姑娘正在走进学校大门，手里提着书包，穿着传统的长裙和宽松的白裤子。玛格丽特在她的回忆录《日记手册》中确定道：学校规定被允许上国立中学的本地女学生必须身着欧洲服装，与此相反，这个姑娘大胆地违反了校规。在1930—1943年间，她们的衣着开始慢慢地在发生变化。

返回沙沥

玛格丽特不一定在西贡度周末，她经常在周末或学校放假期间返回母亲的家。“因此，我经常得自己花钱回沙沥，每个星期六坐长途汽车回家，法国人从来不坐长途汽车，回一趟家要花8个小时，仅坐上长途汽车就得4个小时。”如果她的青少年回忆录写的全是事实的话，她回家并不是自觉自愿的。“我不抱任何幻想，我知道在沙沥将会看到什么，我大哥哥吸食鸦片，我母亲歇斯底里地发泄怨气。”皮埃尔·多纳迪厄养了一个绒猴，每天要和它玩很长时间，晚上，又去享受鸦片的乐趣。在法属印度支那，鸦片是高税收的国家垄断行业，许多本地人经常光顾的烟馆名正言顺地经营鸦片[58]，那时候，在沙沥就有十多家这种堕落场所。如果通过法令禁止公务员以及教师上烟馆的话，对于上瘾的小学教师儿子来说就不敢想象了。“在那时候，她哥哥经常早上6点才回家，慢慢地变成在外边待上大半宿，一到家倒头就睡，再起来吃午饭，饭后，就逗绒猴玩，直到5点钟吃晚饭。有时候，我母亲出来说说他：‘我求求你，做点事情吧，不管做什么都行，确实得做点事情，不要把时间都荒废了。’而我哥哥一句‘再看吧’让我母亲坐在那里无话可说。他继续逗绒猴玩，还给它弹钢琴听。”

保尔·多纳迪厄还比较理智，从不陪他哥哥上烟馆，但也同样游手好闲。“我小哥哥决定做一个猎人，想成为印度支那最勇敢的猎手。他从14岁开始就在象山打猎，直到21岁他已经猎捕到12只老虎和1只黑豹。我大哥哥对他说：‘这是浑蛋职业。’而他回答说这是唯一适合‘勇敢而无学习天赋的人’的职业。”无论是真是假，他们的妹妹证实道：“他们生活在沙沥，这两个十七八岁的男孩子无所事事让旁人无法接受，而只有我们能宽容他们两个人。常有人对我母亲说：‘这是天大的不幸。’她则回答道‘你们在说谁呢？’显得没有丝毫的信心。”

“那时候，人们常说我母亲是一名‘烈士’，这都是由于她两个不争气的儿子，特别是大儿子使得她日复一日地债台高筑，她都不知道如何才能摆脱掉这些债务。大家说都是因为她太懦弱才种下的祸根。”[59]

玛格丽特自称经历过许多不幸，在回沙沥时，她还挨过她母亲多纳迪厄夫人的打，都是她母亲的不对吗？玛格丽特已经长大了，她不能再挨打了，她对此十分客气地描述道：“因为我是家里最小的一个，也是最好欺负的，所以我母亲打我也最多。她用棍子打我，追得我到处乱跑。母亲打我，我觉得总是对的。”等等。当她在草稿上撰写这些往事时，就像玛丽·多纳迪厄在他们还小或“精神失常”的时候，用棍子惩罚他们那样，她也用画棒将其混乱地搅拌在一起。我仔细阅读，得出这样的看法。她的大哥哥也很坏，曾经打过她，对她像对待“臭虫”一样，还夹杂着更加恶毒的语言。她冷静地写道：“我母亲的拳头和我大哥哥的拳头一个比一个狠，不同的是我大哥哥一边打我，还一边侮辱我，除了习惯说‘臭虫’外，还有‘烟鬼’、‘垃圾’、‘花心肠的蛇’、‘肮脏的娼妇’，我那时候还真不理解娼妇的含义，也不知道为什么就听之任之，可是这个单词肮脏的音韵一下子给我留下了印象。当我大哥哥吸食鸦片后，脾气更加暴躁，我不敢跟他说话，除非他自己突然出现在我面前。”大家会问如果玛格丽特不招惹他哥哥的话，皮埃尔·多纳迪厄怎么会如此对待他妹妹，玛格丽特也这样问过自己：“我一见到他们，脑子就变得一片空白。哥哥打我，是因为他不能够容忍我。”唉！这都无关紧要。“尽管我母亲深深地爱着我，她也同样不能够忍受我的一切。”[60]这样，我们就算弄清楚事情的原委了。

总而言之，《抵挡太平洋的堤坝》和《情人》中的这个母亲都很贫穷，经济上并不宽裕。可是多纳迪厄夫人每年可以领到 2 万法郎的薪水，到 1928 年 7 月，领到 2. 8 万法郎，再从 1930 年 10 月 1 日起，领到 3 万法郎，她真的这么穷酸吗[61]？虽然不是“腰缠万贯”，仅寡妇抚恤金、免费住宅以及工作资历等几项，她就不应该被排列在最穷的公务员行列。当然，她可能在购置租让地上损失了一笔钱，究竟损失了有多少，无从知晓。另外，她的两个儿子完全由她来抚养，大儿子又在沙沥烟馆里欠了不少债。玛格丽特·杜拉斯为何自始至终地描述几乎摧毁她青春的经济问题、这种困惑造成她终生的不幸以及从中悟出并一辈子坚信不已的道理呢？究竟是何原因呢？玛格丽特只给出了部分答案：“记得很早的时候我就知道我母亲没有多少钱，她唯一的想法就是去挣钱，她那敢做敢当的个性使她敢于采用一些手段把钱挣回来，没有关系，我母亲对我们反复灌输这种拜金主义的思想。没有钱，就得受苦挨饿，没有钱，‘理屈词穷’，无罪也当诛。我母亲盘算着成功地挣到钱，这样就能够做许多有益的事情。”[62]毫无疑问，应该十分慎重地研究这一神秘问题。通过查阅大量资料和阅读她女儿在许多作品中的叙述，我们基本掌握玛丽·多纳迪厄的主要性格特征，她给我们留下勤俭节约，几乎近似吝啬的形象。这不就是北方农村妇女的恶习和惧怕“缺钱”的恐惧症吗？大概两者兼而有之吧，她会将此遗传给她的女儿吗？

切提人的高利贷

“我们勉强地维持着生活，我们还要每个月将我们仅有的首饰悄悄地变卖给当地的珠宝店，来偿还切提人的高利贷。我母亲说：‘如果有人知道，我们就会颜面尽失。’我们因贫困而生活得很痛苦，我们生活得很悲惨还不得不将这一切隐瞒起来。我们生活的种植园里与世隔绝，但这种事情还是不胫而走。在沙沥，我们还得千方百计地防止六十多个在此工作的法国人知道我们的现状，因此，我母亲在每月1日的头天晚上，去偿还借切提人高利贷1/3的利息，在夜深人静后，她就悄悄地出去。我不知道为什么，她有好几次没有钱还，切提人就找上门来讨要，他们坐在客厅里静候着，好几次，我母亲都哭着求他们走，因为仆人们都在看着。对于一个白种女人来说，借切提人的印子钱简直就是莫大的耻辱，最后，我母亲只好把钱扔在他们的脸上，他们一拿到钱，就笑眯眯地离开了。”[63]

现在，我们暂时来了解一下活跃在沙沥的印度高利贷者，这个名字对年轻的玛格丽特似乎留下了刻骨铭心的记忆，远不止她在回母亲家时目睹这些人上门讨债的这一幕。下面是写于1933年的《殖民地南部》一文中对他们的介绍：“切提人源于印度马拉巴尔海岸地区，属于一个庞大的集团，遍布全印度社会各个阶层，‘切提人’是这一团伙的总称，专门从事金钱交易，换句话说，就是印度支那地区的银行家。”这种结论似乎有点夸张。众所周知，直至20世纪30年代中叶，经济危机对不动产业产生了不良影响后，才看到印度支那总督府创建了第一家地产贷款银行。作者继续写道：“这是殖民地常见的机构之一，所有在这一地区生活过的法国人都能回想起这些人面目和善，个头高大，身材魁梧，口气温和，步履潇洒，酷似青铜和尚雕塑像，游逛在西贡街头，上身穿着简单带褶的白大褂。在我国占领初期，他们就来到了印度支那，那时候，没有银行，他们就趁此机会成为急需用钱者的放贷人。但是，没有任何一个法国人或殖民者在临时有困难急需用钱时去找过他们。”[64]

在20世纪的第一个十年里，波勒·达蒂格纳夫的父亲在前往金边任职前，曾经在离沙沥不远的朱笃地方工作。由于家里人口多，又好赌，尽管他是白人，又是行政官员，他也不时地找过切提人借钱。他女儿在回忆录中描写了他们那奇怪的外表在她幼年的记忆中留下的不可磨灭的印象。她写道：“对我来说，我决不会忘记因经济拘谨造成他们的来访，这些阴森森的人突然就出现在我们家里。他们是给我们借钱的人，印度放高利贷的切提人，我父亲在月末经济紧张时借过他们的钱。这些吸血鬼的额头上印有一个白色符号，上半身赤裸，穿着拖鞋，腰系条纹布带，目光凶神恶煞，让我感觉到有一种无名的恐惧和可怕的焦虑。他们来这里不是催要欠他们的高额利息，就是给我们送来50或100皮阿斯特填补家用，然后，他们就笑眯眯地离开了。家里的生活又恢复到往日的平静气氛中，无忧无虑，快快乐乐。”[65]

女子学校的校长

据她女儿说，家里缺钱，还得供她上学，为了掩饰经济上的不足，玛丽·多纳迪厄不顾一切地支撑着家里的门面：“无论如何，她还保留着女管家和厨师。如果在沙沥大家知道我母亲自己下厨房，就没有人再愿意与我们交往。然而，母亲还不得不组织或参加一些正式的拜访活动。”[66]随后玛格丽特在另一页上写道：“大家都说我母亲很能干，但是，却没有人愿意邀请她。我们仅有的朋友都是一些邮递员、海关官员或一些与她身份一样从事小学工作的老师。”显而易见，当地学校的小学教师只能被列为最低层的公务员行列，只能与相同阶层的人员来往。可是，读者情不自禁地会问道，“六十多名法国工作人员”基本上是绝大多数低生活水平的代表者，这首先就确定了可能性交往的范围。

为了“招待客人”，女子学校校长拥有一座造型美观的白色别墅，屋后的花园种植着棕榈树、槟榔树和其他本地树种，迎接客人的主道两旁栽满了叶子花和木槿。专门用于接待客人的客厅和饭厅设在一楼，连接着一个大平台，四周设有围栏，古典风格，称得上是欧洲人在殖民地建筑物中的佼佼者。象征“资产阶级情调”的钢琴摆放在最醒目的位置上，主要是玛格丽特和她的哥哥弹奏。正是在这个时期，玛格丽特·杜拉斯的母亲收留了一个青年的柬埔寨人阿唐，后来成为接送他们往返种植园的司机。在一张从瓷砖平台上拍摄的照片里[67]，他站在女管家阿杜和坐在藤条扶手椅上的多纳迪厄夫人之间；在照片的右边，即在她母亲身后桌子的另一端，就是玛格丽特本人，她穿着半截裙和高跟鞋，这是典型的上世纪30年代风格，她还没有显现出青春少女的身材特征，这在她战争《日记手册》中已经描写过，而她的外形轮廓清晰可辨，虽然有点无精打采，但不失大家闺秀的模样。阿杜总是站着，这是她的习惯姿势，她是从修道院学来的。在她旁边，是一张小木桌，桌上的熨斗说明了她是一个称职的女佣人。需要注意到这个细节，她不像玛格丽特将她刻意地描写得那么“老”，最多也就有四十多岁，尽管她不高兴，但由于成为杜拉斯笔下的著名人物，她就什么也不抱怨了。“她会刺绣，会打褶子，会用头发丝细的针缝缝补补，好像有几个世纪的人都不做这些活了。她会刺绣，我母亲就让她绣床单；她会打褶子，我母亲就让她给我做褶边裙。即使我母亲要回法国，即使我大哥哥在沙沥的家里试图强奸她，即使没有人给她工钱，她也不愿意离开我母亲。”[68]

玛格丽特·杜拉斯心疼地将这些看在眼里，她母亲不属于“印度支那公务员高级阶层”，实际上，她“处心积虑并通过各种渠道”希望跻身到这个“从没有接触过”[69]的社会阶层中。这种显而易见的愿望与我从许多证人那里收集到的证言相吻合，他们都是在她去西贡前几年或于1949年从印度支那回国后与玛丽·多纳迪厄相识的朋友。玛格丽特的母亲隶属于勒格朗家族，属于北部地区大资产阶级联盟的产业主[70]，在现实生活中，她自然不情愿让别人把她看成社会底层的可怜虫，或是像《抵挡太平洋的堤坝》的作者所刻画的丛林中的冒险家，她尽力表现出一种“贵妇人”的样子，她最后不是在卢瓦尔河畔的城堡里度过了自己的余生吗？她女儿不是把她比喻成了“路易十四再世吗”？在她母亲去世的很长时间之后，玛格丽特写道：“我写的文章，我母亲不喜欢看，一点也不喜欢看。从一开始，她就不理解小说中所要表达的思想，她简直对文学一窍不通。”[71]叙事方式过于单调，漏说了老妇人的反应，当她得知她女儿成为一个共产主义分子，差点中风，她非常清楚女儿写这些东西所要达到的目的。根据玛格丽特所说，她母亲的第一反应就是：“你是从哪里翻出这些破事的？”再来看看《厚颜无耻的人》中的格朗特－塔内郎夫人，尽管她的家业败落，她却仍然能在社交场合保持着高贵的身份，还拥有一个佃户；而贡布平原上的母亲却不得不挣扎在泥泞的稻田中，不得不激起柬埔寨邻居们的武装反抗吗？更不用提在伊甸影院中演奏钢琴和与地籍总署官员发生瓜葛这些是是非非了。

从1928年至1931年，尽管多纳迪厄夫人在沙沥有着令人羡慕的“女子学校校长”[72]的头衔，但按照城市教育系统的排名，她只排在第二位。另一名法国教师桐杜先生与她一样是特级教师，担任着小学教育集团主任一职，按照行政术语解释，他才是她的“直接上司”。如果从1929年至1930年业绩通报上的尖锐批评上看，他们之间从一开始就好像存在着一种非常紧张的关系。通报中有这样一段话：“这一年，多纳迪厄夫人在她所管辖的学校里几乎没有在改进教学方法上做出任何努力。”更有甚者：“这位校长的思想品质很差，基本不服从上级的行政命令，使得小学教育集团主任的工作越来越难以开展。”以上是一个总的评价，再来看在行为与衣着、教育态度、教学方式、课堂规范、教学计划进展、作业批改、学生纪律等方面，以及在给优秀学生至后进学生打的优秀、良好、一般的学生成绩情况中分析，这位耿耿于怀的主任将她说的“一无是处”[73]。

在西贡，教育署主任乔治·塔布雷也幸灾乐祸地评价道：“这个小学教员的性格很古怪。她虽然对学校的工作认真负责，但却过分地追求扩大学生的招收人数。”该省负责人埃斯基维庸第一行政长官强调他初到沙沥时，他对多纳迪厄夫人还不是很了解，他觉得有必要在此说明一点：“我认为应该指出她的一点不足之处，尽管她是一位女士，却总是过分地唠唠叨叨。”如果玛格丽特有机会读到1930年起草的通报，她一定会感兴趣的。她母亲的继任者言语谨慎地这样说道：“在我来沙沥任职期间，很难相信多纳迪厄夫人已经离开了此地。”公共教育总署长塔拉马署长以及其代表都无法摆脱对她产生的这般印象，1930年11月22日，塔马拉在交付河内审阅对玛丽·多纳迪厄评价的通报上提笔写下了这段批示，其内容为“她是一位平庸、自负和让人无法忍受的教员”。毫无疑问，这样说有点言过其实。可是，又有一个官员在忍无可忍的情况下发出了一声肺腑之言：“幸亏她就要退休了”[74]。我们不必要过分苛刻，就能够从中得出这样一个结论：玛格丽特·杜拉斯的母亲胆大妄为，敢于顶撞上司，还不止一个。保尔·兰波维尔－尼克尔于1931年认识了多纳迪厄夫人，我向他提出“多纳迪厄夫人这个人怎么样”的问题时，他的言词比塔拉马教长有过之而无不及，他立刻回答道：“简直就是一个令人讨厌的东西。”[75]

我们再回头来了解一下她女儿为她做的辩护：“她把教学看得很重，她和其他老师一起在越南传播着法国文明。她亲自教授过成千上万名孩子，由于她宽厚仁慈，她深受孩子们的拥戴，她不能容忍任何一个孩子不去上学，他们大都是因为买不起学习用品而辍学。我们住在一个宽大的豪华住宅里，一层用石板砌成，她到处铺上草席，专门在晚上留宿那些家住得很远的女孩子，并且还安顿她们吃晚饭。对她来说，这是习以为常的事情，以至于在有人与我谈论殖民主义危害时，我在这一点上确实无法与他们苟同。小学教师确实是令人羡慕的公务员，他们废寝忘食地从事着教育工作，而他们的薪水却低得可怜，与邮递员、海关职员一样，都拿的是最微薄的薪水。在租让地开发上失败后，我最欣赏我母亲不屈不挠的精神，她从教师岗位退了下来，但她又自己创办了一所法国学校，很快招收了不少的印度支那学生和法国学生。她在课堂上讲解清楚，通俗易懂，所有孩子都能理解，即使在其他学校学习很差的学生也都能跟上。学校名声家喻户晓，报名学生络绎不绝。她很会管理学生，她那令人难以置信的权威总能对学生们发挥作用。”[76]玛格丽特·杜拉斯提到她母亲“退休后”在西贡创建的私立学校不仅得到行政文件的证实，而且还得了证明其在这一阶段所开展业务活动的第一手资料的证实。

前面的一段文字写于1988年，玛格丽特已过花甲之年，但她仍然没有忘记邮递员与海关职员的悲惨命运。当玛格丽特在晚年为印度支那小学教师献上这溢美之词时，法国立法者还从来都没有讨论过殖民主义产生的“积极”意义。她个人的政治信仰深受乌托邦共产主义思潮的影响，在第二次世界大战之后，这就成为她个人与她周围一些人的政治信仰。从1943年起，她挥笔撰写的有关她母亲的一些章节虽来自于不同方面的启示，但都源于这种思想认识。她写道：“我忘记告诉大家，在殖民地的法国人中，亲善安南的人都没有好下场，因为只有少数安南人能与法国人志同道合。有一个会讲安南语的官员被判罚‘不得晋级’。我母亲不离开殖民地和拥有许多安南朋友这一事实遭到许多法国人的鄙视。”[77]这样讲似乎有点夸张，但也隐含着深刻的哲理，尤其是在白人社会中阶层区分由来已久。而作者还兴致勃勃地指出：“我不情愿描写30年代印度支那彩色油画的方方面面，只想谈一谈我自己的青少年时代。”[78]

莱奥的故事

莱奥的故事在世界上广泛流传，《情人》的读者无一不晓，看过《情人》电影的观众闭上眼睛都能将其描述出来：“我15岁半。故事发生在那次渡河中。我返回西贡，要经过这样的行程。我还是在沙沥坐长途车，我母亲在那里主持一所女子学校的工作。学校的假期结束了，是什么假期我记不清楚了。那一天，我又要返回到西贡的寄宿学校。这趟本地人搭乘的长途汽车是从沙沥集市的广场出发。像往常一样，母亲亲自送我到车站，把我托付给司机，她一向是托付西贡的汽车司机照看我，唯恐路上发生意外及失火、强奸、土匪抢劫、渡船抛锚等事故。像往常一样，司机把我安置在他旁边专供白人乘坐的位子上。故事发生在一艘摆渡湄公河支流的渡船上，即位于交趾支那南部遍布泥泞、盛产水稻的大平原暨乌瓦洲平原上的永隆至沙沥之间。我从汽车上走下来，走向渡船的舷栏，望着眼前的河流。我母亲有时对我说，我这一生都不会再看到比湄公河更美丽、更壮观、更汹涌的大河。渡船四周是汩汩的河水，齐着船沿向前奔流，划破稻田平静的水面，泾渭分明地一泻而过。河水经柬埔寨森林地区的洞里萨湖顺流而下，所经之处，一切杂物均被河水卷走，再将卷入河水中的茅屋、杂木、熄灭的火灾余烬、死鸟、淹死在水里的老虎与水牛、浮尸、饵料、长满风信子的草垛等冲向太平洋，它们还来不及沉入河底，就被深不可测、令人眩晕的河水下部激流托起，漂浮在有着浮力的河水表面上。”[79]

怎样才能不受这段美妙抒情描写的影响呢？当我们乘上渡船时，我们也情不自禁地寻觅着一位身着生丝西装的亚裔青年人、一辆停靠在西贡长途汽车旁的豪华轿车、关键的邂逅地点、搭乘白人姑娘的莫里斯·莱昂－波莱牌轿车的车门等。直至1984年春天，玛格丽特·杜拉斯又开始撰写另一部小说，那年她已71岁高龄。在筛选为她哥哥出版影集的家庭照片中，她萌发了起草这部小说的动机。为了征得出版商的同意，只要母亲允许在书稿中采用那些她在印度支那青年时代所经历的事实资料就算大功告成了。玛格丽特投入到创作中，她重新回忆起这段时光，一幕一幕地审视着殖民地时代的折射点。恰在寻找写给保尔·奥查克维斯基－罗兰斯的一封书信时，她奇迹般地在乡村住宅的衣柜里找到了一本"早已淡忘"的旧记事本。她打电话给出版商，告诉他应该看看这个记事本，他马上阅读了一番。第二年，《痛苦》一书就得以出版，书中有许多珍贵的资料，反映的是"激烈"封锁的战争末期动人的往事[80]。确实如此，出版商在这套珍贵的"蓝色诺夫勒组柜"中还发现了几本早已淡忘的《日记手册》。比如反映学校生活的《日记手册》，她在创作《抵挡太平洋的堤坝》一书时，就从中汲取了许多素材。还有草稿手册和回忆录书籍等。她正好打开了第一部书稿，故事滑稽可笑，不亚于《巨蟒》一书的风格，同样是关于中国情人的逸闻趣事。这个人只是一个"本地人"，还算不上情人，或者说只是有点这层意思。他的名字不好听，大家叫他莱奥，显得欧化一些，他的真实姓名是崔立。尽管叙事方式有着明显的不同，而相遇场合还是在渡船上："我第一次是在从沙沥至西贡的渡船上遇见莱奥的。我要回西贡的寄宿学校，有一个我不熟悉的人用他的车接我回西贡，我和莱奥坐在同一辆车上。"与莱奥同坐一辆车？莱奥为什么不坐自己家的车呢？总而言之，这一天他没有坐自己家的车。

"莱奥是本地人，而穿衣打扮很法国化，他讲着一口流利的法语，他是从巴黎留学回来的。而我还不到15岁，我这么年轻还没有回过法国，我觉得莱奥很潇洒。他手上戴着一颗大钻戒，身上穿着一套生丝西装。我见过戴这种钻石戒指的人都对我不屑一顾，我的两个哥哥穿的是粗布衣服，看看我家这么穷酸，我很难想象他们会有一天穿上这样的生丝西服套装。莱奥说我是一个漂亮姑娘。'你了解巴黎吗？'我面红耳赤地说不了解。他了解巴黎，可是他却住在沙沥。在沙沥有人了解巴黎，我直到那一刻还不知道有这么一回事。莱奥追求我，我真是感觉到受宠若惊。"[81]

"医生把我送到西贡的寄宿学校。"这难道是一名同时"照看"玛格利特和莱奥的专职医生之一吗？这个情节并非那么浪漫，但还算是合情合理。荣大夫是一名安南人，他在沙沥有一套殖民式的漂亮住宅，他曾经给玛格利特·杜拉斯的母亲看过病，她很有理由将她女儿托付给他。当她女儿与沙沥富有的青年人一同外出时，自然是一种值得炫耀的事情，她不顾她大儿子的劝告，执意阻止他们在一起，更不允许她与和平组织的法官女儿任小姐在一起照相。她已有亲善安南人的名声，行政部门已经不以为然。那她有什么理由怕大家指责她呢？她是校长为什么不能利用这样的机会与当地父母联盟“搭建沟通的桥梁”呢？甚至为什么“不操心”为她主管的学校“招收更多的学生”呢？更何况“莱奥”很有钱，他父亲属于地方著名人物，他们家在湄公河旁也有一套带中国琉璃蓝围栏的豪华住宅。这是一个令人敬仰的家庭，他儿子又去巴黎学习过商贸专业，是多么值得交往的家庭呀！

在这一点上，玛格丽特与她母亲的立场完全一致，她在一开始表现得并不积极主动。“莱奥想方设法地转告我与他见面，我知道他家很有钱，令我眼花缭乱。在这次见面后，我到C小姐家的第二天，在午休时，我听到了一声清脆的汽车喇叭声，莱奥在等我。”她没有马上出去，也不敢出去，一直等到该上课的时间到来。当她走上街时，年轻人还在等她，为了追求她，他穿了一身生丝西装，他坐在方向盘前，这是一辆漂亮的豪华轿车——莫里斯·莱昂－波莱牌轿车。玛格丽特问这辆新车值多少钱，7000皮阿斯特，即7000法郎。她被征服了。随后几天，他都来这里。至少在回忆录手册中是这样写的。她同意让他用车送她去学校。“我以他的车为荣，我打算让大家都能看到这辆轿车，我有意地站在车跟前，生怕我的同学看不到。我确信这么一辆轿车一定会招惹是非的，我正好可以就此机会与印度支那上层公务员的女儿们打交道。”事情果不其然发生了，坐着这样的轿车，又在他的陪伴下，要想在西贡出出进进不被发现，那要冒多大的风险。这件事情很快传遍了整个城市，她回沙沥时不得不再坐长途汽车。但是，她需要尽快地冷静下来，去面对这样的现实：“尽管莱奥有一辆豪华轿车，不幸的是他是一个安南人。”在故事的这一细节上，我们又一次需要判断这是虚构还是事实。就像叙述租让地事件一样，其情节被她与莱奥交往的故事取代，在盛行讲述此类故事的时代，这一传奇式的叙事技巧逐渐地得到广大读者的认同。

莱奥有一个安南名字，怎么会有一个中国父亲呢？而且腰缠万贯，拥有5千万套住宅，遍布整个印度支那地区。显然，这都是他自己挣来的，他支配着半个西贡市，但他为什么要住在沙沥呢？为什么只开莫里斯·莱昂－波莱牌轿车呢？难道是偶然的巧合吗？在1930前后，许多广告在唤起像《名流》这么著名杂志的读者参加漂流和双极汽车拉力赛的同时，还积极推销这一品牌的汽车，属于跑车样式，舒适，大功率：4缸，12马力或15马力任选，一个美丽的女郎坐在方向盘前。我们知道，玛格丽特非常喜欢轿车。准情人的父亲是何许人也？在她将他写入文学作品中时，她回忆了在20世纪30年代初期，整个西贡城谈论最多的就是他家的房地产业，他的真实姓名是惠鹏浩，从几笔大的房地产项目中挣到钱后，他是不是还自建了三家在当地小有名气的大型豪华酒店呢[82]？这只是一些枝节问题，不需要深究答案。

由于自身具有良好自然的心态，沙瑟卢－洛巴国立中学的新同学很快冷静下来，认真地面对现实："尽管莱奥有一辆豪华轿车，不幸的是他是一个安南人。"她又补充道："这辆轿车令我眼花缭乱，以至于我把这一障碍抛至脑后，我继续与莱奥交往，持续了好几个星期。"他们大概已经进入到热恋中，玛丽·多纳迪厄好像也没有完全予以阻止："不管怎么说，他是一个当地人。你告诉我你想要干什么?"她给她提出了一个苛刻的条件，她让她女儿对天发誓，她绝不能对他"以身相许"。"我母亲绝对信奉少女贞节"，她认为十分必要给玛格丽特讲清楚。然而，她的忠告显得多此一举，因为除了肤色的差别外，还存在另外一种难以逾越的天然障碍："莱奥是怎样看我的呢？他觉得我很合他的胃口。我不想解释这些，因为莱奥长得一点都不好看，比一般安南要丑陋得多。"她在后面又接着写道："莱奥就像一个跳梁小丑，我对此感到很痛苦。他的形态举止滑稽可笑，原因是他又矮又瘦，双肩下垂。坐在车上，勉强说过得去，因为大家看不见他的身材，只能看到他的脑袋，尽管面相丑陋，但不乏某种机灵感。在大街上，我和他在一起从来都不可能走完百公尺的路。如果一个人能完全失去耻辱感忍受这一切的话，我和莱奥在一起就丧失了这种能力。这简直太可怕了!"[83]

他们的恋情带着不祥之兆开始了。实际上，相互关系的进展每况愈下。对初吻的叙述占用了学生手册中的好几页文稿，她是在莱奥的莱昂－波莱牌轿车内被他偷吻的。"下课后，他来接我，带我回沙沥度周末。在最近的一段时间里，我很少单独与他见面，大概这是第一次有了这样的机会。在路途中，莱奥抱着我，我很想躺在他身上，我想这就是一种欲望，一种令我心满意足的平静感觉。就在这天晚上，莱奥拥吻了我的嘴唇，他的动作很突然，顿时，我嘴唇有一种湿润清新的感觉，而我内心的厌恶感油然而生。我推开了莱奥，开始吐唾沫，我想从车上跳下去。我平静了下来，而我尽量地靠在车座的另一端，离莱奥越远越好。我还在把唾沫吐在我的手帕里，不停地吐，整个一个晚上和第二天还在吐，我一回想起来就吐个不停。莱奥显得不知所措，他问我，'我让你倒胃口吗?'我不能回答。确实，我有一种被强暴的感觉。‘我明白我让你倒胃口了，你没有必要掩饰自己。’我哭了一阵子，又依偎在他的怀里。我对他说：‘我很笨，因为这是我的第一次。’他用胳膊搂着我的腰，对我说：‘你让我痛不欲生。’”[84]

从莱奥到中国情人

正是在阅读这段文稿的时候，玛格丽特·杜拉斯突然对他这个愚笨、常常弄巧成拙的情人产生了怜悯之心，正因为如此她才开始创作后来取名为《情人》的小说吗？要是了解她，就觉得非常可能。这部初稿的其余部分都很引人入胜：情节虚构与生活细节相结合，大多数文字素材都取自真实事件。“在我和莱奥交往有一年多后，他令人痛心地告诉我，他不能娶我，否则他父亲将剥夺他所有的继承权，他不希望有这门亲事，愿意付出任何代价。我母亲说应该‘告他’，因为这连累了我。可是，我母亲很善良，她还是允许莱奥与我来往。在两年时间里，他带着我，或我和我家人转遍了西贡的所有夜总会[85]。他开着他的莱昂－波莱牌轿车来接我，还带上我母亲和我的两个哥哥。”玛格丽特解释说她母亲原则性很强，特别尊重当地的风俗习惯，按照常理，一个未婚姑娘在任何时候外出都得由家人陪同。莱奥好像也很认同这一点，尽管他血气方刚，刚 20 岁出头，在两性交往中却总表现得彬彬有礼。莱奥说：“我爱你。”“他从不勉强我，他知道我还是一个处女。”他也有“对‘第一次’的原则，他不抚摸我的乳房，他只对我的腰身、头发和面颊感兴趣。”相处了好长一段时间之后，按照她自己的理解方式，她确信她“爱上了莱昂－波莱牌轿车里的莱奥”。他们享受过这种爱情吗？当玛格丽特吐露隐情时，大家能不能相信她所说的话呢？“我和他只睡过一次，是两年后在他苦苦地哀求下。”[86]两个偷食禁果的人缠绵在肖龙中国城的一间单身公寓里，就算后来将其“写进文学作品”中，也不至于使她母亲感到伤心。

无论做什么事情，玛格丽特都试图要做到有理有节，而她却做不到这一点。在出版《情人》一书时，她向埃尔维·勒·马松解释说：“在《抵挡太平洋的堤坝》一书中，我是向母亲表示敬意，她既没有能够看到，也没有能够读到。对于她来说，我在书中暴露她的失败，指责她的做法，她绝对不会明白，这同样是造成我痛苦一生的原因之一。在这本书里，有所不同，应该撒点谎。我的情人是一个中国人，即使在书中照实说，在我母亲生前，也是绝对不可以的。她女儿的情人是一个中国人，即使他再有钱，也等于是一种堕落行为，比她因堤坝毁坏造成的衰败更加严重，因为她的生活达到了如上苍恩赐的高度，因为她的种族属于白人血统。”一个中国的安南人算得了什么呢？可《情人》毕竟是一部爱情小说。她在创作这部小说时，她是否还记得她那位中学的同学呢？正如她自己所说，她对他也就只有一点好感。他是“一个当地医生的儿子，我和他很要好，他绝顶聪明，从读三年级开始，他的每一门功课都排在第一，我很欣赏他，还因为他从不和任何一个法国男孩子来往，他很自傲，任何时候都带着一种自豪感。比如，他一直拒绝坐在教室的第一排。大家说他是一个‘危险分子’。尽管他是最优秀的学生，但从来都没有得到教师理事会的嘉奖，老师们总是在他的成绩上‘做手脚’。我们在私下里见面，他不愿意让人看到他与一个法国女孩子在一起，我认为我们近似于在谈恋爱。在放暑假的前一天，也就是我要回法国之前的那个假期，在下了最后一节课后，我们在一个没有人的教室里见面，我们在相互分手时显得格外激动。他对我说：‘你是法国人，我是安南人，我说服不了自己去爱你。我将去河内读法律学士学位，因为我没有钱去法国上学。另外，我也不是很想去，我不喜欢法国人。’他认为法国与安南不可能搞好关系，他对此感到很失望”[87]。

其余部分都是在论及金钱问题，贯穿整个莱奥故事的叙述部分和《情人》的小说里。这一切没有什么可稀奇的，作者反复地描绘着自己家庭生活的悲惨状况，并与其求爱者的虚拟财富反复进行比较。除了前往西贡的花销有零有整之外，她总是巧妙地以接受礼物的形式为自己谋得一些实惠，或者要到固定的费用，不是后来发展到收到一颗钻石和一辆轿车的地步吗[88]？她从这里弄来50皮阿斯特，又从那里搞到50皮阿斯特，她的母亲都贪婪地将其据为己有，她大哥哥也趁机捞一点外快。“我的小宝贝，你不能再这样干了。”这一切都显得合乎情理，后来，在其他场合，玛格丽特也不失时机地自我炫耀过，她在这几年当中收到的钱越来越多。由此看来，劳儿·阿德莱所下的结论颇有道理，多纳迪厄夫人在鼓动她女儿卖身。虽然阿德莱没有使用这一词语，但所有论述都在暗示这一侮辱性结果，直至发展到男孩子的父亲在“获悉”他们回法国费用不足的事情后，愿意支付给她那笔数目可观的金钱为止，这样他们才能够“返回法国，重新开始生活”[89]。人们都容易轻信这是玛格丽特在1934年在类似“私人日记”的手册中所写的内容，而事实上，她并没有写过此类事情。同样，这也需要予以核实。“1931年夏天，玛丽和她的两个孩子乘坐‘贝尔纳丁·德·圣－皮埃尔号’客轮回到马赛。她母亲没有支付此次旅费，她作为公务员应该享受免费旅行，而最后是情人的父亲承担了全部费用。”[90]这一结论没有依据，纯属主观臆断，只有海外档案中心有关当事人的资料为我们澄清了这一事实。玛格丽特、保尔和玛丽·多纳迪厄是1931年动身回法国的，他们乘坐的是“贡比涅号”客轮，于冬季的2月27日从西贡出发。更重要的是旅行费用不是由第三者支付的，而是由地方财政承担[91]。我们将在后面的章节中作进一步的论述。

拜访沙沥

同许多玛格丽特·杜拉斯的读者一样，我也去拜访了沙沥，亲身感受了一下她曾经度过大部分青春时光的地方。1999年，我还乘坐了著名的“美食”渡船，穿越了从万象至沙沥的湄公河上游。在上游的河中央，一根巨大的混凝土立柱耸立在地平线上，我的向导向我解释说[92]：这里正在修建一条公路大桥。从前的摆渡船以后就不存在。我们刚抵达河的对岸，就出现了令人宽慰的场面，我们的汽车与西贡满载的长途车交错而过，像从前一样，汽车上挤满了乘客和装满了行李。在渡船上，我正好有时间拍摄了一张杜拉斯式的快照：照片上有一个蹲在摩托车之间不期而遇的乞讨者和一群穿着牛仔裤、戴着网球帽、手臂舒展的年轻人。

抵达沙沥后，我来到街上散步，寻找着殖民地时代的建筑遗迹，忽然将目标锁定在荣大夫的住宅上，他曾经安排过莱奥与玛格丽特的第一次约会，作此选择是因为这所住宅富丽堂皇，四周装饰着琉璃砖，房顶铺设着红瓦砾。随后，在一个戴着斗笠帽、热情活泼的越南女士的引导下，我乘坐木筏来到沙沥的另一岸，去参观这边的欧洲别墅区学校，这些房屋现在已经完全破旧不堪了。学校还在运转，校园修缮一新，绿色宽大的百叶窗，黄底白边的围墙，上面镶砌着琉璃彩砖。像过去的海水浴疗养场一样，在伸向河流的宽大平台的尽头，安装着一排四球体落地灯，我用目光寻觅着多纳迪厄夫人同法官女儿任小姐的学习小组一起拍照的地方。殖民地风格的教学大楼还矗立在原来的地方，摄影师漏拍了生锈的遮雨板，我非常幸运地参观了多纳迪厄夫人的旧办公室，这里刚进行过修缮，墙壁被刷成了亮白色，花园里栽满了鲜花树木，似乎在述说经受住了时间的变迁与事件的考验。我瞥了一眼挂在入口栅栏上“请暂时勿扰”的牌子，差点望而却步，但还是按响了门铃，过了一会儿，一位讲英语的修女接待了我和我的向导，她简单地叮咛几句后，就带我们到侧面的楼房见到了负责人。她亲切地向我们解释说，这间房子现在是一间贫困姑娘的反省之家，制做成衣对外销售，这样可以使这些一时落入红尘的“罪恶天使”重新获得生活权利和赢得尊重。毫无疑问，这间具有历史意义的房屋命运一定能够感动老校长的女儿。

为了结束这次旅行，就必然去看一看莱奥家的别墅。漂亮的住宅矗立在原地，“蓝色琉璃瓷砖”的宽大平台伸向河面，如果蓝色只存在于玛格丽特的想象中，那么蓝色已被白灰浆覆盖，与黄色的院墙交相辉映。现在，警察局取代了富有主人的位置，原主人的部分家人在好些年前就迁往加利福尼亚州。这里禁止拍照。从远处望去，至多也只能隐隐约约地看到入口大厅的一角。我们只好放弃参观计划，留到下次再来看。在离学校不远的佛塔里，一个身穿橘黄色大褂的僧人准时接见了我们这些来访者，给我们看了黄崔立这位情人的照片，僧人说他是一位很和气的先生，他法语讲得很好。我们还看了他的墓地，由他的侄儿照管，他侄儿也变成一个灰白头发的老人，并在越战中失去了一条腿。在他居住的周围，都是卖食品与饮料的商人，为稀少的游客提供着舒适的服务。我们这样是不是对“中国情人的来龙去脉”基本有所了解呢？莱奥的故事仍在继续。

玛格丽特·杜拉斯在中学《日记手册》中诚恳地说道：“大家一定会问我为什么写这些回忆日记呢？”“我们的家庭分散了，他们来到这里快13年了，除了我的小哥哥外，他一直和母亲生活在一起。快13年过去了，如果不把这些事情记下来，我会渐渐地忘记的。想到这里我就觉得可怕。”对玛格丽特来说，忘记过去是不可容忍的事情。她补充道：“如果我不能忠实自己，我能忠实于谁呢？[93]”是呀，她能忠实于谁呢？忠实于在白人城中长大的野姑娘吗？

注　释

1.《战争手册及其他文献》，P. O. L. – 现代出版档案馆，2006年10月。

2. 同上。

3. 同玛格丽特·杜拉斯手册中所有的文章一样，这一份报告也是认真撰写而成的，但是还存在着一些材料相互矛盾或是有意杜撰。

《战争手册及其他文献》。

4. 同上。

5.《情人》，12页。

这一事实确实可信。1930年底，保尔·多纳迪厄确实在西贡印度支那银行担任会计一职。与此同时，他还接受函授教育，准备参加职业检察官资格考试。1939年，他离开银行，就任此职务。

雅克和莫娜·奥佐夫在他们的《共和国时期的小学教师》一书中，引用了一个索恩－罗瓦尔地区小学教师答复他们的调查报告时写的证言："这一次，我下定决心要走出自己的平庸境地，我通过接受普及教育的方式，认真准备着职业检察官资格证考试，花费了3年时间，即从1911年至1914年。"

6. 《情人》，12页。

在1920年底，皮埃尔·多纳迪厄再次离开印度支那后，似乎一直在努力考取巴黎机电学校，但最终没有能够成功。

机电学校创建于1902年，1922年得到国家的认可。它位于戏院街、紫罗兰街和艾米尔－左拉街相交之处，主要培养国家公共教育承认的机械电力专业工程师。给学生提供3种模式的学习方式：全寄宿、半寄宿和走读。每年将招收的学生名单公布于官方报纸上，学生奖学金将由国家、巴黎市政府、工商协会和一些殖民地政府提供。（《大学生指南》，巴黎，1934年）

7. 《战争手册及其他文献》，P. O. L.－现代出版档案馆，2006年10月。

8. 《物质生活》。

9. 《情人》，同前，11页。

10. 《战争手册及其他文献》。

11. 《情人》，同前，11页。

12. 《战争手册及其他文献》。

13. 海外档案中心。

14. 《新亚洲》杂志特刊。海外档案中心。

15. 在第二帝国时期远征印度支那时，德·沙瑟卢－洛巴于1865年任海军部长。

"这所中学建于1874年，挂着当地学校的名字，实际上也是一所当地的教学机构，主要是快速培养安南的青年人，从事行政部门的秘书、文学创作和译员等工作，其中一小部分出类拔萃的人将被派往法国深造。从1891年起，在沙瑟卢－洛巴中学开始开办独立的法国学生班，培养欧洲籍学生。从此，以'欧洲区'和'本地区'的名义将学校一分为二，在随后的发展中，演变成统一领导、相互独立的两个完整的学校，直至1927—

1928 学年结束。佩德鲁斯－齐中学于 1928 年 9 月份正式创建，将‘本地区’的学生全部转入该校；沙瑟卢－洛巴中学保留原址和原名，完全在 1891 年创办的‘欧洲区’班级的基础上继续发展。”《印度支那教育》，1930 年。

创建沙瑟卢－洛巴中学的行政令签署于 1928 年 8 月 17 日。

16. 同上。

17. 同上。

18. 《战争手册及其他文献》，P. O. L. －现代出版档案馆，2006 年 10 月。

19. 海外档案中心，同前。

20. 《新亚洲》杂志特刊。

21. 1930 年的文件没有提及此事，后来的另一份文件显示到为了获得“同等学力”，这种给法国人和越南人颁发的高中会考证书与其他高中会考证书有所区别，“注明殖民地能力证书”，“只有得到国民教育部长的批准，才具有与国内证书同等效力。从 1937 年起，人民阵线政府上台，改变了这一名称，但是没有改变政策，要求巴黎科学院监督考试程序”。（海外档案中心）再做进一步的考证，根据玛格丽特·杜拉斯在沙瑟卢－洛巴中学的同窗罗歇·蒙拉郁克所说：“为了避免徇私舞弊，须将所有试卷寄往巴黎批改，以至于考生需要等候足足一个月的时间才能知道考试结果。”当然，“同等学力认可与否”的决定是由其他规定所决定的。

22. 罗歇·蒙拉郁克肯定了他于 20 世纪 30 年代在此学习过德语。

23. 由于搬迁档案资料，无法查询西贡沙瑟卢－洛巴中学的学生登记册，我不能确切地阐明这一事实，但是我排列的详细入学时间表不会有任何疑问。玛格丽特·杜拉斯在她的手册中提到她读过三年级、二年级、一年级，而没有读过四年级。

24. 《战争手册及其他文献》，同前。

据罗歇·蒙拉郁克讲，在沙瑟卢－洛巴中学，曾有两个法国女教师承担着英语的教学任务。他还记得她们曾经教他读过莎士比亚和狄更斯的作品。

25. 2000 年 12 月 9 日，与罗歇·蒙拉郁克在图卢兹的谈话。

26. 海外档案中心。

27. 《战争手册及其他文献》，同前。

28. 同上。记得这段话应该写于 1943—1944 年。

在这一点上，我询问过许多证人，他们都记得十分清楚，在欧洲学生和越南学生之间，确实存在着争强好胜的心理。其中一个证人说道："安南学生在数学、化学和自然科学的学习方面很突出。哲学课成绩第一名也是一个安南人。"大家相处得十分融洽，男生宿舍混合在一起，"大家只在课间休息聊天"。相反，课外大家从不互相来往。不论是欧洲人，还是越南人都没有这种习惯。大家从不谈论政治，"学校也没有开设政治课"。

29. 根据奥利维埃·托德撰写的有关阿尔贝·加缪的自传，这似乎是加缪的看法，他曾经在二战前申请赴西贡工作。

30. 这是沙瑟卢－洛巴中学的学生在我面前回忆 20 世纪 30 年代时所引用的作者。

31.《战争手册及其他文献》，同前。

32. 不幸的是玛格丽特·杜拉斯没有保留她的中学作业本。

33.《战争手册及其他文献》，同前。

34.《情人》，31 页。"我母亲还说我在学校学习很认真。"88 页。

在 1992 年的一次电视采访中，皮埃尔·杜马耶问她在中学的学习情况时，步入晚年的玛格丽特·杜拉斯回答道："我是一个非常好的学生，很守纪律，很传统，普普通通，但学习成绩不错。我是一个听话的学生，遵守校规，不用刻苦学习，有着学习的天赋。"（E. P. F. L. 工作室整理《电视访谈录》的谈话文稿，巴黎，1999 年）

35. 劳儿·阿德莱，同前，77 页。

36. 2000 年 2 月 15 日，与罗歇·蒙拉郁克及他妹妹的谈话。

37. 1999 年 9 月 4 日，与斯托思夫人即雅尼娜·罗德尔的电话交谈。

38. 2000 年 2 月 15 日，与 F 夫人的交谈。

西贡体育中心及运动场、酒吧、娱乐室等均位于中学的对面，在沙瑟卢－洛巴街的另一面，处于莫里斯－朗公园里，其旁边就是总督府。游泳池建于 1933 年，就是玛格丽特·杜拉斯在西贡生活的最后一年。在这个城市，还有另外几处游泳池，其中之一是绿洲游泳池，经常在这里举行水球比赛。

1930 年的一份官方宣传册是这样赞扬沙瑟卢－洛巴中学的游泳设施："为了十分重视热带地区中学里的体育教育，必要的设施就是要有一个整修完整的运动场。这个中学运动场有着优越的地理位置，就位于学校的旁边，同时也处于大多数欧洲人居住的西贡街区的中心，既方便了走读生，也方便了住校生，他们都可以利用早上或晚上短暂的时间从事体育活动。"（海外档案中心）

39. 2000 年 12 月 9 日，与罗歇·蒙拉郁克的谈话。

40.《林中的日日夜夜》小说集中的第一篇短篇小说，伽利玛出版社，1954年。《巨蟒》于1947年单独发表在让-保尔·萨特主编的《时代》杂志上。

玛格丽特·杜拉斯在她的回忆录手册中将C夫人的公寓称作巴尔贝寄宿公寓。

41.《战争手册及其他文献》，同前。

42. 这所学校位于勒格朗·德·拉里拉伊街，距离沙瑟卢-洛巴中学不远。

"法国女子高等初级学校位于高原上，这里是西贡地势最高、最整洁和最清静的街区，也是别墅林立、树荫茂密的住宅区中心。从高出五六米的地势上，可以俯览低处的街景和码头商业区。"（官方手册，海外档案中心）

43.《情人》，同前，86~88页。

埃莱娜·拉格奈尔是《情人》一书中的人物：

"埃莱娜·拉格奈尔来自大叻高原的上端。他父亲是邮局职员。不久前，她在学期中间来到了这里，她害怕，紧贴在您的身旁，默默无语，经常抽泣。她的面颊带着山区的红润光泽，在这里一眼就能认出她，因为这里的孩子都有一副血色素低的青白脸色。埃莱娜·拉格奈尔没有上中学，她只在寄宿学校学习小学课程。埃莱娜·拉格奈尔不知道她自己有多漂亮，她父母也不知道把她怎么办，只想着把她以后嫁人了事。她是否遂其母亲所愿呢？我也不知道埃莱娜·拉格奈尔会变成什么样子，是否已经不在人世了。她是第一个离开寄宿学校的，在我回法国之前就走了。她回到了大叻高原，大概是她母亲让她回去的，我记得是为了她嫁人，希望她能遇见一个从本土准备来这里工作的人。也可能我记错了。"（《情人》，同前，93页）

玛格丽特·杜拉斯在1984年撰写小说时，她确实没有搞错这一细节，那就是埃莱娜·拉格奈尔的父亲曾是大叻一所中学的校长，可是，玛格丽特也只能同邮局职员的女儿来往，不是吗？

我从热纳维耶芙·桑斯那里得知的这一情况，她和埃莱娜很熟悉，她描述她漂亮，棕色头发，很有活力，有点任性，"属于讨男孩子喜欢的那类女孩"。当她们在大叻相识的时候，她只有15岁，热纳维耶芙·桑斯"喜欢并欣赏这个女孩子，她从里到外都散发着一种令人敬畏与渴望的热情"。她说她父母不知道怎么养活她，希望她尽可能早点嫁人。（2002年12月10日，与热纳维耶芙·桑斯的谈话）

在小说《情人》发表后，玛格丽特·杜拉斯收到好几封有关原公寓朋友情况的书信。从这些信中，她得知埃莱娜·拉格奈尔在1932年3月30日嫁给一名财务部门的公务员，并于1934年11月23日因患肺结核病故，尽管有一名当地著名专家在给她医治，在“勇敢地承受”数月病痛的折磨之后，她最终咽了气，死在自己家乡波城的疗养院里。（让·马斯科罗档案馆）

44. 隶属教育部门的教师子女在入学注册时予以免费。

45.《战争手册及其他文献》，同前。

46. 同上。

47. 阿杜是多纳迪厄夫人雇用的安南人管家。

48.《情人》，同前，32页。

49. 根据劳儿·阿德莱寻找到的一名玛格丽特·杜拉斯的同窗讲，“高莱特”大概就是高莱特·杜格米埃。

50. 在市政府通报上规定了游泳池对女生开放的专门时间。（河内越南国家档案馆）

51. “卡蒂纳街是这座城市的主要干道。从教堂出发往下走，途中可以停留在西班牙街拐角处的佛塔蛋糕店里，或步入位于卡蒂纳正街上的波塔伊大书店里，再往前走就是大陆酒店。街上还有一些卖丝绸与首饰的印度商店，一家经营漂亮围裙和家庭装饰用品的豪华服饰店，以及夏尔奈大型商店、西贡拉法耶特商场等。”（与F夫人和他弟弟的谈话）

52. 伊甸影院位于卡蒂纳街，在有声电影问世后，于20世纪30年代整修一新。放映大厅与街沿相比向内缩进许多，入门大厅内布满商铺，经营时装与首饰，有著名的瓦利什首饰店。

今天，从对面的大陆酒店，可以望见电影院的褐色水泥大型招牌，这是辉煌时期的见证物。1999年1月，我在房间的阳台上给它拍了一张照片，显示大厅内涌满了小商贩，挤得人山人海，既辉煌又衰落！放映厅里的座椅坑坑洼洼，这里专门放映色情影片。

53.《卡萨诺娃》是由亚历山大·沃尔科夫执导的哑剧影片，伊万·莫斯儒齐内扮演男主角。1928年由法国拍摄，在商业上获得了巨大的成功。

在第二次大战期间，斯托思夫人在西贡经历了日本人的占领时期。据她说，这里还能看到法国电影，但是拷贝十分糟糕。在一部反映伊沃吉马战役的片段中，克里斯·马尔科表现了两个日本军官在美国军队逼近时剖腹自杀的场面。在谈到对占领时期的回忆时，她想起她1941年在西贡看过《美丽的蓝色多瑙河》这部电影。

54.《战争手册及其他文献》，同前。

55. 同上。

56. 同上。

57. 同上。

58. 这是殖民地政府的举措。同盐与酒一样，垄断的鸦片进口、加工和销售成为行政机关间接税收的主要来源。在西贡，有一个大型的鸦片加工厂。政府不时地出台新法令，确定鸦片的销售价格，以及合法的供货渠道：主要销往中国、老挝和印度。比如1928年6月19日颁布的新法令允许海关和税收行政部门在印度支那销售鸦片，在此按90%的印度（贝纳雷斯地区）鸦片和10%本地鸦片加工成混合鸦片产品。1930年4月30日的新法令规定由税收部门确定批发商和零售商的鸦片销售价格。（海外档案中心）走私活动十分猖獗，同“对待妇女和孩子问题一样”，对“鸦片问题”和“其他有害毒品”贩卖问题的谴责成为本地报纸社会新闻栏目的核心主题，行政部门每年都得就此问题起草一份年度报告。直到1953年1月，为了将“取缔越南鸦片活动”付诸实施，法国准备在这一年的6月份同其他17个国家一起签署由联合国制定的《有关鸦片协议书》。有关年度税收亏损的报告显示损失额度达1亿法郎。

59.《战争手册及其他文献》，同前。

60. 同上。

61. 在1930年，这就等同于法国正式大学教师的工资。

62.《战争手册及其他文献》，同前。

63. 同上。

64. 1933年5月11日的《南部殖民地》（海外档案中心）。

在1930年的报纸上，有许多关于印度高利贷者借贷体制的文章，这并不是一种有规则的体制，由于其胡作非为，时常成为批评文章的主题。从1925年起，亚历山大·瓦雷内总督赴任后，开始打击印度支那的高利贷者，直至1937年，其继任者朱勒·布雷维埃才最终使得所有以私人名义发放的贷款受到国家金库管理人员的监督。

1934年9月6日颁布了一条法令，成立了“印度支那地产贷款组织”。尽管如此，1938年4月22日发表的《殖民地信函》一文的作者还是这样写道：“有关土地贷款一事，还有待改善。农业互惠贷款公司属于行政部门的一个机构，主要为大型产业主服务，很少考虑到中型或小型产业主的利益。”这份报纸在第二年的4月8日又发表一篇题为《将印度支那从高利贷手中解救出来需要付出的努力》的文章。

印度高利贷并非是唯一靠这一行业吃饭的的人，中国人也占据着重要的地位。特别是在1933—1935年，他们曾多次遭受到被驱逐出境的危险，但每一次，他们都能在当地报业界找到保护者。正因为如此，在1935年，J. 阿尔芒在《共和国》杂志上发表文章称："在当地群众身边从事银行业，要会见机行事，看风使舵，就毫不费力，可是这种职业既危险又可能徒劳无益。印度高利贷者遵循长期养成的惩罚规定，巧妙地结清借贷款项，可他们都过着俭朴的生活，与他们打交道的借贷人都对此不敢恭维。来印度支那主持借贷行的印度高利贷者都必须将家庭和财产留在印度的塞迪纳德，来这里过着隐居清贫的日子，三年后，在与接替者工作将账目交接清楚后，才能回家算账领酬劳，这种严密的管理方式体现了他们的聪明智慧。但不能说这种智慧就能够使他们待人宽厚。遵循当地借贷人的生存方式，印度高利贷者使他们成为了亚洲放贷人的榜样。"作者还用下面这段话作为结束语："应该鄙视脱离现实的高谈阔论，特别是在远东地区，更不应该把西方文明的思维模式试图强加与人。"1935年9月5日发表于《共和国》杂志。

65. 波勒·达蒂格纳夫，《回忆录》，私人档案。

66. 《战争手册及其他文献》，同前。

67. 让·马斯科罗档案馆。

68. 《情人》，同前，28～29页。

69. 《战争手册及其他文献》，同前。

70. 1933年7月，玛丽·勒格朗－多纳迪厄的表哥兰波维尔大夫逝世，他曾经在1914年至1918年的大战中给她治过病。讣告中列举有一长串的亲属和好友名单，其中有死者的妻子、数名荣誉奖章获得者、1名登记局监察官、几位医生、1个法庭庭长、1名上校、1名将军等。（保尔·兰波维尔－尼克尔档案资料）

71. "我母亲曾有……"《外面的世界Ⅱ》，P. O. L. 出版社，1993年。

72. 沙沥学校与"本地"女子教育组织：

沙沥女子学校的创建始于1902年。根据1903年3月16日起草的印度支那学校视察报告所讲，"在1901年殖民地理事会会议上，安南参议员要求创建本地女子世俗学校，其原因是夏尔特的圣保尔修女即波尔斯厄天意修女们也参与到交趾支那和柬埔寨地区的公共教育事业中，只让她们用拉丁化越南语阅读基督教教义，他们抱怨这是在抹煞个人的信仰自由，受害者首当其冲的是信仰佛教和儒教的学生们。殖民地理事会表决通过了安南代表们的提议，总督次长先生承诺在个别城市先试运行。”

第二年，这一承诺兑现了。在高松、拉吉亚和沙沥先创办了第一批“本地女子学校”。“其结果是像米托、坎托、龙旭延、永隆等省份也立刻提出成立类似学校的请求”。（同前）根据这份报告内容，从 1902 年起，在整个印度支那的女子学校中，有 560 名学生，其中沙沥学校就有 110 名学生。在这些学校里，用拉丁化越南语实施教学，教学内容有阅读、书法、算术、拼写法、段落写作、道德、卫生、家庭财务等。手工制作也占据着重要位置：缝纫、熨烫、安南烹饪、简单的法国烹饪、家庭护理、园艺等。这份报告评价道：“大家一目了然，教学目的切合实际，教学结果实用，女生智力水平不断提高，从道义上讲不丧失其任何权益。对整洁、干净和卫生的热爱在工作兴趣中得到了充分的发挥。”因此，丰泰纳先生讲道：“这都是共和国的骑士。”（海外档案中心）

在随后的年代里，除省会城市外，主要在镇里开办小学教育和在乡里开办学前教育。在这两个级别的教学中，学生人数达到了空前未有的高度，“本地教师”都用本地语在这些学校里承担教学任务，从初中考前班才开始学习法语。在前面已引用的《新亚洲》杂志上，有一篇关于当地教育主导思路的简述文章讲道：“总体思想就是以学校教育为中心，其中心任务就是选拔人才或晋级教育。以金字塔模式为基础，在基础阶段实行简单和普及教育，在高一级别的初级补充教育阶段，选拔出第一批优秀学生，备考初等教育文凭，也就是初级应用教育证书。其初等教学计划与法国初等教育基本吻合，教学语言为法语。主要课程有法语、本地语、本国历史与地理、法国历史与地理、算术、初等几何、物理学基础、卫生、绘画、农作物等。汉字学习列为选修课。”

直至 1927 年，像万象、沙沥等学校的现行初等教育学习期限为 3 年，包括初等课程、中等课程和高级课程。当玛格丽特·杜拉斯的母亲于 1928 年接任沙沥学校校长一职时，省会城市学校的学习周期已升至 4 年，她任校长并兼授课程的女子学校主要是培养学生备考初等教育文凭。对所有学生来说，这将是他们学习的美满结局。在 1937 年，整个印度支那参加考试的人数达到了 1.8288 万名学生，其中只有 7822 名获得该文凭。在这一年里，女生人数仅占整个接受初等教育现有学生人数的 16%。

73. 海外档案中心。

74. 同上。

75. 与保尔·兰波维尔－尼克尔的交谈。

76. 《外面的世界》，同前。

77.《战争手册及其他文献》，同前。

在沙沥的越南女孩子中，玛格丽特·杜拉斯也有自己的朋友。她身着当地传统服装与其中一个女孩子照过一张照片，她是任小姐，和平组织法官哈先生的女儿。殖民地姑娘身着当地传统服装照相十分流行。“那时候，我有16岁，家住湄公河边上的沙沥市，身穿蓝色连衣裙。(《玛格丽特·杜拉斯的领地》)”在1984年，《情人》一书发表后，这位移民到塞纳－奥伊兹的青年好友在电视上看到了玛格丽特·杜拉斯，然后鼓起勇气，提笔给她写了一封信，回忆了在“沙沥桥边照相馆拍摄”的这张照片。“尽管我们分别了五十多年，我一眼就认出了你，你的轮廓很像你母亲，我很高兴得到了你的消息，能时而不时地看看我记忆犹新的沙沥好友玛格丽特·多纳迪厄真令我欣慰。”（让·马斯科罗档案馆）我没有能够见到任小姐，她现在是罗克夫人，我也不知道玛格丽特·杜拉斯在其辉煌的生涯中是否给她写过回信。

78.《战争手册及其他文献》，同前。

79.《情人》，同前，16～17页，30页。

80. 2006年1月6日，与保尔·奥查克维斯基－罗兰斯的交谈。《痛苦》，P. O. L. 出版社，1985年。

81.《战争手册及其他文献》，同前。

82. 惠鹏浩在西贡勃雷斯沼泽地排水工程中发了财。“清污工程是城市发展的主要项目，工程地点在城市地势较低的商业区和彭盖河旁边，非常值得在此修建一条公路：即后来的加里耶尼大道。整个工程用时30年，回填和安装下水道工程始于1911年，于1917年竣工，保证了所有土地拥有者的巨大增值效益，其中大部分人是免费获取这些土地的。这里就成了有钱人掀起‘大炒房地产’的必争之地，首先是伊斯梅尔，数年后是惠鹏浩。前者属于印度高利贷者组织内成员，在中心市场周围建造了好几排单间商店用房；而后者除了建造有特色的三星级宾馆外，再将库尼亚克广场至中国河的大部分土地分片售出。”（《西贡1689—1998》，建筑与城市规划分册）

其中惠鹏浩的一家特色三星级宾馆被修缮一新，变成了胡志明市美术博物馆。点缀台阶的大型立柱镶嵌的是蓝色瓷砖，与中国情人家的瓷砖颜色完全一致。

83.《战争手册及其他文献》，同前。

84. 我一直都没有找到“瀑布场”，即玛格丽特·杜拉斯回忆到的游泳池、舞厅、餐厅。在肖龙中国城，直到上世纪50年代还存在一个著名类似的场所，名称“彩虹”，这里有游泳池和人造瀑布，她大概是受此启发想象出来的。

85.《战争手册及其他文献》，同前。

86. 同上。

87. 同上。

88. 在这一点上，我曾问过马科斯·贝尔吉耶是否知道玛格丽特·杜拉斯在西贡有一辆属于她自己的轿车，他的回答是否定的，而他清楚地记得保尔和她母亲的汽车型号。

89.《玛格丽特·杜拉斯》，同前，103 页。

90. 同上，104 页。

91. 海外档案中心，E. E. 第二卷，第 2450 号。

92. 这座桥是由澳大利亚一家公司修建于 2001 年，远处的另外一座桥是由日本人建造的，于 2007 年通车。

93.《战争手册及其他文献》，同前。

第十三章

维克多-雨果街16号

上帝啊，让我们相信您会赐福给我们温情与爱情。

——玛格丽特·多纳迪厄[1]

一切都为时已晚，我的生活就这么过去了。我18岁，都已经显得老态龙钟了。

——玛格丽特·杜拉斯[2]

1931年1月初，一学年刚进行了一半，沙沥女子学校的校长突然向教育署申请1年的行政假期，当时，她女儿正在西贡国立中学读高中最后一年，正常情况下要在这年的7月份参加法国高中会考，她应该推迟考虑这件事情。但并非玛丽·多纳迪厄想“回法国，过另外一种生活”，而是“鉴于她儿子在都市里严重的健康状况”[3]，这才是最主要的原因。由于皮埃尔长期游手好闲和沉溺于城里烟馆吸食鸦片的事情败露，他母亲早在1929年就不顾一切地将其送回巴黎，希望他重新上学，将来有一天能考取机电学校，但这些努力全化为泡影。按照他妹妹的说法，她总是强调母亲对大哥哥过于溺爱，以及莫名其妙的过分迁就，这次的回国决定就是她母亲的报应：“母亲沉默不语，声音低沉地说道，她昨天晚上给西贡方面写信，请求再将她儿子送回法国。儿子立刻站起来，她却深深地叹了一口气，既表示解脱又显示出痛苦不堪。这是真的吗？对，这是真的。母亲讲道：‘这一次，对，就是前天，他在烟馆里偷烟抽，我最后一次垫付了欠款。然后，我就给遣返署写信，我这次连夜把信发了出去。’”我们应该关注玛格丽特在晚年即1990年最后一次毫无保留地构思其中国情人故事时接着这封信上所写的内容[4]，读起来会觉得有种虚构离奇的成分，而在一些细节上不乏真实的情景。玛格丽特将满17岁，还是孩子的她十分清楚这次旅行将由行政部门支付费用，因为哥哥还未成年，一切费用都由母亲承担。“可是，即便如此，钱还是远远不够用”，她不停地抱怨，就向她的情人要些钱，她很熟练地说服对方：“应该多给他点，在轮船上还有不少的花销，这样才能旅行得舒服点。他只有冬天的衣服，还要交寄宿费、机电学校报名费、课程费等。”[5] 这位富裕的老太婆在写这段文字时，却是本着实事求是的精神。“这就是物质生活”，她非常清楚这一点。

据她所讲，告别时刻令人悲痛欲绝：“他们来到客船外围的栅栏前，码头上停靠着一艘即将起航的轮船，是一艘3层的大型客轮。在栅栏前，只有母亲和她的大儿子，就是即将离开此地的皮埃尔。一等和二等舱的旋梯前涌满了印度人，他们都将在科伦坡上岸。大儿子独自一个人在下旋梯上走着，他是从头等舱的旋梯上下来的，走到了母亲身边。母亲假装没有看到他，他尽力在笑，好像一种装模作样的苦笑。他没有去看自己的妹妹和弟弟，只是拿眼睛望着这位备感羞耻的女人——他的母亲，他立刻就哭了。这是第一次与她分开，那时他已有19岁了。”作者忘记了1924年的那次分别，我们深知此情节纯属虚构，那有什么关系呢？“皮埃尔和他的弟弟抱在一起失声痛哭，紧紧地拥抱着，充满再不会一起相聚的失落感。母亲转向客轮方向，看不见她的面部表情，她又转回身，默默地抽泣，哭声低沉，显得精疲力竭，心灰意冷。”[6] “抵达交趾支那一个月后”就幻想将“成为殖民地最帅男人”[7] 的少年一幕就这样一去不复返了。

她能醒悟吗？

既是对公务员生涯的讽刺，又表示出严肃法令的威严，玛格丽特·杜拉斯的母亲是否还能回来，她无权决定这一切，这将由行政部门说了算，事实如此，只有行政部门才有决定权。根据西贡与河内互通文件信息来看，是否允许多纳迪厄夫人返回印度支那的问题确实存在，她于离开后的4月18日即满54岁，还处在被许可的年龄内。自1876年以来，小学教师的退休年龄规定为55岁，并附带一年的假期。沙沥女子学校的校长马上就要超过这一年龄[8]，玛丽·多纳迪厄非常清楚这一决定命运的规定。可是，她儿子需要她的照顾，她也很急于返回自己的家乡，于1月2日冒着风险寄出这封申请信。2月初，她还没有接到任何答复，她得退掉沙沥的房屋、撤出家具、把波罗诺租让地交付给一个值得信赖的仆人照管、卖掉汽车等。她大概开始变得疯疯癫癫，谩骂行政职能部门。而此时西贡当地教育局给北部的河内教育总署发了一封加急电报，而河内的职能主管是塔拉马署长，就是他在当事人评语通报上写下“幸亏她就要退休了”这段话。第一封电报发于2月12日，石沉大海；第二封电报内容为“多纳迪厄夫人希望返回，是否允其启程，盼复”，发于20日。在沉寂了一两天之后，答复终于23日抵达西贡：“允许多纳迪厄夫人返回。”[9] 太好了，不用说允许其返回的决定大概早已作出。允许其返回的决定来自最高当局，当时是巴斯基耶总督，在他休假期间，则由其办公室主任勒内·罗班代理。这项决定对玛格丽特·杜拉斯的母亲以及家人的未来计划至关重要。

1931年2月24日，交趾支那克罗泰梅尔政府签署了一项法令送抵沙沥，使她结束了最后几周忐忑不安的心情：“同意吉伦特地区波尔多市的多纳迪厄夫人享受12个月的全额带薪行政休假（即殖民地薪水标准[10]），自现法令签署之日起，上述教师可乘坐从西贡码头离港的船舶头等舱，所需费用均由交趾支那政府承担。”确切地说，多纳迪厄夫人“可以与两个孩子同行，他们分别出生于1911年12月23日和1914年4月4日”。此法令还于当日同时送抵财务总监[11]。如果莱奥的父亲也给了一些钱的话，那都是为了在旅行中应付一些额外的花销。

2月27日，玛格丽特、她母亲和保罗一起登上了“贡比涅号”客轮，这条客轮专跑印度支那航线，来自海防与图雷纳方向，开往新加坡、马德拉斯、本地治里、科伦坡、亚丁湾、吉布提、苏伊士和塞德港，最后抵达法国本土马赛港。自1924年起，他们再没有回过这里。根据玛格丽特衣柜的使用状况及她已满19岁的哥哥所言，匆忙的启程并没有影响她的梳妆打扮。在一张拍摄于塞德港的纪念照片上，背景是有异国情调的公共花园，大家可以看到，玛丽·多纳迪厄的女儿身着20世纪30年代流行的服饰，紧身半截丝裙，针织紧身内衣，胸前挽有大花结；脚穿高跟鞋，头上斜戴着一顶白色贝雷帽，腋下夹着手提包；妆饰细腻、发式整洁，乖巧地坐在水池边沿上；身体笔挺、双腿交叉，俨然一副上流社会女士的模样。在另一张照片上，玛格丽特与她哥哥站在一个长凳后面，前面坐着他们的母亲，被一个从镜头前面穿过的白衣女士遮挡住；在长凳的另一端，站着一个身穿带风帽长袍的男士，手里拿着当地的一幅彩色画。她哥哥已经长成一个帅气的小伙子，身穿合体的浅色西服套装，头戴一顶毡帽[12]，多纳迪厄夫人应该为有这样的孩子感到高兴才对。

在简述玛格丽特及家人下船之前，有必要简要地回顾一下带我们进入印度文学故事中的一个细节，她在17岁时认识了加尔各答城，这一点是从《印度之歌》的作者于1973年在与格扎维埃尔·戈蒂埃交谈中获得证实的，显然这个故事发生在1931年旅行的中途停港中，她在那里停留了一整天，发现了令人难忘的景象[13]。然而，不仅印度支那航线的轮船不经过加尔各答城，而且中国航线的轮船也不在这里靠岸，能让他们改变航线并进入孟加拉湾纵深处的任何交通工具均需要好几天的额外旅行时间。经过对玛格丽特·杜拉斯整个行程的起止日期的核查，她中途参与异地旅游几乎没有任何可能性。还是在这次谈话中，作者并没有就《副领事》的发生地向对方提问题："我应该提前予以说明，地理是不确定的，完全地飘忽不定。我可以自制一个印度，或像从前在殖民地时代所说的印度联盟。"[14]我们更容易贴近现实与文学创作的交汇地，像玛格丽特这样的作者在起草《副领事》一书的初稿时，为了强化创作的技巧："我应该创造一种空间，完完全全的人为空间，一种气候，一些偶遇的女士，用于追溯生活中酸甜苦辣的素材。这种现实环境距此遥远：如将其移植在印度的某一个城市。我不了解这个城市，只知道它的存在。我来到威尼斯，就想到了'加尔各答，它代表着神化的数字意义'"[15]。

杜拉斯家乡的速游

3月30日，多纳迪厄夫人在马赛殖民事务局的登陆表格上签下了自己的名字，这样就可以领取她在都会城市逗留期间的剩余薪水。接下来就是提取行李，再将其仔细地登记发运[16]，刚回国的新人此时又坐在开往波尔多的轮船上，为什么要去波尔多呢？皮埃尔·多纳迪厄需要在此住院治疗吗？他同父异母的哥哥会来照顾他吗？难道他的病情迫使她母亲在学期中间告假陪他吗？因缺乏资料和证人，这一切都无从考证。玛丽·多纳迪厄曾记得在这一地区还有一套住宅，可她在休假通信地址上写的是住在索姆的一个弟弟家的住址，为什么不写住在贝图纳的母亲家住址呢？这大概是因为玛丽·多纳迪厄很清楚，他们在这里住不长久，这可能就是他们匆匆启程的真正原因吧。在法国，有件事情需要她亲自到现场处理，罗歇·多纳迪厄和他的侄儿们都十分清楚这件事情的来龙去脉。

亨利·多纳迪厄的遗孀在1924年返回金边时，自以为是庄园的继承人，曾被认为是"唯一和最终的房屋主人"。但是，死者的继承程序并没有因此而终结。1928年2月6日，正当多纳迪厄夫人在永隆教书并准备在波罗诺租让地上种植农作物时，杜拉斯公证员贝尔奈农场主提出了"驳回亨利·多纳迪厄夫妇公有财产的继承申诉"。马尔芒民事法庭于1923年10月24日作出"申诉有效"的判决。自上次她和孩子们在国内收到这次判决书后，已经过去了四年多时间。实际上，是在1929年7月2日才对杜拉斯公证员的申诉作出了最后判决，玛格丽特的母亲当时还在沙沥。1930 年 4 月 8 日，洛特－加龙省的民事法庭又作出另一项判决，这次她已经到了亚丁湾。法庭接受了申诉请求，并“声明将作出最后的财产归属判决”。事情至此还进展得十分顺利，为了予以证实，多纳迪厄遗孀在 5 月份从交趾支那表示希望在下一年度的 5 月份能对“财产继承人作出最后的规定”[17]。然而，一遍遍地进行最终申诉，可是作出继承人最终的裁定日期却遥遥无期。

1931 年 4 月初，在杜拉斯家乡的山丘上，繁茂的李树挂满了白色花蕊，周围到处是鲜嫩的绿草，田野里鲜花盛开，多纳迪厄夫人突然出现在帕尔达朗城，陪她而至的有她的儿子，一个蓝眼睛、黝黑皮肤和褐色头发的大小伙子，还有她那苗条优雅的漂亮女儿。帕尔达朗和阿尔芒－杜－德罗的人几乎认不出这个曾在德罗海边穿着木靴跳跃、与小朋友伊维特在父辈果园里一起摘水果的小姑娘，她正是那个小姑娘。而她的母亲，已经上了年纪，身体发福，可那副专制的模样一眼就能辨认出来。他们第一次参加了乡村老教堂举办的周日弥撒，一下子打消了大家的最后疑虑[18]。然而，自他们离开后，主人的房屋一直锁着，家具也都搬走了，没有一点要款待他们的样子。另外，门上好像还贴了封条，大概是由于继承一方质疑继承权所造成的吧。从殖民地回来后，房屋的主人不得不求宿于邻居布斯凯夫人一家，她、她的丈夫和一个独子住在这里，是一栋漂亮的别墅，周围有一个竖着普拉提耶石柱的水塘式花园。

小说家玛格丽特对此事件记忆犹新，大家不久之后就读到她将此事写进《厚颜无耻的人》一书中，助人为乐的左邻右舍也被卷入这场迟迟得不到裁决的官司中，但他们都非常荣幸地成为了终成大器的作家笔下的人物。“塔内朗一家无家可归，他们的房屋荒废了十年之久，已经无法居住了。屋顶漏水，房屋地板上长满了杂草，仅有酒库和李子烘干室完好无损，因为这是房主与佃户们共用的场所。还有花园没有因荒废而变得杂乱无章，这里也就成为塔内朗夫人认为最美好的地方之一。大部分家具都运抵巴黎，实际上这里的房屋已经无法居住了。”[19]住宅大致就是这个样子，还是介绍一下左邻右舍吧。多纳迪厄夫人是乘坐出租车回到家乡的，“抵达的那天，天气阴沉沉，得找一个临时住所，没有事先考虑到这一点：塔内朗一家不得不投靠佩克雷斯。佩克雷斯一家是距离于德朗最近的邻居”。至此，一切还都是老样子。可是，庄园主家的“莫德”姑娘却不知道如何在客人面前表现出与其家庭相符的应有礼节。应该让孩子们知道他们自己的家庭背景：“他们的曾祖父曾经是庄园的佃户，购买了分成制租田，其中的地主之一要求分割租田。现在，在旧分成制租田旁，连接着一个漂亮的庄主住宅和一个大花园。佩克雷斯一家变成了富裕的农民，他们的野心也就自然开始膨胀。”[20]以至于佩克雷斯夫人早就看上了莫德小姐作为其独生子的媳妇，盘算着她能为普拉提耶庄园，对不起，是为于德朗庄园带来丰厚的财富。大家不仅会问她是否真正了解塔内朗/多纳迪厄夫人的品性，而做着这种无忧无虑的美梦呢?

按照帕尔达朗前任镇长德拉热先生的说法，布斯凯是当地常见的姓氏，是镇上非常古老的家族，祖辈上曾有一人在旧体制时期就任堂区财产管理委员一职。玛格丽特·杜拉斯对家谱琐事毫无兴趣，尽管姓氏会给佩克雷斯的女子带来名望，也只不过暂时被认为是“地区上最美满的姻缘，不仅会给她带来丰厚的家产，还能给她提供舒适的生活条件”。但是，多纳迪厄小姐从来没有想过会回到洛特-加龙省寻找自己的迷人王子。也并不像第一次回归故里见过她的人所认为的那样，她变得自负和高傲。她有着自己的打算，比方说完成学业，她得到巴黎去拼搏。她非常清楚要善待母亲的佃户一家。她殷勤地与他们家的女儿昂里埃特一起外出，她们年龄相仿，她以前借用过她的自行车[21]。玛格丽特和昂里埃特一起去跳舞，一起去阿尔芒-杜-德罗镇看电影。在杜拉斯镇就有一家电影院，设在以前公爵城堡的客厅里，可以走着去，而阿尔芒电影院离此地很近。为了答谢这家热情好客的佃户，她在创作的第一部小说中还将他们写进了故事里，取名为“德迪”一家，有父亲、母亲和女儿。在书中，按照乡村的惯例，莫德应称特雷尼夫人为拉德迪。可是，当她开口说话时，则称呼她德迪夫人。她反而称呼她“莫德小姐”；对她母亲说话时，则称作夫人。“莫德小姐，你要吃点什么吗?”“我想夫人昨天晚上找你来着。”“现在，夫人好像魂不守舍。”[22]

事实的确如此，夫人好像魂不守舍，因为她将不得不把普拉提耶庄园卖掉：一方面是因为收入微薄，必要的修缮加之每年的税费是一笔沉重的支出；另一方面是因为想要尽快结束法律程序，还存在着许多困难，我认为出具许多必要的证明材料是关键的因素所在。实际上，在1931年5月10日最终决定转卖庄园期间，“为了符合法律程序，卖方声明将在杜拉斯镇公证员贝尔奈的协助下进行最终裁决，在她与亨利·多纳迪厄之间，明确债权人的合法公有财产，以及后者继承权的问题”[23]。转卖一项一项地进行着，并由阿尔芒-杜-德罗镇公证员蓬巴特先生一一进行公证，买家名叫泰奥菲尔·福尔森，是下沙朗特地区泰拉克镇的农业产业主，与他的妻子梅丽·特里奥。成交价格为8.5万法郎，“不包含租养和自养的牲畜"，"房屋以现状为准，不保证其完好无损"。此外，福尔森夫妇承诺履行"现行文字租赁契约，接受特雷尼佃户的监督"。转让款分为两次支付，第一笔款额为2万法郎，支付法国银行现钞，"在公证员监督下清点和交付"，其余额于第二年10月1日结清[24]。总而言之，无论是什么样的重要理由，对玛格丽特·杜拉斯的母亲来说，这是一笔不错的买卖。我们确切地认为，在离开公证员事务所之前，她迫不及待地将一捆捆钞票装进了一个黑色大布袋里，照她女儿的说法，她一刻也不离开钱袋子。一定要注意别让这些钱被她那贪婪成性的大儿子挥霍一空。

普拉提耶的厄运

普拉提耶庄园绝不会有好运。当玛丽·多纳迪厄于1924年将它买下来时，土地好像没有得到应有的维护，收成微薄。在《厚颜无耻的人》一书中，玛格丽特·杜拉斯表达了本地人对这片田地状况的看法，是通过莫德小姐暗恋的迷人小伙子乔治·杜里耶说出来的："夫人，我每天都在您的庄园里走来走去，我对它非常熟悉，佩勒格兰那边的葡萄园，就是那片位于高原两侧的大园子，已经毫无价值了。再施肥也无济于事，只能将葡萄藤拔掉。这些葡萄藤还有什么用呢，不是吗？夫人。您从来不去那里，当您把它买下时，这些葡萄藤已经完全老化了，因此，近年来，于德朗只能如此而已。谁要想在这里改变什么，只能遭到不幸的下场。在您买下这个庄园之前的庄园主都接连不断地破产。"[25]

据让·多纳迪厄的女儿——德凯拉克夫人讲，玛格丽特的同父异母哥哥从来不提他父亲的庄园，大概是由于这里留下了太多痛苦的回忆，她说她意识到他在这里生活得很辛苦。尽管他时不时地去探望帕尔达朗城的迪福神父，而他似乎再也没有回来过普拉提耶。德凯拉克夫人本人也不了解这个庄园，在她还是孩子的时候，她和她父亲经常回曾外祖母家，起先称为里维埃夫人，改嫁后改称纳维尔夫人，她住在距离杜拉斯镇五六公里的波特村。我们每个星期天都回这里，在夏天，我父亲还去德罗河钓鱼。玛格丽特的两个哥哥让·多纳迪厄和雅克·多纳迪厄都很喜欢外祖母，他们的童年大部分时间是与外祖母一起度过的[26]。

从多纳迪厄夫人手里买下普拉提耶庄园的福尔森定居在此还不足10年光景，他们夫妇二人于1940年过世，丈夫死于4月份，妻子9月份也随他而去。他们唯一的女儿莱阿·福尔森继承了房屋与田地，继续在此居住至1960年初。由于这份家产厄运连绵，她于1963年将它变卖给目前的主人。房屋彻底无法居住了，一场火灾使它面目全非。大家认为这一地区的雷电是造成这场火灾的罪魁祸首，而另一些人则相信是一场蓄意纵火案。据莱阿·福尔森的儿子所说，他与母亲不常来往，她母亲与一个下人关系暧昧，好像又经常争吵，为了报复她，他就烧了房子，她只抢救出了家具。他个人认为这所房子充满了“霉气”，叙述着“不幸的家庭所遭受的厄运”[27]。

现在的房主独身一人，住在邻近的牟斯提耶镇，他从来没有住过普拉提耶的房子，这所房屋也因此慢慢地变成了一片废墟。房主还健在，我于1996年第一次参观了这所房屋，墙垣还保存完好，墙上的窗户和护板还在原位，屋内可见厨房里的烟道、房顶和早已塌陷的天花板，两个地窖里到处是茂密的杂草，恰好在这套房屋的中间长出一棵树，那些年曾使玛格丽特和她的两个哥哥啼笑皆非，而他们的母亲则不断地发出警告。花园还可以辨认出原先的模样，在十几年前，枝繁叶茂的大树都被锯断，只有水井上的木栏和部分铁架还保留在那里，位于高原中央被荆棘丛林覆盖的红鱼池塘也成为了遥远的回忆，“像教堂耳堂一样高耸挺拔的枞树”和紫杉林消失得无影无踪，葡萄架、草莓地、银杏树（是外国的一种树，是作者想象出来的，在此地不存在[28]）也不见了踪影。只有屋后通向分成制租田的美丽“果园路”依然存在，可我当时没有想到要把它拍摄下来，再等我下次回访时，我得知在1998年的一个晚上，买下这所房屋及周边土地的主人不声不响地将这条路从风景中抹去了。显然是为了躲避厄运，新主人时刻担心《厚颜无耻的人》的作者在书中谈到的杜拉斯情结的萦绕。而这种萦绕残酷地逼近现实，在帕尔达朗镇长的努力和当地纪念作者协会的推动下，镇政府在1997年将教堂广场更名为玛格丽特广场，醒目地标注在村里教堂前竖立的牌匾上和公爵庄园里，以此献给杜拉斯，这一切原本就属于杜拉斯。普拉提耶的祖屋实际上荡然无存。

回忆的圣地

房屋转卖的事情一了结，多纳迪厄夫人和孩子们就离开了帕尔达朗城。尽管在父辈庄园里度过的时光很短暂，毫无疑问，这两次停留给玛格丽特·杜拉斯留下了深刻的印象。在她的一生中，她不止一次地回到过这里，有时是为了构思故事情节，有时是因个人事由来到此地。在1940年至1944年间，她正在创作头两部小说，她将书中的人物置于普拉提耶田园诗般的景色中，这就使她回想起她自己的青少年时光，唤醒自身的成年人意识，而读者丝毫觉察不到。在《厚颜无耻的人》的开头几页，读者至少能够领悟出从祖辈庄园中渗透出的激情描述。她写道：“实际上，在格朗特·塔内朗的心目中，于德朗代表某种神圣之地的含义，对它的回忆魂牵梦绕。大家知道他们曾在此吃苦、生息，可他们毫无悔意地不断回忆在此度过的日子。他们后来到了巴黎，过着痛苦不堪的日子，每一个人都经历了一段悲哀的命运。”看到后来所发生的一切，这是多么精辟的论述啊！

在20世纪60年代，玛格丽特以两部描述青年时代的小说一举成为著名的作家，她选择了杜拉斯作为笔名，在同朋友们驾车游玩时，又重回在南部生活过的故地。从1950年发表《抵挡太平洋的堤坝》一书开始，她就淡忘了这些往事，将创作转向青年时代的印度支那生活范围，这里仿佛成为一段遗失的伊甸园回忆。1965年左右，在一次去西南部的旅行中，她的朋友将她带到了乔治·桑的故乡贝里，她又带着她的同行者来到了杜拉斯镇和德罗峡谷，从普拉提耶匆匆而过，不论在这里的任何一条公路上，还是在通往承租屋的小径里，到处都留下了玛格丽特·杜拉斯的足迹，他们驻足浏览了一圈玛格丽特从前的祖屋[29]。

1966年，她又一次回到了杜拉斯镇与帕尔达朗镇，并试图购回原属于他父亲的房子。画家雅尼克·杜克特家住拉·雷奥勒地区，他是此事的知情人，据他所说，玛格丽特在电影制片人让·夏伯特的陪伴下，来到了这一地区考察实景。她刚完成了《4号壁炉》电影脚本的创作，这部电影将由罗密·施奈德和米歇尔·比克里合演，片名确定为《女窃贼》。杜克特是导演的朋友，就陪他们一起来到了普拉提耶，他为玛格丽特拍摄了一张身着黑色滚边衣领上衣、白色短裙站立在庄园前的照片。在她的要求下，随后与新房主开始了购房谈判，但由于对方开出天价而宣告结束。1966年10月10日，她在答谢雅尼克·杜克特的信中结尾处强调道：“这所房子，要价太高，我无力承受。我才给我的儿子买了一套公寓，我现在手头也很拮据。”[30]

这次购买老屋的尝试失败了，给《情人》的作者留下了长久的遗憾。1992年，在她正处于辉煌的时期，伽利玛出版社再次修订出版了脱销已久的《厚颜无耻的人》，一些记者将注意力迅速转向了很容易予以证实的故事发源地。在《解放报》发表的一篇文章的启发下，对该地区颇感兴趣的一对读者夫妇决定在天气晴朗的日子里，去探寻一下这座庄园的所在地。在对普拉提耶的老屋拍了许多照片后，他们决定将这些照片寄给玛格丽特·杜拉斯。8月底，她从特鲁瓦尔给他们写了一封回信，对他们表示感谢，并打听了最近一段时间所发生的一些事情：

> 你们的来信令我十分高兴。能否再为我做点小事情呢？16 年以来，我对普拉提耶一无所知，我现在 78 岁了，我不知道房屋倒塌的原因归咎于谁？哪个地籍署负责普拉提耶的管理？谁负责“房屋毁坏”的认证？在什么地方？那里有土地，有承租田，都位于屋后道路的后方，还有一个与我童年色彩同样翠绿的漂亮花园。一位《ELLE》杂志的女记者告诉我，是一棵大树把它压垮了，我想正好压在房屋的中央吧！现在这间房屋荡然无存吗？仅剩下有房子大小的酒窖吗？而我猜想压在酒窖上的大树才是房屋毁坏的罪魁祸首吧！不是吗？我记得普拉提耶已不再属于多纳迪厄家族，而属他人所有，然后被倒来卖去，可它原来是属于马尔芒地区多纳迪厄家族的，即我的两个同父异母哥哥的，他们都是有钱的汽车修理工。要是这样的话，现在这个房子归谁所有呢？确实有的房屋很适合人居住，但却没有人愿意住在里面。我非常喜欢这个房子，我请求扬·安德烈亚陪我一起去那里看看。如果承租屋出让的话，我可能会把它再买下来[31]。

1989 年，玛格丽特·杜拉斯在医院住了很长一段时间，身心疲惫，似乎她没有再回到过普拉提耶。在写这封信的那年，快到万圣节时，她给镇政府打了一个电话，询问她父亲墓地的所在，是帕尔达朗镇的小学教师接听的电话，他即刻将电话转接到帕尔达朗镇长德拉日先生处，他对电话另一端沉重的声音和艰难的表述感到很吃惊，杜拉斯夫人允诺再给他来电话，确定她回乡的日期，而他再也没有能够接听到她打来的电话。

波尔多火车上的陌生人

1931 年的春天，在将房屋转让与福尔森夫妇后，他们向父辈庄园做了一个简短的告别仪式。尽管玛丽·多纳迪厄心存遗憾，而她总算能松口气，摆脱掉亡夫的纠缠，并借此机会免除照管庄园的负担。她把所有希望都寄托在柬埔寨租让地上，并希望能够在短期内获得土地最终使用的权利。她还有另外一个担心，就是希望玛格丽特能在良好的环境中重新开始因度假中断的高中会考第一阶段的学习，她决定先临时去巴黎学习，顺便等待即将成年的皮埃尔·多纳迪厄选择他自己的生活方式。

在5月份，最晚至6月初，多纳迪厄夫人和孩子们开始动身前往巴黎，他们在离普拉提耶不远的牟斯提耶小站乘坐火车出发，勾画出历史故事中的崭新一页。这件事情，引出小说中一段经典的描述，人们从《厚颜无耻的人》中读到："当开往波尔多的火车从于德朗脚下行驶而过时，莫德和她母亲似乎没有再看最后一眼他们的老屋。"大家很难想象到全家人也同样没有去莱维尼亚克墓地祭拜父亲。在玛格丽特·杜拉斯的晚年，她记不清楚她父亲的墓地所在何处一事是事出有因的。那时候，她母亲很害怕遇见任何一个丈夫与前妻所生的儿子或是里维埃家的人，这一点绝不能忽视。总之，在小说中，其父亲这个人物，无论在生前或是死后，总像一个游离在墓地之外的魂灵。

在波尔多，玛格丽特和家人坐上了开往首都的特别快车。就在这次旅行中，发生了下面这段奇遇，在许多年后，她将此事告诉了热罗姆·博茹尔，她习惯绘声绘色地描述故事的一些细节："有一次，是在1930年，我已16岁，在告别了中国情人从西贡回来的时候，我和家人在一起，有我母亲和我的两个哥哥，我们坐在一趟开往波尔多的午夜火车上。在这个拥有8个座位的三等包厢里，还有另外两三名旅客。在我的对面坐着一个青年人，他大概有三十来岁。当时正好是夏天，我总是穿着在殖民地流行的单色连衣裙，赤脚穿着一双拖鞋。这个青年人询问我的家庭情况，我对他讲我们是怎么样生活在殖民地的，那里的雨水、炎热、游廊，都与法国截然不同。我可以徒步穿越森林，我在这年还要参加高中毕业会考等。"玛格丽特·杜拉斯在当时将自己说小了1岁半，"我虽然年龄有点大，但看起来还很小"。当然，她并不想毁坏她的传奇故事，更不会透露他们拿着殖民地政府的钱坐头等车厢旅行；在旅行途中，她定会穿着皮鞋，还可能穿着长筒丝袜。我们就不用再探讨这些细节了。

"从波尔多一出发，我母亲和我哥哥们就很快进入了梦乡。我压低声音在聊天，生怕吵醒他们。如果他们听到我讲述我们家的事情，他们肯定会阻止我这样做的。只有我和这个男人没有睡觉。聊着聊着，突然，两个人同时默默地对视着。"那时候，讲述者还依然钟情于她的模范情人：眼神中能流露出欲望，也可以在一夜间烟消云散。但是，大家也能猜想到，在此绝对不会有这种欲望。"突然，他们鸦雀无声，互不对视，有气无力，筋疲力尽。"玛格丽特提议休息，"不至于第二天抵达巴黎后疲惫不堪"。她躺在卧铺上，蜷着腿，合上眼睛。"他走了出去，又转身回来，拿着一床被子盖在我身上。我睁开眼睛，冲他微笑，说了声谢谢，就又合眼睡下了。"接下来发生的事情就不难想象到，熟睡的姑娘被潇洒男人柔情的手抚摸醒了，这是一只“温柔炙热的”手，不停地抚摸着她的赤脚和拖鞋。“他的手先摸遍了全身，然后开始揉摸乳房、肚皮、胯骨，轻柔温存，又偶尔因强烈的欲望而显得粗暴。他的手突然停下来，压住下部，颤抖的手指炙热滚烫，似乎想要扣压，后来松开了。这只手获得了灵感，变得聪明起来，温文尔雅地告别了这个女孩子。”[32]

旺夫区的低租金房屋

一大清早，年轻人就不见了踪影：“一到巴黎，我睁开了眼睛，他的位子是空的。”

在发生了这段情色插曲之后，多纳迪厄小姐就准备着征服巴黎，这是她有生以来第一次接触到这座城市。她只有 17 岁，她将会兴高采烈地发挥她那迷人脸蛋与乳房的作用。可是，我们现在不是谈论此事的时候。马上要做的事情，就是得给他们寻找一套交通方便的住房，还不能离巴黎市中心太远，再找一所中学，以便使这位马上要参加高中会考的学生有学可上。曾在世纪初到过河内、而后来再未提及的多梅尔主席在万森讷森林刚为巴黎殖民地国际展举行了盛大的剪彩仪式，大家对所展出的稀世珍品赞不绝口，我们还有机会再谈论这次展出。不难想象到，从奥特伊门至夏朗通门，母亲和 3 个孩子都得乘坐地铁，这是崭新的城市铁路交通工具。从 3 月份起，继利奥泰之后，这条地铁将巴黎人送向了“多蕾门”[33]，在显示殖民地辉煌的展览楼前炫耀着“聚敛财富”的历史，不仅有法国的展厅，而且还有其他国家的展厅。

可是，玛丽·多纳迪厄不仅没有在繁华和富人云集的万森讷森林边，也没有在距离电影摄制厂不远的圣莫里斯新住宅区安家落户。在回帕·德·加莱省的家里看了一眼，大概还去距离此地数公里的杜兰斯镇阿尔弗雷德·勒格朗弟弟农家停留了数日后，最后，她与女儿和小儿子在旺夫区定居下来，这里距离米什莱国立中学很近。1988 年，玛格丽特·杜拉斯对着电视一台的摄像机，亲口告诉鲁斯·佩罗说[34]：“对呀，她还保留着工资，大家总算能喘口气，还在巴黎市内找到了住房。”这一细节十分真实可信。然而，大家就不需要想象他们居住在我们今天非常了解的某个不知名的低租金住宅里，更需要知道玛格丽特居住在维克多－雨果街 16 号的一幢楼房内，劳儿·阿德勒这样回忆道：这是一个“巴黎郊区千篇一律阴森森街道中”的一条，以此博得读者对这位可怜的流浪者的同情[35]。

然而，维克多－雨果大街得名于米什莱国立中学，并从环绕中学的公园，向“旺夫高原”延伸，这里的住宅区俯览教堂园区和区政府，多纳迪厄夫人租赁的公寓就位于此地。

尽管这座楼房由巴黎市政府建造，可现在还依然存在，并于1994年将其修缮一新，是一座装饰艺术完美的建筑，在东边的维克多－雨果街与西边的萨蒂－卡尔诺街之间，连绵的建筑群一字排列开来。朝着维克多－雨果街，是一个私人住宅出口，称作“莱奥波尔蒂娜巷”[36]，门口是一扇高大的栅栏门，两旁是种植鲜花的平台和修剪整齐的树木，并一直通向楼房的入口。这座楼房建于1927年，是乔治·萨克斯建筑师的作品，楼房共有8层，庄严肃穆的楼房表面规范地围着铁花阳台排列着壮观的凹槽，白色的墙壁衬托出粉红色的砖墙，使得整体和谐美观。无论从建筑的风格上，还是从外观审美上，所有的一切都无可挑剔。无论是诺曼底海边的某个海滨疗养院，还是戛纳的某个豪华宾馆都不可能与之媲美。楼房正面朝南，沐浴在阳光中，据一位旺夫当地的居民所讲，这里不亚于16区，维克多－雨果街也因此得到了一个“疗养地”的美名[37]。

站在高层的窗户前视野广阔，一望无际，从鲁吉斯可以望到莫东，中间是莎维尔森林和维耶尔－勒－比松林地，在《厚颜无耻的人》的前几页，我们就可以读到这样的一段景色描写，莫德·格朗特在动身前往于德朗前，从自己家的8楼公寓里，端详着眼前的景色。在玛格丽特·杜拉斯的作品中，光线变化总是在其笔下呈现出一种壮观的景象：“莫德打开窗户，房间里顿时溢满山谷间的气息。太阳缓缓落山，映照出厚厚的云彩，随风飘动，急剧地涌向明亮的天际。他们居住的8层楼房仿佛高入云端，眼前的景色鲜明，有着纵深感，一直延伸至塞维尔蜿蜒的山谷。在林立的工厂与居民居住区之间，她的公寓敞亮，空气清新，溢满着清爽的雾气，似乎总是沉静在碧绿水色的环境中。此时，莫德站在阳台的窗户前，双肘撑在窗沿上，头微微地向后倾斜，带着一副顽皮女孩子的神色。”[38]

保尔·兰波维尔－尼克尔曾在这所公寓里待过几个小时，当人们问他对这所公寓的印象时，他回忆说：“在米什莱国立中学一带，这里算是一座漂亮的公寓。”在《厚颜无耻的人》一书中，作者精心描述了宽敞明亮的公寓第八层楼房，我们可以从旺夫生活期间拍摄的照片上看到，屋内摆设有“一件普通的亨利二世时代的家具”，带有餐具柜，另外，还有一些小资产阶级的生活用品，如钢琴、带绒絮的桌毯等。“屋内乱七八糟，这说明房屋的主人没有丝毫的生活情趣，再看看橱柜，就明白了格朗特一家人并没有精心挑选和购买任何家具，不论好坏，不管美丑，老人留下什么就用什么。”再补充一点，花色装饰布和绣花坐垫都丑陋不堪，似乎说明格朗特/多纳迪厄夫人及其女儿的生活格调基本相同。

多蕾门与奥特伊门

玛格丽特并没有长时间地享受到无忧无虑孩童时期的时光。她母亲一边寻找着住房，一边也在积极地替她物色学校。尽管米什莱国立中学主要招收男生，女生只能就读高二年级和哲学专业[39]，而她母亲并没有为她选择这所学校，而是让她去16区的一所私立学校读书。因没有在米什莱国立中学找到玛格丽特·多纳迪厄在此读书的记录，我才从她的表哥兰波维尔-尼克尔那里得到了这条宝贵的信息。之所以宝贵，是因为这再一次说明了像多纳迪厄夫人这样谨小慎微的小学教员是不会随意作出任何决定的。仿佛像大家所说的那样，“善于长远地思考问题”。只要实际情况许可，她女儿的前途就必然遵循子承父业的逻辑。由于早已确定她女儿将来报考数学专业中学教师资格证书，这也正好是她父亲的专业方向，她只有选择在科学学科教育方面久负盛名的培养“中学教师资格证的私立学校”就读，不惜花费重金得到培养。

“玛格丽特与我在同一所学校注册读书。就是位于16区奥特伊门的斯阳斯亚中学，离教堂只有数步之遥。那时候，她就在阿尔芒·达盖尔中学学习。后面是一个大花园，前面则是大栅栏门和院子，然后是一些教学楼。”根据保尔·兰波维尔-尼克尔的回忆，这些楼房原属水文地理学校。他解释说：“这所学校后被阿尔芒·达盖尔本人买下，把它改变成私立中学。玛格丽特正在备考高中会考证，我在准备海运货物专业考试。”[40]实际上，斯阳斯亚中学在巴黎上流社会中名气很大，一直存在至1960年底。该中学位于奥特伊教堂的旁边，一边是雷姆扎街，另一边是泰奥菲尔-戈蒂埃街，在20世纪70年代被拆除，用于修建大型住宅，还将街区花园也夷为平地，此事恰好发生在混乱思想暴行的年代。新公寓楼的入口很难看，与街区极不相称，完全破坏了弗朗索瓦-热拉尔街角的景致，其余的建筑也都不堪入目[41]。

在第二次大战后，多亏一个朋友的引荐，我能够与在斯阳斯亚中学读过书的两位同学进行一番交谈。其中一个人讲道：“有一幢14世纪风格的楼房，用于行政办公，在其后面再盖有一些楼房，用做教室和实验室。有一个方形的院子面朝街道，这里是课间休息的场所，入口处是一个很小的栅栏门。”两个人都向我肯定地表示，这是一所私立学校，专门从高一起培养数学和理科专业的学生，对于理科学生来说，还特别为他们开设有高中会考第二部分考试内容的细菌学专业。另外，学校还开设有文学专业。据我的证人说，这是一所付费学校，学校里几乎全是16区和纳伊区富有资产阶级的子女。并成为社会保险特许教学单位，其颁发的所有文凭都得到国家的认可。由于能在此受到良好的教育，学校又具有较高的教学水平和优秀的师资力量，这所学校获得了较高声望。学校很重视学生的学业，有着严谨的校规，近似苛刻。“学生不得嘲笑老师”与风俗习惯，直至20世纪60年代，都一直要求学生衣着合体，女学生不得在学校穿裤子，可以化妆走在街道上，“一进教室，我们都得先卸妆”[42]。

高中会考年

在多纳迪厄一家住在旺夫期间，这里与巴黎还是截然分开的两个行政区。在两个区之间，穿过元帅大道，在现在规划为南环线的地方，就是古堡林立的城区。据郊区的老人讲，这是一个无法改造的区域，城墙障碍遍布市区。地铁只能通到凡尔赛门，通往旺夫的考兰廷－瑟尔通地铁站在当时还不存在。直至1930年，这个区与巴黎的衔接是靠有轨电车和126路与89路公共汽车。89路公共汽车连接克拉玛尔和凡尔赛门，然后一直通往市政厅。巴黎至夏特勒郊区的火车从1960年拆除的蒙帕纳斯老火车站出发，都停靠在旺夫火车站。当询问去巴黎是否方便时，一个谈话人这样告诉我：“我们去巴黎很方便，也很快。我们在凡尔赛门乘坐地铁，或者在旺夫乘坐郊区火车。我们觉得通向旺夫门的巴黎街将我们与市中心紧紧连结在一起。‘这个时期的旺夫变化很大吗？’‘对呀，变化很大。’二战前，在弗雷德里克·比克任市长期间，这里盖了很多楼房。”[43]

1931年10月1日，玛格丽特踏进了位于奥特伊的阿尔芒·达盖尔中学的课堂。由于她在西贡已读完高一，她被安排在高二班级上课。在前一年沙瑟卢－洛巴中学的教学年度初期，她也已经学过了高一课程。在首都最初的生活中，她断断续续地写着日记，多亏这本日记，我们才能够了解到她每周是如何度过的，直至1932年的春天，这一年她正好满18岁。如果同时代的摄影师表现了她在身材上已经完全成熟的话，那么日记的内容则显示出她还只是一个天真无瑕和情感脆弱的女孩子，这就使我们更容易理解为什么保存在现代出版档案馆的《战争手册》中她健谈与夸张的风格。据我所知，这就是为什么她称这本“小小日记”属于这类作品中唯一与事实相符的文字资料，在这些行尸走肉的年代里，这些资料映射了她在人格魅力与情感紊乱中激发出来的闪耀光芒。

在斯阳斯亚中学，玛格丽特要听法语课、数学课、理工课、历史课和地理课，以及英语课。到了3月份，她的地理课和代数课成绩在班上名列第一，化学课成绩名列第二。她觉得物理课“晦涩难懂”。尽管她是一名学习刻苦的学生，她有时也会逃课，因此，她在11月11日的日记中说她没有上历史作文课和法语课，跑到莫里陶滑旱冰玩去了[44]。但她为这次缺课找到了一个冠冕堂皇的理由：“我没有去上历史作文课和法语课，而去了莫里陶滑冰场，因为大家都在课上抄袭，我又不能够无动于衷地听之任之。”她对同学们的作弊行为非常看不惯，多次提及这件事并给予严厉的批评：“我非常讨厌理工科的同学，因为他们所有的人都在抄袭。这种法国人擅长的行为使我觉得十分厌恶，以至于让我好一阵子不舒服。”11月29日，她又这样写道：“在物理练习课上，他们又开始抄个不停，我走出了教室，我得了0分。”如果说她不是很重视历史课的话，这对她来说就纯属例外，因为历史课在她看来是难能可贵的主题：这是有关故乡的历史知识。11月9日，她在日记中写道：“我只喜欢上有关印度支那的历史课。那里阳光明媚，而此时法国却在下雪，气温低于零下10度。”11月7日，她这样写道：“我今天嗓子很痛。明天我不打算上课去。”[45]

斯阳斯亚中学的“老板”即校长似乎非常看重这个来自殖民地的学生，他甚至认为她还没有能够全力以赴地投入到学习中。3月17日：“令我大吃一惊，老校长很潇洒。”转眼就到了第二学期末，复活节假期也临近了，此时正好是发学籍卡的时候。她表哥保尔·兰波维尔“因学习成绩不理想被痛斥一顿”，“玛尼·吕西安姨妈非常不高兴”。相反，玛丽·多纳迪厄夫人大概还算满意，她女儿在日记中这样写道：“我拿到了我的成绩单，我对我的成绩比较满意。评语是‘在学习上毫不吃力’，我的天呀，这么会恭维人，老板真是可亲可敬。”[46]

玛格丽特很想好好地享受巴黎呈现出的多种文化资源，她抽出时间尽情娱乐：进城、参加舞会、去布洛涅森林漫步、看晚会、与同学聚会，她对这些娱乐活动都非常感兴趣，并对任何活动都来者不拒。我们可以从她的日记中看出，尽管她现在的生活环境与以前截然不同，但她却非常适应新的环境，显得惬意与迷恋。比如，11月6日星期六，她不加评论地写道：“今天晚上，我去参加了舞会，我很迷人，我玩得心满意足。”我们不能无休止地在这里读她的日记，因为她母亲也陪她去参加了舞会，却忘记带上房门钥匙，她们只能求助于邻居；而此时，玛格丽特因跳舞过度而疲惫不堪，坐在楼梯上等邻居把门打开。第二天，她又出了门，玩到6点钟才回来。这天晚上，她在“学习”，早早地就睡觉了。下一个周六，她和哥哥保尔去了“诗歌早会”。随后，他们有好长一段时间都没有外出，只在旺夫的公寓里听音乐；而他们的表哥兰波维尔经常来家里玩。

玛格丽特时而不时地去莫里陶滑旱冰。要滑旱冰，就需要钱。她母亲满脸不悦地勉强给她滑冰的钱。多纳迪厄夫人把钱看得很紧，轻易不会出手。然而，母亲和女儿带着大儿子也会偶尔一起去看一场戏，正像我们将在这篇文章下半部分所能看到的那样，有一个愿意慷慨解囊的人以资助文化活动为由，愿意为他们支付门票钱。她在11月20日写道，她看过《贝雷尼斯》和《偶然与爱情的游戏》，她承认她很喜欢拉辛的作品，“我非常喜欢《贝雷尼斯》这出戏”。她已经深深地被古典戏曲吸引住了。她在日记中列举了所看过的戏剧，其中还有在法兰西喜剧院观看的《安德罗玛克》，在奥德翁观看的《熙德》，还有《可爱的女才子》、《哈姆雷特》，根据查理·狄更斯作品改编的《屋内蟋蟀》等。在1932年2月，她在母亲和皮埃尔·多纳迪厄的陪伴下，一周内三顾剧院，兴趣十分广泛：观看了《特里普帕特》、《玛丽雍·德劳尔姆》和《令人烦恼的世界》。3月中旬，她又观看了《爱尔纳尼》一剧的演出。

当然，看电影也是进城的一项内容。她经常是和同学们一起去看电影。这一年看过的电影题材也很复杂：有丰·斯泰贝尔格拍摄的《蓝色天使》、巴布斯特执导的后古典主义影片《矿山悲剧》；流行喜剧有路易·梅尔坎通摄影、亨利·嘎拉主演的《他很帅》，马克·阿莱格雷特与雷姆合作执导的《妖媚的巧克力女商人》；有《皮帽下的谍影》，这是一部反映罗马尼亚异国风情的间谍片，有吉娜·马奈斯、皮埃尔·理查德－维尔姆和其他当红影星合作主演的影片；有吕西安·杜维维埃执导在美国拍摄的双语电影《五个被诅咒的绅士》，这是一部反映上层社会生活的影片，又称作《西班牙之夜》，法语片是由玛格丽特见过的让娜·贺布兰主演，英语片是由凯伊·弗朗西斯主演。另外，还看过美国本土影片，如1931年拍摄的《长腿爸爸》、《当爱情主宰一切》、《交叉路口之夜》，后者是由帕拉蒙影片公司拍摄的，取得了很大的成就，远远胜过让·勒诺瓦执导的《交叉路口之夜》，该影片同期发行，玛格丽特还没有看过这部影片。

引诱的技巧

男孩子很自然在女孩子的生活中占有一定的位置，尤其是出入斯阳斯亚中学的男生个个都很出众。从这一年开始，他们班的就有男生开始追求她。但值得注意的一点是：在这本《小小日记》里出现的姓与名中，玛格丽特不论是在班里，还是在班外都没有要好的女性朋友。

在她的日子中，有好几处都影射到数名男同学喜欢她和执著地追求她。比如，一个叫贝尔纳的同学在她家门口等了她好几个小时。她的日记就是最好的证明材料："我忘记告诉你，我今天下午发现贝尔纳就站在窗户底下。那时候是3点半，他在这里等我有1个多小时了。保尔嘲笑他，这让我感到很难受，你绝对不会相信。他大概是有点喜欢我，我也常想他。他一定很痛苦，我开始意识到这是什么原因了。正因为如此，我也很痛苦。"还有勒巴里、苏阿雷、贝纳木总与她打情骂俏。特别是萨姆，他常和保尔·兰波维尔一起来，他那"粗俗流氓式"的咸猪手真让她烦透了。"他搂住我的腰，他认为我会让他拥抱。他真让我恶心！"[47]

真正喜欢玛格丽特的人是她的表哥保尔·兰波维尔，他比她大两岁。他的养父母玛尼·兰波维尔与丈夫吕西安·尼克尔住在沙图的别墅里。他们与玛丽·多纳迪厄一家关系非常密切，两家人经常来往。保尔·兰波维尔－尼克尔觉得玛格丽特很迷人，据他自己说，他确确实实喜欢上她了。许多年后，当他回忆这段日子的时候，说道："我的生活都被这个姑娘搅乱了。"以至于在第二年，当她和她母亲一同返回西贡后，他提前应征入伍服兵役，是"为了忘记玛格丽特"[48]。数年后，当她再次返回巴黎求学时，他才见到她，和她友好诚实地相处了一段时光。在他们第一次见面的那年，玛格丽特不止一次地称赞他会陪伴人。表哥的生母是马达加斯加人，这在她看来，这可能是增进交往的一个理由吧。但她对他从来没有产生非分之想，1932年3月18的日记最能说明问题："保尔同我一起去森林散步，他说他喜欢我，有好长时间了，但他不敢说出来，他神色紧张，非常紧张。我一时也不知所措，一句话也说不出来，只是心情沉重，小小日记，你是最清楚不过了。像往常一样，一两个小时过后，就烟消云散了。"在主进圣城节的星期三，当她准备看望玛尼·吕西安姨妈时，她又写道："由于我，他回到了家，整天把自己关在屋里。他说他喜欢我胜过一切，这让我痛苦不堪。"[49]

如果玛格丽特对她表哥的求爱无动于衷的话，这大概是因为开学初某个16区的富家子弟勒高克即同班同学正在追求她。显然，她很得意有人在注意她，她同意和他在课后约会。保尔·兰波维尔告诉我："玛格丽特与勒高克经常外出。他家住在河边的布兰维利埃街上一个私人公馆里，是一个著名的律师世家。"从10月8日起，这个名字才出现在她的私人日记中："一整天，我没有去上课，也没有去见勒高克，因为他晚上不来。"然后，在同一天的日记中又写道："我今天晚上去见勒高克。他和蔼可亲，总像对我恋恋不舍的样子。”田园情歌般不断地缠绵不绝，玛格丽特也很快就要去见青年男子的家人。她在11月9日写道：“晚上，品茶。我见了勒高克的姑姑，她认为我很漂亮。”15日，她和他去看电影，19日，他们两个人去了圣德尼。她具体地写道：“是坐出租车去的。”她对这个小伙子有好感吗？还不太确定。她总是漫不经心地谈及这件事情，甚至有点讥讽的语气。他好像给她留下了好感，因为他很有钱。她表哥没有绕圈子并明确地对我说，玛格丽特选择这个男孩，“因为他挺有手段”。又补充说他“本人并不是很有钱，不可能经常陪她外出”。

实际上，她在日记中自夸过从他身上捞过钱，有个价值不菲的礼品盒，里面的东西都是他送的，还经常收到他给的一些零花钱，以及他经常给她买电影票和戏票等。多亏勒高克的慷慨大方，她才能带着她母亲和哥哥一同去看戏。比如，她在11月20日星期六的日记中写道：“我去昂图瓦纳戏院看戏。”她没有提及所看的戏名，又具体写道：“坐在厅池里看戏，一张票30法郎，是勒高克花的钱。”[50]作为一个富裕家庭的青年人，他很会讨好女孩子，也不会忘记以献花的方式博得岳母欢心，11月10日：“晚上，我又得到了新唱盘，很多。我母亲收到了价值50法郎的鲜花。”她还补充了一点逸闻趣事：“这一天，我和勒高克似乎很相爱。”几天之后，他送给我了一个“价值179法郎的手镯”。11月20日，他不仅买了昂图瓦纳戏院的戏票，还给了玛格丽特100法郎。从11月底到3月初，日记中断了记载。可是，我们可以想到，在整个冬天，这位情郎都一直会大把地给她花钱，因为在3月2日的日记中，我们可以读到这样简明的开场白：“一切照旧。勒高克把自己的钱花得精光。”从3月4日起，又出现了戏院票价的纪录：某周六晚，240法郎；同周的另一晚，60法郎。以此类推。

这一切都只是为了调剂生活的乐趣。玛格丽特还可以依赖勒高克的关心，帮助多纳迪厄一家摆脱掉一些烦心的琐事。11月中旬，就在这位年轻人追求她快有一个月的时候，玛格丽特告诉他她大哥遇到的一件麻烦事情。年轻人在还没有正式介绍给她母亲认识之前（他是在4个月之后才与她母亲见了第一面），他已经认识了她的两个哥哥和表哥。有时，保尔·多纳迪厄陪伴着他妹妹一起外出，保尔·兰波维尔也一样，他和他们还是同一所学校的校友。

皮埃尔·多纳迪厄的情人是一个年轻富有的金发女郎，他和她在巴黎相遇。她在一起车祸中丧生，似乎很像是自杀。11月2日，他妹妹在日记中写道：“这个女人死了，我回到家里，皮埃尔哭得很厉害，我在安慰他，母亲却没有要安慰他的意思。这是悲痛欲绝的一天，我们去了皮埃尔的住所。这个女人的连衣裙散发着香水味，还衬托着她的美貌。我们在午夜时分才回到了家。”多纳迪厄夫人一点也不悲伤，她很嫉妒这个女人，发愁着下葬还要花一笔钱，因为她儿子身上自然没有一点点积蓄，以及她的暴死会带来一定的麻烦[51]。她又一次固执地拒绝从她的腰包里掏钱，又该轮到她女儿的追求者或暂定的未婚女婿预支费用。玛格丽特在11月11日的日记中提到过要求他的帮助，12日，他就积极表示：“勒高克对我说他给我带来了350法郎，我很高兴，因为我总算能得到一点点慰藉。两天来，他们没有侮辱我，也不说我心狠，亲爱的日记啊，你知道这意味着什么吗?”玛格丽特多么希望她母亲能够拒绝接受这笔钱，但是她很快就大失所望。她在日记中抱怨道：“我曾经期待过这样的幸福，可这一切却令人感伤，简直痛心疾首。今天，最让我难过的是，就是我看到母亲接受了他的钱。她那疯疯癫癫的女儿看到了这一切，将一辈子也不会忘记[52]。”

1986年，当玛格丽特·杜拉斯与鲁斯·佩罗一起回忆这段伤心的往事时，她坚持认为这一切都归咎于贫穷。她毫不掩饰自己，炫耀自身的行为，不愿意作其他解释：“要是再遇到这种事情，我还不得不向别人要钱，向班上的年轻人要钱，我知道他们都很有钱。我向他们要过1年的钱，而不需要付出身体，根本不需要用身体换钱。很奇怪吧，事实就是如此。我在走投无路时，就敢这样做，而且做得很自然，净做一些别人意想不到的事情，我就是这样的人，我一生中甚至连一根火柴都没有偷过。”[53]相反，她对1931年至1932年境况的叙述和她在日记里吐露的隐情，在她那天真无瑕的性格中显得句句真切，感人肺腑。1931年11月12日，勒高克去她家里拜访就说明了一切，这天他带来了350法郎的安葬费：“这天晚上，我思想一片混乱，幻想着金钱、汽车、爱情、温存热烈的话语、香吻等，一种让人无法拒绝的香吻。”然后，她发自肺腑地写道：“我的上帝呀，请让我相信你会给我带来一丝的温存和爱情。”

缺少关爱的大姑娘

除了能具体地享受到这点幸福的时光外，玛格丽特·杜拉斯在她的一生中都一直感觉到无法满足自己的精神需要。在少女时代即将结束之际，她在个人日记中显现出的精神面貌也只不过是一个充满浪漫与脆弱的小姑娘形象，在脆弱性格之下，显示出天真烂漫和活泼可爱的气质。儿童时代的幻想痕迹清晰可见，对于一个即将满18岁的姑娘来说，就不能不令人感到吃惊。但是不要忘记，在日记里不断倾诉生活酸甜苦辣的这位少女，却一直生活在孤独的自爱中，父亲的早逝与母亲干枯的性格使得她更加痛苦不堪，尤其是母亲似乎总是没有足够的时间关爱他们，就更加无法满足她所期待的一切，以至于在她的印象中遍布悲伤和缺失柔情，在日记中这一主题也深深地印在字里行间。不论在实际生活中多么缺少温暖，不论在日后这些如何成为玛丽·多纳迪厄的女儿激情创作的源泉，现实是永远无法改变的。在玛格丽特以后的生活中，这一切就成为她感情失衡的深刻原因和痛苦不堪的内在根源，又都被她转换成文学创作的巨大动力。

她有着强烈的逆反心理："小小日记，今天晚上，妈妈忽然把手温柔地放在了我的手上，我本能地把手快速抽了回来。你觉得这样好吗？妈妈为此很伤心。你想一想我昨天告诉你的事情，我从来没有拥吻过妈妈，怕她将我像驱赶癞皮狗一样地推开。我很快地把手抽回来，真不知道为什么。今天晚上，我想见勒高克和保尔，他们可以安慰我，我非常伤心，我只剩下了他们两个伙伴。事实如此，可怜的妈妈她不喜欢我，而别人喜欢我，不是想要我的身子，就是看中我的智慧。"[54]这段文字写于 1931 年 11 月 13 日，多么耐人寻味呀！她后来发表了短篇小说《林中的日日夜夜》，她第一次大胆地披露了玛丽·多纳迪厄对她大儿子的偏爱，并且公开地回忆说她母亲给她的只是一种"道义上的爱"。她母亲要是知道这些，必定会感觉到懊丧与惊愕。

缺少母爱的玛格丽特试图在紊乱的心境中寻找出路："好可怜的妈妈?！她忘记是我昨天给她了 350 法郎。她要是还记得这件事，她就不会动手打我。此时，我只想离家出走，可是能去哪里呢?"她在琢磨现在的处境，为自身的命运而惋惜，企盼着真情实意的体贴，即便是给她带来一丝的宽慰：

"行动起来，不能把我的生活和未来寄托于理想，是吗？

你瞧，小小日记，这很复杂，深深地埋藏在我那从不安分的内心里。你不知道，别人也不知道，这都无关紧要，这是一个悲伤和不安分小女孩的梦想。好了，以后不提此事了。"为了坚定自己的决心，她试图原谅母亲有辱她的鲁莽行为："母亲生活得很痛苦，她自己都意识不到她在说些什么。她经常对我说一些不堪入耳的话，可我总表现得很平静，异常的平静。每天，我都给她带一些东西讨好她，对她表示善意，有鲜花、咖啡、小吃、糖果等，可是她还是说我什么都不做，一点事情都不做，比那些无所事事的人还糟糕。要做些什么呢？我使她省下了 350 法郎，在她看来，只有这样才算做事情了吧。"她母亲还嫌弃她浓妆艳抹。"保尔·兰波维尔来家里吃饭，我的口红抹得有点重，母亲当着保尔的面，就开始声嘶力竭地斥责，小题大做。”毫不留情。“她提到住宿读书，我很恼火，不顾一切地反对，反对所有会给我带来伤害的人。”玛格丽特曾一度考虑过去玛尼姨妈家逃避现实，甚至想离家出走，但最后还是屈服了，她在日记中这样写道：“我如果离开，妈妈会伤心死的。我如果真的走了，我以后一定会后悔的。”

在家庭的争论中，两个哥哥有时似乎有意合起来跟她过不去。对小哥哥她是这样说的：“保尔是个好孩子，他年轻、健康、正直、善良。”她很愿意和他在一起，可有一天，她写到他因为她大发脾气，他和她吵个不停。然而，在维克多－雨果街16号居住的大部分时间里，家庭气氛都很紧张，这都是因为皮埃尔·多纳迪厄的荒唐行为在平静的家庭生活里埋下了阴影，难得有烟消云散的日子。11月18日，皮埃尔病得很重，他回到母亲家养病。玛格丽特写道：“晚上是和表哥保尔和皮埃尔一起度过的，欢歌笑语不绝。”而在12日之前，她说他的两个哥哥本人都认为她变成了一个“彻头彻尾的颓废派”。他们自认为对她负有责任，开始给她讲道理，让她远离大城市的危害。第二天，出于报复的目的，她对小小日记说：“我忘记告诉你我有两个哥哥，一个患有梅毒和淋病，另一个也患有第二种病。”她大哥对她胡言乱语，妄加评价，她特别生气，并指出这就是家庭不幸的祸根。实际上，他还在抽大烟。一天，警察来到母亲家搜查，多亏他把可卡因藏了起来。他刚治好病，就去那些乱七八糟的地方闲逛，多纳迪厄夫人“眼泪汪汪”，挨个酒吧找他。11月30日，玛格丽特写道：“母亲一个人跑遍了蒙帕纳斯区。”在冬天快要结束的时候，情况更加恶化。3月3日返校：“皮埃尔去了蒙帕纳斯区，母亲跟着他跑了一夜。他又开始花天酒地，他告诉母亲他想去坐牢。”另外，保尔·多纳迪厄也沾染上这些恶习。妹妹写道：“我孤独一人，他们两个人放任自流。”4月6日又写道：“昨天，妈妈去蒙帕纳斯区找皮埃尔了，她总是哭泣，不停地哭，我的心都碎了，我尽量地安慰她。我想带她远离这帮坏蛋。”[55]玛格丽特·多纳迪厄在读了德里的小说后，补充道：“心灵总是在受到伤害。”玛格丽特·杜拉斯与他人一样，她也有着一颗善良的心，这一点早就铭刻在读者的心中。

我们不太了解的一点，就是少年时代的玛格丽特对宗教信仰和对能安慰他人的上帝的热情，因为这位作家很少论及此话题。她的个人日记始于1931年10月，根据未注明日期的内容，大概结束于1932年4月6日之后，玛格丽特在日记里对任何事物都善于刨根问底。如果文章书写不够规范的话，那字里行间蕴含的激情却显得格外真切，完全与她的个性吻合，她的个性变幻莫测，读者早已耳闻目睹。

> 小小日记，大家活着为了什么呀（此句话下面加有横线）？我认为只是为了一件事情，你明白吧！就是热爱上帝，赞美上帝，像奴隶一样服侍上帝。你要是能像我这样用心去理解该多好啊！伟大的救世主所做的一切难道只是为了寻找乐趣吗？那我们为什么不能照此去做呢？难道我们弱小的智慧就无法战胜人世间那可怜的私欲吗？偶然不可能造就我们人类，要是这样的话，就可以用偶然一词代替上帝了。人类不能没有理想地活着，谁能知道这是为什么呢？什么是生活呢？痛苦意味着不幸，高兴意味着时尚，工作当然意味着幸福。不幸落在广大人群的头上，他们就像自动仪上机械般蠕动的人潮，成为了我们星球上的常住居民。我的上帝，他们都曾扪心自问为什么生活竟是如此这般？大家只能这样活着吗？不能在除了地球之外的地方仰起头吗？哪怕只有一次也好！我是不行了，我很渺小，可怜兮兮的渺小，但我很想知道。一切都无法挽回吗？我让你取笑了是吗？可是要明白，我越是去想，就能听到一个伟大而高昂的声音闪烁着光芒，它告诉我："是上帝，他雄伟高大。你是不会了解你想要知道的，因为你只能用你那粗浅的道理和低下的智力去构想和理解事物。在这一点上，你还缺少其他知识，将永远弥补不了。你太远、太小、太低，什么也不会知道。即便以后你也愿意了解，如果可能的话，你将能有所领悟，那将是至高无上的幸福。休息吧，别再想了，也别受累了。热爱上帝，信仰上帝，崇拜上帝吧！他宽厚仁慈，他那样的雄伟高大，简直无与伦比。我的上帝，我知道的仅此而已。"[56]

诺曼底景色

3月底，复活节给玛格丽特和她母亲的日常生活增添了一点有益的乐趣，她们受到兰波维尔一家在其家乡的热情款待。度假前夕，她在日记中记载道："25日星期五，我同玛尼一起去布雷耶。洗碗、做家务、收拾行李。我坐着火车游览了多维尔、图维尔和瓮夫勒尔。在里兹也，我很喜欢圣泰雷兹雕像，我很激动，但没有流露出来。这位小圣女文静高雅，她在令人陶醉的青年时代就身居高位。大家情不自禁地笑，我非常喜欢她，一说起她，我的眼睛里就充满泪水。只是我没有向她祈求什么，因为我承受不起任何恩惠。3月31日星期四，我离开了里兹也，母亲也在前两天赶到了这里。”据保尔·兰波维尔－尼克尔说，养父母家在布雷耶有一个40公顷的大庄园，即位于里兹也与主教桥之间，庄园里养了许多奶牛，牛奶都卖给了周边的零售商。

玛格丽特和她母亲在学校放假期间就曾经拜访过兰波维尔一家。

经过秋天和冬天长时间待在城里，这位年轻的表妹在第一次接触这个地区就被它深深地吸引住了。在她后来的一生中，她时常光顾这里。现在是初春时节，她深情地呼吸着“异常清新和令人陶醉”的空气，最大限度地利用在乡村短期逗留的日子。4月14日，她回到了旺夫，庆祝她18周岁的生日，并将这个消息告诉她的日记密友：“小小日记，我18周岁了，成了一个悲伤的大姑娘，处在伤感的年龄。我收到保尔·兰波维尔送的电视机和一盒夹心糖果。”勒高克没有送来礼物吗？然而，早在3月11日，她就把他介绍给了她母亲认识，他们彼此都很满意。她写道：“我把勒高克带到母亲面前，他们彼此都有好感。这天晚上，他深情地欣赏着我。”是不是可以谈婚论嫁呢？还不行，命运在捉弄她，男孩子的家人已另作安排。在3月上旬，玛格丽特在3次“与保尔和勒高克外出”时，他们都注意到在身后尾随着一个影子，她很吃惊，马上警觉起来，两个男孩子也觉得莫名其妙。神秘现象很快就被破解。在将他领到母亲面前的第二天，她写道：“我知道勒高克夫人十分担心她的儿子，这都是由于我的缘故。是她派人跟踪我们的。”

勒高克夫人掌管着家里的事务，她来找母亲“谈玛格丽特的事情”，有一个自家的朋友帮着撮合，并让保尔·兰波维尔转告大美人“彻底与他分手”。玛格丽特显得十分冷静，“决定不与他们外出”和“躲开他们”，她说道：“现实太残酷了。这对他和我们的学业都有好处，特别是为了我们的家庭更应该如此。太令人伤心了。”两个恋人最后一次见面是在3月14日：“我们相互作了解释。他告诉我他不再来了，从这天晚上起，他没有再来。”3月15日：“保尔见到了勒高克，他被从家里赶了出来，他去了英国。”第二天：“他让人转告我，他将给我写信。我无情无义，因为我对我所做的一切毫无内疚感。因为我，男孩子出走了，他不在我身边，我也不伤心，我想我并不是很喜欢他。”棕枝主日来临了，玛格丽特“等了一周的时间，收到了勒高克的一封信”。可这并没有阻止她去帕拉蒙电影院观看《他很帅》这部电影[57]。3月20日，承诺的信件又寄来了，“是一封激情万丈的情书”，多纳迪厄夫人想看信，女儿把它撕了。在维克多－雨果街，“出现了不同寻常的一幕”，她想出走，可还是保持着冷静。4 月 3 日，在她过生日的前一天，从英国又寄来一封“语气严肃”的信。这大概是最后一次提到这个男孩子的名字，因为日记结束于 4 月 6 日。可是……

可是，双方家庭担心的事情终于发生了：玛格丽特怀孕了。男方家长“做了必要的努力”。多纳迪厄夫人一无所知，只说是阑尾炎，就这样蒙混过关了。既挽救了名誉，也没有影响高中会考。会考考试于 7 月初在巴黎举行，玛格丽特顺利地通过了考试。她母亲在索邦大学门前躺了半宿等待结果，情不自禁地哭了。而玛格丽特没有流眼泪，她 18 岁了，是一个老成的女人了。善良的兰波维尔表哥音信全无。在我们最后一次谈话中，他谨慎小心地告诉我：“勒高克使她怀孕，给她打胎。”他没有大胆地透露有关这场悲剧的细节，但他还记得在 20 世纪 80 年代与玛格丽特通过一次电话，他们一起回忆了青年时代，她大概对这次经历是这样说的：“简直可憎极了。”[58] 1985 年，在已提及的《致母亲》一文中，她公开地谈及这件事情，还炫耀对玛丽·多纳迪厄隐瞒了这件事情的真相，她写道：“我没有把什么事情都告诉母亲，很小的时候，我什么都讲给她听，我和中国情人断绝了来往。而她一直不知道我生活中的另一方面，比如她不知道我 20 岁在法国那年[59]，做了一次人工流产。他是一个富家子弟，我还没有独立成人，父母不想惹是生非，开了个假证明，上面注明阑尾炎。”但是，这次伤害在很长一段时间都伴随着她。在与上文同时间发表并由星夜出版社发行的谈论堕胎的书籍中，玛格丽特写道：“大家自以为，一旦怀孕，打掉胎盘就可以了，堕胎就等于谋杀婴儿。就此而言，处处是虚伪与谎言，女人真的很悲哀。”[60]

玛格丽特付出了必要的努力，高中会考文凭也成了囊中之物，她在兰波维尔表哥的陪护下，前往诺曼底度过了剩余的夏季。他说：“大家把她交付给我，让我多加小心。她很听话，在我们中间，都由我拿主意。我和她分开睡觉。”天使般的守护者就是这样表达的，那时候他也 20 岁了，自己有一辆特雷夫勒型雪铁龙小轿车。他用这辆车带着这位高中毕业生前往布雷耶城父母的庄园。他在图维尔巴黎街上拥有一小套单元房，多亏了这套房子，黑岩宾馆[61]未来的住客才有机会熟悉诺曼底的海滨疗养场和风景如画的临城多维尔。保尔·兰波维尔－尼克尔为了挣点零花钱，他自己做新鲜的奶油蛋糕和用布雷耶牛奶制成的黄油，然后，将其卖给两大疗养场的酒店。据他回忆，在他去送货时，玛格丽特待在公寓里读书，尽情地享受大好时光。晚上，他们一起去黑岩宾馆，打几场日本式台球。据保尔·兰波维尔回忆，他的暑假伴友对黑岩宾馆周围的夜晚所发生的一切都非常好奇，特别是对黑岩宾馆后面相会的情侣更感兴趣。

玛格丽特·杜拉斯充分得到了满足，既留下了回忆文字，又观赏了大场景与小景色，1932 年在临近普鲁斯特家乡的城市观察到的夜间景色已于 1986 年浮现在她的作品中，此时，她在图维尔撰写《乌发碧眼》一书，其中有这样一段文字："不论刮风还是下雨，她清楚在这样的天气下石头群周围所发生的事情吗？对，她非常清楚，她已经是城里人了。她讲述道：在知道海滩夜晚会发生的事情之前，她只知其一不知其二。那里发生的就是那些事情，天天晚上如此，这就使她有一天要把它写出来。倘若这样的认识还不足以让别人读懂她要写的书，那么这些书正好想通过这件事情讲出自己的道理，确实值得一读。"[62] 其中，作者对石头群后面所发生的事情作了详尽的了解。

故乡一瞥

暑假快要结束了，玛格丽特第一次在巴黎逗留的期限临近了。尽管巴黎首都魅力无穷，诺曼底海滨风景如画，这位年轻的克里奥尔人始终没有忘记儿童时代的天空。在他们回到旺夫后，这一年的冬天早早就来临了。玛格丽特按捺不住地回想起她那出生地的迷人景色。不论是斯阳斯亚中学的一节地理课，还是从维克多－雨果街公寓阳台上观赏到的一次日落，都会打开她回忆的闸门。对我们来说很庆幸，深秋时节开始撰写的私人日记收集了她的一些瞬间印象，以及自身的看法。以下是 1931 年 11 月 14 日日记开头的一段文字："一条消息：昨天，我都要哭出来了，因为在 5 点钟时，太阳快要落山了，天空中弥漫着雾气，浓密的雾气，漂浮在一望无际的天空，有乌云，也有彩云，彩云呈现出淡雅明亮的玫瑰色，十分赏心悦目，这不禁使我想起我知道而你不知道的远处群峦叠嶂的山区景致：波罗诺。"好几天前，这本日记还记载了此前提到过的"我喜欢印度支那"这节历史课使她浮想联翩的思想活动："小小日记，你知道吗？在那个地方，五颜六色，在金色的光线下，淡蓝色闪烁着银光。鲜花茂盛，品种繁多，花蕾晶莹透亮。你知道吗？遍地欢歌笑语，安逸生活，在心里、嘴上、齿间，都充满了阳光。"随后她写下了自己的看法："他们都感到很心满意足。"[63]

要是这样还不能够使他们心满意足的话，他们中间的个别人还会受到热心人的邀请，前来万森讷森林巴黎殖民地展览馆开放期间的壮观景区内，寻找他们值得留念的回忆。强大的保护国政府一定会慷慨解囊，认真履行民族理念与文明事业应尽的义务。经过多蕾门地铁站和多梅斯尼尔湖附近展览馆的雄伟大门后[64]，帝国建筑群沿着“法属殖民地大道”一字排列开来：有法属印度、马提尼克岛、瓜德罗普岛、圭亚那岛的建筑群；在远处还有法属西非、中非、突尼斯、摩洛哥、阿尔及利亚等建筑群；而法属北部湾、安南、柬埔寨、老挝等楼房建在庄严肃穆的印度支那总督府周围，湖边的一家“印度支那餐馆”随时恭候着对东方烹饪感兴趣的爱好者的造访。

总之，有7个国家响应了法国政府的号召，同意承担这次国际建筑展的费用，有比利时、巴西、丹麦、美国、意大利、荷兰和葡萄牙。上述国家的建筑群被绿色环绕，位于湖的另一端。最壮观的建筑是意大利和荷兰的楼房，墨索里尼（他还没有对尼格斯——埃塞俄比亚皇帝的称号——采取行动）掌管的国家选在在巴黎的天空下莱普蒂斯·玛格纳区重新建造了一座塞维尔七世教堂，这是利比亚著名的罗马式古建筑之一；荷兰与荷属印度的楼房占据了三公顷多地，大家可以观赏到荷属殖民地从苏门答腊至巴厘群岛的各种各样建筑与经典装饰。日本舞蹈与皮影戏也在此公开放映。美国则在维尔基尼地区修建了一座与维尔奴山巅上的乔治·华盛顿别墅完全一样的建筑，这难道不是为了让法兰西这个伟大的盟国时刻回想起在那个时代共同动摇过英格兰殖民地的根基吗？事实如此。在别墅的第三层，大家可以参观曾于1793年接待法国著名将军、总参谋长拉法耶特侯爵的住宅。《名流》杂志洞察一切，它发现在这种选择中隐藏着“盟友崇尚利奥泰元帅文明政策的这一真正动机”。利奥泰元帅当时担任展览会总委员长。在此期间，英国与加拿大、南非、德国和其他小的殖民地国家一起，都兴致勃勃地参与到“信息城”的建设中。

“无可厚非的瑰宝”“展览会的亮点”等，这些都是记者们最喜欢使用的溢美之词，以此再现吴哥－瓦特的辉煌时代，并将其雄伟的身影矗立在法兰西殖民地大道的中央。这是一条12米宽、150米长的街道，连接着那伽人街，一直通向古迹式壮观的中央阶梯，四周是宏大的吴哥宫殿建筑群。“这些殿宇很早就浮现在我们的想象中，使克罗德·法雷尔作家欣喜若狂。这些殿宇在洛蒂见到它之前就存在于他的梦幻中。至少在巴黎城内，它准确地，更确切地说是忠实地再现了原貌。”[65]玛格丽特·多纳迪厄读过皮埃尔·洛蒂的作品，大概也看过克罗德·法雷尔的书籍，她大概在柬埔寨生活期间从来没有参观过吴哥宫殿，这会成为她十分赞赏的主题吗？她没有对此发表过看法，对展览会宏大的场面也只字未提。《名流》杂志表述道，在主干大街上的“50 根六角型柱都安装上了银红灯，在夜幕降落时，放射出法兰西的光芒，从缤纷的颜色中，缓缓升起彩色云雾，交错映射出红、白、蓝，将放射式的三色旗笼罩在宫殿群上空”。玛格丽特能去欣赏吗？

在这次国际展上，有许多三色装饰，都是为了证明具有现代化与充满活力的法兰西可以给遥远的国家提供她善意的保护和带给他们该国的工业产品。这正是领土辽阔的“附属国”所需要发挥的作用，尤其是商业作用。这次还启用了一座面积宽大的楼房展出了一系列法国制造的产品，每一个殖民者绝不会坐失良机，从冰箱及最新的厨房设备到新近推出的汽车，有雪铁龙、雷诺、豪赤克斯、德拉哈耶等品牌，再就是具有地方特色的红葡萄酒、阿尔萨斯啤酒、各种开胃酒、加利亚浓缩奶、可长期储存的无锡淡盐奶酪等。法国文明的善举都是通过与法兰西帝国诸附庸国稳定的贸易交流付诸实施的[66]，这是宗主国文明使命不可或缺的获取回报的项目。

利奥泰元帅亲自在《名流》杂志为殖民地展览出版的特刊上解释了这一使命的意义。1931 年 5 月，元帅本人说：“昨天，我们为一次伟大的和平行动剪了彩。”他在回忆自 1915 年起所做的促进进步工作以来，此时他担任卡萨布兰卡总督一职，组织过类似的展览会，他认为“这样的展览会让世界明白了许多道理”，用他自己的话说，他发现了“殖民地行为的真实含义，从现在起，只有在殖民地行动中，才能够实现人类的团结，并通过开垦土地和消除废墟达成共识，深化殖民地的真实意义”。他简单地强调道：“在地球上，还有大片的土地待开发，大量的和平行动待开展，以此消除贫困、愚昧和各种自然灾害。”“除了展示殖民地各民族所做的大量工作外，展览会还另外列举了许多亟待开展的工作任务。”他以美好的祝愿作结束语：“这一切能被理解吗？这一切能得到全人类的认可吗？其首先要给成年人灌输一种新的精神和一种新的意识。殖民地化不只是修建河岸、工厂或铁路，还应该是以人类的善举赢取草原与沙漠人民仇恨的心灵。”他预言道：“展览会敞开了前景，成千上万的工作人员付出了努力，他们建设的展馆不会徒劳无获，我国既已开创这样的事业，必将会以其辉煌的成就展献给人类。”[67]

白色人种的义务

在强势的法国殖民主义之上，好些人希望颂扬整个白色人种。在同期

《名流》杂志《继续法国殖民主义行为》一文中，皮埃尔·德龙克勒迫不及待地讲道："正当在世界上，某些学者和某些政党大谈'西方步入黄昏'或衰落时，万森讷国际殖民展不失时机地肯定了欧洲伟大的民族以及与其站在同一立场的美国都不会接受这一衰落之说，更不会放弃肩负的文明使命。阐明这一观点恰好证明了白色人种对未来坚信不已，绝不认同另一些人认为他们老态龙钟，不能胜任新的使命，不能抵御受到威胁的抗争。"[68]在玛格丽特·杜拉斯的出生地，法国政府对自己所采取的政策尤为满意。卸任总督在撰写了《在印度支那任重道远》一文后，便于第二年升任为殖民地部长，此文的中心思想是："在阿尔贝·萨罗特刚出版的新书最后的一段文字中，他动人心弦地回忆了法国在亚洲土地上实施的道德援助：'由于我们的努力，印度支那已走出历史的桎梏，注入了新的生机，学会了分享自身的财富，追求生活，放眼宇宙，参与世界交流，积极合作，促进人类进步。'"[69]

安南人会对此怎么想呢？由隶属政治事务司管辖的殖民地部"法国殖民地本地人来法控制与协助服务中心"起草的一些绝密报告将此问题阐述得十分清楚。在一份1931年4月14日写给部长的报告摘录中[70]，大家可以读到标题为《殖民展期间的反殖民地宣传》的文章："在展览会期间，一些法属殖民地的原籍人均属不同政党的积极分子，计划开展针对殖民帝国主义的反宣传。在法国共产党的支持下，他们在巴黎成立了一个反殖民展的战斗理事会，与会人员主要是安南人和属于共产主义青年党的法国人。在4月2日举行的会议上，阮文涛试图证明展览会是对保护被压迫人民的苏联的侮辱，是资产阶级对无产阶级的挑衅。阮文涛讲解了示威中具体的技术做法：把绑着扣绳的红旗抛在树枝上，把系着黑底白字标语的气球抛向会场上空，在墙壁上书写抗议标语，大量地散发传单[71]。总之，采用的都是一些普通的抗议手段，如悬挂标语的红气球，这可称得上是越南的技术发明了。"

法国共产党积极地推动这些抗议活动，他们用越南语书写了许多宣传单，内容是：

同志们：

5月份，法国帝国主义将在万森讷为殖民地展览会剪彩，将展出从殖民地掠夺来的财富，将显示文明就在于征服领土，为"落后"民族送上文明的圣餐。但是，他们却忘记说明一点，我们有多少儿女为此付出了生命，我国农民要流多少泪水和鲜血才能换来这些不义之财。另外，他们请来了安南人拉黄包车，以此证明安南人很需要我们的统治，只有我们才能带领他们走向进步。

而此时，在印度支那，有30名革命者被枪决，有700多名示威者被屠杀。

法国帝国主义给法国派来一批奴隶，让他们表示在与刽子手进行着光荣的合作。

我们一定要揭穿征服者的假面具。

我们一定要抗议殖民地展览会。

我们一定要还在法国帝国主义铁蹄下如同奴隶般生活的悲惨者的本来面目。

在4月19日，即下周一的两点，我们将在奥德翁的细泉咖啡馆举行集会，商讨反对展览会的活动内容。

同志们，大家一定要成群结队地前来参加会议！[72]

秘密报告堆积如山：在马赛，安南人成立了“红色委员会”，负责筹备抗议来自殖民地的当地人，阻止他们以这个或那个的名义与组委会合作。该委员会通过“厄赛帷幕”号轮船获悉有一批印度支那人于4月28日前来法国。马赛警察署指出有一个安南人在城里的小商店购买了上百只口哨。在德国，柏林反帝国主义同盟决定在巴黎购置一片土地，建造一幢楼房，展示殖民主义者以文明为幌子所犯下的滔天罪行，所有的殖民地都将被列为展出对象。苏联政府承诺援助10万法郎印制宣传资料，除印发传单外，还出版一本作为反面宣传的《真实的殖民地展览导游册》，副标题为《颂扬法国殖民行为的激扬文字》。这个导游册特别附有插图，都是一些谴责镇压活动的图片，其中有一张图片是巴斯基耶的照片，他手里托举着“五个血淋淋的印度支那人头”，表示着“文明行动的真实面孔”。在这本导游册正式出版之前，《人道报》还在头版头条对读者作了如实介绍。

在展览会开幕之后的一段时间里，骚乱活动还在持续，示威者、投放气球者、贴传单者以及其他活动参与者，与保护贵宾和成千上万游客的警察和便衣警察玩起了猫捉老鼠的游戏[73]，游客们的政治意识一时觉醒，聚精会神地观赏着被主要报纸和插图画刊沸沸扬扬报道的热闹场面。此时，玛格丽特·杜拉斯对在巴黎街头正在发生的事变是否有所耳闻呢？是否知道在印度支那，她出生的故土正在被遭受残酷镇压的反法共产主义分子的鲜血染红呢？她大概对此一无所知。总之，我们无法明确地回答这一个问题。我们所能知道的，就是在她母亲家，大家都不看报纸，甚至没有人对政治争论感兴趣，在他们全家度假前，西贡已陷入动荡的漩涡中。在回法国停留期间，多纳迪厄夫人和孩子们几乎没有时间，也没有这样的好奇心，去整日关注在报刊头版上报道的一些辩论。而玛格丽特·杜拉斯却忙于成双入对地外出、进城、准备年底的考试，这将决定她今后的学习方向。她在这里已度过了18个月，学到了许多生活常识，为走向成熟年龄迈出了关键的一步。

注　释

1. 私人日记，1931年12月12日开始撰写，让·马斯科罗档案馆。

2. 《情人》，19页，同前。

3. 海外档案中心。

4. 《来自中国北方的情人》，伽利玛出版社，1991年。

5. 同上。

6. 同上。

7. 《战争手册及其他文献》，同前。

8. 1876年以来，退休制度规定了小学教员的退休年龄为55岁。1932年，当玛丽·多纳迪厄还在法国时，埃里奥政府的一项法令将其退休年龄推迟至60岁，将退休工资的领取比例从3/4减少至2/3。在1934—1935年间，民族阵线政府推行通货紧缩政策，在公共事业部门实施减岗裁员。根据多梅尔格1934年和拉瓦尔1935年的法令，未满60岁的小学教员均被勒令退休。

1936年，人民阵线的布鲁姆政府取消了1932年的法令法规，重新规定小学教员的退休年龄为55岁。（《共和国时期的小学教师》，雅克和莫娜·奥佐夫著，同前）

9. 海外档案中心。

10. 多纳迪厄夫人在殖民地的年薪为3.3万法郎，加上专项补贴2240法郎和家庭补贴1560法郎，再在加上丧偶抚恤金3000法郎，回法国，她算不上是一个穷人，差旅费报销，还含铁路和轮船享受头等舱费用。

11. 海外档案中心。

12. 让·马斯科罗档案馆。

13.《话多的女人》，午夜出版社，1974年。

14. 同上。

15. 现代出版档案馆。杜拉斯基金会。

16. 海外档案中心。

17. 洛特－加龙省档案馆。

18. 在《厚颜无耻的人》一书中，玛格丽特·杜拉斯提及到塔内郎夫人说服自己的儿子陪她星期天去做弥撒，而小儿子保尔不停地讽刺她。

19.《厚颜无耻的人》，同上。

据勒内·福尔森讲，这对夫妇的孙子后来买回了这个庄园，他的祖父母重新做了房屋的主人，可是屋内暗藏有蝮蛇，吃掉了不少的家禽。

20. 同上。

21. 勒内·福尔森清楚地记得，亨利耶特·特雷尼在近郊的一个鞋厂工作，"她与好友亨利耶特一起外出"，他告诉她，"他经历了一场爱情"。他声音悲伤地补充道："很遗憾，这个人不是玛格丽特·多纳迪厄。"2001年9月17日的电话交谈。

22.《厚颜无耻的人》。

23. 洛特－加龙省档案馆。

24. 马尔芒财产抵押办公室。多纳迪厄夫人于1932年将这笔余额的支付清单交付给泰奥菲尔·福尔森。

25.《厚颜无耻的人》，同前，73~74页。

26. 2001年在马尔芒与德凯拉克夫人的交谈。

纳维尔夫人于1935年去世。她与亨利和艾米丽·多纳迪厄一起被安葬在家族的墓地中。

27. 与勒内·福尔森的电话交谈。

28. 法国没有人还记得玛格丽特·杜拉斯谈到的银杏树。实际上，这种树源于中国东部，在日本和朝鲜也有种植，1927年才移植欧洲。

29. 1999年12月3日，在巴黎与让－路易·雅凯的谈话。

我确信在贝里省停留绝对与玛格丽特·杜拉斯希望瞻仰乔治·桑生活过的地方无关，她对她的作品并不十分欣赏，简单地说，就是她的一个陪友在这里有一套祖屋。

30. 1996年12月14日，在拉·雷奥勒与雅尼克·杜克特的谈话。

据雅尼克·杜克特讲，普拉提耶的屋主"认为她很有钱，因为她是一个大名人"，就"哄抬房价"。（提出4000万旧法郎出售被烧毁的房屋）

31. 这是玛格丽特·杜拉斯写给让－马克·贝内德迪的信。1998年11

月24日，克莱尔·贝内德迪将此信的复印件转交给了作者。这封信后来被刊登在《大西洋信函》杂志上，这是阿坤庭地区文学界创办的杂志，并附有克莱尔·贝内德迪撰写的一篇文章——《杜拉斯是玛格丽特的创作空间和杜拉斯的无限希望》。

扬·安德烈亚是玛格丽特·杜拉斯的最后一个伴侣。

32.《波尔多火车》，摘自《物质生活：杜拉斯对博茹尔如是说》，P. O. L. 出版社，1987年。

33.《名流》杂志写道："3月21日举行了8号地铁新线的通车仪式，参加开幕仪式的有巴黎市政议会主席利奥泰元帅，以及塞纳地区的各警署长。该线路包括黎塞留－德洛奥、奥德伊门至夏朗通门一带，共有32个停靠站，总长度达15公里。这条线路主要连接林荫大道，通往展览馆，再通向万森讷森林。"

34. 现代出版档案馆。《书外之音》，1988年，为法国电视一台制作的"与鲁斯·佩罗交谈"抄写稿。

35. 劳儿·阿德莱，《玛格丽特·杜拉斯》，同前，106页。

"她什么也不说，除了在《厚颜无耻的人》的第三部分讲到旺夫变成了克拉玛特，在一条郊区单调冰冷的街道上，女主人公慢慢地游荡，心潮起伏。"在下文中，她漆黑一团地写道：

"玛格丽特承认在她家里严重缺乏舒适感，她母亲没有钱给她买过冬的大衣，每天都吃不上热饭。"

确实如此，你希望她承认什么，她都会承认。她忘记她穿的那件高绒领的舒适大衣，这都是可以谅解的。我们看见她在1931年至1932年冬季在学校的照片上穿的就是这件大衣，在同一年的另外一张拍摄于诺曼底的照片上，她还穿过一件时髦的卷边反扣大衣。

另外，开往旺夫区的公共汽车都很准时，不会耽误太多的时间，很容易核实《厚颜无耻的人》的作者往来的行车线路。

36. 纪念溺水的维克多·雨果的大女儿维尔吉耶。参阅其他浪漫主义诗人的作品，住宅楼后面的街道名是拉马丁街。

37. 1999年6月22日，与乔治·杜兰的交谈。

1925年至1929年，乔治·杜兰是米什莱中学的学生，亲眼目睹了住宅楼的建设。据他讲，是分两期工程完成的，属于标准住宅楼，没有电梯。而在1994年重新整修后才安装了电梯。问题是："在20世纪30年代初，这座楼房漂亮吗？"回答是："这是一座美观大方的住宅楼，房间宽敞明亮。"

38.《厚颜无耻的人》，同前。

39. 此事实经乔治·杜兰确认。

40. 2000 年 6 月 28 日，在巴黎与保尔·兰波维尔－尼克尔的交谈。

41. 在位于弗朗索瓦－热拉尔街中央的新住宅楼群后面，是一片矮小的住宅楼群。根据街区书店反映 16 区风貌专著的描写，这些古老的住宅楼由一家亚历山大·斯塔维斯基建筑公司于 20 世纪 30 年代建造的。

42. 2004 年 6 月，与弗朗索瓦兹·贝兹夫人和扎兹·德姆兰夫人的电话交谈。

43. 与乔治·杜兰的交谈。

1940 年，于 1925 年就任旺夫区区长的弗雷德里克·比克在第三共和国倒台后，就投靠了维希政府。在德国占领时期，德国人住进了米什莱中学。在解放后，弗雷德里克·比克又回到了故地，参与公共事业，并住在维克多－雨果街 16 号住宅楼中的 3 层公寓里。

44. 在冬天，奥德伊门附近的莫里陶游泳池被改装成滑冰场。

45. 私人日记，让·马斯科罗档案馆。

46. 同上。

47. 同上。

48. 2000 年 12 月 17 日，在巴黎与保尔·兰波维尔－尼克尔的交谈。

49. 私人日记。

50. 同上。

51. 玛格丽特在日记中写道："妈妈几乎没有安慰他，我觉得她是在妒忌他所哭泣的女人。她非常害怕再发生任何事情。"

玛格丽特·杜拉斯在《厚颜无耻的人》中利用这一家庭悲剧大做文章，皮埃尔·多纳迪厄的情人在小说中成为了他夫人，名叫米利耶尔，而她本人的实际名字是贝蒂·芬克，他大哥成为了雅克。莫德在谈到塔内郎夫人时说道："大儿子不会给这个母亲带来快乐，因为她忘记不了刚掩埋的那个可怜女人。尽管她对此不幸不负任何责任，可她不可能活得心安理得。一想到她偏爱的儿子，她就觉得自己有着严重的过错，而不愿意多想。为什么呢？比如难道她不知道提醒他这是一场危险的游戏，会把他带入悲惨的冒险中吗？自始至终，她总是半信半疑，这个女人不会自杀吗？长期以来，雅克与他妻子没有钱花，悲剧笼罩着他们的生活。而他需要钱，处于一种为钱疯疯癫癫的窘况。他一有钱，就变成另外一个人，空虚到了极致，视钱如粪土，花钱如流水。穿衣打扮、请朋友下馆子、肆意挥霍、贪图一时快乐、整个星期不回家，这是一个想方设法地节省用钱的家庭，像其他人会积蓄能量或控制乐趣一样，像一个被奴化的仆人整日只会给主人干活一样。当他裤子口袋里只剩下几张票子时，他就开始斤斤计较，又开始到处讨要，替朋友推销‘汽车’。要是搞不到钱，就只好去赌博或抢钱，最后，疲于奔波，丧失人性，沦为他同伙的帮凶，吃尽苦头。他妻子辛苦挣来的钱像通过不正当手段得到的那样很快化为乌有。”

52. 同上。

53. 现代出版档案馆。

54. 私人日记。

55. 同上。

56. 同上。

57.《他很帅》是让·梅尔坎通执导的电影，从阿尔贝·维尔梅兹的轻歌剧改编而成，出演的有亨利·嘎拉、梅格·勒莫尼耶和阿尔芒·德拉南，女配角是维维亚娜·罗曼斯。

58. 2000 年 12 月 17 日，在巴黎与保尔·兰波维尔－尼克尔的交谈。

59. 实际上，玛格丽特只有 18 岁。

60. 1985 年 11 月 9 日发表的《另类日记》，这是一篇谈论尼古拉·马林奥尼著作《医院的寂静》的文章，后又发表在《外面的世界》上，同前。

61. 1963 年，玛格丽特·杜拉斯在古老的黑岩宾馆里买下了一套公寓，黑岩宾馆因马塞尔·普鲁斯特小说中的巴尔贝克宾馆而著名，实际上巴尔贝克宾馆综合地表现了黑岩宾馆与卡布尔宾馆的优点。

62.《乌发碧眼》，午夜出版社，1986 年。

63. 私人日记。

64. 在 1931 年举办展览会之际，“殖民地永久性博物馆”同时在多梅斯尼尔街落成了，后被命名为“法兰西海外博物馆”。这是建筑师若斯利和拉普拉德的杰作，在开馆仪式上，受到高度赞扬。评论家莱昂德雷·瓦雅在《名流》杂志上极力颂扬其美学设计，特别是“雕塑家雅尼奥制作的长卷浮雕仿佛一块石质壁毯”精细地装饰着正面墙壁的列柱。瓦雅写道：“从现实中取材的浮雕完美地再现了殖民化的特征，令人回想起那激烈、勇猛和广阔的真实场景。”

殖民地展览会用贷款形式完成的另一个项目是修建万森讷动物园，占地 3.5 公顷，是由德国人哈根贝克以不同时代的风格修建完成的，他曾于 1907 年在汉堡创建了“第一家动物园”。万森讷动物园最初只收养了非洲的动物，没有老虎和猎豹。展出的动物有近 20 只大小狮子、5 只大象、4

只长颈鹿、5 只斑马、12 只鸵鸟，其他还有羚羊、雄鹿、水牛，140 多只猴子、200 多只各种鸟类等。所有这些动物都安排在风格各异的景点里，给游客一种自由观赏的印象。第一个星期天，预计接待万余人，结果前来参观的人数达到了 25 万余。

65. 1931 年 5 月 23 日发表于《名流》杂志。

66. 印度支那联盟在巴黎设有自己的商务办公室，称为“印度支那经济代理处”，位于拉博埃提街 20 号。

67. 1931 年 5 月 23 日发表于《名流》杂志。

68. 同上。

69. 同上。

70. 保尔·雷诺从 1931 年 1 月 27 日至 1932 年 2 月 20 日任殖民地部长，路易·莎浦莱内接任其职，任期很短，从 1932 年 2 月 20 日至 1932 年 5 月 15 日，随后是阿尔贝·萨罗特，他的任期是从 1932 年 6 月 3 日至 1933 年 9 月 6 日。

71. 海外档案中心。

72. 同上。

73. 当殖民地展览馆于 1931 年秋季闭馆时，已接待了近 7000 万参观者。

第十四章
返　程

1932 年的暑假即将结束，多纳迪厄夫人必须得考虑返回印度支那的工作岗位和对孩子的未来作出选择。玛格丽特自然同她一起返回印度支那，在西贡准备高中会考第二阶段的考试。保尔已于 1931 年 12 月 23 日满 20 岁，必须要考虑去部队服役，这将决定着他的未来。而皮埃尔由于健康原因[1]，似乎可以不用考虑应征入伍。尽管她母亲为他担惊受怕，度日如年，可大儿子毕竟是成年人，根本不服她的管教，特别是像他现在这种健康状况就更难管理。他将留在旺夫高原的公寓里，母亲也很高兴能将这所公寓保留下来。母亲和女儿好像已经和好如初，在一张夏季末的客厅里拍摄的照片上，玛格丽特眉开眼笑，脸上露出在海边风吹日晒的肤色，一只手搂着母亲的脖子，此时此刻，母女二人有着惊人的相像之处。玛丽·多纳迪厄衣着考究，胸前挂着单片眼镜，手上戴着醒目的戒指。

她在首都逗留期间，为了个人利益和学校工作，不得不多次与上级行政管理部门协商。她的 12 个月的行政假期已于 3 月份期满，在复活节前期，她申请到 2 个月的带薪延长假期，然后又获得 3 个月的延长假期，这样，她就可以留在女儿身边，鼓励她好好参加考试。她每次都借口身体欠佳，在这种情况下，疟疾后遗症总是让人信以为真的借口，这样就轻而易举获得“康复假期”，享受薪水。这大概是她频繁出入乌迪纳街的成果，阿尔贝·萨罗特于 6 月初在此定居，她毫不费力地说服殖民地服务处熟悉的大夫给她开具假条。现在，又得麻烦大夫们，她已经完全康复，可以重返印度支那的工作岗位。9 月 13 日在马赛，她被确认为“身体合格，胜任工作”。这是最终的满意结果：多亏她的社会关系和多年在殖民地从事的教育事业，她可以选择到她喜欢的任何一个城市任教。实际上，从 1932 年 10 月开学，她已经被安排在一所西贡男子高等初级学校教授初级班，她只具有初级班教师的资格。没有给多纳迪厄的遗孀玛丽·阿德琳·勒格朗安排高级班课程，她不会有任何的抱怨。她可以在良好的工作环境中继续自己的职业生涯，获得继续供养3个孩子的生活费用。

玛丽·多纳迪厄在杜兰斯乡村阿尔弗雷德·勒格朗弟弟和弟媳夏洛特·鲁热家做了短暂的停留，拜访了家住鲍尼尔的另一个弟弟，大概还看望了生活在贝图纳的母亲，然后回到巴黎，向兰波维尔一家道别，同他们的来往给她带来了许多乐趣。兰波维尔夫人送给她一顶漂亮的帽子作为纪念[2]。现在，该准备行装了，并于9月12日在里昂火车站将行李通过慢件寄走，而这位家庭主妇、保尔和玛格丽特都同时坐在PLM铁路公司的头等车厢里，驶向圣查理火车站。13日星期三，他们登上了“圣皮埃尔教徒号”客轮，开始了返程旅行。上船前，他们在马赛停留了整个一个晚上，她精心地准备好各种证明材料，以便在抵达印度支那时，可以报销55法郎的费用[3]。10月14日，他们踏上了海运邮轮。15日，西贡男子高等初级学校的财务科登记了多纳迪厄夫人的报到日期。

泰斯塔尔街141号

玛格丽特又开始平静和勤奋学习的一年。根据各方面的情况来看，她在这一年里，心理平衡，信心十足地考虑着自己的前程。先是需要购置一套住宅，她母亲在泰斯塔尔街买下了一套带花园的别墅，街旁栽满了罗望子树，位于欧洲区中心，与沙瑟卢-洛巴街平行，这里出售普拉提耶庄园出产的农副产品。她母亲还购买了一辆新车。这一次，他们选择了一款豪赤克斯牌四门双座敞篷汽车，后排为可折叠式舒适柔软的座位[4]。在驾驶座位的左侧，安装有一盏可调节式远光灯，可在夜间照射公路上的动物，如果保尔·多纳迪厄手持卡宾枪，就可以猎杀麋鹿。他们购买的房子新颖别致，我1999年在西贡逗留期间，专程前往核实。房屋的屋顶四面吊瓦，开放式门厅装饰精细，两边各摆放1只石狮，上面是阳台，底层是拱形宽大的窗户，高大的游廊占据了整个二层楼的前半部分，俯览大街，四周林立着欧洲样式的别墅。1个铁栅栏门和6根水泥柱将其与大街隔离开，房屋正面是一个有着天然景色的庭院，可以靠一边停放几辆车，不影响整体美观。庭院中间是一个装饰小天使的圆池，颇有意大利风格。玛格丽特身着白色连衣裙、头戴软帽于1933年回国前曾在这里拍摄了一张照片，在照片的背面，她母亲写下这样一段话：“我不漂亮，但身材娇美。”[5]

当我亲自能够为这个别墅拍照时，别墅已经被整修一新，庭院的白沙砾上停放着醒目的奔驰车，这说明在越南富商的精心关照下，别墅已经恢复了昔日的光彩。我看到大门敞开，开出了一辆轿车，我大胆冒失地走到门前，向穿着越南裙子的仆人解释一番。她上下打量着我，得知我的好奇心，我才能够透过房屋的玻璃窗看到屋内，并在一头狮子的底座上查看房屋修建的年代。像当年一样，两头狮子镇守着别墅[6]。

泰斯塔尔街现在叫沃文唐街。有关多纳迪厄夫人的141号别墅，我们有着直接的证人，他是马科斯·贝尔吉耶，祖籍是上萨瓦地区人，法国电气公司的退休职员，曾在玛格丽特·杜拉斯母亲的监护下，寄宿其家里达12年之久。他父母曾住在巴克-里约，是印度支那最南端的一个偏僻地区。1932年秋天，当多纳迪厄夫人开车来看望这位同事时，他被委托给她照管，是为了能让他继续上学。他刚满6岁，当晚就与第一次见面的这位夫人一起离开了家，后来，他亲切地称她为“教母”。在抵达西贡后，他已迷迷糊糊，被安置在大屋的小床上睡觉，醒来后，他发现一张挂着蚊帐的大床。他揭开蚊帐，爬到了床上，认识了一个陌生人，这个人就是玛格丽特。第一次拥吻，第一次相识，他们很快成了好朋友。在节假日里，玛格丽特经常带他出去散步，去植物园看大象，或去港口沿着西贡河堤遛弯。保尔和多纳迪厄夫人也时常加入到他们的行列，每个星期天，他们都一起去教堂做弥撒，还专程绕道去卡蒂纳街买蛋糕。

每天早上，玛格丽特的母亲都陪着被监护的小男孩坐着黄包车去学校，那时候，还没有脚踏黄包车。学校位于安吉尔大夫街，与植物园门对门，她正好在这所学校教书[7]。2001年初，我与他通过第一次电话。2001年5月，我到富其尼地区的圣皮埃尔拜访他，他对泰斯塔尔街这套住宅还记得十分清楚，凭借记忆就能够画出样图。我问他当他认识多纳迪厄夫人时，她是否是一位虔诚的教徒，他回答说她每个星期天都去教堂，还给他们讲一些教义，专门给他和另一个很小的姐姐讲教义，这个小姐姐是几年后才来此和他住在一起的。“我非常肯定，就是住在她家时，我接受了初领圣体。”

在泰斯塔尔街的别墅里，有一架钢琴，玛格丽特的母亲有时弹一弹，还教他弹几个乐段。马科斯·贝尔吉耶的父亲曾是马赛歌剧院和维希娱乐场的男中音歌唱家，1918年后，加入西贡剧院抒情乐团，后来获得了殖民地行政部门市场监察官一职。当他来西贡拜访多纳迪厄夫人一家时，他邀请她到客厅用钢琴给他伴奏，即兴演唱了几首歌曲。小男孩的父母并不富裕，为了给他付寄宿费，曾经学过时装专业的贝尔吉耶夫人根据从法国寄来的时装画刊上的流行装样式，给玛格丽特和她母亲现做连衣裙[8]。从玛丽·多纳迪厄在20世纪30年代照片上的着装来看[9]，马科斯·贝尔吉耶的母亲确实很有才华，针对这一特殊顾客，她能够对她的着装给予积极的影响，在一些特定场合里，她穿着这些服饰，炫耀自己花了不少的费用。而在平时，她总是穿着一件黑色连衣裙，被她女儿戏称为布袋子。

有了新的工作后，这个本地学校的老教师不仅买了“一幢好房子”，而且还经常出入“名流”社会。诚然，她还继续与老师们保持联系，大概还会去看望那些邮递员，谁能知道呢？由于她与印度支那总督克罗泰梅尔夫人有着特殊的关系[10]，这就使她成为了座上宾。除了在城里的富人区有一套住宅外[11]，她不是还有汽车和司机吗？另外，在巴黎长时间的逗留，给她带来了声望，在西贡到处传说她与殖民地部长同样交往频繁，大家自然就很关注她，从此，她的上司也很器重她，大家最终认可了她的存在价值。1933 年 9 月 18 日，印度支那教育署司长乔治·塔布雷教授这样评价道[12]：“她是一个精力充沛和忠诚于教育的教员，擅长带动一个班级。”她任教的高等初级学校的校长写道：“多纳迪厄夫人有主见、有经验，足以控制一个班级的教学情况。”还补充道：“她表现得很积极，我们要求青年教师向她学习。我非常感谢这位教师的合作精神。”1934 年，赞扬声络绎不绝，一个老师说：“她精力充沛，经验丰富，肯于付出，会调动学生的学习。是一个优秀的教师，其年龄丝毫不影响她的教学能力和效果。”另一个老师说：“是一个有价值的老师，积极肯干，尽职敬业，效果突出。”[13]1935 年，新任校长多次赞扬她，很欣赏她在身体欠佳的情况下，仍能忠于职守、任劳任怨，堪称榜样。这是对大概在三四年前就应该退休的人所做的真诚回报吧！玛丽·多纳迪厄的退休时间很快就来到了，而她仍想着继续支付女儿上学的学费。另外，就像行政文件善意的措辞那样，她还不得不“供养她的两个成人的儿子，无论他们意愿如何，至今都还没有找到工作”[14]。

哲学课

每天上午，玛格丽特多走几步路就到了沙瑟卢－洛巴中学上课。寄宿读书、晚自习、令人窒息的公寓生活、对人充满恶意的监督员，这一切都过去了。很久以前，埃莱娜·拉格奈尔去大叻完婚，也被她抛在了脑后。玛格丽特·多纳迪厄现在是哲学专业的学生，在母亲住宅的二层楼上有着“属于自己的房间”，身着巴黎流行的合身服饰，佩戴着首饰，变得越来越漂亮。脚上穿着高跟鞋，以弥补身材的不足，外出化妆，不再招致母亲的责怪，头发梳理得整整齐齐，现在完全是一副姑娘的模样，既聪明又理智，至少有时候是这样的。

在空闲的时候，她打网球、游泳、与安南矮司机一起“开车兜风”，并到种植园给母亲雇用的工人送工资，中途停歇在河流边或森林边，重新体验童年的冒险和恐惧，沉静在波罗诺平原的风景中，享受天空与象山脚下的丰富植物，这些在后来都带给她无穷无尽的回忆[15]。这一年，她读了许多书，有额尔内斯特·勒南、笛卡尔、贝尔格松、她母亲崇拜而她不喜欢的米什莱等，这些都是哲学课的必读作品。在乐曲伴奏下，她练习跳肖邦的钢琴华尔兹舞、迪亚贝利的变奏舞和克塞尼的练习舞曲。钢琴摆放在底层的客厅里，其中一角被布置成流行的美式会客厅风格：有一个本地产的沙发、高脚书架，两者之间挂着她和她母亲非常喜欢的提花装饰布，屋内摆满了五颜六色的靠垫，有用绸缎或绒布做的，上面有刺绣、花褶、飞禽等。这是西贡流行的殖民者屋内布局，这种时尚伴随着玛格丽特走过了大半个人生[16]。

为了准备高中会考第二阶段，她注册了哲学专业，令人惊奇不已。前一年，她在奥特伊中学上学，尽管她的数学成绩很好，她却喜欢上了哲学专业，这样就可以选择安南语作为外语考试。据一名中学同学罗歇·蒙拉郁克说，玛格丽特是一个勤奋好学的学生，“她总能获得良好成绩”。他觉得她很和气。可是在 1932 年前，她还没有认识她，也不了解她家里的境况。即使这一年他们上哲学课时坐在同一条板凳上，也很少说话，“大家只是打个招呼，仅此而已”。据他说，玛格丽特·杜拉斯写的这段话完全符合事实：“课后，她很少与人交往，由于她个人的行为，是不是她在学校的女生中名声不好呢？不是的，据我所知，她从来没有和别人吵过架。”当问及下课后是否有一辆醒目的莫里斯·莱昂－波莱牌轿车在等待她时，他肯定地说在沙瑟卢－洛巴中学 3 年的学习生活中，他父亲是边和地区的行政官员，经常来接他，而他从来没有见过这辆轿车，那时候也没有听说过什么人谈过这辆车。在第二次见面时，再次问及此事时，他毫不犹豫地说：“从来没有小轿车等着接她。”更没有见过一个中国司机。玛格丽特·杜拉斯在《情人》一书中叙述到，接送“行政官员孩子”的中国司机是第一个看到和第一个讲给别人听的人。在 20 世纪 30 年代初，罗歇·蒙拉郁克的妹妹也在西贡中学读书，她认为这种事情会很快在欧洲殖民者中间传开，“众所周知，西贡只是一个小专区那么大的地方”[17]。

当问到 30 年代初西贡的政治形势时，罗歇·蒙拉郁克的妹妹回答说她那时候还很小，记不住发生过什么特别的事件。她说姑娘们都不看报纸，也从来不谈论政治，她哥哥明确地说学校里没有开设政治课。在她看来，西贡法国姑娘的母亲最关心的事情就是给她们找一个好丈夫，使馆专员和部队军官是大家追捧的对象。她还记得她最要好的两个朋友莫奈特·斯特里德尔和埃利耶特·卡尔波涅尔就非常关心自己的个人问题。埃利耶特·卡尔波涅尔嫁给了印度支那银行的官员维克多·塞卡兰的儿子，就是30年代初保尔·多纳迪厄开始工作的那家银行。

当问及玛格丽特·杜拉斯在《抵挡太平洋的堤坝》一书中描写行政部门泛滥的受贿问题时，兄妹俩对此有何看法呢？罗歇·蒙拉郁克认为她有点单方面污蔑行政官员受贿，他注意到："大多数官员做事十分谨慎、廉洁奉公，还有些人自命清高，避讳受贿一事。"他妹妹坚持认为他父亲就十分正直，在她看来，他的同事也都一样正直。她承认存在着明目张胆的受贿行为，大概也就是指玛格丽特·杜拉斯所说的沙沥省的这名行政官员。在小说于50年代出版之后，她记得这名行政官员的女儿反应非常强烈，她无意中注意到这位官员的妻子身上戴的"都是十分漂亮的珠宝"。

西贡的妇女

"我很留意西贡街头和丛林地区的女人，这里有些女人非常漂亮，皮肤白皙，十分注意保养自己的容貌，丛林地区的女人尤其如此。她们无所事事、养尊处优、养颜护肤，以便博得情人的好感，都是为了能够去欧洲，去意大利度假。在每3年的6个月长假中，能够描述在这里所发生的事情，向别人谈殖民地特殊的生活方式、官员们良好的工作状况、仆役的唯命是从、植物、舞会、白色大别墅等，房屋大得像迷宫，偏远地区的官员大都住在这样的别墅里。她们在等待，毫无目的地穿衣打扮，相互攀比。在昏暗的别墅里，自我欣赏，憧憬未来，自认为能遇到小说中浪漫的情节。"能像玛格丽特说得那样美好吗？"她们的衣柜里挂满了衣裙，都是在漫长的等待中日积月累起来的，都不知道穿什么好了。一些女人疯了，另一些女人像老实巴交的女佣一样被抛弃了。被抛弃，大家听到这个字眼传到她们耳朵里，就像谣言一样，刺痛着她们的心，一些女人就自寻短见了。"[18]

《亚洲的法兰西》报纸创刊于20世纪30年代，由路易丝·阿勒冈任主编，专门给西贡妇女讲如何穿衣打扮。这份报纸每周出版3期，许多栏目都与时装有关。从离大陆饭店和宝塔蛋糕店不远的波塔伊书店，各种各样的时装报刊连同信件一起通过航运运抵新山一机场。一个长居西贡的妇女告诉我说："我们通过杂志就能知道巴黎流行的时装。在城里，有些裁缝会翻做高档时装，我们还有家仆专门负责整理衣服。”[19]据一个曾经居住在河内的受访者说，最大的事情就是要给自己做几身晚礼裙，尤其在乘船回国的前夕。“我们不得不每天晚上都穿晚礼裙，所有夫人回国时都带好几身晚礼裙。”[20]

不论在小说或在电影中，玛格丽特·杜拉斯都很注意对时装的展示，所有读者都在幻想安娜－玛丽·斯特雷特参加 S. 塔拉市娱乐场决定命运的舞会时穿的“带着三条紧身挽带”黑色晚礼裙。这样的描述有着深刻的寓意。项链是女人饰品不可或缺的一部分，在她的作品中，这并不是女性文学中多余的饰品，寓意着幻想、欲望、情色、戏剧、命运等含义。从安德斯马的女儿“金黄头发的瓦列里”到安娜－玛丽·斯特雷特，从舞场上劳儿·V. 斯坦穿的白色晚礼裙到电影中拉姆齐卡穿的白色晚礼裙，再到离异者玛德莱娜穿的白色晚礼裙，她是一名被淡忘的《萨瓦纳湾》影片中的女演员，即“神圣的玛德莱娜·雷诺”，或者再到艾米尔穿的过时但仍令人羡慕的晚礼裙等，人物的本质都表现在女人的衣着上。在这特有的一点上，应该相信玛格丽特所要表达的意愿，她在西贡学会了观察女人的美貌。1984 年，当电影《情人》把安娜－玛丽·斯特雷特移植到她杜撰出来的卡尔库塔城时，她的回忆突然豁然开朗：

“我还有一件事情从来没有说过。当我第一次看到女人特有的美貌时，或应该具有特别的身材与美丽的容貌时，此事发生在 1926 年。这件事情发生在西贡，即在夏尔奈林荫大道和卡蒂纳街的拐角处。我站在夏尔奈林荫大道的一边，看到一个女人从相反的方向迎面走来，向卡蒂纳街走去，仅仅持续了几秒钟时间。她穿着一条连衣裙，舒展飘逸，像是用绸缎面料做的裙子。裙摆齐着膝盖，腰间紧收；身材纤细高挑，充满活力；留着短发，头发乌黑，晶莹光滑。连衣裙附身合体，随着轻盈的步履，显得格外新颖飘逸。裙子无袖口，宽衣领。她穿着高跟鞋，没戴首饰。她有着令人无法忘怀的美貌。在她走过的瞬间，我感觉到内心怦怦直跳，呆呆站在原地。现在，我知道这个窈窕颀长的身影似乎就是安娜－玛丽·斯特雷特，或者是从前的贝蒂·费尔南代和玛丽－克罗德·卡尔庞泰。”[21]

颁　奖

在玛格丽特·杜拉斯就读的哲学班上，有 10 名女生和 25 名男生。罗歇·蒙拉郁克将他珍藏的传统毕业照给了我一个复印件，还有一张从那年 7 月 12 日举办的颁奖会册上撕下来的照片。第二阶段的各种考试在月初就结束了，玛格丽特在7月3日就知道自己已经顺利通过考试，校长的女儿日尔曼娜·维奈获得优秀奖和哲学作文一等奖，玛格丽特特别崇拜的越南男孩获得二等奖和数学二等奖，而玛格丽特本人非常满意地荣获物理和化学三等奖。夏尔奈大商场和西贡拉法耶特商城无偿提供了本次颁奖的所有奖金与奖品。

全班照拍摄于沙瑟卢－洛巴中学的校园里。照片上男生站立着，排成两行，立在女生后面，女生坐在前排，双腿交叉，双手平放在膝盖上，几乎所有女生都留着短发，穿着白裙子。玛格丽特坐在左边第一个位子上，是一个很漂亮的女学生。在其身后，大多数男生都穿着白色的上衣，个别男生系着领带或打着蝴蝶结。其中3个法国男孩子戴着与莫里斯·什瓦利耶一样的窄边草帽。在男生中，大多数是非欧裔学生。两个身穿白色西装的男老师站在两旁，其中一个是桑斯先生，是给玛格丽特上物理与化学课的老师[22]。

令人费解的是玛格丽特并没有保存她19岁的照片。她显得兴高采烈，似乎未来在向她招手。

在柬埔寨种植园里，她最后与母亲和哥哥相处了一段时光，然后开始作回法国的准备。大家可以想象到母亲的嘱咐、她与在旺夫公寓等待她归来的哥哥的通信和为这次旅程购买必需品。回程费用将由印度支那政府承担。9月1日，玛丽·多纳迪厄起草了一份用她每3年的行政休假（起假期为1935年10月）费用“预先支付”她女儿生活费用的申请书。

多纳迪厄夫人的请求获得了批准，并记录在案，予以实施。9月12日的克罗泰梅尔总督令允许“回巴黎继续学业的多纳迪厄小姐即玛格丽特·日尔曼娜”“乘坐1933年10月2日之后从西贡启程的海运邮轮公司客船的头等舱，所有费用均由印度支那地方财政承担”[23]。

10月3日，玛丽·多纳迪厄、儿子保尔和小马科斯·贝尔吉耶陪着玛格丽特一起上了豪赤克斯轿车，一个越南司机开车把她们一直送到海运邮轮的登船码头上。尽管《情人》的作者在后来多次提到过，可是这天早上并没有看到那辆莫里斯·莱昂－波莱牌轿车的出现。玛格丽特只身启程返回巴黎，第一次远离自己的家人，当她登上“珀尔托斯号”客船的悬梯时，只有一个穿着白鞋和生丝或柞丝上衣像亚裔长相的青年人晃动着手帕。可是这个青年人似乎是她的小哥哥，在他的身边没有中国仆人，只有一个身材健壮的夫人，从黑色的手提包里掏出一个绣花手绢，抹着眼泪。母女分别的场面感人肺腑，而女儿回巴黎是为了完成她的使命，或许还可能考取数学教师资格证书，以此缅怀过早离开人世的父亲。

杜什卡

罗歇·蒙拉郁克前往图卢兹学习法律，他深感意外地在同一条船上遇到了玛格丽特。他一下子就认出了她："多巧啊，你也在船上。""珀尔托斯号"客轮有160米长，从1933年开始专程运送马赛至上海的旅客，每次可以搭乘上千人。在此次旅行中，有百余人乘坐头等舱。另外两个同行的哲学班的同学是安南人，他们自己承担此次旅行费用，他们更情愿乘坐三等舱。由于罗歇·蒙拉郁克的父亲是船长的老熟人，他就允许他们同学来头等舱的甲板上看望他们的法国同学，晚饭前，他们常在这里玩掷球游戏。玛格丽特兴高采烈，从一张在船廊里的普通照片看，她身穿晚礼裙，笑容可掬地出现在三个同学中间。我看到她无忧无虑，没有丝毫的伤感表情。当他们第二次在图卢兹相见时，他已留在这里的司法部门工作，他回答我说："确实如此，她一点儿也不悲伤。相反，她很高兴。"在他们的旅行中，他记得她从来没有谈到她的家庭，她表现得既热情又活泼。由于旅途漫长，他们相互进行了多方面的了解，广泛地交流思想，吐露心声，建立友谊。头等舱上层社会的生活丰富多彩，玛格丽特在每次走下头等舱楼梯时，都会展示一番她的服饰，让人感觉到她很迷人。他们每顿饭都在同一张桌子上用餐，玛格丽特很爱跳舞，他们就在船上乐队的伴奏下一起翩翩起舞，似乎有时还调调情，一种诚挚的调情，可喜的是他们住的包厢门对门。在停靠槟城港之前，他们之间已经产生了一种淳朴的情意，他亲昵地称她"杜什卡"。他告诉我说："在中学时代，我们非常缺乏感情经历，大家只能多愁善感，我们被看管得死死的。"

26天后，客轮抵达马赛港，大家相互道别。"有一段时间，大家还互相通信，然后就杳无音信，再没有任何有关她的消息。"[24]可是，他在许多年里对这一段交往仍然记忆犹新。后来，他读过她创作的小说吗？读过，特别喜欢读《抵挡太平洋的堤坝》。他妹妹也很了解和崇拜玛格丽特·杜拉斯的作品，但她从来没有想到玛格丽特·多纳迪厄有一天会成为著名的作家。最后一个问题是有关《情人》中叙述的在这次旅程中，有一个青年人从甲板上跳入了大海，罗歇·蒙拉郁克肯定地说，在整个航程中没有发生任何类似的事情，他妹妹认为，小说家是受西贡传说甚广的一条社会新闻的启发而杜撰的：有一个17岁的男孩，其父母在西贡任职，他在逗留期间，痛失母亲，悲痛欲绝，在返回法国的客轮上，跳入大海，自寻短见。在玛格丽特·杜拉斯的作品中，所有事件均有出处。

1933年10月28日，像其父母在轮船停靠码头时多次做过的那样，“杜什卡”填写了殖民地船运办公室呈递给她的入港登记表，她用粗体字清晰地填写了表格，最后在下方用紫色墨水署上“战无不胜的多纳迪厄先生”的名字。在“休假性质与期限”一栏的旁边，她简单地写上“提前休假”。言语确实过于简单，可是无可挑剔。她在“度假期间的住址”一栏旁写上：塞纳河旺夫区维克多-雨果街16号。在码头上，马科斯·贝尔吉耶的叔叔早在这里等候她的到来，开车送她去圣查理火车站，这可能是玛丽·多纳迪厄为她女儿考虑到的最后一道保险措施。她连夜搭乘特快列车的头等车厢，赶大清早抵达巴黎，她不会忘记在里昂火车站吃点羊角面包吗？在站台上，皮埃尔等候迎接自己的妹妹，似乎想要好好地保护她。

注 释

1. 在1932年12月10日写给总督的信函中，玛格丽特·杜拉斯的母亲称她大儿子还不能参加工作，因为他在“治疗化脓性胸膜炎”，而她小儿子可以“服兵役”。（海外档案中心）

2. 玛格丽特的私人日记。

3. 海外档案中心。

4. 豪赤克斯轿车是总督府专用轿车型号。（河内越南国家档案馆）

根据《名流》杂志的一则广告，豪赤克斯品牌的4缸轿车1931年在法国的销售价格是4.45万法郎，6缸轿车为5.15万法郎。

5. 让·马斯科罗档案馆。

6. 泰斯塔尔街的别墅建于1925年。

7. 玛格丽特·杜拉斯的母亲从1932年至1936年任教的学校位于安吉尔大夫街，现在的街名是沅水牵。这所学校还依然存在，经过修缮，焕然一新，教学秩序井然。这是一排美观大方的楼房，越南的男女青年学生身着统一的校服，出出进进，白色短袖衬衣上写着校名，领口处系着红领巾，男生穿着蓝色裤子，女生穿着蓝色短裙，大家都穿着清一色的白蓝相间的篮球鞋，学生们兴高采烈。

8. 分别于2000年10月18日和2001年5月31日与马科斯·贝尔吉耶的交谈。

在玛格丽特·杜拉斯逝世不久，克莱尔·德瓦里约对她的采访文章发表在1996年3月14日的《解放报》上。劳儿·阿德莱还在自传中引用马科斯·贝尔吉耶的话，说他把一切都献给了杜拉斯。

贝尔吉耶先生对豪赤克斯轿车和他们的越南司机记忆犹新。数年后，他们换了一辆德拉哈耶牌轿车，在一张1934年拍摄的照片上，多纳迪厄夫人和贝尔吉耶一家人站在豪赤克斯轿车前，准备前往大叻郊游。

9. 马科斯·贝尔吉耶的家庭照片集。

另外两张照片于1996年发表在《解放报》上。在其中的一张照片上，还是小男孩的马科斯·贝尔吉耶同玛格丽特站在一起合影；在另一张照片上，多纳迪厄夫人在领圣体的第一天与他和他妹妹雅尼娜的合影。

10. 据一位在西贡长大的女士讲，她曾经当过接生婆，“土气加霸气”，性格暴躁。在西贡的一次总督招待会上（海外档案中心），她与总督夫人拍摄的那张照片就证实了对她的评价。其丈夫从1928—1929年至1934年任印度支那总督。1931年，就是这位总督签署法令，允许玛格丽特·杜拉斯的母亲回法国度假。根据这位希望匿名的西贡夫人所讲，克罗泰梅尔手下的一名行政官员对多纳迪厄夫人来他办公室求他多次帮忙记忆犹新，督促他加快办理柬埔寨租让地最终许可身份的行政手续。

11. 据菲利甫·弗朗西尼讲，“在白人富人区高原上购置别墅是一种大资产阶级的象征”。(《1925—1945年的西贡》) 住在泰斯塔尔街的多纳迪厄夫人与西贡一家非常富有的家庭为邻，印度支那格拉斯耶尔家族产业主在离此不远的另一条街上拥有一套富丽堂皇的别墅。

12. 海外档案中心。

乔治·塔布雷在1932年12月10日呈给河内教育总署的备忘录中写道：“多纳迪厄夫人承担着中级班课程，全班36人，生源复杂，她责任心强，尽职敬业，令人敬佩。”

13. 同上。

14. 同上。

15. 1973年，玛格丽特·杜拉斯在回忆这种景象时，对格扎维埃尔·戈蒂埃说道：“我还有记忆，比我写过的都要好。有海滩，它的名字是什么来着？是什么湾？我记不清楚了，我们来这里度假。大家经常在山里迷路，到处都是寺庙、小佛塔，由于老虎的出没，这里失去了佛教圣地的宁静，还存在许多危险，有疟疾、痢疾等。有时候，我们停在森林中的水井旁，喝水、给发动机加水，这里恰是麻风病人的聚集地，我犯过麻风病恐惧症，就是心里很害怕麻风病，一直持续到读完大学之后，还会偶尔犯几次这种恐惧症，一直恐惧患上麻风病。这种恐惧症都过去了，病根也消除了，我把麻风病写进了书里，治好了我的恐惧症，总之，这是一种不错的治疗方法。麻风病成了一道景观，殖民地景观中的一道亮点，我在这里度过了我的童年。”

不久以前，《副领事》的作者唉声叹气地说道：“你知道的，我也讲过，我母亲因筑坝毁掉了家产。”很长时间，她在正式的自传中，改动了自己的资料：“当我来这里准备会考第二阶段的哲学考试和上大学时，我只有 18 岁。”（《话多的女人》）

16. 莱昂·沃斯伶牙俐齿，1926 年在印度支那停留后，他写道：“西贡像一个帕斯城，所有的房屋都带路易十三式围栏和拉丁式柱头，别墅四周是带围栏的封闭式花园，很像某个水城。西贡与维希一样，有的讨人喜欢，有的令人厌倦。有时候，街上传来一首钢琴曲，就使人联想到某个法国外省的城市。一个欧洲女学生研究着这里的风土人情，富有的西贡人家里都配备有加莱出产的花瓶和乡村女裁缝缝制的现代坐垫，就像是《小小日记》中描述的那种裁缝。一个安南的杜法耶尔人认真负责房屋的修缮和装饰：相反，家具、餐具、绣品、佛像等，都不是异国他乡的东西。在巴黎大商店的中国、日本柜台上，都不摆放这些可笑的低级商品。而烟馆足以说明这里的整个情况，这是某个乡村石匠或妙龄少女的梦想，他们大都因为文化素质低下而迷恋于此。”（《印度支那》，F. 里德尔著，出版者协会，巴黎，1926 年）

今天，当该书的作者在河内海风公路和其他公路周围的房屋上，再看到 19 世纪 20 年代曾经让他啼笑皆非的路易十三式围栏和拉丁式柱头时，一定会大吃一惊。这些个人吉祥与富有的象征在不知不觉中使从“昔日巴黎引进的杜法耶尔建筑风格”得以广泛的流传。

17. 2000 年 2 月 9 日，对罗歇·蒙拉郁克进行的电话采访，他妹妹也在场；2000 年 12 月 9 日，又一次对他进行了电话采访。

18. 《情人》，27 页。

19. 2000 年 2 月 15 日，与 F 夫人的谈话。

20. 1998 年 3 月 9 日，与安德烈·泰拉斯耶进行了一次交谈，回忆了 1933 年 6 月在“厄赛帷幕号”轮船上旅行、都会大酒店的茶话舞会和舞会上“大家的衣着”等问题。

21. 埃尔维·勒·马松采访玛格丽特·杜拉斯的文章发表于 1984 年 9 月 28 日的《新观察》杂志上，标题为《卡蒂纳街上的陌生女人》。1926 年这个日期并不确定。

我们将在各国占领时期寻找到《情人》一书中贝蒂·费尔南代和玛

丽－克罗德·卡尔庞泰这两个人物原型。

22. 桑斯先生负责化学课，是热纳维耶芙·桑斯的丈夫，出生在吴里耶，两人1938年结婚。2002年10月，我在维罗夫莱采访了桑斯夫人。

23. 海外档案中心。

24. 1957年，他在巴黎再一次给她写了一封信，她没有作任何答复。他想她大概不情愿与一个法官打交道。（2000年12月9日，在图卢兹与罗歇·蒙拉郁克的交谈）

第十五章

拉丁区的一个克里奥尔女孩

19 岁的玛格丽特·杜拉斯总算在旺夫区维克多－雨果街的公寓里安顿下来，开始和大哥生活在一起。尽管她还没有意识到，可她将彻底告别青年时代的印度支那和母亲安逸的怀抱。这对读者来讲，是一件莫大的好事情，从此以后，她将主要通过对出生地的眷恋，对在悲喜交集的家庭里“默默”[1] 经受的青年时代的回忆，不论回忆是现实的，还是幻想的，她都会从中获得最佳的灵感、最理想的风格、最独特的方式，组合成历史的画卷，编织自己的传奇故事。在她返回首都巴黎后的 4 年里，从外省学生变成了拉丁区的求学者，她过着既悠闲又勤奋的生活。而此时此刻，在这个来自殖民地美丽的克里奥尔女孩子的人生轨迹中，外省无疑充满着异国色彩。一个年轻姑娘只身生活在大都市会习惯吗？一个从未接触像巴黎这样的大城市生活的教师女儿会给大家留下什么样的印象呢？接触过她的人都认为她楚楚动人，不同寻常。矮小的个子，塔纳格拉式的倩影，清秀的脸庞，大大的眼睛，疑惑的眼神，在一些男孩子的眼中，她简直就是一个蛊惑众生的天使。

从进入拉丁区求学开始，她就受到皮埃尔·多纳迪厄道义和挑剔的看护。皮埃尔似乎还是不务正业，靠母亲寄来的钱生活，再靠赌马、小额彩票捞点外快。从对 10 年后成为其知交的迪奥尼斯·马斯科罗吐露的心声中，或从其小说中，这个妹妹坚定信念并痛下决心，痛斥其大哥哥的所作所为，总是将其描述成玷污画面的人物——您要是盲目地这样认为，那就大错特错了。通过作者个人私藏的两人之间为数不多的通信，大家可以了解到他们之间的关系与这个近在眼前的大哥的人格及留给大家的看法大相径庭：既有爱也有恨。

为了进一步澄清这个问题，有必要参考一下他们珍贵的家庭照片。1933 年秋天，似乎是为了给母亲报平安，证明已在巴黎安顿下来，兄妹俩在旺夫公寓里拍摄了一组照片，究竟摄影者是谁，还没有得到证实，可能是皮埃尔的一个朋友在这一年给拍摄的。玛格丽特和皮埃尔同坐在沙发椅上，皮埃尔斜坐在椅背上，穿着紧身合体的西装，显露出高高的身影，面部流露出酷似唐·璜的忧郁表情；而玛格丽特穿着温暖的长绒羊毛衫，冲着镜头微笑，这张照片充分体现了博爱精神。在另一张照片上，皮埃尔一个人坐在伏尔泰式沙发椅上，身后是一个摆满图书的书架，书架上方挂着画面清晰的玛丽·多纳迪厄夫人的画像。还有玛格丽特坐在书桌前看书、弹钢琴、仰着头休息的照片等。在母亲与他的小儿子看来，这些照片都说明了学校开学后“一切正常”的意思。

数学教师资格考试

11月20日，为了遵循母亲的意愿，满足母亲希望她能经商或从事高等教育的愿望，玛格丽特注册了维克多－库森街的科学学院，成为了一名新的大学生。尽管课程已于月初开始，确切地说从3号开始[2]，但她并没有投入特别的热情，大概只是为了心安理得，履行一种程序，因为两天前，她已在先贤祠的法律学院进行了注册[3]。如果正像她后来自己所说的那样，她只是在巴黎的第一学期听了数学课，那她很快就放弃了在数学方面准备考取教师资格证书的想法。她早应该选择注册位于皮埃尔－尼古拉街的塞韦尼学院，这是一个专门培养备考文学、历史、数学、物理等学科教师资格证书的女子学校。而她选择了一所科学学院，从大学考试记录上看，她没有参加任何一门功课的考试，没有注册第二学期，第二年也没有注册的记录[4]。

在对玛格丽特·杜拉斯进行的一次采访中，她解释说是因为后来的原因迫使她放弃了数学专业的学习：“众所周知，我开始读的是数学学士学位，就读于索邦大学，是数学专业的学生，然后继续读巴黎高等师范大学，再成为一名老师。可我有一个情人，他对数学一窍不通，他想娶我。他对我说：‘我哪想要娶一个数学家，数学家会喂养孩子吗？’我对他很钟情，我也知道他的这种想法很愚蠢。这不是性别歧视吗？可是，我愿意和他在一起，就放弃了数学专业，这是件值得庆幸的事。”[5] 实际上，科学学院就没有开设专业数学的课程[6]，将一切都归咎于受父亲这位数学老师的影响也并非如此，在玛格丽特·杜拉斯的正式履历表上，她一直坦言愿意继承父亲临终前希望她从事这一职业的遗愿。这名数学专业的学生根本没有选择攻读文学教师资格证书的目标，这让我们感到十分欣慰，对一个具有哲学高中会考证书的学生来说也特别合乎逻辑。1980 年，她风趣地说：“我如果学习文学，就会上索邦大学或分校，或就读巴黎高师。那我就不会成为一名作家，而变成一个果酱式作家，像西蒙娜·德·波伏瓦这样的教师兼作家，像一个庸俗的或一个绣花枕头式的作家那样看待社会。”[7]

由于我很愿意对书中多次出现的故事情节刨根问底，那就得搞清楚什么是使玛格丽特·杜拉斯对“政治科学”感兴趣的原因。我很愿意引证她表哥保尔·兰波维尔-尼克尔这位可靠证人的证词，他当时一边旁听政治学院的课程，一边在圣雅克街研修海运法课程，“很少有女生就读政治学院，玛格丽特也没有在此学校注册”，能毕业的学生是凤毛麟角[8]。仔细地对这所学校注册纪录的审查使我很容易搞清楚这一切，似乎玛格丽特·多纳迪厄在巴黎法学院研修的政治经济学课程与圣吉约姆街政治科学普及教育之间，存在着某种模糊的思想观念。然而，并不排除她能够旁听一些每年在此举行的公开报告会。保尔·兰波维尔-尼克尔[9]已从迷恋表妹的痛苦中解脱出来，在这一段时间里，他继续与她交往。在政治学院里，他除了结识弗朗索瓦·密特朗外，还邂逅了后来成为其妻子的女大学生，玛格丽特也与他妻子保持着长久的友好关系。

法 学 院

1933 年 11 月 8 日，玛格丽特·多纳迪厄正式注册了巴黎大学法学院，用母亲回国前交给她的一笔积蓄支付了 250 法郎的注册费。课程开始已经有好几天了，她不得不安排好作息时间，不至于在学年一开始就迟到。我们在此暂停一下，来了解她选择专业方向的标准和巴黎大学法学院的招生条件。显然，大概在她离开西贡前就已经作好了这样的选择[10]。毋庸置疑，她母亲能同意她回巴黎读书，就得花一大笔钱，为了避免需要预先征求她同意或不同意的意见，一定与她交谈了很多次有关她的学习和未来。在全家 1932 年回西贡前，他们收集了许多相关的信息，特别清楚地解释了高中会考第二阶段选择哲学专业的想法。否则，在高中会考中不注册理科专业，而想继续攻读“专业数学”则显得十分不现实。

实际上，为了能够注册巴黎法学院，还未独立成人的玛格丽特必须出示母亲的许可证明和此前的学习经历，还要细致描述未来的学习计划。她还得在规定的有效期内获得特别许可，因为学生注册正常情况下截至 10 月份。无论从殖民地回来的男孩子还是女孩子，他们的目标都很明确，没有丝毫的犹豫。条例规定，如果殖民地政府官员工作所在地没有法学院校，就必须在前一年的11月15日至1月15日向当地公共教育部门提出申请，此项申请将通过殖民地部长转交给国内所选院校的校长，条文还明文规定不得由“当事人直接递交”[11]。为了能有机会被巴黎法学院接纳，最好证明自己的家就安置在巴黎校区的周围，这样就明白了为什么在他们返回印度支那时，玛格丽特的母亲决定保留旺夫区公寓的原因。她女儿临时作出决定，唐突地提出申请，颇有幽默感，简直就是一段简单明了的故事情节。

关于这一点，在玛丽·多纳迪厄这一由来已久的愿望后面，大家不用猜就知道其积极引导女儿在巴黎学习法律必然有其特殊的原因。首先是为了名望，因为在当时，很少有女孩子学习此类专业，她们更喜欢攻读文学专业。而学习法律专业的女孩子绝大部分都属于大资产阶级，不论对男孩子还是对女孩子，巴黎法学院都被认为是最有威望的一所院校。其次是出于实际的需要，大概也是最主要的原因，一旦学业有成，她们就可以考虑选择一种较好的职业[12]，保障在司法、律师、国家企业或其他各行政机关等部门有一个待遇优厚的职业，更不用说对于少数有胆量的女孩子还可以步入由男士一统天下的商业领域，更主要的是可以幻想一桩美满的婚姻。

在第一次大战结束之后，法律学院的精英乔里奥·德·拉莫兰蒂耶尔院长认为有必要开导大学生，他在《大学生指南》中写道：“不仅要全身心地投入到法律学习中，而且还需要充分享受大学生的生活，要对学校的事务、社会活动、体育运动等感兴趣，因此，就避免因生活琐事带来的烦恼。然而，人们能够要求一个18~22岁的大学生承担家庭义务吗？人们又怎么能够苛求一个家庭完全承担大学生的学习费用呢？难道还要将法律学习的大门只对有钱人的家庭子女敞开吗？这个问题很严重，非常严重，只有通过对教育体制的彻底改革，才能真正地解决这个问题。”要是多纳迪厄夫人听到这段话，她一定会说他讲得很有道理，并且暗自庆幸能成为公开盼望共和国回到复辟时代的少数派。德·拉莫兰蒂耶尔院长为法学界仍然被男人们操纵而叹息道：“巴黎法学院取得了成就，是一项辉煌的成就，来此校登记与注册的正式学生至今已接近两万人次，这一客观的学生人数是由于暂时的战争局势成就的。但是，这也表明了我们学院的文凭，特别是法学文凭，对我们的青年一代有着巨大的吸引力。”他还补充道：“我不确定这一现象是否值得鼓励，我担心来我校求学的人太多，而缺乏明确的志向，盲目地遵循传统的学习习惯，法律学习可以不用整日泡在学校里，花上几周工夫啃啃书本就能万事大吉。”在一次造成圣米歇尔街交通暂时中断和商店橱窗遭遇哄抢的演讲中，勇敢的院长作出这样的结论：

“高等教育还没有能够向大众普及，即使所有院校愿意发挥作用，也只能有限地招收为数不多的求学者，并向他们灌输高深的文化知识。要想求得改观，高等院校就必须对所有合适的人才敞开大门，招收真正渴望学习这门文化知识和有能力获得成功的学习者。”[13]在被解放的西贡，多纳迪厄夫人肯定在为这位院长喝彩，而她女儿又持何种态度呢？

高等文化知识

在20世纪30年代中期，玛格丽特·杜拉斯在巴黎法学院都有哪些同窗好友呢？他们会接受哪些方面的思想教育呢？先来看看她的同窗好友，所列名单无不令人震撼：有阿兰·博埃、雷蒙·马尔塞兰、皮埃尔·梅斯美、阿兰·萨瓦里、克里斯蒂昂·傅歇等未来的政治家，有未来的法兰西共和国总统弗朗索瓦·密特朗；有亨利·拉卡米耶、贝尔纳和弗朗索瓦·达勒等未来的高级公务员和著名商人。其中还有抵抗运动战士：乔治·戴阳、雅克·马洛、保尔·比勒文（均为弗朗索瓦·密特朗的密友）、皮埃尔·德芒通、让·卡苏、雷蒙·奥布拉克、热纳维耶芙·德·布瓦斯约、让·梅兰等；有让·达尔奇、雅克·傅维特、吉尔·马尔提奈、莱昂·奇特罗内等电讯精英；有克罗德·罗伊等未来的共产党员，有让－巴普蒂斯特·比亚吉、马克·昂泰尔姆·高罗纳·蒂斯特利亚等律师界顶尖人物，后者出生在萨尔泰纳，是玛格丽特·杜拉斯未来的丈夫；有她的未来出版商之一克罗德·伽利玛；有许多法律教授的儿女，其中有姓多纳迪厄的一家人，来自瓦布雷，祖籍是蒙彼利埃，在雅克·希拉克政府中曾担任文化部长一职；有阿梅里克·德·萨斯特鲁·德·杜拉斯，我猜想他才是真正的杜拉斯公爵的后人；最后是著名的越南人芬默顺[14]，他曾经是玛格丽特·杜拉斯哲学班的同班同学，我们以为他早已返回了河内。任何一个名字都有着一段不平凡的故事。

《大学生指南》不仅公布了学院应颁发的文凭，有法律技能文凭、高中会考毕业文凭、学士文凭和博士文凭，而且还告诉学生：“学院除了发放文凭外，还要发挥宣传与发展法律文化知识和政治与社会文化知识的作用。”并这样写道：“法学院应该认真培养男人（女人没有选举权，所以不用接受培训），他们将负责制定法律，并予以实施。制定和解释有着积极意义的法律法规才能保障社会生活的良好运转。”《大学生指南》针对对玛格丽特·多纳迪厄这样的大学生强调道：“我国的法学院校的教学不局限于此，我们坚持认为法律学习者应该还具有经济与社会文化知识，因为我国的法律条文只是一系列语言公式，有的显得空洞，有的不切合实际，还不完全以哲学、历史学与政治经济学的科研成果为理论根据；相反，观察和研究社会现象的历史学家、社会学家与经济学家绝对不可能不了解这些法律条文赖以生存的社会现象，不可能不了解他们的科研成果是通过何种方式服务于由男人组建的政府部门。”多么精辟的论述啊！“我们院校的大学生在完成他们学士学位的同时，必须学习这些双重文化知识，就是要掌握法律、政治科学和政治经济学的各种研究方法。他们还应该读取更专业化的博士学位，深入学习私法、法学史、政治学或政治经济学等方面的专业知识。”[15]

政治经济学

玛格丽特·多纳迪厄没有打算攻读博士学位[16]。实际上，她在四年级选择了政治经济学这一专业方向，是可读取的两个专业方向之一，并于1937年获得该文凭，第二个专业方向是公共法。不知是因何种原因，她没有以玛格丽特·杜拉斯的名字注册。数年前，因档案室空间有限，与她相关的全部资料被学院清除掉，仅保留了她与班上同学在二战前几年的注册登记卡和成绩单。对注册登记卡的核查证明她所获得的成绩是真实可信的，她没有补考记录，但取得的大部分成绩都是刚过及格线[17]，在学士阶段的每一门考试中，评语上写的都是“及格”。除了1935至1937学年，此时她上大四，并准备法律学博士学位，她都没有能够显示出是一名成绩优异的大学生，大概是缺乏某种良好的学习动机吧！尽管她的同窗好友对她在圣雅克街阶梯教室里的学习情况没有能提供更翔实的资料，但即便是猜测，我们也要搞清楚这一点。

在这些同窗好友中间，有一个叫弗朗斯·布律奈尔的女学生，是她在学院里认识的一个朋友，比她小两岁。她陪伴玛格丽特有好几年时间，她记得玛格丽特身上总带着一大堆的资料，尽可能地保证去上法律课和坚持不懈地学习。她说：“我们并不是什么课都去听，由于她天资聪慧，弥补了不够刻苦的缺陷。”[18]乔治·博尚是她的一个大学朋友，他也攻读法律学学士学位，他也肯定了这一点[19]。应该说必须上所有的课程，如果只去听对期末考试有用的课程，那么平时讲授的各种主题也要求学生上课，从星期一至星期六，下午也包括在内。私法课每周三次，每次从早上9点55分开始；罗马法课每周三次，每次从下午2点30分开始；宪法课周四、周五、周六有课，每次从下午4点50分开始。这只是大学一年级的课程，以后的课程逐年递增，所以缺课现象很普遍，院长不得不每年告诫学生，他说："不论将来成为司法工作者，还是成为经济工作者，都应该付出艰苦的努力，不能只满足于自己在家读一本教科书，或阅览一下课程讲义、记一些模糊的概念，就暗自庆幸能顺利通过考试。这一切都微不足道，首先要做的就是上好每一节课。"这是众所周知的道理，可对于那些还兼修其他专业课程的学生来说，却只能是左耳朵进右耳朵出了[20]。

玛格丽特是否真正想成为一名法学家或经济学家呢？鉴于她在后来一生中如此执著地创作小说，这就不得不令人产生质疑。在她即将获得毕业证书的这一年，她难道没有将这一成熟的想法告诉她母亲吗？可是对于这位极端现实的母亲来说，她女儿仿佛像是告诉她想成为一个演员或美术家一样。她应该做的，就是找一份好工作，或者至少要嫁给一个好丈夫。她时不时地希望她能履行好她们之间达成的协议和完成好学业，与此同时，每当玛格丽特告诉她取得好的成绩时，她就去行政机关到处嚷嚷，说她女儿"在巴黎要开始准备第三阶段的学习了"，"已经通过了博士第一阶段的考试了"，等等[21]。大概是为了说服行政机关尽可能长久地保留她的工作，因为她要供养这位有前途的大学生，保障她完成她的法律学业。在一般情况下，教育部门的官员们也都是心慈手软的人，他们至少也都表现出善解人意的意思。在西贡，大家实际上都为此骄傲，一个沙瑟卢－洛巴中学的学生在巴黎首都闯荡出了一条路。

如果能了解玛格丽特·杜拉斯一生中的某些细节、她对民事社会运行不同方面的兴趣、对未来政治参与的严肃性和多次在报刊中披露的对社会问题的看法，就不会认为研究她在圣雅克街四年的学习中为了获得必要的文凭都要学习哪些内容毫无意义？我们先来简要地了解一下公共法学和政治经济学高等教育文凭的教学计划，前三年所涉及的学习内容足以使他们达到这一学习目的。在公共法学高等教育专业中，玛格丽特·杜拉斯必须记住行政法、宪法和国际法等方面的知识概念；而在政治经济学高等教育专业中，除了要记住这些方面的一般概念外，还要对法学理论史、经济事件、财政立法感兴趣，并要选修经济战略、比较社会经济、劳动史或人口学等知识。她还得学习重商理论、重农理论及马尔图斯、司徒阿特·米勒和西蒙蒂的理论；还需要了解圣西门主义、傅立叶主义、普鲁东与路伊·布朗思想原理、卡尔·马克思的思想原理和集体主义等知识[22]。

她还得十分了解信贷与银行组织、价格普遍运动规律、企业模式、生产组织、对内与对外贸易等内容。这一切使她从思想上越来越靠近她的丈夫，后者全身心地投入这方面的研究，并通过一系列专业活动的演练，深入探究法律与公共秩序方面的问题。她十分了解法庭的审判程序，她回想起为了给报刊写报道，她在刑事法庭上跟踪整个审判过程。她还通过在法学院的学习，熟悉了海外法国财产的立法制度、殖民史和殖民地的经济发展；数年后，她将利用这些学到的知识找工作挣钱，撰写在后面谈及的第一部由出版社发行的著作。不过她并未拘泥于此，而是更加深入和更具有前瞻性地探寻周围世界动荡不安的原因内涵，并根据自身的需要确确实实地充实自己各方面的知识。未来的玛格丽特·杜拉斯没有虚度她的大学生活，即使她会成为一名文学家、艺术家、信仰家或一个甜蜜的恋人，她也没有一味地去追求自娱自乐和膨胀自己天然的好奇心。在这种刚毅的性格中，要一反生前给大家留下与世无争的形象，更加显示出脚踏实地、思想严谨、性格丰富多彩的本质，仅有为数不多的自传体作者精心地描述了她这段鲜为人知的生活侧面。

在大学生活中，玛格丽特忙碌着，玛格丽特观察着，她还不停地东奔西跑。1934 年 4 月 4 日，她已满 20 岁。6 月 20 日，她顺利地通过了法律学笔试。7 月 16 日口试结束后，要到 10 月份才回学校上课。23 日，她第一次有了自己的护照，并准备前往英国度假。多亏这本护照[23]，我们知道她在 1933—1934 学年的下半年，不住在旺夫区，而是住在沃基拉德街 4 号，就是今天的卢森堡酒店。她是否与哥哥闹矛盾了？她母亲是否决定搬出旺夫公寓呢？都不是，因为 1936 年 6 月，玛丽·多纳迪厄考虑退休回法国后将住在这里，并留下维克多 - 雨果街作为领取退休金的地址。大概是玛格丽特觉得有必要与皮埃尔及皮埃尔的情人分开，并同他们保持距离吧！无论如何，玛格丽特在拉芒什海峡的另一边度过了 1934 年的整个夏季[24]，并提高了自己的英语水平。一张“1934 年 8 月 25 日在特围垦汉姆”拍摄的照片让我们看到她与一位金发的英国女郎站在一起。她于 10 月初回到了法国，而没有再回旺夫公寓居住[25]。

副领事

大概是在玛格丽特·杜拉斯上大学第一年时，她认识了一个“纳伊的犹太人”，她对这个青年人的回忆使他想成为《副领事》中的人物，该书于 1965 年出版发行。10 年后，在影片《印度之歌》中，这个神秘的人物又以米盖尔·隆斯达尔的形象出现，其说话的声音令人难以忘怀。不论在作品中还是在电影脚本中，许多情节都使人产生了这样的猜想，但又无法予以确切地证实。从作品到脚本，从对话到对白，玛格丽特凭借着自己的灵感，依靠着筛选的回忆，在日期上做文章。1985年，塞尔热·图比亚纳问她，《孩子们》这部电影源于何种素材？她回答说："出自18岁读的《圣教士》一书，是瘦弱的纳伊犹太人推荐给我的读物。"[26]在此前一年与多米尼克·诺盖的交谈中，谈到了《印度之歌》，她明确地回答："我认识副领事，他叫弗雷迪，他曾经非让我读《圣经》不可，我永远都不会忘记。他后来成为了孟买的副领事。在结束政治学院的课程后，我们分了手，当时都只有22岁。"[27]我们知道她18岁时在巴黎，正与一个男孩子交往，她和这个男孩子在一起从不用读《圣经》。她提到的政治学院一事，显然有误，而那时候的年龄也就20岁出头，毋庸置疑，这样做不是非常客观，但至少比较接近事实。

副领事的真名叫弗雷德里克·马科斯，家住塞纳河纳伊区比诺街110号。1947年，他赴孟买任职，头衔是远东助理秘书，职位是领事馆专员。在20世纪30年代，他是自由政治学院的学生，1938年毕业于这所学校。按照《印度之歌》作者的说法："他母亲是弗拉芒人，他父亲是德国犹太人[28]……他很瘦弱，有点驼背，黑色的卷发，漂亮的蓝眼睛，浓郁的黑色睫毛，白润的面容，高高的额头，在表情丰富的嘴唇下，露出洁白的牙齿。在整个青年时代，他一直在读宗教书籍。"[29]当玛格丽特开始起草这部小说时，她将其身份进一步充实："他是家里的独生子，父亲是银行家，在父亲去世后，母亲改嫁给布雷斯特的一个唱片商，两年后，母亲也离开了人世。他在孔多塞中学读书，后被劝退。在塞纳－奥伊兹地区的孟富尔读了一年寄宿学校后，又回到巴黎的一所中学继续学业。25岁时，他从政治学院毕业。他一直保留着纳伊区的老房子，逢年过节时，都回这里度假。在30岁时，我让他成为了法国驻卡尔库塔城的副领事，我就这样创造了这个人物。"[30]除了最后一点，其他任何细节都无从考证。但是，掰开指头一算，就知道他出生于1913年，正好比玛格丽特大一岁。

即便大家从中能够觉察到某些真实可信的东西，但是描写玛格丽特与新情人的关系还需要谨慎对待。"他才华横溢，可让人无法忍耐。""她喜欢做爱。而当他们做爱时，他却鸦雀无声。完事后，他又开始给她讲圣热罗姆一生从事《圣经》翻译的故事！"[31]玛格丽特从精神上和感官上充分得到满足，这样她就能够集中精力地学习她的宪法学，幻想着下次的征服方式。雅克－弗朗西斯·罗兰是二战后玛格丽特最亲近的朋友之一，他在1947年去印度旅游时，遇到了弗雷德里克·马科斯。"你如果要去孟买，就去看看弗雷迪。"[32]他由此发现了一个和蔼可亲和很有教养的男人，非常了解中东和远东的文学，是一个著名的东方学学者。他后来变得与玛格丽特塑造的人物形象完全吻合吗？我认为不相符，只是副领事的头衔激发了她的灵感。但是，弗雷迪对玛格丽特记忆犹新，他谨慎而神秘地对来访者说："她是一个迷人的、有涵养的女孩子。"雅克－弗朗西斯·罗兰知道他们后来有过一段亲密的交往。玛格丽特在他回国后告诉他[33]："对呀，我和他有过那么一段交往。"她后来还对多米尼克·诺盖说："我不认为他会知道自己成为《副领事》一书中的人物原型，我想他与这个人物差距很大，只是我在18岁时神秘地发现他是一个犹太人。"[34]

由于玛格丽特在童年时代耳闻目睹到印度支那人民无穷无尽的苦难，因此她对所有穷人都怀有关爱与怜悯之心。难道正是在纳伊的神秘经历和接触到的宗教书籍，导致了她在上大学期间将部分时间用于阅读那些教人宽厚仁慈的作品吗？难道她曾经希望加入救世军为主而战的6个月，造成她思想混乱了吗？至少在后来的一次电台采访中，她流露出了这种意思，其间还影射到了这件神秘的往事[35]。正像她所说的那样确有此事吗？似乎是不可能的事情。一方面，她在这个时代的朋友们好像都不记得发生过类似的事件；另一方面，根据学院的档案资料，她一直在学院学习，准备法律学专业的考试，并没有长时间缺课。那她为什么会参加救世军呢？不论是为了忏悔，还是为了祭拜，这首先都与她所接受的基督教教义毫无关系。只可能在上课期间的几个月中，她热心地为一家慈善机构工作，这就与参加天主教活动十分贴近，比如马克·桑尼埃在其撰写的《垄作》一书中，就谈到大学生希望参与相互帮助的社会运动的良好意愿[36]。在缺乏证据的情况下，这个问题的答案就成为了一个悬念。

生活在节衣缩食的阴影中

1934年的秋天，玛格丽特寄住在塞维尔－巴比伦十字街口的一座楼房里，住址是什梅尔街5号，位于拉斯帕伊大道与"廉价"商店之间。她的房间在四楼，朝着街道[37]。据他的朋友弗朗斯·布律奈尔回忆，这是专门提供给家境贫寒的女生的公寓[38]，严格禁止来访者。玛格丽特最后3年的专业学习就住在这里，直至1937年获得文凭后才离开此地[39]，搬到了15区。她大概还在公寓里就餐，因为从这一学年起，她注册了国际大学生之家，位于圣米歇尔街93号，距离法学院很近。在索邦大学附近，云集了许多价廉物美的餐馆，"美食之家"提供的每顿餐仅需1.75法郎；以经营大学生自助餐为主的"卡布拉德"餐馆的米糕久负盛名；在不远的卫城附近，有一家"希腊亲王先生"餐馆，至今还在营业，每顿饭不足3法郎[40]。在上课与吃饭之间，玛格丽特很方便去学院的图书馆看书，或者去卢森堡公园散步，这里是她最喜欢散步的地方之一，也是深受一代代大学生青睐的地方。

恰好与这种传说相反，她并不是在什梅尔街公寓内认识的让·拉格洛雷。这是一个有着电影明星风度的青年人，这一年，她与他交往很频繁，在许多年里，他都是她朋友圈内的一名成员。当我询问弗朗斯·布律奈尔时，她对此确认无疑。她让我们注意到，这是一个很简单的道理，女大学生公寓在二战前的习惯是只安排女学生居住。如果有恶狼闯入羊圈，一定是采取了卑鄙的手段。我们来读劳儿·阿德莱写的一段话："1935 年底的一个晚上，一场大火冲向了屋顶，公寓开始燃烧起来。这天夜里，玛格丽特没有在外过夜。在一片喧闹声中，在消防队员的眼皮底下，她认识了一个邻居名叫让·拉格洛雷。无论如何，也算得上是在炙热的目光中不期而遇。"[41]实际上，据弗朗斯·布律奈尔所说，玛格丽特的这位朋友是一个大学生，住在德尚圣母院附近的前途酒店，他的住址是从巴约讷寄来的信封上找到的[42]。他于 1938 年离开了这家酒店，住进了查理·佩吉街上的一间出租屋内，还是属于德尚圣母院的区域内。事实上，这个很像蒂罗纳·伯维的青年人是一名在 1934 年开学时来巴黎攻读法律的学生，玛格丽特根本不需要借这场火灾的机会认识他。他身材魁梧，仪表堂堂，玛格丽特不会不在圣雅克大街上留意到他的出现。

让·拉格洛雷的祖籍是巴约讷人，属于莫利涅大家族，有好几代人住在这个城里，祖辈的大房子还是在大革命时代买下的。家里似乎在跑海中发了大财[43]，还在阿尔康格乡村拥有一个庄园。让·拉格洛雷跟着祖父长大，在他身上一直留着出生时的悲伤印记。据其朋友乔治·博尚说，他母亲在生他时，不幸逝世。他父亲一直不能原谅他，"是他杀害了他钟爱的女人"，由此拒绝照管他。"让感觉到非常痛苦，这对他的未来产生了消极的影响。"[44]痛苦不安，风流倜傥，过早地患有频频发作的忧郁症。他与玛格丽特的关系从一开始就显得错综复杂，他内心隐藏着同性恋的情结，直至很晚的时间才告知亲朋好友，这也使他与玛格丽特的关系不冷不热，没有结果。他出生于 1916 年，而不是登记表上写的 1918 年[45]，只比这位新朋友小两岁。

弗朗斯·布律奈尔是在学院里结识了让·拉格洛雷，并在 1935 年把玛格丽特介绍给他认识："他是个帅小伙，漂亮文雅，棕色头发，身材高大。"玛格丽特读大学时的照片证实了这一点，在好几张照片上，两个恋人笑容满面，一个楚楚动人，另一个英俊潇洒。一些照片上的背景是松树林或大海，似乎在述说他们的田园式爱情已延伸至巴斯克海岸，离家族庄园近在咫尺[46]。她是否曾被要求订婚呢？在他们的几个朋友看来，这大概是不可能的事情。据一个朋友讲："让的家庭从来都没有接受过玛格丽特，也就说不上谈婚论嫁，他父亲坚决反对，因为他们属于大资本家。"

他们相互间是否一直恋恋不舍呢？这大概也不现实。他们共同的文学爱好使他们走到一起，在你来我往中产生了友情，在一生中，他们相互用您相称，经常约会，一起旅行。1930 年底，从他们互通信件的语气中，可以看出他们之间是那样的相敬如宾。下面引用一封他们互通的信函。

这是让·拉格洛雷于 1938 年初写给玛格丽特·多纳迪厄的一封信[47]：

亲爱的女士：

我又获得一些读书心得，我希望能尽早地告诉您同您分享，并随信转达我的殷切祝福。说实话，我不习惯这样的繁文缛节。现在，不论是在拉尼维与阿杜尔附近，还是在其他某个地方，我依然保持着久负盛名的惰性，这也可能是其中的原因之一。您见多识广，至少明白这句话简明扼要，用词到位，因为这里不需要华丽的词藻、绚丽的景色、神圣的理念和温文尔雅的人物。在这座令人压抑的城市里，庆幸能够晒到太阳，再读上几本书，自己缔造一个安逸的家园。我重新读了一遍有关希腊献祭品人、欧墨尼德斯人的故事，这种从被压迫中释放出惊天动地的力量响彻整个奥雷斯特城。在吉罗杜先生降生前，他已出现在古希腊人中间，已做出普度众神并与之并肩作战的惊人抉择。我们摧毁了人杰地灵，伟大的潘神随之与世长存。诗人由此丧失了存在的土壤，我们只能勉强地做一个化学家，了不起再做一个蹩脚的诗人，因为自然界法则像惩罚劣等品一样，绝不会奖励牵强附会之作。

这是一个外省哲学家的思考，您大概会认为俗不可耐。随您怎么想，我像一个未曾离开过巴约讷的人，继续在这里过着从前的生活，以往漂泊的生活淡忘无存，我真情盼望能重新回到 16 个春秋以前的日子里，那我该多么称心如意呀！

我只希望您圣诞节过得愉快，不敢保证整个假期过得惬意。一到此时此刻，我们都感觉十分迷茫。据说又爆发了令人鼓舞的罢工，还有士兵用坦克护送牲畜的事件，一些人冷嘲热讽地说这是他们的责任。一切都要等到夏季的来临，在热气压的作用下，公路会爆裂，炸药会开花。

随信给您寄去一缕窗前沐浴的阳光，恳请您接受我诚挚的友情。

生活的波澜

在青年人的通信交往中，还保留着这种难能可贵的趣语毫不令人奇怪，对于学习法律专业的学生来说，他们更喜欢撰写华丽的文章和选用优美的词藻。这封信就是对他们所属的朋友团体精神面貌的有力证明。一段时间以来，财政丑闻、政府更迭、工厂罢工、游行示威、政派冲突等笼罩着巴黎，外省相对平静。显然，在这一时期，让·拉格洛雷不像西蒙娜·维尔将罢工称作“兴高采烈”[48]，而他则将其比作“令人鼓舞”。毋庸置疑，他的朋友玛格丽特和他一样都对政治活动漠不关心。在她的回忆手册中，大家根本找不到任何影射政治事件的文字内容，但无论如何，在拉丁区学习期间，她即使再保持距离，也避免不了耳闻目睹身边所发生的事情。1934 年，她住在旺夫，可并没有“二月流血事件”的记载；1936 年 1 月初至 3 月中旬的“热兹事件”直接影响到法学院的教学，使其闭校数周时间，并导致阿里克斯院长辞职[49]，她也未对此事加以评论。实际上，她利用学校停课的间隙，前往德国和奥地利游玩[50]。

我和弗朗斯·布律奈尔一同回忆起女大学生生活在这方面的情况，她回答说：“她们很少读报纸。”她们可能只读《巴黎反响》杂志之类的文章。《罢工者成为街头巷尾的主人》写于 1936 年 6 月 12 日，这篇标题醒目的文章就是她们从杂志上读到的。

巴黎形势在恶化。随着罢工浪潮的蔓延，街头行人的紧张情绪显而易见。无论巴黎人对罢工的动机和起因怎么看，他们都亲眼目睹了难以容忍的事实。昨天，他们看到了罢工者的游行队伍，有 1500 至 2000 人之多，行走在首都的主要街道上。罢工者紧握拳头，高举印有镰刀与铁锤的红旗，从 1937 年展览馆工地朝着巴黎波旁宫走去，在波旁宫前，他们有节奏地高呼“保障集体工作合同”的要求。建筑业工人在飘扬的红旗引导下，走上了街头，酒店业职工步其后尘，也站到了马路上。昨天上午，他们组织了声势浩大的游行，穿越林荫大道。一辆卡车满载着青年人，个个高举拳头，高呼口号，走在游行队伍的前列，堵塞着大街小巷。这些示威者能安安静静地游行该多好！然而，公路交通得不到保障，神秘的罢工组织者也无视劳动者的自由权，酒店业的罢工队伍开往正在营业的饭店宾馆前，迫使这些商业机构即刻停业，提出抗议的消费者被请出场所，并对他们怒言相斥，不接受任何反对意见。

这就是巴黎人昨天的所见所闻。某些罢工者的态度，他们制作的人物模型和悬挂的肖像画，他们在几天后自行复工的想法，一些面目恐惧、戴红袖章的人到处尾随跟踪，这一切给真正的巴黎人留下了极坏的印象。到处聚集着人群，相互之间情绪激动，言辞激烈。起初，运动发起人让大家相信他们是在良好的气氛中举行罢工，在歌声和无恶意的取闹中游行。所有的革命运动都是这样开始的，巴黎人真正感受到了一场革命运动的来临[51]。

《巴黎反响》、《天真无邪》与《格兰高尔》一样都是极右倾向，这还用说吗[52]？可是，极右分子阿尔贝·萨罗特在1933年秋天当上了政府首脑，1934年又做了内务部长，他这样说："共产主义，就是我们的敌人。"

毫无疑问，玛格丽特与她的新朋友属于"真正的巴黎人"，她们更喜欢去图书馆、看戏、看电影，而不参加任何反法西斯膨胀的集会，也不支持左派或右派的各项运动。即使"在热气压的作用下，公路会爆裂，炸药会开花"，她们被请出咖啡馆，也还是无动于衷。在这段时间里，街头巷尾的活动成为男孩子们的特权，而她们则执著地去索邦大学上公开课，特别选听富尔图纳·斯洛维斯基在笛卡尔阶梯教室进行的学士阶段法国现代文学报告会[53]。玛格丽特和弗朗斯去拉丁区或圣日耳曼·德·布雷电影院看电影，于尔絮勒电影院、塔楼电影院、圣苏尔比斯广场波拿巴电影院都是她们最喜欢去的地方。那些年放映的影片有勒内·克莱尔导演的《7月14日》和《最后一个亿万富翁》、雅克·菲德尔导演的《神奇的赈灾游艺会》、让·勒诺瓦导演的《朗热先生的罪恶》和《绝妙的幻觉》，阿贝尔·冈斯导演的配音电影《我控诉》，由让·卡班与米雷伊·巴林夫妻合演的《爱情，住口》和《爷爷是一个普罗旺斯士兵》等。法国电影里的纯情坏男人与毒蛇般美女不断地激起玛格丽特的想象力，使她深陷悲剧性爱情的漩涡中。《太阳升起来》即将问世，后续的不幸故事将源源不断[54]。

有关《街心公园》、《英国情妇》或《音乐》的未来作者经常光顾戏院，我们坚信戏剧评论家吉尔·科斯塔在1985年所作的陈述："来到巴黎后，在还没有来得及考虑创作剧本之前，她已经成为一个执著的戏迷，经常去马杜兰剧院看戏，这里是主要上演比托埃夫家族剧的场所。”[55]她自己说道：“比托埃夫家族剧使我第一次接触到戏剧教育。来看戏的只有 15 人左右，我坚持了下来。时间一长，比托埃夫家的人都认识我，还经常给我打招呼。我看过易卜生的《玩偶之家》，鲁德米拉的《交换》和《海鸥》，都令人难以忘怀。我不喜欢克洛岱尔编写的戏剧，但是，我还是坚持来看。实际上，我不喜欢克洛岱尔，是因为他只写宗教主题。我还喜欢其他好多戏剧。《交换》剧中的托马·波劳克这个人物简直活灵活现。”相反，玛格丽特·杜拉斯在这些年中并没有看好法兰西喜剧院上演的戏剧，“都是由于刻板的讽刺和单调的韵律”。“她从中发现存在过分的搞笑，希望不再看这些喜剧。”[56]自 1931 年至 1932 年在巴黎第一次逗留后，这个巴黎的新市民变得口味高雅，耳聪目明，她是否与让·拉格洛雷一样，排斥吉罗杜的戏剧诗歌呢？这并不令人惊奇，可她并没有就此表示明确的看法，即使她也观看了爱德华·布尔岱受经济危机启发编写的《艰难时刻》，阿尔弗雷德·萨瓦反映斯塔维斯基一案的《奇妙世界》，或时髦剧作家亨利·贝尔斯坦编写的《旅行》，高莱特称这出戏是悲观的青年人讲出了战争与经济危机带来的前景，玛格丽特也对此未表示任何看法。她大概在 1937 年还观看过吉罗杜反映西班牙战争的《厄勒克特拉》，特别是在斯特莱萨有关和平报告会流产之后，她在 1935 年雅典娜的路伊·儒维剧院还观看了《特罗伊战争不会重演》。

作为比托埃夫家族剧的痴迷爱好者，她自然不会缺席他们于 1935 年 6 月在马杜兰戏院的首场演出，大概是在让·拉格洛雷的陪伴下观看了斯泰福·帕瑟尔编写的新剧《我要经历一次伟大的爱情》，并在这一年 10 月份开学之际进行了复演。在最后一场戏中，一个类似上流社会的厄勒克特拉的纯洁姑娘以高贵的气质（过于做作，玛格丽特语）和悲剧似的腔调渴望地宣告：“我要经受一场伟大的爱情，否则绝不苟且偷生。”在战后的年代里，巴雷特在外省城市剧场的巡回演出掀起对过去戏剧种类的革新。当听到这种发自内心并打动契诃夫的呐喊声后，作为大学生的我很长时间都在扪心自问，我们这些悲观之人陌生的内心深处是否蕴藏着这样的心境。我从来没有机会聆听到缔造人物者的声音，马塞尔·阿沙尔对此说道：“鲁德米拉·比托埃夫夫人真是才华出众，她在平凡中证明了自己能够继承雷加娜的衣钵。”[57]随即出现了玛德莱娜·雷诺和玛格丽特及后来的杜拉斯为她创作的各种各样的人物角色。

副省长的儿子

1935年，玛格丽特得到一辆福特V8型豪华敞篷轿车，有了这辆轿车，她就能够去了解边界线另一边所发生的事情。在此我们应该注意到，对于一个3年前在旺夫“吃不到热饭”的小姑娘来说，能有一辆轿车简直不是一件小事。在那时，一个女大学生有一辆轿车绝无仅有，确实值得予以关注。弗朗斯·布律奈尔认为，“她是唯一有轿车的姑娘”。乔治·博尚在获得高中会考文凭后，曾有一辆他父亲送给他的前驱动雪铁龙轿车，当我问及敞篷轿车一事时，他与弗朗斯的看法相同。根据厄热内·维贝尔在《30年代的法国》一书中所做的统计数字，在1930年的巴黎，只有700辆轿车，直到1940年，也没有超过1300辆[58]。是否像勒内·克莱尔执导的《百万法郎》电影中的主角一样，活泼的玛格丽特买到了一张中彩奖券，或者同皮埃尔·多纳迪厄一起在隆尚或奥特伊赌马场中获得头彩？或者在恩吉岩－勒－潘或多维尔赌场的纸牌游戏中赢得重奖？或者简单地说，是她母亲送给她的20岁生日礼物？我们大概都无从知晓。

我们所能知道的就是在人民阵线政府规定普通人可以享受带薪度假之前[59]，这辆车可以在假期中带她外出观光，因此，在1935年，她于7月30日延长了她的护照期限，陪着她大哥哥去了奥地利，在那里度过了8月和9月。行政部门急需玛丽·多纳迪厄夫人提供一份关于她女儿的证明，补充进她即将退休的资料中，她在1935年9月2日的信函中写道，她只能在退休时提供此证明材料，因为她女儿“住在提罗尔阿尔卑斯山上的木屋里”[60]，她无法开具有效的证明材料。实际上，家庭照片显示出兄妹俩身着阿尔卑斯运动服装，坐在名牌轿车里，敞开车篷，尽情欣赏着远处的山区风景和冰雪覆盖的山峰[61]。和他妹妹一样，皮埃尔·多纳迪厄也是一个车迷，稳稳当当地坐在方向盘前。8月底，玛格丽特乘坐火车从布雷内山谷进入，前往意大利游玩了3天。她于10月5日才回到巴黎。

7月的一天，她结束了全部考试，动身前往诺曼底海滨，去寻找高中会考那年的记忆。直到1980年，她对这一切都还记忆犹新，这为她提供撰写文章的必要素材，而被《人道报》拒载。在这篇文章中，她愤怒地斥责新的建筑开发，破坏了在青少年时期留下美好记忆的环境，强烈地指责多维尔著名的女市长：

在1924年出版的《拉鲁斯词典》里，对多维尔城是这样介绍的：卡尔瓦多省的一个城市，主教教区，4200公顷地，有海滨浴场等。对图维尔只字未提。但是，在卡尔瓦多省的地图上，醒目地标注出图维尔城和瓮夫勒尔城，仅在其对面用小字体写着多维尔城的名字。这个城市很美，在我完成法学学业后，我开着福特敞篷轿车游览世界各地的野外景点，与我年轻时看过的海滩一样保持着原貌，我似乎今天才感觉到它的完美之处。风格考究的建筑，周边街道空旷的沿海，没有人这么欣赏过多维尔城。在涨潮时，海水一直延伸至各大宾馆的门前。年复一年，形成最壮观景象的还有诺曼底、王室行宫、白色城堡等。大型娱乐场和赌博城面海而建，中间是一片沙滩空地，还有一些水潭，沿着开放式海滩的茅屋外侧，是一条齐着轴心线的小路，太阳酒吧的平台位于大海的右侧，旁边有两个网球场和儿童马术训练场。这是一片任凭海风蹂躏、海浪践踏、海水侵蚀的荒芜沙滩，美得像一幅油画、一首乐曲、一件上帝的杰作。没有几年工夫，统治者的玩忽职守摧毁了这里的一切，真让人无法理解，像密特朗、希拉克、帕斯库瓦这些聪明绝顶的人士为什么不保护这个地方呢？他们什么也没有做，像死人一样无动于衷。这个城市也随之消亡，成了卡尔瓦多省的磷化场，值得为它颁发一枚荣誉勋章，确实如此[62]。

在每次开车出游时，玛格丽特都不是一个人。在1936年的冬天，她与让·拉格洛雷尽情享受美好的爱情，后者又给她介绍来自巴约讷的两个朋友，也是来巴黎学习法律专业的学生。他们两个人在一所中学就读，形影不离。一个叫法朗兹·罗森费尔德，数年后，他的家族姓氏变了，他们是以乔治·博尚的名字相识的；另一个是副省长的儿子，叫罗贝尔·昂泰尔姆，不论对玛格丽特，还是对罗贝尔来讲，他们的相识有着一定的历史意义。乔治·博尚说：

“在高中会考后，我们来到了巴黎。在这里，我们与亲密的让·拉格洛雷一起，组成了圣雅克街法学院里的一个小团体。在巴约讷中学读书时，我就与罗贝尔·昂泰尔姆很要好，他很有影响力，大家都想向他吐露年轻人的烦恼、朦胧的爱情和个人问题。他是一个具有凝聚力的人，大家都知道他很善解人意。从这个时候开始，我们相互联系得越来越紧密，越走越近。

——你们在中学一起踢足球吗？

——踢球，他喜欢运动，很有活力。

有一天，让·拉格洛雷给我们介绍他的女朋友，她是出生在印度支那的法国女孩，很漂亮，也很可爱，她就是玛格丽特。我们相互倾慕，被对方的美貌所吸引，她的脸庞很漂亮，很迷人。我们许多上了年纪的老师一看到她，就对她十分着迷，她希望什么就满足她什么。她确确实实太迷人了。”

“有一段时间，事事都很顺利。让是一个漂亮的小伙子，聪明、才华出众、慷慨大方。但他没有罗贝尔那样的宽大胸怀，只能算是一个品质优秀的人。

——玛格丽特与他订婚了没有，哪怕是私下订婚呢？

——没有。我们一起旅游，穿越法国，一道来到了蓝色海岸。时间不长，大家发现事事不如人意，玛格丽特与拉格洛雷的关系也逐渐恶化。让表现得阴阳怪气，别别扭扭。没过多久，玛格丽特开始移情别恋，她发现并感受到罗贝尔的优秀之处。他没有让·拉格洛雷那样英俊潇洒，要逊色得多，但是他善良宽厚，慷慨大方，聪明开朗。需要平静和谐的玛格丽特将注意力转向了罗贝尔身上。”[63]

请给我谈爱情

当吕西安娜·博耶在法国和纳瓦尔电台上日复一日地播报每日新闻时，克梅尔街戒律森严的公寓楼在一个阳光明媚的下午对两个造访者敞开了大门，他们大大方方地走进了玛格丽特的房间，大家都感到十分荣幸。在当天拍摄的照片上，可以清晰地看到玛格丽特笑容满面地站在阳台上，罗贝尔·昂泰尔姆站在阳台的窗户旁边，双手插在口袋里，身着运动上衣，系着蝴蝶结，脸上挂着灿烂的笑容。皮埃尔·多纳迪厄总是穿着两襟对叠的西服上衣，遥望远处，好像在幻想着神秘的小红帽[64]，似乎每个人都有着各自的心思。在《未来信件》的长篇叙述中，所发生的和将要发生的一切都可以用“如痴如醉”一词来形容，这封信件是玛格丽特在从巴黎赶往她祖母病榻前的火车上草写的，被完整地保存在现代出版档案馆的资料中，以此方便评论家的参阅。以下是此信的摘录：

你。

尽管这个词语在其对应的意义中包括许多层含义，但我不觉得该词具有复杂的意思，而由于这一词汇是用在我们之间称谓这一特定的含义中，那我很希望不要将其依附于语法解释的层面上，这就向您解释，并谨请原谅我总以您相称呼，但愿此信能不落俗套。尽管我离开了这里，可是还像我所预料的那样，所发生的一切仍然使我不悦，令我气愤。祖母健康状况欠佳，痛苦不堪，到了这个年龄，还要为生存抗争，忍受被送往医院的旅途折磨，一想到这些，真还不如病死在自己的家里好，我一吐为快与这样的气氛毫不协调，最大的心愿就是能够与您交流看法。我想通过所发生的事情告诉您，我对真正满足的认识以及其价值，我感觉到有必要接近您。我从不后悔极力地压制自己的情感，强迫自己这样做，坚持了一个耐人寻味的夜晚，使我思想和感觉上的熟悉景色大放异彩，因为现在只是一个抽象的形象，没有萦绕我的实质内容，大概是一种具有芳香的物体，给人带来一种希望，留下长久的念想，类似在对田野修长芦笛的古老记载中谈到的木质芳香。正是这种抽象的形象与音乐将我们与其联系在一起，仿佛是两个强大的棱镜，在我们身后，白色光芒画出一道彩虹，在我们眼前，船栏上颤动的绳索奏响宏伟的交响乐章。所有这一切无不令人神往，不论是极度快乐，还是万般痛苦，绝无分别，炙热般地融为一体，在相互分享的激情中，不会有朝思暮想的事情发生。

总之，另一个你怎么没有在与您厮守的黎明前一起颤动呢？我的梦想在仙女般随想的峡谷中从来都没有显得如此的活灵活现。在一个模糊的轮廓中，像展示灵与肉一样，凸现出全部的活体，我认为这对您来说，就是一种不可名状的乐趣。但是，在此之上，您却投下了您亲临此境的冗长帷幕，神秘般迷人的自然本身蒙上了奢华的气氛，通过您，这些让我并没有感觉到与现实状况不符。可是，尽管暗藏炸弹的克梅尔街悄然兴旺起来，手舞足蹈地欢庆着，梦想怎么还没有出现在您曾经喜爱的画面中呢？因为梦想通过自然的象征手法将一切移植至我期待与您相会的这个或那个地方。然而，我却向您隐瞒了我善于精打细算的忧虑，别为此生气，您知道我是一个喜欢自虐的人。当夜晚降临，手指僵硬，我还这样做真是愚蠢透顶，就此搁笔，谨请谅解。您会原谅的，因为淘气鬼不再顽皮；娇小的古提琴也不再奏乐；在某个清晨，她还会奏响间奏曲，您将会听到她擅长演奏的最甜美的音乐，将痛苦地把您从痴迷的睡梦中唤醒，当您微微睁开眼睛时，它就消失得无影无踪。但是，它会向您打声招呼，会对您喃喃自语，可是人们都不相信它在谈情说爱。

注：淘气鬼大概又在敲响另一扇大门。

如果另一扇大门是让·拉格洛雷的房门，其举动避免不了缪塞式的结局。在这一点上，证人不同，说法各异。据捍卫罗曼蒂克的乔治·博尚所说："就此而言，就是一场戏剧。我们步入到戏剧化的阶段。我不得不拿走让面前的劳丹酊毒酒，他想一死了之，因为他失去了他的女人，他还阻止罗贝尔自寻短见，因为他夺走了他的所爱。让和罗贝尔是一对十分要好的朋友。"那时候，人人都梦想成为一个作家，一败涂地的求爱者也在后来一部重要的小说中如实地描写了当时的岁月："自从罗贝尔·昂泰尔姆第一天做我的朋友起，我就认为他是我在外省唯一能寻找到的一位挚友。他也知道这是一个显而易见的事实，以至于不情愿承认而已，我对罗贝尔和他那过分的专注耿耿于怀。说实话，他也很高看我，我那时只有19岁。"[65]据让·拉格洛雷的朋友让-路伊·雅凯所说："在他们之间存在着牢不可破的友谊，帮派与学校友谊兼而有之，他们来自同一社会阶层，都是大资本家的后代。"[66]弗朗斯·布律奈尔与他们地区的这个男生小团体交往很多，她很高兴有这些男同学，她一定听说过当时发生的手枪和劳丹酊事件，而没有给予更多的关注。贝尔纳·米诺雷同玛格丽特和让·拉格洛雷的关系也很好，他认为他们两人都在相互怄气，让·拉格洛雷绝不会为了她自寻短见[67]。莫尼克·昂泰尔姆是罗贝尔·昂泰尔姆的第二任妻子，她后来也听说过此事，并确认了他们之间的交往始于1937年初，当时罗贝尔正在撰写法律学士阶段的毕业论文[68]。

这年夏天，乔治·博尚开车带着他的朋友让去了奥地利和匈牙利游玩了一个月，让他换换脑筋，由于不喜欢希特勒，就没有去德国。玛格丽特和罗贝尔开着福特敞篷轿车一起去了北方，在此期间，他们之间的关系正式确定了下来，夺爱之人早将她带到了家人面前。1937年9月10日，他们从布鲁塞尔日益繁荣的杜畔街给罗贝尔父母邮寄了一张明信片，上面写着阳光"明媚"，"各自兴高采烈"。罗贝尔祝愿与他们"真诚地拥吻"，玛格丽特也附上了"尊敬的怀念"[69]。刚走出校门的玛丽·多纳迪厄的女儿也学会了温文尔雅。

注 释

1.《物质生活》。

2. 在1933年至1934年撰写的半自传体小说《平静的生活》一书中，玛格丽特·杜拉斯通过类似自己姊妹的女主人公告诉大家："我的生活就像我吞食的水果，从来没有细心品尝和耐心回味过。"

好多年后，当她与热罗姆·博茹尔再一次回顾青少年时代的经历时，她以怀念的心情明确地证实道："我是一个从来没有回过故乡的人。"（《物质生活》）

3.《大学生登记表》，1933—1934年，巴黎学院档案室。

4. 先贤祠－阿萨大学档案室及巴黎二大档案馆。

5. 让·马斯科罗档案馆。

6. 1973年10月22日，对苏珊娜·卡比特的采访。（现代出版档案馆）

7.《大学生登记表》，1933—1934年，巴黎学院档案室。

8. 就《电影手册》问题与帕斯卡尔·波尼采进行的交谈。（现代出版档案馆）

9. 2000年12月17日，与保尔·兰波维尔－尼克尔的交谈。

1933—1936年，保尔·兰波维尔－尼克尔是政治学院的一名学生，与他同年就读的有皮埃尔·布拉瑟尔、阿兰·博埃、埃里·德·罗特什德、约瑟夫·比亚吉律师，还有某个让－弗朗索瓦·佩克雷斯，玛格丽特·杜拉斯在《厚颜无耻的人》中，将这个名字用在了1931年他们逗留帕尔达朗负责接待他们的布斯凯一家身上。

10. 政治学院过去的学生会每年组织一次"重要报告会"。在20世纪30年代的报告人中，有吉约姆·德·塔尔德、维尔弗里·德·波巴特内和菲利甫·德·罗特什德，保尔·瓦莱里属于这些报告会中的"主席报告人"行列。

11. 当玛格丽特已在科学学院注册后，她两天后再注册没有支付任何费用。在一个学员注册后，其学生在大学的其他学院再注册不用支付任何费用。从二年级至四年级，她作为公共教育部门的官员子女，被"免除了所有注册费用"。（先贤祠－阿萨大学档案室）这就使得她在后来写到自己是一个享受奖学金的学生。

12. 法律学生的达洛兹指南。

13. 当玛格丽特·杜拉斯在巴黎法律学院注册后，这所学院的男女比率大致是1:10。

当我问及这些女生就读法律专业的动机时，与她同年级的雷蒙·奥布拉克毫不隐讳地告诉我，对于她们中间的绝大多数人来说，这是“选招丈夫最保险的办法”。（1997年11月28日，与雷蒙·奥布拉克的交谈）

14. 达洛兹指南，1946—1947年。

15. 先贤祠－阿萨大学档案室。

16. 达洛兹指南。

17. 在对她的采访中，尽管她提到准备“博士论文”一事，但是在档案资料和博士学位注册中，均没有此事的任何记录。（先贤祠－阿萨大学）

根据该大学档案资料，在弗朗索瓦·密特朗于1938年决定参军时，他本人也没有完成两年的博士阶段学业。上前线，做俘虏，1942年越狱后，他在里昂大学法学院申请了博士文凭的第二阶段学习。是否获得许可没有注明，申请信函确实存在。

18. 1933—1934年，在7月份的第一高中会考中，她仅获得8分，她必须再参加10月份的考试，她这次获得了12分。1934—1935年，她第一次就被录取为高中会考第二阶段的法律专业学生，她取得的成绩是10分。其学士学位的口试答辩被推迟至1936年10月，仅得到5分与8分，而在这一年10月的补考中，取得了10分的成绩。1937年，在5月份举行的公共法律专业硕士考试中获得12分，在6月份举行的政治经济硕士考试中获得14分。（先贤祠－阿萨大学档案室）

19. 2000年5月20日，对格朗科拉夫人及弗朗斯·布律奈尔的采访。

20. 2000年3月1日至2日，与乔治·博尚的谈话。

21. 即使像让·梅兰、雷蒙·萨姆埃尔及未来的雷蒙·奥布拉克这样“学习认真的”学生，在考试时，也会被排在“不及格”中，也未得到允许参加在凡尔赛门巴黎展览馆里举行的书面考试。（先贤祠－阿萨大学档案室）雷蒙·奥布拉克不仅是路桥学院的高材生，同时也是法律专业的高才生。

22. 达洛兹指南。

23. 让·马斯科罗档案馆。

24. 根据玛格丽特后来对迪奥尼斯·马斯科罗吐露的“隐情”，在20世纪30年代，她哥哥有一个情妇，他或多或少在逼迫她去蒙帕纳斯卖淫。当她得了痨病后，玛格丽特替哥哥照顾她，然后他将她遗弃。（同前，劳

儿·阿德莱著，116 页）

据保尔·兰波维尔－尼克尔说："皮埃尔是一个糊涂虫，他吸食鸦片。"他还与殖民地给他提供鸦片的人混在一起，还整天与有吸毒嗜好的名流社会或艺术阶层的人打交道。（2000 年 12 月 17 日的交谈）

25. 7 月 24 日，她登上了奥斯坦德，同一天抵达杜维尔。返回时，于 10 月 3 日停留在迪耶普。（让·马斯科罗档案馆）

26. 塞尔热·图比亚纳就《电影手册》中的问题对玛格丽特·杜拉斯的采访，374 号，1985 年 7 月—8 月。（现代出版档案馆）

27. 《词语的颜色》（和多米尼克·诺盖的对谈），贝诺瓦·雅格布出版社，巴黎，2001 年。

28. 同上。

29. 现代出版档案馆。

30. 同上。

1985 年，玛格丽特·杜拉斯在与塞尔热·图比亚纳的交谈中补充道："你知道，有时会因很小的一件事情，就授人以柄，要不就吵架，要不就离开。一句话，或一次迟到。"1980 年，在筹备《电影手册》特刊号《绿眼睛》时，她对帕斯卡·波尼采说："开始时，出了一件事，有了一个情人。"（现代出版档案馆）

31. 现代出版档案馆，《副领事》的手稿起草于 1963 年。

32. 印度独立之后，法国在该国建立了大使馆。1947 年，弗雷德里克·马科斯曾在法国驻孟买领事馆工作。当然，法国并没有在拉奥尔设领事馆，他也就从来没有任过副领事一职。

1945 年，与玛格丽特·杜拉斯同期学习法律专业的克里斯蒂安·傅歇曾任过法国临时政府驻印度的代表。

33. 1998 年 7 月 15 日，与雅克－弗朗西斯·罗兰在巴黎的交谈。

34. 《词语的颜色》。

35. 电台采访中的部分记录，未注明日期，现代出版档案馆。

36. 在同一年备考历史学教师资格证书的鲁斯·奥布拉克给我讲述了这件在巴黎郊区拥有别墅的事情。（1999 年 11 月 29 日与鲁斯·奥布拉克的电话交谈）

皮埃尔·佩昂在自己的《一代法国青年：1934—1947 年的弗朗索瓦·密特朗》（法雅尔出版社，1994 年）书中强调到，前共和国罗贝尔·罗兰与马克·桑尼埃同属创建党组成员。

37. 就是现在的林德贝尔格宾馆。

多亏有玛格丽特·杜拉斯从阳台拍摄的家庭照片，我们轻而易举地确定了具体的楼层。

38. 对这一年在巴黎实行的房价表的大体核查可以估计大学寄宿生每月需支付600～900法郎，单独住房需支付200～300法郎。

39. 先贤祠－阿萨大学档案室。

40. 鲁斯与雷蒙·奥布拉克的证词。

41.《玛格丽特·杜拉斯》，同前，118页。

当我在1999年12月采访让·拉格洛雷的朋友让－路易·雅凯时，他隐讳地谈到在20世纪50年代末在克梅尔街的偶遇。他还是那么喜欢玛格丽特，尽管她长期以自己的方式解释这天晚上所发生的可怕事情。

42. 让－路易·雅凯丛书。

43. 让·拉格洛雷，《嫉妒者眼中的成功者》，伽利玛出版社，1956年（荣获“五月小说奖”）。

44. 与乔治·博尚的交谈。

45. 与让－路易·雅凯的交谈。

46. 让·马斯科罗档案馆。

据让－路易·雅凯说，玛格丽特认识让·拉格洛雷家的所在地，在大战前夕，她去过他家。在德国占领前，这所房屋没有遭到毁坏。

47. 让－路易·雅凯交给作者信件的复印件。

这封信没有注明日期，只用铅笔加注“1938年1月”，显然晚于起草信件的日期。但是，有一处是在暗示她回到巴黎的时间，“不是5号，是回到查理·佩吉街5号”，这就能使大家猜到这封信起草于1月1日左右。

48. 在1939年6月10日的《无产阶级革命报》上，西蒙娜·维尔写道：“在她看来，这场罢工是一种喜悦，一种纯真的喜悦，一种不夹杂任何私念的喜悦。几个月前，我看到伙伴们进入我工作的工厂，在看门人笑容可掬的允诺下，他们高兴地走进厂区；高兴地看到欢迎的笑容，听到友好的问候，自由自在地从他车间的机器旁走过，把嘈杂的机器声当作美妙的音乐和欢歌笑语；高兴地从工厂老板的面前经过，挺胸抬头。”

（路易·博丹和让·图莎尔在其撰写的《人民阵线》著作中引用，1936年，阿尔芒·高兰出版社，1961年）

49. 加斯通·热兹在圣雅克街学院讲授《共同法》课程，在其他同事都穿着长袍上课时，唯独他一个人像文学院的老师一样，穿着西式上装走进课堂。1936年1月10日，法兰西行动组织的学生肆意闹事，禁止“犹太人热兹”给他们上课，借口他在意大利人侵埃塞俄比亚时，于1935年

10月在民族联盟会议上建议尼格斯抵抗墨索里尼。在形势不断恶化的情况下，第二天，阿里克斯院长决定关闭校门。反对闭校声四起，学生罢课，冲开校门，反对热兹的学生占领了校区，有组织地进行抵抗，在学校四周群殴，校长辞职。这一事件打破了均衡的政治格局，使政府陷入困境中。直至3月10日，大家才冷静下来，又开始了正常的课程。给玛格丽特·杜拉斯上课的热兹老师勉强接受改变自己的穿着。玛格丽特的态度不明朗。被问及此事的弗朗斯·布律奈尔说："热兹不受大家拥戴。"而鲁斯·奥布拉克的看法正好相反，她记得"历史学专业的学生都很喜欢热兹"。弗朗索瓦·密特朗亲自干预右派学生的滋事行为。（参阅皮埃尔·佩昂著作中有关此事的论述）

50. 根据她的护照显示，1936年2月2日，她从斯特拉斯堡出了边界线，再从德国前往因斯布鲁克。2月8日，从德国与奥地利边界线之间，赶往沙尔尼兹。2月9日，再从斯特拉斯堡返回法国。

51. 1936年，被《人民阵线》引用，同前。

52. 在这份报纸和SFIO组织主办的《民众》杂志中，1935年2月发表了弗朗索瓦·密特朗在医学院与极右派学生合影的照片。（皮埃尔·佩昂，《一代法国青年》，同前）

53. 在索邦大学于30年代开设的公共课程中，有查里·布兰什维格的《现代哲学史》，热罗姆·卡尔考必诺的《罗曼史》，查里·塞格诺波的《现代史》，阿尔弗雷德·雷诺万的《当代史》，达尼埃尔·莫尔奈的《18世纪法国文学史》，菲尔迪南·布鲁诺的《法国语言史》。（1933—1934年《大学生手册》）

54. 马塞尔·卡尔奈的电影于1939年拍摄。

55. 乔治·比托埃夫演出公司先定居在瑞士。1920年初搬往巴黎，在1939年9月创始人逝世后，还一直坚持演出斯坦德贝尔格、易卜生、马特林克、乔治·贝尔纳·沙夫、辛格、切科夫、高尔基、什尼兹勒、皮兰德罗、莎士比亚、查理·维尔德拉克、保尔·克洛岱尔、阿诺伊等作家的剧作。

1934年6月，乔治与鲁德米拉·比托埃夫定居在阿维尔－高马丹地铁站附近的马杜兰剧院，在新的演出大厅举办的首场演出是易卜生编写的戏剧《归来者》。

56. 吉尔·考斯塔，采访玛格丽特·杜拉斯对《弓》画刊的看法，1985年。（现代出版档案馆）

57. 由安德烈·法兰克在自己撰写的《乔治·比托埃夫》一书中引

用，TNP 丛书《戏剧与生活》，阿尔什出版社，1958 年。

58. 厄热内·维贝尔,《虚度年华》，W. W. 诺顿出版社，纽约，1994 年。

59. 1936 年 6 月，众议院投票通过了工人享受前期带薪休假的社会措施。

60. 海外档案中心。

61. 让·马斯科罗档案馆。

62. 现代出版档案馆。名为《多维尔与死亡》的文章被《人道报》编辑拒载，但是得到智利一家画刊记者的采访。

63. 2000 年 3 月 1 日，与乔治·博尚的交谈。

64. 马斯科罗收藏品。

65. 《嫉妒者眼中的成功者》。

66. 与让－路易·雅凯的交谈。

67. 与贝尔纳·米诺雷的交谈。

68. 1999 年 12 月 13 日，与莫尼克·昂泰尔姆的交谈。

69. 让·马斯科罗档案馆。

第十六章
为帝国效劳

罗贝尔·昂泰尔姆出身中产阶级家庭，既是自由职业者，又有一官半职。他的祖父路易·昂泰尔姆生于1836年，是拉塞讷一家造船厂的“优秀工程师”。父亲约瑟夫·昂泰尔姆，于1906年去世，生前一直是瓦尔省议员兼拉塞讷市第一市长助理。他家曾给市政府捐赠过一块地，为了表示感谢，市政府将莫里哀大街改名为昂泰尔姆大街。拉塞讷人对市政府的做法不满，一度提起诉讼，但未能奏效，这条街至今没有改名，依然叫昂泰尔姆大街[1]。路易·昂泰尔姆的儿子约瑟夫在省政府工作，28岁当上了科西嘉省萨尔坦专区区长，并在那里他结识了他的妻子，即罗贝尔的母亲。

罗贝尔的母亲叫玛丽·弗朗索瓦兹·依诺桑·布朗什·罗萨莉·德·罗卡·塞拉[2]，家里共有9个孩子，她排行最小。她父亲名叫保尔·路易·德·罗卡·塞拉，祖籍萨尔坦，他既是律师，又是科西嘉省议员，还是萨尔坦市前市长、市参议员和地产主。他妻子玛丽·佩尔勒·皮埃特里，即罗贝尔·昂泰尔姆的外祖母，1861年生于巴斯蒂亚，她们家也出了好几位律师。罗贝尔·昂泰尔姆的母亲玛丽·德·罗卡·塞拉是弗朗索瓦·皮埃特里的表妹，弗朗索瓦·皮埃特里做过审计官，第三共和国时期当过好几任部长[3]。据玛丽·德·罗卡·塞拉的第二个儿媳妇说，玛丽不曾上过学。在莫尼克·昂泰尔姆的记忆里，她生性慷慨，乐观，充满活力（“她经常唱歌”），还是一个虔诚的教徒[4]。

1915年，约瑟夫·昂泰尔姆和玛丽·弗朗索瓦兹·德·罗卡·塞拉在萨尔坦完婚。萨尔坦住着一批古希腊移民后裔。他们的第一个孩子罗贝尔1917年1月5日出生，并且一直在那生活到4岁。他的妹妹玛丽·路易丝（又名小可爱），1919年出生。小妹叫艾丽斯，1923年生于奥洛龙，下比利牛斯省（今天的比利牛斯大西洋省）专区政府所在地。他们的父亲当时在此供职。1929年，约瑟夫·昂泰尔姆获任巴约讷专区区长，就把家安在了阿图尔河口的巴斯克市。该市是座港口城市，居民约3万人，拥有几座工厂和几个巧克力厂。从不同的意义上说，巴斯克市是座历史城市，首先因为它是画家莱昂·博纳的故乡（这里有画家的纪念馆），其次，1808年这里举行过“巴约讷会晤”，西班牙国王将王位“让给”拿破仑家族。

12岁那年，罗贝尔·昂泰尔姆去巴约讷读中学，并参加中学会考，上学期间曾是足球队队员，1935年，和朋友让·拉格洛雷、弗朗兹·罗桑费尔结伴前往巴黎学习，在法学院听课时结识了弗朗斯·布律奈尔。弗朗斯的外公在梅多克有一处葡萄种植园，还有一座叫莫康的城堡。弗朗斯与来自巴约讷的3个大学生相处很融洽，和罗贝尔·昂泰尔姆的关系尤其好。当我问她是否爱他时，她的回答是否定的[5]。“我们常在一起讨论问题，他很留意与我交往的人，可见他在保护我。”不久以后，他们有了书信往来，足以能证明其关系。他们几个朋友谈论的都是文学。解放后，罗贝尔写了本书，叫《人类空间》[6]。凡是读过这本书的人都不会对此感到意外。她在谈到他时说：“他不仅人好，也很聪明，没人能比得上。”认识他的人都有同感。玛格丽特的表哥保尔·兰波维尔－尼克尔对他更是佩服得不得了，我在他面前提到罗贝尔时，他连说：“是个大好人。”

昂泰尔姆家族是1937年接受了玛格丽特？是的，有照片为证。照片上有他，有他的新朋友罗贝尔，还有他的两个姐姐。罗贝尔穿的衣服，同他与皮埃尔·多纳迪厄在肖梅尔街阳台上合影时的衣服相同[7]。罗贝尔的父母觉着有必要，可以侧面去了解这个姑娘，很显然他儿子是已经爱上她了。罗贝尔表舅皮埃特里似曾当过殖民地部长（最后一任是在1933—1944年[8]）？可以通过关系轻而易举了解到玛格丽特家的情况。玛格丽特的母亲在1935—1936学年结束后退了休，在西贡泰斯塔尔街的家里办了所私立学校。学校办得不错，受到很高的赞誉。玛格丽特已经取得法学学士学位，罗贝尔和她出去约会时，她正准备博士考试，不可能每周都去做弥撒，但勒格朗家在加莱海峡有田产，属于传统的天主教地产阶层。这个姑娘不仅有教养、有文化，人还长得很漂亮，他们能不动心吗？

迪潘街5号

在任巴约讷专区区长时，约瑟夫·昂泰尔姆遇到一些麻烦，使其心烦不已，后来索性将家搬到巴黎，住在博马歇区迪潘街5号（离肖梅尔街寄宿学校不远）。约瑟夫·昂泰尔姆身不由己卷入了“斯塔维斯基事件”，这是一起牵扯到政府的巨额信贷诈骗案（恢复营业的旧当铺）。1933年12

月，该案雷电般爆发，是20世纪30年代最大的金融丑闻，又叫“巴约讷丑闻”[9]。案发之前，让-保尔·贝尔蒙多就成了阿兰·雷奈的帮凶。阿里亚-萨沙·斯塔维斯基经常出入赌场，觉得有利可图，答应私下提供赞助，在下比利牛斯专区首府成立了一家政府信贷银行。成立信贷银行的事务完全由终身议员兼市长（巴约讷有此传统）一手秘密筹划，他同当时的省长和专区区长关系亲密，后来由于他说话不慎，影响到了幕后支持者。开始其支持者只看到“一点火星”，没想到迅疾燎原，演变成熊熊烈火。经过漫长调查，议会最终同意立案。此事在当时引起轩然大波，必须有人为此付出代价，内务部面对公诉压力，作出“延期宽大处理”的决定。

罗贝尔·昂泰尔姆的父亲非常幸运，凭借妻子表兄是审计员这层关系，找了一个肥差，成了首都某区的税务官，也算有个一官半职。迪潘街的房子是处豪宅，地处塞弗尔街一幢豪华大楼内。这幢楼6层，进门左手是邮局。后面我们还要对这幢楼作详细的介绍。房间宽敞，面朝宁静的林荫大道，空气非常清新，是巴黎传统有产阶级青睐的聚居地，又是置业的理想之地。玛格丽特的新朋友，像法学院的同学弗朗索瓦·密特朗一样，出身虔诚的天主教家庭，政治上保守，可以说是“右派”，压根反对共产主义，政治立场服从梵蒂冈。说到这儿，我们自然想到了1937年3月19日教廷针对共产主义无神论而颁布的圣谕。罗贝尔·昂泰尔姆是个教徒，朋友都觉得他健谈。雅克·贝奈虽在1939年与他过一面，也认为他“道德上严格自律”，“非常敬重父母”[10]。

罗贝尔和玛格丽特是在1937年夏天订婚，结婚度蜜月吗？也许，只是为了让父母高兴而为之[11]？罗贝尔·昂泰尔姆年初已满20岁，到了服兵役的年龄，7月结束学业，拿到了法学学士学位，10月去了部队[12]，两年不在巴黎。在他服役前，因德国军国主义势力上升，政府颁布法令，将服役期延长1倍[13]。入伍后他被编入鲁昂第39步兵团，驻防地距巴黎不是很远。因为对服兵役热情不高，也没有参加过军事训练，只能当个普通兵。9月，在给朋友弗朗斯·布律奈尔的信中，他这样写道：“是的，我准备出发，去我不熟悉的某个地方，但我穿着我很熟悉的戎装。”他用波德莱尔式的口吻发牢骚：“我的精力与诗才缓慢地朝何方发展？我没有因为才情被埋没而痛心疾首，只有对世界失去人才而深感遗憾。这个世界自我封闭，有时很痛苦，状若香水般浓烈，方显憔悴万物的神秘与诱惑。”[14]

战争爆发前，罗贝尔·昂泰尔姆一直在忍耐。两个恋人只能在偶尔获准后才能见上一面。玛格丽特拿到学士文凭和两个法律专业高级毕业证，在殖民地部管辖的殖民地信息处找到一份薪水不错的工作。该处是那年3

月时任殖民地部部长，德龙省社会党议员的倡议下新成立的，执政的人民阵线政府将该处设在了乌迪内街[15]。她在巴黎工作，而她不曾谋面的未婚夫却在兵营里度日如年般地等着完成义务，回家与她相见。有了文凭，玛格丽特经济上就可以独立。她已经成年，虽然没有选举权，但可以自由自在地生活，战前能做到这一点的妇女很少[16]。我觉着这一点能解释她后来行为的许多方面。她随意自由行动，也许随时期待有新的爱情，尽管容易受伤，却依然不乏柔情，政治知识也几乎是空白。在殖民地部的工作经历为她打开了一扇了解外部世界的窗口，但仅限于了解周围环境的窗口，从殖民政府那里得知的真相。这个政权还没有面对良心这个重要问题，以及彻底调整问题。这些问题要等到战败和被占领之后才会去考虑。

木墩街

玛格丽特·多纳迪厄刚刚拿到文凭，就被推荐供职于殖民地部？要知道，殖民地部多少有实权的职位都优先给了男性。她的家人对此可能并非一无所知。多年来，部人事处对她父母的职业生涯非常关心。1932 年，她母亲经常出入部长阿尔贝·萨罗特的家，这或许留下一些痕迹。由于供职的部门缘故，玛格丽特很可能遇到了另一个有影响的人亨利·古尔东。从 1932 年开始，古尔东就担任天文台街殖民学校校长，1937 年起任印度支那经济公司经理。该公司不仅与新成立的殖民地处息息相关，而且也获得来自殖民处的投资。1931 年，亨利·古尔东写了一本关于印度支那联盟的书，他对玛格丽特·杜拉斯之父的情况非常熟悉。杜拉斯的父亲是 1905 年到的西贡。古尔东时任河内公共教育署长，想辞退亨利·多纳迪厄，不想让他担任嘉定师范学校校长，而让其责整个柬埔寨教育事务。亨利·多纳迪厄不能当河内宗主中学校长，不得不接受这个新职位。古尔东在殖民地部里很受尊敬，1939 年退居二线当顾问，结束了从政生涯。

罗贝尔·昂泰尔姆的父母与其子女友的命运息息相关，他们完全可以利用与弗朗索瓦·皮埃特里的关系。弗朗索瓦有时也会现身迪潘街的公寓，有照片为证。照片可能摄于战争初期，昂泰尔姆一家人都在客厅[17]。想了解这一点，有必要追忆不久前的一些事情，了解一下 1939 年 9 月玛格丽特·杜拉斯和罗贝尔·昂泰尔姆的婚事有关的一件小事。众所周知，战争爆发后，罗贝尔所在部队一直驻扎在鲁昂，玛格丽特给罗贝尔发电报要与他成婚（莫尼克·昂泰尔姆从丈夫口中得知这个消息，应该对事情发展的来龙去脉非常清楚）。电报的存在与否不用质疑，但从来没谁见过，很可能已经丢失或被毁坏。1939 年 6 月 10 日，保尔·多纳迪厄从西贡给妹妹去了封信，清楚地说明了玛格丽特和罗贝尔之间的关系，也说明了双方父母对此事的态度。我们将该信节选一段，以飨读者：

> 亲爱的宝贝：
>
> 好久没有写信了，今天提笔，有件事让我感到有点难过（关于他在西贡的工作，保尔来找妹妹帮忙）。你回国后，我只收到你两封信。你了解我，知道我不爱写信，特别是在没有回信的情况下。你常常没有我的消息，那也只能怪你自己。通过母亲的信，我知道了你在法国的情况。你考试通过了，在殖民地部找到了工作。听说你订婚了，我向你表示祝贺。我不认识你的未婚夫，但从你的言谈看，我觉得他人很不错。我们经常谈到他，母亲对他颇有好感，唯一的缺憾就是还没有看到他的来信。不过没有关系。请你原谅，我不应给你说这些，但你是我的妹妹，要是别人，我绝对守口如瓶，因为这是个人问题。[18]

如果我们相信玛格丽特·杜拉斯后来写的是事实（在我们的生活中丝毫没有礼貌），我们就注意到，在一个礼貌显得不合时宜的家庭里，小哥哥并非粗野之人。同样，我们也可以随意去想象玛格丽特（劳儿·阿德莱想起她，就感到格外愉快）信中对母亲说话的口吻。她母亲人不错，谦虚谨慎、善解人意，熟知上流社会的习惯。1937 年秋至 1939 年春，玛格丽特会是否编造了订婚仪式？还是她另有意中人？都不太可能，在此期间她绝不可能有其他违反传统的作为，再说，对玛丽·多纳迪厄炫耀这些也不合适。玛丽·多纳迪厄“不懂享受”[19]，女儿后来向读者透露了这一点，也许是出于无法理解。无论订婚一事是真是假，我们都有可能再次在事实与假象之间徘徊。

法国香蕉的作用

殖民地信息处办公室本来不在乌迪内街，而是在玛德莱娜街后面，位于商业区木墩街。玛格丽特已离开肖梅尔街，搬到 15 区[20]了，以便每天乘地铁或者汽车上班。1937 年 6 月 9 日[21]，她成为正式职员，月薪 1500 法郎，待遇算是不错的了；当时在同一部门工作的熟练打字员的月薪还不到 900 法郎[22]，因为是临时工，工作相对不稳定。我们将在后面可以看到。第一年，玛格丽特的薪水就列入了印度支那员工工资总账。1938 年 9 月 1 日起，她加入了法国香蕉推广委员会，工资没有变，但工资被记入了法属西非“香蕉特别账户”[23]。几个月后香蕉销售量攀升，多纳迪厄小姐的工作也获得好评，工资也从 11 月 1 日起涨到了 2000 法郎。第二年 3 月 1 日，工资关系又转回到印度支那员工账户，其他各部门的员工工资关系照此办理。

1937 年，玛格丽特·多纳迪厄开始正式工作，该年的头等大事，非 5 月至 11 月特罗卡代罗的世博会莫属。1918 年，和平奖得主安德烈·塔迪厄在《本周大事记》中这样写道：“1934 年，在我和杜梅尔格先生的一再坚持下，部长会议犹豫再三后决定举办殖民地博览会。1935 年，在拉瓦尔先生的过问下，第一笔贷款获得表决通过。巴黎市议会是举办殖民地博览会的主要的推动力。反对者是何许人也？是左派，也就是后来的人民战线党。1935 年 7 月 12 日，马蒂先生在市政大厅公开批评 1937 年的殖民地博览会，但追随者寥寥无几。同样，1931 年，《人道报》举行了反殖民地世博会活动，矛头直指利奥泰元帅。”[24]

人民战线党人，时任殖民地部部长的马里于斯·穆泰坚信殖民地博览会不会半途而废。对任何旨在促进海外属地经济发展的措施，他一概持鼓励的态度。《名流》杂志的编辑们注意到了这一点，有意大肆报道，支持推广香蕉种植委员会的举措。1937 年 6 月 25—30 日，法国殖民地香蕉种植大会在巴黎召开。殖民地博览会专刊有评论说：“总统在闭幕午餐会上的演讲太精彩了，详尽地阐述了政府的观点，使我们了解了政府开展工作的难处不仅有市场开拓的棘手问题，也有香蕉种植方面的细节问题，比如海运、铁路、陆运、分装、货到后的监管等一系列问题。香蕉种植给国民经济注入了新活力，包括拓展国外市场，增加殖民地香蕉产量。”[25]看到这段评论，我们有一种预感，20 年或者 30 年以后，玛格丽特·多纳迪厄可能要去读高等商学院，而非就读法律系。

香蕉出现在博览会上时，《名流》的文章随之也变成了一首抒情诗。

“种种迹象表明，工业技术和国家实力在飞速发展，博览会就是佐证之一。法国香蕉推广委员会当然有自己的办公大楼，坐落在皇后宫，与法兰西酒业协会是近邻。这是幢雄伟的圆顶建筑，白色巨柱，门窗玻璃很大，两侧竖立着两尊美丽的塑像，分别代表安德列斯人和几内亚人。安德列斯人头上顶着一片香蕉，几内亚人则站在巨大的香蕉树下。正如安德烈·谢尼埃所歌颂的那样，大楼接待台前的漂亮土著人正站在那给游客分发‘蜜一样香甜的香蕉’。《保尔和维吉妮》的作者早就知道，香蕉是任何水果都无法比拟的灵丹妙药。由于富含镁、磷、铁、钙和有益健康的维生素，以及碳水化合物，香蕉显然成了老少皆宜的营养食物，尤其很受孩子们的喜爱。香蕉那富有异国情调的外形宛如一首月光交响曲，让人遐想万千。香蕉是宫廷盛宴上的佳肴，又是美味可口的水果。香蕉可以做成各种甜食，可以做成糖果，可以做成奶油馅饼，还可以做成浓汤等等。众所周知，香蕉代表的是法兰西，而法兰西的财富通常只和本土有联系。”这是官方的记录。下面的记录则更具浪漫色彩：“法国香蕉与蜜桃、草莓和白葡萄酒是孪生姐妹。”[26]不，这不是玛格丽特·杜拉斯的评价。我们知道，那时她还没有被法国香蕉推广委员会所“考取”。不过这细节有助于了解她进入职业生涯时的外部环境以及当时文坛的流行风。

光明女神

“艺术与技术”是殖民地博览会的主题。在现代人看来，该主题体现了现代社会令人眼花缭乱的成就。从夏约山开始，一直到凯道赛，塞纳河两岸设置了240多个展馆。玻璃建筑，五颜六色的灯光，加上塞纳河的潺潺流水，构成了一幅迷人的画面。夜幕降临后，荣军院和阿尔马之间浮桥上的探照灯统统被打开，灯火通明，形成“喷泉”般的一道高逾60米的彩色水柱。到处是灯光泉影，每天都能看到“夜幕下的埃菲尔铁塔”被灯光照耀得熠熠生辉，宛如一条美丽的“光带”。灯光馆是建筑师马莱－斯蒂文的杰作，挂上拉乌尔·杜菲的巨幅壁画，如同奥林匹斯山上的“光明女神”。展馆繁多，有气候馆、电影馆、照相馆、留声馆、温泉馆，还有商船馆，馆内的各种发明与展馆竞相媲美。诺曼底餐馆在商船馆上面，步入其中，有种登上客轮用餐的感觉。商船馆是法国船业的骄傲。妇幼用品馆、家庭用品馆紧挨团结馆。法国想通过团结馆来展示法国社会的团结风貌，并通过新闻馆和广告馆让全世界了解法国。计划通过斯比奈里、苏兹·普里姆、阿里斯·菲埃德、埃尔维尔·博普斯克、埃德维日·弗耶尔、米雷义·巴兰等人来宣传“布尔玛首饰的魅力”，让·卡班的合作者也认为“这是吸引妇女的一个因素”。

具有时代象征的和平柱竖立在特罗卡代罗公园，而意大利展馆前是法西斯化身人物墨索里尼的巨型雕像，署名乔治·高利的是尊骑马雕像。纳粹德国在巴黎上空竖起笨重的高塔，塔上悬挂着希特勒徽章，欲与遥遥相对的伤残军人院的圆屋顶一比高下。苏维埃俄国也不甘落后，“镰刀锤头的金属建筑在阳光下闪闪发亮，和德意志帝国的金色徽章相向呼应”。把罗贝尔·德·博布朗写入《名流》，说明这两个建筑“极富表现力又存在差异”！在西班牙馆，巴勃罗·毕加索的画作《格尔尼卡》是对每位参观者的指责，因为他们对一年来边境附近的内战置若罔闻，导致洛卡地区血流成河。参观者掏6法郎才能进入殖民地博览会场馆，还可以在酒泉馆开怀畅饮，酒泉馆坐落在法国香蕉馆对面的皇后街上，吸引了大批参观者。

多纳迪厄小姐及其同事在博览会期间忙得不亦乐乎。法国的海外省都参加了博览会。殖民地、托管地展馆集中在天鹅岛上。海外省展馆的大门就在格奈尔桥上，门上贴着五彩图片，表示它们也出席了博览会。想参观富有异国情调的展馆，就按照博览会的游览路线，乘坐塞纳河上的游艇。手工艺品、编制物、金银器、陶艺、藤织，都让游客大饱眼福。《名流》有评论指出：“在那里，游客们兴致勃勃地观赏我们伟大帝国殖民地生产的各种手工艺品。”杂志编辑们对这些“蛮夷部落”所代表的旅游价值很感兴趣。

英明部长

毋庸置疑，“乔治·芒代尔首先是个与众不同的人，有着超人的智慧，同时也非常固执，这个缺点让不少人感到胆怯。弱者不仅不喜欢他，更不能容忍有这样的上司。一个人如果过于对别人言听计从，一般就不喜欢固执的人。乔治·芒代尔把固执与智慧全部都用在了斗争上。爱德华·埃里奥后来有这样的评论：‘他是一个战士。他搞的大小战斗有多少，只有上帝知道。每次战斗，他都能投入相同的热情。’用夏多布里昂的话说，他向来瞧不起别人。”这些评论足见第五共和国的部长多么与众不同，多么顽固不化。这让我们不禁想到了爱德华·达拉第任命的殖民地部部长的命运。1938年4月，短命的布鲁姆第二政府辞职之后，马里于斯·穆泰也随之离职，部长位置发生了空缺。短命政府辞职标志着人民战线党的末日已经来临[27]。

乔治·芒代尔是克莱蒙梭的前秘书，纪龙德省议员，1934年弗朗丹政府的优秀部长，无条件反对阿道夫·希特勒，支持阻止第三帝国的扩张。新任殖民地部长一到乌迪内街（本来想去圣多米尼克街的军务部）就想让法国人意识到了殖民帝国在无情斗争中的重要性。战争已经迫在眉睫。芒代尔认为，法国与德国开战已无法避免，对拥有“1亿1千万人口的法兰西帝国”来说，殖民地是一张巨大的王牌。首先，在人员方面，他想通过法律建立殖民地参谋部，计划将殖民地军队扩大1倍，其次，在原材料与战争基础设施方面，他下令在东京修建机场，整治达喀尔港，在撒哈拉沙漠建设军用飞机跑道。为了赢得舆论支持，他巧妙地使用了各种现代化交际手段，首次争取到了预算拨款。在他的直接推动下，报纸、广播、影院在放映正片前都会插报每周新闻，这让大众更好地了解所有与殖民地资源有关的新闻[28]，让公众更关心法兰西殖民帝国在世界反法西斯大战中的重要性。部长狂热的反应受到讽刺者的讥笑，但他毫不在意，坚持不懈，在他的坚持下，清理了部里不太适应繁忙工作的官员[29]。

为了充实自己的力量，根据自己的实际工作需要，乔治·芒代尔组织了以前从未组织过的活动。自 1938 年春天上台伊始，就招募了几名新闻专员，其中有一个叫菲利普·罗克，后来成了部长的亲信，但命运和部长一样很悲惨。因预算工作的需要，菲利普·罗克行政上归殖民地信息处管[30]。1939 年 3 月 1 日，玛格丽特·多纳迪厄再次被分配到该委员会供职[31]，两人从此相识，对以后玛格丽特·杜拉斯的生活和职业生涯都产生了重大的影响。

鉴于来年由该部在大皇宫举办第二届法国海外殖民地博览会，日期暂定在 1940 年 5 月 2 日至 26 日，乔治·芒代尔和办公室主任加斯东谋划想编辑一本关于法国殖民地基本情况介绍的书，内容包括历史演变、区域分布、资源情况，以便公众对殖民地在即将来临的世界大战中的潜在作用有一个明确的认识。该书是由上级钦定的，也可以说是本宣传册，1 年内编辑准备工作可以就绪，有充分的时间进行编写，主编是菲利普·罗克。可能因为这个缘故，玛格丽特被免去了安德列斯和几内亚香蕉推广委员会的职务？有这个可能，但无法完全得到证实。在香蕉推广委员会，因搜集资料表现出众、文字编辑能力强以及政治经济方面的知识，她引起了部长及部门领导的注意。领导们也应该知道她对法兰西帝国的绚丽奇葩印度支那有最直接的了解。书编撰完成后，玛格丽特和菲利普·罗克共同署名，说明人们对她的才能很有信心。据推测，1939 年初，她与合作者共同致力于书稿的编辑工作，没过多久就觉得自己与此人的关系越来越密切。

人们可能会认为，如此升职可以使忠于职守的公务员感到非常满意，因为自己的才干得到了认可。有这样的想法，就是不了解玛格丽特·杜拉斯。20 世纪 60 年代初，玛格丽特·杜拉斯已经是著名作家了，正在为一部新小说收集素材，回忆在殖民地的经历，并将殖民地国家受奴役的岁月付之笔端。小说的名字叫《副领事》，就像福楼拜一样，内心里也许在说："副领事，其实就是我。"外交官出现在她的作品中极具象征意义，但现在只是在殖民地部供职的一名普通雇员。这些是在现代出版档案馆众多资料中抽取的寥寥几页的内容，但它们很能说明这样一个问题："首先人们看到，我在学校学的知识用上的不多。迫于父亲的压力（我们还会看到'迫于母亲的压力'），我就说这些知识很有用处。其实我结识的人不少，他们对我的帮助特别大，他们让我认识到了我自己的平庸。此外，我还看了许多电影，两年如一日，每天坚持看两部电影，这才知道生活很美丽，蕴含着无尽的财富。作为编辑，进入殖民地部的那天是我青年时期最为重要的一天。我仿佛忽然间学会了电影无法教给我的东西，我也明白了，生活并非总是那么美好，但有时候倒是很美好。进入殖民地部，可以说等于我又回到了可恶的殖民地……头一年我就觉得这是个美丽的玩笑。怎么不可能，我会摆脱这一切。我在等待时机。第二年，我对自己说，我已经等了一年了，不能在这样继续等下去了。我觉着时机正迎面向我走来。"已经醒悟的打字员就是这样想的。

不客气点说，他的上司是这样的人："那一年，我们部来了个了不起的部长，上任伊始就创建了殖民军。马达加斯加有 8000 人，印度支那有 1.2 万人。我们非常骄傲。我们有了自己的殖民军队。但德国亡我之心不死，迟早还是会来的，他们的军队有 50 万人之众。我们虽然势单力薄，但意志坚如钢铁。必须早点到办公室，为什么？无人知道个中原因，但除了我，大家都来得很早。毫无疑问，一想到这些我就觉着很有趣。我一直在等待时机，特别是期待战争能早点爆发。我觉得以后的事情会一成不变，我不能这样过日子，我要干一番事业。第四个年头，慕尼黑协定签署了，战争也就失败了，我感到非常的失望。一天上午，我望着蜂箱般的殖民地部大楼，心里在想：'每个人都像我一样在等待时机吗？'那天上午，部长叫我到他那里一趟。我到时他在查看人员名单，没等我打招呼，他就开口了，问我父亲叫什么名字，是干什么的。我一一作答。他听后说我的职位是多余的，接着又说我父亲是个了不起的管理者。'我留下你，但你要早点到，否则你父亲会瞧不起我们的。'他年轻的时候曾受到一位伟大政治家的蔑视，从此他明白了权力的奥妙。那就是他曾经和同事们受到的蔑视。他从不与人握手，递文件时总把文件丢到地上，而且还振振有辞地说：'捡起来吧，我的朋友。'可能有人会说，他事情太多，时间总是很紧张。他这种性格让人害怕。只有我不怕他。我觉得他做事的方式方法就像是个殖民统治者。"[32]我们现在可离潮湿、颓废的《印度之歌》和恒河之海滨很远很远。

周日婚礼

有人看到了芒代尔的指控状（1936 年），措辞之严厉令人惊讶。这样严厉的措辞无非是想告诫人们，在调查斯塔维斯基事件中，芒代尔作为议会议员，表现最为积极，热情最为高涨。调查委员会要求对此事件中持过于宽容态度的官员进行制裁。有知情者透露：“乔治·芒代尔对待法官和警察的态度，同他的良师益友克莱蒙梭当年对待一心想通过谈判取得和平的人的态度如出一辙[33]。芒代尔热情满怀，又满脑子是陈旧的专制主义思想，认为皇帝掌控司法权，可以随时搞监督。如今皇帝是百姓，百姓的代表就是我芒代尔。”我们不难想象，殖民地部的工作人员只能听到他“未来岳母家人”说他的好话。据《鸭鸣报》头条报道，1934 年 1 月，斯塔维斯基在面向夏蒙尼的山间小屋里饮弹自尽。随后，部长面对的是一场旷日持久的诉讼[34]。

1939 年春，一直是二等兵的罗贝尔·昂泰尔姆在鲁昂认识了雅克·贝奈，弗朗索瓦·密特朗的朋友，毕业于国立文献学校。两人在德国占领期间重逢，相见如故，成了好朋友，整整 4 个月共居一室，同干削土豆皮的工作，后来，贝奈去圣西尔军校上学，他们从此分开。

关于战争前国内形势，历史学家雅克·夏特内写道：“天空一直是阴沉沉的，偶尔放晴片刻，接着不是暴风就是骤雨。人们的心情也像天空一样阴沉沉的。”[35]罗贝尔·昂泰尔姆的心情并不阴沉。他满怀不安与愤怒，关注着事态的发展，由于与其他士兵的共同点不多，因而颇感孤独。前年 9 月，德国威胁捷克斯洛伐克，后来慕尼黑协定达成，事情得以解决。尽管如此，他对法国政府处理事务拖沓深感惋惜。在给朋友弗朗斯·布律奈尔的信中，对前途流露出极度悲观的情绪。这封信表明他政治上已经成熟，性格开朗大度：

> 看到法国的新面孔，怎能让人不恶心？难道这就是历史教科书要我们热爱的那个国家吗？歌舞升平掩盖的是一个苍白、胆怯、几乎成为叛徒的国家。这个国家只能依靠我们去发展。我们是最贫穷的人，我们生活在这个社会的底层。你或许会说“我要战争”，或许会心口不一。难道随心所欲开启一个野蛮的时代就真能带来安宁与和平吗？如果没有了规则和正义，心灵不就失去了最后一条约束？难道要等德国发生了革命，这种习惯才会终

止？不幸的是，表面的爱国主义言论掩饰了野蛮势力正在绕过最后一道防线，不久将掀起一场革命。理智无法左右这样的抉择。人们谈论瓦格纳和罗恩格林，分不清内心的幻想和血腥的史诗，分不清和谐与平等。而法国人，就是那些有杰出思想的法国人开始向错误屈服，欣赏起了第三帝国的活力和气势[36]。

1938 年 9 月 17 日

1939 年夏天，战争的步伐明显加快了。8 月 23 日，苏德签订了互不侵犯条约，9 月 1 日，德国入侵波兰。去年还有人不愿为但泽而死，现在他们的和平努力顷刻化为乌有，马塞尔·德阿特的不祥预言又被搬出来。9 月 3 日中午（星期天），法国被迫向德国宣战。英国在清晨已经宣战。8 月底以来，预备役已经组织起来。罗贝尔·昂泰尔姆的服役期眼看就要结束了，突然被调到第 39 步兵团，驻防鲁昂。在那里他收到了杜拉斯的电报，提出要和他结婚[37]。据他后来对第二任妻子说，他爱玛格丽特。接到电报后，他向 32 兵站的上校指挥官请了假[38]，脱下戎装，换上便装，回到迪潘街的父母家。

1939 年 9 月 23 日，在 15 区政府举行了婚礼。在此之前，玛格丽特已经在巴斯德学院后志愿者地铁站附近的圣费利西泰胡同副 3 号住了一段时间。那是一座新建筑，对新娘来说，这个地方是个吉祥之地[39]。4 月，玛格丽特年满 25 岁，新郎次年 1 月才 23 岁。婚礼星期六 11 点在市政府举行，因为是世俗婚礼，来宾只有好友——1 对男女证婚人，他们是记者，是玛格丽特的朋友。确实就两位证婚人。在结婚登记册上签字的除了新娘新郎，就是 15 区副区长日尔曼·拉托。弗朗斯·布律奈尔当时不在巴黎，乔治·博尚与让·拉格洛雷，他们都在部队，新娘新郎的父母和亲戚是否参加了婚礼，不得而知。据罗贝尔·昂泰尔姆对第二任妻子说，他坚持在婚礼之后再办个宗教仪式，是哪座教堂，已无法考证。仪式可能是婚礼之后的第二天（星期天）举行的。依然是 15 区？是在迪潘街附近的塞弗尔街的某座教堂？已无法证明了。昂泰尔姆是士兵，只有 4 天假，到了第二周，他又得乘火车返回鲁昂。

就像一些朋友所想的那样，玛格丽特承受着各种压力，“不得已”嫁给了罗贝尔·昂泰尔姆？是生气时才作出这个决定？与她关系不错的男人都已结婚，又不想离婚。有这种可能性，但不太可信，更无法得到证实。此外，有关他们的关系，流传着两种说法：一说她和约瑟夫·昂德莱来往甚密，此人是她的证婚人之一，“定居巴黎的记者”；另一种说法的可信度大一点，1938—1939年，玛格丽特可能和菲利普·罗克关系暧昧，因为他们当时都在芒代尔手下共事，是同事，共同为春天出版的一部介绍殖民地概况的书稿作准备。弗朗斯·布律奈尔很喜欢玛格丽特，同罗贝尔·昂泰尔姆的关系也不错。几年前我与她谈起此事，勾起了她那段苦涩的回忆，抱怨罗贝尔·昂泰尔姆服役期间玛格丽特待她的态度。她说："她的心里只有她的菲利普！"她念了一封罗贝尔·昂泰尔姆在1939年11月15日写的信让我听。她说："我后来非常恨玛格丽特，她让他痛苦不堪……"[40]由此可见，我们基本上可以肯定，她爱的是昂泰尔姆。当年在未步入婚礼殿堂之前，她就把他当成了未婚夫，和母亲一起谈论他。后来，她表示，她对他十分钟情，欣赏他有判断力，为人直率，人品不错。这种关系我们怎么好评价呢？保尔·兰波维尔-尼克尔拿到政治学文凭后就去了英国，后来又遇到了玛格丽特。在谈到罗贝尔·昂泰尔姆时，他问她："结婚了没有？"她回答说："只有结婚才能证明我爱他。"[41]

玛格丽特·杜拉斯同首任丈夫罗贝尔离婚多年，但依然来往密切。后来在谈到他时，她说："在我认识的人当中，他见过的人和他认识的人都不同程度地受到了他的影响。他在我的生活中最为重要，对其他人同样重要。我不知道如何来形容这种感觉，也许是一种感恩之心吧！无须多费口舌，他的意思就已经清楚地传达了出来。他可以不说话，但没有他的指示，别人就不知道如何做事。他聪慧过人，对不懂装懂的夸夸其谈深恶痛绝。他热爱生活，性格开朗。我觉得他身上有种奇特的凝聚力，但他自己丝毫不知情。是的，他不知道，他确实不知道。"[42]

注 释

1. 《拉塞讷人的昔日生活景象》，卷3《穿过我家乡的街道》，马里于斯·奥德兰著，拉塞讷市镇档案馆。

2. 德拉-罗卡家族，她的旁系被称为德拉-罗卡·德·佩雷蒂，给他们的姓氏前面加了个法国贵族代号，并在1933年通过法院将德·罗卡萨尼改成了德·德拉-罗卡（拉塞讷市镇档案馆）。户籍簿上姓名之间没有贵族代号，只在罗卡和塞拉之间加了字符。

3. 弗朗索瓦·圣皮罗·塞巴斯蒂安·玛丽·皮埃特里1882年10月8日生于巴斯蒂亚，父亲是律师，曾经当过州议员，负责审计工作。利奥泰将军当政时担任摩洛哥财政局长，1917年数度担任部长，1930年决定以

10法郎的价格稳定皮阿斯特的价值，堪称印度支那经济史上的重大举措。

4. 1999年12月13日和莫尼克·昂泰尔姆的谈话。

5. 2000年5月20日和弗朗斯·布律奈尔－格朗科拉的谈话。

弗朗斯·布律奈尔的曾祖父是比利牛斯的大理石打磨工，曾祖母替人做家务养活孩子们。据她说，她祖父因教士资助上了学，12岁自学英语、德语和会计，17岁到一家葡萄酒贸易公司当办事员，由于组织才能出众受到领导同事尊重。他很有商业头脑。娶老板千金为妻之后，扩大贸易，开设分店，非洲分店尤其多。积劳成疾，英年早逝。弗朗斯·布律奈尔的母亲仅14岁，在巴黎乔治·桑曾经住过的房子里出生（“我出生在乔治·桑的卧室里”）。她父亲在共和区行医，据她说，治好了许多犹太区居民的病。1932年逝世之后，她的家就搬到了丹费尔－罗什罗附近。

6. 《人类空间》，大学城出版社，巴黎，1947年；1979年伽利玛出版社重版发行。

7. 马斯科罗收藏品。

罗贝尔·昂泰尔姆最小的妹妹就住在巴黎，当被问起这个问题时，她回避提起这段往事。

8. 弗朗索瓦·皮埃特里首任殖民当局的部长是1930年3月2日至1930年12月12日。第二次是1933年10月26日至1934年1月3日。

9. 人们非常关注这个主题，见保尔·让科斯基的书《斯塔维斯基事件》，法亚尔出版社，2000年。

10. 1999年12月13日在巴黎和雅克·贝奈的谈话。

11. 1937年8月23日，玛格丽特·多纳迪厄在土伦，毫无疑问是和罗贝尔·昂泰尔姆在一起，他带她去游览父亲的故乡拉塞讷。玛格丽特·多纳迪厄为了9月初能去比利时旅游，在土伦办理了即将到期护照的延期手续。

12. 据莫尼克·昂泰尔姆说，因与玛格丽特的这层关系申请缓期，罗贝尔决定不延期，并于1937年9月离开。

13. 在德国服役是强制性的。1935年3月，法国政府决定把服兵役时间延长至2年。根据厄热内·维贝尔所说，高等师范的学生们打着和平主义的名义对这项措施提出严正抗议（同前）。

14. 罗贝尔·昂泰尔姆给弗朗斯·布律奈尔的信。布律奈尔的母亲把占领时期保存的报纸提供给了作者。

这篇节选是劳儿·阿德莱引述的，罗贝尔·昂泰尔姆入伍时间是1937年夏末，而不是他在128页上所写的1928年。同前。

15. 马里于斯·穆泰在1936年至1938年4月期间，曾任殖民局长，二战后担任法国海外部部长。

16. 在《20世纪30年代的法国》一书里，厄热内·维贝尔回忆了解放前法国女性的地位和戴高乐总统执政时期妇女获得选举权的经过。“1930年，已婚妇女不能掌管她们的收入，申请护照需征得丈夫的同意。1938年颁布的法律废除了她们在没有获得丈夫同意情况下无权提起法律诉讼的规定，并以法律规定取消了丈夫对她们财产、储蓄、工资和个人收入的管制，赋予妇女工作权，而不用再得到丈夫的同意，为她们在银行开户或租保险箱提供了便利。”

17. 马斯科罗收藏品。

18. 让·马斯科罗档案馆。

19. 《致母亲》，同前。

20. 玛格丽特开始工作就离开了肖梅尔大街的住所。据弗朗斯·布律奈尔说，很长一段时间，她“和一位怀孕的表妹住在15区一个小房子里”。我没有找到这个房子的所在地。这和劳儿·阿德莱写的一样，这个房子不在保尔－巴吕埃尔大街，两年以后她才搬到这条大街上。

21. 关于她的那条法令是1938年6月13日颁布的（日戳为准）。第一章就明确指出，她是“1937年6月9日”被雇佣的。不是劳儿·阿德莱书中提出的日期，即1938年6月9日。（海外档案中心）

22. 海外档案中心。

1938年，一位报社工作人员和一位编辑被以每月1200法郎雇用到殖民局。

23. 同上。

24. 《周记》，《格兰高尔周报》上连载的安德烈·塔迪厄文集，弗拉马里翁出版社，1938年。

25. 1937年8月14日的《名流》杂志。

1930年以前，法国从加纳利群岛、西属摩洛哥、哥伦比亚和葡萄牙进口香蕉。1932年到1936年，法国决定在安德列斯群岛、科特迪瓦、喀麦隆和几内亚推广香蕉种植。1937年，法国市场上99%的香蕉估计都来自法属殖民地，而1931年只有6.14%。

26. 同上。

27. 尼古拉·萨科奇，《乔治·芒代尔：政治生活回忆录》，格拉塞与法斯克尔出版社，1994年。

28. 由于埃里克和雅克的热情相助，我得以看到了记录时事新闻的胶片，画面显示乔治·芒代尔非常热情地鼓励在场的记者们。

担任邮政部长时，乔治·芒代尔主动采取措施，让首个无线电视与地面无线广播搬上铁塔。1937 年，周末电台开始向巴黎多家电影院传送音像。

29. 尼古拉·萨科奇在传记中指出，“不仅如此，他消息也非常灵通”，“借与国际人士的联系，通过部长议会以及与安全部的关系，使他获取了不少的国际新闻。在政府部门，乔治芒代尔娴熟地利用第二办公室的资料了解各殖民地的情况。该机构由马里于斯·穆泰所组建。担忧印度支那生变，担心日本和德国通过海上对非洲从事经济侵略，他觉得到应该提高初级信息服务能力。芒代尔充分利用获得的信息资料，不浪费任何一条信息资源。为了深入分析研究，每天中午和周末，他都要去拜访数位负责人。”（拉乌尔·萨朗，《帝国的陨落》，大学城出版社，1970 年）

30. 海外档案中心。

1938 年 4 月 15 日，菲利普·罗克应招到报社当合同工，月薪 2000 法郎，工作同玛格丽特·多纳迪厄一样。另外，享受住房补贴（从“印度支那预算基金支出”），工作一年，享受 30 天带薪假。雇佣合同中明确载明：“无资格成为公务员，不管是现在还是将来。”没有政府允许，不能“参加任何考试，从事写作，不能把工作中获得的任何资料信息以及情况通报公之于众”。和他同时应招到保守工作的还有另外 3 个人员，2 位男士和 1 位女士。

31. 同上。

同一天，乔治·芒代尔签署了他的任命书。

32. 现代出版档案馆。

33. 斯塔维斯基事件，同前。

34. 玛格丽特·杜拉斯的公公曾受到该事件影响，觉得政经乱局牵连了自己，因此受到不公正待遇。这场政经混乱局远远超出了他这个专区区长所能控制的权限范围（他“天真”的第二任妻子如是说）。迪潘大街人们窃窃私语，议论纷纷，说什么夏浦警方对泄露庭审不实信息者将采取措施。

35. 雅克·夏特内，《第三共和国史：衰落与灭亡》，阿歇特出版社，1962 年。

36. 弗朗斯·布律奈尔－格朗科拉私人档案。

劳儿·阿德莱节选，同前，129 页。

37. “雅克·贝奈提到罗贝尔的快乐”，对阿德莱触动很大（133 页）。

5月初离开圣西尔后，看书变得很困难："想嫁你，快回巴黎吧。搁笔。玛格丽特。"（同前）1999年12月13日，我在雅克·贝奈家，我向他问起这个问题。在我向他提及电报一事时，他说："我没有听说有这事。1939年4月，整整1个月，我和罗贝尔·昂泰尔姆在一起，5月1日，我肯定去了圣西尔。"

38. 结婚证复印件被莫尼克·昂泰尔姆友好地提供给了作者。

39. 这幢外表很漂亮的楼房是建筑师维特1937年设计的豪华建筑，有7层高，石头阳台，铸铁窗栏，20世纪30年代末的楼房风格，坐落在保尔－巴吕埃尔大街和圣费利西泰胡同（战后经拓展，成了现在的圣费利西泰大街）交叉处，一侧面朝保尔－巴吕埃尔大街。

40. 2000年5月20日同弗朗斯·布律奈尔－格朗科拉的谈话。

41. 2000年6月28日和2000年12月17日与保尔·兰波维尔－尼克尔的谈话。

我和他第一次交谈时，他提到了玛格丽特，并说"这是我当时能够给他的最好的爱情证明"。来自我附有条件的工作。

42. 《关于罗贝尔·昂泰尔姆》，见让·马斯科罗和让－马克·图里纳合作导演的电影。对话由让－皮埃尔·萨齐制作。转载自《罗贝尔·昂泰尔姆：有关'人类空间'未曾发表的文献》一书，论文与证言，伽利玛出版社，1996年。

第十七章

风暴中的公务员

今天没有法国及其殖民地，只有一个帝国要集中全部力量战胜敌人。

——菲利普·罗克，玛格丽特·多纳迪厄[1]

1939—1940年冬天是个阴暗的季节。1939年秋后，玛格丽特·昂泰尔姆一个人住在巴黎。婚后丈夫就返回了驻防马其诺防线东线一带的部队。马其诺防线被认为是能够保护法国的一道防线，其称谓是殖民地部前部长兼军务部部长马其诺的名字[2]。罗贝尔·昂泰尔姆给妻子寄过一张全班战士的合影。照片是在田野里拍的，他头戴钢盔，穿着军大衣和军鞋。他们每人都扎着绑腿。第三共和国末期的军人都扎绑腿。罗贝尔·昂泰尔姆戴副玳瑁架眼镜。他一生都戴着这副眼镜。就像他旁边的两个人一样，他不抽烟斗，也不抽香烟。他的脸有点胖，自3年前第一次去肖梅尔街寄宿学校以后，他就变了许多。

战争之初，巴黎歌剧院著名男高音乔治·迪尔亲自创作了一支战斗进行曲[3]，可以通过手风琴伴奏，也可以通过钢琴、爵士乐队伴奏。该曲的题目和歌词都让人对战争结局和法国军队的取胜充满信心。

第一段

他们出发了，信心百倍
视死如归，心甘情愿
个个明白自己的义务
按捺住内心的激动
以法国人的方式
贝当告诉士兵

记住“他们挺不住了”
你们一定要坚持下去
1939 年的老兵为你们欢呼
他们不会赢
无论如何不会赢

副　歌

不！他们不会赢
问问我们的士兵
胜利在向他们招手
个个雄赳赳气昂昂
振臂高呼侵略者必亡
我们要继续战斗直至胜利
侵略者都是混蛋无赖
免不了如野狗被穷追猛打
不！他们不会赢，
绝对不会赢
为了人类的幸福
我们一定要铲除这伙恶魔
丧钟已经为他们敲响
不！不！他们不会赢！

第二段

楼梯上人声鼎沸
区内的无线电台
开始广播新闻
消息繁多，众说纷纭
据船长讲
那是流言蜚语
有人在谈马其诺防线
而在伊西－勒－姆利诺
人们生活得够辛苦

等等，等等。最后是“法兰西万岁”。[4]

这是一首郊区工人马赛曲，作词是吕西安·卡洛尔，作曲是乔治·克里耶。他们创作了丰富的音乐作品：《为了法国》《海军陆战队士兵的心》《我的好伙伴》《小伙子，你有什么》《椰子女郎》《黑人之歌》《我们的新总统》《我的小狗狗》《有人叫我傻瓜》《褐色华尔兹》。这首歌展现的是风笛舞会的美好场景，像电影《他们五人》（1936 年）展现的情景那样，参战的士兵和爱国者们花一个半法郎就能买到歌曲和手风琴伴奏的乐谱，花 6 法郎就能买到钢琴伴奏的乐谱。收藏者还可以购买有乔治·克里耶亲笔题名的版本。

尽管有这类战争诗歌的激励，为了谨慎起见，政府在那年秋天还是命令各部将部分办事机构迁往卢瓦尔河畔的城堡办公。殖民地部人事和会计处迁到安德罗瓦河畔罗什城堡[5]。玛格丽特供职的信息处（不能离部长很远）仍然在乌迪内街，除非内务部下达迁移命令。阿尔贝·萨罗特时任内务部长，命令各省长清洗各行政机构中的共产党员。《苏德互不侵犯条约》签署后，法国共产党被宣布为非法政党。共产党总书记莫里斯·多雷兹去莫斯科，以脱党论处[6]。数月来，巴黎人把房屋和公共建筑上的玻璃涂成蓝色，躲避德国飞机狂轰滥炸。德国飞机让人心惊胆战。这是官方有组织的“被动防御”。到处张贴的标语上写着这样的字样：“遮挡灯光，车灯，手电”，“从太阳下山直到太阳升起”[7]。剧院和影院继续正常开放，但警察根据电影院容量限制观众人数。

滑稽战争

战争即将开始。士兵在马其诺防线播撒胜利的种子。在巴黎，人们估计花园里的鲜花不会像往年那样照常开放。《小巴黎人报》告诉读者：“种鲜花开支巨大，目前情况下，舒适必须让位于实用。”多亏荷兰朋友相助，我们好歹还有几枝郁金香花，但草坪就无暇顾及了。妇女们为前线的士兵缝制毛衣，其他人去军工厂上班。劳动部长夏尔·博马雷规定从事两项工作的人员比例是：“30% 男性和 70% 的女性。”[8] 政府给在学学童和清洁工分发了防毒面具。大学生响应政府号召，奔赴各地，投入回收旧金属的全国运动。莫里斯·谢瓦利埃带头身体力行，发挥表率作用，当着新闻记者的镜头捐出一辆旧汽车。对其捐旧车持几分怀疑的《小巴黎人报》记者在报道中写道：“汽车立刻送进熔化炉熔化，准备制造武器。”1 月 14 日的《巴黎晚报》报道：“钢铁是现代战争的致胜法宝。”鼓励有闲钱人购买“军工债券”，以实际行动爱国。韦斯将军的话很能鼓动人心：“谁能保护我们的家园？谁想让我们的好男儿继续全面取胜？毫无疑问，是你们每一个人！我们行动迟一分，危险就多一分。军工债券如同战士们的勇气，是我们取胜的条件。”总的来说，他们的精神状态很好。贝当元帅在新年来临之际在法国驻马德里大使馆接见了法国侨民。穿制服的服务生给客人斟香槟酒时，弗朗哥元帅身边的法国使节表现得很平静。他宣称：“我们不畏惧战争，我们期待战争早点打响。”1月5日，《埃克塞索尔报》报道：“一架在前线被击落的德国歼击机，将在香榭丽舍大街展出。”

这年冬天特别冷。巴黎零下12度，东部地区徘徊在零下15度到零下18度。在维列特湖，甚至要使用破冰器才能把船拖出来。科莱特始终很实际，“建议加一层报纸在身上来抵御严寒”。开辟了一个专栏，专门给读者提供御寒小窍门，不管有钱没钱，大家都需要御寒。莫里斯·谢瓦利埃（总能）通过歌曲，让家喻户晓，让木鞋底的喀哒声响遍巴黎大街小街巷。众所周知，法国人不会轻而易举被困难打垮。演艺界努力工作，振奋部队的士气。指挥所的木屋前排起了长队。1月2日，《不妥协报》登出一则振奋人心的好消息，称巴黎娱乐场的姑娘们“随若斯菲娜·巴克尔来到部队，与身着土黄色军装的小伙子们见面”。英国士兵像他们的法国盟战友一样，兴奋不已。3月，若斯菲娜穿着连衣裙，在位于巴黎的英国天堂俱乐部的晚会上，给一个叫托米的男人发香烟。因为没有文字说明，凭照片无法判断此人是不是高卢人。

“饮酒时刻”，前线官兵绝对不会忘记。报上照片显示，一个士兵端着斟满美酒的杯子。首都的局面也不落后，举办全国士兵热酒活动日。那一天，向公众出售酒卡片，法国士兵可免费在酒馆开怀畅饮。酒馆为此搬到了公共场所。活动日是农业部应南部葡萄种植者的要求发起的，“取得了全面成功”。然而，葡萄酒可以畅饮了，食品却日渐短缺，连巴黎这样的大城市都实行严格的食品定量配制。1月15日起，政府颁布法令告知国民，“有时候可能没有肉吃”。3月初，各餐馆只能给顾客“上两道菜”。4月初，法国人口普查结果出来后，决定建立短期食品配给证制度。咖啡馆甚至提倡“无酒日”。所幸的是，葡萄酒依然允许出售——不能引起南部葡萄种植者的不满，要知道南部可是萨罗特兄弟的地盘！经过精心策划，《不妥协报》刊登了一则广告，内容如下：“孩子：‘妈妈，你知道你可以储藏光线吗？’母亲听了吃惊地看着孩子，没有说话。孩子又问：‘你今天只要准备几节过冬的旺戴牌电池就行了。旺戴牌电池不放电。’”

第一个冬季战争没有打响，但人们神经却绷得很紧。“战争怪人”玛格丽特·昂泰尔姆经常看望她的朋友弗朗斯·布律奈尔。后者与玛格丽特同时获得法学文凭后，于1937年进入圣多米尼克街的军务部工作，该部后来更名国防部。两个年轻姑娘继续不定期会面。有一张照片，照片上的她俩像其他部里的公务员一样，衣着朴素、大方得体，手挽手在塞纳河畔杜勒里花园前面的草坪上漫步。弗朗斯·布律奈尔的日子越过越穷，幸好有外省亲戚接济，给她寄些食物，改善一下她的生活（她母亲的日记特别提到，西南部的“伊冯娜姨妈寄的肉糜”）。我去拜访她的时候，她依然保留着1940年的日记本，上面写着：1月10日，与玛格丽特共进晚餐；2月1日，与玛格丽特共进晚餐；2月9日，与玛格丽特共进晚餐。每天晚上，我都和玛格丽特在一起。如果罗贝尔请假回来，当然也就有他。乔治·博尚经常来丹菲尔－罗什罗附近的拉斯帕伊街，顺便过来和她们共进晚餐。晚餐是女佣人做的。

玛格丽特可能没有时间做饭。她一直住在15区圣费利西泰胡同的公寓，当时周围还有一两处农庄，不去市场也能买到生活必需品，或者食品。食品在当时已经十分匮乏。拉坎提尼是路易十四汤的发明人，在以他名字命名的拉坎提尼街上，有家军功章制造厂，旁边就是一家乳品厂。每天早晨，该区居民都被灌装牛奶的声音所吵醒[9]。昂泰尔姆夫人夜以继日地工作，才能写出乔治·芒代尔要求的书稿。海外省沙龙的筹备工作在紧锣密鼓的进行，部长还是嫌慢，一个劲儿催。2月23日，她去奥林匹亚参加由让·德瓦维尔的剧本改编的电影《法兰西帝国》的首映式。这场盛会得到总统大力支持。首映式是为殖民地部队下级军官互助会和帮助波兰遇害者举办的专场活动。首映式由殖民地部部长亲自主持，马耶主教的木十字架歌手协会赞助。同月，法属印度支那展览会在特罗卡代罗新宫人类博物馆拉开帷幕。该宫是1937年举办世界博览会而修建的。

顺便说一句话。菲利普·罗克在殖民地部负责与新闻界的联系工作。在菲利普·罗克的同事中，玛格丽特是唯一有职权的人，但她没有忘记她的亲戚，一有机会就给他提供力所能及的帮助。1939年秋，她表哥兰波维尔－尼克尔像罗贝尔·昂泰尔姆一样参了军，成了一名普通士兵。他不想服役，要到勒芒附近的奥吴尔·伊奥尔（她有法律系的同学就在这里，如弗朗索瓦·密特朗的朋友乔治·戴阳）去上冬学，就寻求玛格丽特的帮助，并征询玛格丽特的意见。他母亲是马达加斯加人，用他的话说，自然就被归入“有色人种”，几乎不可能被编入法国本土士兵连队。玛格丽特建议他不一定非去奥吴尔，建议他和乔治·芒代尔的军事顾问、殖民地部队负责人布雷将军联系。殖民地部队有一支分队驻扎在达喀尔，想通过布雷将军的关系，让他在卢菲斯克的军队服役。1940年5月8日，在德国进攻之前，保尔·兰波维尔－尼克尔准备乘船前往法属西非，去乌迪内街拜见布雷将军，顺便通过表妹的介绍，认识了菲利普·罗克。

法兰西的光荣

4月，《大山报》刊登消息称：“今年不举办环法自行车赛。”《汽车报》也说：“赫尔辛基不举办奥运会了。”4月4日，《小巴黎人报》刊出一则消息：“带薪假期制度将延续到1940年，以后会有调整。”《晨报》的新闻标题是“5月1日，没有游行，不停工”；内容如下：“大家都像平时一样上班工作，像战争时的人民大众为了确保自己的自由，必须上班制造武器。然而，巴黎工会联合会却想要在这一天举办活动，显示恢复活动后的工人运动活力。傍晚在劳工联合会会堂召开会议。总工会副书记勒内·贝兰先生在会上发表讲话，提醒从共产主义枷锁下解放出来的工人不要忽视莫斯科的邪恶作用，警惕莫斯科始终图谋瓦解工会运动的阴谋，指责莫斯科对当前的战争负有不可推卸的责任。”[10]反共产主义者比以往任何时候都活跃，动作不断。5月1日，《晨报》宣称：“星期四耶稣升天节不是假日。”

同十几年前一样，1940年的巴黎依然是座大街小巷贴满布告的城市。保尔·高兰街有一幅著名的广告画，下面写着这样的广告词：“不要喧哗，小心敌人会窃听你的秘密。”画面上有个戴橄榄帽的士兵在同一个戴圆顶礼帽的胖男人耳语。广告画面迎合了政府提防德国间谍的号召。对“第5纵队”的恐惧笼罩法国全境。宣传基调已经定了。法国环球俱乐部一则广告画的主题是：“你想拯救法国士兵，那就在衣柜里多放几架望远镜！”这是在鼓励热心人把自己的望远镜捐给部队，让士兵在肉眼看不到的地方发现敌人的机关枪。最耐人寻味的是，2月16日至4月16日在巴黎举办第33届幽默画家沙龙的广告画出现在街头。画面如同一张展开的报纸，主题画面上有个画像，颇像阿道夫·希特勒。广告词是这样写的：“要想让被抓的人笑不出来，就把他送进集中营。”现在回过头来看，这话一点都不可笑，反而让人脊背发凉，毛骨悚然。“士兵和年历”的三色广告背景是一个举起胳膊的马赛人。报亭上贴满了这幅画。

第二届法国海外省沙龙的广告宣传画也出自保尔·高兰之手。画面以蓝色大海为背景，同海外省的颜色一致。国旗随风飘扬，下面的陪衬画是异域水果香蕉和菠萝。海面上巡洋舰穿梭游弋，银色战机像海鸥一样在万里晴空翱翔。与此同时，法国商业委员会联合会（今天的高贝尔委员会前身）也请了画家伊夫·布拉耶给殖民地部长牵头的“法兰西帝国15年”

宣传主题作了幅广告画。几乎在任何地方，商业与爱国都能和睦相处。2月底3月初，菲利普·罗克和玛格丽特·多纳迪厄承担的书稿完成。1940年3月7日书稿付梓，书名定为《法国，认识你的帝国》。告读者后面增加两三幅说明图[11]。殖民地部长指定伽利玛出版社负责印刷。商务经理伊尔什给赋闲在诺曼底米朗德的加斯通·伽利玛的信就是明证。

尊敬的朋友：

我已经用挂号给你寄出了菲利普·罗克的书稿。书稿是弗朗索瓦·德·鲁刚交给我的。他看了，觉着值得出版。芒代尔将为此书作序。据我们估计，殖民部至少会订购3000册。此外，作者还要打广告，引起人们注意。付梓前的编辑工作我们已经做完，5月1日就能面市。请你给弗朗索瓦·德·鲁联系一下，他觉得第一章和第二章应该调换位置[12]。

回复肯定是同意。（理由很充分，为什么要反对？）4月4日，菲利普·罗克收到了从米朗德邮来的两份合同。我们注意到，随合同一并寄来的信中没有提到玛格丽特·多纳迪厄，或昂泰尔姆夫人，好像也没有和她单独签合同[13]。菲利普·罗克生性慷慨，能证明的事例很多。对同事或友人的态度能有两样吗？最终的署名可能是他第一，合作者第二？无论署名顺序如何，玛格丽特·杜拉斯否认是该书的作者。当时参与其中是奉命而为，据审计官勒贝莱夫人[14]说，书出版后她拿了笔稿费。3月20日，爱德华·达拉第辞职后，保尔·雷诺组建新政府，6月初，菲利普·罗克任内务部长。我们认为，这本书是他挂冠的礼物？翌年，玛格丽特给伽利玛出版社写了封信，没说别的，只说了她为何在"《法兰西帝国》署名第二(原文如此)"。署名意味深长，用的是她婚前姓名"联署"，而非婚后的姓名玛格丽特·昂泰尔姆。

献词是这样写的，谨以此书献给"我们的朋友皮埃尔·拉菲"。皮埃尔·拉菲是历史学家、评论家、作家，年轻时在日内瓦结识了列宁，深受其思想影响，后来又回归正道，出了本书，书名叫《法国的迷失与回归》，1927年由布隆出版社出版。在《国家论坛》一书中，为1934—1935年任邮政部长的乔治·芒代尔竭力辩护。1936年，为《人民的好朋友》撰写社论，赞扬前部长。1938年，进入乌迪内街，为领导人写发言稿。

5月初，《法兰西帝国》面世。《法兰西帝国》是最终的书名。封面由新法兰西杂志社设计。该书被纳入"问题与资料"系列丛书。1940年5

月 3 日付梓，总共印了 6600 册，销售 1200 册[15]。乔治 · 芒代尔没有为之写序，缘由是各种事务缠身，抽不出时间。5 月 2 日星期四是耶稣升天节，《法兰西帝国》面市前一天，法国海外省沙龙如期开幕。5 月 6 日，奉命之作《法兰西帝国》赠送给了勒布兰总统身边的要人和贵客。乔治 · 芒代尔和商务部长路易 · 罗兰在大皇宫请总统莅临沙龙。《不妥协报》报道说："总统一行走到展台前，两个可爱的安德列斯姑娘迎上去向总统敬献水果。"除了"可爱"，还有其他词形容安德列斯人吗？

《法兰西帝国》一书没有回答这个问题，也没有回答个别聪明人提出的诸多问题。这些问题绝大多数法国人都不会提。该书共 5 章，前两章的标题分别是《法国的历史及殖民扩张》、《法兰西帝国在世界》。这两章给作者在宗教斗争的大背景下研究殖民征服——《十字军东征算是第一次殖民扩张》提供了广阔的空间，并通过与外国签订的政治条约找出其逻辑（《在我国政治始终随欧洲力量的平衡而变化》）。其余各章分别是《军事大国》、《经济强国》。这两章充分满足了乔治 · 芒代尔的愿望。

最后一章旨在阐述《帝国团体精神》的主要观念。菲利普 · 罗克和玛格丽特 · 多纳迪厄在这一章里用重墨彰显法国在卫生和教育方面取得的成就（对这个问题，杜拉斯有自己的见解）。两位作者的观点在结论里表达得清楚无误："归根结底，这方面的政策包括了医疗、教育，甚至经济措施，付之实施能使原住民享受卫生成果，保障他们基本的日常生活需要，让他们安排好家庭生活，让他们的语言、文化、习俗最大程度地与法国的语言文化习俗融为一体，以保证他们在国家里享有政治生活。"担心读者误解，作者随即作了解释："我们的行为没有任何实质性的目的，只是牺牲了法国本土利益，为个人的利益创造了美好的未来，这样理解就大错特错了。法国的殖民事业符合法国自己的利益。一批新人在法国利益的驱动下以合理的方式建设自己的国家。首先受益的当然是法国。"再往下几页，似乎想掩盖其直白的表露，又补充了几笔："原住民获取利益的多少与其同化程度的快慢，取决于原住民参与殖民地公共事务的多寡。不能一味地照顾和教育他们，必须从实用的目的出发去照顾和教育他们。在管理国家事务过程中，他们要和我们合作，如果他们不愿意，这不仅不能接受，而且有悖于他们的自身利益。"

向前冲啊！这是说"大法国"可能把政治权力扩展到"这些人"身上（原作的意思）？

最后一章的题目是《政治权力》。在研究了这个课题时，作者显得十分谨慎："过了 50 年和平日子，原住民逐渐能接受科学文学和法国文明。

他们略知自己国家的历史、经济、政治与商业的关系，对治理国家有自己的想法，实在让人惊讶！他们即使无意在政治上发挥作用，至少可以表达他们的意愿。这是他们合法的诉求，法国不但不会阻挠，相反，只要有可能，还会让原住民去管理本国的政治事务。这是否是说原住民不会治理国家，法国也要毫无保留地把政权交给他们？治理国家，完全是个措施问题。”在这一点上，两位作者的观点与部长接近。1938 年 11 月 6 日，部长就一战的一场战役战况发表演讲时指出：“应该分散布局。巴黎只发布指令，大部分事情都要同相关人员协商，现场拿出解决问题的办法，这样做有百利而无一弊。”他又说：“权力不再是出身所固有的属性，或者是富人的专利。旧的等级观念、阶级划分已经消失，取而代之的是人权，有了人权，公民可以当国王，成为治国者，但权力相互制约作用。”[16]

乐观主义不再时兴。综观《法兰西帝国》的最后几行，似乎不像是个好预兆：“法国没有给世界上任何一个民族带去它的思想。瓦莱里认为这是一个艰巨的任务，法国一直在努力。世界如果没有法国，就等于失去了一个好伙伴；法国的作用，没有一个国家能够取代。法国希望运用它的善意与智慧，在其殖民地为了全人类实践其治国理念。”[17]

前言白纸黑字写着本书即将付梓（落款日期为 1940 年 4 月），并声称“此书只有一个目的，一个主要的目的，那就是告诉法国人，他们的国家拥有众多的海外领地。”不仅如此，读者还读到这样的话语：“我们想通过此书告诉读者，帝国肯定是建立了，但是通过战争建立起来的。如果说至今这还只是一个话题，今后德国的威胁和种族主义思想会让人们看到无情的现实。一个集团一旦组织起来，就有共同的利益，共同的理想。”大家对这个问题的认同让人鼓舞。响应“祖国母亲”的号召，“高昂的爱国热情”将人们聚集在一起。“我们如何强调这一点都不过分，因为没有殖民地，就没有殖民部队。这是一个帝国，一个无坚不摧的帝国。这样的说法具有传奇色彩。”美国人认为这是痴心妄想！但作者激情满怀，对胜利充满信心，对帝国思想的成长壮大充满信心。他们称其是“最珍贵的护身符”，能保佑法国“长治久安”。人们不禁要问，6 月 18 日，戴高乐呼吁法国人抗德，要是看到过这些文字，他会作何感想呢？

1940 年 5 月 11 日，《名流》上刊登了一篇 4 页长的文章，题目是《战争中的法兰西帝国》。一个叫 M. 多纳迪厄夫人的人说：“对祖国的号召，谁都有权置若罔闻，但谁都应该响应。”谈到国难当头，帝国公民爱国热情高涨时，她依然没有忘记再次发表她对殖民体制的高见。她的高见很有意思，我们将之列入附录，供读者阅读。

多事岁月

5月的前几个星期，陆续发生了一系列重大事情。5月10日，德军发动大攻势，5月20日，攻进沙洲口，博尼埃居民不得不火速撤离，玛丽·多纳迪厄的几个亲属也生活在博尼埃[18]。6月6日，沙洲前线失守，6月7日，乔治·芒代尔接替保尔·雷诺任内务部长。路易·罗兰取代乔治·芒代尔领导殖民部。路易·罗兰从商务部调任到殖民部，在位只待了9天。7月9日，奉总司令魏刚的命令，巴黎被宣布为开放城市。第二天，民政部和军务部撤离首都。政府部门撤到卢瓦尔河以南，内务部迁入图尔省政府办办公，其他机构搬到附近的楼房办公，议会征用全球酒店作为办公场所。玛丽·贝尔在全球酒店也顺利地租了间房，女佣睡在床前的小地毯[19]。阿拉贡过了卢瓦尔河（“我过了塞桥”[20]）。

数百万市民聚集在大街上，乱成了一锅粥，像溃败的散兵游勇，场面让人难以忘怀。6月14日，第三帝国的军队在凯旋门搞大阅兵，而第三共和国的总统和部长们却离开首都去了波尔多。6月16日，保尔·雷诺辞职，贝当元帅临危受命组建新政府。6月17日，凡尔登的胜利者通过广播号召法国人停止战斗。6月18日，戴高乐在伦敦发表广播讲话，号召法军官兵和英国人一起继续战斗。无论时局如何发展，抵抗运动的烈火不会熄灭，绝不会熄灭。6月22日，《贡比涅森林停战协议》签署。6月25日战斗结束。贝当说：“为了减轻法兰西的痛苦，我愿为其粉身碎骨。”7月9日，7月10日，议会投票通过决议，授予元帅全权。第三共和国结束了。元帅的肖像开始出现在各大报刊头版。

玛格丽特很有可能在6月9日坐车离开巴黎，最迟应该是在6月10日白天离开巴黎。前一天晚上，她在拉斯帕伊大街的弗朗斯·布律奈尔家里吃了晚饭。10日，弗朗斯·布律奈尔和军务部的工作人员一起离开军务部，然后直接去厄塞帷幕[21]。两个朋友在图尔近郊的康热城堡大院汇合。城堡是勒布兰总统建造的，6月12至13日，部长们在迁往波尔多之前，召开了两个会议。在第一个会上，魏刚将军说停战是大势所趋，因为德军已经到了奥贝尔维利埃，共产党夺了权，莫里斯·多雷兹入主爱丽舍宫。朗热隆警察局长对巴黎失去控制，没有人听他指挥[22]。

在芒代尔的提议下，保尔·雷诺和丘吉尔在图尔省政府短暂会晤，但溃退之势还在蔓延。6月14日，部长们开始了新的大逃难。这是第三共和国7月中旬灭亡前在阿利埃的垂死挣扎。

我想去拜谒血流成河的战场，重温那炮火纷飞的情景，就像玛格丽特曾经目睹或者亲历过的历史一幕[23]。在人迹稀少的公园里，我徘徊了好几个小时。形形色色的路人对我留恋往事的情感很是漠然。忧伤依然存在，那个被楼宇包围的大院子也依然存在。马厩用于他途（个别改作青年休息室）时日已久，但那场浩劫的情景依然时时浮现在我的脑际：机关公车来往穿梭，风驰电掣，场面之混乱，难以形容。电话几乎不通，但专员们依然试图与外界取得联系。戴高乐将军奉议长之命，赴英前亲历了这个场面。玛格丽特·昂泰尔姆有没有受到影响？她没有透露，如果说不受影响，很难有人相信。城堡本来状况就不怎么好，维护不全面，只是部分略微修缮了一下。撤往波尔多之前的最后数次谈话就在该大厅进行，大厅的窗户依然保留着他们谈话的秘密。

外省流放

6月底，德军挺进波尔多。玛格丽特从此就没有和朋友见过面。除了有关她的记忆，弗朗斯·布律奈尔记不得当时发生了什么事。军务部长乔治·莫内随政府机关迁往维希[24]，她和在圣多米尼克大街工作的同事先后来到纪龙德省的莫康布律纳庄园。（“有3个人，我母亲负责给他们做饭。幸运的是有同行人员。”）庄园在苏拉克镇上，是乔治·芒代尔的避暑地及再次当选的选区。梅多克地区的葡萄收获季节还没来临，逃难者却被请到葡萄园去帮忙，他们非常高兴。弗朗斯·布律奈尔是纪龙德省议员兼苏拉克镇长，据他说，乔治·芒代尔在动乱时期在镇上工作过数周，很受镇民的爱戴。“德军占领了我们的村镇，我们应该去克芒丹图尔，设法保护这些住宅。”[25]

菲利普·罗克在波尔多时跟着芒代尔，后来去了维希[26]。他的部长和许多众议员去了摩洛哥的马西里亚河畔，回来后被逮捕，送进拘留所，新闻官逃往奥利亚克[27]，参加抵抗组织，并担任重要职务。至于玛格丽特的去向，没人知道，到了上世纪40年代夏天，她和皮埃尔·拉菲双双出现在布里夫-拉贾亚尔德。拉菲的表弟收留了他们。此人在科雷兹专区政府内当税务员。准确地说，玛格丽特·杜拉斯在布里夫-拉贾亚尔德日子过得不错，并认识了皮埃尔·拉菲的表妹玛德莱娜，大家都叫她玛·杜，她们一直保持联系，长大数年之久。解放后，玛格丽特·杜拉斯曾在巴黎居住了好几年[28]。但新资料证明，她在巴黎只待了几个星期，没有和弗朗斯·布律奈尔见面，“在省政府好不容易谋到个文员的差事，成了殖民局的一名公务员。”劳儿·阿德莱这样写道[29]。为什么会出现这样的差错，原因很简单，省政府不在布里夫－拉贾亚尔德，而在图勒，玛格丽特不曾去过。因此不能确定她离开波尔多之后，是否直接去了布里夫－拉贾亚尔德。如果当时获准修假，还是说得过去的。初期追随在维希政府的新殖民部长，社会党众议员，她是不得已而为之。停战之后的 7 月 9 日至 10 日，里维埃参加了在游乐场举行的历史性选举。除菲利普·罗克和内务部官员在一起外，罗贝尔·昂泰尔姆的表舅弗朗索瓦·皮埃特里也在 6 月 16 日去贝当元帅新组建的政府交通部工作，住在阿利埃河畔。

这年夏天，我以前提到过，在《副领事》一书的草稿中，我发现了有关玛格丽特在维希现身的蛛丝马迹。在涉及“殖民局雇员”一页中有这样的记述：“我陪部长去维希。”接着，玛格丽特·杜拉斯又添枝加叶写道：“选择去温泉疗养地对有些人有用，而我则不然，我在乳品店似的联合政府里消磨了 8 年光阴。我在巴黎待得很郁闷。这个地方缺乏本地生活特色。除占领政府外，人人都去泡温泉。哦，季节；哦，城堡，哪儿有我活动的大街！我经常这样写。”[30]

悠悠万事，最容易忘记的是罗贝尔·昂泰尔姆的妻子是公务员，对工作待遇有要求，既要能维持生活，还要能够搬家，更要工资够用够花。毫无疑问，受皮埃尔·拉菲的文学世界影响，她在科雷兹休假期间勾勒出了处女作的轮廓。小说《上凯尔西》的故事发生布里夫，格朗特－塔内朗一家人就生活在这里。《厚颜无耻的人》中的人物和多纳迪厄的家人非常相似。因此只要有机会，玛格丽特就脱下戎装，回巴黎看丈夫。暴风骤雨即将过去，她能过上平静的生活。

注　释

1. 《法兰西帝国》，伽利玛出版社，巴黎，1940 年。

2. 安德烈·马其诺曾于 1928 年 11 月 11 日到 1929 年 11 月 3 日担任第三帝国殖民部长。1922—1924 年、1926—1929 年先后担任陆军部部长。1930 年、1931 年、1932 年再次担任部长。1927 年至 1936 年间法国东部边境的防御工事曾以他的名字命名。

3. 1939 年 9 月 27 日颁发的期刊检查员的检验章。

4. 作者收藏品。

5. 海外档案中心。

6. 莫里斯·多雷兹，原塞纳河区议员，1940 年 2 月 21 日，官方公报刊发法令，剥夺了他的法国国籍。60名原共产党议员在议会意见选举结束后同时被剥夺法国国籍。

7. 雅克·马赛、达尼埃尔·勒夫维尔，《1940年的岁月》，阿尔班·米歇尔出版社，1989年。

书中大部分章节都被报章杂志引用，现在有关1940年巴黎日常生活的见闻大都出自这部资料翔实的著作。

8. 1940年3月30日的《晨报》。

9. 2003年6月在保尔－巴吕埃尔大街32号与原看门人的谈话。

在普罗塞翁街和保尔－巴吕埃尔街之间，有一个街区庄园，一直存在到20世纪50年代。在战争期间，私人住宅周围仍然有大片的花园，大部分种都种了蔬菜或栽上水果树。

10. 1940年的岁月。

11. 伽利玛出版社的档案资料。

12. 同上。

13. 以后的书信证明，菲利普·罗克曾被当作是思想前卫的作家。我还是没有在伽利玛出版社关于玛格丽特的档案里找到类似的资料记载。

14. 弗雷德里克·勒贝莱是1994年由格拉塞与法斯克尔出版社发行的《玛格丽特·杜拉斯或笔调的锋芒》一书的作者。这是一部传记著作，从许多方面看，不仅仓促，而且粗俗。

15. 在有藏书3504册的图书馆里，2324本被退回，可以说《法兰西帝国》这本书被彻底毁掉了，剩余的也在1955年（在伽利玛出版社）被水淹了。

16. 1938年11月13日的梅多克地区行动。贝特朗·法维罗在乔治·芒代尔的传记中描述了这样一件事：1940年8月6日，塞内加尔议员加兰图·迪奥夫为了支持殖民地前部长，竟宣称：上帝作证，你是我们国家的一分子，你仁慈，在法属西非主持正义，恢复秩序，打击盗窃，敲诈勒索，惩治滥用权利。这封信的作者所生活的年代是贫穷的黑人遭掠夺，生活落魄的年代，有些黑人被投入监狱，还说能以你们为友谊而光荣。

17. 《法兰西帝国》。

18. 2001年6月15日和博尼埃居民的谈话。

19. 让·雨果，《记忆的视角》，南部戏剧出版社，1983年。

让·雨果入伍后在内务部当警卫，一直干到6月9日至10日乔治·芒代尔离开为止。乔治·芒代尔刚走，让·雨果第二天就去了图尔。在那里，经过朋友玛丽·贝尔引见，认识了贝阿特里斯·布雷提——法兰西剧院里的女演员、乔治·芒代尔的情人。她对他哭诉说："他们今早8点要去香榭丽舍大街游行。"过了几天，波尔多一切又恢复正常。

20. 阿拉贡的诗歌被弗朗索瓦·布兰克配上了音乐。

21. 2000年5月20日与弗朗斯·布律奈尔－格朗科拉的谈话。

根据弗朗斯·布律奈尔所说，在康热城堡，玛格丽特和菲利普·罗克以及皮埃尔·拉菲在一起。他们之间关系很好，这没什么不正常，尽管她那时在追求路易·罗兰，他也在殖民地部供职，住在图尔南部的罗什城堡，距离康热城堡几公里之遥。

22. 贝特朗·法维罗，同前。

23. 这就是1942年吕西安·勒巴泰在德诺埃尔主编的《残余》小报上发表文章，描述康热城堡的情况："同一天，身在不远处的法国流浪部长们各怀心事，在院子里徘徊，停放在院子里的卡车装满了文件资料，院子到处是行李箱、手提箱、大小包裹。犹太人贝恩斯泰尔和妻子居里一起，也成了国家公务员。为了再次歼灭大量法国人，丘吉尔下令囚禁雷诺，但他消失了，没有给他全力歼敌的国家政府说上一句话，或留有一丝的眷恋。"（433页）

24. 6月25日，德军装甲逼近纪龙德，共和国总统和部长们已于6月29日撤离波尔多，7月1日在维希安顿下来。

25. 2000年6月29日的电话交谈。

26. 《残余》报上有吕西安·勒巴泰的报道，说8月在维希公园旅馆发生了一件事。克罗德·让泰，《小巴黎人报》主编、无处不在的撰稿人，在路上碰见菲利普·罗克。他文章中写道："人们开始是在公园得知这个消息的。我们的朋友克罗德·让泰刚才在公园旅馆大堂干了一件勇敢的事情。众所周知，他是外交部新闻处的工作人员，给我们提供大量新闻资料，同时又顺利摆脱了一些不择手段挖新闻的人。他的出色举动使菲利普·罗克先生的手下人也出名了，其中有芒代尔办公室主任、拉扎尔银行行长、凯利伊斯犹太人基金会官方发言人，以及其他一些好战分子。目击者证人和警卫人员认为应把这些人都统统送进警察局，绳之以法。"（32～33页）

27. 1941年7月伽利玛出版社提供的资料证实，菲利普·罗克在奥利亚克出现过。

28. 1984年，她用笔名玛德莱娜在阿兰斯上发表了一篇精辟评论，题目是：《现实的通灵者玛格丽特》，人文时代出版社。

29. 《玛格丽特·杜拉斯》，141页。

作者与玛德莱娜·拉夫维龙于2004年6月9日在巴黎的电话交谈。

30. 现代出版档案馆。

第十八章
令人厌倦的世界

战争何年何月能停止？

——玛格丽特·杜拉斯[1]

法兰西，聆听这位老人的述说，他关心你，如同父亲那样对你谆谆教诲。

抬头看一看，在天底下，形形色色的事情，层出不穷。

——保尔·克洛岱尔[2]

如果我们只是元帅周围的少数人，这将是一种背叛；

但是我们有几百万人，这就成了一种信念。

——雅克·多利奥[3]

1940年8月，昂泰尔姆夫人不顾报社的反对，再次回到巴黎。《费加罗报》在8月4日星期天版有文章献计献策："法国大城市的难民不到万不得已，轻易不要去巴黎，最好待在乡下，因为巴黎粮食供应短缺。"粮食供应是那个时期的主要词语之一。粮食供应是当时数百万市民的殷忧。8月13日，《黑色法兰西报》的标题是："难民继续涌入首都。"尽管形势动荡不安，生活又恢复了往日的节奏。德军占领初期，玛格丽特重返自由区，恰逢内务部下发文件，明确规定了"遣返条件"。规定涉及德军占领前逃离巴黎的成千上万市民。身为殖民地部公务员，玛格丽特应该有通行证，可以顺利穿过所谓的"分界线"。那时的当务之急，就是向维希索要珍贵的芝麻[4]。殖民部设在一幢简陋的楼房里，基本上处于瘫痪状态。迁走能洗上温水浴的人，不是那么容易。从7月13日开始，议员亨利·勒梅里走马上任，他是这1个月内上任的第三位部长，任期只到9月份。

《法兰西帝国》的作者有充分的理由获批准回巴黎，最硬的理由是丈夫已经复员，期望与她在首都团聚。据雅克·贝奈于1939年4月在国立文献学校见的同学说，罗贝尔·昂泰尔姆逃走的机会很多，因为他所在的部队就布防在默兹。1940年5月，一大半士兵在德军大规模进攻中壮烈牺牲，幸存者都及时撤退，玛格丽特的丈夫很幸运，没有被逮捕，更没有像弗朗索瓦·密特朗、让·拉格洛雷一样被投入监狱。雅克·贝奈这次被捕入狱。他所在的部队驻守马其诺防线，军官拒绝交战，把部队撤到了宣布为开放区域的南锡。德国人在南锡逮捕了他和他的战友们[5]。

何时停战？

玛格丽特几乎很少提及占领时期最初几年发生的事情。在她的《黑色年代的日记》中，人们想找到最清楚、最精确、最能说明问题的证据，就如同让·盖埃诺至今所保存的有关法国历史最黑暗时期的证据一样[6]。“何时停止战争?”在学校保存的作业本上，昂泰尔姆的妻子玛格丽特·多纳迪厄提出了这个疑问。这个问题可能比冗长的阐述更能清楚地反映从占领开始一直到占领结束，她的态度始终模棱两可、沉闷消极。玛格丽特在社会和政治动荡当中非常熟悉这种生活方式，为了这样的生活，她所接受的教育、她战胜艰辛生活的斗争，两样没有一样能应付得了。没有罪犯，也没有英雄，她宁可沉默不语，也不愿意找些荒谬的借口。

1944年后期的作品，当然是在那些“战争手册”里（这些笔记都出自1985年，其中最好的是《痛苦》)，在散乱的稿纸中，能找到问题的答案，更有占领时期头几年作者的所作所为。作者假借还未成书的手稿中的人物之口，委婉地透露了殖民局公务员的形象，这些公务员其实就是拉奥尔法国副领事的化身。最后的章节出自安娜之手。在1950—1951年间出版的《直布罗陀水手》首部草稿中，安娜叙述了她乘游艇周游世界期间的见闻。为了寻找占领时期巴黎水手失去的爱情，玛格丽特·杜拉斯在写作过程中犹豫再三，主要在使用第三人称和第一人称，即“他”和“我”之间犹豫不决，一时还下不了笔。这两个人称在同一页反复出现。“我和别人一样在惶惶度日（她生活在战争中)，也在厌倦中打发时光。我一般比较喜欢扮演这样的角色。人们喜欢看见我玩。另外，我对生活在厌倦中没有太在意，我已经有很久没有告诉她了，相反，我渴望自由。没有人不按自己的方式去生活吧？同数百万人一样，我有足够的耐心。我没有发现，她的行为在人类历史中发挥了很重要的作用——坚忍不拔。简而言之，我履行我的职责，我过我的日子，但她却在重温生活。战争期间的行为并非没有让她有自豪感，恰恰相反，是她不愿意把事情的来龙去脉原原本本地讲出来。”[7]

据说坦率是她的优点。但讲述者和玛格丽特在这方面比较像，基本上都争强好胜。她立刻插话说：“她说如果能重新开始的话，她立即行动，绝不会眼睁睁看着她做。”[8] 再说到《黑色年代的日记》中让·盖埃诺的内心感受，安娜和玛格丽特都有那么一股子“坚韧”精神，还应不应该再打起这种精神呢？她同那时成千上万的法国人一样，有什么能耐就盲目地做什么事情，哪怕是轻率从事。她确实没有弄错，在那样的情况下，与许多同行相比，她小心谨慎多了。玛格丽特和大部分法国人一样，“承受”着战败带给法国的伤痛。无论如何，都不能为了写自传而以公正者自居。这样做不仅没有道理也是徒劳无益的，最好是接近事实，厘清事实。

返回家园

在档案中的一页草稿上，玛格丽特回忆了1940年8月下旬巴黎接二连三的忧伤，让荒凉的首都有些经受不住了。她当时要是在奥斯德立兹车站坐地铁的话，她会去塞维尔－巴比伦车站，然后径直走到迪潘大街，因为公婆在那里等她[9]。这种沮丧心情只持续了很短的时间。8月20日，她在巴黎大学图书馆和圣热纳维耶芙图书馆办理了为期一个月的图书借阅证，署名昂泰尔姆，地址写的依然是圣费利西泰胡同，职业是在校大学生[10]。就字面意义而言，算不上太精确，但从某种意义上讲，那又是事实，因为玛格丽特立志成为一名作家，无疑要通过阅读来做积累，为数月后动笔的小说搜集些资料。小说完成了，书名叫《厚颜无耻的人》。

她大概知道自己不可能再到殖民地部去上班了，即使贝当元帅希望政府能够回迁巴黎，或者能够回迁凡尔赛。在维希追随政府的“失败之父”（戴高乐将军送给贝当的绰号）和所有的复仇者都没有拖延时间。工作，家庭，国家！民族革命开始了。7月9日开始，法兰西政府颁布法令，公务员必须证明自己是法兰西祖先的后代。数星期后，父亲加入共济会的公务员不再被当作法国人。如果他们是拥有府邸的达官显贵，必须立刻辞职以避免财产受到损失[11]。如果相信《小报》上的消息是真实的，贝当元帅制定的《宪法》前几条保障了公民的工作权、家庭权和国籍权，但不能把工作权和劳动权混为一谈。1940年10月11日，劳动部部长贝兰以消灭失业为名，让议会通过了《已婚妇女就业法》，该法规定“已婚妇女应该待在家里”（150万男性被关押在德国监狱），从此关闭了国家行政和服务部门、省市机关、殖民事务部门雇用已婚妇女的大门。“有下列情况者除外，若已婚妇女的丈夫不能保证家庭所需，其丈夫或参加竞赛，或自愿入伍，这部分已婚妇女可以在政府部门工作，主要是做小学教师。”[12]

玛格丽特·昂泰尔姆属于第一种情况，不是第二种情况，因为她在殖民地部的工作从一开始就是临时工作，可以随时被解雇。海军副司令布拉通是殖民地部的新任政务秘书，1937制定了一个新规定并且逐年修改。7月30日从维希给她来函，内容是：“昂泰尔姆夫人婚前姓多纳迪厄，对隶属外事部门的国务秘书处工作贡献寥寥。从1940年11月1日开始，她所在部门就对她采取了措施。”根据历史学家让－皮埃尔·阿塞的观点[13]，警告出自于海军副司令之手，此人“是既反犹又反共济会的狂热分子”。遇到这样的事情，弗朗索瓦·皮埃特里作为罗贝尔·昂泰尔姆的表舅，本来可以站出来说话的，但不巧的是，他刚刚被元帅从政府部门给解雇了，郁闷不已，无暇顾及。为了安抚他，法国最高领导人让他去马德里，委任他做法国驻西班牙大使[14]。玛格丽特是否遗憾失去了可依赖的经济来源？没有人能回答这个问题。她有可能暗自宽慰。战争必将会给正常的部长任命工作带来一些变化，但对着眼未来的玛格丽特来说，她需要充裕的时间去写她越来越觉得应该写的著作。

罗贝尔·昂泰尔姆1937年入伍，在此之前有的是时间去赚钱，可现在必须找份工作，尽一个丈夫养家糊口之责。他为此在秋初报名参加巴黎警察局文秘职位竞考。考试1938年7月举行[15]。考试时他巧遇法律系毕业的校友，弗朗索瓦·密特朗。这一年聘用的恰巧是学法律的雇员。1940年10月6日，玛格丽特的丈夫以临时工身份进入警察局工作。警察局在皇宫大道。警察局长朗热隆和他属于同一个阵营[16]。为了给康热城堡的部长们制造混乱，1940年6月，朗热隆设法消除魏刚将军散布的共产党要夺权的传闻影响[17]。罗贝尔·昂泰尔姆在新的临时工岗位上干了8个月后找到新的工作，1941年5月22日离开警察局[18]，到工业生产部门去上班。

选择自己的阵营？

迫在眉睫的问题，维希政府能够解决。为了解决就业问题，维希政府坚决不让已婚妇女的身影出现在办公室，但又考虑增加人口，于是就将5月1日定为“母亲节”和“元帅节”，同时要求报纸刊登反犹太文章，讨论“犹太人问题”，让那些注意看报纸的人知道，“犹太族在德国的灭绝”

已经开始。“犹太人遭灭绝正继续残酷地展开，灭绝几乎将近实现。”1940年2月27日早晨到4月8日是一个阶段[19]，从8月以后，“犹太人要获得合法身份”[20]。按照占领区的政府的命令，两种语言书写的禁止犹太人进入某些商店的宣传单已经出现在巴黎街头，并被一些报纸善意地刊登。7月22日，《娇小的杰龙德》汇总有关犹太人的文章，旨在告诉读者，据官方消息，自1927年法律实行以后获得的国籍将不予承认。

有犹太姓名者的处境非常危险，为了安全起见，弗朗兹·罗桑费尔的家人把姓改为博尚。著名眼镜商人里萨克兄弟，为了不影响生意，认为非常有必要向顾客们说明，于是就在店铺门上也贴了份告示，告诉大家不是伊萨克。里萨克是科雷兹地区的姓氏，该地区没有外来人，是种姓很纯的区域。9月8日，洛特什德一家人丧失了法国国籍，当时《娇小的杰龙德》把皮埃尔·芒戴斯·弗朗斯、财政部副秘书长布兰先生及其教友被捕的消息公之于众。10月17日，《官方日志》公布了所有的犹太人的身份。19日，让·盖埃诺在日记中写道：“我们是反犹太主义者和种族主义者，但我们属于什么种族？只有魔鬼知道。我对此羞愧。”玛格丽特当时并没有意识到维希政府将法国置于日益险恶的可怕环境之中，这必将威胁到解放运动，毒气室的发现使全国到处弥漫着恐怖气息，这是不争的事实。她从未摆脱痛苦（内疚?）之情的纠缠，直到临终，为了怀念受到伤害的犹太人，她说她是犹太人。

同天主教的合作进展顺利，至少在开始时没有遇到任何障碍。主教在处理最近几次众所周知的意外事件中，表现得很冷静，没有意气用事，没有以政见定亲疏而名声雀起。7月中旬，里昂大主教热尔里埃获准返巴黎，与苏阿德红衣主教讨论时局，并向媒体宣布：“对德军维持首都秩序非常满意，而且也非常合适。”他表示对“生活秩序恢复正常有信心”，预测“与德军的合作将有条不紊地进行”[21]。元帅信任主教，对第三共和国时期实现政教分离感到非常满意。10月24日和希特勒在蒙特瓦会晤之后，他郑重宣布：“法国——10个世纪以来——很荣幸能有尊严地参与欧盟新秩序的建立工作。今天，我就行走在合作的道路上，法国总统也不例外，在数百万支持者的簇拥下，无论走到哪里，都有人向他表示祝贺。在里昂，在马赛，在图卢兹……支持者多不胜数，他们尾随而来，挡都挡不住。可见，谁都不会因为思想变化而抹黑国家的历史……”这些见解启发了让·盖埃诺，他把这些综合起来，得出这样一个结论：“我们都很无知，维希政府显然不能代表法兰西。”[22]

11月15日，《今天报》向巴黎知名人士提出这样一个问题：“你如何看待法德合作?”有些人坚持国家信息处贝当派的观点，竭力回避。法国国家剧院新任院长布鲁诺（不是前院长爱德华·布尔代）引用保尔·克洛岱尔的话说：“伟人治理我们国家，我向他致以崇高的敬礼。我信任他、跟随他、感谢他。”吕西安·勒隆的服装店里，也有类似的声音：“贝当元帅给我们指明前进的道路，我们必须主动适应他提出的改革措施。”看到这种情况，塞纳州州长也出来唱赞歌：“法德之间的战略合作不仅新欧洲期待，法德两国人民也期待。”可见合作是建立在真诚互信，相互尊重基础上的。法亚尔书店店主让·法亚尔说得更为巧妙，“我们已经习惯讨论。尽管讨论往往让简单的问题复杂化，两个民族之间开展合作是和平的象征。战争与和平，生存与死亡，我们应该选择哪个，大家应该好好想一想。[23]”支持合作者同主张抵抗者之间界线分明。显而易见，合作者、抵抗者这两个词语也从此而开始流行。同时，玛格丽特因为娘家姓多纳迪厄，即将发表的第一部小说也决定改变姓氏，此举没有别的目的，不是只为选阵营。

凯尔西一家

下面是1941年2月26日玛格丽特给加斯通·伽利玛的一封信：

先生：

我的名字您可能不陌生，我的书已于去年由贵出版社出版。今天给您奉上的拙作《塔内朗一家》与前书无任何关系。《法兰西帝国》是本应时之作。我在书中会尽力予以澄清。亨利·克鲁阿先生、安德烈·泰里夫先生、皮埃尔·拉菲先生看过我的稿子，一致建议将之发表。我相信他们的判断，也相信您会喜欢拙作。无论出版与否，望您能尽快给我回复。顺敬请接受我最诚挚的祝福！

玛格丽特·多纳迪厄

于巴黎第6区迪潘街5号昂泰尔姆夫人府邸[24]

“无论怎样，望您能……”这绝不是出自新手之口的腼腆话语。此信语气具有鲜明的男性特点。正是这一特点促使她先后大胆叩开安德烈·纪德、蒙泰兰和瓦莱里出版社的大门。她可以毫不掩饰地炫耀她与巴黎出版界的良好关系。坦白地说，这只是她寄给塞巴斯蒂安－博坦街出版社众多信件中的一封。玛格丽特对自己的创作天赋和文学造诣从未产生过怀疑。这是她与众不同之处。我们在后面还会看到。出版社迟迟没有复信，她有点等不及了，次年3月31日，再次给编辑写信。

先生：

大概一个半月之前，我给您寄了我临时命名为《塔内朗一家》或者《莫德》的小说稿。如果您能告诉我您喜欢哪个书名，我将不胜感激。我要离开巴黎一段时间，希望在此之前能得到您的佳音。这样催您，还请您谅解。请接受我诚挚的问候。

玛格丽特·多纳迪厄

于巴黎第6区迪潘街5号昂泰尔姆夫人府邸[25]

此间，罗贝尔·昂泰尔姆的父亲因突发心脏病去世，母亲准备去科西嘉岛，战争结束后再回来，走之前便将家搬到了迪潘街。玛格丽特有可能去送公婆？但她心里依然惦记着寄出的书稿。5月中旬，她收到了迪潘街的来信，署名雷蒙·格诺，文协的一个作家。他对她的稿子给予了肯定，但没有说是否能出版，只是在信末说很荣幸能拜读她的作品，并打算用“生动的语言”和她对话，邀她到塞巴斯蒂安－博坦小住数日[26]。这种公事公办的邀约打开了全方位友好交往的通道，而且这份友谊在玛格丽特·杜拉斯的文学创作生涯初期一直伴随着她。1941年5月8日[27]，拉菲给加斯通·伽利玛写了一封信，推荐她的作品。皮埃尔·拉菲认识著名文学评论家拉蒙·费尔南代。1927年，拉蒙·费尔南代就参与伽利玛出版社的编辑工作。拉菲告诉他说，爱德华审读了一篇署名为玛格丽特·多纳迪厄寄的书稿，编辑们一致认为这本书值得出版。“皮埃尔·拉菲写的审稿评语是，气氛激动人心，这种感觉只有在看艾米丽·勃朗特的小说时才能体会得到。（艾米丽·勃朗特的新小说深受读者喜爱。）如果仅仅因为左倾形式主义思想的干扰而放弃风格如此新颖的小说，那就太遗憾了。希望多纳迪厄夫人在艺术风格方面更充实一些，使作品的风格更加鲜明，文笔更加犀利。有些地方可能还需要做进一步的斟酌和修改。”但伽利玛的编辑马塞尔·阿尔兰审读完书稿后，仍然有不同的看法：“太左了！文体不够一致，结构也嫌松散。”“风格比较奇怪（莫里雅克与疾风式），个别段落格调有些混乱，文笔有些残忍，思想有些颓废。”[28]但作者的观察力非常敏锐。

直到1943年，《塔内朗一家》才以《厚颜无耻的人》的书名由布隆出版社发行，作者用的是笔名，更增加了几分神秘色彩。一天早晨，罗贝尔·昂泰尔姆叫醒布隆出版社编辑多米尼克·阿尔邦，告诉他说："这是玛格丽特的书稿，一定要看一下。我先告诉您，如果您不承认她是一位作家，我想她一定会去自杀。"

"请转告她，我从来不向威胁屈服。""我起床后去洗漱，然后穿上睡衣，喝一杯热茶。夏日我没太多事要做，看看稿子，发现有好的段落，就在空白处做个记号。我打开《帮凶》的书稿，认真审读。"在这本书里，多米尼克·阿尔邦说他开始喜欢看杜拉斯的作品，还向布隆出版社的一个同事（富尔－比盖）推荐她的书稿，还说："您要是看了这部书稿，您就会相信您很喜欢，会直接把书稿交给布隆出版社主编兼社长的莫里斯·布尔代尔，并告诉他：'先生，我看了这部书稿，作者是位新作家，是罗贝尔·昂泰尔姆的妻子。这本书写得不错，有海明威的风格，当然，这也没什么特别。不过我认为玛格丽特会成长为一名成功的作家。她自然朴实的文风值得一看。'"作家玛格丽特·杜拉斯从此诞生了。[29]

除了多米尼克·阿尔邦（真实姓名叫娜塔利·勒齐克·于特内）的妻子，没人知道她1940年夏天在波尔多，都以为她在巴黎，其实她在波尔多一家名为波尔多－拉斐特的广播站工作（她的书中有交代）。因为是犹太人，她不得不东藏西躲以避开"6月之晨"。她先在波城小住数月，后来又搬到图勒，暂时客居在新任财政官员玛杜·维龙父亲的家里。1943年底返回到巴黎，东躲西藏的日子一直持续到二战结束。这本书稿1940年并未完成，当时罗贝尔·昂泰尔姆和玛格丽特刚刚回到巴黎，还没有完全安顿好。传记作者没有进行考证就信手开写，有些情节从此流传开了。多米尼克·阿尔邦不愿意站出来作证，所以很长一段时间以来，玛格丽特回忆录中记载的某些事件也蒙蔽了读者[30]。多年过后，玛格丽特才就1943年出版的《厚颜无耻的人》中的某些事件作了些澄清，言辞非常之坦白："我的首部小说之所以最终能够出版，是因为当时我在出版界有关系。当时兵荒马乱，什么事情都很难办[31]，现在是体会不到的。"

保尔－巴吕埃尔街

大概是1940年秋季，也许是1941年年初，昂泰尔姆夫妇搬到位于26号的保尔－巴吕埃尔街住，距圣费利西泰的住处仅咫尺之遥。玛格丽特在这里一直住到战争后。住所是幢7层楼房，建于1933年，阁楼很简朴，但设计独特，战后新建的出租房很少有类似的风格。大家都知道勒克尔布斯埃在马赛建造的"傻子城"，房子面向保尔－巴吕埃尔大街，与坎迪尼大街相交，早晨玛格丽特能听到窗外乳品店主与顾客的交谈声。当时，这条街面是由木板铺制而成，马拉的有轨公车行驶在铁轨上，称作“驿站马车”。不远处就是沃基拉大街，店面上嵌着老旧的金色牌匾，据说拉维瓦尔船舶上的著名艺术家们曾在此搞过创作，如今那里只能看到昔日院落的遗迹，由于地方政府对其实施保护，禁止游人参观。金色阳光没有照耀多久，招牌依然挂在那里。要是当时有法可依，不拆除该有多好啊！回想起来，不免让人觉得很遗憾。距保尔－巴吕埃尔街这些房子不远，就是奈克广场，那里有茂盛的李子树，有音乐凉亭，依然是一方和平的乐土。玛格丽特的另一部小说《广场》的灵感就来自这里。她对这个恬静的地方印象特别深刻，在那里，她度过了一段平静的时光，看到广场上嬉戏的孩童。15 年前，也是在那里，她完成了她的第一部作品[32]。

罗贝尔·昂泰尔姆成为一名小有名气的公务员，鼻梁上架副眼镜，身穿条纹西装，扎着漂亮的领带，在当年的照片上，他和玛格丽特及其朋友乔治·博尚出席博览会开幕式，兴致勃勃，脸带喜悦。尽管是特殊时期，旁边的玛格丽特似乎也很有兴致[33]，盛装露面。剪了发（小说《情人》描述），少了几份稚气，多了一份成熟，穿上得体的丝质套装、双色皮鞋，是那样的楚楚动人，充满活力，在同丈夫、家人的合影里，玛格丽特脸上洋溢着幸福与美满，可见她终于在这个社会上找到了地位，找到了幸福。

1941 年 5 月底，罗贝尔·昂泰尔姆进入达尔朗政府工业部办公室担任信息资料专员，对年仅 24 岁的罗贝尔·昂泰尔姆来说，这份工作不仅很适合，而且也能让他学以致用。他能有这份工作，很大程度上是靠弗朗索瓦·皮埃特里的关系。弗朗索瓦·皮埃特里是来自拉巴尔泰特磨房的贝当元帅的财政审查处负责人，与商界一直保持联系，1930 年曾在比亚斯特货币机构任职。工业部长皮埃尔·皮舍 20 世纪 30 年代末毕业于巴黎高师，年轻力壮、精力充沛，是当时颇具争议的高官。皮埃尔·皮舍很赏识罗贝尔·昂泰尔姆的才干，将之调到自己身边工作。大约过了一个半月，他被任命为内务部秘书。这个职位与德国人交往甚密，令人望而生畏。皮埃尔·皮舍很有野心地接受了这一任命[34]。玛格丽特·杜拉斯的丈夫就当上了他的私人秘书，跟随着皮埃尔·皮舍乘坐“部长专列”[35]在维希与位于蒙索街 6 号的内务部之间来回奔跑，有时会下榻在卡家多兄弟的一个私人官邸里，这家官邸在战前就由梅尼埃巧克力企业买了下来[36]。后来皮埃尔·皮舍的职务不断变动，但罗贝尔·昂泰尔姆一直跟随着他。

或许是时间推移的关系，维希政府时代的某些观念，以及那个时代的许多事情，在今天的人看来很奇怪，或者说不可理解。在史学家的众多研究成果里，我们在皮埃尔·皮舍任内务部长那个动荡时期的资料里发现了罗贝尔·昂泰尔姆的蛛丝马迹。他遵从皮埃尔·皮舍的指令，曾参与制订占领时期的数项措施。1944 年 3 月 20 日皮舍在阿尔及尔被临时政府处以死刑。他的律师曾强烈提出上诉，但遭到戴高乐政府的拒绝。辩护律师最后告诉他说："我知道这是一场政治诉讼，我像你一样，不知道走哪个诉讼程序。我们面临的是一场悲剧，而悲剧的成因就是有人要我们在抗争之前先缴械投降，是这帮人把我们推入了可怕的政治漩涡，是他们造成了目前糟糕的局面。有人在为正义而努力，这一点，我不否认。我当然也相信皮埃尔·皮舍就是其中之一。我们不知道这样做的目的是什么，但事实就是如此，法院已经作出判决，在目前的政治环境下，没有人强迫皮舍进入政府，也没有人强迫他留在政府。签署特别条例的时候，他难道就没想到，这样会将法国和法国的军队推入水深火热的危难之中？我个人的情绪暂且不说，从国家的角度出发，我的观点也没有错误。我觉得应该被判处死刑的人是我，而不是皮舍先生。你说历史会作出公正的判决，没有错，但历史不是现在而是未来！只有历史会对我们作出最终判决[37]！"

皮埃尔·皮舍顶着冷嘲热讽，顽强不懈地控告乔治·芒代尔之流中的一个人。玛格丽特当时在殖民地部工作时，此人曾任内务部长，最高法院法官里奥姆宣判该部长永久流亡，马西里亚事件发生后，被送往摩洛哥关押，对此负有同样责任的保尔·雷诺却在西班牙战场，距离波尔塔莱战壕不远，该战壕地处比利牛斯山山麓，到了冬季，易守难攻。贝当元帅民事办公室主任在回忆录里毫不掩饰自己的愤怒。皮舍和布蒂里埃，尤其是布蒂里埃满脑子偏见，让我无法理解。他们携手向元帅施压，迫使元帅不考虑少数人的担忧，向当时的政府宣布说，他没有得到任何关于这两位老上司问题的处理意见。这种滥用权力的做法明显违反了法律规定的上诉程序。为此，巴黎律师事务所的首席律师夏庞蒂埃女士立即向当局提出抗议[38]。

为了制造悲壮的气氛，玛格丽特的同事菲利普·罗克决定加入行将瓦解的抵抗运动，并下定决心效忠乔治·芒代尔。只有这样他们可以相互联络，而且还可以经常去摩洛哥探监。他们没有立即结成自由法国联盟，而是多次前往伦敦。1941 年底，接到芒代尔前办公室主任（已投奔戴高乐）迪耶特尔姆的秘命，绕过敏感的法国国会，重新投入抗战运动。让－路易·克雷米厄－布里亚克在书中有关"自由法兰西"一章里[39]，对他这个重量人物有所描述。《法兰西帝国》一书的合作者，丘吉尔和芒代尔的联系人，同时也是芒代尔和戴高乐的联系人[40]。1942 年 6 月，安托尼·艾登来到伦敦，将一份关于欧洲政界抵抗运动的情况报告交给丘吉尔的一个亲信，顺便给朋友芒代尔带回一个消息。消息的内容是："我一直在路上行走，相信我[41]。"玛格丽特·杜拉斯的朋友也好，还是她的前任上司也罢，我们被残忍地分开了。1943年2月，因德军阻截，菲利普·罗克遭受重创，一度曾想逃跑。乔治·芒代尔先被囚禁在布尚瓦尔营地，过了一段被拘留的生活，还见到了莱昂·布鲁姆。1944年7月，遭遇民兵袭击，出于安全考虑，我们后来被送回法国，关在维希监狱。

想到这些坎坷的遭遇，我们不能不提一下保尔－巴吕埃尔大街公寓的情况。罗贝尔和玛格丽特·昂泰尔姆在单调的机关打字文员的工作之余，都说些什么呢？是谈论文学艺术，还是说被德军枪杀在夏多布里昂公园深处的人质[42]，或者议论活动在布列塔尼夏多布里昂一带的共产党员？德军入侵步步逼近，是谁杀了内务部长？大家也许还记得元帅在维希组织的那个宣誓活动。皮埃尔·皮舍借机把法国两个政府的所有行政长官，所有部门的公职人员以及所有政府部门的工作人员召集来，聆听元帅的说教（有报道说元帅那天的演讲特别精彩[43]）。然后所有国家公务员、教师以及职员也应举行宣誓仪式[44]。

当时人们是如何收听到新闻的呢？收听英国的BBC。收听的时候要紧闭门窗，提防邻居担心告密。保尔·马里翁和他的代表们到哪里做宣传？没人知道，但有一点是肯定的，毫无疑问当时每个普通法国民众都想了解局势，都想知道到底发生了什么。

我曾就一些敏感的话题请教过罗贝尔·昂泰尔姆的一些朋友，他们一致表示，他们是坚定的反德人士，在抵抗问题上态度明确。雅克·贝奈成功地从集中营逃了出来。1941年冬末的一天，他在巴黎圣日耳曼大街和玛格丽特不期而遇。那一天天气很好，他们彼此认出了对方，又恢复了在鲁昂建立起的友谊。雅克·贝奈说罗贝尔·昂泰尔姆靠她母亲上层德罗奈长官的关系，又重新回到警署工作，当时招他从警的也是这个人。罗贝尔·昂泰尔姆当时在工业部工作，办公地点就在格奈尔大街，他们经常不是去弗洛咖啡馆喝咖啡，就是到附近的露天咖啡馆小坐。"我们每星期能见两三回面，一起讨论最近发生的事，再聊些无关紧要的琐事。"

雅克·贝奈甘愿冒险要留在巴黎，为此经达尔的一个兄弟介绍和在弗朗索瓦·密特朗的朋友帮助下，制作了假身份证和一份在维希政府信息处的工作证明。其实信息处是德国人要求设立的。从此以后，他就义无反顾地投入了抵抗运动。信息处有一间德国式资料室，负责人是阿尔萨斯人维罗尼克·德·索兹，其兄弟姊妹都是亨利·弗雷奈领导的战斗运动成员，同时也是法兰西抵抗运动领导人之一。信息处把通过德国新闻界收集到的有关德国经济状况的信息转交给伦敦。罗贝尔·昂泰尔姆熟知信息处的运作情况。雅克·贝奈经常在特罗斯基秘书的陪同下来看望他的朋友，此人也曾在格奈尔大街的工业部供过职，后来有人在内务部见过他[45]。大卫·鲁塞和罗贝尔·昂泰尔姆是朋友，这一点毫无疑问。

罗贝尔·昂泰尔姆一直在探讨协议签订如何解决几个重大问题：法国的未来；如何解决不断出现的矛盾；如何解决政治腐败。政治腐败击碎这个年轻人理想主义的梦想。也许如同各个时代的年轻人一样，他也需要一个导师来解答他的困惑。这个导师本来应该是他的父亲，可惜他父亲不是理想人选。由于对斯塔维斯基事件的处理结果彻底失望，他一度情绪十分低落。皮埃尔·皮舍有时候也是这样的人，情绪起伏很大。雅克·贝奈和保尔·兰波维尔与众不同，很欣赏他的聪明才智，但又怀疑罗贝尔·昂泰尔姆坚定的反共。雅克·贝奈认定他反共、反法西斯、反希特勒，并认定玛格丽特的表弟对此可以作证。据资料记载，他保护过一些被通缉的危险分子，主要是犹太人。时下无暇可靠的人就是皮埃尔·皮舍了[46]。当然，经常有机会陪部长去维希访问，所以像我一样，雅克·贝奈肯定能够从中"做点工作"。

占领时期，保尔·兰波维尔－尼克尔经常拜访罗贝尔·昂泰尔姆夫妇。在接受我采访时，他讲得最多的是这样一件事情：那里，他想通过皮舍使一些被关押的人得到宽待，这些事情通过非正式渠道去完成是有可能的。他介绍说，博尚参加过抵抗运动，他自己也承认，这一点不仅布舍知道，布斯凯也知道。他还强调指出："布斯凯当警长，密特朗帮了很大忙。"对布舍，"罗贝尔也是赞赏有加"。说到这儿，他想起了与罗贝尔的一次电话交谈。战后，科斯塔·加夫拉斯拍的电影《特别行动队》在巴黎公映[47]。保尔·兰波维尔－尼克尔和他就电影内容有过一番讨论。罗贝尔·昂泰尔姆也跟他谈过此话题："是啊，太可恶了！"在谈到戴高乐将军拒绝赦免维希政府前内务部长时，他特别强调说，皮埃尔·皮舍的女儿落到目前这个境地，是戴高乐将军一手造成的[48]。皮埃尔·皮舍的女儿因此已经精神错乱，听到这样一段谈话时，她就在雅克·沙邦－戴尔马的办公室，当然部长私人秘书的身份无关紧要。她说："任何职位都没办公室主任这个职位能量大"，"安排会面，安排部长的日常公务。"部长的公务活动都要参加？恐怕没这个必要[49]。

您是玛格丽特姐姐吗？

1941年秋，玛格丽特得知怀上了罗贝尔·昂泰尔姆的孩子，想做母亲的愿望实现了，她觉得应该得到一些补偿。9月初，她的肚子就已经隆起来了，预产期预计在来年春天[50]。据她4月就有了身孕的朋友弗朗斯·布律奈尔说，玛格丽特很紧张，感到十分无助。初次投稿遭拒，时隔很久才得以出版，使她很受打击，郁闷不已，觉得生活没了希望。7月底，日军入略印度支那。让·盖埃诺在日记里这样写道："25日，日军趁法国兵力薄弱，占领了印度支那。维希政府的表态使日本和法国在印度支那问题上达成共识，齐心协力打击英国侵略者[51]。"玛格丽特非常担心母亲的安危。

玛丽·多纳迪厄当时是泰斯塔尔街一家私立法语学校的校长，因为这所学校，她决定留在西贡。大量信件表明，她曾多次上呈申请，请求教育部补发津贴，但都石沉大海，1938年9月24日终于获得批准[52]。直到1939年的8月31日，玛格丽特的母亲才假公差之便离开西贡。印度支那战事让她震惊。乔治·芒代尔委任卡特鲁将军进行战争准备。但维希政府的命令被德库克斯司令偷梁换柱，传过来的不是战争动员令，而是反犹禁令。看到报上的消息，有人欢呼，有人唱歌。早晨上课前要升法国国旗，学生们面对迎风招展的国旗，大声喊叫："元帅，我们来了！"泰斯塔尔街的法语学校虽然在远在万里之外的印度支那，不能同被占领的法国本土学校相比，但照样要升国旗。

保尔·马里翁提倡对小学生们进行填鸭式教育[53]，他尽管远在安静的外省，也明显变苍老了。某小学校长的儿子曾就读于沙瑟卢－洛巴中学，准备发起一场名为工作与家庭活动，宣传册上这样写着：家父病故。无论在西贡还是在河内，大家都支持司令发起的这场全国性革命活动，因为这里的地下抵抗运动网还不够强大[54]。

多纳迪厄的事业发展顺利，学校现有法国学生和当地学生100多名。学校教学质量好，学风纪律以严厉而著称，学习结业颁发学习证明和毕业文凭。多纳迪厄夫人也因此深得学生家长们的好评。玛格丽特的母亲已经不再年轻，很想有时间回祖国法国看看。1939年10月，保尔给妹妹去了封长信说："这里生活四平八稳，平淡无味，千篇一律，偶尔和母亲去看个电影，再无其他活动。"从这封信的内容看，老人家的健康状况还可以，只是觉得生活单调罢了。"她应该回法国看看，你了解妈妈，她现在忙于学校的事情，现在不回国看看，这样忙下去，恐怕很难再有时间了。忙是忙了点，但钱没少赚。不过我觉得这样不值得。你就好好劝劝，她听你的[55]。”

所有我能收集到的有关这所学校的资料表明，她被成就感陶醉了。我的一个交谈话者回忆说，学生都经过精心挑选。另外一位谈话者还记得校长总穿身黑色的正装，严肃而端庄。校纪严明，校长善良。众所周知她一心扑到这些孩子身上！她要是在学校，逃学旷课到树林玩耍的现象不曾发生。在女儿珍藏的相册里，同时也在马科斯·贝尔吉耶珍藏的相册里，老师们和学生一样，都身着制服。孩子们留着同样的发型，一张张年轻而严肃的面孔，欧洲人、越南人无一例外。法国学校沉浸在一片祥和的气氛里[56]。在所有的照片上，多纳迪厄都身着黑色衣服，面容平静而带着微笑，俨然一副成功教育工作者的模样[57]。

1941 年，日军的侵略扰乱了这片和平乐土的平静。不久为了躲避美军的空袭，地上开始出现了横七竖八的战壕[58]。整个城市物资极度匮乏，生活必需品供不应求。在食物方面，欧洲人不像越南人，不愿意向中国商人低头，因而日子过得很是艰辛[59]。

巴黎人的日子也好不到那里去，一天比一天艰苦。德国占领者大量囤积食品，致使食品店前排队购物的人越来越多，人们开始怨声载道。在比齐街一个市场，一群家庭主妇组织起来游行，游行最终演变成了暴动，警察出面介入，有人受了伤，有人被捕，有人因此受到了惩罚。弗朗斯·布律奈尔在回忆录里提到这次游行时，感慨 1942 年的冬天出奇地严寒。

两位准妈妈依旧相互探望。“玛格丽特沉浸在即将做妈妈的兴奋当中。开始征求朋友们意见，为给孩子起名字而忙活。”弗朗斯在 4 月临盆，因为难产，整整昏迷了 24 个小时，险些丧命，玛格丽特被吓出了一身冷汗。5 月 15 号凌晨 5 点钟，玛格丽特感觉肚子有点疼。因为宵禁，没有通行证不能出门，罗贝尔·昂泰尔姆只得求助警察。据弗朗斯·布律奈尔的经验，黎明时分很难叫到出租车，只能到离家较近的医院去生产，而且还得有警察陪送[60]。保尔－巴吕埃尔街不远处就是慈善会圣母院产科医院。去这家医院生产，并非因为它是这条街上唯一的医院，决定性的原因是慈善会圣母院产科医院在 1942 年就已经是家著名产科医院，今天依然口碑很好[61]。

6 点半，产妇被送到医院。分娩过程持续了 24 小时。1942 年 6 月 16 日凌晨 4 点 20 分，玛格丽特产下 1 个六斤多重的男婴。分娩不顺利，孩子脑袋被夹住了，孩子来到了这个世上后昏迷不醒。护士努力呼唤，都无济于事。35 分钟后，这个幼小的生命停止了呼吸，永远没了痛苦。医院的接生登记簿上却写着，妊娠过程正常，母亲平安[62]。失子对玛格丽特的打击很大，使她痛苦无比，沮丧到了极点。她在医院待了12天，护士的安慰、鲜花的香味都不能减轻她的痛苦。解放后，玛格丽特为女权主义杂志《女巫》撰文，提到了这家慈善医院。

生完孩子，罗贝尔·昂泰尔姆一直陪伴在她身边。"除了你，我谁也不想见。"[63]第二天，天气格外热，玛格丽特身心疲惫，依旧躺在床上，不想动弹，就像无心看书一样，两眼直勾勾地望着窗外低垂触到铁栅的槐树枝桠。

夜里，护士来查房。

"是嬷嬷吗?"

"是的。"

"我的孩子在哪里?"

"在产房旁的小房间。"

"他好吗?"

"很英俊的小男孩。我们把他裹在棉布里。你运气好，我们已经给他做了洗礼，他可以像天使一样去天堂了。他是你的天使，一直就在你身边。"

"他不在了，为什么还要把他裹住?"

"是惯例。父母看到裹住他心里会好受点。两点了，该休息了。"

"你有事要忙吗?"

"没有。我愿意陪着你说话，但该睡觉了，不能影响大家。"

"其他人睡了吗?"

"睡了。"

"你比院长人好。去把我的孩子抱过来，我想看看。"

"真的?"

"真的。我想让他在我身边待1个小时，他是我的骨肉。"

"不行，他已经不在了。我不能让你看一个死孩子。你想怎么样?"

"不想怎么样，只想看看、摸摸他。就10分钟，求你了!"

"不行。"

"您怕什么?"

"怕你看见会哭，可能会生病。以我的经验。就你目前的精神状况，最好不要看。"

"你没什么经验，你就是害怕院长说你。"

"睡吧，你的天使会来到你身边的。"[64]

这是玛格丽特追忆这件事情时的叙述。后来就此写过好几篇文章，细节每次都不尽相同。在另外一个版本里，她说医院的护士嬷嬷焚烧了死去的孩子，是用电炉焚烧的，讲得有根有据。洗礼一节就不太可信，有些细节甚至让人看了感到震惊，觉得医院里的护士很坏。玛格丽特拒绝将送给她的鲜花献给玛利亚，护士嬷嬷就不给领圣体后的供橘给她吃。这年4月，玛格丽特28岁，这是一个战争气息依然很浓的春天，但文学已经和她的生命融成了一体。

我始终不知道，她给孩子取的是什么名字。

注　释

1. 现代出版档案馆，杜拉斯基金会。

2. 保尔·克洛岱尔，《元帅颂歌》，布朗格出版社，1940年12月27日。

3. 原圣德尼市的共产党人市长，后转向法西斯，法国人民党创始人，法德合作运动倡导者之一。

4. 让·雨果在某部作品中明确的写道："现在去要通行证为时已晚。谁都可以去维希，我也去。"后来他从南方回到巴黎参加了法国国家剧院公演《费德尔》的宣传活动。保尔·兰波维尔－尼克尔从非洲回到法国，1940年秋又想去自由区，就在维希找他叔叔办了一张通行证，到巴黎和妻女团聚。一家人团聚了，但团聚地并不在巴黎，而是在维希。1940年6月流亡期间，玛格丽特曾得到过他们的帮助。

5. 2004年6月11日在巴黎和雅克·贝奈的谈话。

6. 让·盖埃诺，《黑色年代的日记（1940—1944）》，伽利玛出版出版，1947年。

7. 现代出版档案馆。

8. 同上。

最后几行后来被玛格丽特·杜拉斯用铅笔划掉。

9. 现代出版档案馆。

10. 让·马斯科罗档案馆。第2907号。

11. 1940年10月4日，"国民教育部长电报下令让共济会出身名门富豪家庭的老师辞职。涉及的家庭教师估计约1328人。"《共和国时期的小学教师》，雅克与莫娜·奥佐夫合著，同前。

12.《贝当执政初期的受害者》，载2001年7—8月出版的第256期《历史》杂志。1942年，海军副司令布拉通是拉瓦尔政府成员，后来被抵抗运动处死。

13. 海外档案中心。

14. 来自拉巴尔泰特磨房的亨利是贝当元帅时期的内阁部长。他在回忆录里写道："家庭和青年部长伊巴尔卡雷，……内阁部长马尔凯，殖民部长莱默里，交际与国民教育部长皮埃特里和魏刚……都消失了。……这些人没有犯过任何错误。……和朋友在中部的一个小餐馆共进早餐的时候，皮埃特里已经从巴黎方面得知了消息。跟人们想象的一样，这个消息没有给他带来一丝喜悦。但是皮埃特里如行吟诗人般优雅，而且他的话意味深长。他对元帅说，'我要谢谢您把我列入名单中。我知道您不会轻率地和我分开的。但是，我也知道，与同事相比，您从不把我放在一个尴尬的位置上。然而，对我来说，待在您的身边应该是最困难的事情了。感谢您的理解。感谢您为我所做的一切。'元帅对他的反应深感吃惊，马上就对皮埃特里施展开他丰富的外交才能。老交际部长料到应该被任命为驻马德里大使?"《幻想岁月》，《回忆录（1940年7月—1942年4月）》，翼马出版社，孔斯堂·布尔坎编辑，日内瓦，1946年。

15. 皮埃尔·佩昂，《法国一代青年：1934—1947年的弗朗索瓦·密特朗》，法亚尔出版社，1994年。

16. 1940年10月9日，第879号政府令。巴黎警察局档案馆提供作者名册复印件。

17. <u>占领时期的巴黎警察局</u>：

杜·穆兰·德·拉巴尔泰特在回忆录里对警察局长有这样的评说："朗热隆先生在巴黎参加了一场特殊活动。宁折不弯的加布里埃尔·佩里5月初在郊区被捕。杜提耶尔11月被捕。"但是没有说是德国进入巴黎以后的事情还是之前的事情。被局长批捕的盖世太保警察很多。

罗歇·朗热隆实际是1941年1月被德国人逮捕，给他自由的是维希政府。但加布里埃尔·佩里是共产党，1941年被德国人枪杀。1942年春，巴尔德接替朗热隆担任海军司令。皮埃尔·拉瓦尔重新回到政府任职。阿梅戴接替巴尔德，勒内·布斯凯任内务部公安处秘书长。（帕斯卡·弗罗芒，《勒内·布斯凯》，法亚尔出版社，2001年）

1944年巴黎最高法院《简报》有记载："1940年6月，占领军权力机关迅速接管了被占领城市的行政机关。警察局是德国人控制行政部门和获取档案情报的主要机构。法国警察授予全权执行其上司命令。上司可以随意下令逮捕人，也可以随时下令将之释放。”（国家档案馆 Z63 第 22 号档案）“然而，自 1940 年秋季以后，出台了有关允许犹太人查阅文件的规定。巴黎情报部门是处理犹太人事务的主要机构，下辖一支特殊部队。某高官作恶多端，带头镇压米萨克·马诺什昂领导的抵抗运动，将佩戴红色袖章的纳粹分子写进历史。”（帕斯卡·弗罗芒著，同上）

18. 1941 年 6 月 29 日第 1978 号解散指令。巴黎警察局档案。

19. 2 月 27 日的《晨报》刊登了一条消息：“我们可以断言，800 名犹太人，以及克尼贝尔格地区的男女老少将被要求立刻离开住所，时间之短，只能准备几件衣物。他们将被送上开往卢布兰的列车。一路被关在黑暗的冷藏车厢。次日，有人在车厢发现了数具僵尸。”

4 月 8 日，《晨报》又发出警告：“纳粹分子残暴追杀犹太人，今天在德国这已成事实。消息真实，来源可靠。战争不断升级，人们通过这些消息了解莱茵河发生的事实真相。几年以来他们都被欺骗了。”

1940 年 1 月 21 日，“蓝色天使”玛尔莱娜·迪耶特里舍解释为什么她想当个美国人：“因为目前，人们可能为自己是个德国人而感到羞愧。”

20. “日内瓦，8 月 24 日星期六电。法国电台联盟播发的消息涉及维希政府，要求政府针对法国犹太人颁布一条特殊法规。犹太人不能一忍再忍了，他们的问题就变得很棘手。法国政府承认犹太人是法国公民。该规定还考虑到了许多在医疗、司法、出版、广播电影部门工作的犹太人。颁布此规定是为了阻止大量德国、奥地利、波兰和中欧的犹太人进入法国人民阵线政府。这批犹太人大肆煽动百姓反对民族主义，因而引起了法国人日益仇视犹太人。涉及犹太人的问题必须彻底解决，立部有关犹太人的特别法，势在必行。司法部必须从现在起，宣布废除 1939 年 4 月 26 日的法规，因为该法规定国家必须保护犹太人，此外还规定法国的出版物有权揭露犹太人从事的不法活动。”1940 年 8 月 25 日《晨报》（转自 1940 年出版的《日复一日报》）。

政府更迭之后，《晨报》被极右派分子视为极端仇视犹太人的刊物。

21. 1940 年 7 月 16 日《晨报》。

22. 《黑色年代的日记》开始于 1940 年 10 月 24 日。

23. 11 月 15 日星期日出版的《今天报》（转自 1940 年出版的《日复一日报》）。

24. 伽利玛出版社档案。

25. 同上。

26. 同上。

27. 同上。

28. 同上。

29. 多米尼克·阿尔邦,《回忆录》,弗拉马里翁出版社,1999年。

30. 1944年夏天,法国解放后,在布隆家,多米尼克·阿尔邦看到了《帮凶》的书稿。它很可能是《平静的生活》一书中某一章的标题。玛格丽特·杜拉斯,而非罗贝尔·昂泰尔姆(当时不在巴黎)建议等第一部小说由布隆出版社出版发行后,将这部小说交由伽利玛出版社出版。

31. 摘自《20世纪60年代——自由的象征》,皮埃尔·德卡尔格和卡特琳娜·瓦洛格共有相册,艺术出版社,巴黎,1998年。

32. 《广场》是部对话体小说,伽利玛出版社,1955年。

33. 让·马斯科罗档案馆。

34. 内务部长皮埃尔·皮舍:

这是穆兰·德·拉巴尔泰尔精心搞到的证据,维希联合政府任命皮埃尔·皮舍为内务部长。不久有人怀疑他是专家治国小组成员。其实他是维希沃尔姆斯银行联合股东。除了皮舍、巴尔诺、加布里埃尔·勒鲁瓦·拉杜里、勒伊德和马里翁,还有罗贝尔·昂泰尔姆,他们都是该银行未来的老板。

"战前,我听过两三次皮舍在瓦格拉姆厅公开集会上的讲话。我很欣赏他的演讲才能。但我们彼此并不认识。开始时我怀着极大的兴趣观察过5个队员。期间发生的一件事让我惊讶不已。他们的关系竟然亲密无间,彼此以'你'相称,大部分时间不仅待在一起,而且吃饭都在一起。在这样简陋的环境共事的滋味不好受,他们决定每星期回趟巴黎。他们不承认他们是既分工又合作的关系,只承认他们和德国人有联系,但保持着一定的距离。一切在临近1941年7月末发生了改变。海军司令不堪忍受3个部门的压制,要求我接任内务部长一职。我感激他提携,但我婉拒了他的建议。达尔朗请求皮舍出面帮忙,我的态度开始动摇了。管理工厂的事情交给了勒伊德。这些日子在我的脑海留下了深刻的记忆。我再次发现,皮舍迫不及待地准备在任命书上签字,但元帅不着急,签字拖延了3天。但是,'全乱套了!您在等什么?'皮舍冲着我喊,'我们是在浪费宝贵的时间!'"(《幻想岁月》,同前。)

皮埃尔·皮舍在日记中写下了这样的感言:"在国难当头时拒绝为国家分担苦难的人是懦夫,这让我无法容忍。"(《我的一生》)

"皮舍在内务部上任伊始就独断专行,快刀斩乱麻,撤换警局和内务部的官员,办公室安排多名工作人员,并找有关人谈话,单独召见拉罗克上校：让人高兴的是，体制已经建立。未来20年，皮舍会让人们喜闻乐见的局面出现。”针对海军司令蛊惑人心的措施，反对声四起，混乱局面随之出现，有钱人、学者和政治家中的部分人站在了“皮舍”一边。很可能是谨慎的胆怯，很可能是恢复秩序的热切希望，很可能是截然不同的生活态度。总之，这是种想当然的做法，会给他带来灾难或不幸。

如果这种想当然的做法只局限在内务部，我们可能是乐见的。但皮舍却将之推广到了相关部门。听取各部领导意见时，他不断插话，打断海军司令的发言。安全保护神似乎是在做出不容置疑的反击。视察巴黎时，同封·斯图普纳杰尔将军的谈话，在“本地人”看来，并没有给他的政绩加多少分。想干什么，要去哪里，部长自己心里有底，各个部门就如棋盘上的棋子，他可以随意调动？海军司令不悦，元帅也不高兴。1941年10月和11月，我和他的谈话都与皮舍有关！“他大权在握，内阁、警察、青年、宪兵、马里翁传教团、贝诺瓦－梅申和德国人负责的政治报告，无不在他的掌控之中。我们的手脚被束缚住了，根本动弹不得。——元帅先生，请您放手吧！——说起来容易，但谁来代替我呢？”（《幻想岁月》）

35. “部长专列”星期四8点50分从里昂火车站出发，于自由区时间12点20分到达维希火车站。列车14点15分由维希车站返回，19点45分到达里昂车站。摘自1941年10月27日出版的《交通总局公告》有关列车时刻表。“巴黎和维希之间的专列供国务部长及其秘书和他们相关工作往来密切者使用。”（国家档案馆F/1a/3685卷文件）

36. 皮埃尔·皮舍在回忆录中写到在阿尔及尔遭囚禁时，草拟过诉状：“丝毫不了解内阁部长，但对他的玩忽职守感到震惊，对前部长辞职内情也有感悟。实际上，他们在各自管辖区内行使权力。在占领区，省长几乎被德军司令部和S. S. 控制的警察局所控制。对该问题进行短暂研究后，我得出这样的结论，两地间的交流困难不允许我改变维希政局，同时迫使我在巴黎建立内阁附属机构，这样我就能分出部分时间给这个机构。博沃广场被布里诺占领后，索塞索塞公路也被S. S. 占领了。因此，我迅速腾出了我在蒙索路上的闲置房子，将陈列室的复制品和无线广播设备搬进去，万一城市被敌军占领后收听新闻。”（皮埃尔·皮舍，《我的一生》，阿密欧－杜蒙出版社出版，巴黎，1948年）

公馆建于第二帝国时期，坐落在蒙索公园旁边，里面有战时内务部的无线广播。设计师是阿布拉汗姆－贝奥尔·德·卡蒙多，承建者是君士坦丁堡的一位银行家和从事建筑的哥哥尼西姆。他的儿子莫伊兹·德·卡蒙多后来继承了蒙索路63号的公馆。公馆一直保留到今天，现在是卡蒙多博物馆。

37. 皮埃尔·皮舍，同上。

德里厄·拉罗舍尔在1944年5月23日的日记中写道："皮舍非常惊讶，您怎么如此自豪，如此骄傲，甚至有些自负。对戴高乐的第一个牺牲者是一个反对德国的人而感到好奇。此人有贝亚恩人的特性。但第一年，他们都认为只能以合作方式来搞对抗。他很早就对德国取胜产生怀疑。"（皮埃尔·德里厄·拉罗舍尔，《日记：1939—1945》，伽利玛出版社，1992年）

1944年4月，阿尔贝·加缪尖锐地指出："这些法律是在装潢豪华舒适的办公室签署的，要不是亲眼目睹现实社会，是根本想象不到的。这些法律把单纯的法国人引向死亡深渊。应该知道，在整个法国（或在各个部门）空想时代已经结束。"（阿尔贝·加缪，《生活》，伽利玛出版社，1996年）

38. 《幻想岁月》，同前。

39. 让-路易·克雷米厄-布里亚克，《从6月18日到自由法兰西的呼唤》，伽利玛出版社，巴黎，1997年。

40. 据贝特朗·法维罗讲，菲利普·罗克试图打探戴高乐将军出征的时机，此次出征的目的是摆脱乔治·芒代尔·杜·博拉莱。（同前，461页）

41. 《从6月18日到自由法兰西的呼唤》。

42. 让·盖埃诺日记：

1941年7月11日："星期天。我们同P和M在狼谷待了数小时。当我们去公园里散步时，有位年迈的贵妇陪着我们。她熟悉夏多布里昂书中的弗朗索瓦-玛丽-勒内子爵。战争很遥远。但今天我知道德国人在这个宁静的公园里枪毙了不少人。"

1941年8月21日："气氛更加凝重了，让感到呼吸都很困难。某些地区的道路被警察封锁。11区全区被搜了一遍。犹太人遭关押，共产党人被处决。清晨，新布告出现在街头，预示着我们有生命危险。占领者在制造恐惧。我住的巴黎公社区，在阿科索和罗斯埃公路之间，长期顺从的社会最低阶层陷入了绝望。食物越来越少了。"

9月17日："我在布列塔尼转了一圈，想换个环境，找点食物。到巴黎后，我得知的第一个新闻是要处决10个人质，其中5个共产党员、5个犹太人。镇压措施开始实施，他们昨天被枪毙。"

9月29日："共产党员昨天被处决了。"

10月12日："新任警察局长，海军司令扬言已经扣押了1100名共产党员和亲英人士。"

10月19日："每天早上，《日报》都会刊登被处决者的姓名。每当读到这些，我们都会咬紧牙关。人们饿了。"

10月23日："48名被处决人名单上了《日报》，就刊登在第3页。当然，这48人都是共产党员。"（《黑色年代的日记》）

43. 为了元帅，宣誓应该一字不差地保留。对待他人，就像对待他们的活动一样，所有提供给他的信息都像是发面用的神秘发酵剂。他对省长们的宣誓很满意。特别引人注意的是，宣誓仪式定于1942年2月19日在维希政府大礼堂举行。皮舍从阿尔及尔返回法国，发表了精彩演讲。（《幻想岁月》）

44. 1941年10月5日，让·盖埃诺说："所有官员，包括我，向元帅宣誓。"（同前）

45. 大卫·鲁塞的姓名出现在内阁部长审阅的档案材料中。国家档案馆。

46. 1999年12月13日和2004年1月11日同雅克·贝奈的谈话。

47. 据里奥姆诉讼案改编的《特别部门》是科斯塔－加夫拉斯执导的电影，拍摄于1974年。合作者有路易·塞涅、米歇尔·隆斯达尔、雅克·佩兰、布鲁诺·克雷梅尔、皮埃尔·杜克斯和亨利·塞尔。由于主题浅显和编导粗糙，该电影受到强烈的抨击。

48. 2000年12月17日和6月28日同保尔·兰波维尔－尼克尔的谈话。

49. 2006年2月26日和尼克尔·皮舍夫人的电话交谈。

阿兰·德科，《赴汤蹈火为维希、达尔朗、皮舍、贝当和拉瓦尔》，法兰西学院佩兰图书馆，2000年。

50. 产科分娩产妇名单。

51. 让·盖埃诺，同前。

1941年8月1日："让·瓦尔在监狱中。这个怕冷的小哲学家在狱中搞出了'克尔凯郭尔'概念。但他是名重罪犯，因为他是犹太人。"

8月2日："维希政府运作似乎很顺利。花费1年时间满足耶稣会的要求，目的是摸清纳粹党党魁的底细，时间绰绰有余。快报告诉我们，蒙特里马尔有炸弹爆炸，爆炸发生在马科斯·多尔姆瓦入住刚几星期的旅馆。受害人当场死亡。干得好。马科斯·多尔姆瓦是布鲁姆政府的内务部长，对凶手卡古勒有了解。罗塞里是协同犯，由于有元帅的庇护，摇身变成了警察局长。”

在皮埃尔·皮舍的指挥棒的调动下，内务部控制了整个维希的警察。

52. 海外档案中心。

1938 年 8 月 3 日的一封信中，他一直在为她争取休假权。他提出要求，私立小学只能在他退休之后建立。她称的要求“了不起。他能为他们服务，对殖民地很有用，但不幸的是，他的要求没被官方所接受，包括很多当地的学生。”西贡有人支持他的要求，认为：“他有兴趣为法国孩子创办私立学校，不仅能获得成功，而且对公立学校有帮助。”

玛丽·多纳迪厄让在巴黎的女儿给内务部长写信，要求参与公众服务。女儿在信中写道：“我知道内务部受到了批评，但这是善意的鼓励。”必要时可以征求殖民地部长的意见。这条消息顺利从巴黎传来，1938 年 8 月 12 日，西贡人民领袖给河内的上司写信，提出了自己的要求：“另一方面，此部门要求总督先生本着最大的善意考虑多纳迪厄夫人的请求。”

53. 是的，我自吹自擂，声称：“元帅，就是我们！”这里的“我们”，其实是小学同学。在德罗姆小学的院子里，我们被阿尔萨斯的逃难老师迫使做事情，维希来的指令还是要遵守的，违者将受到惩罚。收到这封信后，我告诉元帅，学生们个个学业优秀，凡尔登胜利者骑着大白马的照片英俊潇洒，下面还有一条“私人”信息：“亲爱的孩子，知道这些我非常高兴。”

54. 和菲利普、尼克尔·迪朗的往来书信，在去越南途中经过永隆。“您无论如何都想象不到我父母被迫向贝当宣誓时受到了多大的屈辱。”1942 年 10 月，他们来信告诉了我。

55. 让·马斯科罗档案馆。

56. 据未证实的消息称，继 1949 年法国解放，玛丽·多纳迪厄离开学校后，学校更名为夏尔·戴高乐学校。

57. 让·马斯科罗档案馆。

58. 2001 年 5 月 31 日同马科斯·贝尔吉耶的谈话。

59. 1999 年 2 月 8 日在永隆同菲利普和尼克尔·迪朗的谈话。

60. 2000 年 5 月 20 日同弗朗斯·布律奈尔－格朗科拉的谈话。

61. 慈善会圣母医院建于世纪初，政教分离法颁布之后，收留了被主宫医院赶走的奥古斯蒂娜姐妹，恢复了她们的修女身份。《十字架报》发动募捐活动，筹集资金用于建设慈善救济修道院。1910 年，由于某富有慷慨女士的资助，产科对外开放。医院扩建工程并未因 1914 年大战而停止，不仅如此，1924 年还建成一所护士学校。1926 年，护校得到法国政府承

认。1935 年，医院继续扩建，1960 年妇产科扩建。扩建工程今天仍然在继续。（医院档案）

62. 慈善会圣母医院妇产科分娩妇女名单。

63.《战争手册及其他文献》，P. O. L. – 现代出版档案馆，2006 年 10 月。

64. 现代出版档案馆，散页。（D1. 101. 4）

第十九章

受到严密监视的出版业

抵抗运动的第一次行动。如果再晚一些，就太迟了。这是抵抗运动的萌芽。它必将长成一棵参天大树。

——安托尼·德·圣埃克絮佩里[1]

还能持续多久？一年，两年，十年。在恐惧中能找到一个挺下去的方法，就等于找到了一个一劳永逸的方法，找到了一个能带来希望的方法。但是，该怎么办？血已经流到了他的肚子上，周围全是血。难道没人看见？

——让·盖埃诺[2]

玛格丽特在植物园路[3]上的奥古斯蒂娜姐妹家度过了孤独和茫然的12天。“孩子走了。我们再也不能待在一起。他走了。我们一起生活了9个月，死亡就把我们分开了。我的肚子重新落在了他身上，一块破布、一件破烂衣服、一个棺罩、一块石板、一扇门，和肚子比，都是些毫无价值的东西。”然而，他背对着孩子。他的头发黏黏的，摸上去热热的，而且很光滑，好像生长在海里的果实。阳光杀害了他。他从此孤独地走向死亡。有人对她说：“没有这么可怕，孩子生下来就没有命了，这反倒没什么不好。”她说：“有这么可怕吗？我觉得很可怕。确切点说，他来到这个世界上时就已经死了。什么也没有带来，什么也没留下。可怕的不是别的什么，而是空茫。我没能留住孩子，哪怕是一小时也没有。我索性就不去想。”[4]

三十多年后写的这几行文字清楚地说明她对失去第一个孩子有着深刻的记忆。没给孩子举办葬礼，她认为是一个巨大的遗憾，她一度感到很愧疚。这场意外之后，玛格丽特认识了雅克·贝奈，在此之前，他们只是在咖啡厅邂逅相遇。第一次相遇时她表现出的尴尬，令他记忆犹新：“我知道她还在等她的孩子。我知道她失去孩子这个悲剧。丧子是件让人痛心的事情。我见证了孩子死后她度过的那段艰难时期。丧子在她身上产生了巨大的影响，至今还没有完全消失。我觉得她要写本书。果然不出所料，她很快与出版商频繁联系。”[5]

我们尝试着去想象玛格丽特·杜拉斯生命里的那段日子究竟是怎样一番情景。现在回想起来，觉得那件事是她人生的一个重要转折点，或许是一个决定性的转折点。她的首部小说没有出版社愿意出版。她做母亲心切，试图和罗贝尔·昂泰尔姆破镜重圆，但希望很快就破灭了。很显然，是兵役让他们分道扬镳。“战争怪人”和1940年春的战役，还有玛格丽特对丈夫的不忠让维系他们夫妻关系的纽带彻底断了，他们的夫妻生活也因此而彻底结束。据莫尼克·昂泰尔姆说，战争后罗贝尔·昂泰尔姆遇见了第二任妻子，他向她倾诉说忍受不了玛格丽特的不忠行为。其实，当时他们之间的夫妻关系早已名存实亡。罗贝尔·昂泰尔姆工作繁忙，频繁出差。1942年初，他开始和部长的同事正式来往，人们都叫她安娜－玛丽[6]。罗贝尔·昂泰尔姆后来也跟莫尼克·昂泰尔姆说过，他当时对玛格丽特在怀孕期间极度的神经质感到厌倦。(“玛格丽特已经变得让人难以忍受，寸步不离罗贝尔，罗贝尔上街她都跟着他去。”）短短几个月内（从5月到8月）他就离开了这个家庭。我们知道，妻子分娩的时候，他就在她的身边，分娩后去了哪里，他后来对莫尼克·昂泰尔姆说：“我实在无法理解她。”

重新工作

我们还记得玛格丽特·杜拉斯在1940年秋失去了经济上的独立，这对她的生活造成了不容忽视的影响，尽管她表现出希望成为作家的强烈意愿。她丈夫是元帅身边的工作人员。像老同学弗朗索瓦·密特朗一样，再次博得皮埃尔·佩昂[7]的赏识，有了养家糊口的工作。虽然他工作能力不错，又与内务部长的侄子有亲戚关系，可一个月也挣不到2500法郎。弗朗索瓦·密特朗受过高等教育，在维希也只能赚到2100法郎[8]。因此，她丈夫昂泰尔姆的工资不够养家。毫无疑问，玛格丽特当时就意识到必须找个工作，不仅是为了摆脱抑郁心态的折磨，也是为了缓解生活的窘迫。有工作做也可以使她获得自由，满足她要独立的心愿。否则我们现在所知道的事情就无法想象。很长时间内，她就是个家庭妇女。由于机遇和命运的安排，1942年夏初，她受到公众的喜爱。事实上，玛格丽特7月就找到了工作，工作地点就在圣日耳曼大街，格莱高尔－德－图尔街的拐角处，离奥德翁交叉路口和布齐路市场咫尺之遥。每当到了卖牛奶的时间，家庭妇女就在那排队抢购生活必需品。

1942 年春，由于种种原因，她重新开始工作，尽管维希政府禁止已婚妇女工作的规定引起了恐慌，没想到她成了该政策的第一位牺牲品。这是事实，并非人们凭空杜撰。事实上，1942 年 4 月 17 日，副议长达尔朗将军在德国人的胁迫下递交了辞呈。为了切实推动雅利安人提倡的欧洲统一进程以及开展与德国的合作，他辞职时带走了几位继任者不会重用的部长，比如皮埃尔·拉瓦尔，尤其带走了一些“精英人士”。拉瓦尔自 4 月 18 日就职后，就有了自己的幕僚，因此可以听取他们的意见，迫使贝当元帅满足他的需要，更没有原谅 1940 年秋副议长对他的排挤。元帅只保留了最高名义头衔。皮埃尔·皮舍从前一年 7 月 18 日起任国务秘书，同时也是罗贝尔·昂泰尔姆的“老板”。他本应该悄悄走人，让人们忘记特别法庭，忘记他对共产党人及其他国家公敌的追捕。他人在巴黎，却总想在维希出人头地，至于理由嘛，没必要一一道来。这种想法密切了他和吉罗杜将军的交往。为了和摩洛哥的家人团聚，他从 1940 年夏遭关押的牢狱逃了出来。我们知道，皮舍的未来充满冒险，必将以悲剧告终。

部长离职了，党并没有放弃关系亲近的同事。为了使他们不会成为被制裁的对象或是受到对他们毫不关心的继任者的迫害，他曾试图把他们安排在以前的工作岗位上。这无疑能说明为什么我们又找到了罗贝尔·昂泰尔姆承诺的两个文件[9]，就好像把国务秘书处负责的出版物同信息部捆绑在了一起。从 1942 年 5 月起，他将任职两年，任期到第二年底，标志着他从此真正参加了抵抗运动[10]。皮埃尔·皮舍和内务部秘书长保尔·马里翁以及信息处都有着良好的关系，去年像他这样得到老朋友达尔朗将军的提携，在维希政府有个好职位[11]。前内阁部长对其他部长有相当的影响力，听秘书的建议并保证，凭契约性合同保持自己公务员的身份。碰巧的是，拉瓦尔没有理由怀疑保尔·马里翁的诚意，因为他与法西斯占领者有良好的合作。让·吉罗杜的继任者在行将结束的第三共和国（1939 年 7 月）时出具了针对被弹劾的人民阵线和电信部领导人的证据[12]，皮埃尔·拉瓦尔没有将他解雇，而给他安排了一个自己人保尔·克雷塞尔。他的地位没有动，但通过行政手段逐渐削弱他的权力，这就很能说明问题，这都是讨好大革命的支持者[13]。

离开保尔－巴吕埃尔街时，他可能已经落实了自己去花园酒店（秘书处在维希的办公地）的“出路”。罗贝尔·昂泰尔姆确实有工作能力，4 月中旬，机会再次出现了。出版社监督委员会录用有文学修养的文员。出版社监督委员会位于圣日耳曼大道117号，办公室设在一幢老楼里。其实罗贝尔·昂泰尔姆的机会很多，夏天曾再次被以前的上级召回。这让人觉得他准备重整北非军队。如果消息可靠，他舅舅家的某个亲戚在马德里供职。皮埃尔·皮舍偷偷去西班牙和摩洛哥见面。据他回忆，考虑到接待上的方便，保留了弗朗索瓦·皮埃特里在法国驻马德里大使馆的职位。1942年11月，在办理前往卡萨布兰卡通行证期间，他在使馆待了很长一段时间[14]。

书写纸

夏尔·加尔尼埃开办的医院自19世纪起就成了保护许多法国作家的“玻璃罩”。这是路易·阿歇特的梦想。该著名建筑物的设计者在第二帝国时期的主业是“发行、印刷、造纸、贸易、音乐和版画”。医院内设有“会议室、图书馆、印刷品展示厅、印刷厂、排字厂、石印厂、报社和书店”[15]。1870年的战争之后，公社推迟了路易·阿歇特的女婿及继任者于1867年颁布的计划，文明社会从此建立。1877年，一直被占领的圣日耳曼街角处的房产，格莱高尔－德－图尔大道的一块地和一个叫“心飞扬”（原文如此）[16]的妓院被收回。建筑师夏尔·加尔尼埃当时住在圣日耳曼大道90号。他是否知道这条路的拐角处有妓院，谁也说不清楚。书店1879年12月4日在欢呼和批评声中落成。1942年7月，昂泰尔姆夫人，后来的玛格丽特·杜拉斯在“心飞扬”的旧址开始工作。

这一切都发生在杜拉斯加入评委会之前，肯定是一系列的冒险投机行为，但我相信评委会已经成立了。再说，作为一名新成员，她很快就显露了她不仅有管理方面的经验，还有丰富的法律知识。她很看重新工作，犹如一名敬业的老师给学生上课，激情满怀；又像一位慈母，细心认真。除了这些显而易见的闪光点外（我们稍稍将目光放远一些），就自己的文学生涯规划而言，这项跟文字打交道的工作（没有出版物的出版将面临危机）使她性格中增添了几分节俭。是不是因为受了这项工作的新影响使她战后对此一直保持缄默？数月来，我一直待在她存放档案的现代出版档案馆（如同海外的蓝色街道一般），在她遗留给儿子的公寓里花了几个星期查阅相关资料。她从未在这套公寓里住过。玛格丽特曾经确实心动过，想回收这些纸，用做草纸，创作时用蓝色或黑色笔写，以触发自己的灵感；也可以用来写剧本台词，还可以记录每天生活的开销。小学生破烂的练习册，她都觉得都有用场，可以拿来制作某个部门的宣传册，也可以印刷电影宣传广告，就连那些从纽约出版社借来的比较硬的文件纸，还有从格林尼治村纸篓里回收的纸，在她眼里，都不是废物，可以派上用场。所有这一切使得她具备了担任出版评委会秘书的素质。1942 年 7 月到 1944 年初，她一直担任该职务。

像前工业生产部长皮埃尔·皮舍在回忆录中写到的一样，这项工作重点的是管好基础产品的定量配给，“在物品普遍匮乏的情况下进行适当合理的分配，这是一项繁重而艰巨的任务。要求管理者要清楚，哪种重要原料匮乏，现有储备充足，哪种不该进口，还要清楚德国人征用后留给我们数量的多寡，因为剩余必然少于正常的需求，这就要求管理者对需求进行分门归类，还要对各种紧俏物品分门别类。这就是分配部门的任务”[17]。1940 年 8 月，相关委员会组建起来了。1940 年 11 月 30 日，工业生产部的秘书被捕，出版与绘画管理部门随之成立。但由于德国人监管严密，该管理部门也要负责书报的审查。这就充分印证了帕斯卡·富雷对法国出版业在占领时期的研究很详细[18]。1941 年 4 月，在阿布泰伦的宣传计划中表达了他对出版业现状的忧虑，“发现对出版物监控强化了，程度类似 4 月 19 日杰拉尔·埃莱的报告：应当进一步强调书籍匮乏的危机，因为根据审查协议，出版社仍享有一定的出版自由。目前我们出版了许多没有价值的文学作品。这份审查协议规定，将对所有准备出版的书籍进行审查，批准出版的应该是比较重要的作品”[19]。

随着审查越来越严，赤字预算、分配与管理也必须协调。杰拉尔·埃莱是一个很聪慧的人，熟悉法国文学与巴黎出版界的情况，能够巧妙地将所有的房屋及犹太人财产变为活财产（捐献给合适的合伙人或者外莱茵河的股东），并将法国出版商联合起来。他的做法引起了当局的不满，认为与反犹、反英甚至反美政策不吻合。他不这样认为，觉得完全符合反犹法，是维希政府的想法，而且也绕过了思想肃清禁锢，保护了有思想的法国青年，清除了图书出版界的政治异己。

有一次，去保尔·马里翁信息处与热罗姆·卡尔克比诺的公立教育处办事，看到数名勤勉的勤务员。1941 年 4 月 4 日以后，达尔朗将军发布了第一批被撤销出版资格的出版商名单（必要时可考虑恢复出版资格）。其出版的系列作品共计 170 种，不包括萨德侯爵、亨利·巴尔布斯、亨利·布拉伊、保尔·维克多、玛格丽特、莱昂·杜德、布兰齐、于勒·盖斯德、路易·米歇尔的著作，比如像《快感技巧》、《猛男与裸体舞女》等没有价值的作品名单。同年 7 月 16 日，公布了第二批禁出书目，这些被禁作品主要是阿尔贝·巴耶特的《法国史》、莱昂·布鲁姆的作品、于勒·罗曼的作品、让·吉奥诺的《绝不服从》、皮埃尔·路易丝的作品、奥克塔维·米尔博的《家庭妇女的故事》、拉朗斯的《夏特尔勒夫人的情人》、雷斯蒂夫·德·拉布勒东的作品、科莱特的《克罗迪娜在巴黎》及艾米尔·左拉的《人兽》等，这些作品被指腐蚀人们的思想。第三批禁出书目清单在1942年1月12日公布，主要涉及的作家作品有贝尔纳诺的《月光下的墓地》、保尔·尼赞的作品、弗洛伊德的作品、罗曼·罗兰的作品、米拉博的《乐园》、阿波利奈尔的《米拉博桥》等，还有左拉的《娜娜》、《家常菜》及《地球》。这些作品以后禁止在公共图书馆出现[20]。

此外还有著名的《奥托名单》，在1940年到1943间遭禁不下4次。现在获准法国出版社出版。自1942年起，出版或再版书目须受评委会监控，有了阿布泰伦宣传计划的准许方可付梓。圣日耳曼大道117号的出版社送审的，只要呈交给杰拉尔·埃莱办公厅，事实上都是优先审查。至于新书，除了主题不那么健康的，出于节约纸张的考虑，要预先将原稿交读者评阅，这就大大削弱了法国文学作品与学术著作的地位。有了这样垄断性的政策和严格的审查措施，德国人事实上已经完全控制了法国的出版业，只有某些瑞士印刷品或地下书刊例外。

出版社收到稿件后先交当局审阅，就像昂泰尔姆夫人供职的图书审查委员会。正是该委员会在征得读者意见后，根据自己的意愿决定每部新作的命运，而非玛格丽特·杜拉斯来决定。即便小心翼翼整理书目清单或相关资料，她也没有决定权。是否是事实，从克劳德·鲁瓦的回忆录中我们可以略知一二。1943年的一天，一个办事稳重的人物接待了他，这个人后来成为他的挚友之一，并承诺说给他提供纸张。他们当时有这样的交谈："我早就想出版一本诗集，希望能在出版业占有一席之地。有人告诉我说，加入图书圈！那里的负责人是个女的，对人很和善。我硬着头皮敲开了多纳迪厄夫人的办公室门。在此之前我对她一无所知。出现在我对面的是一位年轻女子，她坐在堆满文件的桌子后面，神态很严肃，俨然一副小职员的官僚样儿。我首先看到的是她那双比普通职员被问询时更为睿智的眼睛，那是一双慧眼，既温柔似镜，又蛮横挑剔。'发表？你想发表？是哪类诗？'我随口说：是啊！是爱情诗。'爱情？'她接着问我（我相信她也不知道自己有天会写这样的佳句：'爱情绝非源自爱本身'），'出版费多少？我要给你付钱。'原稿到此可以说就到终点了，但玛格丽特·杜拉斯却开始为我争取，也是为我们努力争取。"[21]故事很美好，按克劳德·鲁瓦的描述继续发展。玛格丽特供职的出版委员会也正是因为她婚后的名字昂泰尔姆夫人而出名，克劳德·鲁瓦的姓名也因此从出版委员会早先拟定的退稿者名单上删除。这种事情并不值得大惊小怪，在那个时代如果能在

《老实人》上开辟“静”专栏就能出名，因为该专栏未背离保尔·马里翁的办刊路线，也没有背离我们所认识的贝当将军筹建童子军和青年运动的政策。

在《天国孩子》里，阿尔莱提被怀疑参加了克里木大道的暴乱活动，接受警方询问：“你是清白的吗？”加朗斯神父答道：“恰如无罪的羔羊，专员先生。”其实有一个问题我们没有问，她也不愿回答（至少我是这样认为的）。这个问题她战后一直不想提及，即使是对像莫尼克·昂泰尔姆这样的密友都守口如瓶。我曾问过雅克·贝奈，他对杜拉斯在那个年代加入出版委员会有什么看法，他实话实说：“在那样的背景下，我认为别无其他选择。至于我在国际信息中心从事经济、公报等文章的翻译，这都是我上司的意思，她是一位坚定的爱国女性，她从事的是一种软性抵抗工作，希望你不要愤怒。她每周都要通过松德尔弗雷办公室在公报上盖章，实属无奈之举。她不能不做，同时我们也看到，像萨特、莫里亚克这样的作家也做过类似的工作。为了戏剧，为了小说，大家只有忍辱负重，期待一切结束。战争期间，我们言不由衷，不能有独立的见解，这是没有办法，我们要生存下去，难道要逃到英国或是阿尔及利亚不成？你说，这有什么值得惊讶的，她要工作，我们都要工作，我们谁都不想自己难为自己。她需要工作，我很能理解；她需要去释放，我也能理解。她想成为作家，发表作品，才设法进入出版界。这或许是她加入出版委员会的初衷。孩子出生后，她又有了写作的欲望。我们了解她的全部创作经过。首先是《厚颜无耻的人》，接下来是《平静的生活》。她是一个想在创作天地施展才华的人，对创作如痴如醉。我能体会这种感觉，因为文字是解脱自我、释放自我的最佳途径。”[22]

受压迫的法国出版业

如果谁当上该委员会的成员，就一定能掌握某部名著的命运？除了出版工会主席勒内·菲里蓬和出版组织委员会主任马赛尔·里维的继任者于连·卡安，还有一位来自维希政府国立图书馆的馆长，此人是法国大学教授、黎塞留街新行政官员，1940 年 11 月受命重新整理有关共济会的资料，那年秋天，他在小王宫组织过一次共济会主题展。物理学家路易·德·布罗吉，杰拉尔·埃莱的朋友保尔·莫朗，曾负责 1942 年的电影评审工作。像《疾步男人》的作者一样，因元帅的原因而引来各方尖锐的批评，最终被保尔·夏克替换掉。保尔·夏克曾创立反布尔什维克委员会，1942 年 3 月制订了该委员会“反欧洲布尔什维克”宣传计划，还在瓦格拉姆大厅组织了大型宣讲会。总之，为了拯救法国出版业，业界人士准备与当局进行沟通。

保尔·马里翁自然而然就委任到该委员会某部门工作。保尔·奥里格想在1942年5月24日的会议上突破出版禁令，会上有人提出委员会是否只扮演提示者的角色，告诉出版商哪些书籍不能印刷出版，而不点明哪些书籍能印刷出版。还有人问委员会对当前政治局势是什么看法时，奥里格心平气和地说："我选择能否出版的依据是爱国主义情感，热爱法国文学。"[23]在1942年6月3日星期一的会议上，他成为该委员会成员，但心里依然有些忐忑不安，因为他一直是个虚伪的说教者，维希政府的宣传工具：

> 为了全面维护法国出版界的利益以及法兰西精神财富，我不可能在出版社再花过多的精力，我不重视那些完全自由化的企业，我也不会将之与工业部管辖的其他形式的工业等而视之。鉴于目前纸张匮乏，用于出版业的纸张数量降到谷底，所以从今往后，所有出版物都应服务于法兰西的复兴，服务于精神的独立以及知识的传播，出版物有无文学价值暂时难以界定，比如流行小说、侦探小说、言情小说都应该是现实世界的见证，起码这些作品具有令人信服的文学观点。这就是政府信息部政府秘书实行的文化作品质量与内容的审核原则，也是基本原则。[24]

那天，傲慢的奥里格在得到部长的认可后马上向部门成员发出通知："我对能与出版界最有威望，或者说出版界的代表如加斯通·伽利玛、贝尔纳·格拉塞、阿尔班·米歇尔、德诺埃尔、勒内·朱丽雅、伯蒂尼埃尔等达成一致而感到满意！"勒内·菲里蓬鼓起勇气恰逢其时地向信息部秘书处提出征收出版税的建议。其目的是想给负责支持这项伟大十字军运动的读者们提供相应的优惠。答复该问题的人士深谙与领导打交道的窍门，他的说法是这样的："奥里格先生的意思是，在就审查事宜达成协议之前，不可能将征税问题向部长汇报。审查是信息部就读者的选择及出版业委员会的决定而实行的虚伪的讨价还价。保尔·马里翁各处有眼线，他的委托人已经在掌握实权的委员会上表示有意再版路易－费尔迪南·萨利纳著作[25]。为此，他将设法确保再版工作顺利进行，其主要考虑是这些著作不仅有文学价值更有经济价值。"昂特尔姆夫人没有参加此次会议，但参加了7月28日的会议。

1942年8月10日，让·布兰在写给在南方避难的安德烈·纪德的信中说："厄巴里诺下部著作出版受阻。"[26]实际上，德国人已经让NRF推荐的7月份出书单上瓦莱里《恶思想》提前剔除，要想出版，必须得换名称?! 尊敬的厄巴里诺先生，在被占的巴黎，做不成什么惊天动地的事业，只有美好的愿望与期待而已。此外，巴尔扎克的《朗热公爵》与波德莱尔的《散文诗》也遭受同样厄运。相反，评委会没为瓦莱里去争取，而是另外推荐了约瑟夫·高贝尔的《从梅兹罗夫官邸到首相府》，保尔·克洛岱尔的《神父，请教我们祈祷》《贝当元帅的颂歌》和一部女性小说《对，我爱过》。起初该书未在出版作品之列，后来由于文学协会主席的坚持才被保留下来。蒂拉·塞利耶的作品也在候选出版名单上，吕西安·勒巴泰的《残余》也赫然上了出版名单，这有损其名誉。

在1942年10月21日的会议上，评委会秘书波尔泰雷宣布因身体原因离任，决定"昂泰尔姆夫人将在莫内和戴尔马领导下开展工作"[27]。此举让玛格丽特感到格外高兴。她的待遇是否得到了改善，我们不得而知，但在1943年1月25日的会上，宣布她为委员会秘书。她在此职位上一直干到1944年1月[28]。

充分发挥评委会的作用

自最初会议开始，如何选择审稿人的问题就被提上议事日程，很显然，该选择对于任何人都很重要。出版工会主席菲利普在5月23日的会议上指出："出版名单已经出炉。"其中一张由巴黎大学校长决定，另外一张由工会决定。国立图书馆的副刊主编告诉同事说，他与贝尔纳·菲伊手上也有名单。"无论谁手上的名单，国民教育部秘书处核准后才能交出版社付印。"然而，在任务艰巨，又要承办各类活动的情况下，评委会无暇再去吸纳新成员。税费很公平但也存在问题，甚至审稿人也要付税，标准是30页以下50法郎；60~200页100法郎；200页以上150法郎[29]。出版社被催促缴纳税款，有些出版社对此表示不满，非但无济于事，反而使事情更加复杂。

也就是在这个节骨眼上，玛格丽特利用短短几周时间，就联络上了巴黎的所有出版社，充分展示了她的办事效率。她准备利用关系开展工作，首先她想到了好友皮埃尔·拉菲、安德烈·泰里夫，他们答应审读《厚颜无耻的人》，布隆出版社的审稿人富尔－比盖（罗贝尔和玛格丽特·昂特莱姆的朋友），还有拉菲的熟人拉蒙·费尔南代、拉蒙·费尔南代的妻子贝蒂。他们像玛格丽特和罗贝尔一样，经常光顾布拉斯里利普出版社，有时一起去，有时单独去。心术不正的人说："这是拥护国民革命者聚会的咖啡店，弗洛是抵抗运动者聚集的咖啡店。在圣日耳曼大道，他们之间甚至也有意见分歧。”1943 年 4 月 19 日的决议规定，出版委员会要考虑筛选稿件审阅者。除了原有的审稿人，还有博·德·洛梅尼、阿尔贝－玛丽·施米特。其中有两人出现在伽利玛出版社的出版物上，他们是：布里斯·帕兰和迪奥尼斯·马斯科罗。11 月，玛格丽特结识了后者。

拉蒙·费尔南代被选中恰逢其时。其实，10 月 21 日会议之前事情就已经定了，正是在这次会议上，玛格丽特被任命为委员会秘书。同一天，委员会有成员抱怨一些读者太过苛刻，一些很漠然，另些很无聊。可委员们还是很希望这些文艺读者能够列席会议，一致通过了法兰西人民联谊会的缔造者、激情演讲者的申请资格[30]，幸好他能够抽出时间处理堆放在解放阵线书柜中的危险资料。昂特尔姆夫人对此决定也感到满意，因为贝蒂·费尔南代是她的好友。另外，玛格丽特与罗贝尔也是通过她找到了圣伯努瓦路 5 号公寓，1942 年 10 月 1 日，正式入住。公寓在 3 层，比较宽敞，距利普图书馆仅几步路[31]，最令他们喜出望外的是费尔南代夫妇也住在该楼。终于结束了乘公车的历史。结束了宵禁令的恐惧。结束了担心赶不上末班地铁的日子。生活又恢复了常态。不要太挑剔，假若没有命运的一臂之力，圣日耳曼街历史上最闻名的政治文学公寓，就不可能存在。玛格丽特一直在此生活，直到逝世。

拉蒙·费尔南代的第二任妻子贝蒂·费尔南代是比利时人，生于贝蒂·布文斯，是昂泰尔姆夫妇的邻居和好朋友。玛格利特认识她时，她在圣日耳曼德普雷区广场与波拿巴大街交界处经营画廊，画廊上面是迪万图书馆。她认识很多画家，其中以玛丽·罗兰辛最为著名。玛格丽特因为《情人》的出版而声名鹊起，拉蒙·费尔南代是外地人，她也一样，但是此刻，她却行走在巴黎的街道上。她有点近视，所见有限，需要眯着眼睛去观察周围的一切，并看清楚。她轻轻挥手向人问好：“你好，最近好吗？”她高挑、瘦弱，如同版画。有人停下脚步，用惊异的目光注视着这位气质优雅、步履匆匆的外国人。“我们是本地人，也无法一下子辨认出她来自哪个国家。她身着欧式旧衣服，褴褛的衣着有损她的美貌，她显得饥寒交迫，流离失所[32]。”说实话，俨然道地的嬷嬷形象，真正的艺术家玛格丽特。

一天，她终于见到了贝蒂·费尔南代。“我们偶尔去那里，居然偶遇德里厄·拉罗舍尔。乍看很傲慢，说话慢条斯理，生怕别人曲解了他的意思。我们也偶遇过布拉斯亚克。但我印象不深。我们偶遇的还有萨特、蒙帕纳斯诗人。他们不谈论政治。逢人就说我们还是谈文学吧！拉蒙·费尔南代举止优雅，颇有风度，性格直率，无论在街上见到他，还是在咖啡馆见到他，都像是在盛大活动上见到他，他总是很高兴，这让我们也很兴奋。的确是这样的，他很高兴的给你打招呼。贝蒂·费尔南代却只谈人和那些摆在橱窗里要卖的东西，要配额牛奶、饮料，物资紧缺，寒冷、饥饿。她一直都在致力于解决生存问题，她对朋友一直都很热心，忠诚而又温柔，是费尔南代家里的顶梁柱。战后两年，我作为法国共产党的青年党员，我的作用举足轻重。事情依然如故，依然是救助，依然是呼吁，依然是宣判，依然是迷信，我们说这些，目的是让人们相信，个人问题的解决，需要政治措施[33]。”

多米尼克·费尔南代（拉蒙与第一任妻子让娜的儿子）不是在父亲身边长大的，而是一直跟母亲让娜·费尔南代，即拉蒙·费尔南代的前妻一起生活。战争期间，他在布奉中学读书，当时父母关系不好，母亲多米尼克是坚定的左派。一个星期天，贝蒂·费尔南代去找父亲，那一天是贝蒂·费尔南代最开心的日子。后来多米尼克自己也承认，尽管当时只有 15 岁，对自己的想法不很明白，而且大部分时间都是一个人待在一边[34]，还是见到了德里厄·拉罗舍尔、马塞尔·儒安多、塞莉娜、亨利·米肖、玛丽·罗兰辛等人，其中有一位还是父母的朋友，她就是沃克利娜女士，年纪稍大些，为了让他从高中会考失利的阴影中摆脱出来，就建议他去听他父亲拉蒙·费尔南代的哲学课。至今他仍对那天喝茶的时刻记忆犹新，对圣伯努瓦街道的房间记忆犹新：房子格局大体与罗贝尔·昂泰尔姆夫妇家的相似，只是多出了个阳台，有间宽敞的客厅，两扇窗户面对着阳台和街道，内饰的古朴与现代风格交相辉映，让人感觉舒适。此外还有点缀了华丽的饰物、像出自图卢斯－罗特尔之手的画，给房间增添了丝丝豪放的气息。因有禁令，人们在那里只喝茶，不能消费其他饮料，也就没有吃的东西。沃克利娜在那里也看到了德里厄·拉罗舍尔、布拉斯亚克、雅克·布朗热、圣日耳曼，还有海勒将军。说到海勒将军，她说他提倡作为主人翁应在思想上保持独立，这与许多法国人的奴性态度形成了鲜明的对比。就外貌而言，她认为拉蒙·费尔南代十分富有魅力，很能吸引女性的眼光：头发乌黑，整体浓密，眼睛炯炯有神，手都是那么的迷人。他最喜欢到利普去喝酒，当时整条街上的人都已经联合起来，抗击德国侵略者。沃克利娜欣赏他、爱慕他，因为他是那么与众不同，光彩闪耀。“他的演讲总是一鸣惊人。”是的，贝蒂·费尔南代遇见了玛格丽特·杜拉斯和罗贝尔·昂泰尔姆，尽管她说她并未意识到自己所处的这个时代，但在她看来，玛格丽特很保守，性格甚至有些孤僻，往往洗耳恭听，不怎么参与讨论。她发现她也很漂亮，因为“当时人们还不知道她是作家”。她也看得出来，拉蒙·费尔南代认为玛格丽特很聪明，很有智慧[35]。可见他很有眼光，很有判断力。

另外，不只他自己被这个身高1米52，蓝眼睛的可爱小女子所吸引，他的朋友雅克·奥迪贝尔蒂后来也成了玛格丽特的朋友。亨利·米肖也是在那时认识了玛格丽特，还为她1943年出版的《驱魔咒语》文集题词：“向玛格丽特·昂泰尔姆致意。”[36]布舍－沙斯泰尔出版社的爱德蒙·布舍在1943年3月14日的回忆录中这样写道：“昨天，与玛丽雅·勒阿杜安见面之后，我们和莱昂－保尔·法尔吉、昂泰尔姆夫人、富尔－比盖在“玫瑰磨房”小酒馆共进晚餐。法尔吉虽然老了，但依然是个生活放纵的老头。我当时就坐在他旁边，他给我讲那些淫秽书画上有关魏尔伦、莫雷阿、雅里、马拉美的逸闻趣事。像两年前在J小姐家一样，晚餐后他精神倍增，不再犯困[37]。可能是想起了富尔－比盖一家19世纪在神秘的玛丽－克罗多·卡尔庞泰家的晚宴，就问我，如果你了解她，你会知道她也是因为《情人》而出名，“她是美国人，好像来自伯斯顿，一双明亮的蓝眼睛，时年45岁，住在阿尔马附近的一幢6层公寓楼里，因为住顶层，宽宽的走廊面对着塞纳河。冬天，我们在那里共进晚餐，夏天共享午餐，饭菜来自巴黎最好的外卖饭店。我们只在她家见到过她，在外面从来不曾谋面。那里有马拉美研究专家，也有三三两两的文学家。我始终不晓得她从哪里请到这些人，又在哪里认识的，为何要邀请他们来。我们谈论最多的是战事，主要是斯大林格勒保卫战[38]。”由于受灵感启发（现在是1984年）玛格丽特·杜拉斯与文学家站在玛丽－克罗德·卡尔庞泰公寓的屋顶上眺望空空如也的大街小巷和街道上的卡特莱兰花。这是普鲁斯特式的说法[39]。

处女作问世

1941年春天，加斯通·伽利玛在给皮埃尔·拉菲的回信中鼓励他读玛格丽特的手稿，并直截了当表示不能出版，原因是写得不好。但在提到《塔内朗一家》时却说是“一部非常有趣味的作品”，她也期待着从作者那里学些什么[40]。他一面勉励自己，一面又说没有发生能提起她兴趣的事情。根据迪奥尼斯·马斯科罗所说，他在遇到玛格丽特的那年，她仍在致力于完善自己的手稿，不停地修改，加工润色，以臻完善[41]。这或许就是一段时间以来，她重拾起走出是非颠倒的价值观。多米尼克·阿尔邦一直被迫藏身外省，可能先前在市区的晚宴与书籍出版委员会读者最后一次出场的缘故使得他与富尔－比盖的关系得到了巩固，也使他重新产生了信心。

这种信心产生的具体时间是1943年4月在木兰·罗斯小酒馆吃过晚餐之后。

她在谈到20世纪60年代发表在《事实》杂志上的《无耻之人》一书时讲道："这本书写得很糟糕。"[42] "不管怎么说，总算写成这部小说，我再没有读过，所写的都是事实，我不需要再读它，可也没有人说这部小说写得不好。在德诺埃尔家，有人对我说：'你会，你将会做得很好，但是你永远不会成为作家。'"她不单对原稿（我们永远都无从了解）做了修改，连题目都改成了《厚颜无耻的人》。或许是因为维希政府的缘故，或许是想摆脱令她生厌的姓氏，她下决心取笔名"杜拉斯"，就像是《莫德》中给女主人取名一样，有些勉强。她先弗朗索瓦兹·萨冈在普鲁斯特家（当然是在洛特－加龙地区）寻找笔名。当时杜拉斯与萨冈都是名门姓氏，在其笔下，同时成为"我的鹅母亲"游戏中的标点，用于追寻记忆中的时光。要不要深入研究杜拉斯这个姓氏？是否真正要放弃父姓？我们忘记了这是女权时代发生在孤女玛格丽特身上的事情，也就是说发生在1943年之后的事情。

实现这个愿望确实要经历漫长的等待，但《厚颜无耻的人》出版时，令她振奋的是她的作品还是被接受了，尽管有些勉强。阿尔贝－玛丽·施米特（审稿者之一），在克莫迪亚也对此有所谈论，正直而敏锐的拉蒙·费尔南代于1943年5月在《大视野》上发表长篇评论指出："《厚颜无耻的人》是一部年轻小说家展现她艺术天赋的作品：将笔下的各种人物聚到一起，掌握、安排他们的命运，在作品中追随每个人的轨迹但是无须不停地通过过于明显的特征区分他们。按照这样的看法，在构思小说人物时，玛格丽特应该费尽了心思。另外，玛格丽特笔下的人物并非信手拈来，而是每当提笔写作时总是出现在脑际。沉浸在潜意识中的她开始构思，她是统领众多幻想的主人，但这些却被隐藏了，我们只能感觉到，就像她拥有改变航向的能力。在《劳儿之劫》令人陶醉的20年前，玛格丽特后来的作品经得起这样的分析。最后的赞美深藏于这位少女内心的感情，思想的起伏都通过一种去除矫揉造作后的率真表露。矫揉造作常常在那些女性作家身上出现。小说使读者对景色与灵魂的印象更加细腻，同时在这种细腻中，我们相信作者自己忽略了我们认为已经被认识了的事物。[43]"

莫里斯·布朗肖并非是现代文学的全才，在一篇文章的开始提出了众人期待的一个问题："小说界到底存在女性艺术吗？"至此人们并未谈论过女性文学，这是以后的事情了，我们仍处于评论文学的萌芽状态。这篇文章详细描述了近期发表的5位女作家的作品，其中也包括玛格丽特·杜拉斯。人们开始思考小说家自身是否也有优点与缺点？这简直是挑衅！玛格丽特在读到这些时，一定会为之愤慨。我们居然向小说家们提出这样的问题，但这只是一个计谋。当提及女作家的书时，小心谨慎的布朗肖避开了这个问题。我们很清楚，他不愿去回答这个有时会转移评论家注意力的问题。我们已经从中逃脱出来了，我们能想到的是那些喜欢写作的女性，还有为数众多的成功女作家。哦！一个很活跃的话题。我们刚刚提到的5部小说中，有两部出自名作家之手：埃尔萨女士与日尔曼－波蒙女士，另外3部都是处女作，但都有相当高的文学价值。不用担心，随之而来的是什么，为他刚刚读过的小说风格感到惋惜之后（“只有阿涅斯的风格是出彩的。”他在日尔曼－波蒙的书中说道），《辩论者》的评论向读者展示了对《厚颜无耻的人》的印象。玛格丽特女士的创作风格不仅完美无瑕，而且她的处境也很尴尬，这种糟糕的脾气正好适合了一个既不凄婉又不优美的主题。在谈到主人公与他们的行为时，他写道：这些没有欢乐的无耻者丧失了纯真，对这个并非出自本家庭的美好世界的轻蔑。《厚颜无耻的人》之后没有繁华，但没有人为此感到羞愧。接着，作者的注意力转移到了主要人物的心理分析上。莫德的爱情也很凄惨，就像是家庭给他带来的那种感情一样。我们感到这位年轻女孩已经相信了平庸的命运。应该让这种无耻进一步升华。她做到了吗？我们一无所知。这在书中是精华部分[44]。莫里斯·布朗肖是玛格丽特杜拉斯作品的最好解读者和分析者，他在一篇文章中指出：“这可能是源于这么多年的友谊吧。”

我们来浏览署名为玛格丽特的小说出版前后面世的小说。前一年问世的是阿尔贝·加缪的《局外人》和《西西弗的神话》、雷蒙·格诺的《我的朋友皮埃罗》、埃尔萨·特约莱的《千般悔恨》，还有吕西安·勒巴泰（最让人羡慕的成功作家）的《残垣断壁》。1943年，也就是《厚颜无耻的人》出版的这一年，让－保尔·萨特的《存在与虚无》、西蒙娜·德·波伏瓦的第一部小说《女宾》、埃尔萨·特约莱的《第一次冲突花费了200法郎》（1944年获龚古尔奖）、路易·阿拉贡的《阿韦尼翁的情人》、保尔·维亚拉尔的《大猎犬群》，以及当年发行量最大的玛格桑斯·封·德梅尔什的《灵与肉》，该书差点被文学委员会枪毙。1945年，路易－费尔迪南·萨利纳的《木偶戏连环画》，让·杰内特的《花朵圣母院》出版。最后，《诗人的荣誉》和《海的沉默》在瑞士印刷，1943年由午夜出版社秘密出版，该社是由皮埃尔·德·莱斯库尔和维考尔创建的[45]。1944年秋，让－保尔·萨特在圣雅克做了场以小说为题的报告。作家米歇尔·

比托尔看到了午夜出版社出版的《为小说的美国技法辩护》[46]。历史不停地演变着。

西贡的电报

《厚颜无耻的人》的出版一定让玛格丽特·杜拉斯感到很高兴，这使她公开自己的写作志向，但数月前的两件私事——一件是好事，一件是坏事——改变了她的人生。一件事促成她遇到了迪奥尼斯·马斯科罗，这个男人陪伴她走过20年，并成为她儿子的父亲。第二件事是她哥哥保尔的死，突然死于传染病（据她说是支气管肺炎）。1942年12月底，她从母亲发来的电报上得知这个噩耗。

“我不记得电文上是怎么写的，也许是说我小哥哥死了，或者说他被上帝召唤去了。我记得好像是上帝把他召去了。”

“这个事实让我很震惊，电报不是她发的。小哥哥死了。我开始不敢相信，后来突然痛苦油然而生，逐渐湮没了我，带走了我，我什么感觉也没有，除了痛苦什么都不存在，哪种痛，我不知道，是几个月前失去孩子的痛苦又回来了，抑或是新生的痛苦。现在我相信是新的噩耗，我的孩子出生就死了，我从来没有见过他，并且我也从没有像我打算的那样自杀。”[47]从宣布死亡的消息到写下这些文字，过去了四十多年。文学创作需要足够的时间，才能成熟、进步，使风格细腻精练，永远在做这些，年长3岁的哥哥在他31岁生日之前去了，小哥哥这个杜拉斯作品的传奇人物和他的童年世界密不可分，写作的冲动使她由家庭的一部分上升到了传奇的高度。

她不知道自己爱这个腼腆谦逊的哥哥。这种无意识的爱维持多年变成了乱伦。这是乱伦，玛格丽特·杜拉斯自己也承认，但它来自文学虚构，更确切地说，源于阅读，源自罗贝尔·米西尔在1970年左右的《无道德的男人》，从中径直走出一个杜拉斯式的人物阿嘉塔（轻微改动过的同名）。拉蒙·费尔南代恰巧看到作家和她笔下的人物被厚重的过去所隔开，这些人物使作家迷失方向。阿嘉塔是这个一分为二现象的最完美的例子。重读玛格丽特·杜拉斯于1981年在蒙特利尔出版的作品《阿嘉塔或无限的阅读》，这部作品在午夜出版社发行之初就拍成电影，放映结束时她说过这样的话：“这是描写乱伦的电影，也就是电影的主旨，同时也是一部描写幸福的电影。我失去了一个哥哥，在印度支那，在3天之内。当时和日本交战，没有药物。我在法国，当我得知哥哥的死讯，我也想死。我常常在思量：‘到底发生了什么事情使得这个死亡如此严重?’渐渐地，通过《抵挡太平洋的堤坝》和《伊甸影院》，我终于明白了，这个哥哥，我曾爱他而且他也爱我，我在米西尔的作品读到这些。有时，我认为是阿嘉塔创造了一切，兄妹的爱，对这个哥哥，对所有的人。我觉得是阿嘉塔发现了乱伦，这个哥哥，他不曾表示，他也没有能力发现它，是这个小姑娘阿嘉塔，她有难以估量的力量。她发现他们彼此相爱。”[48]

不，保尔·多纳迪厄从来不会察觉他可能未曾经历过的乱伦。在纯粹的自然方面，在青春期到来之前，兄妹间能够天真地或多或少地彼此吐露真情，只是一种游戏，玛格丽特·杜拉斯幻想这些被禁的游戏的本质，没有什么惊人之处。她的许多作品都以这种方式产生。当涉及到小哥哥，关于他，人们更倾向于把她说的关于他的事情当作真实的事，她根据自己的意愿以及创造性的想象力，把他变成了虚拟人物，来塑造成一个热情但有点平庸的人物，他仿佛存在于我们日常生活当中。1939 年 6 月，在写给妹妹的长信中，他请她同意他到殖民地部工作。从信中内容，我们得知玛格丽特离开首都后的一些情况以及这个短命年轻人生命结束时的情况。

服完兵役后，也就是 1933 年底或 1934 年初，他进入西贡印度支那银行工作，但生活过得比较拮据。他干过的工作很多，当过银行的副职负责人（这个词他提到过几次），开始时在银行不动产部门工作，后来进入证券会计部，最后在客户通信部。他写信给妹妹说，“直到那时，一切都还很顺利。我只知道成绩预示着前途美好。当我被任命为副检察员，我原来工作部门的负责人，其中最典型的是日尔米奈，他发觉要听我的指挥，就接受不了，开始动起了歪脑筋。”兢兢业业工作 3 年后，印度支那银行行长的副助理告诉他，不要奢望会加薪，更不要幻想能回法国休假。他每月的薪水是 250 皮阿斯特，一个代理人的工资是 800 皮阿斯特，比他多很多。他决定辞职。“这是个尊严问题。”保尔·多纳迪厄当了两年无业者。为了摆脱现状，他决定参加安南语考试。想要进入殖民地的劳动监察机关，那时正值人民阵线权力所及之时。1938 年 4 月 1 日，他找了个临时工作，试用期每月 150 皮阿斯特，4 个月后，被任命为检察员，签了工作合同，每月 250 皮阿斯特。9 月，他突然被提升为肖龙中国城劳动监察负责人。他把被任命一事告诉了妹妹，认为这是他干过的众多的工作中比较重要的工作，甚至比在西贡干过的那份工作都重要。

1939 年 6 月，他的劳动合同即将到期，需要续签，但合同期就 1 年，工资仍然是 250 皮阿斯特。他说：“我完全不能接受这样的工资待遇。我之所以现在离开，是因为我在母亲那里吃饭。我都 29 岁了，我能自食其力。”对殖民部门需要很多副职负责人和副监督员，后来她给他找了个当会计的工作。保尔担心3年期满合同不能续签，又没有回国假期（没有固定工作）。在西贡他到处奔波，没有找到工作，工资在300皮阿斯特以上的合同都要经政府部门批准。他希望能找一份当正式教师的工作，虽然没有从教资格证，每月却可以有500皮阿斯特的收入。“告诉我我能做什么，想做合同工，还是正式工。我特别需要改变现状。原谅我为此打扰你，如果你能为我做点什么我将会很高兴，因为我开始感到很郁闷。为了找工作，我尽了最大的努力，但常常遭遇殖民地有特权者的阻挠。在收到你的信之前，我得想点别的办法，如果依然没有结果，我决定去香港。我应该有份工作，既然法国没有什么可以做，我可以去国外。我从没见过像殖民地居民这么可笑的人，他们以雇英国人、美国人而自豪。这里外国人多得让人难以想象，尤其是发生了中国事件以后，更是多得不得了。另，我刚看到一篇有关外国劳动力的文章。读一读会明白所写的东西。”[49]贝当元帅能明白，妈妈可能也知道，这是外国人的错。幸好，海军上将德库克斯将到那里去整顿，主要还是撤换共济会负责人。

没人知道玛格丽特是否听到了这样的求援，更不知道在开战之前是否有信寄往西贡。相反，我们知道，保尔没有出发去香港，依然在母亲家吃饭。马科斯·贝尔吉耶在泰斯塔尔街认识了保尔，年轻人，爱好体育，不抽烟不喝酒，做事谨慎认真，就像个大哥。一天，马科斯的亲哥哥去世了，是保尔告诉了他这个消息。保尔轻声说：“你知道，你再也见不到你亲爱的哥哥了。”保尔·多纳迪厄病了，母亲没让他待在身边，而是让他住在花园最里面的一间工作室里，距离学校很远，他由母亲和未婚妻轮流照顾了几天[50]。看来他病得不轻，医生已经回天乏力了。是不是缺药？我问马科斯·贝尔吉耶，他说不知道。但其他西贡战争的幸存者告诉我有这个可能，因为物质十分匮乏。有人说抗感染都不给用青霉素了。

保尔还是命大，没有大碍。1941年，和17岁的马塞尔·勒塔尔比姑娘订了婚。马科斯·贝尔吉耶认识她时，她正在玛丽·多纳迪厄的指导下准备小学毕业考试。马科斯·贝尔吉耶的相册里有一张照片，一群小学生围着她，照片可能摄于1940—1941年之间。她肤色略深，生得很水灵，穿条苏格兰短裙，留着一边倒的半长直发，既活泼又文静。她母亲勒塔尔比夫人是多纳迪厄夫人的朋友，是名教师，科西嘉人。是巧合么？她做姑娘时姓菲格里，然而，玛格丽特的两个证婚人之一就住在巴黎，是名记者，也姓菲格里，名字叫费尔南代。是他哥哥未婚妻的亲戚？她在婚礼上的出现就是证明。保尔将订婚的事告诉了巴黎的妹妹和哥哥，这是可以肯定的，因为这是家规惯例。未婚夫之死让马塞尔·勒塔尔比很难受，心情久久不能平静。过了几年，她也成了一名教师，在西贡一所叫新玛丽－居里的中学工作，后来结婚了。保尔·多纳迪厄领了临终圣事，丧礼后就埋葬了，和亨利·多纳迪厄的原配妻子艾丽斯·里维埃一样，安葬在西贡教堂旁的欧洲人公墓。由于妹妹的缘故，玛格丽特的小哥哥永远活在人间。

新的爱情

据说玛格丽特和迪奥尼斯·马斯科罗于1942年11月相识。1943年4月，她在《厚颜无耻的人》的题词是献给迪奥尼斯·马斯科罗的。在1942年冬天，迪奥尼斯·马斯科罗和玛格丽特建立了情人关系。他俩相识是由于文学委员会的关系。迪奥尼斯·马斯科罗在塞巴斯蒂安－博坦街伽利玛出版社工作，和克劳德·鲁瓦一样，做昂泰尔姆夫人的助手。他很年轻，人长得英俊！感受不到玛格丽特火山口岩浆般的炽热之情。玛格丽特在《塔吉尼亚的小马》（战后成书）中透露，她深深地爱上了那个魅力四射的年轻人。她能抵挡得了他的吸引吗？有什么理由抵挡？罗贝尔·昂泰尔姆和安娜－玛丽一直有联系。玛格丽特和迪奥尼斯在旅馆里幽会。迪奥尼斯·马斯科罗26岁了（年长玛格丽特两岁）还和母亲一起住在梅讷街。因为年轻，又没有钱，不可能有地方和心爱的人约会。他是个无产者，出身普通家庭，书也念得不多，学了一年哲学，考试还没有过，但他很聪明，很热情，很注重自身修养，读了不少书。多亏加斯通·伽利玛的侄子[51]，老同学米歇尔·伽利玛的帮助，迪奥尼斯在塞巴斯蒂安－博坦街找到了一份工作。他当过帮办，做过接线员，因工作努力而获得了重用，成了加缪和雷蒙·格诺的审稿人。他已经能鉴别小说的优劣，且判断准确。在《厚颜无耻的人》的衬页上，玛格丽特为了向他表示敬意，写下了这样的题词："献给教我鄙视此书的迪奥尼斯[52]。我的一个古怪的崇拜者！"随后，他自愿做起了审查员，防止女友写的书不好，或者受海明威的影响太深，如："你今天又读海明威的书了吗？"玛格丽特真幸运。

玛格丽特和迪奥尼斯不仅互通情书，还因和伽利玛出版社而有业务联系，委员会还给她发稿纸、证书和样书。迪奥尼斯·马斯科罗的工作是负责和昂泰尔姆夫人联系。是否如此，1943年8月30日的信可以作证：

巴黎1943年8月30日

昂泰尔姆夫人

审查委员会
圣日耳曼大街117号
巴黎6区

亲爱的朋友：

我将几个有变动的地方告知您，具体如下：

1. 米肖：您不在的时候，《魅力之地》获准（批文号20456）列入收益清单。我们准备用该准印号重印《亚洲野人》。因您不在，考虑到《不眠之夜》的利益，我擅做主张，暂用《亚洲野人》顶替，请您修改。

2. 埃梅：给雅奈尔博士的《洞穴活化》发了两次批号，您还记得吗？准印证号是18351，我想是5月份发下来的。我们准备重印马塞尔·埃梅的《穿墙记》。

3. 最后，布朗肖：5月《离题》获批出版，名称改为《伪造的足迹》。

此致

迪奥尼斯·马斯科罗[53]

这封信点燃了我们每个人心中的希望。处事方式依旧，循环往复，纸张还是实行配给制。出版社为了保护自己的利益，对出书目录做了小小的调整，出版社遇到的制约不仅是审查制度，还有纸张紧缺。此外，迪奥尼斯不住在圣日耳曼大街117号，玛格丽特没让他进审稿委员会，不就是为了多挣点零花钱！她可以和情人找个环境幽雅的地方去度假（比如杜省，劳儿·阿德莱[54]），度假期间还可以看材料。《活化石》和《穿墙记》相比，哪个更重要？

1943年夏天的事情就这些，对于故事的主人公来说，这一切不会马上改变。

注　释

1. 《战斗先锋》。让·盖埃诺在《黑色年代的日记》中引用的句子。
2. 《黑色年代的日记》。
3. 1942年5月28日，她从慈济会圣母院产科医院出院。住院卡片

"分娩过程"一栏写着：正常。

4. 节选自玛格丽特·杜拉斯匿名在1976年《女巫》杂志第4期发表的一篇文章，1984年由P. O. L.出版社结集为《外面的世界》再版。

5. 1999年12月13日和雅克·贝奈的谈话。

6. 在谈话中，莫尼克·昂泰尔姆把埃尔纳出版社在2005年12月给玛格丽特·杜拉斯的特刊号给了克里斯托夫·比登，并决定为她命名。她叫安娜－玛丽·亨拉，她觉得他很有魅力。她和罗贝尔·昂泰尔姆的联系在战后维持了好几年。

莫尼克·昂泰尔姆和我进行了几次坦率的谈话，或是面对面，或是打电话。他告诉我不必拘泥日期，并说安娜－玛丽打电话说："这么多年过去了，我觉得不提她的名字是可笑的。"

7. 《一代法国青年：1934—1947年的弗朗索瓦·密特朗》，同前。

8. 弗朗兹－奥利维埃·吉斯贝尔特，《密特朗传》，瑟伊出版社，1997年。

现存于国家档案馆的内务部巴黎电台资料里。外省政府人员工资明细，主要是指年度固定收入为2万至2.7万法郎，办公室主任2.6万至3.7万法郎。按要求，政府工作人员必须具有法律学士文凭。材料表明外省警察局和各部门工资都高于巴黎。我们想起玛格丽特，1939受雇于殖民部时月薪2000法郎。

9. 资料的第一份记录是丈夫的职业。慈济会圣母院医院的分娩登记表（信息部提供）。第二份是1942年10月昂泰尔姆的租约，出处是总统议会信息总秘书处出版社提供。（让·马斯科罗档案馆）。

10. 在我们的谈话过程中，有几个直接证人，其中就有乔治·博尚，他提到一件事，发生在1940年1月至1941年5月，当时他在警察局协助雅克琳·拉弗勒，1938年起，任警局文员，很早就参加了抵抗运动，销毁了数份省政府办公室（罗贝尔·昂泰尔姆）转来的告密信和秘密文件。在法国刚被占领时期，为了给救助有识之士的机构提供有效的帮助，乔治·博尚加入了医生创办的一个组织，后来，雅克琳·拉弗勒和罗贝尔·昂泰尔姆成了好朋友，解放后都获得了抵抗勋章。

然而，在1946年1月9日的信中，却只字未提有关警察局（或内务部）职员参加抵抗活动的事情。信件来自弗朗索瓦·密特朗的办公室，支持颁发勋章的提议不仅由共和国未来总统提出来的，而且他本人还亲自关注此事的进展情况。弗朗索瓦·密特朗作为原战俘总秘书长，遭放逐并被关入集中营，是战俘与被驱逐人员民族运动主席。"勒鲁瓦出具了书面证明，证明是这样写的：兹证明罗贝尔·昂泰尔姆先生参加过流放者和战犯全国运动秘密组织，担任宣传部部长助理，参与起草抵抗运动传单和报纸编辑工作。”证明信结尾指出：“罗贝尔·昂泰尔姆先生被流放到布尚瓦尔和达豪，加入战犯运动组织。”（现代出版档案馆）

另外，在我和乔治·博尚及保尔·兰波维尔－尼克尔的谈话中，他们分别向我证实说，罗贝尔·昂泰尔姆在内务部工作时，就曾对弗朗索瓦·密特朗的战俘运动给过积极的帮助。其中一个证人证实就是他经皮舍同意，被安排进了回国战俘分委员会。皮埃尔·佩昂带着这个问题对他的书《一代法国青年》进行研读，结果表明弗朗索瓦·密特朗从1942年暮春参与抵抗活动和战俘运动，于1941年12月中旬越狱出逃，6月27日才进入委员会。皮舍4月17号离开内务部，罗贝尔·昂泰尔姆随后不久也走了。这并不排除后者此时仍在为内务部工作。但为什么弗朗索瓦·密特朗未在争取抵抗勋章的声援信里提及此事？

11. 皮埃尔·皮舍和保尔·马里翁相识于20世纪30年代，两人都参加过雅克·多利奥领导的运动。

12. 保尔·马里翁是知识分子，擅长演说，会表演魔术，是个充满激情、思想活跃的年轻人。他经常讽刺背离共产主义的《人道报》，进而投奔多利奥，致力于揭露法西斯的暴行，走出了自己的锦绣之路。（亨利·杜·穆兰·德·拉巴尔泰特，《幻想岁月》）

13. 作者从斯泰法尼·考尔齐的杰作《占领时期的文学生活》（佩兰出版社，2005年）和马克－奥利维埃·巴鲁克的《服务法国》（法亚尔出版社，1997年）两本书中查到了这个内容。

在法国，宣传规模在当时前所未有。有报告指出，1942年1月，城市布告随处可见，内容多得让人眼花缭乱。（朱利昂·雅克松，《法国的黑暗年代：1940—1944》，哈佛大学出版社，2001年。2004年，弗拉马里翁出版社出版了法译本，书名是《占领时期的法国》）

1941年4月21日，保尔·马里翁向各省下发通报，“号召人民团结在元帅周围”。（斯泰法尼·考尔齐，同前）

14. 皮埃尔·皮舍1943年在阿尔及尔监狱写的回忆录记载，自1942年4月离开政府后，在枫丹白露森林附近的家中过了个假期，和家人在一起，生活得很平静，除了孩子嬉戏的干扰之外，没有任何干扰，挚友时不时登门造访，带来一点外面的消息。他上书贝当元帅，劝元帅同联军进行秘密谈判。（“我的上书让元帅恐慌不已。”）在自由区领导人和吉罗将军会面之后，皮埃尔·皮舍决定通过西班牙秘密担保摩洛哥。在萨拉考斯，他见到了弗朗索瓦·皮埃特里，并和他一起奔赴马德里。盟军在北非登陆之后，大使准备去维希领命。“在马德里，他为拉瓦尔的政策辩护，和轴心国大使馆紧密磋商。大使馆左右为难，不信任一味妥协屈从的领导人。德意评论指出，意大利占领了科西嘉岛，最后将之并入其版图……在11月事件后，新当选省长一定会气得跳起来，会为了尊严退出维希政府。但金钱的作用不可低估，因为有钱，生活得很滋润，脑子很灵活，人也生得很英俊，但意志不坚强，奴颜婢膝。”（皮埃尔·皮舍，《我的一生》）

15. 国家文物学校编辑的版本，1993年。（作者收藏品）

16. 同上。

17. 皮埃尔·皮舍，同前。

18. 帕斯卡·富雷，《占领时期的法国出版业》，巴黎7大当代法国文学图书馆，两册，1987年。

19. 同上。

20. 国家档案馆，占领区内务部转移的收藏品。

21. 克劳德·鲁瓦，《为了我们》，伽利玛出版社，1972年。

1944年，克劳德·鲁瓦住在诺夫勒城堡所在的乡下，后来玛格丽特·杜拉斯1950年底左右在小城伊夫琳娜买了一套房。那一年，导演亚历山大·阿斯特鲁克和影视评论家安德烈·巴赞曾在那里聚会。

22. 1990年12月13日和雅克·贝奈的谈话。

23. 文献出版审查委员会会议讨论记录，1942年5月23日至1944年7月21日，藏于国家图书馆密特朗专题（4/FW－96）。

24. 同上。

25. 同上。

26.《布兰·纪德：1918—1951年的书信》，伽利玛出版社，1958年。

这个决定让莱昂－保尔·法尔吉感到震惊。1942年8月15日，克莫迪亚中出现了：“正准备外出度假，莱昂－保尔·法尔吉先生突然大祸临头，万分痛苦。他的书《阳光午餐》被书刊委员会退回。保尔·瓦莱里先生的书似乎也在同一时间遭受了相同的命运。”德国大使馆暗中施压？社会新闻栏有文章指出，占领政府的权力机关和书刊委员商定于8月19日在大使馆召开协商会议，杰拉尔·埃莱出席了此次会议。（帕斯卡·富雷，同前）

27. 国家图书馆，密特朗专题，同前。

28. 同上。

29. 同上。

30. 法国人民社团在外省城市组织报告会，支持并解释与德国的合作政策，吹捧维希政府。新欧洲区域合作是他们最倾心的主题。

这不能阻止皮舍领导下的内务部派警察秘密侦查他们的活动。大区区长在1942年2月20日收到的报告称蒙彼利埃歌剧院有一场报告会：题目是《欧洲与法国》。报告人是阿贝尔·伯纳尔、罗贝尔·布拉斯亚克和拉蒙·费尔南代。舞台上方横幅用红蓝两色书写，内容是：在工作与行动中，我们首先需要意志坚强、遵守纪律、有信仰、有活力的法国人，其次他们必须身体强健。条幅下方悬挂着元帅头像。观众约800人。持统一观点的人抵制盎格鲁－萨克逊人的利己主义、犹太共济会的拜金主义和战前的伪自由主义。拉蒙·费尔南代和罗贝尔·布拉斯亚克很巧妙地告诉听众，法国不可能独立存在。他们引用战前政策的实效支持他们的观点。报告结束时引用了拉蒙·费尔南代的话："未来欧洲与法国的形势可能会怎样的呢？选择可能有两种：欧洲要么统一；要么闭关自守，沉迷于昔日的辉煌。他是法国人民社团成员，致力于解决这个问题，因为他的任务就是在文化与政治之间建立一种联系。"（国家档案馆，同前）

31. 圣伯努瓦街5号公寓租约上的日期是1942年10月1日。签名人是罗贝尔·昂泰尔姆，他是议会信息秘书处新闻专员。出租人是蓬塞尔让先生。

街角门匾上有题词：圣伯努瓦，蒙特·卡西诺修道院院长，本笃会的缔造者。约480—547年。

"我记得我租这间公寓时，那边房间的地上尽是煤。"玛格丽特·杜拉斯说道。（《词语的颜色》，伯努瓦·雅各布出版社，2001年）

32. 《情人》。

33. 同上。

34. 2001年12月4日和多米尼克·费尔南代的谈话。

多米尼克·费尔南代同时在1978年由格拉塞出版社出版的《玫瑰星》、《南方学校》和《斑岩和康士坦茨湖》（格拉塞出版社，1991年）这几本书里提到他的父亲以及他童年时的家事。

35. 2001年12月18日和沃克利娜－克林科斯克夫人的谈话。

36. 私人收藏。《驱魔咒语》，罗贝尔·J. 高德出版社，1991年。

37. 爱德蒙·布舍，《我生活的创造者》，布舍－沙斯泰尔出版社，1969年。

38. 《情人》。

39. 如洋兰这样的温带花（热带花）能在被占领的巴黎街道上盛开值

得怀疑，但名字却让人浮想联翩。

40. 伽利玛出版社档案。

马塞尔·阿尔兰在伽利玛出版社审阅手稿后，根据内容将手稿命名《塔内朗一家》。塔内朗一家的成员有双亲，两子一女。雅克是长子，好激动，感情用事，懒惰心狠；老二性格内向腼腆；小女儿莫德生性浪漫，热情奔放，报复心很强，总觉得不被别人所理解。她认识了一个年轻男人，相处几个星期就分手了。她母亲来找她，没有对她横加指责。母亲最爱大儿子，也许是因为失去了地位，性情比雅克温柔许多。母亲没有因此责备她。莫德使坏，出阴招，向警察局诬告哥哥伪造票据。

41. 引自劳儿·阿德莱为撰写《玛格丽特·杜拉斯传》而对迪奥尼斯·马斯科罗的采访。

《厚颜无耻的人》手稿丢失这种想法是不可能实现的，令人遗憾。玛格丽特·杜拉斯声称，她的职业生涯到了一定时期就烧毁所有的手稿。这种说法似乎是靠不住的。

42. 劳儿·阿德莱引用。

43. 《15期概论》，1943年5月27日。伽利玛出版社档案。

44. 《讨论》，1943年4月15日，莫里斯·布朗肖："知识分子生活专栏。当代女小说家。"

45. 安娜·西蒙南，《1942—1955年的午夜出版社：不屈从责任》，现代出版档案馆，1994年。

46. 安妮·考恩-索拉尔，《让-保尔·萨特》，伽利玛出版社，1985年。

47. 《情人》。

48. 《玛格丽特·杜拉斯在蒙特利尔》，苏珊·拉米和安德烈·鲁瓦节选的谈话与文章，斯比拉尔出版社，魁北克，1981年。

49. 让·马斯科罗档案馆。

50. 劳儿·阿德莱提到一件事，偶遇在蓝色海岸隐居的保尔·多纳迪厄的未婚妻（同前）。

51. 米歇尔·伽利玛，阿尔贝·加缪的密友，将毕生献给写作事业，1960年因车祸逝世。

52. 劳儿·阿德莱的传记中反复出现的题词。

53. 伽利玛出版社档案。

《玛格丽特·杜拉斯——小说般的生活》，让·瓦利埃纪念册中反复引用的材料，文献出版社，2006年。

54. 劳儿·阿德莱，同前。

第二十章
起风了

起风了，生命终将延续。

——保尔·瓦莱里[1]

1942年5月13日，一个住在维希国民街20号叫弗朗索瓦·密特朗的人向巴黎第5区圣雅克街法学院秘书（凡尔登之战中不幸成了德军的俘虏）递了份申请。申请内容如下：

> 先生：
>
> 请将我的学习档案转交里昂法学院。1937年7月，我获得法学学士学位，翌年5月取得民法高等学习文凭，博士文凭，德国回来之后再行呈交。以下是我的简历。
>
> 弗朗索瓦·密特朗，1916年10月26日生于夏朗德省雅尔纳克市，1934年10月入巴黎法学院学习，分别于1937年和1938年取得法学学位和民法高等学习文凭。
>
> 请接受我崇高的敬意。
>
> 弗朗索瓦·密特朗[2]

这封申请是未来共和国总统亲笔所写，信笺是法国邮政局发行的明信片，上面有贝当元帅戴军帽、留胡须的肖像，邮资1法郎20分[3]，邮戳日期是5月4日21时，投递邮局是维希。

英国香烟的味道

弗朗索瓦·密特朗两次越狱两次失败，1941年12月第三次越狱成功，逃出战俘集中营。此事罗贝尔·昂泰尔姆有所耳闻。1942 年，他和保尔·兰波维尔－尼克尔经常见面。一天他对后者说："你知道吗，密特朗越狱了。"这位玛格丽特的表兄弟与密特朗和昂泰尔姆都有往来，但和这位表兄弟大相径庭的观点常常被学者引证。据他说，罗贝尔·昂泰尔姆、玛格丽特以及弗朗索瓦·密特朗早在法学院上学时就认识。他甚至确信有次看到玛格丽特和密特朗走在一起。他自己也认识后者。当时弗朗索瓦·密特朗还不是全国战俘及放逐者运动负责人，战争期间他们同属殖民军第 23 步兵团，又在阿登前线重逢。见面后密特朗说："啊，是你啊！还好吧？"[4] 之后他们数次在默兹省的斯特奈总指挥部不期而遇，当时已是中士的密特朗做上校的秘书，但好景不长，后来他们就失去了联系，一个随军官小分队前往吕菲斯克，另一个被派往阿尔萨斯前线，并在那里被捕。

因何被捕，至今是个谜。1942 年 5 月，昔日的战俘决定去里昂完成法学博士学业。表面上似乎什么都没有做。皮埃尔·佩昂在他的《一代法国青年》中也没有提及，但实际上已经明确了弗朗索瓦·密特朗要走的道路，也就是弗朗索瓦·密特朗从 1942 年到 1944 年一直坚持走的道路。不难明白，从 1942 年到 1943 年初，他以维希为基地，频繁出现在里昂和罗讷－阿尔卑斯地区，借助昔日战俘和永不言败的军人的支持，着手组建抵抗队伍，也许是 1942 年 5 月，在罗讷市以注册上大学做掩护，开展抵抗工作。1943 年到 1944 年，罗贝尔昂泰尔姆夫妇先后参加了他和雅克·贝奈组织的抵抗活动。活动初期以帮助战俘重返工作为目的，逐渐发展成长为能够与敌人真正作战的秘密基地[5]。

关于那个过渡阶段，也就是观望阶段。我比较喜欢用这个词，而不是合作阶段，因为合作不免让人产生一种蒙耻的感觉。由观望转变成名副其实的抵抗行动，有很多说法。这些说法关系到罗贝尔·昂泰尔姆、玛格丽特·昂泰尔姆，还有后来的追随者迪奥尼斯·马斯科罗。自从 1943 年夏天或秋季以后，迪奥尼斯·马斯科罗就和他们同呼吸共命运，再也没分开过。这几种不同的说法中有一种比较普遍，即玛格丽特·杜拉斯通过与楼上的邻居交往才确信自己加入了抵抗组织。一天，在住所的楼梯里与拉蒙·费尔南代不期而遇，她对迪奥尼斯·马斯科罗说以后不能再有来往了，暗示她和丈夫已经加入了抵抗组织。我在杜拉斯未完成的小说手稿里发现了一些蛛丝马迹："迟早有一天，我们会永远见不了面。从加入抵抗组织那天起，我们就断绝了往来。后来有一天，我丈夫被捕了。再后来就是分离和逃亡。拉蒙死了，贝蒂再婚了，她有个儿子，后来她也死了。"[6] 这些话出自 20 世纪 80 年代骨瘦如柴的杜拉斯之口，她委婉地道出了当年所发生的一切。

还有一种说法，这种说法最接近事实。这是皮埃尔·佩昂根据当年发生的事情和活动所进行的细致研究，并经过一系列艰难的核实的说法，其间还约谈了有关当事人，如雅克·贝奈、乔治·博尚、埃德加·莫兰[7]。正是根据这些经过艰苦细致追寻分析的研究结果，我在这部传记中罗列的事实自始至终保持一致，所以就比较忠实地还原了现实。研究证明事实远比我们通常所能接受的说法，即通用的说法更复杂，更丰富，更能说明问题。通用说法无疑突出了传奇人物密特朗，却忽略了本应严格遵循的顺序叙事法。这些研究结果分别以小说《情人》和与密特朗系列谈话方式与公众见面。小说《情人》让玛格丽特·杜拉斯在1984年获得了龚古尔文学奖。1986年冬天，谈话刊登在《另类日报》上。第一次谈话是1985年7月24日，谈话地点在玛格丽特·杜拉斯家。谈话以《迪潘街邮局》为题，在翌年2月26日见报。

玛格丽特·杜拉斯回忆了占领期间在圣伯努瓦街与弗朗索瓦·密特朗首次会面的情景："有些事情你们可能忘记了，我可能也忘记了，但当时的情景至今记忆犹新。那是我们第一次见面，就在这里，在这间房间。夜很深了，就你们两个人。你们坐在大厅壁炉前，旁边有口平底锅，下面有个旧油桶，燃烧的是报纸揉成的纸球。我不记得是否给你们东西吃。马斯科罗也在，你们一起在讨论什么，讨论得很热烈。突然，你掏出一支香烟点燃了，房间里顿时弥漫着英国烟的味道。我3年没有闻到这种味道了。我不明白，我叫了起来。'你抽的是英国香烟！'你说：'是，对不起。'你把烟盒放进口袋，将还没有抽完的香烟扔进火中。你们3个立即开始讨论其他事情。那天晚上，我问过马斯科罗，他抽的香烟是否是真正的英国香烟，他说不知道。我始终没能弄清楚英国香烟是从哪来的。但就在那天晚上，我才明白我们已经参加了抵抗组织，一切都成定局。"[8] 40年后，玛格丽特·杜拉斯在叙述往事时仍然习惯直奔主题，而不添加任何冗繁的评论文字。评论只会使叙事枯燥乏味。英国香烟味让她发现自己是抵抗组织的一员。1944年2月，她辞去了出版社检查委员会委员职务，同年2月3日，新秘书走马上任，此人就是尼克尔·顾朗，玛格丽特·杜拉斯的年轻邻居，是他让玛格丽特·杜拉斯走上了抵抗道路。

不管《迪潘街邮局》怎么说，弗朗索瓦·密特朗绝不是第一次造访圣伯努瓦街5号4楼。据雅克·贝奈证实（他对此记忆犹新），弗朗索瓦·密特朗和他以前就住在那里，当时他们迫于形势，不得不东藏西躲。然而出于某种原因，玛格丽特加入抵抗运动在弗朗索瓦·密特朗第二次造访后才变成了现实。这次造访大概是在 1944 年 3 月间，时间出入绝不可能超过两个星期。1943 年 11 月，密特朗离开巴黎，经英国去了北非，在阿尔及利亚受到戴高乐将军以及战俘委员会专员亨利·弗雷内的接见，然后按照戴高乐将军的指示，于 1944 年 2 月底返回法国，成为正式更名为全国战俘及放逐者运动的领导人，从此结束了抵抗组织由 3 人领导的状况。抵抗组织中有他的合作者，朋友雅克·贝奈，化名叫杜尔吉斯。在密特朗的推动下，他为战俘运动向抵抗运动过渡作出了巨大的贡献。从阿尔及利亚回国途中，弗朗索瓦·密特朗绕道伦敦，并逗留近两个月，1944 年 2 月 26 日动身，27 日夜晚由珍妮·伯尔金父亲统帅的皇家舰队舰艇秘密送抵法国海岸。不管自己被盖世太保，法国警察及其同伙追捕的危险，他依然大胆在英国首都购买香烟，可见他是个思想缜密的人，但这样行事未免有些不够谨慎[9]。

房门大开

事实上，从 1943 年 5 月开始，受密特朗之托，为了征兵以及战俘事宜已于 2 月去了南方的雅克·贝奈刚刚秘密潜回巴黎，匿住圣伯努瓦街。当然，这个住所他并不陌生，他曾多次应邀来品尝玛格丽特的精湛厨艺，掌勺的肯定是她，因为除了她不可能有别人。他完全信任罗贝尔·昂泰尔姆，是因为 1942 年他们曾一起应邀参加后者小妹妹艾丽斯的婚礼，此后交往密切[10]。况且，玛格丽特的丈夫也曾为他的战俘援助事业提供过帮助（假身份证、虚假材料、内部消息、秘密情报等等）。那些战俘跟他一样，也是越狱逃亡者。正是因为有着共同的遭遇，他才来寻求他们的帮助。他知道，在这所大房子里，有个随时为过路朋友们开放的房间。同年 8 月下旬，他和弗朗索瓦·密特朗就在那个房间重聚。罗贝尔和玛格丽特外出休假，可能正好和未来的总统交错而过。雅克·贝奈的公开身份是“楼下整理房间兼看门人”。他直言和福斯夫人很熟[11]。

没过多久，“因与玛格丽特之间产生矛盾”，罗贝尔·昂泰尔姆要雅克·贝奈到迪潘街他母亲家去住，当时母亲家里只有他大妹妹玛丽－路易丝。自丈夫去世后，昂泰尔姆夫人就去投奔科西嘉萨尔泰讷的兄弟，直到 1945 年才离开。1943 年夏，罗贝尔和玛格丽特的关系紧张。这在劳儿·阿德莱所著的玛格丽特传记中也有间接提及。玛格丽特不断给迪奥尼斯·马斯科罗写信：“我很生气，很反感罗贝尔的刻意迁就。”[12] 乔治·博尚也有类似的回忆：“这对夫妻的关系正出现危机，这种危机随着马斯科罗的到来而加深。”玛格丽特对马斯科罗的情感日益强烈，但还没有向丈夫坦白。同年春天，她安排他们两人见面。据迪奥尼斯证实，这次历史性的会面发生在布西科广场，博马舍大街对面。他记得那天玛格丽特的丈夫戴顶“卷边帽，看上去无比儒雅”。他的仪表打动了马斯科罗，马斯科罗说他们的年纪显然很相仿。从此他们就建立了牢不可破的深厚友谊，而且经受了爱情和时间的考验。这种友谊成了迪奥尼斯·马斯科罗和罗贝尔·昂泰尔姆在伽利玛出版社并肩战斗的保证。

1946年底结识未来丈夫的莫尼克·昂泰而姆站出来，打破沉默，披露了对战时罗贝尔、玛格丽特和迪奥尼斯三人世界的普遍印象。据她回忆，迪奥尼斯·马斯科罗一直住在母亲所在的曼恩街，还另有相好，叫安娜－玛丽。1943年拍的照片就是证明。两张照片比较特别，背景是林中空地和篝火，身着白裙的玛格丽特·杜拉斯站在罗贝尔·昂泰尔姆和迪奥尼斯·马斯科罗之间。莫尼克·昂泰尔姆指出：“我们从来没有问过是谁拍的这张照片。”另一张同这张如出一辙，同样的背景，只是衣着更考究，安娜－玛丽戴着头巾，半躺在罗贝尔·昂泰尔姆和迪奥尼斯·马斯科罗怀抱。两张照片拍得很成功。还有一张，背景和服饰都变了，照片上只有迪奥尼斯·马斯科罗和安娜－玛丽。再有一张是罗贝尔、迪奥尼斯和安娜－玛丽的合影，背景是田野[13]。就像他们的挚友所能观察到的那样，我们也发现了，同时期还有一种三角感情发生在圣日耳曼、萨特和西蒙娜之间，后者以此为素材创作了处女作《不速之客》，他们三人的事情就更微不足道了。

迟到的介入

“我们并不是刻意这么做，对这点，我向来都是严格区别对待。我们不是英雄。我们加入了抵抗组织，只因为我们是值得信赖的正直人。”玛格丽特·杜拉斯稍后如是说[14]。这点是毫不含糊的。《痛苦》的作者从来没有自吹自擂，只是说，参加抵抗运动才获得了人身自由，我才搭上了这艘船。抵抗运动组织中占据首位的是友谊和信任，其次是头脑清醒、毫无保留。然而，事件如此惊人也绝非危言耸听，确实就这么震惊这么奇怪。是与非留给他人去评判。只要回顾一下1943年以后的混乱局势也能略知一二。

1月，斯大林格勒那场艰巨惨烈的围攻战之后，德军溃败。1月21日，让·盖埃诺在日记中这样写道：“斯大林格勒获得了解放，的黎波里被拿下了，罗斯托福却受到了威胁。罗斯福和丘吉尔在卡萨布兰卡会晤，共同决定继续战斗，直至德意日3国无条件投降。”2月，赖伐尔政府出台了臭名昭著的强制劳役计划，目的是派遣法国年轻人去德国继续为第三帝国作战。盖埃诺在22日的日记中写道：“放逐仍在继续，日益有序。占领当局对所有处于其监控下的二三十岁年轻人的数目做了统计。8天前开始在市政厅登记为苦役犯。如果有反抗，当局就以破坏公共秩序论处，德国就要组建一支警察武装确保看管这些苦役犯。但在当时的情况下，即便是最勇敢的人也几乎无法脱逃，因为没身份证，也没有食物。”4月5日：“昨天10点，坐落在比昂库尔的雷诺厂遭到轰炸，炸弹落在防空局所在的隆尚赛马场。轰炸结束后，伤者和死者残骸立即被清理，赛马接着开始。赛马永远是第一位的。那天的晨报刊登了死者名单和赛马结果。”5月8日：“突尼斯、比塞大，还有非洲解放了。”6月12日：“凡年龄在40至42岁之间的人7月1日要去德国。”这个消息引起了大恐慌，犹如被搅了窝的蚂蚁。有人打算去西班牙，有人想在中央大平原的萨瓦山里暂时躲一躲，大多数人听天由命。他们担心自己走后，父母会遭殃。7月26日：“墨索里尼被解职。”9月8日：“意大利投降。”[15]

“做好自己的工作。”很多人回忆时一再说，应对当时那种艰难的环境，理智很重要，也是品格高尚，信念坚定者的素质。不仅如此，还要有应对突发状况的能力。无论如何，我们对玛格丽特·杜拉斯丈夫担任当时信息总部宣传秘书一职感到困惑，因为1943年末，他离职了。在他以记者身份出现时——这年的新闻比往年多，就不仅仅是出现的问题了。公正撰写新闻报道、参加会议、邮件分类、读报、和新闻工作者保持联系、筛选新闻、歪曲信息、迎合当局需要，这是他的工作，但他对此并不感到羞愧。这是谁都不愿忆及的秘密往事，担心叙述欠公正适当。因工作关系，罗贝尔·昂泰尔姆认识了弗朗索瓦·密特朗。后者因为搞战俘运动而免不了要与信息部频繁打交道，他对此也持谨慎态度，避而不谈。相反，罗贝尔加入全国战俘及放逐者运动后就专心于抵抗运动，适时利用这位后来成为朋友的人的影响开展工作。让－皮埃尔·萨齐问密特朗：“你对罗贝尔·昂泰尔姆在抵抗运动中的表现有什么印象吗？”密特朗总统回答说：“和我所有的朋友一样，我第一眼看到他时，我就被他打动了，他是如此的温柔、如此的有思想，随意中不乏睿智，令人感动。他一开始就给我们的事业提供了很大便利，他的地位不久就变得不可取代了。罗贝尔·昂泰尔姆不是什么积极分子，然而，他会用脑子、思想缜密，不会轻易加入某个团体，某个阶层，不过是一个偶然的机会使他和抵抗组织成员朝夕相处。从此以后，他就以极大的热忱，怀着一颗无与伦比的诚心成为他们中的一员，且毫无怨言，完全置生死于度外。”[16]

迪潘街陷阱

罗贝尔·昂泰尔姆的加入带来的严重后果，无论他自己，还是玛格丽特都始料未及。他们很认真很投入，不仅他们自己是这样，他们的朋友也是这样，当然不是所有的朋友。保尔·兰波维尔－尼克尔向我透露：“昂泰尔姆希望我加入抵抗组织。我已经跟你说了，我信任你，别人就不好说了。我对他们没有把握。”他还说：“我参加过一个会议，他们的面孔并不令我感到有多么愉快。”[17]乔治·博尚立场很坚定，从战前开始，在地下组织中一直很活跃。是好友罗贝尔把他介绍给了弗朗索瓦·密特朗，并有言在先：“这个人我在法学院曾经见过，我当时是社会党学生的负责人，而他则是拉罗克上校那一派的，确切地说是右派，所以，我们在国民公会区一家餐馆与面时，贝奈和罗贝尔把我介绍给弗朗索瓦时，我就想起曾在拉丁区见过的一个人。后来我就加入了当时还没成气候的全国战俘及放逐者运动委员会。我在其中负责同强劳作斗争。我以秘书的假身份进入强劳领导中心，在德国人的眼皮底下收集资料，并在我力所能及的范围内，设法为那些正在休假或者不能休假的年轻人争取休假批准。”[18]

在抵抗运动共产党战士克拉拉·马尔罗的推荐下，埃德加·莫兰受安德烈·卡斯特之托从里昂来首都开展工作。他也是位年轻的共产主义战士、游击队员，在巴黎重新找到了自己的方向，正在力量不断壮大的战俘运动工作。他加入该组织，就是为了确保未来的全国战俘及放逐者委员会能有以卡斯特为首的共产党的地位。我采访埃德加·莫兰的时候，他笑着说：“有一天，博尚对我说，我就是艘潜水艇，我给你介绍一位搭档，这是我给你的最好礼物。这个礼物就是迪奥尼斯·马斯科罗。确切是哪天，我记不太清楚了，可能是1944年初，在迪潘街罗贝尔·昂泰尔姆母亲的房子里举行的一次会议上，我可能是在那里结识了该组织的领袖密特朗，还有我不太熟识的昂泰尔姆，就是他在战后跟我说：‘你知道，你没来之前，就有人警告说要小心你所说的话，因为你是共产党。’”[19]

迪奥尼斯·马斯科罗是埃德加·莫兰的新搭档，迪奥尼斯·马斯科罗向他讲了很多关于勒鲁瓦夫人的事。“是勒鲁瓦夫人吗？”

“是的，勒鲁瓦夫人其实就是玛格丽特·杜拉斯。那是她搞抵抗运动时的化名。马斯科罗的化名叫马斯。看来我还不是很清楚他们的关系。从他的叙述中，我体会到玛格丽特在抵抗运动里负责社会事务，也就是说负责了解被逮捕人员家庭方面的工作。当时有很多人被捕，但直到1944年8月巴黎大起义时，我才认识了她。我和迪奥尼斯在一起在巴黎见到了她。”[20]

1944年春天，很多运动成员被捕，其中就有罗贝尔·昂泰尔姆及其大妹妹玛丽－路易丝。他们落入了敌人为弗朗索瓦·密特朗专设的圈套，付出了自由甚至生命代价。那天盖世太保在迪潘街想要逮捕的人是弗朗索瓦·密特朗，因为弗朗索瓦·密特朗具有多重身份，盖世太保很久以来都关注着他在抵抗组织中的作用。1943年11月，弗朗索瓦·密特朗躲过了盖世太保对其维希住所的搜查[21]。他不知道自己被一个为德国人工作的法国人跟踪，这个人叫夏尔·戴尔瓦，又名X先生，在《痛苦》中的姓名是皮埃尔·拉比耶[22]，在这段历史中发挥了重要的作用。让我们先来听听弗朗索瓦·密特朗口中的迪潘街逮捕经过吧：

“我当时不在迪潘街，况且那天也没有会议。但他们对刚刚发生的事感到震惊。当天早晨就有人被逮捕，他们迫切需要碰面，进而采取必要的防范措施。当时迪潘街共有五六个人。盖世太保扣留了所有在场的人。都有谁呢？毫无疑问，有玛丽－路易丝，因为这是她的家。罗贝尔、保尔·比尔文、菲利普、还有让·米涅。遭扣押的时候，让·米涅竭力反抗，挥拳击打，夺门而出。等敌人清醒过来时，他已冲到楼梯口。冲锋的战鼓已经擂响。脱离险境后，他立即向别的同志发出警报，以防再上圈套。当时我已经走到楼下，上楼前，我从迪潘街邮局打了个电话，邮局就在举行会议的楼下。我打电话的目的是想知道有无变故。事实证明，平时保持高度警惕很有必要。玛丽－路易丝接的电话。我问她是否一切安好。大意是这样的，具体措辞我记不清了。她说：‘先生，您拨错号码了。’我一听还真怀疑我拨错了号码，接着又拨了一次。这次接电话的女人严肃地提醒我说：‘我已经说了，您打错了。’后来我才知道，当时盖世太保警察正用枪指着她说：“叫他上来。”她不仅没有说让我去，还再次提醒我拨错了电话号码。我确信没有拨错号码，这是她暗示我千万别过去。我没有去，我走了，走到街的另一端，碰到了一位赶来开会的同志，他是档案保管员费里。我们迅速商量了一下，一致同意在街道两端安排两个人拦阻陆续参会的同志，但不幸的是，敌人已经开始抓人。早上让·贝尔丹之后，又有5人被逮捕。盖世太保下达了就地搜查令。我们没能再回去。”[23]

我和乔治·博尚在巴黎有过两次谈话，他对密特朗所讲的这段历史的某些事实持有不同的看法。据他证实，弗朗索瓦·密特朗那天不可能来迪潘街参加会议。当天早晨，运动一负责人被捕，当晚就没有确定开什么会议。他对我说："密特朗、罗贝尔和我约定18点在里普啤酒屋碰面。"我接过话茬说："您和密特朗在一起，密特朗是从里普啤酒屋打的电话了？"他说："啊，就是这样。在抵抗时期，我们通常都很守时，这是惯例，连密特朗也不例外。到18点10分了，罗贝尔没有来，18点15分还没见他的踪影，我就对密特朗说我去趟迪潘街，也许出了什么事情，我去看看。密特朗对我说别去了。他下楼打个电话问问。电话是玛丽-路易斯接的，当时她名字叫米奈特。听她接电话的语气密特朗判断出事了。"[24]据乔治·博尚说，密特朗没有去迪潘街。这比较合乎情理，因为啤酒屋离迪潘街比较远，弗朗索瓦·密特朗为什么跑到邮局去打电话呢？况且，他当时已经意识到迪潘街不安全，可能还有危险。

我在国家档案馆发现了另一位证人的证言。他对事情的发生经过的叙述完全不同。这份证言来自迪奥尼斯·马斯科罗，是他1944年9月14日离开巴黎警署司法警官后做的证言。当时巴黎已经解放，夏尔·戴尔瓦被逮捕了。迪奥尼斯·马斯科罗对6月1日迪潘街发生的事情应该有比较清晰的记忆。下面是他声明全部属实并签名的证言：

> 我叫马斯科罗，也就是马斯·迪奥尼斯。1916年2月11日生于让娜·杜盟与救世主圣格拉蒂埃的故乡，一直独住巴黎14区马恩街165号，是战时法国内务部队代理官，《自由人报》发行人，全国战俘及放逐者运动独立部队总指挥助理，总指挥是让·罗丹[25]。
>
> 1944年6月1日，住巴黎夏尔·弗洛盖街的贝尔丹，即夏里尼首先被捕[26]，他是运动的核心成员。我猜想实施逮捕的是受到控告的戴尔瓦。那天早上，夏尔·弗洛盖街有重要会议。有个男子敲开门说要见贝尔丹先生，给他开门的是运动总负责人弗朗索瓦·密特朗。来人没出具任何证件，他也没有索要，以为是贝尔丹的朋友，就叫贝尔丹出来见。贝尔丹出去了，楼道没有别人，就贝尔丹和他的朋友。过了一会儿，一直没见他回来，我们开始四处寻找，发现他在找他那个人的胁迫下走在大街上，脸色苍白，后来两人就没了踪影。我们后来从弗莱斯恩监狱关押的朋友处得到消息说，贝尔丹入狱了，受尽了虐待和折磨。直到8月底，我们又从有幸逃离贡皮埃涅的同伴那里得到消息，贝尔丹被放逐到德国。直到这个时候，我们还不知道来人叫做戴尔瓦，但我们记住了他的体貌特征。

1944 年 6 月 1 日 17 时，在迪潘街梅尔家聚会的人有：玛丽－路易丝·昂泰尔姆、罗贝尔·昂泰尔姆（勒鲁瓦）、让·罗丹、菲利普夫妇（卡朗达克夫妇）。让·罗丹首先觉察到有危险降临，因为他发现有个体貌特征和早上首次逮捕实施者很相像的人要看他的证件。他给了对方一拳，夺路而逃。一辆德国警车就停在路边，里面坐着穿军装的德国人。然而，他竟成功逃脱了，不多时，他又折了回来，看见警察正在押解昂泰尔姆和菲利普。菲利普夫人被禁止外出。梅尔·昂泰尔姆也遭逮捕。四天来，德国人设陷阱诱捕联络人蒂博，可惜他没有见过我们，稍后才知道那个人是戴尔瓦。

昂泰尔姆夫人要讲的是斯特维林克的详细罪行。不过我们还不能百分之百确定戴尔瓦是幕后主使，确实参加了大逮捕行动[27]。但我们有个印象，通过他可以了解事情的来龙去脉。我们能够肯定的是，他有与战俘运动有关的全部资料。我确定他参与了运动成员的逮捕行动。被逮捕的成员有麦尔先生——查夏尔·麦尔先生的儿子、博斯凯先生、阿朗西奥、梅尔·比雷尔。这些人是我们已经确定了的。通过昂泰尔姆夫人的讲述，当然她自己也会给大家解释，我们发现这些事是那个叫戴尔瓦的所为。

证词末尾证人宣誓所说属实，并签了名——警长马斯[28]。

他的讲述表明，弗朗索瓦·密特朗并没有同他自己后来所说的那样去过迪潘街邮局。如果说他离开里普啤酒屋去了迪潘街，大白天，况且是 6 月，他会掉入盖世太保设下的陷阱，历史将会因此而改变。那天早晨，他险些在夏尔·弗洛盖街落入敌人的圈套。他的失常轻率举止导致贝尔丹被捕。我们可以想象一下，一位秘密联络网的领袖在一场重要的秘密会议中亲自去开门，还让未经核实身份的陌生访客进入，这连他自己都无法解释。幸运的是夏尔·戴尔瓦没有看过莫朗的相片，尽管他跟踪他已有数日。我们还可以这样想象，如果戴尔瓦先做了自我介绍，极有可能参加当天早晨的会议，那么让·米涅会轻而易举将其制服。但此时的抵抗运动核心领导成员对所谓的戴尔瓦及其意图还没有完全摸清楚。

至于玛格丽特·杜拉斯，1995 年，她若和总统谈话时没有被记忆捉弄的话，她应该知道丈夫被捕的当晚被关在老鸽舍剧院。可是她竟然声称忘了丈夫被捕的地点[29]。另一方面，如果可以认为多米尼克·阿尔邦的记忆是真实的话[30]，玛丽－路易丝·昂泰尔姆掉入迪潘街盖世太保的陷阱应该是6月某个下午在卢森堡公园散步之后。据多米尼克·阿尔贝回忆，她藏在蒂勒，即玛德莱娜·拉菲的父母家（皮埃尔·拉菲的侄女）9个月后，1943年末返回巴黎，在马杜的帮助下，搞到了假证件和一些钱。她曾一度留宿圣伯努瓦街，一天，在那里看到玛格丽特将自己亲笔题词的书送给亨利·米肖，后来到了迪潘街，并结识了罗贝尔·昂泰尔姆的姐姐（很有可能），从而使卢森堡公园散步成为可能，但为了修理木底鞋上的橡皮带，她去了王子街的鞋匠铺，米奈特单独返回迪潘街住所。据她说，她住在圣伯努瓦街时，罗贝尔·昂泰尔姆已经被放逐，是玛格丽特介绍她认识了刚从伦敦回来的弗朗索瓦·密特朗。6月1日，在回迪潘街的路上又与何人不期而遇，当时街上几乎没有行人也没有汽车？是化名莫朗的密特朗告诉她不要停，一直走，“别去迪潘街”。时隔多年，她仍能清楚地记得当时的情形。她还提到“一个男人从邮局打来电话”，但后来发生的事情，全巴黎的人都知道了，因为总统已经讲过了。

猫捉老鼠游戏

1944年春末的逮捕后，战俘运动受到严重打击，玛格丽特和罗贝尔·昂泰尔姆周围的人最先受到了影响。她丈夫以及小姑子先入狱，之后遭放逐德国，在玛格丽特看来，这也算得上是个决定性的考验。有了这些经历，她确信自己有无比的勇气和信心战胜困难。这件戏剧性的突发事件完全改变了她与周围人的关系，更让她明白了她始终不愿意了解的现实，因为这些现实给她的青少年时期留下了深厚的影响。前年，在将小说《厚颜无耻的人》献给马斯科罗的献词里这样写道：“这本源于我的感受，即对肯定不顺利的童年的坏人坏事的恐惧与向往。”[31]第二本小说是《平静的生活》，开始写作1年有余，3月份才搁笔[32]。她还要找她的大哥算账，并通过她大哥和深受喜爱的母亲算账，因为母亲的影响无论是在心理上，还是事实上无疑依然无处不在。女儿在书商协会工作，现在丢了这个谋生的饭碗，玛丽·多纳迪厄每个月都要汇点钱到印度支那银行[33]。总之，她们的联系不仅十分密切，还将持续很多年，不管她后来怎么说。

1944年6月6日，一次邂逅促使玛格丽特·昂泰尔姆（勒鲁瓦）扮演了有点反面色彩的角色，如小脚玛塔·哈莉。对扮演这个角色她可能事先有思想准备，因为期间她表现得相当镇静自若，而且还充分显现了她的冒险天性。显然，她利用我们现在提及的事情（请注意，在玛格丽特的作品中一切都不会消逝）全都写进了她的优秀作品，并赋予了神秘的色彩。这部作品就1985年问世的《痛苦》，还有一篇文章《X先生，又名皮埃尔·拉比耶》。在这方面，档案永远不会（但愿不会）撒谎。让我们重温历史，听听文学女性玛格丽特·杜拉斯本人1944年9月14日接受调查“夏尔·戴尔瓦事件”的法警时所作的证明：

兹证明昂泰尔姆夫人，婚前姓名是多纳迪厄·玛格丽特。宣誓准确无误并声明：

我叫昂泰尔姆，婚前名为多纳迪厄·玛格丽特，又名勒鲁瓦，1914年4月4日生于嘉定（印度支那），父母是艾米尔和玛丽·勒格朗。我从事文学创作，居住在巴黎圣伯努瓦街5号。起先，我和丈夫在家里收留过两名全国战俘及被放逐者运动负责人，一个是弗朗索瓦·密特朗，又名莫尔朗；另一个是雅克·贝奈，又名图尔吉斯。他们有时住在我们这里，有时住到迪潘街我的亲戚家里。我丈夫是情报员，1944年6月1日在迪潘街被捕，当时的情形您已从马斯先生处了解到了。

得知丈夫关押在弗雷斯纳，我决定去索塞街[34]申请包裹许可证。等待了很长时间没有音讯，我又去找，在走廊里见到一个先生，向他了解情况。我将我的资料拿给他看，看到我的名字，他说他知晓此事，并说我丈夫是他逮捕的，初审也是他搞的。初审员埃尔马恩的办公室在索塞街旧楼五层415 EC4。戴尔瓦问我，我丈夫是不是抵抗组织的成员，我坚决予以否认。他说他不能给我包裹许可证，但提示我可以向埃尔马恩提交申请。于是我去找埃尔马恩，事情办成了，但只准许我带一个包裹，在我丈夫接受审讯时交给他。后来我就再没有见到戴尔瓦，直到1944年7月的第一个星期一，可能是第二个星期一，因为我是全国战俘及被放逐者运动成员格达尔与杜蓬索的联络人，被安排11点半在国民议会旁边的圣日耳曼大街与他们见面。杜蓬索先到，我们就在那里聊天，突然我听见有人叫我，回头一看是戴尔瓦，他推着一辆自行车（我在此一定要声明，直到那时我还不知道此人的名字，稍后我才知道，事情的来龙去脉我会做交代）。我告诉杜蓬索：“他是盖世太保，我们完了。”我走向戴尔瓦，杜蓬索跟在我身后。开始时戴尔瓦口气很严肃，因为想得到丈夫的消息，我说我很高兴能在这里见到他，慢慢他的语气缓和了。我和他谈了大约20分钟，后来我们约定（应他的要求）下午5点半在博沃广场马里尼咖啡馆前再见面。接下来，我让格达尔和杜蓬索认识之后，我就离开了。

当天晚上我再次见到戴尔瓦。他告诉我他还没看到档案材料，第二天一定会看到。从这天开始，我就与全国战俘及被放逐者运动脱离了关系。戴尔瓦经常给我打电话，而且打电话的次数非常频繁。我把从他那儿得到的消息如数告诉了马斯先生。他向我讲述了逮捕夏里尼的经过。他当时是路过夏尔·弗洛盖大街，独自一人，没带武器。后来，他又讲了迪潘街事件，马斯先生已经向您作过汇报，也就是在此次事件中我的丈夫和姑姑被捕，后被关进集中营。我从未向戴尔瓦打听过与丈夫无关的消息，其他消息是他主动告诉我的。有一次我们共进午餐，有人打电话给他，我才知道他叫戴尔瓦。这件事发生在7月底，圣乔治街亨利四世饭店。我们来往时常去让梅尔默兹大街马里尤斯餐馆，罗马大街红衣主教餐馆，罗贝尔咖啡馆的男侍者似乎和戴尔瓦很熟。关于斯特维林克即瓦朗坦谋杀案，他在我跟前说过两次，但结果都不相同，第一次他告诉我是他杀了瓦朗坦，他左小腿还受了伤，瓦朗坦的妻子甚至想用木棍将其打昏。第二次说杀瓦朗坦的不是他，是他的一个同事。

他曾对我说他在索塞街根本算不上什么，我依此推断他大概只负责逮捕。有一天，他向我透露他在索塞街一个月挣1.5万法郎，另外有5000法郎的津贴；他还说有时他的那些事务可以给他带来每月10万法郎的进账。交谈中我得知他还买卖旧书画。他妻子也参加了全国战俘及被放逐者运动，她诉过我她完全不相信自己的丈夫能挣那么多钱。一天，戴尔瓦又对我说，万一哪天德国人撤离巴黎了，他还会留在法国执行特殊任务。他向我谈起他在索塞街执行的两个任务，一项与卢森堡船坞有关，相当棘手。那是一起间谍案件，他没有细说，还有一起是沃基拉街和蒙帕纳斯街的抓人事件。一天，我和戴尔瓦在让梅尔默兹街马里于斯餐馆用午餐，突然来了位先生，自称叫米歇尔。戴尔瓦告诉我，该男子是巴黎警察局的警官，他们将共同执行一项缉查任务。我们用餐结束时又来了位妇女，戴尔瓦介绍说，她是某德军上尉的妻子。我不知道她姓什么叫什么。还有一次我正喝开胃酒，戴尔瓦和米歇尔同时来到我面前。米歇尔个头很高，体型消瘦，背有些驼，举止优雅，衣着考究，头秃得很厉害。他穿什么衣服我没什么印象，但我只记得他的戒指上镌有徽章[35]。

戴尔瓦随身带着枪和手铐。他说他逮捕了一名叛国的德国人并将其枪毙。他说他逮捕过梅尔。在我面前，他的言行举止始终很得体，坚决拒收我让他救我的丈夫的酬金。他向我保证他会过问我丈夫的事情。

证词结束，证人声明所说属实并签了名——昂泰尔姆[36]。

这场猫捉老鼠的游戏持续了好几个星期，杜拉斯与戴尔瓦的会面得到弗朗索瓦·密特朗的批准，与此同时，为了慎重起见，密特朗派人在远处监视保护。杜拉斯与密特朗总统1985年首次会面时，他们可能也在竭力摆脱戴尔瓦。他们已记不清这次任务发生时的具体地点。因此才有了下面的一段对话：

弗朗索瓦·密特朗：第一个问题，您要继续见他，还是从此不再见他？您是守法公民，您曾求过我："告诉我，我该怎么办。"当时，这个问题确实让我有些惊讶。这不是您的处事风格。您向我问这个问题不是出于自身安全考虑，而是因为您握有很可能会牵扯到其他人的线索。这是我们能够得知被捕同志情况的唯一消息来源。这些消息只有拉比耶一个人能提供。经过深思熟虑，决定同意您继续和他见面，这是您的一项任务。我记得我曾对您说过："他以为他会从您这里得知些消息，但实际上得到消息的人是您，而不是他。"您还记得那一天吧，我们差一点将他打死，就在一家餐厅的露天咖啡平台上？

玛格丽特·杜拉斯：在双猕猴餐馆前。在这里也发生过同样的事情，就在这个房间[37]，在前门走廊，在衣柜那里可能有把冲锋枪，这样他来我家和我见面时发生激战的可能性才会小一些。

弗朗索瓦·密特朗：就我所知，目前有3个人负责跟踪您，能确定您去过的所有地点。您告诉马斯科罗您去过哪些地方，但对双猕猴我没有任何印象，好像是在别的什么地方。

玛格丽特·杜拉斯：确实有家双猕猴餐厅。我告诉过马斯科罗，我和拉比耶经常路过那里，他不喜欢小街道，偏爱林阴大道和广场，因为这些地方有事便于逃身。

弗朗索瓦·密特朗：我们杀过一些人。我们觉得这件事很严重，拉比耶是了解我们内部情况最多的人，他曾逮捕过我们14

名朋友，还有一个，那就是您了。我们曾经决定除掉他，那天晚上，执行任务的突击队队长没能完成任务，回来对我说："没干成。"我问他："为什么？"他说："准备下手时来了几个人，警察已经在那里了。"他还说："干掉戴尔瓦不是什么难事，要干就必须连他身边的那个小个女人也干掉。"（笑声）"抵抗运动险些让你亢奋得过了度！"[38]

玛格丽特·杜拉斯曾在书中叙述过在占领末期，迪奥尼斯·马斯科罗和尼克尔·顾朗、戴尔瓦在证件检查委员会的继任者，他们双双找到戴尔瓦和他们约定共用午餐的餐厅，也就是前面提到过的圣乔治大街上那家餐馆，他们在那里与戴尔瓦会面，打算和他同归于尽，结果未能如愿。杜拉斯将上述事件润饰之后写进了《痛苦》。毫无疑问，经过润饰的场面更具有文学色彩。

乔治·博尚告诉我，玛格丽特与这位盖世太保会面还有另一个版本，而且很容易让人接受："有人曾在罗贝尔被抓时见过玛格丽特，她往索塞街走，看见戴尔瓦就习惯性地给他使眼色。为了能给丈夫和小姑子送包裹，她在戴尔瓦面前大显魅力，戴尔瓦也认为她非常迷人，就明显地开始向她献殷勤。而杜拉斯则不动声色，任其表演，即使是难以忍受，也没有反感的表示。到底达到了何种难以忍受的程度，我不便多说，总之她置若罔闻，可能心想这样对救罗贝尔和米奈特有利。她给我们的工作造成了困难，制造了不少的麻烦，给罗丹造成的麻烦尤其多。我们不知道何时这一切才能结束，何时戴尔瓦能对她说：'朋友，我要逮捕你。'因此，她受到了抵抗组织武装力量的保护。罗丹负责监视她。因为戴尔瓦与她单独会面，所以没几名盖世太保盯梢。"[39]当询问雅克·贝奈这些事情时，他的神情显得很严肃。"我厌恶玛格丽特的角色，也对密特朗有怨言。我觉得自己做事很轻率。玛格丽特让我恼火了，我马上就说出了详情，回来后就彻底和她断绝了来往，直至被捕的同志获释回来。"

第二次会面时，他告诉我，他认为弗朗索瓦·密特朗在那段时期的表现不够谨慎，冒了太多的风险[40]。埃德加·莫兰也有类似的看法，对玛格丽特在这段艰难时期的表现他给予了严厉的批评。

同拉比耶和戴尔瓦打交道的数周里，玛格丽特是否已经投敌叛国了？要下定论很困难，我个人倾向于否定的答案。玛格丽特本人在《战争手册》里记载了与此事有关联的其他一些琐事。手册由现代出版档案馆保存，我们顶多能有这样的猜测：她在《X先生，又名皮埃尔·拉比耶》[41]

里臆想的情景比实际更为严峻。由此可以得出结论：她没能顶住诱惑，但也是不得已。归根到底，她着迷戴尔瓦，引起其注意，以便满足她的要求，这一点是肯定的。在其人生的经历中，罪犯以及社会边缘人都对她有某种说不清道不明的吸引力，反之亦然。戴尔瓦也被她给搞得神魂颠倒，觉得能与受过教育并能写小说的她交往而感动。在戴尔瓦一案中，法官狐疑满腹地问他："你们交谈的话题是什么?"夏尔·戴尔瓦回答说："我们谈文学，因为她是一位出色的作家。"这让人不由猜想玛格丽特可能给他看了《厚颜无耻的人》。他否认他曾试图得到关于被捕入狱者关系网的信息，虽然这些消息可能会牵涉到其他运动成员。他表示他曾经想将"这位女士在得知丈夫参与相关运动后的感情及其反应"牢记在心。他还说："有一天，这位女士告诉我，她丈夫只为她而活，一旦她离开了，他就没了依靠，完全成了流浪儿。这种不同寻常的关系令我感到吃惊。我很想知道昂泰尔姆夫人是否说话言不由衷，就边向她讲'瓦朗坦事件'[42]的经过，边观察她的反应。"法官问道："这种事情是否引起了你的心理兴趣? 可以这样说吧。这确实很奇特，但是您可以去问昂泰尔姆夫人，文学是我们的谈话中心，我们通常不谈论其他事情。"[43]

听了他的一席话后，昂泰尔姆夫人并没有表示反对。但是玛格丽特·杜拉斯不会忘记他们之间的暧昧关系和不幸的结局（因戴尔瓦在法国光复后将被处死）。《痛苦》和《X先生，又名皮埃尔·拉比耶》在1985年出版之前，她细致地回忆了此事的前后经过，当时态度比较消极。我在她的档案中发现了几页1958年夏天在圣特罗贝写的文字。她试图重拾记忆，回忆1944年盖世太保与法国警察关系的情况。当时她给阿兰·雷奈写《广岛之恋》的对白，正是该书让她一举成名。如同电影中女主角埃玛纽埃尔·丽娃一样，现实中的玛格丽特竭力回忆往事，回忆的是德国占领期间年轻女孩和德国士兵之间发生的事情? 或许这些事情是她写这部小说的原动力? 广岛的年轻女士说："我已经说了我们的故事。"被她命名为"A. D."的一系列有关戴尔瓦的回忆在这里获得了新生。她这样写道："我认识A. D. 有14年了。13年前我就萌发了写我们相遇的冲动，就是不曾行动，甚至没有提笔写一个字。起先或许是因为创作另一部小说的欲望抓住了我，或许是我身边的人让我打消了这个念头。"啊，我身边的人！她在纸上还写着："我从来不曾写过真正的爱情小说。"他们喜欢的也许就是这些。此外还有如下文字："我现在做的是一件苦差事。我强迫自己去回忆，也许是因为我觉得A. D. 的故事很有趣。A. D. 对我而言恰恰是记忆与遗忘的极限，（电影中的埃玛纽埃尔·丽娃大声喊道：'我已经忘了你！'）我觉得自己应当让他走出这危险的境地。为什么呢？因为我认识他，因为我他被处死了，因为我有资格描述他是怎样的人，因为我不是近距离了解他，而是尽可能地离他越远越好。当然说远，也不会远到哪里去。”在这些文字的前几页，玛格丽特·杜拉斯写道：“除了一些索塞街上的同事，我不记得他跟我谈过他的朋友。我觉得他是孤独的。可是他认识了我，是的，他认为他走出了孤独。他心里很矛盾，觉得他可能会因为我们相遇而遭到不测，因为他发现他可以将自己心灵和肉体的奇特感受告诉另外一个人。他不够谨慎。因此断送了性命。”千真万确，这正是玛格丽特·杜拉斯的笔墨！后面几行，杜拉斯写下了她的心声：“当 A. D. 第一次当着我的面从口袋里拿出手帕的时候，我发现他的皮带和口袋之间有根金色小链条。他对我说：这是手铐钥匙，是金的。”“太具有暗示性了。”但是两张纸后，有一段取自现实对话：“如果您难过我会受不了。我不难过。不，您难过。您什么也没说。但我知道。知道什么？我可以让您的丈夫从后楼梯偷偷走人，这是有可能的。”这段对话证明，连用心不良的告密者，甚至盖世太保们也会被感动。玛格丽特竭力保持冷静，继续写道：“A. D. 从来没觉察到他让我体会到了恐惧。从来没有。”[44]玛格丽特发誓。

前进中的自由

“巴黎从未有过比 1944 年的春天更美丽的季节。在这最后的 4 月里，由于没有油烟的污染，香榭丽舍大街边的李树绿得发亮；矫健的自行车手们头戴安全帽，出租马车夫们挥鞭互相示意，钓鱼者聚集在塞纳河岸，鸽子来到马路上，在行人的腿间飞行。5 月 1 日，在街角，在地铁入口，在教堂的广场上，到处都能听见巴黎人的卖花声：5 法郎一束！5 法郎买一束！买铃兰了，它能带来幸福！买铃兰了，夫人！然而，夜晚反而不如白天宁静，不时响起的警报声，炮声和急促的脚步声打破了夜晚原本的平静。我站在远处，目睹博若莱街上的教堂被炸毁。”[45]让·盖埃诺在日记中这样回复让·雨果：20 日，教堂被炸；5 月 27 日，警报声不断，一天拉响五六次；6 月 6 日星期二，罗丹和杜瓦尔打电话告诉我一个消息，登陆开始了；6 月 20 日，诺曼底激战打响，6 月 25 日，战斗胜利结束，终于自由了。阵阵暖风从诺曼底吹来。我想阅读海明威的作品。6 月 28 日，菲利普·昂里奥被谋杀[46]；8 月 18 日，巴黎附近的弹药库被炸毁；8 月 20 日，都市酒店和共和国广场爆发了抵抗运动。8 月 23 日，巴黎几乎处处都有战斗的枪声；8 月 24 日，勒克莱克军的第一批坦克驶抵圣母院外。夜里教堂钟声大作，为炮兵部队指引方向。巴黎人再次为自由而战[47]。

“残余分子”突然改变了阵营。勒巴泰仓皇逃走了，“黑色时代”的政府也随之土崩瓦解。得知盟军在诺曼底登陆了，弗朗斯·布律奈尔和儿子跑到普隆比埃避难所躲了起来。她丈夫伊夫·格朗科拉随后找到了她。7月13日，她母亲坐上开往东部的最后一辆火车走了。她顶着烈日于7月14日抵达普隆比埃。8月20日，布律奈尔夫人看到报上一篇报道：“4年来，只有这一天我们法国人才能够抬抬头，只有这一天。”上午接近正午时分，餐馆的女侍者告诉我，拉瓦尔逃离了巴黎。真是大快人心！这是个假爱国者，一些思想温和的人被他的漂亮话蒙骗了，竟然将他的政策与塔莱朗的政策相提并论！有人说，别急于下定论。说这些话的人和我们不一样，他们没有看到他逃离时的狼狈相：蜷缩在汽车的后排座位上，身旁放着冲锋枪和礼帽，垂头丧气，无精打采。他很富有，财产多得无法估计！起初，我们看见他被自卫队士兵押走了，大家不约而同地唱起了歌：一路顺风，亲爱的杜莫莱。同一天，在通往娱乐城的公路上，她路过和平酒店时看见了许多欢呼雀跃的人群。旁边一个人告诉她：“这是德·布里农、阿贝兹以及他们的随从人员。”“他们下了车，在原地踱步，当然，是有人监视的。我曾经相信过德·布里农，他是个无耻的畜生！到处可见漂亮的妇女，她们满头黑发，脖子上戴着珍珠项链，怀里抱着小狗，有的穿着光荣牌长裙，有的穿着巴度牌长裙。德·布里农经过时，她们低下头，握紧拳头，看着地面。车里大包小包，全是行李。多么激动人心的胜利啊！”[48]

巴黎，黎塞留大街100号。玛格丽特和迪奥尼斯在《小报》社里忙碌着。报社所在的楼被抵抗运动成员包围过，后来被征用，成了劳工办事处。乔治·博尚曾用实名受聘在此工作，从事间谍活动，收集战俘与被驱人员民运活动情报，准备秋后算账。他闹了不少笑话，才如愿进入办公室，搞到了一些重要文件。起义爆发以后，迪奥尼斯·马斯科罗被授予法兰西国内武装力量中尉军衔，以战俘与被驱逐者民运（让·米涅，又名指挥官罗丹）独立部队首长助理的身份，同乔治·博尚上尉一起采取军事行动，用火力压制报社大楼，逮捕数名投敌分子。弗朗索瓦·密特朗有时也会拿起武器和他们一起战斗。这些行动危险性很高，因为在巴黎市的个别区域，德国人依然在垂死反抗。迪奥尼斯·马斯科罗，玛格丽特的同伴，乔治·博尚很赏识，曾告诉我说：“他像马尔罗，行事轻率，精力充沛，喜欢冒险。”玛格丽特负责饮食工作，喜欢在充满危险的环境里从事富有冒险性的工作，这一点是肯定的。下面的一段文字就可以证明。

“我们在R大街的一栋房子里被关押了14天。我们一直期待着勒克莱克大军早日到来。我们总共有 24 个人。我的噩梦终于结束了，我自由了。巴黎的大街小巷，每层楼都有哒哒的冲锋枪声。三个西班牙人失踪已经三天了，人们认为他们可能遭遇了不测，可是过了几天，他们又奇迹般地回来了。见到他们，真是让人感到由衷地高兴。他们告诉我说：'我们被德国人带走了，关在一所学校的院子，一个德军上尉来告诉我们，第二天早上 7 点我们将被枪决。我们死定了。后来我们就睡着了，因为我们实在是太累了，我们已经 3 天没睡觉了。第二天，我们不但没有被枪决，相反，等待我们的是牛奶咖啡和抹上黄油的面包片。你知道吗？时间已经过 7 点了，可我们并不知道。我们把那些东西都吃了，太好吃了。美味佳肴肯定被那些坏蛋吃光了。'那个上尉来了，对我们说：'你们知道了，我们并没有杀了你们。'你说，死没死，我们能不知道？然后他要我们抓别的人，再把我们放掉，因为那些人实在该死。泰奥多拉和我都觉得这个故事很有意思，让我们很开心！泰奥多拉有时会问我：'你恨他们吗？'我说：'我不知道。'泰奥多拉笑着说：'我恨他们。'我不知道我是否恨他们。爱恨与否并不重要。我没有时间考虑这个问题。坦克两辆一排从街上驶过。我们憎恨敌人。楼下就一辆坦克，我们很幸运，这辆车成了攻击的目标。坦克上的士兵颈部挂了彩，一呼吸就流血。他的呼吸很缓慢，坦克似乎都不停地颤抖。坦克中弹了，他旁边的那个人也吃了子弹，想推倒刚受伤的战友，坐到他的位置上向外开枪，然而刚受伤的战友似乎没明白战友的意图，任凭战友推搡，就是不肯让开位。他太重了，把他挪开，战友费了不少的劲儿。我们的战士从房顶上开了一枪。见鬼！第二个张开双臂扑向第一个，立马就呜呼哀哉了，而第一个还有一口气，但呼吸越来越慢，鲜血随着呼吸不停地往外流。他死了。坦克像疯了一般，乱冲乱撞。结束了，一切恢复了平静。街道又沐浴在阳光里，时间正是早晨，太阳斜照在两个身着绿军装，依偎在一起的士兵身上，他们已经永远离开了这个世界，永远远离了战争。'妈的！'一位战士说：'这就是战争。'开枪的战士成了我们的英雄。只有泰奥多拉哭了，她想死。她知道死就像是呼吸，不可避免。她哭了。应该把她藏到男人堆里。"[49]不，这不是战士马斯科罗书中未出版部分的内容，而是泰奥多拉/玛格丽特在战后完成的小说的开头[50]。全书情节真实，人物安排恰当。文学作品又重新享有了它的权利，就像她后来的小说一样，同一性是可以互换的。坚定而富有男子气概的声音已预示着《抵挡太平洋的堤坝》这部作品的风格。

埃德加·莫兰和他的同伴维奥莱特，以及战俘与被逐者民运的同事们一起搞暴动，一起分享胜利的喜悦。他回忆说："巴黎解放之后，戴高乐回来了，和他们几个坐上博尚驾驶的车，车里坐着维奥莱特、玛格丽特、迪奥尼斯和我，我拿着三色旗，身子从车顶探出去，打出胜利的姿势。我们成功避开屋顶射手射出的子弹，在街上游行。我们在暴动时期组建了一支队伍。我也从此成为了他们的朋友。我负责封闭佩尔提埃大街。临解放时，我想起来了，我依然身处监狱。我们听到了夜晚的钟声。”我问埃德加·莫兰，玛格丽特是否有武器？有没有使用过？“没有。我想没有。我有猎枪，但我从来没用过。我想博尚和迪奥尼斯他们有手枪。”[51]

刽子手玛格丽特

是消除误会的时候了。误会是由玛格丽特自己在《痛苦》一书“首都酒店的阿尔贝”一章的内容引发的。在这一章中，玛格丽特详细描写了一幕酷刑情节。在解释这部作品的创作初衷时，她实事求是地告诉读者，这个在现实中暴力殴打告密者的泰雷兹就是她本人。“泰雷兹是我，这个折磨告密者的人就是我。同时，这个想要和自卫队士兵特尔做爱的人也是我。请你们读读这本书！这是一本神圣的书。”啊，真的，我们感觉到了，用时髦的话说就是“强烈的共鸣”，同时，还有一些担心。但书是神圣的。很幸运，我们立即感受到了，那个人举止高傲，语气专横霸道，这个人在前一年获得了龚古尔文学奖，在阿波斯特罗夫对贝尔纳·比沃特[52]引起轰动。但无论如何，对细节如此细致的描写，暴力的逐渐上升，气氛越来越狂热，血流得越来越多。的确，在解放后的岁月里，可能存在一些失误，一些过激的粗暴言行。是虐待？还是冷血的折磨？说来话长。玛格丽特身材娇小，那种诬蔑她能参加暴力行为的想法实在荒谬。另外，难道泰雷兹真是那个书中提到的操纵殴打事件的女人？更何况，书是事情发生一段时间后写的，或者数年后写的。到底是否这样，还很难说。

在《战争手册》中，泰雷兹让丈夫为她取别名纳诺，而她此时见证了德国人如何折磨关在蒙卢克城堡的两个老罪犯。虽然这些德国人也遭受家庭暴力，可他们并没有试图为报仇找一些合理的借口，他们的眼睛里充满了怒火。她思考着为这一暴力行径和付钱给某人的愿望找一个合理的理由。然而，这是一个已经被证实的告密者！她想着身在远方的一个人：“在德国，有人从来都不会提起自己的领带。而回来后总是说：‘你好，纳诺。’他接着要做的事就是提起自己的领带。也许他再也不会在床上当着曾经看他这样做的纳诺的面提起领带了。有一个千载难逢的机遇。”[53]我们熟悉杜拉斯朴实无华的风格有些晚了。纳诺独自思考着：“让他脱掉衣服很有用。”既然提供者在，他就是“首都酒店的阿尔贝”，“这再也不这么紧急了。她没任何感觉，感觉不到恨，却觉得很有耐心。她不想出去”。“现在，这是必须的。”“为了弄清楚折磨告密者的人为什么是她，事情还得从很久以前说起。最后，好像是她。”[54]结尾时，纳诺哭了……1985年，像在厄勒克特拉的葬礼上一样，公开宣布泰雷兹即玛格丽特·杜拉斯有罪。

同样要注意的是，阿尔贝在现实生活中叫罗贝尔·弗朗克，警察局以前没这个人。巴黎解放以后的1944年9月，警察局调查夏尔·戴尔瓦及其帮凶的活动。他曾经在圣拉扎尔火车站旁的一家首都酒店咖啡馆里做服务生，但9月中旬以后就离开巴黎去了外省。玛格丽特·杜拉斯之所以向调查员告密，是因为发现他保留着戴尔瓦的信。咖啡店老板对调查员说，他的常客有很多是抵抗运动成员（戴尔瓦证实的事情），他们中没有任何人忧心忡忡。他还说到他不希望他的服务生是告密者。此外，也没有任何证据证明罗贝尔·弗朗克被逮捕过。然而，对于玛格丽特的指证，法国内地军不是没有可能把他找出来。在戴尔瓦的档案里，没有他受审的任何记载。玛格丽特从来没有说过曾为德国警察送通行证的事情。首都酒店帮助罗贝尔·弗朗克成为阿尔贝，同时也被玛格丽特给神化了。

为了了解更多巴黎解放时期发生的事情，我问了乔治·博尚：“您在博布尔大街上有没有拘押犯人的场所?”“我的司令部设在黎塞留大街，房子有4个门，面对四条不同的大街。我首先抓的人是在街上的胡作非为的罪犯。我并不惊动他们，然后通知第九派出所，让他们去抓。”

“派出所的人是你的合作者吗?”

“是工人出身的高官，地区管理层的高级官员。所以，我、玛格丽特和里塞特·勒里维尔商定，我们的行动所就设在这里。她们两个是军官食堂管理员。我们有两个武装士兵，保卫我们机关和我们机关同处一楼的法国情报处。情报处从我们这里获得需要的信息。”

“你见过戴尔瓦吗?”

“我不负责接待事宜。我们和马斯科罗，还有其他人负责一起抓罪犯。我们查扣了数辆使用内部牌照的德国卡车。我们把这些卡车交给派出所处理，我们没有严刑拷打车上的人。”

“你们审问犯人的宾馆，是博尚大街那家宾馆吧?乔治·博尚虽然从来没去过被暴动者征用的宾馆，但知道有个上尉叫马里翁，是个航海家，他主张不要粗暴对待犯人，让人感到不解。这点我们也清楚。但是，他一再解释说，我尽可能把弗朗索瓦·密特朗排除在外，而我唯一没有排除在外的人就是马里翁上尉，他的举止像个野人[55]。像往常一样，玛格丽特没有杜撰故事，而像翻译一样，真实地再现了事实。她是军官食堂的管理员！她并不太好战。”

司法手段

巴黎解放后，战俘与被驱逐者民族运动的任务之一就是尽量顺藤摸瓜捕获罪犯，尽量弄清楚谁出卖了他们，如果背叛者真存在的话。逮捕行动之精准让人困惑不解。正因为如此，设法找到被德国警方利用的当事人夏尔·戴尔瓦就显得很有必要了。1944 年 9 月 1 日，夏尔·戴尔瓦由迪奥尼斯·马斯科罗在德朗西军营找到，随后将其逮捕。在军营里，皮埃尔·佩昂详细地讲述了事情的经过。据他说，戴尔瓦是因合作者的告发被捕的。合作者干这种事情在当时很常见。塞纳河法庭预审案卷就可以说明问题，这种行为是犯罪行为，丝毫不容怀疑。这是保密卷宗里的内容，其他很多证言内容一般都不可靠。人们认为，还存在另一种可能性，某些法国人在占领时期采用肮脏的手段改变事实真相。夏尔·戴尔瓦的案子就是这类不光彩案例之一。如果他和玛格丽特的生活轨迹没有相交，那么，他自然就该被人们忘记。

根据法庭的预审案卷和诉状内容，夏尔·戴尔瓦做过的坏事不管是他亲口承认的还是记录在案的，足以判他有罪，其中就有被盖世太保收买，出卖盖世太保追捕者的下落。为此，他拿到了德国警方的身份证，受到盖世太保的有力保护，每月不仅能领到 5000 法郎的固定薪水，还可以拿走被捕人家里的贵重物品。法国警方是在一起交通事故中将其抓获，后应索塞大街德国人之要求将其释放，根据其向警方的供述，法国警方平均每月要给他支付 1.5 万法郎的报酬，为了感动玛格丽特，他说报酬是 100 万法郎。他跟随德国警察，进入被逮捕人家，并声称自己是德国警察，检查身份证件，同时不忘拉开抽屉、衣柜和写字台看看，顺便拿走一些珍贵的书籍和贵重物品。他声称是绘画和艺术品经纪人。除此之外，他同时还参与打击犯罪，逮捕七八名团伙成员，在 6 月 1 日早晨亲自抓获了贝拉尔先生的上司，此人被送往贡比涅前受到德国警方的严厉惩处并被放逐。戴尔瓦不仅配备了手枪，还有手铐，他在法庭上说手铐是锁自行车的！在迪潘街事件里，保安队和盖世太保合伙设圈套，让他去调查罗贝尔·昂泰尔姆和他朋友的下落，并对他们实施抓捕。戴尔瓦每天都在索塞大街上游走，被抓者在问讯中遭受折磨，这里无人不知，无人不晓。

不仅如此，他还抓犹太人，抓了后勒索钱物，如果有人交得起，就交钱放人。据证人说，交钱数额是30.02万法郎左右。他胃口之大，导致一些被抓者害怕和他商量交钱的数额。这其中也不乏寻仇者，有一次他抓获一名戴高乐派的人，此人是某个姓布鲁斯姓氏贵妇的丈夫，妻子正在和他闹离婚，图谋占有婆婆大量的丝织品。丈夫被逮捕后关进德国集中营，再也没回来，而她解放后却遭到了起诉。这只是一个例子，是1944年11月7日法警出具的证言，法庭还宣读了这份证言。波莱特·戴尔瓦是俄裔工程师，被告的妻子，向法庭证明自己丈夫无罪。但丈夫经过慎重考虑，作出选择，承认自己有罪，并供认说：

> 我是偶然知道抓了个叫戴尔瓦的人。11月3日星期五，他妻子到我家来找我，求我帮她证明一些我不能够证明的事情。1944年5月10日，两个家伙到我在拉斐特大街255号的住所来抓我，抓我的原因很简单，因为我是犹太人。他们出示了证件，证件上有德国老鹰标志。我看明白了一个证件上的大写人名是戴尔瓦。在去索塞大街的路上，他们告诉我，出4万法郎问题就能解决。我接受了，但我没有这笔钱。我在那个叫戴尔瓦的人的护送下回家，我当时只凑了1万法郎，并约好其余款项的具体交付时间地点。第二次见面时，我妻子又交了1万法郎，同时又说好了第三次交付剩余部分的时间和地点。期间叫戴尔瓦的人告诉我妻子，如果有事情来不了，就给索塞大街423号的戴尔瓦先生打电话。第三次见面时，我妻子没钱了，就把她的首饰给了他。戴尔瓦收下后又到我的住处拿走了1座银钟和1个金手镯。从此以后我就再也没见过他。我也搬走了，住到我朋友那边去了。[56]

开始时，迪奥尼斯·马斯科罗和弗朗索瓦·密特朗在位于博布尔大街的一间旅馆里审问夏尔·戴尔瓦。这个房间是战俘与被逐民运人员的临时聚集地。皮埃尔·佩昂和劳儿·阿德莱他们觉得这样审问尽管时间比较长，但收获不大，得不到给被告定罪的有力证据，更不能从被告嘴里得到逮捕抵抗运动成员的任何信息。迪奥尼斯·马斯科罗亲自和法国国内抵抗力量小组成员前往戴尔瓦夫妇位于瓦格拉姆广场附近的雷诺德街住所搜查。深夜，他们把波莱特·戴尔瓦从黎塞留大街带走。马斯科罗、密特朗和让·米涅对她进行突审，她说自从和丈夫闹翻以后，她被关在博布尔街，关了大约15天禁闭。马斯科罗也不能确定玛格丽特·杜拉斯是否找她问过话，因为证言在这点上出现了分歧。由于没有对她不利的证据，除要求她在9月22日的预审中作证外，她很快就被放了，以后也没有受到法院的任何追究。出庭作证时，她再次声明，她丈夫生活简朴，知道丈夫从事经纪人活动，此外他还做什么，她一概不知。

但这不是问题的关键。玛格丽特·杜拉斯真的就像她自己所认为的那样应该为夏尔·戴尔瓦的被处决负责吗？在我看来，如果说我们能忽略后来她在这个问题上的所说与所写——当然了，这些东西在任何情况下都不能作为证据——这样的提法就完全站不住脚了。关于这件事情，人们还是倾向于参考作者后来在《痛苦》中的叙述，但是这本书却掺杂了作者的负罪感、反抗意识以及在对叙述往事时的矛盾心情。这种情况的存在往往会降低与此有关的一些关键资料的分量。另外，这一些人和那一些人的证言由于太过主观而变得不太可信，甚至成为无效证言，特别是那些年过后弗罗利奥律师在外就餐时说的话。据弗朗索瓦·密特朗透露，弗罗利奥律师认为戴尔瓦案不值得辩护，但他偏偏就是戴尔瓦的辩护律师，也许他还没有意识到那些控诉会给被告带来怎样严重的后果。为了取悦昂泰尔姆夫人，他非但不对所有不利于被告的证词进行反驳，反而随声附和，给人的印象是一个傻瓜拿着枪，却坚称自己没干任何非法的事情。12月8日庭讯中，他几乎一言未发，最后导致玛格丽特·杜拉斯和迪奥尼斯·马斯科罗的证言没被法庭采信。第一次作证时忘了澄清一些事情，得知戴尔瓦将被判处死刑时，杜拉斯请求再开次庭，准备做有利于被告的证词。戴尔瓦曾经告诉她说，他并不想抓犹太人，因为他在他们的住处看到了小孩的画。然而弗罗利奥并不知道如何在他的辩护词中更好地利用这些线索来减轻当事人的罪行，就紧紧围绕战俘与被逐民运人员提供的伪证发表意见，还对戴尔瓦进行了冷嘲热讽。在他接这个案子并为之辩护的时候，他手中还握有更多更肥的猎物，因为他同时担任着几个人的辩护律师。

庭审速记报告最好不要相信。在这点上，我和皮埃尔·佩昂的观点是截然相反，是玛格丽特·昂泰尔姆改变了戴尔瓦案的结局。这个小女子把自己当成检察长，已经判了戴尔瓦死刑。她认为他罪该万死。她竭尽所能让戴尔瓦案件还没进入法院审理就执行死刑。但她没有成功。他也没能幸免一死。她在《痛苦》[57]中写道："他因我而死。"这就是我们所知道的事实！这不是因为40年后玛格丽特·杜拉斯的描述，在案件审理过程中，尽管她起了些作用，但她没有要求严罚。如何惩处，不是她所能决定的，法官掌握审判权，更何况是死刑判决。这也不是因为她在《自由报》（她给报社投过稿）工作的同学在报道案件证词汇总时写篇题为《法律胜利之后盾》的文章帮了她，而是这篇文章在一定程度上影响了法官们的判断。事实恰恰相反，她并没有过多地控诉戴尔瓦。她丈夫和小姑子，还有其他人一起被送进德国集中营，很大一部分原因是戴尔瓦咎由自取。法国被占时期，戴尔瓦玩的游戏是非常危险的，他可能因为犯通敌罪[58]而失去自由。这一点是不能忽视的，但更重要的是，这条罪状后来送了他的性命。

博尼和拉封是罗里斯通街一带刽子手的头子，他们也没有逃脱被审判的厄运。这是他们的必然下场。窝藏、逮捕、通敌等罪恶行径调查清楚以后，法院对他们进行了审判。如果是他扣押了戴尔瓦和其他 12 名罪犯中的两名，他们应该和横行罗里斯通街这伙人有联系。他们倒卖抓人时非法获得的财物，其性质同德国警察与商贩的做法大相径庭，唯一不同的是结局不一样。同夏尔·戴尔瓦相比，罗里斯通街那伙人天生就不是什么好东西。因此，弗罗利奥律师认为，夏尔·戴尔瓦是彻头彻尾的傻瓜笨蛋。处置由法官裁判。

诉状这样写道：“首先，戴尔瓦和达特一样，告发革命党人，行径令人厌恶，俨然是无耻之徒。作为古玩商，干坏事成了挣钱的机会，每年可以有 10 万法郎的收入，过着衣食无忧的生活。但他并不满足，还参加了德国警察，通过迫害同胞每月再挣 1.5 万法郎，钱多了就可以大胆地找乐子。在他的关照下，贝拉尔、昂泰尔姆、菲利普、蒂博、布斯凯、梅尔、阿扎利亚等抵抗成员获得释放。别忘了，昂泰尔姆夫人见你的时候，你把那个女人吹嘘的事情告诉了她，她听了笑着说：‘我倒要看看他们做何反应。’这句话说明那些事情与她有干系。合上宗卷，思考如何处理时，不知道为什么，占领时期熟悉的画面出现在我的脑海。每当夜幕降临，我们就看到驻扎在卢森堡公园的德军哨兵牵着狗来回走动。他们的狗受过训练，变成了武器，不仅咬人，还能看人，甚至吃人。德军撤了，狗窝也被带走了，只留下拴狗的木桩，这就足以证明了他们的恶行。”

下面是询问笔录：

问：当事人夏尔·戴尔瓦作为一个法国人是否在 1943 和 1944 年期间以及在 1940 年 6 月 26 号以后的任何情况下，即在那个战争年代勾结德国军队及其盟国来帮助他们进行破坏行动，削弱法国的核心实力？

答：是的，大部分是这样的[59]。

理所当然，1944 年 12 月，被告被判死刑，1945 年初执行。对于他的真实身份以及举报的来源还是一个谜，这就使得戴尔瓦和他盖世太保的同党得以打入弗朗索瓦·密特朗的援助战俘网内，并且几次都阻止了他们的行动；夏尔·戴尔瓦应该很快就得到了提升并且有一份丰厚的报酬。因为莫尔朗负责通知警方，所以法国盖世太保分子也就试着开始把这个“大猎物”赶出去。关于信息的来源，当问道他：“贝拉尔、皮埃尔·布斯凯、皮埃尔·梅尔的被捕以及迪潘街事件是谁泄的密？”他的回答是：“这不存在泄密的问题，是德国人搜查位于奥德内尔大街（160号附近）的公寓时发现的名单，而且我还知道发现名单的这间公寓是名叫布尔热瓦和梅蒂纳的人承租的，这两个人是战俘与被驱逐人员民族运动的成员。”[60]本来那两个很可能会被认为叛变而受到惩罚，他这样的回答无疑会使我们对先前的看法表示怀疑。除非说戴尔瓦没有说实话，不然他为什么要在这点上撒谎呢？他可知道如果他说出了让战俘与被驱逐人员民族运动成员遭到逮捕的泄漏者，那么是可以给他减刑的。

现在恰好是揭露夏尔·戴尔瓦、又名拉比耶的真实身份。有一种传言说是后者对迪奥尼斯·马斯科罗告密说戴尔瓦是一个德国间谍，在第一次世界大战以后，他在德国杀了一个法国人，然后就拿了那个人的身份证明。说到这里，我开始对戴尔瓦的身份好奇了，便到巴黎地方法院检察署查询。根据案宗里一些文件的记载，夏尔·路易·戴尔瓦于1901年4月29日出生于巴黎第15区。他的出生证明资料是来自于身份注册处，我们还知道他是晚上6点在沃基拉广场2号公寓印刷厂主父母家出生的，父亲名叫于勒·克莱芒·戴尔瓦，母亲名叫玛丽·布朗什·格梅。1927年，戴尔瓦在罗克布鲁纳的马丁港有了第一次婚姻。1939年1月28日，他和波莱特·格朗在巴黎开始了他的第二次婚姻。她是来自阿尔让特伊，皮埃尔·佩昂在1994年的时候和她有谈话，她郑重地说她不同意谣言所形容的那样说她丈夫是德国间谍，她说她很了解戴尔瓦的家人[61]，他的父母在生他的时候都已38岁，等他再次结婚的时候就应该是73岁了，这也是非常合乎逻辑的。

新娘身着黑纱

当夏尔和罗里斯通街案件还在法院命悬一线的时候，在圣伯努瓦街却上演了另外一幕悲剧，可以毫不犹豫地说它是一件不怎么样的传奇事件。迪奥尼斯·马斯科罗在那里度过了很长时间（杜拉斯坚持说在罗贝尔·昂泰尔姆不在的那段日子，他们之间没有发生过亲密的接触），在他空闲的时候，他就会因为那种暧昧关系去陪戴尔瓦夫人，为了讨好她，他把法国陆军当时闯进雷诺德街时所带走的物品和文件给她，当然不是全部，因为在一些年后我们在杜拉斯的档案里发现了他自己保存的一些家庭照片。皮埃尔·佩昂揭示了他眼中的英俊男人马斯科罗和被告的妻子之间的暧昧关系。当然，在他们之间的关系刚刚开始的时候他也不是以前的那个他了。也许应该通过两方面的努力来解决这个燃眉之急的事情。下面我来引用一下 1994 年波莱特·戴尔瓦告诉皮埃尔·佩昂的话：‘为了救我的丈夫，我已经和他上床了……’然而，对于迪奥尼斯·马斯科罗来说，在那个时候他只想记得她那炙热的激情和诱惑。恰恰和人们想象的相反，这样的激情并非盲目。他们两人在一起的日子是美好的，他们彼此取悦对方。为什么我们现在还要继续寻找更多有关他们的事情？1946 年，他们的爱情结晶出生了。他们的关系又维持了几个月。有人说维持了几年。过去的都已经过去了，戴尔瓦夫人轻而易举就能指控“杜拉斯深爱迪奥尼斯”，她也可以在打官司的时候轻而易举地击败自己的丈夫，当然是妒忌心所然[62]。

莫尼克·昂泰尔姆坚信玛格丽特从来就不知道这件事能给她带来无尽的痛苦。正如她自己所证明的那样，她深深地爱着罗贝尔·昂泰尔姆，同时也爱着迪奥尼斯·马斯科罗。照莫尼克·昂泰尔姆的说法，迪奥尼斯·马斯科罗有一段时间在两个女人之间徘徊。这种让他烦恼的事情不应该在他的浪漫作品里面没有体现。

然而，也许我们通过研究那些我们不想花费很多时间去思考的细节，通过照片找到不为作者所知的那层暧昧关系。这也是这部作品最为丰富的内容。对于杜拉斯来说，这应该不是唯一的（比如说她的《情人》）内容。需要说明一点，杜拉斯在描述迪奥尼斯·马斯科罗的特征时故意做了手脚，有的事情她自己也承认必须得遗忘。忽然我产生了一种很奇怪的感觉。那些照片里有一张是在阿尔让特伊的单间公寓拍的。我发现房间的摆设很讲究，一个有数年历史的衣柜，一张古色古香的书桌，墙上挂着数幅画，窗户上挂着素雅的双层窗帘，个头高大的男人站在窗前，身着黑色外套，系着白领带，下身穿条纹裤，戴着玳瑁眼镜，他旁边是位中等身材的少妇，盘着头发，戴着珍珠耳环、玉石项链，一只手搭在书桌上，对着镜头发笑。他们是夫妇，衣着很体面。他们面前有两盆花，一盆是石竹，是用白纱编织而成的，另一盆是康乃馨。都放在桌面上。这是夏尔·戴尔瓦和波莱特·格朗 1939 年 1 月 28 日结婚时的新房。

我感到很奇怪，我怎么一开始就没有发现房间里有什么特别，过了几分钟，突然才反应过来，发现新娘穿着黑长袍！一开始怎么就没有发现呢？我仔细打量着波莱特·戴尔瓦的衣着。那是件很漂亮的长袍，很高贵，做工精细，穿在身上特有气质。我觉得我好像在什么地方见过。袍子袖口镶有薄料做的花边，鸡心衣领，看上去很不错！安娜·玛丽－斯特雷特就是身着这件袍子参加圣达拉市舞会的。圣达拉市舞会是一个很有名气的舞会。她在舞会上勾引罗拉·瓦列里的未婚夫米歇尔·理查尔松，她如愿了，从此就和他有往来了。米歇尔·理查尔松的未婚妻当时不在，到酒吧后面的树林溜达去了。她乘机施展魅力。杜拉斯没有忘记波莱特·戴尔瓦，作品里的她穿着时髦，魅力四射。文学创作说来很神秘，但玛格丽特却说，“写小说，我需要的素材并不多。”

女作家

勒鲁瓦认为，女作家昂泰尔姆夫人9月中旬旁听了戴尔瓦的初审，12月8日又去了，也就在这个时候，她知道她的小说《平静的生活》经过数月耕耘，就要由著名的伽利玛出版社出版了。这部小说本来可以早点面世，但由于春夏之交所发生的事而推迟了，推迟到12月28日才上市，其实12月10日印刷工作就已经完成了。首批上市5000册，短短6个月就售罄了。

起初伽利玛出版社对出这本书有些勉强，可能是迪奥尼斯·马斯科罗，还有住在圣伯努瓦街的皮埃尔·拉菲，这两位好友从旁做工作，才使这本书得以与读者见面，尽管他们是贝当派，还是帮了作者这个忙。马塞尔·阿尔兰不喜欢《厚颜无耻的人》这本书，可能对《回归地球》的付梓持否定态度。雷蒙·格诺不再以良师益友的姿态对待脱颖而出的女作家。他对这本书的审读意见书是这样写的：

> <u>分析</u>：
>
> 第一部分，尼古拉杀了热罗姆[63]。热罗姆死前曾长时间遭受痛苦与折磨，而小说中的女主人公弗朗苏及其家中其他成员对此很漠然；第二部分，弗朗苏在阳光明媚的海滩度假，亲眼目睹一位先生溺水身亡而无动于衷；第三部分，弗朗苏嫁给了她根本不爱的蒂埃纳。
>
> <u>评论</u>：
>
> 我们猜想作者想塑造一个类似加缪《局外人》中的人物形象。夸张点说，她小说中的人物形象塑造还是成功的。作者用运

了简单过去时这个小窍门，第一部分写得还不错，第二部分让人觉得没多大意思。总体来看，有些草率，一般化。作品需要修。为什么要退回修改，说明出版社有意出版这本小说[64]。

在《平静的生活》的衬页上，有这样一句题词："献给我的母亲。"在作品中，书中第一人称的"我"这个人物形象最为复杂，但她通过自己的观察和思考讲出了家庭分解给家庭成员带来的痛苦。事实上，作者的母亲这一次又成为作品中的关键人物之一。故事发生在印度支那西南某地，齐野斯附近的一个小村落。埃齐斯一家人就生活在那里。拉维塞尔变成了拉里索尔，庄园叫布涅，巧妙地替代了东部省份贝尔格拉克，以后的地名都做了类似的处理。这一次，我们漫游在杜拉斯故乡的边界，我们去想象着她小说中的情景。每天晚上都经过齐野斯的那趟火车驶向T城，经过一片大西洋的海滩，顺利抵达目的地。总之，在大西洋的海滩里，T城海滩总是提前展现在劳儿·V. 斯坦和安娜－玛丽——康热的妻子面前。杜拉斯的世界正在孕育中，河水、沙砾、大海上空的太阳是她小说的背景。小说中的这个大家庭里有个讨厌的舅舅，他是个赌徒。热罗姆挥霍了我们的全部财产，尼古拉从来没有上过学也是因为这个缘故。尼古拉是弗朗索瓦最喜爱的兄弟，他却自杀了。当他设法排解内心痛苦的时候，弗朗索瓦跑去向他倾吐自己的苦衷。在印度支那，我们听到了对死者的哀悼："天黑了，我无法入睡，我在想死去的尼古拉，此时他躺在那处小公墓里，永远睡着了。我醒着，可我也不清楚我在床上能躺多久。"过了一会儿，我们听到了弗朗索瓦发出了痛苦的呻吟："我从来没有这样爱过尼古拉，从来没有，我多么想吻吻他的额头，吻吻他紧闭的眼睛，重新找回弟弟的体味。这能让我心里舒坦一些，温暖一些，让我觉得年轻了一些。"[65]

讲述者琢磨着这样一个问题：她还年轻吗？她对着镜子在思索，心里在想："我无意间在镜子里看到了自己的形象，我对自己的形象一点都不满意。我忘了以前是什么模样，这次在镜子中发现，似乎第一次看到。就在这时候，我才知道自己还活在这个世界上。我的嘴唇，我笑时的声音常常被我所忽视。我渴望亲吻那个成了我的那个女孩，我要去爱她。假如我以前就知道将来总有一天这一切将成为历史，那么我就会更加认真地活着，我会让这段历史变得更美丽、更充实，这样我才会很高兴。但现在已经太晚了，这段历史已经开始了，带着我去它想去的地方，我不知道去了哪里，我在那里什么都看不见。尽管我试图把它赶走，但它紧紧跟着我。一切都被安排好了，一切都会在这历史的记忆中腐烂，不会有什么新事物再现。我永远沉浸在这段历史里，这副面孔，这个躯体，这颗头颅的陷阱中……有时在正午时分，起风了，海面泛白。太阳被云彩遮住了面庞，影子一下就跑得无影无踪。整个世界就像受到惊吓的脸，煞白煞白。”[66]

长期缺席

带着害怕和极度的不安，玛格丽特·杜拉斯开始了她的 1945 年。那年夏天，她丈夫和丈夫的妹妹都被押往德国，好几个月过去了，她的心情一直平静不下来。1 月，杜拉斯想夏尔·戴尔瓦会被定罪，果然在弗雷斯纳监狱的囚犯名单中有他。杜拉斯对这个监狱太了解了，那就是不能给政治犯送书籍和衣物包裹。1944 年 6 月 1 日，罗贝尔·昂泰尔姆在迪潘街被捕后，在迪潘街被监禁了一段时间就被转移到了贡比涅，后来又被押送到康德尔森。玛丽－路易丝·昂泰尔姆则被押送到拉文斯布鲁克关押。在戴尔瓦案开庭时，他证实他曾成功和德国人进行沟通，不在巴黎对玛格丽特丈夫进行审判，当然也就不会被判枪决。被捕时，在罗贝尔·昂泰尔姆父母居住的公寓里发现了鞋厂计划书。乔治·博尚向我证实，是他在前几天把计划书交给了罗贝尔·昂泰尔姆。他告诉我说计划书是从一个叫尼姆的年轻人那里得到的[67]。根据当时的情况，戴尔瓦的话是否可靠呢？这一点无法得到证实。人们都说，戴尔瓦就是因为说了那些话而赢得了玛格丽特·杜拉斯的信任。弗罗利奥先生曾试图让这个理由在自己的辩护中发挥作用来，但法官却不买他的账。戴尔瓦出示的证据没有被采信。

2 月 6 日，玛格丽特从报上得知罗贝尔·布拉斯亚克，也就是与她在费尔南代交错而过的作家被枪毙了。在巴黎即将解放的时候，拉蒙·费尔南代由于突发脑溢血在前一年去世了，也就没被捕。无疑，玛格丽特参加了在他家附近的圣日耳曼－德普雷教堂举行的葬礼。我们注意到，违背她信仰的事时有发生，那就是贝蒂·费尔南代的头发解放后没有剪短。在德朗西被关了一段时间，然后她又被释放了。沃克林夫人看到她从德朗西回来了，就过来打听事实真相。在我们的谈话过程中，她提醒我，只剪和德国人睡过觉的女人的头发[68]。3 月 4 日，联军挺进莱茵河，3 月 9 日，日军对整个印度支那发动攻击。河内和西贡过着悲剧般的日子。又有大批法国人被杀死。我们在金边遇到的那个名叫波勒·达蒂格纳夫的小女孩，现在和她丈夫一起在西贡。在这个城市中，欧洲人在顷刻间陷入了极大的危险中。杜拉斯在回忆录中写道：1945 年初情况变得更加危急了。由于联军在欧洲战场上和美军在太平洋战场上获得了胜利，使得日军变得极度不安，再加上他们自己的政府，尤其是其他的一些行政部门反对他们的行为，这让日军着实被激怒了。在不久的将来，他们将侵占我们整个小国家。3 月 9 日，战斗打响了，且进行得异常激烈。晚上 9 点了，枪炮声响遍了整个国家，有枪声、坦克的轰鸣声、炮弹的爆炸声[69]……由于没有德国的消息，她越来越为目前的安危担心。

幸运的是，拯救战俘和流放犯组织的活动深深地吸引了她。自去年夏末，她就开始参与战俘与被逐民运会的工作。3 月 1 日，她写信给拯救流放逐联盟主席，信是这样写的：

> 我不能像所承诺的那样这个星期过来了，我对此表示歉意。另外，很抱歉我不能负责联盟调查研究会的工作。不是我不愿意，而是不能胜任。一来虽然我很想去，但无法找到一个可以告诉机密的人，二来如果我既在《自由报》工作，又在调查研究会工作，就无暇顾及我自己的事。想必您也知道，8 个月以来，我一直在为我自己的那些事忙碌。对于调查研究会的事，我是有心而力不足，当然能为会里做工作是我的梦想。还有，我想说的是会里的情报调查工作索性你来负责，任务比较简单，就是建立联系。最后，未能如期赴约，深感抱歉。主席先生，请接受我的崇高敬意！

4 月初，拯救战俘国家联盟运动仍在继续工作。杜拉斯负责接待工作。该联盟把互助接待委员会和战俘与被逐人员民运组织斗发动起来了。1945 年那个美好的夏天，军事胜利捷报频传，举国上下充满了胜利希望。4 月 23 日，希特勒和爱娃·布劳恩在军事掩体双双自杀。5 月 8 日，德国在兰斯签署了投降书。5 月 9 日，联军接受了德军无条件投降。拉特·德·塔斯尼将军代表法国出席签字仪式。整个法国沸腾了。大街上、公共场所，人们唱歌跳舞，到处焚烧赖伐尔画像。人们互相拥抱，激动得睡不着觉，庆祝这噩梦般的五年熬出了头。和平让人陶醉，幸福的气氛充满心间。

对玛格丽特来说，在那段时间里，她依然处在难熬的等待状态之中，且越发焦躁不安，她每天都在等待新的消息，新的线索，等电话铃响，等丈夫回来，等女儿的邻居来访……他们还活着吗？还有指望吗？谁都知道，罗贝尔·昂泰尔姆被转出达豪集中营，4 月 29 日，集中营就被联军解放了。拉文斯布鲁克集中营的情况如何，没人知道。玛格丽特吃不下饭，睡不着觉，每天上午都要去卢泰利亚尔宾打听消息。在那里，很难找到接待她的人，因而也就没法把她要找的人的名单递进去。在小说《痛苦》中，她反复回想着过去发生的一切，心里充满了等待、焦虑、绝望，好像所有读者的书架上都有她这本书，他们对玛格丽特·杜拉斯在书中艺术性地描写人物个性表现出了极大的好奇。

在她一生中这些特别的事发生之后不久，她重新阅读，重新修改了她的那些战争备忘录，使其在形式上变得言简意赅、简明扼要，在内容上更具有震撼力，从中她也捕捉到了更加细微的情感因素。她在备忘录中这样充满希望的说道："他能够径直地回来，然后他敲门，我问道'谁啊？'他回答道'是我。'他或许在过境中心打个电话回来：'我回来了，我现在在卢泰利亚尔办过境手续。'——但是现在没有一点预兆。"[70]过了一会儿，她发出歇斯底里的喊叫："他死了，不再喊我的名字了……我就要崩溃了，所有的一切都要垮掉了……在这个世界上，我一无所有除了墓中的那具尸体……我居然还要活下去——这对我来说一点儿意思都没有……"不再有什么事情发生了。我向迪奥尼斯·马斯科罗倾诉着："最好去死，您还能让我怎么样呢？聪明一点儿，我应该为他去死。"[71]迪奥尼斯·马斯科罗陪在她身边，支持着她，鼓舞着她，"我的小玛格丽特"，不让她再失望。有时，他不再去掩饰他那消极的态度，"他不再问我感觉怎么样，不再问我好，他说：'没有消息吗？'我说：'没有。'我坐在靠近电话的沙发上，什么话也不说。我知道迪奥尼斯很担心。当他不看我的时候，他的表情是那么的焦虑不安。已经过去8天了……我对迪奥尼斯说：'告诉我一些事吧？'就在上个星期，他对我笑着说：'你真该被责骂！你没有必要担心成这个样子。'现在他对我说：'没有任何理由……理性点儿……'他不再笑了，但他微笑着，拉着自己的手指。然而，没有了迪奥尼斯，我好像再也支撑不下去了。"但是我情不自禁地想到："厨房的餐桌上有两个盘子。我从橱窗中拿出面包，是已经放了3天的面包。我对D.说，面包放了3天了，此刻所有的商店都关门了。大家面对面看着D.。D.说，你们说，大家坐下。我看着我手中的一块面包。我想吐。面包发霉了。他没有面包吃。现在大家知道面包实行配给。他们饿着肚子死了。由于缺少面包，每天都有人饿死。每天我都会盘算了又盘算，一块面包就一指宽，两指宽就算是两块面包。"[72]

终于有消息了。5月1日，罗贝尔·昂泰尔姆终于在一张纸的下面潦草地写了两行话向家里报告他们的消息，并安慰家人：

1945年5月1日，我已经被释放两天了。我很高兴，并且我们都很好地保持了体力。

拥抱大家。

米奈特在哪？

罗贝尔·昂泰尔姆

5月6日，也就是周日，收到了他的一封信，信末有附言：

我利用去神甫办公室的机会，拜托塔迪夫人关照，给你寄了这封信。我的宝贝。

上周的此时此刻，在集中营里能听到机关枪的响声。我们被关在监狱里，枪声持续了将近1个小时，我们改变了地球。周四，弗朗索瓦和雅克见到了我，当时我在洗澡。可怜的罗贝尔处在怎样的狼狈状况啊，我想诉苦，这不仅仅是一种打击。他们和比若都是监察员。他们向我许诺，第二天，也就是周一还回来看我。我告诉雅克，我必须回去，我没有生病，但我精疲力竭，因为集中营的生活实在太累人了。我以后没有再提起过这事情，因为我知道他们理解我。在这8天里，我可能老了100岁。剩下的就是幸福了。

和你在一起，玛格丽特。

罗贝尔

拥抱艾丽斯、米歇尔和大家[73]

弗朗索瓦就是弗朗索瓦·密特朗。雅克就是雅克·贝奈。比若是战俘与被逐民运成员。有这样一个故事，源自玛格丽特·杜拉斯和共和国总统的对话，曾刊登在《奥特勒芒报》上。这个故事说的是密特朗被躺在周围都是尸体的罗贝尔认出来了。“他是怎样看到你，又是怎样认出你的？”法国总统说：“我们都知道这是巧合，也是奇迹。你不相信吗？”玛格丽特说：“相信。对他而言，这就好像是守护神超越了命运。”[74]这次谈话是在1985年。但要注意的是，这个传言和罗贝尔·昂泰尔姆被发现时正在洗澡的说法有矛盾。有时候，记忆这东西……在这样的情况下，一个共产党员的天才……稍后我再继续这个话题。

玛格丽特收到罗贝尔的来信后回了封信。

罗贝尔：

你活着，你还活着！我也不知道自己从哪里回来的。我在地狱中坚持了多长时间？自佩洛蒂[75]回来以后，尽管我悬着的心落地了，但还是患得患失。我从不知道我是从什么地方回来的。亲爱的罗贝尔，我的宝贝。3月底，米奈特被关进拉文斯布鲁克集中营，她身体状况很好。她现在可能在瑞典，我们手上还没有斯德哥尔摩关押人员的名单。我相信她，绝对相信。你要有耐心，不要吃太多饭，不要喝酒，最好滴酒不沾。天气很好。这就是和平。明白了吧。罗贝尔，今天的天气多好啊！你牵制着我的生活。我引以自豪的是，我和你生死会相随。你不知道，根本不知道。回来前给我打电话。如果你在法国过夜，也要给我打电话。5天的等待的考验。我觉得我不能再等了，我已经精疲力竭了。

玛格丽特[76]

作为文章的结尾，罗贝尔·昂泰尔姆是怎样被他的抵抗组织里的同志们在达豪集中营中找到的呢？首先听密特朗怎么说："戴高乐将军让我代表法国，陪同莱维将军参加几个集中营的解放活动。我们去了兰茨贝格，希特勒曾在那里待过一段时间，我想也是在那里，希特勒完成了《我的奋斗》一书中的许多章节。然后是达豪，那是一场令人难以忘怀的悲剧……"[77]

正如弗朗索瓦·密特朗在《迪潘街邮局》一书中所写的那样，他由雅克·贝奈和战俘及"流放者运动"的另一个成员皮埃尔·比若陪同。雅克·贝奈坚持向我如实讲述他是怎样和罗贝尔完成任务的。他明确指出他们的代表团已经离开，去刚刚获得解放的集中营巡视，这是戴高乐领导的立法议会的一大创举。代表团的成员有密特朗、比若和另外两个战俘及"流放者运动"成员加涅勒和菲利普·德沙尔特。他还记得是皮埃尔·比若出提议查阅集中营犯人花名册。比若是法国总工会老成员，也是被证实犯有错误的共产党员。他被押送进集中营后，分配管理集中营所在地档案。因此，他非常熟悉书籍的管理。勒鲁瓦说名单上有昂泰尔姆的名字，于是就在集中营寻找他人，找到昂泰尔姆时他正在洗澡，同玛格丽特·杜拉斯的丈夫在信中所说的情形相同。然后，密特朗提醒乔治·博尚和迪奥尼斯·马斯科罗注意安全，建议他们一定搞到安全通行证，集中营有人得了伤寒病，出于卫生原因，美国盟军当局禁止流放者外出[78]。

玛格丽特·杜拉斯在《痛苦》一书中讲述了后续部分。"我不知道是哪天，是4月的一天，不是，是5月的某一天，上午11点电话铃响了。电话是从德国打来的，是弗朗索瓦·摩朗打的电话。他没有说早安，几乎像平时一样，开门见山直截了当说：‘好好听我说，罗贝尔还活着。你要冷静。是的。他在达豪。你要打起精神。听我说，他非常虚弱，虚弱到你不能想象的地步。我必须告诉你，他生死只是个时间问题。大概能活3天，但不会太久。D. 和博尚可能今天，今天上午要去达豪。告诉他们，让他们立刻来我办公室一趟，他们知道情况。他们可能有法国官员的制服、护照、命令、汽油票、参谋部介绍函和通行证。让他们立即去达豪。这是他们现在唯一能做的事情。如果通过官方途经，他们到达的时间可能太晚。’”[79]这些事实已经通过乔治·博尚的文章得到了证实。

为了能顺利到达达豪，乔治·博尚在迪奥尼斯·马斯科罗的护送下，在雪铁龙检修了汽车。弗朗索瓦给了我们制服和假证件。“我叫密特朗，上校军衔。我买了顶与制服相配的法国军帽。我们在集中营找到了罗贝尔·昂泰尔姆。这是一段不平凡的经历。达豪由美国士兵看守，为了防止伤寒传染，士兵们都带上了面具。为救罗贝尔，可不是件容易的事情。在营救过程中，我们把藏在制服里的作战服和橄榄帽交给他，让他站起来，穿戴整齐，然后，我们大摇大摆地从哨兵眼前走过。可能是条件反射，罗贝尔想脱帽行礼，因为这集中营的规定。我给他注射了一针镇静剂，因为他心跳得很厉害。我们让他坐在车后排，我们经过达豪和阿尔萨斯时还有德国士兵向我们猛烈射击。我们没有被击中，就是击中了我们也不可能停下来。罗贝尔状况不佳，无论如何都得快速前进，这是和时间赛跑。”[80]

在凡尔登稍停片刻时，他给玛格丽特发了一份电报。

> 我们在凡尔登。罗贝尔情况很好。返程途中因爆胎稍做停留。周日，也就是明天下午回来。到了以后给你打电话。成功了。大家非常高兴。
>
> 乔治·迪奥尼斯·罗贝尔[81]

电报1945年6月12日被送至圣伯努瓦街。罗贝尔·昂泰莱姆13日回到家中。他妹妹玛丽－路易丝在搭乘救护飞机从拉文斯布鲁克去瑞典途中不幸身亡。他们的母亲在儿子回来后不久也从科西嘉赶了回来。7月9日，从巴黎给儿子写了封信，当时他正在流放人员疗养院修养。

我亲爱的罗贝尔：

你已经知道了这个可怕的消息，我赶来拥抱你，并和你一起哀悼我们亲爱的玛丽－路易丝。我已经来了4天了。我无法接受永远见不到她的事实。空虚啊！我们很难接受这个事实，但她确实不在了。可怜的米奈特，我多么想她！一个活人就这么没有了，我一想就感到害怕。上帝保佑让你出狱回家。你要每天感谢上帝。我亲爱的罗贝尔，到了之后，我们去教堂为我们的玛丽祈祷。如果以后我们能到丹麦，我们在那里再做一次。我们要去她的墓前默哀，这对我们也是一种心灵安慰……

爱你的妈妈。

妈妈[82]

注　释

1. 保尔·瓦莱里，《海滨墓园》，塔隆出版社，1972年。

2. 法学院档案，先贤祠－阿萨。

3. 这张明信片只能在同一个地方供内部使用。由于报刊的缺乏以及对书刊的严格审查，占领区和被占领区之间人们的通信被迫使用专门卡片。让·盖埃诺在日记里对其进行了讽刺："这些规定使用的明信片是两个地区之间通信的唯一方式，这意味着什么呢？这是我们遭受屈辱的最好证明。预先印刷好的文件提前告知我们一个人的健康状况，身体疲劳，还是有小恙或是重病在身，或者受了伤，或者被杀害抑或沦为囚犯。根据时局的变化，我们对这些文章只有保留或是删除的权利。"这像是描述畜生的状况。至于人们的需要，无非就是生活必需品或者金钱。正如人们知道的那样，普通法国人有时就像处于激烈角逐中的野兽。他们可以去上学，他们被学校录取。这就是全部。在这之后，就是富有深情思想的我们彼此之间既不能相爱太多亦不能太少。我补充一点，一半的卡片是被禁止外寄的。路易·赛特给祖父寄了张明信片，当天上午被退回来了。她在上面写这么一句话："我有些累。"写这样的字样是允许的，但她又添了一句："像去年一样。"结果被退回来了。蓝铅笔标出了她的错误所在。

4. 2000年6月28日和12月17日，与保尔·兰波维尔－尼克尔的谈话。

在谈话过程中，玛格丽特·杜拉斯的表哥明确表示他们没有冤枉密特朗。他在默兹河畔的斯特奈见到了他的老同学，老同学在殖民地23步兵团服役，密特朗时任办公室秘书。据保尔·兰波维尔－尼克尔讲，密特朗比其他军官更受重视，但与个别军官关系紧张。玛格丽特的表哥负责下级军官的军邮事务，被派往斯特奈指挥所，上校告诉他说我们放弃了密特朗，他在军官食堂大吵大闹，来自圣西尔的少尉很是讨厌。密特朗见到他后，就对他说："和那些人相比，我是很合群的。"他最后说："密特朗去了第4军团，而我坐船去了吕菲斯克。之后密特朗就被关禁闭了。"

5. 皮埃尔·佩昂，同前。

6.《被欺骗的人》，80年代，现代出版档案馆。

7. 至于迪奥尼斯·马斯科罗，1970年我在纽约见过他，也就是在见到玛格丽特·杜拉斯之后，后来我还多次见到过他，但令人遗憾的是，直到1997年他去世我都没有和他交谈过。1965年，在纽约组织法文协会会议时我认识了弗朗索瓦·密特朗，当时我担任法文协会主席。我开始研究工作时密特朗已经去世了。1980年，一个偶然的机会我见到了他的弟媳克里斯蒂娜·古兹－雷娜勒。尝试过一两次，但最终还是没能和她就电影电视的话题进行交谈。后来她就去世了。布里吉特·巴尔多的制片人可能不愿再经历一次这样的事情。我问过她哥哥罗歇·古兹这些问题。罗歇·古兹是我的故友，他给我的回答很含糊。从某些方面来说，玛格丽特·杜拉斯和密特朗的关系在亲戚们看来并不融洽。但不管怎样，我认为罗歇·古兹更喜欢弗朗索瓦兹·萨冈。

8.《迪潘街邮局》，被弗朗索瓦·密特朗创办的《奥特勒芒报》转载。原著作者是乔治·博尚。《迪潘街邮局和其他谈话录》，伽利玛出版社，2006年。

9. 秘密活动的联络网之一，"流放者运动"是戴高乐亲侄子的代号。戴高乐侄子的真实姓名叫米歇尔·卡约。戴高乐准备让他参加"流放者运动"。这个运动是由弗朗索瓦·密特朗和莫尔朗秘密领导。

注意这个题目，在皮埃尔·佩昂的书中已经提到过。

10. 雅克·贝奈回忆说，罗贝尔·昂泰莱姆的妹妹及她丈夫（米歇尔·萨尔瓦多）住在保尔－巴鲁埃尔街上，一定是住在玛格丽特·杜拉斯和她丈夫搬到圣日耳曼－德普雷后空出来的公寓里。

罗贝尔·昂泰莱姆为"流放者运动"和受大众爱戴的人们所做的事情在玛格丽特的书中委婉地被提及。我在玛格丽特为《直布罗陀晨报》撰写的文章草稿以及《内阁职员》的章节中均有发现。下面的这些话是对罗贝尔所做事情的一种影射："一天，一个男人来请我为他窝藏的犹太人制作假证件，主要是制作死亡证。我秘密制作了成千上百个假证件，即使是在战后的和平环境中，我也不能找老板帮忙，因为我曾在维希度过3年，我的职衔从一级降至三级。在维希的一天上午，妖艳的雅克琳娜来了……”（现代出版档案馆）

11. 和雅克·贝奈的谈话，1999年12月13日和2004年6月11日。

12. 劳儿·阿德莱，同前。

13. 让·马斯科罗档案馆。

14. 《圣伯努瓦街的团队周围：1942—1946》，导演让·马斯科罗和让-马克·图里纳；巴黎影视资料，1993年。制片兼发行人伯努瓦·雅各布，巴黎。

15. 《黑色年代的日记》。

1943年2月15日，广播宣布强劳处成立。这一举措影响到1920年、1921年、1922年出生并被遣送到德国流放者的年轻人。但该措施收效甚微。流放活动自由轮换，不具备强制性。

6月12日是法令实行之日，让·盖埃诺做教师，给毕业班授法令影响的学生们写了推荐信。

16. 为拍摄电影《关于罗贝尔·昂泰尔姆》，让·马斯科罗、让-马克·图里纳与让-皮埃尔·萨齐进行的谈话。罗贝尔1990年去世。电影是他去世之后拍摄的。罗贝尔·昂泰尔姆书前的献词就是明证。《人类空间》，伽利玛出版社，1979年。

17. 与保尔·兰波维尔-尼克尔的谈话，2000年12月17日。

18. 与乔治·博尚的谈话，2000年3月1日。

19. 与埃德加·莫兰的谈话，1998年7月5日。

20. 同上。

21. 皮埃尔·佩昂，同前。

22. 《X先生，又名皮埃尔·拉比耶》是玛格丽特在《痛苦》一书中给夏尔·戴尔瓦起的名字；同时“X先生”也是此书中一章的名字。P. O. L. 出版社，1985年。

23. 《关于罗贝尔·昂泰尔姆》。

24. 2000年3月1日、5月2日与乔治·博尚的谈话录音。

25. 抵抗运动中让·米涅的名字。

26. 贝拉尔说夏里尼就是密特朗和玛格丽特谈话时谈论到的“贝尔丹”，这是他的代码名称。雅克·贝奈被派往阿尔及尔执行一项流亡者运动委员会委派的任务。因此，夏里尼替代了雅克·贝奈。（见皮埃尔·佩

昂的著作）

27. 夏尔·戴尔瓦向玛格丽特·杜拉斯吹牛说已经杀死了运动中的一员斯特维林克。

28. 夏尔·戴尔瓦的诉讼预审资料，国家档案中心。

29.《迪潘街邮局》。玛格丽特在和弗朗索瓦·密特朗的谈话时问弗朗索瓦·密特朗："罗贝尔到底是在哪里被捕的？我和他在旧哥伦比亚剧院有过约会，其他的事情一概不知。"

30.《我经常自我反省》。

31. 劳儿·阿德莱引用。

32. 伽利玛出版社同意出版她的书，1994 年 3 月 28 日寄给她出版合同。2 月，她决定离开出版委员会时，她以婚后的名字在国家图书馆登记注册。（图书阅览证，1994—1995 年，让·马斯科罗档案馆）

33. 1994 年 9 月 14 日，根据管理印度支那账户欠款的金融秘书处发出的指令，印度支那银行总部（位于奥斯曼大街）向住在圣伯努瓦街的昂泰尔姆夫人发了封信，要求她提供按月偿还贷款者的准确住址，以及亲族情况。（让·马斯科罗档案馆）

34. 在德军占领期间，德国警察驻扎在巴黎的许多地方，索塞街上的当地居民户籍由内务部管。

35. 夏尔·戴尔瓦稍后在他的证词中肯定地说这个米歇尔佩戴着金色勋章，读书时戴着单片眼镜，总是拿着一个深褐色摩洛哥皮公文包。米歇尔从没有被司法警察认出来或是找到。

36. 国家档案馆，同前。

37. 首次谈话是在位于圣伯努瓦街的玛格丽特杜拉斯的家里进行的。

38.《迪潘街邮局》。

39. 2000 年 3 月 1 日与乔治·博尚的谈话。

40. 1999 年 12 月 13 日和 2004 年 6 月 11 日与雅克·贝奈的谈话。

雅克·贝奈说在完成了阿尔及尔的任务和在南部小住一段之后返回巴黎，时间大概是 1994 年 9 月 2 日或 3 日，也就是巴黎解放后的一周。

41. 餐厅这一幕中，拉比耶为把叙述者硬拉进旅馆而一直给她灌酒，玛格丽特·杜拉斯在作品中这样写道："他和我做爱或是杀掉我。"而没有这样描写："他还不知道在旅店里他会对我做什么事情，或是占有我或是杀死我。"（现代出版档案馆，杜拉斯基金会）

皮埃尔·佩昂在他的著作《一代法国青年》一书中回忆了玛格丽特·杜拉斯曾对负责保护她的让·米涅说过的知心话："她差点采取断然行

动。”（皮埃尔·佩昂，同前）

42. 瓦朗坦是斯特维林克在地下活动中所用的别名。

关于这个话题，法官问戴尔瓦：“你曾炫耀说你犯有谋杀罪?”“是的，法官先生。”瓦朗坦又问：“你说你杀了斯特维林克，你是在什么情况下杀的?”“一次谈话中，我直截了当说我要杀了瓦朗坦，我是想测试她的反应。但她没有反应，我当时就后悔了，我在证言中也说了。”狱警插话了：“你说这话的目的是出于虐待心理……”法官追问：“你拿抵抗运动的女性战士作为发泄对象，这就不是什么信口开河的问题了，这是邪恶心在作祟，是极其令人讨厌的玩世不恭。你扬言杀抵抗运动成员，以此狂言测试她的精神和心理反应……”（诉状报告，布鲁埃工作室记录稿，国家档案馆）

43. 同上。

44. 让·马斯科罗档案馆。

45. 让·雨果，《记忆的视角》。

46. 从1944年1月初开始，菲利普·昂里奥担任审讯部新一任国务秘书，德国人强迫维希政府彻查这个部门，贝当被迫采取措施。罗贝尔·昂泰尔姆曾是政府部门的合同雇员，他可能就是在这个时候离开的。菲利普·昂里奥是保安队的成员之一，外号是“法国的戈培尔”，每天都在维希广播中发表社论，号召对抵抗者进行残酷的镇压和逮捕。他于1944年6月28日被枪杀。

凡是有占领时期生活经历的人耳畔依然回荡着那个独特的声音，还有宣扬罪恶时狂妄自大的叫嚣。我清楚地记得他被枪决的那天晚上，我家沉浸在欢乐之中。我们的房东，一位老妇人以前每天虔诚地听他的广播而且十分害怕他每天提起的恐怖分子。那天晚上老妇人抱着收音机哭了。

至于让·盖埃诺，他在日记中写道：“他不值得这样死……让我遗憾的是，这种伟大的死竟然是为了这种小人。更想对他的刑罚是让他脖子上戴着枷锁活着。”

47. 让·盖埃诺，同前。

48. 布律奈尔夫人的日记，由她的女儿于2000年5月20日交给作者阅读。

49. 《泰奥多拉》初稿中的几页纸，玛格丽特·杜拉斯没有完成这部作品，最后放弃了。现代出版档案馆。

50. 这段文字可能写于1947年。

51. 1998年7月5日与埃德加·莫兰的谈话。

52. 玛格丽特·杜拉斯于1984年因小说《情人》而荣获龚古尔文学奖，并参加电视2台贝尔纳·比沃特主持的著名文学“评论”节目。

《痛苦》这本书是玛格丽特对原稿《战争手册》（保存在现代出版档案馆）进行了部分修改而成的，1985年修改后出版。

53. 现代出版档案馆。

54. 同上。

55. 与乔治·博尚的谈话，2000年5月2日。

56. 皮埃尔·佩昂，同前。

57. 国家档案馆。

58. 1944年6月26日法令的第1、第2条款，通敌罪，刑法第5条第75条款中已经提到过。（诉讼案件记录稿）

59. 同上。

60. 同上。

61. 皮埃尔·佩昂，同前。

62. 同上。

63. 雷蒙·格诺在阅读笔记中，写道“热罗姆杀死了尼古拉”，其实，他颠倒了这两个人的名字。为了更清晰地表达，我重新安排了这两个人在小说中扮演的角色的名字。

64. 伽利玛出版社档案。

65. 《平静的生活》，伽利玛出版社，1944年。

66. 同上。

67. 与乔治·博尚的谈话，2000年5月2日。

68. 与沃克林－克林斯克的谈话，2001年12月18日。

69. 波勒·达蒂格纳夫，未出版的回忆录。

70. 现代出版档案馆，《战争手册及其他文献》。

对于这些文章中的某些篇章，要注明其精确的日期是非常困难的，尤其是那些涉及到解放，期待罗贝尔·昂泰尔姆返回的章节。正如劳儿·阿德莱所说的那样，即使有日期，许多日期也是相同的日期。但大多数情况下，在涉及到解放时的事情时，标注的日期都晚于事情发生的实际日期。如果相信或者让别人相信这些日期和事件发生的时间一致是不谨慎的。因为这些标注的日期与实际时间有几周的出入。至于文章的内容，大家可以自己去想象。我们又回到了同一个问题，那就是与真实发生的事情对比，玛格丽特作品的可靠性。大多数文章是将来文学作品的初稿（可能是，但并不都是这样），而不是私人日记。这样就不利于读者理解人物形象甚至是作品的内涵。

2006年10月，《战争手册及其他文献》的由P. O. L.－现代出版档案馆出版社再版，有助玛格丽特·杜拉斯的读者更深入地研究《痛苦》一书的创作经过以及其他名著。

71. 同上。

72. 同上。

73. 现代出版档案馆。信封上的邮戳是1945年5月13日。

74. 现代出版档案馆。《迪潘街邮局》。

“弗朗索瓦·密特朗：他在达豪的集中营时，有成千上百的人和尸体。我从他身边经过。至于他是怎样看到我认出我的，我就不知道了。我们把他带回来了。我们都知道这是一种巧合，但在当时那种情况下，也是一种奇迹。你不相信吗？

玛格丽特·杜拉斯说：我相信。在他看来，上帝神总在护佑着他。”

75. 佩洛蒂是罗贝尔·昂泰尔姆在集中营时的难友。玛格丽特·杜拉斯在《战争手册》一书中多次提到他的名字。

76. 现代出版档案馆。

77.《关于罗贝尔·昂泰尔姆》。

78. 与雅克·贝奈的谈话，2004年6月11日。

79.《痛苦》，61页。

80. 与乔治·博尚的谈话，2000年3月1日。

81. 现代出版档案馆。

82. 同上。

结　尾

罗贝尔·昂泰尔姆1945年5月13日回到圣伯努瓦街，受到朋友们的热烈欢迎，弗朗索瓦·密特朗出席欢迎活动。罗贝尔·昂泰尔姆身体很虚弱，大家都为他的健康捏把汗。他拿到了刚赶到的弗朗斯·布律奈尔特意为他做的草莓奶油馅饼。玛格丽特·杜拉斯后来证实是樱桃蛋糕。回途中，途经阿尔萨斯，投宿旅馆，想吃鳟鱼，因为他认为鳟鱼是致命食物。幸运的是，经乔治·博尚，这位圣·约瑟夫医院的医生介绍，营养学家助手弗耶医生迅速实施救治。罗贝尔·昂泰尔姆脱离危险，能慢慢进食并恢复了体力。玛格丽特把丈夫回来的消息告诉了保尔·兰波维尔-尼克尔。他稍后探望罗贝尔时，在众多拜访者中发现了一位女医生，女医生对他说："你来得很及时，我们需要木瓜果冻。"陪他一起来的妻子有位朋友恰好那天做了木瓜果冻，就给弄了一些，患者食用后病情有了起色。

玛格丽特夜以继日地守在床边照顾丈夫。即使朋友认为她的举止不好，处处表现得像个被绝望折磨垮了的人，同时还和别的男人招摇过市，尽管如此，她照料丈夫很尽责，依然受到了称赞。不久之后，罗贝尔·昂泰尔姆病情好转，被转入巴黎附近的一家疗养院继续接受治疗。6月底，他离开疗养院去了上萨瓦省小住了两个月。玛格丽特·杜拉斯在《痛苦》中写道："我们住在安纳西湖边的圣若里奥，那是一所犯人疗养院，地处公路边上的旅馆餐厅。那是1945年8月发生的事情。在那里我们听说了广岛原子弹爆炸的消息。他体重增加了，人也胖了。他知道这是为了他姐姐，他知道这是为了我们的分离。"[1] 事实上，旅馆坐落在公路和湖之间，该院是犯人疗养院，不接待女性客人[2]。玛格丽特在迪奥尼斯·马斯科罗的陪伴下在圣若里奥，也就是在萨瓦逗留期间，"我觉得他没有和我们在一起，而是被外国人围住了。"[3] 两个男子汉又建立了友谊，在玛格丽特的陪伴下继续一起度假。

勒鲁瓦夫人在圣若里奥待得很不开心。她散步时走很远，与她说的不相符。她没有在多菲内－萨瓦地区新发行的共产党日报《阿尔卑斯山劳动者》上发表过文章，而是正在构思一部新的小说。她在考虑自己的职业前途。她知道《平静的生活》已经没有了生命力。6 月 21 日，玛格丽特到达圣若里奥，立即给伽利玛出版社写了封长信，对出版社轻视像她这样的年轻作家表示了不满。“我的作品被束之高阁，但我的朋友们看后认为这是冬季最好的书。”玛格丽特和米歇尔·伽利玛仅有过一次 5 分钟的谈话，后者在给玛格丽特的回信中提到了出版社没有出版的理由，并说像阿拉贡和埃卢亚尔这样的大作家也在等待，不是稿子一到就能出版。玛格丽特的回信简洁明确：“阿拉贡和埃卢亚尔可以等，首先是他们有钱，其次是读者没有忘记他们。但我需要钱，读者会忘了我。”[4] 连珠炮似的冷嘲热讽让伽利玛感到惊愕。最后还是出版社给玛格丽特出了个主意，解了她的燃眉之急。7 月 11 日，出版社给玛格丽特写了封长达 3 页的回信：“尊敬的夫人，你的来信让我感到很困惑。你的抱怨既合情合理，又略失公允。”信的结尾，给出了解决问题的办法。玛格丽特与出版委依然保持联系？该会在解放初更了名，但仍在发挥作用。玛格丽特尽其所能找临时替代者尼克尔·顾朗帮忙。伽利玛有规定，玛格丽特在年底之前[5] 第二部作品完成。就这样她同出版社有了书信往来。玛格丽特·杜拉斯回来了。

在《平静的生活》里，她这样写道：

> 这是我的过去，也是我的故事。
>
> 我觉得我的过去就是我的明天，明天里包含了过去。

附言：她说占领期间，她不曾记得见过哥哥。

她的两个同父异母的兄长于 1940 年在敦刻尔克沦为阶下囚。刑满释放后，让和雅克先后在 1942 年 1943 年参加了抵抗运动，多次遇险，最后都化险为夷。这些她可能不曾知晓。至于她母亲，则一直待在西贡。1945 年 8 月 25 日，一个叫胡志明的人在河内宣布越南独立。她应该想回老家了。她渴望在去世之前再见到两个儿子。1949 年，她见到了儿子，也见到了女儿。

2006 年 4 月 25 日于西棕榈海滩

注 释

1. 《痛苦》，76 页。
2. 与旅馆旧主人让·克莱的对话录，2005 年 8 月 29 日。
3. 《痛苦》。
4. 伽利玛出版社档案。
5. 同上。

附　录
战争中的法兰西帝国

《名流》杂志1940年5月第5071期特刊

法兰西搞殖民的方式方法

M. 多纳迪厄夫人

1939年9月，在法国和英国刚向德国宣布他们将用武力捍卫他们的自由后不久，殖民局门前就堆放了许多电缆。电缆是从遥远的地方运来的，是殖民地人表达他们对伟大祖国忠诚的见证。上至最高首领，下至底层百姓，大家都以同样的热情响应法兰西的号召。法国的统一思想对其构成多大威胁，德国人心知肚明。怎样既尊重全民渴望统一的共识，又能维持其内部稳定，还不招致厌恶？她（德国）没有良方，只有使用文攻武卫，同时有组织有计划地兼用恐吓手段确保其权益？

我们的帝国观念实际上就是否认种族主义。法国向所有人提出了它的海外目标：不分种族，共同发展，共同走向未来。

殖民地人没被当成战败者。我们不仅对他们负有责任，还承认他们拥有一定的社会和政治权利，尤其是获得知识的权利。当然，他们何时能发挥他们的能力，不是他们自己所能决定的事情，而是由我们来定夺，需要的时刻，可以放宽管制。

如同一个企业，只有当儿子到了能够帮助父亲的年龄，父亲才会让儿子参与管理事务。法兰西帝国的侨民有能力管好自己的事，法国自然会赋予其相应的权力。行政执行权与我们所奉行的最高权力之间存在冲突。哪个权力更好，由我们的利益决定。英国在印度殖民地雇用了800万当地人，法国的印度支那殖民地行政部门年年雇用安南人。随着殖民地逐渐富裕，肯定需要领导干部开展公共服务、推广教育、强制创办财政经济监督委员会。

只有当一个国家百姓的生活水平达到了一定的标准，过上舒适的生活，素质也提高了，国家才有可能繁荣昌盛。我们如何教育当地人，让他们和我们一样享受国家发展的成果？让他们明白我们双方的利益是一致的，这是一个难题。

我们的政策包括医疗、教育、经济建设等方面。这项政策的实施能使当地人享有健康的身体、接受基本的教育，同时又不破坏他们自己的民族文化、他们的语言、他们的传统习惯，还可以让他们自己管理他们自己的日常事务。

这项措施的当务之急是建立良好的医疗体系。有了这项政策，就能让几百万当地人免受病痛之苦。

由于实施了适应每个殖民地、每个当地人身体状况、医治每种特殊疾病的医疗措施，我们战胜了大多数殖民地的传染病。几百年来，传染病肆虐非洲，传播速度之快，不能让人有片刻的松懈。培训流动医疗队，开展医疗卫生运动、清洁乡村运动。病人是疾病的最大传染源，必须对他进行跟踪隔离治疗。我们的努力取得了显著的效果。在喀麦隆，潜伏期病患死亡率由以前的64%下降到了0.4%。（见1925年11月7日、1926年2月27日、1930年5月17日和1937年10月23日的卫生报告）

同样地，由于病患和我们的共同努力，使得肆虐马达加斯加的瘟疫在全民防疫运动中败下阵来。

麻风病传播缓慢，患者活得比较久。为了防止其蔓延，我们在殖民地修建了麻风病院，组织村落的患者在这里居住生活。

在这场战胜疾病的誓死斗争中，我们最珍贵的合作者是殖民地的老百姓。我们所有殖民地的医护人员与当地人建立了互动关系。他们的良好配合对遏止疾病蔓延具有决定性的意义，因为在殖民初期，法国医生的数量很少，需要招募医务工作者，更需要革新医疗器材，寻找新的科学的医疗手段。巴黎巴斯德研究院在法国所有殖民地设立了分支机构和研究中心，其影响是世界性的。巴马克麻风病研究院、印度支那疟疾研究所和塔那那利佛佛鼠疫研究所拥有一流的仪器和设备，研究所利用这些设备培育出了防治地方疾病的疫苗。

殖民地人民通过教育、加强锻炼、改变饮食习惯，渐渐摆脱了疾病的折磨，对我们的医疗措施表现出了极大的善意。由于长期营养不良、梅毒肆虐，夺走了赤道附近不少非洲人的性命，其中包括安南地区的患者。如今这种现象已经不复存在。

在关注殖民地人民自由的同时，法国也在考虑让他们从根本上改变生存状况，努力引导当地人建立舒适的生活方式，这种生活方式既和他们的适应能力相匹配，又不与他们的过去彻底决裂。在做的过程中，我们也碰到了一些现实问题。这些问题的解决离不开教育，这就要求我们的教育必须与鼓励政策齐头并进。这方面取得的成效，要感谢传教士，他们最先出于对殖民地的儿童负责，开办了托儿所和学校。法国传教士是有思想和良知的开拓者，他们做这些，完全是出于自愿，不是谁给他们的任务。在做任何事情都会招致反对的情况，但他们的做法却得到了当地人的广泛理解，为殖民地政策的推行奠定了良好的基础。

我们在大力普及教育的同时，还成功地在每个殖民地培养了一批能够担任管理工作的优秀人才，由他们负责在当地民众中宣传我们的文明守则。

我们的工作重点是向民众提供成功的机会，无论是穷人还是富人，其次在我们的辖区推广公共教育。由于殖民地人口多为农业人口，因此还必须开展农业、园艺、家政教育，以避免大量殖民地农业人口不务农，转而设法进入行政事业单位。解决了他们的实际问题，他们就不会弃农，更不会寻求其他生活出路。

我们的殖民地都有农业学校，每年都能向各地输送掌握农业新技术的专业人员。法属西非地区是农业殖民地的样板，从乍得到大西洋沿岸，农民使用锄头，乡村学校起了重要作用。土地得到有效利用，学校功不可没。我们的园艺政策重在改革原有的技术，尽量放缓农业工业化的步伐，这是否意味着不让殖民地大力发展农业经济，不让殖民地进入良好的农业经济阶段呢？殖民地的工业化像很多经济问题一样，涉及到殖民地的政策法规。工业化与否直接关系工业系统的建立，会大大改变殖民地人的生活节奏和生活方式。是否搞工业化，原则上是看工业化能否促进社会发展，带来经济机遇。

此外，我们还在殖民地建立了司法体系。此前殖民地普遍采用的是习惯法，部落、省份乃至村庄的习俗就是法律，习俗相同，法律不同。

我们努力给殖民地制定简便的司法程序，尽管时间长代价高。我们把印度支那的口头法确立为安南法，因为执法者是特别法庭与各地行政部门里的行政人员。为了尊重当地习俗，口头法就被列为民法，因为刑法与我们强行建立的新公共秩序不相吻合。

殖民政策终止，是自然终止还是一刀切终止？要根据双方的利益来决定，而且要符合我们的办事规律。一般来讲，一个人接受的是本民族的教育，懂自己国家的历史，熟悉自己国家的经济政治制度，刚刚走上领导岗位，难免会有一些个人想法。如果不让他把自己的想法表达出来，他可能满腹牢骚，很可能会有抵触情绪。

因此，各环节的协调很有必要。公民身份虽说只是一个荣誉，但对殖民地人有吸引力，能让他们心系国家的前途命运。殖民地都有自己的这个会那个会，比如阿尔及利亚有长老会，印度支那有名人会。这些会的存在，法国不反对。原因可能是这些会作出的决定，行政当局有权处置，不过不会草率行事，因为行政当局也明白，要给民众一个秉公办事的好印象。

获取公民身份有很多途径，比如安德列斯岛、留尼汪岛和北非实际上已经成为法国的省份。获取公民身份资格的工作将扩展到马达加斯加、印度支那甚至塞内加尔，最终消除法国本土与殖民地之间的差别，西非殖民地和赤道非洲殖民地就是一例。人人都觉得社会既不平等，也不公正。小点的殖民地百姓没有受过教育，所以不懂得也不明白公民身份的意义。想让加蓬的黑人明白，他们在政治上由远离他们村庄的某个机构管辖，不是一朝一夕的事情，尚需时日。部落首领认为他就是政权的代表，是当地习俗和宗教信仰赋予他的权力。这样的人选举获胜，是很危险的，因为他可能利用手中权力散布巫师迷信言论。选票要投给有文化、有知识、正直廉洁的人士。

有人指责法国给公民提高政治庇护，这种批评毫无意义。

为了消除不平等，法国早就想给殖民地二等公民身份，但这个计划没能成功。要是仅设立一个类似自治会那样的帝国议会，就没有什么实际的意义。自治会是大英帝国分散权力的产物，只有象征意义，而没有实质作用。

然而，由于殖民地人享有的权利不等，设立自治会的想法不可行。

战后，我们发现战争造成了的巨大创伤，在殖民地却没人关心这些，就是两耳不闻窗外事的人也听到过战火纷飞年代的炮弹爆炸声。能理解法国受过战争蹂躏的痛苦，就愿意亲近法国，就想为之提供力所能及的帮助。经验证明做这方面的工作是行之有效的。

战争唤醒了殖民地人的良知。以前自由惯了，对祖国的召唤无动于衷，现在却是积极响应……

（京权）图字：01-2010-0419
图书在版编目（CIP）数据

这就是杜拉斯／（法）瓦里尔著；户思社，王长明，黄传根译．－北京：作家出版社，2010.9
ISBN 978-7-5063-5310-6

Ⅰ．①这…　Ⅱ．①瓦…②户…③王…④黄…　Ⅲ．①杜拉斯，M．（1914～1996）－传记　Ⅳ．①K835.655.6

中国版本图书馆CIP数据核字（2010）第054360号

Jean Vallier
C'était Marguerite Duras

策划：猎文文化发展有限公司

Ouvrage publié avec le concours du Ministère français chargé de la Culture- Centre National du Livre
本书由法国文化部国家图书中心资助出版

Chasse Litté

Centre du Livre Etranger des Editions Mer-Ciel

这就是杜拉斯

作者：（法）让·瓦里尔
责任编辑：王炘　贺平　周茹　翟婧婧
装帧设计：视觉共振设计工作室
出版发行：作家出版社
社址：北京农展馆南里10号　　**邮码：**100125
电话传真：86-10-65930756（出版发行部）
86-10-65004079（总编室）
86-10-65015116（邮购部）
E-mail: zuojia@zuojia.net.cn
http://www.zuojia.net.cn
印刷：紫恒印装有限公司
成品尺寸：152×230
字数：530千　　**插页：**8
印张：31
版次：2010年9月第1版
印次：2010年9月第1次印刷
ISBN 978-7-5063-5310-6
定价：45.00元